U0454468

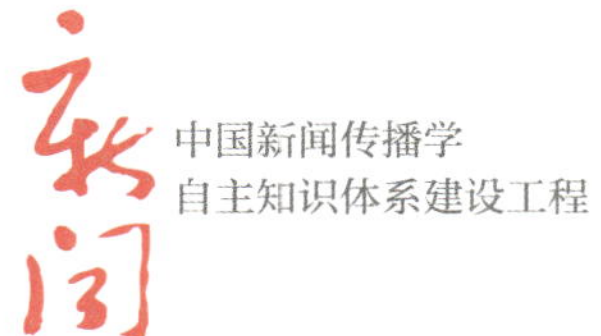

| 当代中国新闻理论研究 |

新闻观念论
（新修版）

On Journalism Ideas

杨保军◎著

中国人民大学出版社
·北京·

本书系中国人民大学科学研究基金项目
“当代中国新闻理论研究”
（批准号：18XNLG06）成果

总　序

2022 年 4 月 25 日，习近平总书记来到中国人民大学考察调研时指出，加快构建中国特色哲学社会科学，归根结底是建构中国自主的知识体系。没有知识体系这个内涵，三大体系就如无本之木。习近平总书记的这一重要论述，为中国特色新闻传播学学科体系、学术体系、话语体系建设指明了方向。当前，面向新时代的使命任务、面向新媒体的变革、面向全球化背景下人类文明交往的新形势，新闻传播学科面临转型升级的迫切要求，需要在回答中国之问、世界之问、人民之问、时代之问中实现学科的系统性重组与结构性再造，新闻传播学的知识体系也需要以此来锚定坐标、厘清内涵外延。

中国人民大学新闻学院是中国共产党亲手创办的第一所高等新闻教育机构，是新闻传播学科“双一流”建设单位，主动布局和积极开展自主知识体系建设是我们应有的使命担当。为此，学院开展了“中国新闻传播学自主知识体系建设工程”重大攻关行动，组建了十六个科研创新团队，以有组织科研的形式开展专项工作，寄望以此产生一批重大基础性、原创性系列成果，这些成果将在中国人民大学出版社的支持下陆续出版。

中国新闻传播学自主知识体系建设，首先要解决这一体系的逻辑性问题。这需要回到学科发展的历史纵深处，从元问题出发，厘清基本逻辑。在过去的一百多年中，报纸、杂志、广播、电视、通讯社等风起云涌，推动了以大众传播为主体的职业新闻传播事业的迅猛发展。这种实践层面的动向也必然会反映到理论层面，催生和促进新闻传播学的发展。如果从1918年北京大学新闻学研究会成立算起，新闻学在中国的发展逾百年，传播学全面进入中国学界的视野已超过四十年，从1997年正式成为一级学科，新闻传播学在我国的发展则有二十多年。在长期的发展过程中，新闻传播学形成了以史、论、业务三大板块为支柱的知识图谱，并在各专门领域垂直深耕，形成了蔚为壮观的学科阵列。应该说，已有的发展为构建中国新闻传播学自主知识体系提供了良好的基础，但离自主知识体系的要求尚存在不小的差距。主要表现在：长期跑马圈地扩张而以添砖加瓦方式累积形成的知识碎片如何成为有逻辑的知识图谱？主要面向大众传播而形成的知识概念何以适应新媒体时代传媒业结构性变革的新要求？多源流汇聚、面向多学科开放而形成的知识框架如何彰显本学科的主体性？马克思主义新闻观作为“中国特色”的灵魂如何全面融通进入知识体系？这些问题的解决必须超越各种表层因素，从元问题出发并以其作为逻辑起点展开整个知识体系的构建。新闻传播学的一个重要特质就是关注“对话与沟通”及由此对“共识与秩序”的促成，进而推进人类文明和文化的理解与融合。在今天的社会语境下，对于新闻传播学的这一本质意义的认识是重建学科逻辑的关键。在当今的新兴技术革命中，新闻活动从职业语境走向社会化语境，立足于职业新闻活动的新闻学也必须实现根本性转换，将目光投向更广阔的人类传播实践，将新闻学建立在作为人之存在方式、与人之生活世界紧密相连的“新闻”基础之上，建立在新闻、人、事实和生活世界之间相互交错的深厚土壤中。

中国新闻传播学自主知识体系建设，必须要处理好中国特色与世界普遍意义的关系问题。中国的历史、中国的新闻传播实践赋予知识概念以特殊含义，如何将这种“中国特色”阐述清楚，是新闻传播学理论首先要解决的问题。“中国特色”强调对中国问题、中国历史传统和现实特征的观照，但这绝不是自我封闭的目光向内，而是要处理好中国经验与世界理论的关系。建构自主的知识体系应该是一个对话的过程。马克思主义基本原理同中国具体实际相结合、同中华优秀传统文化相结合的过程，是吸收、转化、融入的过程，从学术上讲，实际上是马克思主义与中国传统对话、与中国现实对话的过程。建构自主的知识体系应该关切、关怀人类共同的问题和命运，这就要以产出中国知识、提供全球方案、彰显世界意义为目的，在古今中西的十字路口展开对照和对话。换言之，我们构建自主的知识体系不是自说自话，而是要通过知识创新彰显中国贡献，使中国的新闻传播学屹立于世界学术之林，这是一个艰难而复杂的进程。如果以此为目标做战术层面进一步细分的话，自主知识体系的构建大体可以分为三个向度：

其一，能够与世界同行开展实质有效的深层对话。

这部分主要是指那些具有特别鲜明的中国特色、短期内难以达成共识的内容，比如中国新闻学，从概念到理论逻辑均与西方学术话语有着较大的差异和分歧。对于这部分内容，我们至少在短期内可以以能够开展实质有效的对话为目标，不一定能够达成共识，但至少应努力做到和而不同。这需要我们首先建立一套系统的、在学术上能够逻辑自洽的中国新闻学理论体系。作为中国新闻学的灵魂，马克思主义新闻观不能成为被表面尊崇实则割裂的“特区”“飞地”，而应“脱虚向实”，真正贯穿本学科的知识图谱。这就需要将马列关于新闻传播的经典论述与中国共产党从其领导下的百年新闻事业中不断总结提炼的新闻理论相结合，与中国历史传统特别是优秀传统文化相结合。当前，特别要立足于马克思主义新闻观与新时代中国新闻传播事业，加强对习近平文化思想、习近平关于新闻舆论工作重要论述的系统性理论阐释，全面梳理互联网环境下新闻实践的基本理念、原则、方式方法，充实和完善新闻学的本体论、认识论、方法论，构建较为系统完整的知识地图。这既是中国新闻学理论链条的最新一环，也将实现理论创新的层级跨越。

其二，能够与世界同行开展实质有效的交流合作。

这部分主要是指那些与西方学术话语有相通之处、面临共同的问题和挑战的内容，比如一直面临着基础理论创新乏力的传播学，我们可以在实质有效的合作交流中共同发展，做出中国贡献，形成中国学派。要实现这一愿景，中国的传播学必须坚持问题导向，立足中国现实问题，开展基础理论研究和应用对策研究：一方面，扎根中国大地，形成具有中国特色、世界意义的原创性理论；另一方面，面向中国实践，形成一套有解释力的观念体系。从国家加强国际传播能力建设的重大使命任务出发，当前尤其要加强国际传播基础理论建设，尽快构建中国的国际传播理论体系，推动与国际同行的学术交流和对话，加强国际学术话语权。

其三，能够为世界同行做出实质有效的独特贡献。

这部分主要是指那些新兴领域或者中国具有独特资源的领域，我们与世界同行基本处于同一起跑线，甚至有些还有一定的先发可能，要把握历史主动、抓住难得的机遇期。当前中国社会正处于转型期，呈现出大量西方社会较少见到的现象，这给中国新闻传播学研究在理论建构上做出世界贡献提供了机会。同时，要利用好中国在新媒体方面的技术优势和实践优势，提早布局、快速产生重大成果，为未来传播的新时代实现中国新闻传播学科建设的“弯道超车”创造条件。比如，目前各种人工智能技术已被广泛运用到新闻领域乃至整个传媒产业，带来了智媒化发展的大趋向，我们需要通过跨学科的视野梳理智能传播的基本架构以及知识体系，并在此基础上深入探究智能传播中的焦点问题：智能化媒体应用趋势、规律与影响，人工智能时代的算法，智能环境中的人与人机关系等。

自主知识体系建设是新闻传播学科在新的历史阶段开展“双一流”建设的重要历史机遇。如果说第一轮“双一流”建设是在筑基与蓄力，那么从第二轮“双一流”建设开始，我们的重要任务就是真正开启面向全球场域、建设世界一流，全面提升学科的国际对话能力，实现从一般性国际交往到知识创造、从理论互动到以学科的力量介入全球行动、从场景型合作到平台构建的“转向和超越”。在走出建设中国特色、世界一流大学新路的过程中，自主知识体系建设将起到至关重要的赋能作用，通过知识创新实现中国经验与世界贡献的有机融通，为中国的新闻传播学科屹立于世界学术之林夯实基础。这当然不是一所学院所能胜任的事情，需要整个学科共同体的努力。2023 年 11 月 4 日，中国人民大学新闻学院联合国内四十多所兄弟高校新闻传播学院共同发起成立“中国新闻传播学自主知识体系联盟”并发布倡议，希望以学科的集体力量和智慧推进这一重大行动，我们有理由期待未来更多高质量相关成果的推出。

新时代给新闻传播学科的发展赋予了无限动能与想象空间，这是我们的幸运，也是我们的责任。我们坚信，中国新闻传播学自主知识体系构建要锚定的基点，在于“以中国为根本，以世界为面向”，要充分了解、辩证看待世界，在广泛吸收人类文明优秀成果的基础上，回到本学科、本领域事业发展的历史和现状，回到中国的历史和优秀文化传统，以中国问题、中国现实为观照来构建自主知识体系，为推动中国更好地走向世界服务，为构建人类命运共同体做出贡献。

是为序。

2023 年 11 月 16 日

于中国人民大学明德新闻楼

写在前面的话

“新闻十论”的来龙去脉

“新闻十论”就要集纳成十卷本出版了，这对我来说，是对过去20多年来新闻学研究的一个主要总结，估计也是最重要的总结了。至于我关于其他领域一些问题的思考和研究，还得等待另外的机会进行总结。

“新闻十论”就要以新的“完整”的面貌与读者见面了，不再是过去的零散样式，想象到那像模像样的十卷，不仅感到欣慰，内心还有点兴奋和激动。对于一个研究者或思想者来说，能给社会、他人的最大贡献莫过于自己的著述了。这自然也是作为研究者、思想者精神生命中最具意义的部分。

关于“新闻十论”写作的来龙去脉，没有多少生动鲜活的故事，也没有什么摇摆不定的曲折起伏，就像一个研究者或思想者的生活一样，四季流转、朴素平淡。但毕竟是20多年才做成的一件事，总得给读者交代一下大致的过程和相关的情况。

当初写第一论《新闻事实论》时，我只是个“大龄”的博士研究生。1998年9月，我36岁，来到中国人民大学新闻学院跟随童兵教授读博士，面试时就大致确定攻读博士期间主要研究“新闻事实”问题。

2001年10月，新华出版社出版了我的博士学位论文《新闻事实论》。写作《新闻事实论》时，没想着要写那么多论，但出版后，就有了新的写作计划，当时只是想写“新闻三论”，即除了《新闻事实论》之外，再写《新闻价值论》和《新闻自由论》两论。

我的导师童兵先生在给《新闻事实论》写的序言中，做出了这样一个判断：“‘三部曲’搞成了，是对中国新闻传播学基础研究的一个贡献。”这大大鼓舞了我的士气，也增强了我做基础研究的信心。

写“十论”的想法产生于 2001 年年底，当时《新闻事实论》已经出版，我开始着手写《新闻价值论》了。写作过程中，我产生了一个想法，那就是能否在全国范围内找一些年富力强的学者，就新闻基础理论问题做个系列研究，三五年内撰写出版一批专著，为新闻理论研究做一些铺垫性的工作，也可以从根本上回击“新闻无学”的喧嚣。我当时博士毕业留到中国人民大学新闻学院任教不到一年，没有这样的组织号召能力，于是就把自己的想法告诉了童兵先生，渴望童先生通过自己的影响力组建一个团队来做这件事情（童先生当时担任国务院学位委员会新闻传播学学科评议组组长）。童先生说他先联系一下看看如何。大概过了半年多，童先生从上海来北京（童先生 2001 年年底从中国人民大学新闻学院调往复旦大学新闻学院工作）开会，我去看望先生，谈及前说组建写作团队一事，先生说找过一些人，但大都“面露难色”，此事不好做，随后话锋一转对我说：“你若情愿，就一个人慢慢做吧。”我也没敢答应，此事就此搁浅了。

契机出现于 2003 年。当年，我出版了《新闻价值论》，《新闻自由论》两三万字的写作大纲也基本完成，想着再用两三年时间，写完《新闻自由论》，“三部曲”就结束了，然后再做其他问题的研究。记得是 11 月前后，有一天晚上快 11 点了（具体日子已经记不清了），有人给我家里打来电话，我拿起电话刚想问是谁，对方不紧不慢，“笑眯眯”地说（那语调、声气让人完全可以想象出来）：“祝贺你，保军，你这个小老鼠掉到大米缸里啦，你的论文《新闻事实论》入围全国百篇优秀博士学位论文啦！”电话是方汉奇先生打来的。听到这样的好消息我当然高兴。老人家又鼓励了我几句，我表达了深深的感谢，并告诉方先生我自己会继续努力，好好做学问。

获得全国百篇优秀博士学位论文奖不仅名声听起来不错，而且还是件比较实惠的事情，可以申报特别科研资助基金。我申报了“新闻理论基础系列专论”研究的课题，承诺写三部专著——《新闻本体论》《新闻真实论》《新闻道德论》。这一下子等于自己把自己给逼上梁山了。但也正是从此开始，我正式规划“新闻十论”的写作。

“十论”具体写哪“十论”，其间有过精心筹划，也有过犹豫、选择和调整，现在的“十论”，与最初的设想还是不完全一致的，比如，《新闻自由论》转换成了《新闻精神论》，当初想写的《新闻文化论》也最终变成了《新闻观念论》，而想写的《新闻媒介论》最终没有写。但说老实话，转换、调整的根本原因是《新闻自由论》和《新闻文化论》太难写了，自己的积淀、功力远远不足，只好选择自己相对有能力驾驭的题目，那些难啃的硬骨头留给“铜牙铁齿”的硬汉们吧。

如果从1999年《新闻事实论》的写作算起，到2019年《新闻规律论》画上句号为止，“新闻十论”整整用了20年时间。这个时间，说长不长，说短不短，但它用去了我整个的中年时代。回头望去，就如我在《新闻规律论》后记中说的，二十多年过去了，我由青年、中年开始进入老年，黑发变成了“二毛”、白发，但当年的愿望也由头脑中的想象一步一步变成了摆在面前的文本，思想变成了可触可摸的感性事实，说实话，也是相当欣慰的。做了一件自己想做的事，并且在自己的能力、水平范围内做完了、做成了，也算给自己有个交代了。

不过，不管是起初设想的“三部曲”，还是最终写成的“十论”，这些著作只是对既往劳动心血的奖赏，一经面世，便是过去时了，对自己其实也就不那么重要了。至于这些著作对学术研究的意义和价值，对相关社会实践的作用和影响，就不是我自己能够评判的事情，只能留给他人和历史。我想做的是眼下与未来的新事情，继续自己的观察分析、读书思考、写作出版，争取对新闻学研究做出一些新的贡献。当然，我也会抽出一些时间，整理自己其他方面积累的一些文字，并争取出版面世的机会。

“新闻十论”能以十卷本聚合在一起的方式与读者见面，必须感谢中国人民大学。2018 年 4 月，“新闻十论”以“当代中国新闻理论研究”课题方式，列入中国人民大学重大规划项目。有了项目资金的资助，出版也就可以变成现实了。

2019 年，“新闻十论”的最后一论《新闻规律论》由中国人民大学出版社出版后，我便着手整理过往出版的“九论”——其中，《新闻事实论》于 2001 年由新华出版社出版，随后的《新闻价值论》（2003）、《新闻真实论》（2006）、《新闻活动论》（2006）、《新闻精神论》（2007）、《新闻本体论》（2008）、《新闻道德论》（2010）皆由中国人民大学出版社出版，2014 年《新闻观念论》由复旦大学出版社出版，2016 年《新闻主体论》由人民日报出版社出版。这些专著，除了新近出版的《新闻规律论》《新闻主体论》和《新闻观念论》，其他在市场上已经见不到了。有些朋友曾向我“索要”其中的一些书，我手头也没有。

尽管“十论”的结构方式、写作风格是统一的，大部分著作的篇幅差别不是很大，但有几本之间还是有一定差异的，比如作为博士学位论文的《新闻事实论》只有 16 万字左右，而 2014 年出版的《新闻观念论》超出 70 万字，面对这种情况，或增或减都是不大合适的，保留历史原貌可能是最好的办法。因而，这次集纳出版时，我并没有为了薄厚统一“好看”去做什么再加工的事情。顺其自然，薄就薄点，厚就厚些。

根据出版社编辑建议，“新闻十论”集纳出版之际，我专门撰写了《中国新闻学基础理论研究》，从一定意义上说，这本书是“十论”的“总论”，也是对“新闻十论”的总结。为了方便读者的阅读，我把原来分散在各单行本著作中的“前言”或“导论”集纳在一起，构成了该书的第二编。需要说明的是，有几本当初没有写类似“前言”或“导论”的文字，或者是写得过于简单，比如《新闻价值论》《新闻真实论》，为了形成一个比较完整的结构，我特意为这几本书补写了相当于“导论”的文字。由于是补写，就不可能回到当初的写作状态，但我尽可能以原来的文本为根据，去呈现原来著作的内容，类似于内容介绍，而不是站在现在的角度展开阐释。每一本书的“导论”，如果原来有题目，我就保留原来的，如果没有，我便从原作中找一句代表性的话作为题目；同时，为了阅读方便，我也特意提炼了各部分的小标题。总的来说，一个大原则就是尽可能完整保留原作的面貌，不用“后见”改变“前见”。

“总论”《中国新闻学基础理论研究》与“十论”合在一起，总字数超出 400 万字。

“新闻十论”在过往十几年中，得到了新闻学界的普遍肯定。一些学者撰写了评价文章，给予不少溢美之词；有些专著被一些新闻传播学院列为研究生、博士生必读书目或参考书目。“十论”中的多半著作获得了不同类型、层级的奖项，比如，《新闻事实论》获得了全国百篇优秀博士学位论文奖，《新闻价值论》《新闻活动论》《新闻道德论》《新闻观念论》分别获得了第四届、第五届、第六届、第八届中国高校人文社会科学研究优秀成果奖三等奖、二等奖、三等奖、一等奖，《新闻观念论》还获得了第七届吴玉章人文社会科学优秀奖，《新闻规律论》获得了北京市第十六届哲学社会科学优秀成果奖二等奖，《新闻精神论》《新闻规律论》等也曾获得中国人民大学优秀科研成果奖。但这些著作到底价值几何，获奖并不能完全说明问题，还是要交给未来的时间去说话。

伴随“新闻十论”的出版，我还撰写了数量不少的研究论文，这些论文大都是围绕“十论”主题的后续研究成果，可以说是相关主题研究的不断扩展和深化。如果借着本次出版机会把这些论文作为附录编辑在相关著作后面一起出版，也许有利于读者更好地了解我的研究进展情况，但这将使“新闻十论”显得过于庞大或“膨胀”，同时也会给编辑工作带来更多的繁重劳动。出于这些考虑，我放弃了编辑“附录”的想法，等将来有了机会，我再专门编辑出版相关研究论文。但这里需要稍微多说几句的是，“新闻十论”中的每一本著作都有其历史性，这也决定了它们对相关主题的研究成果不可能完全反映当下的实际情况。尽管“新闻十论”专注于基础问题，所得出的研究结论具有一定的稳定性和长久性，但对日新月异的新闻领域来说，这些著作中的一些见解、观点、看法还是需要补充、调整和修正的，我们需要根据新的现象、新的事实、新的发展做出持续的探索。新闻研究的本体对象在持续变化，新闻认识论、价值论、方法论等当然也要跟着变化。

由于“新闻十论”的写作前前后后长达约 20 年，每一本书的写作，都有当时的时代背景、环境特点，都是当时自己认识水平、思想水平和学术水平、表达水平的产物。因而，本次集纳出版时，出于对历史的尊重，也是对自己的尊重，更重要的是对读者的尊重，基本保持了每本书当年出版时的文字原貌。但在这次集纳出版时，按照中国人民大学出版社最新出版编辑规范的要求，调整、订正了注释方式以及参考文献的排列方式，对发现了的写作上或编辑上的个别明显问题，当然都做了必要的修正。

还需要特别说明的是，尽管“新闻十论”的每一论都是围绕某一个核心问题（范畴、概念、观念）展开论述，但这些核心问题之间有着内在的关系，自然也会存在共同的或交叉性的问题。因而，在论述过程中，一些内容就难免必要的重复。在“十论”集纳出版时，如果把这样的文字删掉，可能会影响相关论述的完整性。因此，为了使每一论都能自成体系、保持完整，我保留了各本著作出版时的原貌。

“新闻十论”不是一次性规划的作品，而是在研究、写作中逐步构想、形成的一个具有内在统一性的系列。“十论”中的每一论都是对一个新闻理论基础概念、基本观念的成体系的研究，完全可以独立成篇。而它们组合在一起，就初步形成了对新闻理论基础概念、基本观念的系统化研究。可以说，"新闻十论"为整体的新闻理论体系构建做出了初步的但确实重要的铺垫工作。

正是因为"新闻十论"不是先做整体策划，之后逐步写作，而是写了几本后才有的规划，因而，"十论"之间并没有形成明晰的先后或历史逻辑关系。但现在要集纳在一起出版，为了方便读者阅读，我把作为"总论"的《中国新闻学基础理论研究》一并纳入考虑，主要依据内容构成特点，将"总论"与"十论"分成几个单元，并按照内容之间大致的逻辑关系做了个排序：

(1)《中国新闻学基础理论研究》(总论)

(2)《新闻活动论》

(3)《新闻主体论》,《新闻本体论》《新闻事实论》

(4)《新闻精神论》《新闻道德论》《新闻观念论》,《新闻真实论》《新闻价值论》

(5)《新闻规律论》

这五个单元之间的关系，图示如下：

这五个单元之间的关系，可以大致这样理解：第一，《中国新闻学基础理论研究》是"新闻十论"提纲挈领的总介绍，具有统领的也是"导论"性质的地位与作用。第二，《新闻活动论》是"新闻十论"逻辑上的一个总纲，设定了"新闻十论"的宏观范围或问题领域。第三，新闻活动是人的活动，是人与人之间以交流新闻信息为主、为基础的活动，因而，人与新闻的关系问题是新闻活动的总关系，也是新闻学的总问题，这样，《新闻活动论》大致就可分为《新闻主体论》与《新闻事实论》《新闻本体论》两个单元：《新闻主体论》重点讨论的是新闻活动中的"人"的问题

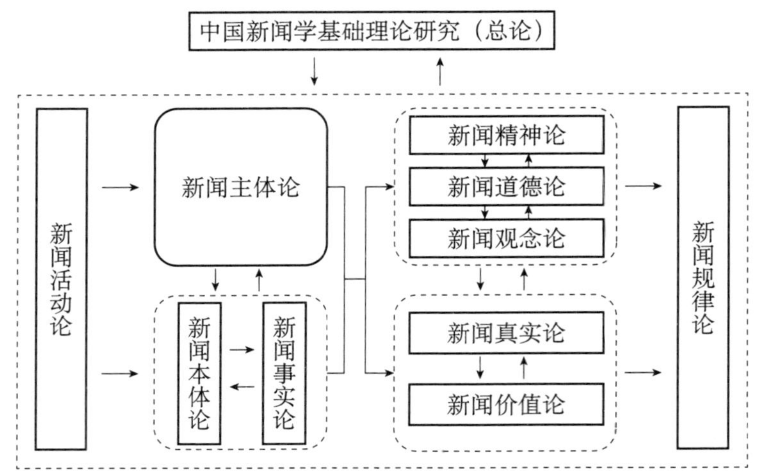

或“新闻活动主体”的问题；《新闻事实论》《新闻本体论》重点讨论的是“事实”问题、“新闻”问题，而“事实与新闻的关系问题”构成了新闻理论的基本问题。第四个单元可以看作第三单元的逻辑延伸：《新闻精神论》《新闻道德论》《新闻观念论》主要是关于“新闻活动主体”“精神世界”的讨论，《新闻真实论》《新闻价值论》是在新闻认识论、新闻价值论视野中关于新闻与事实、新闻与主体价值关系的讨论。这两个小单元之间的关系，依然可以看作关于“人与新闻关系总问题”的进一步延伸。第五个单元是在规律层面上对新闻活动内在关系的揭示，也可以看作在前述各个单元基础上的总结。

需要再次说明的是，上面关于“新闻十论”逻辑关系的梳理，只是写作完成后对“十论”内在基本关系的一个反思性认识，并不是一开始的“顶层设计”。事实上，要建构比较完整的新闻基础理论研究大厦，不是这“十论”能够完成的，诸如关于新闻媒介、新闻语言（符号）、新闻技术、新闻制度、新闻文化等都需要以专论的方式展开系统深入的研究，这自然是一个长期的过程，也不是某一个人或几个人可以完成的任务，而是需要整个新闻学界展开持续的研究和探索。

致　谢

对于一个读书人、教书人、写书人来说，出版几本书是分内的事情，也是生命、生活过程的自然呈现，没有什么过多值得说的东西，但在自己的背后，却有许许多多要感谢的人，要感谢的单位，也有许许多多想说的事。这里不可能大篇幅展开叙说，但有些话还是要留下历史性文字的，一定要让它们成为美好的记忆。

读书、思考、研究、写作需要时间，需要安宁、清净，但自己有了时间，有了安宁、清净，有些人就得为你忙起来、跑起来。人们容易看到台前的人，很难看见幕后的人，但没有幕后人的辛劳，台前的人是表演不好的。

我从 1998 年读博开始，应该说正式步入了自己独立自主的思想探索、学术人生。经过几十年的慢慢前行，现在有一些被称作“成果”的文字放在那里。回头去看，这一路走来，在自己成长的道路上，需要感谢的人实在太多。我在已经出版的每一本著作的后记中，都有真真切切的记录，也一再表达了自己真诚的感谢，我愿在“新闻十论”出版之际，再次表达对他们的深深谢意。

感谢我的硕士生导师郭云鹏、赵馥洁、王陆元、伍步云诸位先生，是他们将我带进了学术的殿堂，让我初步懂得了学问的真谛、思想的珍贵，给我涂抹上了学术人生的底色。他们中有的已经驾鹤西去，但影响却深深留在了我的身上和心里。

感谢我的博士生导师童兵先生，是他指点我、引导我迈上了学术的台阶，开始了真正的攀登。如今他虽已年过八十，但依然与时俱进、笔耕不辍，活跃在中国新闻研究、新闻教育教学的前沿阵地，是我学习的榜样。感谢我的师母林涵教授，她敏锐智慧、性格耿直，无论在学术上还是在生活中都给我以特别的启示。导师和师母塑造了传奇式的“林中童话”，成为我们晚辈经常阅读、传说、交流的美好故事。

感谢我的博士后合作导师曹璐教授，她是那种充满母爱式的导师，温和宽容，不管是学术指导还是生活交流，总是一副慈祥的样子，让人感到放松和温暖。在跟从曹老师的学习过程中，我不仅得到了学术的滋养，也学到和体会到了一些如何与学生、与晚辈、与他人交往的真经。

感谢我的著作的出版者、编辑者，我的论文的审阅者、刊发者，是他们把我一步步扶上了学术的阶梯，帮助我不断向上攀爬，能够看到更高、更远的风景。感谢新华出版社的王纪林女士，中国人民大学出版社的司马兰女士、陈泽春女士、李学伟先生、王宏霞女士，复旦大学出版社的姜华先生，人民日报出版社的梁雪云女士，还有众多学术刊物的编辑们。他们中的一些人可能已经不在原出版单位工作了，但不管他们是退休了，还是另有高就，我都会一直记得他们，感谢他们。

感谢新闻传播学界的前辈学者刘建明教授、罗以澄教授、董广安教授、杨秀国教授、白贵教授……他们在我的学术道路上，以各种方式关注过我、帮助过我、提携过我，对我的学术工作、研究成果予以鼓励和肯定；感谢所有关心过我、帮助过我的同行朋友们，恕我不再一一列名。

感谢所有帮助过我、支持过我的朋友们。我要特别感谢樊九龄、朱达仁、李东升、栾肇东、党朝晖、郑瑜、杨武、李刚、刘吉发、任莉娟、贾玉峰……你们在我人生道路的一些关键节点上给予我不同方式的重要帮助，使我充满信心，克服了各种各样的困难，向着自己的目标前进。

感谢我所有的学生，包括我教过的中学生、本科生、研究生、博士生，是你们与我一起塑造、构建了我人生的主要场景，描绘了我人生的主要画面。与和你们一起成长相比，“新闻十论”不过是“副产品”，当然也是我与你们一起学习、共同进步的“正产品”。你们中的每个人，都以各自的方式在为社会服务的同时展开自己的生活、成就自己的人生，很多人都已成长为不同领域的佼佼者，这使我感到相当欣慰。你们中的一些人也常常与我联系、交谈，这使我获得了另一种特别美好的感受。

一个人的人生，不是一个人单独行走的过程，更不是独自默默绽开，而是所有相关者共同绘制、编织的结果。记得马克思说过这样的话，一个人的发展取决于和他直接或间接交往的其他一切人的发展。是的，我们是交往、交流中的存在，所有交往、交流中的人都是我们得以成长的不同助力者。在我们的人生道路上，会不断得到“贵人”相助，这是幸运的事、快乐的事、幸福的事。凡是以各种方式帮助过、支持过我的人，都会永远留在我美好的记忆之中，会成为我不时“念叨”的人……

感谢我的母校渭南师范学院（原来的渭南师专），我在那里读的是大专，学的是物理专业，但正是在那里，我阅读了大量的文学艺术作品和人文社会科学著作，奠定了后来成长的基础。

感谢我的母校西北政法大学（原来的西北政法学院），我在那里读的是硕士研究生，学的是哲学专业，方向是哲学认识论。正是在那里，我开始真正研读哲学史上、思想史上的一些经典著作，真正开始以学术的方式、独立自主的方式思考一些有意义、有价值的问题。

感谢我的母校中国人民大学，我在这里读的是博士研究生，学的是新闻学专业，专注于新闻基础理论研究，2001 年毕业后留校任教。正是从步入中国人民大学新闻学院开始，我进入了新闻专业研究领域，开启了具有自身特点和风格的学术研究活动，并逐步形成了自己对研究领域比较系统成型的看法，“新闻十论”便是我在中国人民大学新闻学院20多年来学习、教学、科研工作成绩的重要组成部分。

感谢中国人民大学新闻学院的所有同事，我们一起创造了一个学术环境宽松、人际关系和谐的学院，在这里我感到了难得的温暖和美好。20多年来，我得到了前辈老师们学术上的指点、扶持和提携，感谢甘惜分先生、方汉奇先生、郑兴东先生、何梓华先生……。20多年来，我在这里得到了更多老师在教学、科研、生活方面的关心和关照，感谢涂光晋老师、陈力丹老师、张征老师、倪宁老师、郭庆光老师、喻国明老师……。我还要特别感谢在我遇到特殊困难时安慰我帮助我的陈绚老师（她不幸英年早逝）、钟新老师、彭兰老师、赵永华老师、王润泽老师、赵云泽老师……

感谢我曾经工作过的陕西省耀县（今铜川市耀州区）柳林中学（它坐落在深山里，背靠大山，面临小河，如今它已不在了，变成了山中一座像模像样的宾馆），感谢我曾经工作过的西安市第六十六中学，感谢我曾经工作过的陕西日报社。在这些不同的地方、不同的工作岗位上，我能以不同的视野、不同的方式并在不同层次上经验中国社会、了解中国社会、理解中国社会。特别是在陕西日报社近八年的新闻工作中，我真正开始了解中国新闻、经验中国新闻、实践中国新闻、理解中国新闻，并初步思考和研究中国新闻。陕西日报社的工作经历，是我最终走上新闻研究之路的“动力源”。我看到的事实、我亲历的实践、我遇到的问题与困惑，促使我踏上了新闻研究的征程，从一个新闻一线的工作者转变成了一个新闻理论研究者。

在“新闻十论”出版之际，我要再次特别感谢我所在的中国人民大学，正是学校经费的支持，才使“新闻十论”以这样“风光”的形式与读者见面。在此，我要特意感谢中国人民大学科研处的侯新立老师，他不仅为“新闻十论”的出版协调各种关系，还对我如何安排“新闻十论”的结构提出了很好的建议。我要特别感谢我所在的新闻学院前任执行院长胡百精教授（现在为团中央书记处书记），现任院长周勇教授，主管科研工作的副院长王润泽教授。他们为了“新闻十论”的出版，专门与我商谈并在不同场合推介“新闻十论”以扩大它的影响，让我感到特别的欣慰。

我要特别感谢中国人民大学出版社，特别感谢人文分社，感谢人文分社的总编辑翟江虹女士，为了“新闻十论”的顺利出版，她上下左右协调各种关系，不辞劳苦、到处奔波，不厌其烦地回答我的各种问题，耐心细致地指导我如何按照相关规范修订、编辑书稿，组织编辑力量保证出版工作顺利进行。我要特别感谢“新闻十论”的责任编辑田淑香、李颜、汤慧芸、黄超、徐德霞、陈希。

我要特别感谢中国人民大学新闻学院十多位博士研究生，他们组成了一个工作团队，帮助我解决书稿编辑中的技术问题，他们是樊攀（他是这个博士生团队的组织者、协调者）、杜辉、王敏、刘泽溪、孙新、潘璐、张博、曾林浩、刘少白、余跃宏、李静、吴洁等，感谢他们帮助我调整、订正注释和参考文献的编排方式，感谢他们帮我查阅一些文献的新版表述，有些文献经斟酌还要保留旧版表述，这都是琐细繁杂、劳心费力又很费时的工作，要是没有他们的倾力相助，“新闻十论”的出版速度就会大大放慢。需要特别感谢的是我的博士生樊攀和刘泽溪两位，在校订书稿的过程中，他们随时都在帮助我解决遇到的各种技术问题。

“新闻十论”的出版，让我再次深切感受到一个学者的成长，一个研究者和思想者的学术成果的传播，绝不仅仅是一个学者、研究者、思想者自己可以单打独斗的事情，而是需要各种组织、机构的支持，需要个人的努力和别人的帮助。其实，所有的精神产品都不可能是某一个人独立的产品，而是一些组织、一些机构、一些人共同努力的结果。

最后，我要特别感谢自己的亲人们。感谢我的父母、岳父母，老人家们其实并不完全知道我整天为什么要读那么多书、要写那么多文字，但他们似乎都知道我在做“大事”。因而，每每与他们通话或见面时，总是要我做好自己的事，不要太挂念他们。天底下的父母，最爱的就是他们的孩子，孩子们好了，他们就觉得一切都好了。感谢我的兄弟姐妹，他们大都在父母身边或离得比较近，在赡养、关照父母的事情上付出了更多的辛劳。每次通电话，他们也总是让我放心，老人们有他们照顾。其实，我总感问心有愧，没有抽出更多的时间看望父母、陪伴父母。

对于她来说，“感谢”一词就过于轻淡了，即使给前面加上各种各样的修饰词，也增加不了任何分量。语言的能量其实太有限了，只能表达能表达的，却表达不了不能表达的，而那些不能表达的、难以表达的，才往往是最深沉的东西。

我从学物理转到学哲学，从学哲学转到学法律，再转到学新闻，这一转再转，需要读书，需要思考，需要时间，需要安静……我从这个学校的中学老师转成那个学校的中学老师，又从中学老师转成硕士研究生，又从硕士研究生转成新闻工作者，又从新闻工作者转成博士研究生，又从博士研究生转成大学教师，这一转再转，越来越需要时间，越来越需要读书、思考、写作，越来越需要更多比较安静的时间……

给我时间的，让我安心的，有许多人，但所有的其他人，都不能胜过她，所有的其他人，都不能代替她，因为所有的其他人，都不是她。她是唯一的。她就是那个平凡得不能再平凡、朴素得不能再朴素的人——我的爱人——成茹。不需要说她为我、为父母、为孩子、为兄弟姐妹、为亲朋好友、为我的老师、为我的学生做了什么，因为太多、太琐细、太婆婆妈妈，我说不完，更说不过来，但所有这一切却是我行走的背景，而没有背景又哪来的前景呢？谢谢你，成茹，辛苦了！

杨保军

2023 年 10 月 9 日

于北京世纪城

目　录

导论："新闻观念论"的观念

上篇　新闻观念本身

第一章　新闻观念内涵考察

第二章　新闻观念构成分析（上）

——观念的"主义"类型与系统内容

第三章　新闻观念构成分析（下）
——观念的内在要素与层次结构

第四章　新闻观念的形成机制

第五章　新闻观念的演变与更新

第六章　新闻观念的评判

中篇　中介视野中的新闻观念

第七章　新闻观念的一般功能作用

下篇　关系论视野中的新闻观念

第八章　新闻观念与新闻行为

导论：“新闻观念论”的观念

历史从哪里开始，思想进程也应当从哪里开始，而思想进程的进一步发展不过是历史过程在抽象的、理论上前后一贯的形式上的反映……

——马克思

人之所以比禽兽高尚的地方，在于他有思想。由此看来，人的一切文化之所以是人的文化，乃是由于思想在里面活动并曾经活动……唯有当思想不去追寻别的东西而只是以它自己——也就是最高尚的东西——为思考的对象时，即当它寻求并发现它自身时，那才是它的最优秀的活动。

——黑格尔

学者的使命之一正是从现实生活的复杂性中找出一条适当的路径，而这就要求你必须明白自己的方向。

——迈克尔·舒德森（Michael Schudson）

人是观念的动物；“人之所以为人，是因为人有各种观念”[①]。从大的原则上说，人的活动和行为总是在一定观念支配、指导之下展开的。尽管任何观念从根本上说，源于社会生活和现实社会的需要，是对社会存在的反映和想象；但在根本源流或本体论之外的意义上看，观念对于主体的行为和实践往往是优先的，实践观念先于实践行为，行为是对观念的对象化，是观念的感性呈现。因此，尽管从根本上说，有什么样的存在，有什么样的实际，就有什么样的观念；但从另一个逻辑上看，有什么样的观念，才会创造出什么样的实际，观念先于实际，观念导向实际，观念有时比实际不仅更美好，也往往更正确、更合理。正是这两种逻辑的、实际的关系的同时存在与互动关系，使我们关于新闻观念的研究有了特别的理论意义和实践价值。为了使读者比较清晰地了解我的思路，我想以导论的方式交代说明《新闻观念论》的观念，其实就是大致解释一下本书的基本结构、核心问题与致思取向。

一、“新闻观念论”的基本对象与核心问题

美国著名社会学家、媒介学者迈克尔·舒德森说：“学者的使命之一正是从现实生活的复杂性中找出一条适当的路径，而这就要求你必须明白自己的方向。”[②] 我写《新闻观念论》，研究新闻观念与新闻传播业之间的基本关系，有一个最基本的学术观念，也可以说是依据我的工作经历、生活经验、学习历程、研究体会而形成的基本学术信念，这就是：新闻活动是人类的本体性活动，新闻需要是人类的基本需要，新闻业是现代文明社会的基本结构要素，新闻传收是人类追求快乐幸福、实现自由美好生活的

① 赵鑫珊．观念改变世界：一唱雄鸡天下白［M］．南昌：江西人民出版社，2008：2.

② 舒德森．为什么民主需要不可爱的新闻界［M］．贺文发，译．北京：华夏出版社，2010：6.

必要手段。正因为我有这样坚定的基本认知和信念，我才坚定地相信我的研究是有价值的、有意义的；正因为我有这样的认知与信念，我才想通过自己的研究去探索我们应该追求怎样的、适应时代要求的新闻观念，并用它们来指导我们的新闻活动。

新闻观念论重要，不只是因为新闻观念本身重要，更是因为新闻、新闻传播重要，新闻传媒、新闻媒介、新闻业重要。我完全赞同这样充满激情的笔墨："说到底新闻同千家万户的身家性命连在一起，同国家的命运、民族的前途、社会的发展和人民的幸福连在一起，同诸如'人文精神''人本主义''人道理想'等字眼连在一起。"① 因此，"什么样的新闻界能够推动社会朝着更好的方向变革"② 才是最根本的问题。我以为，尽管人类是在自发与自觉的统一中演变前行的，但对现代文明社会来说，没有观念自觉的行为是盲目的；同样，没有学术自觉的研究也是盲目的，我们需要自觉和自明，然后才能自愿去做我们想做的事情。德国物理学家普朗克说："没有观念，研究会无计划，而耗费在它上面的精力便归于空无。唯有观念才使实验者成为物理学家，编年史者成为历史学家，古抄本鉴别者成为语言学家。"③ 观念是理论成长的灵魂，这是研究者不断前进的最根本的信念和动力。

总体而言，新闻观念论是把"新闻观念"作为认识研究的基本对象。研究新闻观念的基本学术目的有这样几个：一是考察、分析和阐释新闻观念本身的内涵、实质、特征、构成与功能，以及新闻观念的性质评判、形成机制与演变更新规律等，努力建构起成体系的或具有体系性的新闻观念论④，

---

① 李彬．中国新闻社会史文选［M］．北京：清华大学出版社，2008：4.

② 舒德森．为什么民主需要不可爱的新闻界［M］．贺文发，译．北京：华夏出版社，2010：11.

③ 赵鑫珊．观念改变世界：一唱雄鸡天下白［M］．南昌：江西人民出版社，2008：96.

④ 关于体系或体系性，我同意美学学者张法先生的看法：其一，有一组基本概念，并且这些概念具有比较明晰的定义，有着明确的内涵和外延；其二，这些比较明晰的概念通过缜密的推理方式形成一个严密的逻辑体系；其三，理论体系的构造者确信体系的真理性。参见张法．论中国古代美学体系性著作的特色［J］．中国人民大学学报，2008（1）：131－137。

这大致属于新闻观念本体论。二是在关系论的视野、框架中，把握新闻观念与相关对象的关系，特别是在各种主要关系中新闻观念与其他领域观念的相互作用与影响，即要在关系论视野中研究新闻观念与新闻行为、新闻制度、新闻业、新闻媒体、新闻传播、新闻活动者等之间的关系；要探索新闻观念与社会政治、经济、文化、技术以及社会观念之间的关系；并且，这里的社会可以在不同层面上理解，既可以是一定民族范围、国家范围或更小范围的社会，也可以是世界意义上的国际社会、人类社会；这一部分大致构成了新闻观念关系论。三是更为实际的目标，即在中国语境下，新闻观念论研究要为建立合理的、适合中国实际情况和未来发展的新闻观念系统特别是新闻观或“新闻主义”提出有根有据的理论建议与论证，从而为中国新闻传播业、中国新闻传媒的良性发展提供可资借鉴的智力支持，这大致属于新闻观念论体系中的实践论。

围绕新闻观念本体论这一核心，还可具体一点说，新闻观念论中的“新闻”是极其简化的说法，是广义的、概括性的说法，并不是仅指狭义的新闻，而是一系列内在相关对象的“代表”①。“新闻”，实质上是指新闻学研究的基本对象即新闻本体、新闻业态和新闻关系②，当然还应该包括日益兴盛的公民新闻（citizen journalism）或民众新闻（或称民间新闻，folk journalism）；或者说“新闻”代表的是“新闻业、新闻传媒、新闻传收、新闻（狭义）”等职业新闻活动和非职业新闻活动中关涉的基本内容。

① 我立刻想到英国哲学家洛克的一句话：“别人虽与我们使用相同的词语，可是我们并没有权力来使他们心中产生的那些词语表示相同的观念。”参见洛克．人类理解论［M]．关文运，译．北京：商务印书馆，1959：389。正因为这样，我对自己的特殊使用必须加以特别的说明。

② 关于新闻学特别是新闻理论研究的对象与内容构成分析，可参阅杨保军《新闻活动论》（中国人民大学出版社，2006 年版）的“导论”或《新闻理论研究引论》（中国人民大学出版社，2009 年版）的“导论”。关于新闻本身的理论，实际上是狭义的新闻理论；而广义的新闻理论则包括新闻本体论、新闻业态论和新闻关系论，它是把整个新闻现象作为研究对象的。在这一意义上，如果在狭义新闻理论意义上研究新闻观念，建构的新闻观念论就是狭义新闻观念论，而在广义新闻理论意义上建构的新闻观念论，可以称之为广义新闻观念论。本书显然是在广义上研究新闻观念的。

这在一定意义上就是说，我们关于新闻观念的论述和阐释，覆盖或囊括了整个新闻现象和新闻活动，我们关于新闻观念的言说在总体上既适用于传统新闻媒体，也适用于新媒体。事实上，我同意童兵先生的一个基本判断："新闻学基本原理，对于新兴媒体的新闻传播活动，大体上是适用的，同样具有指导和规范的意义。"① 当然，我们会充分注意到"后新闻业时代"开启后或新媒体时代到来后新闻领域出现的一些新的特殊现象。按照这样的基本理解，我们可以说，在宏观意义上新闻观念论的基本研究对象由这样几个问题构成：第一，新闻是什么；第二，新闻能够做什么，核心是它对主体意味着什么；第三，新闻应该是（成为）什么。② 这三个问题当然是内在关联的，第一个问题主要关注的是事实问题，后两个问题主要关注的是价值问题；对每个问题的回答都在某种程度上依赖于对另外两个问题的理解。因此，新闻观念论自然要研究这两个问题——"新闻是什么""新闻应该是（成为）什么"的基本关系，或者说要始终研究新闻事实问题与新闻价值问题的关系。

基本对象明确后，还须强调指出《新闻观念论》要研究的包含在对象中的核心问题。简单说，我研究新闻观念有两个核心目标，或者说有两个核心问题：一是弄清楚新闻观念本身的基本内涵，即回答何谓新闻观念；二是探索对我们的社会（当下和未来一段时间）、国家和人民来说，什么样的新闻观念属于比较好的观念，即我们需要什么样的新闻观念。前一个问题是理论前提，需要深入细致地思考和研究，但作为一个学者可以比较

---

① 童兵．新媒体传播对传统新闻学的挑战［J］．新闻界，2012（10）：4－9．

② 在哲学层面上，考察一种具体的存在，通常由三大问题域构成，这就是"是什么、意味着什么和应该成为什么"。"是什么"关注的首先是事物的内在规定，"意味着什么"追问的是事物对人的存在所具有的意义，"应该成为什么"则以是否应该及如何实现事物对人的存在所具有的意义为指向，后两者在不同的层面上关联着价值的领域。参见杨国荣．认识与价值［M］．上海：华东师范大学出版社，2009：306。

自由地探索和回答；后一个问题是观念研究的实践指向，让人充满期待和想象，然而，它不再是比较单纯的学术问题，而是充满各种社会力量博弈的问题，但学者们仍然可以用学术的方式做出自己的回答，以学术的方式呈现我们自身的价值和意义。实际上，理论研究的一个重要任务就是不断反思现实，探寻未来发展的可能方向。

二、"新闻观念论"的体系结构与基本内容

《新闻观念论》提供了一种分析研究社会领域观念的基本框架，这就是：先是对领域观念本身的分析与阐释，其后是在中介意义上对观念功能与作用的阐释，最后是在关系论视野中对领域观念与领域实践以及领域观念与社会整体观念、其他领域观念之间关系的分析和把握。如此，《新闻观念论》的核心结构分为三大板块：上篇，新闻观念本身；中篇，中介视野中的新闻观念；下篇，关系论视野中的新闻观念。贯穿三大板块之中的红线自然是"新闻观念"。在整部著作的一头一尾，则从整体上阐释了两大问题：导论——"新闻观念论"的观念，提纲挈领式地说明了《新闻观念论》的研究目的、对象、核心问题、基本结构、内容构成以及方法论；结语——新闻观念与媒介化社会，力求以比较高远的境界与目光，考量洞察新闻观念与最新媒介社会表现特征之间的关系，指出未来新闻观念演变及其相关学术研究的可能趋势。在上述整体体系框架下，《新闻观念论》由以下主要内容构成。

首先是厚重的上篇，是关于"新闻观念本身"的理论，构成了整体新闻观念论的基础和主体。基础是说，关于新闻观念本身的系统考察与论述，是建构新闻观念论体系的出发点，没有关于新闻观念本身的深入研究，包括历史清理、现实揭示和逻辑分析，新闻观念论便是空泛的，失去

了观念体系能够成立的根基；主体是说，新闻观念论的核心内容，是关于新闻观念本身的研究，它在一定意义上可以独立构成狭义的新闻观念论体系。关于新闻观念本身的理论，具体包括以下一些最为基本的内容。

新闻观念内涵考察。新闻观念是整个新闻观念论的第一概念，是讨论所有新闻观念问题的基本出发点。因此，揭示新闻观念的实质是新闻观念论逻辑上的第一任务。阐释新闻观念的基本含义，从本质上说，就是为新闻观念设定讨论的基本标准，同时也从理论上规定了新闻观念论的主要论域范围。观念，主要是关于对象的认识与评价。因此，在最一般的意义上说，新闻观念，就是关于新闻是什么、应该是什么的观念，是关于新闻的真理观和价值观；但这些基本问题本身的内涵十分复杂丰富，包含大量具体的、相互关联的问题，而且，围绕这些基本问题，还会派生、延伸出一系列其他问题，从而构成一种新闻观念体系或新闻观念系统。而新闻观念体系或新闻观念系统才是新闻观念论应该探讨的整体对象。

新闻观念构成分析。新闻观念是一个整体性或整合性的概念，指称所有的具体新闻观念，有着十分丰富的内涵；新闻观念既包括关于新闻的科学观，也包括关于新闻的价值观，内在地还包含着关于新闻的方法论观念；新闻观念在宏观上是一个庞大而复杂的观念体系或观念系统，微观上则是一个个具体的观念。要比较准确地理解和把握新闻观念的实质，还需要从不同层次、不同角度对新闻观念的构成进行细致的分析。只有阐释清楚新闻观念的各种构成方式，才能真实理解新闻观念的实质。

新闻观念的形成机制。"一切观念都来自经验，都是现实的反映——正确的或歪曲的反映。"[①] 探讨新闻观念形成的机制，就是寻找新闻观念得以形成的动力与路径，特别是要探寻那些比较重要的、对新闻业和新闻

① 马克思恩格斯全集：第 26 卷 [M]. 2 版. 北京：人民出版社，2014：347.

传收活动具有广泛影响的新闻观念的起源与演化。新闻观念有其形成的内在机制。在普遍意义上，新闻系统与社会环境的相互作用是新闻观念形成的社会背景机制。认识与实践的相互作用是观念生成的基本动力机制；新闻实践是新闻观念产生形成的根本动力与根源，新闻认识与新闻反思是新闻观念生成的理性渠道，是建构理论化、体系化新闻观念（新闻意识形态或主义）的核心方式。但是，对于不同时代、不同社会来说，新闻观念的形成既有相似的机制，也有特殊的动力与渠道，需要具体问题具体分析。一定时代、一定社会特有新闻观念的形成，总是与其时代、社会的特殊情况内在相关。

新闻观念的演变与更新。人们的观念与意识，总是随着人们的生活条件、社会关系、社会存在的改变而改变。在宏观的时代背景、社会背景下，新闻观念是在新闻活动的历史演变过程中生成的，不同历史时代拥有不同的主导性新闻观念；新闻观念的历史演变过程，或者说更新变迁过程，就是新观念不断继承、扬弃、批判、超越旧观念的过程。新闻观念的演变、更新现象，既表现为一些新闻关键概念（关键词）含义的不断变化，又表现为一些新概念（关键词）的不断出现。一定社会范围内政治、经济、文化、技术等等的整体变化，构成了新闻观念演变、更新的宏观背景和力量①；新闻观念的演变与更新，是在新闻活动与其他社会活动、社会系统的各种互动中展开、实现的。从总体上说，“一定时期的新闻传播观念是对一定时期新闻传播现象的主观反映，同时又影响到这一时期新闻传播实践的发展和演进”②。新闻观念的演变与更新，不仅反映了新闻现象的客观变化历史，也反映了新闻思想史的基本变化历程。

---

① “有什么样的社会制度，有什么样的大众媒介，就会有什么样的新闻理念。”参见林溪声，童兵．市场与责任：西方核心新闻理念的演化及价值［J］．当代传播，2010（1）：4－8。

② 吴廷俊．中国新闻传播史：1978—2008［M］．上海：复旦大学出版社，2011：61.

新闻观念的评判。新闻观念是对特定对象的意识、反映和想象，同时也是关于特定对象的情感、意愿、理想和信念。因此，新闻观念也像其他观念一样，存在着认识论意义上的真理性问题，也存在着价值论意义上的合理性问题。评判新闻观念的正确性和合理性是个十分复杂同时又十分重要的问题。"一个思想，包括占统治地位的思想，要让人接受，必须提出让人接受的理由；必须让人觉得这种理由是站得住脚的。"① 新闻观念有正确与错误、合理与不合理、先进与落后、真实与虚假等的差异与区分，不同新闻观念之间存在着统一与竞争的关系。评判新闻观念的根本标准是新闻实践，这种实践标准应该是历史性的、时代性的、尊重一定社会实际的标准；同时，评判新闻观念的标准还应包括逻辑的、一般的和理想的尺度。从原则上说，评判新闻观念的标准，应该是事实标准与价值标准的统一，内在包含着观念能否正当实现的方法论标准。

其次是简短的中篇，只有一章，它处于上下篇之间，是《新闻观念论》由上篇"新闻观念本身"向下篇"关系论视野中的新闻观念"的过渡环节，它是上篇与下篇有机连接起来的桥梁和纽带。

新闻观念的一般功能作用。"功能是事物本身固有的"②，当事物确定后，其功能属性是一定的；事物功能的实现表现为事物的作用，作用（影响）是功能的外化，因而功能与作用是有联系但并不相同的两个概念。关于新闻观念的功能分析，核心是揭示新闻观念自身的性能或者潜在的作用③；功

---

① 潘维，廉思．中国社会价值观变迁30年：1978—2008［M］．北京：中国社会科学出版社，2008：34.

② 袁贵仁．价值观的理论与实践：价值观若干问题的思考［M］．北京：北京师范大学出版社，2009：21.

③ 关于功能与作用两个概念，人们经常混用，但两个概念的实质含义是有差别的。功能是一定事物自身的属性，是事物固有的，作用则是一定事物在与他事物的关系中表现出来的影响或效用。因此，作用是对他事物而言的。功能与作用的基本关系是，功能是事物自身的属性，是潜在的作用，而作用则可以说是表现出来的功能。

能分析因而构成了关系视野中进一步研究新闻观念与其他相关对象相互作用与影响的基础或前提。新闻观念是整合新闻共同体的观念工具，是确立和指导新闻活动方向的精神工具，是维护新闻活动合理性的论辩工具，是职业个体身份认定与确立的心理工具；新闻观念是明确新闻活动特殊性的重要标识。将一种观念的功能转换成现实的作用，其间有着复杂的中介环节，需要一定的主客观条件。

最后是内容丰富的下篇，着力于建构关系论视野中的新闻观念理论，它构成了整体新闻观念论的延伸与归宿。延伸是说，关系论视野中的新闻观念论已经超越了就新闻观念论新闻观念的范围，特别关注它对新闻实践展开的作用和影响，以及新闻观念与其他社会观念的基本关系；归宿是说，关系视野中的新闻观念论不再把理论的目的局限于理论范围，而是回归新闻观念得以产生的实际之中、实践之中。因此，在关系论视野中讨论新闻观念，重点是在前述关于新闻观念本身考察的基础上，分析新闻观念对相关对象的作用和影响。这方面的核心内容主要有以下几个部分。

新闻观念与新闻行为。人是观念的动物，人的行为从本质上是受观念支配的。在一定意义上，主体拥有什么样的观念，才可能有什么样的行为。新闻观念最直接的作用，就是它能够支配和引导新闻主体的新闻行为。因而，新闻观念对新闻媒体新闻行为的作用和影响，对个体（包括个体民众新闻传播者）新闻行为的作用和影响，对新闻控制管理者新闻行为的作用和影响，对作为新闻收受者之新闻行为的作用和影响，是新闻观念与新闻行为应该讨论的主要内容。

新闻观念与新闻制度。在现实中，新闻观念最核心的作用和影响就是，它是设计、建设一定新闻制度的观念前提。任何制度本质上都是一种规范或规则，是某种观念特别是价值观念的规则化、符号化表现。新闻制度是约束和管理新闻活动主体新闻行为的规范或规则体系。新闻观念是新闻制度内在的灵魂和精神，新闻制度不过是新闻观念的规则化、形式化和符号化表现。在逻辑上，有什么样的新闻观念，就会有什么样的新闻制度。仅就新闻观念与新闻制度的关系而言，新闻制度的变革首先依赖于新闻观念的创新；当然，新闻制度一旦建立，便会以它特有的制度刚性或稳定性，限制和约束后继新闻观念的价值走向与变革，从而形成新闻观念与新闻制度之间特有的互动机制。

新闻观念与当代中国新闻业。在关系论视野中，新闻观念论不言自明的、最重要的问题应该是新闻观念与新闻业的关系。尽管新闻观念的演变从根本上受制于新闻业的整体发展状况和水平，但从新闻观念的角度看，新闻业的发展很难超越新闻观念的引导和影响，没有新闻观念的变革创新不大可能出现新闻业的新景象。在现实中，更多的时候是实际向观念靠近，而不是观念向实际靠近；观念设计理想和应该，实际追求理想和应该。在中国语境中，新闻观念与新闻业的历史关系、现实关系是什么，合理的、正确的改革发展新闻业的观念应该是什么，即以怎样的新闻观念引导中国新闻业的改革与发展，始终是新闻观念论的核心问题。从学术和实践两个角度看，观念研究的主要价值都在于先导与前瞻，而不在于解释与论证。因此，"不提高理论水准，理论研究就没有存在的价值"①。

新闻观念与社会观念系统。这是在更为广阔的社会意义上研究新闻观念与社会观念系统的关系；但作为新闻观念论，其核心视角或基本学术立场依然是新闻观念对其他观念的作用和影响。对于一定的社会来说，其观念世界是由各种观念子系统建构的；在观念世界的各种观念子系统之间，存在着丰富多彩、千丝万缕的相互作用、相互影响关系。新闻观念论，在认定新闻系统作为社会之特殊文化传播系统、信息交流系统、舆论系统、

① 童兵、黄旦、张国良、胡智峰等教授于2011年1月16日在中国人民大学举行的"教育部社会科学委员会新闻传播学'十二五'战略规划工作会议"上都强烈表达了这样的看法。

意识形态系统等前提下，努力考察和厘清新闻观念与其他社会主要观念系统，特别是政治观念（政治意识形态）系统、社会价值观念系统、道德观念系统的关系。

三、"新闻观念论"的几大核心观点

《新闻观念论》是一部侧重从理论向度（不是侧重观念史和观念的业务应用）上系统研究"新闻观念"的著作，上面只是介绍了它的基本结构与内容范围，并没有说明本书的主要观点。应该说，在前人研究探索的基础上，本书无论在总体架构上还是在具体问题上都提出并阐释论证了一系列的看法和观点，但围绕本书特别关注的两个核心问题——何谓新闻观念以及当今时代中国需要什么样的新闻观念——主要阐释了以下核心观念或看法。

第一，《新闻观念论》认为，观念力量就是人的活动的精神力量，一种精神力量源于事实认识，另一种精神力量源于价值认知。[①] 新闻观念是由新闻认识观念与新闻价值观念构成，即实际包括两种类型的观念：一是新闻、新闻传播、新闻媒介、新闻业、新闻活动等是什么的观念；二是新闻、新闻传播、新闻媒介、新闻业、新闻活动等应该是什么的观念。完整的新闻观念，则是事实观念与价值观念的融合统一。简单说，新闻观念是对新闻对象的意识、反映和想象，同时也是关于新闻对象的情感、意愿、理想和信念。进一步说，新闻观念既是关于新闻活动的观念反映、认知结果，更是一定主体对于新闻活动的情感态度和价值期待；同时，在方法论视野中，新闻观念还是主体从事新闻活动的方法论观念，是新闻活动主体

---

① 兰久富．社会转型时期的价值观念［M］．北京：北京师范大学出版社，1999：1.

用来处理新闻实践问题和理论问题的基本方法。

第二，《新闻观念论》认为，当今世界，有人类意义上的普遍新闻观念存在，诸如：新闻应该报道事实、揭露真相的观念；新闻应该客观、公正报道事实的观念；新闻应该及时、公开报道事实的观念；新闻报道应该担当社会责任、维护公共利益的观念；新闻应该成为民主社会、法治社会的共有中介手段的观念；新闻业应该成为公共事业、新闻领域应该成为公共领域、新闻产品应该成为公共产品的观念；等等。与此同时，也有特定环境中的新闻观念存在，比如中国环境中的新闻党性观念、喉舌观念、宣传观念、舆论引导观念等。普遍新闻观念尽管具有普适性，但也具有更多的抽象性和空洞性，而具体环境中的新闻观念既有强烈的特殊性，又有更强的实践性。人们需要辩证理解普遍性与特殊性之间的关系。

《新闻观念论》认为，在全球范围内，不管是从历史向度观察，还是从现实构成分析，一个明显的事实是：存在着多元化、多样化、多层次的新闻观念，在宏观上可以说有多种新闻观、新闻主义或新闻意识形态。它们共同构成人类意义上的、动态的新闻观念系统。如果综观整个人类新闻观念史及其现实观念生态结构，可以发现有三种"主义"层面的新闻观念：商业新闻主义观念，宣传新闻主义观念，专业新闻主义观念。商业新闻主义，在观念上把新闻媒介、新闻传播主要当作商业工具，看作赚钱、盈利的手段，它在本质上把社会大众当作手段而非目的。宣传新闻主义，公开宣称新闻媒介是一定利益组织、团体、群体的耳目喉舌、宣传工具，以宣传为本位，以宣传自身观念、维护自身利益为基本目标。专业新闻主义，宣称追求媒体经济上、政治上的独立，坚持新闻媒介作为社会公共平台的地位与作用，以为社会大众服务、履行社会责任为基本目标，坚守客观报道理念和客观报道方法，用新闻职业伦理、职业道德约束自己。在现实新闻活动中，并不存在纯粹的单一"新闻主义"坚守者，大多是以某一“新闻主义”为核心，吸纳其他“主义”观念中对自己有利的内容。

《新闻观念论》认为，任何一个社会拥有的各种新闻观念，都有其自身特殊的历史根源、现实根据和未来指向。多元的、多样的、多层次的新闻观念，共同构成一定社会新闻观念系统的整体图景。在这样一个图景中，不同新闻观念的地位、作用和社会影响力总是有差别的，不同新闻观念之间也总是存在着复杂的关系。在特定的社会中，在常态情况下，总是存在着主导性的新闻观念或新闻主义，即构成该社会的主导新闻观念或新闻意识形态。这种主导新闻意识形态，通常意义上也是该社会意识形态的有机构成部分。一般说来，主导新闻意识形态引导着新闻业、新闻媒介、新闻传播的总体价值取向，但主导新闻观念的主导地位是历史性的、可变化的，不同新闻观念都在试图争取主导性的地位和作用。主导新闻观念的变革，既可能是一定社会变革（特别是政治变革）的先声，也可能是一定社会变革的显著标志。

第三，《新闻观念论》认为，中国新闻改革，始终是在马克思主义新闻观（主要表现为宣传新闻主义核心观念）指导下进行的；改革过程中，专业新闻主义的观念和做法、商业新闻主义的观念和做法被不断批判性地接收和吸纳。就当下中国的实际情况而言，占主导地位的新闻主义或总体新闻价值观依然是马克思主义新闻观（主要特点表现为宣传新闻主义观念）。

《新闻观念论》认为，从历史出发，并面向未来，中国社会层面或国家层面的主导新闻观念应该是一种“发展新闻的专业观念”，这样的观念有两大核心点：一是把“发展”作为新闻活动特别是职业新闻活动的主要目标，包括新闻业自身的发展，以及新闻业要对社会的整体发展做出自身特有的贡献；二是在运用新闻手段的过程中，要遵循新闻专业观念的基本原则。发展新闻观念的基本目标是：进一步凸显新闻业的公共属性，强调意识形态属性、产业属性应该从属于、服务于公共属性；进一步完善法治的、民主的新闻制度；进一步使新闻传媒组织（表现为新闻媒介）在功能上能够充分发挥公共信息与意见交流的平台作用；进一步使新闻传播能够真正较好遵循以新闻为本位的传播原则和要求，新闻成为真正的公共产品；职业新闻工作者能够进一步按照社会公共道德和新闻职业道德从事自身的职业工作，为社会主义服务，为人民服务。

第四，《新闻观念论》认为，新闻观念一旦形成，便成为新闻制度建设、日常新闻行为的重要前提和指导思想。

主导新闻观念是一定社会新闻制度的灵魂，新闻制度是主导新闻观念的规则化、形式化和符号化表现。因而，新闻观念的变革与更新，直接决定和影响着新闻制度的建设。但新闻制度一经建立，便会以制度自身的刚性或稳定性，限制和约束后继新闻观念的价值走向与变革。因而，新闻观念与新闻制度本质上是互相制约、互动演变的。尽管如此，观念相对制度的前提性，内在要求新闻改革过程中，必须依据新闻实际、社会合理需要，进行恰当的观念创新和制度设计，增强改革的自觉性和目的性。

人是观念的动物，人的行为从本质上是受观念支配的。在一定意义上，主体拥有什么样的观念，就会有什么样的行为。在社会层面上，新闻行为是广义的，原则上是由所有新闻活动主体的新闻行为构成的。因而，一个社会拥有什么样具体的新闻传播观念、新闻收受观念、新闻管理控制观念，对于整个社会层面的新闻行为有着重要的影响。尤其是在今天这样的媒介化社会，一个社会整体的媒介素养、新闻素养——其核心就是拥有什么样的媒介观念和新闻观念——将在很大程度上决定着新闻传媒能对现实社会整体及其每一个人产生什么样的作用和影响。因此，拥有科学合理的新闻观念，是时代对所有新闻活动者的呼唤，而不只是对职业新闻活动者的要求。

第五，《新闻观念论》认为，新闻观念在社会观念系统中具有相对独立性，与社会整体观念、各个领域观念始终处于互动之中。在这样一种总的判断下，《新闻观念论》认为，一方面，新闻观念根源于社会观念系统，即社会观念系统是“因”，新闻观念系统是“果”，社会观念环境是新闻观念衍生的母体；新闻观念在社会观念系统中具有社会中介观念的特殊位置，这样的位置正是通过新闻业自身新闻传播特有的中介功能定位的、确立的，这也就意味着，新闻观念与社会整体观念以及各个社会领域观念间有着特别的普遍联系性。另一方面，尽管新闻观念源于社会观念，在现实性上特别依赖于一定社会的政治观念、经济观念，但在实际中，尤其是在今天这样的媒介化社会中，新闻观念对社会观念也有其自身独特的建构性、消解性作用与影响，新闻观念支配下的新闻传播，对社会整体及其各个领域都具有一定的建构与消解的作用与影响。总体上说，新闻观念与社会观念是共存互动的关系。就是说，社会观念环境及其背后的社会物质结构系统影响新闻观念及其新闻的话语实践方式；但反过来，新闻观念及其支配下的新闻话语同样也会影响社会观念的生成、演变与更新。

第六，《新闻观念论》认为，职业新闻与民众新闻的基本关系可以概括为极化与融合。

所谓“极化”，核心观念是：民众新闻与职业新闻各有自身的特征、自身的功能，不可能互相替代，它们都有自身存在的根据和理由。职业新闻与民众新闻始终保持适当的距离甚或分离、分立，民众的就是民众的，专业的就是专业的；或者说，民众的保持本色，专业的则更为专业。一方面，媒介化社会中的民众新闻，具有当代“技术丛”支持下天然生成的普遍性、全时性、微生产性与微传播性、（移动性中的）互动性、共动性等特性，以及由这些特性造成的传播方式、传播效果上随时由“微”而

"宏"的聚合性、"蝴蝶效应"性的特征。民众新闻同样有着天然的自由自主性特征，具有天然的"民本主义"甚至是"人本主义"色彩，民众新闻不像职业新闻那样，容易受到专业新闻主义、商业新闻主义和宣传新闻主义等观念的限制与约束、干涉或影响，民众新闻天然地弱化了政治逻辑、经济逻辑、专业新闻逻辑对新闻生产与传播的作用与影响，传播"技术丛"支持下的民众新闻，使新闻生产与传播的权力、权利"普撒"在每个民众个体身上，从而使新闻生产与传播的自由有了更广的天地。当然，民众新闻也同样存在着天然的自发性、非严谨性以及难以消除的非理性现象，民众新闻传播者更易于滥用新闻自由。另一方面，媒介化社会中的职业新闻领域，同样正在进入一个前所未有的"后新闻业时代"，新旧媒体的扬弃，各种媒介的融合，显现出当今时代新闻行业领域的最大特征。职业新闻经过一百多年的演变与发展，已经形成了相对比较成熟的专业观念体系、专业知识体系、专业技能体系、专业自治体系等。这种专业性是民众新闻不可能随意替代的。我们相信，职业新闻会以更为专业的理念、更为专业的方式、更为专业的精神获得自身的新闻权威。

所谓"融合"，核心观念是：职业新闻与民众新闻经过长期互动，有可能形成一种新的新闻生产与传播现象，走出互动融合的"第三条道路"。如今，一方面是非专业人士参与到新闻生产传播领域中，另一方面是专业人士通过更专业的手段来确立自身的存在感，以及专业人士用非专业、大众化的手段来拓展自己的专业影响力。第三条道路，并不是完全独立的一条道路，它存在于纯粹的职业新闻、纯粹的民众新闻之间，比职业新闻的专业水平专业程度弱一些，但又比常态的、一般的民众新闻具有更多的专业色彩和专业气息。这实质上是对民众新闻的宏观性再分，也是对职业新闻中那些普通民众化现象的包容。民众中媒介素养、新闻素养比较高的，愿意并有能力按照新闻传播原则传播新闻的人，以及职业新闻人或专业新闻人士以民众身份、用非专业及大众化的手段来拓展自己的专业影响力传播新闻的人，可以说既与绝大多数“率性而为”的民众新闻不一样，也与绝大多数“专心致志”的职业新闻有所不同，这样的新闻现象就是民众新闻与职业新闻互动融合建构出的第三条道路。民众新闻能否成为长久的重要的新闻力量，有赖于多种条件，但从主体角度看，大众只有具备了基本的公民素质，社会只有具有了基本的公民文化氛围，公共领域才能成为真实的公共领域，才能真正展开公共利益问题的讨论。

四、“新闻观念论”的方法论观念

《新闻观念论》确立的研究态度和立场，保持了我以往研究新闻理论基本问题的大致风格。[①] 可以说，我依然注重普遍问题胜于特殊问题，注重理论分析胜于历史考察，但这绝不是说我看轻特殊问题的分析，忽视新闻观念的来龙去脉。事实上，只有达到普遍与特殊相统一，历史与理论相结合，一项研究才能实现真实的丰富与充实、真实的高度与透彻。我的研究取向只是说明我的主要兴趣在于普遍性层次的研究，侧重新闻观念论体系的建构；我关于新闻观念本身以及新闻观念与其他重要相关对象的考察分析，主要是在普遍层次进行的，主要是从理论角度展开的[②]。但同时我

---

① 有兴趣的读者，可参阅我的系列专论《新闻事实论》《新闻价值论》《新闻本体论》《新闻真实论》《新闻精神论》《新闻道德论》《新闻活动论》等，除《新闻事实论》由新华出版社出版外，其他著作都是由中国人民大学出版社出版的。

② 研究新闻观念，存在不同的视野、不同的层次和不同的路径。在观念史向度上，可以探索不同社会范围内作为整体的或个别的新闻观念的产生、演变状况。在理论向度上，可以在一般层面上以逻辑分析为主探讨新闻观念本身及与相关对象的关系，建构起新闻观念论的框架体系；也可以把特定社会的新闻现象、媒体组织甚至个体的新闻活动作为基本对象，研究其新闻观念的特殊表现；也可以将新闻传收系统、传收过程作为对象，探讨新闻观念的系统构成，比如可以分析阐释新闻传播观念、新闻报道观念、新闻传播主体观念、新闻受众观念等。在跨学科、跨文化、跨地域的视野中，可以对新闻观念关涉的各种问题展开各具特色的研究、综合性的研究、比较性的研究……

要说明的是，"中国经验、世界眼光、时代特色、人类胸怀、原创精神、学科融合"[①]，也是我一贯的追求，因而，即使是在普遍问题上着力较多，我也是始终以中国问题为直接参照对象的。何况，本书的一个核心问题是，当今中国需要怎样的"主义"层面的新闻观念，这就要求我必须十分自觉地研究中国问题，并提出解决中国问题的思路。我同意这样的判断："读书人把思想与现实耕耘结合起来的时候，世界才可能有所变化。"[②] 而我们是一些想让世界变化的人，想让中国变得更好的人。我也高度认同这样的宣称，对于一个中国学者，"当代中国走向何方，始终是哲学社会科学关注的核心问题"[③]。对于新闻学者来说，在新的时代背景下，中国应该确立怎样的主导新闻观念，创设怎样的新闻（媒介）制度，建构怎样的新闻传媒业，实现怎样的新闻传播景象，始终是我们应该关注和探索的重大的、核心的问题。新闻观念论，说到底，就是要探索其中具有前提性的、战略性的、深层价值性的新闻观念问题。但我同时明白，理论研究必定是理论研究，观念必定属于观念领域，它更多的时候不能为现实提供直接的指导，而仅仅是一种反思或提醒，思想者、理论家更多的时候不过是站在现实大象背上叽叽喳喳的小鸟，"思想的合理性并不等于实践的合理性，这是一条必须划清的界限"[④]。

目标的实现、问题的解决总要诉求一定的方法，"任何一门学科的发展都离不开研究方法的支持，研究方法的成熟程度和独特性，是判断学科独立性和发展潜力的重要标准。无论何种学科领域，'最伟大而艰难的奋

---

① 参见杨保军《新闻活动论》（中国人民大学出版社，2006年版）或《新闻理论研究引论》（中国人民大学出版社，2009年版）的"导论"；也可参见杨保军．我国新闻理论研究的宏观走向［J］．当代传播，2011（2）：4-9。

② 孙郁．鲁迅瞭望俄国文学的视角［J］．东岳论丛，2012（4）：5-10.

③ 方为．行进在希望的路上：新世纪头十年的中国学术［N］．中国社会科学报，2009-12-22（1）.

④ 钱理群．我的精神自传［M］．桂林：漓江出版社，2011：69.

斗是关于理论基础和研究方法的'"[①]。在一定意义上说，"发现问题重要，解决问题更重要，找到解决问题的方法最重要"[②]。如何研究新闻观念，如何建构新闻观念体系，关涉各种研究方法的选择问题，关涉以怎样的方法论观念指导研究展开的问题。"方法论的自觉是学科成熟的标志。"[③] 其实，方法论的自觉，也是任何一项成熟研究的标志。

首先，研究方法与研究对象的特征应该是匹配的。问题的性质决定方法的选择，任何研究方法都是与具体研究对象紧密相关的[④]，"科学的研究在哲学方法论层面上固然会有一些共同的认识和理念，但是说到具体方法，没有一种研究方法可以不考虑研究对象的特点的"[⑤]。比较完整的新闻观念体系，包含着各种各样的问题，而不同问题的探讨需要不同的方法或多种具体研究方法的有机配合。就新闻观念研究而言，它面对的更多问题是人文性质的问题，而非科学实证的问题，因此，我们采用的主要方法应该是人文主义的方法，哲学的或逻辑分析的方法。但在一些具体问题上，比如职业新闻工作者到底拥有怎样的新闻道德观念、怎样的新闻真实观念、怎样的新闻价值观念等，我们都可以运用科学主义的经验实证方法，进行数据采集，展开数据分析，获取可以进一步深度分析的研究资料。

其次，积极采用新的、有效的科学研究方法，弥补以往研究方法的不足。研究方法本身是一个不断更新的历史过程，新的、更加科学的、合理的研究方法会不断地被人们创造出来。因此，在问题与方法之间，可能会

① 魏姝，严强．知易行难："十一五"期间政治学研究方法的进展与反思［J］．江海学刊，2011（2）：87－96.

② 杨保军．认清假新闻的真面目［J］．新闻记者，2011（2）：4－11.

③ 王晓朝．中国学术界的晚期希腊哲学研究［J］．中国社会科学，2011（1）：57－63，221.

④ 杨保军．新闻理论研究引论［M］．北京：中国人民大学出版社，2009：11－17.

⑤ 唐贤清．汉语史研究中的类型学和信息化［J］．中国社会科学，2012（9）：156－162.

出现多种类型的匹配方式。有时是"新问题，新方法"，有时是"老问题，新方法"[①]，有时甚至是"新问题，老方法"，而更多的可能是"新老问题，新老方法"的整合。问题是历史的，方法也是历史的，新老结合，优势互补，这大概是方法论中的基本观念。比如，关于一些重要新闻观念的起源、演变、更新问题，我们既可以继续采用传统的思想史方法去探索[②]，也可以采用计算机时代才会创造出来的并能进行现实操作的"数据挖掘方法"[③]，而更为有效的方法恐怕是传统方法与新方法的有机结合。

再次，"超学科"的方法论观念。这一观念的实质是说，研究方法是超越学科限制的，是由研究的具体问题的性质决定的；因此，从原则上说，不管哪个学科创造的研究方法，都有可能为其他学科所运用。就现实来看，新闻学有其独立的研究对象，但并没有创造过独立的研究方法，它所使用的研究方法基本上都是由其他学科创造的。在这样的背景下，新闻理论研究在方法论观念上更需要确立超学科的观念，关于新闻观念的研究同样需要这样的观念，只要是有效的、合适的方法，诸如哲学的、符号学的、解释学的、社会学的、传播学的方法，都可以用来研究新闻观念体系中的具体问题。

最后，确立整合性的方法论观念。整合性的方法论观念可以说是指导新闻研究的常态观念，也是我们研究新闻观念的总体方法论观念。崇拜任何一种方法都是方法论上的盲目或幼稚。有经验论断，少分析论证，是以往一些所谓新闻研究的弊端；有实证方法，无内在思想，是当下一些看似

---

① "问题是旧的，方法是新的。"参见金观涛，刘青峰．观念史研究：中国现代重要政治术语的形成［M］．北京：法律出版社，2009：1。

② 可参见徐培汀、裘正义《中国新闻传播学说史》（重庆出版社，1994年版）和陈力丹《陈力丹自选集：新闻观念：从传统到现代》（复旦大学出版社，2004年版）中的部分论文。

③ 所谓"数据挖掘方法"，就是把表达某一观念所用过的关键词找出来，再通过核心关键词的意义统计分析，最终揭示观念的起源与演变。参见金观涛，刘青峰．观念史研究：中国现代重要政治术语的形成［M］．北京：法律出版社，2009：5-7。

新闻研究的缺陷。其实，成熟的方法并不必然产生成熟的思想，更难产生原创的学说；新奇的方法同样也并不必然产生新颖的观念。遵循规范、打破常规，是学术研究试图取得成绩都须有的观念。在研究方法上，新闻传播学界不能从一个极端走向另一个极端，实证方法与逻辑方法的整合才是正道。诚如有学者所说："新闻传播学在研究方法上的整合方向，除了实证研究的量化分析与质化分析的结合外，更为长远的整合，应该是人文-历史-哲学的思维方式与'科学方法论'的思维方式的整合。我国新闻传播学的研究，在方法论上需要适当回归（或叫'重温'）人文-历史-哲学的思维方式。"①

① 陈力丹．新传播技术条件下我国新闻传播学的视野：2010 年新闻传播学研究有感［J］．新闻战线，2011（1）：18－21.

上篇　新闻观念本身

新闻观念是一个庞大而复杂的观念体系或观念系统。那么，到底什么是新闻观念，它的内涵是什么，实质是什么，具有什么样的特征，新闻观念系统是如何构成的，具体新闻观念是由什么样的基本要素构成的，新闻观念的形成机制与演变规律是什么，如何评判新闻观念的正确性与合理性、先进性与落后性……这一系列问题，是我们研究新闻观念首先碰到的问题，也是我们在关系论视野中探讨新闻观念与其他事物关系的前提性问题。因此，上篇我们将首先比较系统、全面地对新闻观念本身展开深入考察与分析。

第一章　新闻观念内涵考察

如果我们不能准确地知道自己所使用的词语的意义，我们就不能够恰到好处地讨论任何问题。我们耗费大量时间的大多数争论，基本上都归因于这样一个事实：我们每个人对于自己所使用的词语都有自己含糊不清的意义，而且假定我们的反对者也是在相同的意义上使用它们。如果我们是从界定自己的词语开始，我们就可能拥有一些更为有益的讨论。

——维特根斯坦（Ludwig Wittgenstein）

我们的思想只能抓住现实的一些方面而不能完全掌握它。

——凯文·奥顿奈尔

理解一个事物本身，不是仅仅将它置入其相关的鉴定体系之中进行定位，而是要在它和别的事物的内在联系中去领会其独特个性。

——阿多诺

研究新闻观念以及新闻观念与其他对象之间的关系，首先需要分析清楚新闻观念本身的内涵，揭示新闻观念本身的实质、属性和特征。观念是关于对象的认识或意识，信念和想象。因此，在最一般的意义上说，新闻观念，就是关于新闻是什么、应该是什么的观念，是关于新闻的科学观和价值观。不过，围绕这一基本问题，会派生、延伸出一系列的其他问题，从而构成一种新闻观念体系或新闻观念系统；而新闻观念体系或新闻观念系统，才是新闻观念论应该探讨的整体对象，我们先从揭示"新闻观念"这一核心概念的内涵开始。

一、新闻观念的实质

新闻观念是整个新闻观念论的第一概念，是讨论所有新闻观念问题的基本出发点。因此，揭示新闻观念的实质是新闻观念论逻辑上的第一任务。阐释新闻观念的基本含义，从本质上说，就是为新闻观念论设定讨论的基本标准，同时也从理论上规定了新闻观念论的主要论域范围。

（一）几个基本概念关系

人不能离开一定的概念、范畴来思维，概念、范畴的准确性决定思维的准确性、清晰度。准确的思维需要清晰的概念，没有清晰的概念就很难有明确的思想。可以说，讨论、阐释任何理论问题的重要前提之一，就是对所用的思维工具或基本单元——概念、范畴——做出尽可能明晰、严格的界定。概念含混不仅是引发思想混乱的根源，也往往是引起无效争论的重要起因。德国哲学家维特根斯坦指出："如果我们不能准确地知道自己所使用的词语的意义（概念表现为一定的词语。——引者），我们就不能够恰到好处地讨论任何问题。我们耗费大量时间的大多数争论，基本上都归因于这样一个事实：我们每个人对于自己所使用的词语都有自己含糊不清的意义，而且假定我们的反对者也是在相同的意义上使用它们。如果我们是从界定自己的词语开始，我们就可能拥有一些更为有益的讨论。”[①]因此，为了使我们关于新闻观念问题的讨论比较清晰而富有意义，我们先从清理和界定相关基本概念开始。

1. 概念与观念

在具体辨析与新闻观念相关的几个概念的含义以及它们与新闻观念的关系之前，我们先简要说明一下“观念”与“概念”之间的一般关系。

概念，是思维的基本形式之一，是主体关于事物一般的、本质的特征概括。因此，概念总是指称一定的对象[②]，不管对象是实在的还是想象的（虚构的），是形象的还是抽象的。但是，一个概念，并不是仅仅简单地指称对象，它包含着十分丰富的内涵。要把握一个概念，必须掌握一系列其他的概念，一个概念本身并不能说明自身。这就意味着一个概念其实是一连串的概念，有着来龙去脉或上下左右的各种关系。这也正是概念的复杂性所在、意蕴所在。

概念形式直接表现为语词符号或其他的符号（我们这里只关注语词符号所表达的概念），英国哲学家培根早就说过：“词是概念的符号。”[③] 在概念内容与概念语词形式之间，存在着十分复杂的关系，需要进行专门的研究。但这里必须指出的一点是，语词指涉的是概念，而非具体的事物。比如，“新闻”作为一个词，指涉的是新闻这个概念，而非具体的某条新闻。语词只有在一定社会环境中积淀并获得一定意义、内涵后，才能形成所谓的概念，“概念是以词汇为基础，但它不再是词汇本身。……当某个词汇成

---

① 闾小波．近代中国民主观念之生成与流变：一项观念史的考察［M］．南京：江苏人民出版社，2011：29－30．

② 但一个概念之所指并不必须是客观上存在的对象，美国哲学家威拉德·蒯因（Willard Quine）就说，“我们能够有意义地在语句中使用单独语词而无须预先假设有这些语词所要命名的对象”。参见蒯因．从逻辑的观点看［M］．江天骥，宋文淦，张家龙，等译．上海：上海译文出版社，1987：12。

③ 王路．逻辑的观念［M］．北京：商务印书馆，2003：127．

为概念时，必须是在一定的社会和政治语境中为了特定的目的而不断地被使用，具有一定的意义和指向功能，并被固定下来之后，于是便成为大家所接受与认同的‘概念’。因此，概念是具有实体性意义的聚集”①。

观念是人的观念，是人关于对象的观念。观念，既是主体关于一定事物的反映和认识，也是主体关于一定事物的情感、信念和想象，其中还或明显或隐蔽地包含着把握对象的方法，更多时候则是此三者的某种统一。因此，在概念与对象事物（不管是实在之物还是抽象之物）之间，并不存在天衣无缝的对应关系，即“概念对于具体事物来说，总不会完全合适，不过是一个大概轮廓而已”②。主体关于一定对象的观念，总要通过一定的外在形式进行表达。“概念”便是主体表达“观念”的基本工具或手段，“‘思想’与‘表达’是一体的。‘表达’由‘基本词语’来构造”③。观念认知依赖语词符号呈现的概念，语词符号是观念的载体，而概念则是把握观念必需的中介。因此，主体关于一定事物的观念，直接表现为主体关于该事物的概念描述或反映（再现或建构），而通过一定逻辑形式表达的概念关系，便是一定观念内容甚或观念体系的完整表现。有学者很好地表达了这一意思，他们说：“简单说来，观念是指人用一个（或几个）关键词所表达的思想。细一点讲，观念可以用关键词或含关键词的句子来表达。人们通过它们来表达某种意义，进行思考、会话和写作文本，并与他人沟通，使其社会化，形成公认的普遍意义，并建立复杂的言说和思想体系。”④更简单点说，“语词就是观念”⑤。

---

① 李宏图，周保巍，孙云龙，等．概念史笔谈［J］．史学理论研究，2012（1）：4－21.

② 冯友兰．冯友兰读书与做人［M］．北京：国际文化出版公司，2011：4－5.

③ 孙周兴．存在与超越：西方哲学汉译的困境及其语言哲学意蕴［J］．中国社会科学，2012（9）：28－42.

④ 金观涛，刘青峰．观念史研究：中国现代重要政治术语的形成［M］．北京：法律出版社，2009：3.

⑤ 艾德勒．大观念：如何思考西方思想的基本主题［M］．安佳，李业慧，译．广州：花城出版社，2008：267.

由于观念包含或隐藏在概念（表现为语词）之中或背后，因此，研究一种观念，解释或揭示一个或一种观念的真义，总是首先直接表现为对一个或多个概念意义及其关系的解释和辨析，而这常常是一个繁难的、不得不做的工作。可以说，观念史研究是典型的概念考古学。[①] 因此，观念研究往往十分自然地具有浓厚的关于某些“概念”的知识考古学味道；沐浴在这种气息味道之中，研究者才能“有根有据”地阐释自己的评析和新的看法。至于提出新的观念，那一方面意味着需要改造老概念，赋予其新的含义，但更多的情况则可能是根据新的现象提出新的概念，赋予其特定的含义。

在观念与概念之间，更为繁难的事情是，它们之间并不是简单的一一对应的关系，即一种观念并不是仅仅通过一个或一组固定的概念来反映和呈现；同样，一个概念也并不只是表达或体现一种观念；有些情况下，一个概念、一个语词可能具有多种、多重含义，表达几种观念。美国观念史研究专家洛夫乔伊（Arthur Lovejoy）就说：“判定词语背后潜藏的观念对观念史学者来说，常常是艰巨而又微妙的任务”，因为“只是一个词，而它所表达的观念却是大量的、多重含义的”[②]。这就提醒我们，一个概念（语词）所表达的、内含的观念到底是什么，不能脱离文化语境、时代（历史、现实）语境、社会语境、文本语境等去理解，必须在一定的语境中加以把握。超语境的概念意义往往普遍、抽象但也捉摸不定。

另外，我们还应当注意，由于观念是通过概念来表达的，因此，概念本身也就是观念，这样概念往往可以与观念通用。比如，我们可以说关于

---

① 表现为对语言、语义、文本历史承继演变关系的考辨，即使观念的理论研究，也总是以历史研究为基础。

② 洛夫乔伊．观念史论文集［M］．吴相，译．南京：江苏教育出版社，2005：6.

某事的观念是什么，也可以说关于某事的概念是什么，在这样的语境中，概念与观念的含义是基本相同的，没有实质的区别。

2. 观念与“观”

主体关于一定对象的“观念”与“观”，是有着紧密内在关系的两个问题。尽管它们都是关于对象的观念，但却是关于对象不同层面也有可能是不同范围的认识和信念。因此，我们在专门讨论关于一定对象的观念问题时，将这两个概念加以区分是非常必要的。

“观”是相对“观念”存在的“观念”，离开这种相对关系来谈论“观”是没有实质意义的。在统一意义上，“观念”比“观”的外延更大，包含着“观”；在区分意义上，“观”拥有自身特定的内涵。因此，区分这两个概念的关键是对“观”的理解。

“观”既是“看”，也是“看”后形成的“看法”或“观念”。我们这里所说的“观”，是结果意义上的“观念”。

在“观”意义上的看法与“普通意义上的看法”（也就是通常所说的观念）之间，有着这样的基本区别：被称为“什么观”的观念，实质是指人们对相关事物、对象的一种根本性观点和看法。在这种根本性观点和看法中，既包含着主体关于对象的真理性认知，也包含着主体关于对象的价值信念，而且后者往往占据更为中心的地位。比如，所谓世界观、人生观、价值观等，指的就是人们对世界本质、人生意义、生命价值等的根本观念。关于对象的一般观念，即观念，是指关于对象任何可能的认知和信念，通常是围绕根本观念旋转的一些观念。

可见，“观”也是关于一定对象的观念，它与一般观念的核心区别在于，“观”层次的观念是关于对象事物的根本性观念；这种观念可以有理论自觉的形式，也可以只是一种深藏心灵深处的精神存在，甚至可能是一种直觉判断；这种观念既可以是系统的，也可以是不成体系的。比如，关于人生意义的哲学探讨，可以建构系统的人生观或价值观，但作为普通人，不可能像哲学家那样去建构系统的人生观理论体系。因此，“观”层面的看法，一是强调系统性，一是强调根本性，但这两者并不一定同时具备。在“系统性”与“根本性”之间，关于某一对象的“观”，核心是关于此对象的“根本性”的观念。一个人关于人生的根本性看法，实际上就构成了他的人生观。当我们说一个人还没有形成针对某一对象的“观”，那就是说，他还没有形成关于该对象的根本性看法。

正是因为“观”的根本性，它在主体关于一定对象的观念中，有着特殊的地位和作用：主体关于对象事物的“观”一旦形成，就会影响他对观内事物的种种具体观念，“面对相同的事物或对象，由于人们具有的实际社会生活状态的各种差别，使得人们的‘观’往往有所不同，甚至有巨大的差异和对立。而一种‘观’层面上的看法和观点，将会直接影响人们对‘观’内具体问题的认识和处理态度”①。而且，主体关于一定对象的“观”层面上的认识一旦形成，便具有很大的稳定性，它不仅会长期影响人们后继的认知活动，更会影响人们的相关价值选择和实践行为。因此，对相关领域人们“观”的讨论甚为重要。

3. 观念与理念

“观念”与“理念”这两个概念的差别，很可能是由翻译造成的，它们实质上都是对英文 idea 及其他相关西方语言词汇的翻译，本质上并没有什么区别。比如，在哲学领域，关于柏拉图的理念说，也可以说成观念说，康德的纯粹观念也可以说成纯粹理念，黑格尔的绝对观念也可以说成绝对理念，等等。也就是说，在哲学界，观念与理念是通用的，在一定的语境中用哪个概念，恐怕只是不同作者的习惯问题。

---

① 杨保军．新闻真实论［M］．北京：中国人民大学出版社，2006：27．

对新闻学界来说，“观念”概念更为常用，“理念”用得相对少一些，也并不存在柏拉图意义上、康德意义上或黑格尔意义上的观念理论或理念学说。不过，近些年来，我们确实看到一些研究者特别是年轻学者，在知识论和方法论意义上吸纳包括这些哲学家在内的很多哲学思想和学说，用来分析新闻理论问题。[①] 应该说，新闻学界更多的是在常识层面使用这些概念，是在马克思主义哲学的意义上使用这些概念的，即无论是观念还是理念，实际都是指主体关于对象的意识、反映和想象，其中包含着主体关于对象的情感、意愿、理想和信念。从文献方面看，我们还没有发现哪个学者就这两个概念间的不同使用做过什么说明。

但是，尽管“观念”与“理念”这两个概念没有本质差别，人们也大都在同等意义上使用它们，可细细体味，当人们在区分意义上使用时，确实还是有一定区别的。相对理念而言，观念的外延似乎更为广泛，“广义的观念，用以表示一切形式的思想、认识、看法，泛指客观现实在人脑中的主观反映这些第二性的东西”[②]。理念则更接近狭义上的观念含义，“狭义的观念，是指人们对于客观事物的总的看法和理解”[③]。可见，理念首先也是观念，但它主要指系统的、经过自觉反思而建立的观念。其实，理念这个概念，在与观念的区分意义上，就是“理”字与“观”字在感觉上给人的差别。好像观念更接近感性一些，而理念则更加显示了观念的抽象特征和理性意义。

在本书中，我们是在同等意义上使用这两个概念的。

---

① 比如，陈作平的《新闻理论新思路：新闻理论范式的转型与超越》（中国传媒大学出版社，2006 年版）就在很大程度上使用了胡塞尔现象学的知识与方法；翁杨的《反思新闻学：一项观念史的考察》（南方日报出版社，2011 年版）也在一定程度上受到了康德理性批判方法的启示；等等。

② 袁贵仁．价值观的理论与实践：价值观若干问题的思考［M］．北京：北京师范大学出版社，2009：129．

③ 同②．

（二）新闻观念的初步界定

对任何一个研究对象，我们不能指望通过一个定义就能解决根本问题。[①] 季羡林先生就讲过这样的话，定义问题，"除在自然科学上可能确切外，在人文社会科学上则是办不到的"[②]。其新闻思想观念对中国新闻学界产生过历史性影响的甘惜分先生就曾写道："事物是非常复杂的，即使给事物下了一个非常正确的定义，也不可概括这一事物的全部复杂性。"[③] 更有学者发出了近乎极端的说法："定义就是杀戮，暗示就是创造。"（To define is to kill，to suggest is to create.）[④] 这话听起来有点血腥，但我们也必须明白，"举足轻重的概念往往是特定学科的标记"[⑤]。何况，尽管人们对一个概念"绝得不到必然性的理解"，但"人们在一定时期对于一个概念或一个问题可以达到一般性的、比较一致的或共同可接受的理解"[⑥]。再进一步，界定研究对象是很多研究的重要起点，是做进一步思考需要的逻辑基础。界定就是划定一定意义上的边界，确立比较明确的研究范围，指明研究问题的基本方向。定义的功能是："第一，保持基本观念的统一性，防止其在内涵演绎过程中转移，确保范畴在统一内涵中对话的有效

① 诚如约翰·罗尔斯（John Rawls）所说："定义只是建立理论的一般结构的一个手段，一旦整个结构设计出来，定义就失去其突出的地位，它们随理论本身的兴衰而兴衰。"参见罗尔斯．正义论［M］．何怀宏，何包钢，廖申白，译．北京：中国社会科学出版社，1988：47。恩格斯表达过类似的观点。我们在很多研究中也能看到这样的现象，一些研究者往往是"上来就说"，而不是先定义再展开论述。于是关于某一对象、某一核心问题的著述，却找不到作者关于核心概念的明确界定，人们只能根据他们的论述进行总结和概括。这种现象很可能是出于这样的原因：一是作者觉得清晰定义很难；二是作者觉得明确定义将限制自己对论述对象的自由阐释，可能形成内在矛盾。

② 季羡林．季羡林读书与做人［M］．北京：国际文化出版公司，2009：284.

③ 徐培汀．中国新闻传播学说史：1949—2005［M］．重庆：重庆出版社，2006：35－36.

④ 莱文森．思想无羁［M］．何道宽，译．南京：南京大学出版社，2003：59. 这实质上是以夸张的说法表明任何定义都是有局限的，它在一定程度上限制了人们思维的自由，因为任何知识本质上都有一定的不确定性。

⑤ 南帆．《概念的阐释》前言［J］．东南学术，2003（2）：112－113.

⑥ 王路．逻辑的观念［M］．北京：商务印书馆，2003：30.

性；第二，稳定的定义是长期研究积淀的结果，学术成果因之得以继承和发展。”[①] 因此，对新闻观念做出初步界定是我们展开后续研究的必要环节。

在对作为概念的“新闻观念”做出我们自己的界定之前，应该对既有的一些理解加以必要的说明。尽管关于新闻观念的研究并不是什么新鲜的论题，但就我们接触的相关主要文献材料来看，国内外关于新闻观念“本身”的反思性研究并不多，大多研究只是直接使用新闻观念的概念，将其作为自明性的概念运用，然后主要展开对新闻观念内容的研究。当然，我们明白，这只是问题的一种直接表现。一旦换个角度来看，就会发现关于新闻现象、新闻活动的所有研究成果、论说著述等，不仅是相关作者新闻观念的表达，也蕴含或体现着作者对新闻观念本身的理解。比如，在国内目前公认比较权威的《新闻学大辞典》中，并没有诸如“新闻观念”或“新闻理念”“新闻观”这样的词条[②]，但我们应该知道，整部大辞典的内容其实就是一定新闻观念的反映和体现。又如，在最能体现新闻观念全面性、系统性、共时性的本科新闻理论教材的编撰中，就我涉猎的几十本来看，确实还没有一本对“新闻观念”“新闻观”本身作为概念做过专门的定义和解释。再如，在一些质量比较高的相关研究论著中，依然缺少对新闻观念本身的解析。在以“新闻观念”命名的洋洋洒洒三四十万字论文学者自选集中，没有一篇是关于“新闻观念”本身的论述[③]，但我们同样可以说，其实每一篇都是作者新闻认识、新闻观念的表达，或是对他人新闻观念的评析与研究。国内类似的著述、研究还很多，比如《中国新闻传播学说史》[④]

---

① 孙绍振．文论危机与文学文本的有效解读［J］．中国社会科学，2012（5）：168－184，208．

② 甘惜分．新闻学大辞典［M］．郑州：河南人民出版社，1993．

③ 陈力丹．陈力丹自选集：新闻观念：从传统到现代［M］．上海：复旦大学出版社，2004．

④ 徐培汀，裘正义．中国新闻传播学说史［M］．重庆：重庆出版社，1994；徐培汀．中国新闻传播学说史：1949—2005［M］．重庆：重庆出版社，2006．

《传者图像：新闻专业主义的建构与消解》[①]《新闻专业主义研究》[②] 等著作，以及大量的相关研究论文，都在研究探讨新闻观念的实质内容，但对新闻观念本身尚缺少高度自觉的研究；包括我本人，尽管从《新闻事实论》[③] 开始，在过去的十多年时间里，连续撰写、出版了关于新闻基础范畴、概念或基本观念（新闻本体、新闻真实、新闻价值、新闻道德、新闻精神等）的系列专著，但对新闻观念本身仍然没有进行过专门系统的深入研究。国内如此，国外的相关文献也基本一样，很少有就新闻观念本身展开研究的文献，但通过作者对新闻观念内容的理解与表达，我们也可以大概把握他们对新闻观念的实质界定，比如《传媒的四种理论》[④]（曾译为《报刊的四种理论》）、《一个自由而负责的新闻界》[⑤]、《新闻的十大基本原则》[⑥]、《媒介论争》[⑦]、《何谓新闻？——专业身份与记者意识形态再思》[⑧] 等大量著述，并没有关于新闻观念本身是什么的讨论，但它们都呈现了作者的新闻观念——他们对新闻、新闻传播、新闻媒介、新闻业、新闻与社会（政治、经济、文化、技术等）关系的看法；透过这些看法，我们同样可以大致理解作者理解的新闻观念的内涵是什么。其实，在学术研究中，常常有一种现象，一些人用了某个概念，不等于对相关问题进行了研究；一些人没有用某个概念，

---

① 黄旦．传者图像：新闻专业主义的建构与消解［M］．上海：复旦大学出版社，2005.

② 吴飞．新闻专业主义研究［M］．北京：中国人民大学出版社，2009.

③ 杨保军．新闻事实论［M］．北京：新华出版社，2001.

④ 西伯特，彼得森，施拉姆．传媒的四种理论［M］．戴鑫，译．北京：中国人民大学出版社，2008.

⑤ 新闻自由委员会．一个自由而负责的新闻界［M］．展江，王征，王涛，译．北京：中国人民大学出版社，2004.

⑥ 科瓦齐，罗森斯蒂尔．新闻的十大基本原则：新闻从业者须知和公众的期待［M］．刘海龙，连晓东，译．北京：北京大学出版社，2011.

⑦ 丹尼斯，梅里尔．媒介论争：19 个重大问题的正反方辩论［M］．王纬，等译．北京：北京广播学院出版社，2004. 2019 年，中国人民大学出版社推出该书第四版的中译本，副题为“数字时代的 20 个争议话题”。

⑧ DEUZE M. What is Journalism?：professional identity and ideology of journalists reconsidered［J］．Journalism，2005（4）：442－464.

反倒是相关问题的研究者，比如，亚里士多德并没有使用“逻辑”这个概念，但他却是公认的逻辑学的创始人。关于新闻观念这种在新闻学研究中处处都会碰到的问题，人们在自觉与不自觉中都会表达自己的看法。

当然，我们看到，有一些包含“新闻观念”或类似概念（如新闻理念、新闻意识形态、专业观念或理念等等）的文献中，也有不少关于新闻观念（新闻理念）的定义，但即使是这样的文献，也大都对“新闻观念”本身一带而过，并没有对其展开深入研究。这类文献，在中国基本上分为两类：一类是对一些相对比较微观的、具体的新闻传播观念（报道观念），诸如真实、客观、及时、公开观念，以及中观层次的新闻宣传观念、精英新闻观念、平民（草根）新闻观念、融合新闻观念等等的论说；另一类是在更加宏观的层面或比较宽泛的意义上的一些论述或阐释，比如“某某时期新闻观念的演变”“什么改革呼唤新闻观念更新”“某某新闻思想研究”“某某的新闻观”“要坚持什么新闻观”，新闻观念只是个由头或引入话题的说辞，是对论题性质的一种设定，并不是要对新闻观念本身展开研究。因此，此类文献中要么根本没有关于新闻观念的定义，要么只是个临时性、带有实用主义性质的定义，确实无多少学术价值值得引用分析。在国外的类似文献中，大都落实在具体观念的深入研究中，诸如：自由主义新闻观念、社会责任观念、集权主义观念、媒介的“第四权力”观念、专业新闻主义观念、发展新闻主义观念、新闻意识形态观念、职业身份（认同）观念、新闻传播技术观念、媒介（形态）进化观念等“大观念”；新新闻观念、召唤新闻观念、存在论新闻观念、公共新闻观念、公民新闻观念等“中观念”；调查新闻观念、精确新闻观念、多元新闻观念等“小观念”。而研究者关注最多的是那些贯穿在职业新闻活动中的一些核心观念，诸如客观观念、中立平衡观念、真实观念、新闻价值观念等等。[①] 但是，像中国的

① 在这个层面，有大量的文献，而且文献仍然连绵不断地被生产着。尤其是对客观理念（观念）、新闻传媒社会责任观念的研究，是西方新闻学界常态的研究论说话题。

研究者一样，几乎所有西方研究者也并不以"新闻观念"本身为对象，也就是说，西方研究者的研究基本上属于对新闻观念不同层级内容的研究，而不是关于新闻观念本身的反思性研究。但如上所说，所有这样的文献，都从不同侧面、层面、角度反映和体现了作者的新闻观念。

鉴于这样的情况，下面，我在自己所涉猎的文献中，挑拣了国内几个有代表性并有一定学术意义的新闻观念界定加以简要分析，看看国内学者对作为概念的新闻观念的基本理解。

2002年，童兵在《比较新闻传播学》一书中，专用一章对中西新闻观念进行了比较和辨析，但仅用了很小的篇幅作为导语对新闻观念做了说明，他指出："新闻观念，是人们关于新闻传播的看法、思想，是人们关于新闻传播行为、现象、新闻媒介及新闻作品等进行思维活动的结果，是物化的新闻活动及新闻作品在人脑中留下的形象。"① 他在新近的一篇论文《市场与责任：西方核心新闻理念的演化及价值》中基本保持了原来的看法，只是做了进一步的概括："新闻理念，是关于新闻传播活动和新闻媒介运作的看法和认识，是物化的新闻活动及新闻作品在人的意识中经过思维运动产生的印象长期积累的结果。"② 这两个界定，核心是认为新闻观念是人们关于新闻活动及其相关事物的"看法和认识"，其他文字主要解释的是这种看法和认识的来源方式。陈力丹在名为《马克思主义新闻观思想体系》的专著中尽管没有对新闻观念或新闻观进行清晰的界定，只是相当笼统地说马克思主义新闻观思想体系"包括从马克思开始的这一思想体系的所有内容，即关于信息传播、宣传、新闻、文化、传播政策，以及组织内部思想交流的论述，等等"③，但在这比较笼统的解释中，大致可

---

① 童兵．比较新闻传播学［M］．北京：中国人民大学出版社，2002：66-67.

② 林溪声，童兵．市场与责任：西方核心新闻理念的演化及价值［J］．当代传播，2010（1）：4-8.

③ 陈力丹．马克思主义新闻观思想体系［M］．北京：中国人民大学出版社，2006：5.

以看出作者所理解的新闻观念或新闻观，实质是指关于新闻的论述，也就是关于新闻所表达的各种可能观点和看法。张昆是国内新闻学界对新闻观念有专门研究的一个学者[①]，但其在新近比较系统的关于新闻传播观念变迁史的阐释[②]中，也没有郑重其事地给新闻观念本身作界定，只是一般性地指出，新闻观念是对于新闻传播现象、新闻传播实践的能动反映。[③] 真正以比较自觉的学术意识将新闻观念作为专门论题的年轻学者翁杨，在其《反思新闻学：一项观念史的考察》一书中写道："我们可以得出结论：就主体对新闻传播的认知而言，在有关新闻传播现象的感性质料被给予之前，主体已经具有了对其进行整合的先验认知图式，它就是各种显示社会力量的关系在主体头脑中的反映和内化；新闻观念就是主体把这种先验认知图式运用于新闻传播现象所形成的一种基本的认识，是对新闻传播在现实社会关系中的角色和功能的总体判断；新闻理论则是新闻观念的展开和具体化。"[④] 这一描述尽管显得复杂，但本质上与前几位学者没有差别，新闻观念指的也是主体对新闻现象的看法或认识，不过它试图以自己的方式说明这种认识的来源，这是另一个问题，我们不在这里探究。总而言之，既有的新闻观念定义，大多是在认识论意义上理解新闻观念，而对新闻观念的价值核心及方法论内涵少有论及，这显然是不够充分的。

在对既有的一些理解做出说明后，我们再来定义新闻观念。

界定一个概念，首先要明确定义的对象，然后寻找对象的本质（特征或属性），最后按照一定的逻辑、运用一定的词组或话语方式将其表达出

---

① 张昆2006年出版了《中外新闻传播思想史导论》论文集（复旦大学出版社），其中对中外一些思想家、政治家以及一些学者的新闻思想（观念）做了专门的探讨，在对研究对象的阐释评析中也表达了自己的新闻观念。

② 吴廷俊．中国新闻传播史：1978—2008［M］．上海：复旦大学出版社，2011．张昆是此书第二章"新闻传播观念变迁史"的撰稿人。

③ 同②．

④ 翁杨．反思新闻学：一项观念史的考察［M］．广州：南方日报出版社，2011：10．

来。定义的方式也不是唯一的，可以根据具体情况选择不同的定义方式。可以采取严格的属加种差的方式定义，也可以采取比较自由的描述性方式说明对象的范围与特征，甚至还可以用排除式的否定方式“不是什么”去定义一个对象。我们这里主要采取的是描述性的方式，因为要给新闻观念下一定严格的形式逻辑式的定义是比较困难的。

界定“新闻观念”，碰到的第一个难题是对“新闻”的界定。我们在两种意义上界定新闻：一是狭义的“新闻”，仅指新闻本身。此时，对新闻观念只在顾名思义或最直接的意义上理解，就是关于“新闻”的观念，这也就是狭义的新闻观念论。所有关于“新闻”本质的观念，所有关于新闻应该是什么等的观念，就是狭义“新闻”观念论的主要内容。二是广义的“新闻”，是把“新闻”仅仅作为一个“代表性”的概念或符号，统指与其具有内在关系的诸多重要对象。即在广义上，“新闻”是一系列与其内在相关对象的“代表”，实质是指新闻学研究的基本对象：新闻本体、新闻业态和新闻关系，当然还应该包括日益兴盛的公民新闻或民众新闻；或者说新闻代表的是“新闻业、新闻传媒、新闻传收、新闻”等职业新闻活动和非职业新闻活动中关涉的基本内容。在此广义上，新闻观念是关于“新闻”以及与“新闻”直接相关的重要事物的观念。

界定新闻观念，碰到的第二个难题就是关于“观念”的界定。根据上文关于“观念”与“概念”、“观念”与“观”、“观念”与“理念”等基本含义及其相互关系的阐释，我们做这样的设定：“新闻观念”当然首先是新闻观念论中的一个核心“概念”，是我们用来指称观念领域中与“新闻”相关的一类观念中的一个概念；作为概念的“新闻观念”，指称的是“精神对象”而非“实在事物”，是与诸如公关观念、宣传观念、广告观念等平行的概念，也是与诸如历史观念、文学观念、情报观念等平列的概念，同样也是与正义、公平、民主、自由等具有各种可能关系的概念。新闻观念中的“观念”，在最广泛的意义上是指对新闻的意识、反映和认识，同时指对“新闻”的情感、信念与想象；新闻观念中的“观念”，也包含“观”层次上的一系列观念。一句话，新闻“观念”中的观念，既有一般意义的新闻观念，也有“观”层次的观念，我们将其合并在一起，可以说是关于新闻的广义“观念”。

综合以上关于两个难题的理解，我们将在“两个广义”上——一个是广义的“新闻”，另一个是广义的“观念”——来初步界定新闻观念，包括两个大的方面：一是关于“新闻是什么”的观念，二是关于“新闻应该是什么”的观念。也就是说，新闻观念是由新闻认识观念或新闻真理性观念与新闻价值观念构成的。展开来说，新闻观念实际包括两种类型的观念：一是新闻、新闻传播、新闻媒介、新闻业、新闻活动等是什么的观念，这是一种事实观念、科学观念；二是新闻、新闻传播、新闻媒介、新闻业、新闻活动等应该是什么的观念，这是一种应然观念、价值观念。统一的新闻观念，是事实观念与价值观念的融合统一。事实观念属于科学问题，本质上不依赖于价值观念；价值观念属于合理性、正当性观念，本质上根源于活动主体的愿望、需要、利益和追求，又离不开事实观念这个根基，即价值观念总是建立在事实观念与需要观念基础之上的。

在此需要提前说明的是，在关于新闻的“是”与“应该”观念之中，实际上内在地包含着关于新闻活动的一些方法论观念。对此，我将在后面有关章节做专门的分析。另外，后文关于新闻观念的论述，在没有特别说明的情况下，“新闻”概念都是广义的界定而非狭义的含义。

（三）与新闻观念相近的几个概念

在对“新闻观念”做出初步界定后，我们再依据前面提供的基本标准，对几个经常引起争议的概念问题加以简要解释，以为随后各章的相关讨论设定一个比较清晰的概念基础。这几个最基本的概念就是新闻理念、新闻传播观念、新闻观，还有新闻意识、新闻思想、新闻理论、新闻精神、新闻思潮、新闻意识形态等。除此之外，还有一些概念，实质上也与新闻观念的内涵比较接近，比如新闻图式、新闻框架等。我们选择其中一些经常被混用的、不易辨析的或意思上没有实质差别的概念加以解释。

其一，“新闻观念”与“新闻传播观念”。这是两个密切相关但亦有一定差异的概念。在狭义上，“新闻观念”仅指关于“新闻”的观念，“新闻传播观念”也仅指关于“新闻传播”的观念［新闻传播在此仅指传播者传播（传出、传递）新闻的活动］[①]。但因为新闻传播就是传播新闻的活动，所以，在“新闻传播观念”中自然包含着关于“新闻”的观念。这就是说，在狭义上，“新闻传播观念”要比“新闻观念”的外延更广。在广义上，这两个概念之间没有什么实质的区别，都是关于新闻活动观念的一种总体性概念，“新闻观念”可以说是“新闻传播观念”的一种简化说法。本书所做的新闻观念研究，是在广义上进行的。因此，新闻观念与新闻传播观念这两个概念在本书中，如果没有特别的说明，将在同等意义上使用。但我们会注意概念的统一性，除了引文，仅用“新闻观念”指称广义的新闻观念论研究对象。

其二，“新闻观念”与“新闻观”。这是两个紧密联系的概念，可以说是互相包含的概念。新闻观念在广义上是一个总的一般性概念，既包含“新闻观”意义上的内容，也包含一般意义上的观念内容。新闻观，首先是一种新闻观念，但却是一种特殊意义上的新闻观念；一种新闻观总是包含着一系列具体的新闻观念。因此，这两个概念的内涵、外延相互交融在

---

① “传播”（communication）概念本身也有狭义与广义区分，需要根据不同文本语境加以理解，狭义的传播，仅指传播者传出、传递信息的行为；广义的传播，则指传收的整体行为过程。这也就意味着，在逻辑上，“新闻传播”本身也不得不从狭义与广义两个意义上去理解：狭义上，是指传播者传出、传递、传发、传布新闻的活动；广义上，新闻传播与新闻活动特别是新闻传收活动是等同的。

一起。但它们必定是两个含义侧重不同的概念，需要做出具体的清理。

根据前文关于“观念”与“观”之关系的基本理解，可以说，新闻观是关于“新闻”的根本看法，它不仅反映了主体对于新闻本质、新闻应该是什么、新闻能够做什么、新闻应该做什么等问题的根本性认识，也包括主体关于“新闻”的价值取向、价值信念等一系列根本性的观念。作为关于新闻根本看法的新闻观，有时是系统的，有时并不一定是系统的、成体系的；但在学理上，人们通常把“观”层面的观念看作是“应该”系统的。因此，可以这样说，一种新闻观就是一套系统的、成体系的新闻观念，它其实就是一定主体关于新闻活动的意识形态，其中包含着一定主体关于新闻活动的认识论、价值论与方法论观念，并且在新闻观意义上，人们特别强调一定主体关于新闻的价值信念与价值理想，甚至把新闻观等同于新闻价值观，进一步把新闻价值观看作新闻观念的核心。

从原则上说，任何主体都（应该）有自己的新闻观，也都有各种各样的一些具体的新闻观念。一般说来，主体的新闻观是唯一的，但构成其新闻观的具体新闻观念是多样的。不同主体既可能拥有同样的新闻观，也可能拥有不同的新闻观，同与不同的实际表现，就是不同主体可能拥有关于新闻的不同认识和信念。

需要重申的是，新闻观作为主体对新闻的根本性看法，在有些主体那里是成体系的，甚至会形成一套相对系统的理论；但在另一些（其实是绝大多数）主体那里，新闻观仅是主体关于新闻的某些根本性看法，并不存在系统的理论体系、观念系统。而且，事情远非这两种情况，还需要做进一步的说明。

我们可以说每个人都有自己的世界观、人生观、价值观等，至少是每个人都有自己关于世界与人生的一些看法和理解，但我们很难说每个人都有自己的政治观、经济观、军事观等，有些人对这些东西甚至连一些简单的概念都没有。尽管新闻现象是一种普遍的社会现象，就在社会大众的日常生活之中，而且是人作为人的一种本体性活动，但是，人们只有对它有了一定的自觉，才能形成相应的某种意识和观念。因此，从实际出发，我们可以这样说，并不是所有人都有自己的新闻观和新闻观念，即使在今天这样的媒介社会中，这仍然是不可否认的事实。[①] 对于普通社会大众来说，有些人对新闻确实拥有自己的理解和看法，可以说拥有自己的新闻观念，至少是一定层次的新闻意识或新闻自觉。当然，有些人（这样的人伴随社会的媒介化进程会不断减少）很可能对新闻是什么（更不要说新闻应该是什么）根本没有自觉的认识和观念，媒介、新闻对他们来说依旧是朦胧的存在。即使是在新闻职业队伍内部，也并不是所有的职业新闻工作者都有成体系的、系统的新闻观念，也并不是所有的职业新闻工作者都拥有关于新闻的稳定的根本性观念，甚至一些新闻传媒组织也未必形成了自身的新闻观。更何况，新闻观、新闻观念本身也在伴随社会变化、历史发展而不断进化、更新。

其三，“新闻观念”与“新闻意识、新闻思想、新闻理论、新闻精神、新闻思潮”。新闻意识就是对新闻现象的自觉，是形成新闻思想、新闻观念的基础。新闻思想，是思想者对新闻现象中各种问题特别是根本性问题思考的结果，有时，新闻思想可能“是对新闻观念的系统阐述”[②]，也可能只是零散的表达；我们也可以反过来说，新闻观念是新闻思想的体现。其实，新闻思想与新闻观念这两个概念并没有实质性的区别，只是侧重有所不同。观念是通过一定关键词汇（概念）表达的思想，有着相当的明确性和稳定性，而思想则是一种整体的、边界不很清楚的存在。我国思想史

---

① 人们看到，世界各地都在广泛开展媒介素养、新闻素养教育，重要的目的之一，就是培养人们的媒介观念和新闻观念，使社会大众对媒介现象、新闻现象有一些最基本的认识，从而能够以比较自觉的方式展开媒介活动和新闻活动。

② 翁杨．反思新闻学：一项观念史的考察［M］．广州：南方日报出版社，2011：10.

家葛兆光的一段话，大致可以让人体味出观念与思想的差别：思想史倾向于整体地描述时代、环境和思潮，观念史则主要围绕一个或一组观念的历史过程进行研究。[①] 新闻理论是对新闻现象的理论认知结果，也可以说“是新闻观念的展开和具体化”[②]，一套新闻理论就是对一种成体系的新闻观念的表达和叙述；新闻理论通常是以一套有内在紧密联系的范畴、概念为思维单位，通过命题、判断、推理、论述的方式建构起来的关于新闻现象的解释体系，内在包含着关于各种新闻现象的理论分析和论述。关于新闻精神，我在《新闻精神论》中对其内涵做过这样的解析：新闻精神本身在最终的意义上说，就是新闻活动主体特别是职业新闻活动主体的内在品格和工作气质，就是新闻活动主体特别是职业新闻活动主体以至整个社会公众关于新闻业、关于新闻传播的理想和信念。它们体现在新闻活动主体特别是职业新闻活动主体外在的、可观察的新闻行为之中，凝结在新闻活动主体创制的丰富多彩的新闻作品之中，也深藏在每一位新闻活动主体的动机与需要之中，同样也体现在一定社会的媒介制度或者新闻制度之中。新闻精神的核心是为社会公众服务，为公共利益服务，为人民服务，其背后深藏的乃是一种公共精神，一种民主意识和民主精神。我将新闻精神的核心内涵概括为三个方面：“求实为本的科学精神，正义至上的人文精神，和谐为美的自由精神”[③]。可见，新闻精神的内涵就是新闻观念，并且可以说，有什么样的新闻观念，才会有什么样的新闻精神。

新闻思潮是一个具有一定形象比喻性的概念，它实质反映的是一种新闻观念潮流；这就是说，新闻思潮的实质内容就是新闻观念，不过这种观念由于各种原因，形成了一定的规模和相对比较广泛的社会影响；新闻思

① 葛兆光．思想史研究课堂讲录：视野、角度与方法［M］．北京：生活·读书·新知三联书店，2005：266.

② 翁杨．反思新闻学：一项观念史的考察［M］．广州：南方日报出版社，2011：10.

③ 杨保军．新闻精神论［M］．北京：中国人民大学出版社，2007：66.

潮“是特定时期在新闻传播领域形成的对新闻实践和新闻研究实践产生重大影响的群体性思想动向”[①]，具有群体性、动态性、历史性和整合力[②]。因而，新闻思潮能够引起新闻界（业界、学界、教育界）甚至整个社会的关注。但也不尽然，有些所谓的新闻思潮，影响可能并不强烈、范围也不大，但仍然构成一种思潮。像其他观念思潮一样，新闻思潮有起有伏，有长有短，有大有小，有强有弱，反映了在一定时代、一定时期一定主体对新闻（广义）的看法、态度与期望；不同的新闻思潮有可能共时出现流行，也有可能前后相继起伏。在思想观念意义上，新闻思潮往往能够促成某种新闻实践的形成和流行，甚至形成某种新闻运动（journalism movement），比如，美国历史上的“黄色新闻”（yellow journalism）思潮与黄色新闻运动、“公共新闻”（public journalism）思潮与公共新闻运动等，就都属此类。在中国，民生新闻观念在一定程度上也可以看作一种新闻思潮，而新闻媒体关注民生实际状况的新闻传播行为则可以看作民生新闻思潮的实践表现。新闻思潮，即是新闻观念的特殊表现方式，思潮过后，思潮中所蕴含的新闻观念也会积淀在新闻观念史和新闻思想史的轨迹之中。

另外，人们日常使用的新闻观点、新闻看法等严格的或不严格的概念，都是对新闻观念的某种反映和表述。

总而言之，新闻观念、新闻理念、新闻意识、新闻思想、新闻理论、新闻精神、新闻思潮这些概念，都有着内在的关系，但各有自身侧重的意义和意蕴。因而，在有些语境中，它们是可以互换使用的，而在另一些语境中，则需要区别使用。关于“新闻意识形态”这个概念，我们将在下文的相关内容中阐释。

---

① 《新闻学论集》编辑部．新闻学论集：第 28 辑 [M]. 北京：经济日报出版社，2012：21-29.

② 同①.

如本小节一开始所说，还有一些概念，与“新闻观念”这个概念的含义有着密切的关联，比如新闻图式、新闻框架、新闻范式（news paradigm）等。这几个概念在一定意义上与新闻观念并没有实质性的区别①，都是指新闻活动主体拥有的一种既有观念或观念体系。当然，既然使用了不同的词汇，说明它们之间一定有着某些含义上的不同。

“图式”概念，源于心理学，之后运用在哲学认识论中（现已被众多学科迁移使用），通常是指主体从事某种认识活动时，面对对象的“先存心灵状态”②，或既有的“大脑主观状态”，“是主体用以为前提、为基础、为背景、为工具，去感知和理解对象的大脑认知临场状态”③。图式概念反映的实质是，人们在从事认识活动之前，在面对任何认识对象的时候，其大脑都是“有准备的头脑”，而不是“白板”一块。在组成主体认识图式的各种意识状态中，认知意识、道德意识和审美意识是三个基本构成部分，“在认识活动中，它们各以不同的追求和目标出现，发挥着各自特有的作用。认识的过程和结果就是这三重心理能力综合作用的过程和结果，凝结和体现着真善美的统一和协调”④。按照对图式及其基本功能的这一解释，新闻图式实质是指新闻活动者在展开具体新闻活动（主要是传播收受活动）时大脑的既有精神状态或观念状态，这样的图式核心也就是主体拥有的新闻观念，主体就是按照自己的新闻观念去传播新闻⑤和收受新闻的。可见，图式与观念在概念形式上虽然不一样，但在本质上并

---

① 比如，有学者就说：“心理学家所常用的 schemata（图式）概念，无须本质上的改造即可演化为传播学研究中的 frame，再做进一步延伸即为 stereotype-bias-prejudice。在群体、组织、民族、国家、政党层面上，就是 ideology。”参见陈嬿如．心传：传播学理论的新探索［M］．厦门：厦门大学出版社，2010：208。

② 周文彰．狡黠的心灵：主体认识图式概论［M］．北京：中国人民大学出版社，1991：5.

③ 同②118.

④ 同②52.

⑤ 这里的“传播新闻”，显然是一个总概念，包括新闻生产中以采写编评为主的整个过程。

没有多少差别。然而，二者之间还是有些细微差别，图式指整体精神状态，而观念没有包括临时性的其他因素，比如即时的情感、意志等因素。

"新闻框架"概念，是从社会学引入新闻学的一个概念，社会学家欧文·戈夫曼（Erving Goffman）1974年出版的《框架分析》一书，提出了后来对新闻学研究产生影响的"框架"概念。他认为，"框架指的是人们用来认识和阐释外在客观世界的认知结构，人们对于现实生活经验的归纳、结构与阐释都依赖一定的框架，框架使得人们能够定位、感知、理解、归纳众多具体信息"①。从20世纪80年代开始，框架学说引入新闻传播学研究，形成了媒介框架、新闻框架、收受框架等一系列相互联系的概念，成为用来描述、阐释新闻生产、传播、收受活动的概念工具。就"新闻框架"概念来说，主要是从新闻传播主体角度进行解释的，其主要含义是：新闻框架是新闻报道（或新闻生产）中的必然性存在，它是新闻传播者选择新闻报道内容的原则，主要通过新闻文本呈现出来，并能对受众认知、理解新闻事件甚至行为反应具有重要的影响作用。看看一些学者的解释，我们也许能够更为清楚、更为周全地理解新闻框架的这一基本含义了。美国著名新闻学者托德·吉特林（Todd Gitlin）认为，媒介中的"框架"（frame）是"一些心照不宣的理论，告诉我们什么存在，发生了什么，什么重要，以此形成我们选择、强调和呈现的原则"②，是"认知、诠释和呈现当中稳固的模型，也是选择、强调和排除的常用规则，通过它们，符号处理者们组织话语，包括文字和图像的话语"③。美国另一位学者威廉·甘姆森（William Gamson）将"框架"定义为"一种核心的组

---

① 郭庆光．传播学教程［M］．2版．北京：中国人民大学出版社，2011：208-209.

② 舒德森．新闻社会学［M］．徐桂权，译．北京：华夏出版社，2010：43. 2020年，中国人民大学出版社推出该书第二版的中译本。

③ 同②.

织观念或故事脉络，它赋予正在显现的事件某些意义，并能编织其间的关联”[①]。还有学者明确指出：“所谓的新闻框架就是强调不同的基本的价值观念。这才是新闻框架的本质。”[②] 可见，新闻框架的本质或灵魂就是新闻观念，或者说新闻框架在观念论视野中，就是由新闻观念“搭建”起来的。

“范式”概念的“走红”与“兴盛”，也被新闻传播学者引进自己的研究领域，形成了“新闻范式”这样的概念。“范式”概念来自美国科学哲学家托马斯·库恩（Thomas Kuhn），指的是一个共同体的成员所共享的信仰、价值、技术等的集合；指常规科学所赖以运作的理论基础和实践规范，是从事某一科学的研究者群体共同遵从的世界观和行为方式。[③] 这一概念引入新闻学后，已经发生了很大的变化，在很多地方只是字词相同而已，与库恩的原意相去甚远。当然，有些地方对它的使用还是对原意的引申。就目前的运用情况来看，狭义的新闻范式仅指新闻写作的结构方式，近乎文体（结构）概念，诸如新闻范式、通讯范式、特稿范式之类。广义的新闻范式概念，大致包括两个方面的意思：一是和其他经常与新闻传播紧密联系在一起的信息传播方式有关，诸如宣传、公关、广告等，从而在传播领域中形成新闻范式、宣传范式、公关范式、广告范式这样一些还没有严格学术意义的说法和概念；二是特指新闻反映对象世界的原则、模式、观念和方式。在新闻研究领域，一些学者把新闻传播业看作社会知识生产的一种方式、一个领域，并且是按照一定“范式规范”进行知识生产的一种方式、一个领域。[④] 在新闻生产的范式中，包含着对新闻从业身份

---

① 舒德森．新闻社会学［M］．徐桂权，译．北京：华夏出版社，2010：43.

② 李彬，杨芳，尹丽娟．清华新闻传播学前沿讲座录［M］．北京：清华大学出版社，2006：174.

③ 李正风．中国科学家学术思想的传承与创新：概念、特征与方法［J］．新华文摘，2012（13）：140-144.

④ 潘忠党，陈韬文．从媒体范例评价看中国大陆新闻改革中的范式转变［J］．新闻学研究，2004，78：1-34.

的认同观念，对什么是新闻、什么应该成为新闻的基本理解等等内容。新闻生产主体（包括组织主体与从业个体）运用一定时代、一定社会共同的新闻理念选择、框架事实世界，选择值得和应该报道的新闻事实或新闻事件，再现、塑造、建构出新闻的形象。因而，新闻规范实质上就是新闻生产者用来指导新闻实践的基本理念。[①] 在这样的意义上，新闻范式实质上界定了什么样的现实能够通过新闻媒介转化成为"二手现实"（second-hand reality，即通过媒介报道出来的事实）[②]。可见，这里的新闻范式，其内涵就是新闻框架、新闻原则、新闻标准或新闻观念。因而，在这一意义上我们可以说，新闻范式是由新闻观念编织而成的网络，是新闻观念的典型呈现方式。在普遍意义上说，新闻范式就是一种职业意识形态（occupational ideology），不可能价值无涉（value-free），也不可能超越社会意识形态的要求[③]；而在特殊意义上看，不同社会、不同新闻传媒、不同个人都会拥有自己的新闻范式、新闻框架，这样的新闻范式含义与新闻观念也就没有多少本质区分了，同时似乎还多少含有一些新闻风格的意味。

二、多维视野中的新闻观念

在一般意义上说，新闻观念就是关于新闻是什么、应该是什么的观念，它不仅包含主体对于新闻的认知，还包含着主体关于新闻的评价与愿望、信念与理想，而在认识论、价值论观念中还蕴含着方法论的观念。因而，要想比较全面、深入、准确地理解新闻观念的内涵，就需要在多维视

① 潘忠党，陈韬文．从媒体范例评价看中国大陆新闻改革中的范式转变［J］．新闻学研究，2004，78：1－34.

② REESE S. The news paradigm and the ideology of objectivity：a socialist at the Wall Street Journal［J］. Critical studies in mass communication，1990（4）：390－409.

③ 同②.

野或“视角”[①] 中对其加以分析和阐释。但新闻观念毕竟是有关新闻之认识观念、价值观念与方法观念的某种统一体，因此，我们将主要在认识论、价值论与方法论视野中对其内涵进行考察。而考察的前提是我们应该确立新闻观念的主体。关于不同社会领域视野中新闻观念的分析，我们将在后面的有关章节中进行。

（一）“谁”的新闻观念

在对新闻观念内涵展开不同视野的分析之前，有一个重要的前提性问题需要首先加以说明，这就是我们讨论的是“谁”的新闻观念。任何观念都是主体的观念[②]，没有主体的观念是死的观念。人们知道，即使针对同一客体对象，不同主体也会有不同的观念。因此，预先说明新闻观念的主体归属是非常有必要的。

在观念主体论向度上，“谁”是主体或观念主体的构成，本身就是我们研究新闻观念问题的一个部分。事实上，观念主体是观念存在的逻辑前提，观念主体的构成及其相互关系，是观念构成及不同观念间关系的客观前提。可见，对新闻观念主体没有清醒的认识，也就不可能对新闻观念本身获得实质性的把握。因此，我们在整部新闻观念论中，将始终把新闻观念主体与新闻观念紧密结合在一起而展开讨论。

在现实社会中，新闻活动是人类的一种本体性活动。因此，在一般意义上，所有组织、群体以及所有个人都是新闻活动主体，因而也自然都是某种程度上的新闻观念主体，都应包括在新闻观念论的研究范围。另外，

---

① 所谓视角，按照曼海姆（Karl Mannheim）所言，“指的是一个人观察对象的方式，他在这个对象那里觉察到的东西，以及他如何在他的思维过程中解释这个对象。因此，视角并不仅仅是某种纯粹从形式角度决定思维过程的东西。它也表示各种存在于思维结构之中的性质方面的成分”。参见曼海姆．意识形态和乌托邦［M］．艾彦，译．北京：华夏出版社，2001：328。

② 主体性是任何观念的基本特性，我们将在下文讨论。

在区分意义上，不同社会主体在新闻活动中的角色侧重必定有所不同，有新闻源主体、传播对象主体、传播主体、收受主体、控制主体、影响主体等的差异。[①] 这也就意味着，我们应该从不同角度出发，去研究不同主体的不同新闻观念及其相互关系。大概正是因为新闻活动主体结构上的这种复杂性，才导致了社会新闻观念系统的复杂性，我们只有理解和把握了主体结构的复杂与多变，才能真正理解和掌握各种新闻观念之间纷繁复杂的关系。

本书所讨论的新闻观念，是一般意义上的新闻观念。所谓一般意义，就是我们讨论的新闻观念，从主体论角度看，不是关于某一组织、某一小群体或某一个人新闻观念的专门论述，而是关于一定社会范围内所有社会主体新闻观念系统的研究。也就是说，我们在研究新闻观念时，会关涉不同社会主体在新闻活动中以不同角色出现时的新闻观念，并会讨论不同主体新闻观念之间的基本关系。显然，我们研究的观念主体是社会主体。而且，社会的开放性以及社会间交流的必然性，特别是在今天这样全球化的时代，使得我们的研究必须（不得不）超越一定的社会范围，关注不同社会间新闻观念的相互影响、相互作用关系，这实质上意味着我们必须在一定程度上以全球化的视野关注不同新闻观念背后不同社会主体之间的关系。

由于在现当代社会中已经形成和存在着社会分工意义上的新闻领域（新闻行业）和新闻职业，因此，关于新闻观念的一般性研究，自然应该以职业领域、职业新闻活动为中心，去探讨职业领域、职业新闻活动中的新闻观念问题。这样，职业新闻活动主体也就自然成了我们实质关注的核心主体。事实上，以往系统的或零星的关于新闻观念的研究，关注的主体对象基本上属于职业新闻活动主体这个范围。这与传统新闻时代新闻传播

---

① 关于新闻活动主体的构成问题，可参见杨保军《新闻理论教程》（中国人民大学出版社，2010 年第 2 版）第三章“新闻活动者”。

的整体景象也是相适应的。

但是，在各种新的传播技术支持下，在“后新闻业时代”已经开启的大背景下，在民众新闻（公民新闻）兴旺发达、影响广泛，甚至能与职业新闻并驾齐驱的大背景下，我们在新闻观念论这一论题下，必须高度关注和探讨非职业新闻传播主体的新闻观念问题。如今，任何社会组织、社会群体和社会大众个体，从原则上说，都可以直接面对他人和社会进行“社会范围”（而非传统传播时代仅限私人范围或狭小社会空间）的公开传播，其可以在相当程度上不依赖甚至超越传统媒介通道这个中介系统，成为名副其实的直接面向社会的新闻传播主体[①]，正是这一点，可以说大大改变甚至从根本上改变了新闻传播主体的结构方式。因此，将非职业新闻传播主体纳入新闻观念主体范围进行相关考察研究不仅是理论逻辑的自然延伸，更是时代变化提出的重要要求。进一步说，不管是职业新闻传播主体还是非职业新闻传播主体，其拥有的新闻观念并不是纯粹“自产自销”的新闻观念，而是一定时代背景下、一定社会环境中相互作用、相互影响的新闻观念。因此，即使我们的研究以职业新闻传播主体为主要（主体）对象，也绝不能忽视对民众新闻（公民新闻）传播主体的关注。何况，在作为新闻收受主体时，社会大众的新闻观念更是我们应该关注的核心问题。

需要稍做解释的是，作为学术研究，我们只是以独立的学术态度把新闻观念论关涉的各种问题（包括主体问题）作为探讨的目标，并不会以其他非学术的标准和方式来确定研究对象。研究者将谁确定为核心研究对象，依赖的是研究者的志趣和论题目标。任何新闻观念主体，在学术视野中，仅仅是研究对象，而不是预先的学术观念或学术结论的决断者。在一

---

① 当然不限于新闻传播主体这种单一角色，还可能是公关角色、宣传角色、广告角色等，对于组织或群体传播主体来说，尤其如此。并且，在大多情形下，在面向社会的公开传播中，它们实质扮演的是这些角色的混合体或统一体。

定社会中，谁是社会主导新闻观念的主体，谁是各种非主导新闻观念的主体，都不属于主观判断问题，而是客观事实问题。至于谁的观念是正确的、合理的、先进的，谁的观念是错误的、不合理的、落后的，从原则上说，不应该直接与主体勾连起来，而应该与可以衡量评判正确与否、合理与否、先进与否的客观标准联系起来（关于这些问题，我们在第六章具体论述）。将某些主体的新闻观念以权威方式认定为一定社会应该坚守的观念，这属于政治抉择，不属于学术研究。在很多问题上，学术研究恰好是要超越相关主体的，研究者需要关注的是“蛋”，而不是下蛋的“母鸡”。

还需要在此说明的是（如我在导论所说），本研究主要是对新闻观念本身及新闻观念与相关要素关系的考察，但核心用意则在于回答中国的新闻改革需要怎样的新闻观念，需要一种什么样的主导性新闻主义（新闻意识形态）。在探讨阐释回答这两个问题的过程中，尽管我们针对的是既有的新闻观念，同时也依托了一些既有的研究成果和相关资料（在此背后站立着各种各样的主体），但最终主要表达的必定是我们作为研究者的新闻观念和对新闻观念的认知，即本新闻观念论的“主体”，是研究者自己，而非别的什么主体，也不代表其他主体，因此，严格说来，仅仅是研究者新闻观念的学术表达。毫无疑问，我们在学术上的认知是否正确，我们在学术研究过程中表达的新闻观念是否合理恰当，都有待人们以学术方式评判，同时更有待于新闻实践活动的检验。

（二）认识论视野中的新闻观念

在认识论视野中，新闻观念既是对新闻现象、新闻活动的认识和反映方式，也是对新闻现象、新闻活动的认识和反映结果。作为认识结果的新闻观念，是任何新闻观念系统或任何单一新闻观念构成的基础要素，这是在认识论意义上理解新闻观念的关键所在。在认识论视野中，作为认知结果的新闻观念就是关于新闻的知识。在逻辑上，作为认知结果的新闻观念，相比其他要素（下文论及）具有优先性，即如果对新闻现象、新闻活动没有形成一种直接的或间接的认识[①]，就不可能形成某种新闻观念。

尽管新闻活动是人类的一种本体性活动，伴随人类而生，伴随人类而演变、进化，具有十分丰富的具体内容，但是，所有的新闻现象、新闻活动本质上都是围绕“新闻”而展开的。因此，在认识论视野中，当人类对新闻现象有了某种意识或自觉以后[②]，新闻认识[③]面对的第一问题便是“新闻是什么”。这就像人类在对世界与自我有了某种自觉之后，首先试图回答的问题便是“世界是什么”“我是什么（谁）”一样。就是说，在认识论意义上，“新闻是什么”构成了新闻观念系统的第一问题，在理论逻辑与客观逻辑上都具有优先性。这也自然意味着，关于“新闻”的本质认知，是新闻观念最重要的内容，也是认识论上的核心。“新闻是什么”的问题，当然不是简单的新闻定义问题，而是包含了一系列的问题，诸如新闻的属性、特征、功能、价值、意义等等。所有这些问题，始终都是新闻认识论视野中的一组关键问题。伴随着时代的演进，人们会对这些最为基本的问题不断获得新的认知和回答，从而也使新闻观念在认识论意义上不断获得新的内涵、新的面貌。

围绕“新闻”展开的活动，并不限于对新闻本身及相关内在问题的认

---

① 不管这种认识是正确的还是错误的，理性的还是直觉的，复杂的还是简单的，人们在实际行动之前总是以某种关于对象的认知为指导。

② 尽管新闻活动是人类的本体性活动，但对新闻活动的自觉却是相当晚近的事情，如果在新闻业的意义上讲，不过是几百年的历史。陈力丹就这样写道：“信息传播，是流经人类全部历史的水流，不断延伸着人类的感觉。但是，关于信息传播中的一类——新闻，能够分门别类地从一般信息传播中分离出来，传播新闻成为一种独立的社会行业，仅是最近几百年的事情。”参见陈力丹．世界新闻传播史［M］．2版．上海：上海交通大学出版社，2007：1。

③ 新闻认识有两个方面的基本含义：一是指通过新闻方式（主要是采写编评）对自然社会的及时反映和报道；二是指对新闻方式的反思性认知，即将新闻传收现象、新闻活动现象本身作为对象的认识活动。学界往往在不同的意义上使用这一概念，读者应该注意文本语境。

识，新闻不过是新闻活动的核心要素和逻辑前提。如果我们站在现当代的平台上来观察和审视新闻现象、新闻活动[①]，就会看到新闻活动自然的核心构成部分是关于“新闻”的生产、传播与收受活动。因此，新闻生产观念、传播观念、收受观念（受众观念）以及与此相关的一系列观念，诸如管理观念、控制观念、行业观念、职业观念等等，才是新闻观念系统的核心构成部分，其中当然包含着大量的甚至是烦琐的具体观念问题，这不是我们这里能够胜任讨论的，需要专门的、系统的分析和研究。

西方现代新闻业的诞生及向全球的逐步扩散推广，彻底改变了人类新闻活动的结构和方式，改变了人类新闻生产、传播、收受的传统主导方式。[②] 因此，如何认识制度化、产业化（事业化）、规模化、标准化（同质化）的大众化新闻现象、大众化新闻活动，构成了新闻认识论视野中新闻观念研究的重要内容。关于新闻业的起源、演变、发展现象，特别是关于新闻业的性质、特征、功能以及新闻业的演变发展规律等的普遍问题，都是新闻认识论的重要任务，是认识论视野中新闻观念不可或缺的构成部分。至于在普遍前提下的具体认识，就更是纷繁复杂了，但普遍蕴含在特殊之中，如果对特定社会中的新闻现象不能获得基本正确的认识观念，准确把握普遍意义上的新闻观念便是一句空话。事实上，就当前的实际来看，尽管全球化成为一种公认的现象，但认识特定社会中的新闻现象、新闻活动才是新闻认识的主要任务。比如，各国新闻研究者大都首先关注的是本国、本民族的新闻活动。

---

① 这里所说的现当代平台，实质上是指以新闻业作为基本的新闻认识对象。在现代新闻业诞生之前，新闻现象在总体上属于自发性社会现象，新闻传收的主导形式是民间性的，因此，还没有形成新闻生产观念、传播观念、收受观念（受众观念）产生的客观基础。

② 在近代新闻业诞生之前，人类的新闻活动主要是民间性的，是以民间人际互动为主的传收方式。尽管古代文明国家已经出现报纸的一些雏形，但它们更类似于官方的行政文件，而不是现代意义上的新闻纸。

当“后新闻业时代”开启之后，传统新闻业面临着巨大的冲击和挑战。人们已经看到：人类新闻活动的全球结构方式发生着剧烈变化，全球新闻传播正在形成新的格局；几乎所有社会的新闻生产、传播、传收方式都在经历着前所未有的变革；政府、媒介、社会之间正在形成新的结构关系；新闻传媒格局、媒介生态结构已经进入调整、融合的新时代；职业新闻与非职业新闻（民众新闻）的新型关系正在全面生成……前所未有的景象正在形成，前所未有的问题正在呈现，给传统新闻观念带来了不可小觑的冲击与挑战。因此，如何认识反映新的新闻现象、新的新闻活动景象，已经摆在了新闻认识论的面前，这种境况意味着一系列新的不同于以往的新闻观念又将诞生。其实，我们已经看到，与传统媒体时代相比，在新媒体环境下，人们言说新闻活动的方式、内容、观念业已发生了巨大的变化，这种趋势只会越来越强烈，越来越普遍。

新闻是社会环境中的新闻、文化环境中的新闻，新闻与社会的关系，新闻与政治、经济、文化、技术等的关系，是新闻认识论的固有内容，是新闻观念论自然关注的对象。因此，认识新闻与环境之间的关系，同样是认识论视野中的重要内容。而且，这一系列的现象是更为复杂的现象，也是更能真实呈现新闻生产、新闻传播、新闻收受真实面目的现象；正是在各种关系的复杂纠缠博弈中，新闻获得了自身的存在方式、获得了自身的形象展现。因此，“新闻关系是什么”，一定意义上可以说是最重要的新闻认识观念，也是新闻认识论面临的最为艰难的认知对象①；它对新闻认识

① 中国有学者将新闻学分为微观新闻学和宏观新闻学两大部分，微观新闻学是指关于新闻业务的研究，宏观新闻学则是指关于新闻与社会诸要素关系的研究。参见梁衡．新闻原理的思考［M］．北京：人民出版社，1996。我把关于新闻学特别是理论新闻学视野中新闻与社会的关系，概括为新闻关系论。“新闻与社会的关系”尽管非常重要，但它毕竟是新闻理论体系的一部分，不宜在学的层次上称谓。参见杨保军《新闻活动论》（中国人民大学出版社，2006年版）或《新闻理论研究引论》（中国人民大学出版社，2009年版）的“导论”部分。

主体提出了思维上、知识上、方法论上和精神意志上的高水平的要求。顺便说一句，那些认为新闻无学的头脑，请你们碰碰这些问题，尝尝其中的滋味，也许就不会大放厥词了。如果在“新闻关系”问题上没有真切的认识，就很难看透和把握现实社会中的新闻本质，也很难真正理解新闻在现实社会中的作用和影响。

通过上面的分析，我们可以看出，在总体意义上，“是什么”的问题，是认识论视野中新闻观念的核心问题模式，回答问题的内在精神是科学意义上的求真或真理论的取向，在这种精神和取向下形成的新闻观念具有认识论的价值和意义，也正是新闻教育向学生传授的基本内容。具体一点说，“是什么”主要包括三大问题系列：新闻是什么、新闻业是什么和新闻关系是什么。对这些系列问题的回答，构成了系统的认识论视野中的新闻观念。关于这些观念的基本内容分析，我们将在随后的相关章节中进行。

在论述了作为新闻认识结果之新闻观念的基本内容结构后，很有必要说明认识论意义上新闻观念的主要来源或获取方式。

尽管人们能够运用不同方法去回答上面所说的三个系列问题，但认识论视野中新闻观念的典型表现或存在方式仍然主要是新闻研究的结果。只有通过科学认识方法（包括人文主义和科学主义的方法）获得的新闻认识，才可以当作严格的关于新闻现象、新闻活动的理论观念。我们之所以强调这一点，是因为尽管如今认为新闻无学、无理论的人不多了，但仍有不少人在新闻学属于应用学科的口实下，无视或轻视新闻研究的严肃性和科学性，以为新闻认识“拍拍脑袋”就行了，对实际工作经验总结总结就可以了，没有必要一本正经地进行什么科学研究。若果真将以如此方式获得的新闻认识作为认识论意义上的新闻理念[①]，并以其为基础建构新闻实践理念，必将产生违背新闻特征和新闻规律的后果，自然不会给新闻实践带来什么好的作用和影响[②]。

如果我们承认新闻现象是客观现象，有其自身的变化特征和规律，如果我们承认新闻有其自身的本质、新闻活动有其自身的规律，那就意味着作为对这诸多对象之反映的新闻观念，在结果上是有正确与错误之分的。也就是说，认识论视野中的新闻观念是具有真理性的观念，是原则上可以用科学方式加以证实或证伪的观念（后面有关章节还将对此进一步讨论）。比如，中国的现实新闻传播原则是什么，它是客观的，是事实性存在，人们经过认识完全可以达成共识，我们可以依据一定的客观事实去检验这种认识观念的正确性。而要获取相对比较正确的新闻观念，毫无疑问，最有效的方式就是科学的新闻研究，因为它的核心就是以求真为基本目的，回答的就是“新闻是什么”等问题。当然，这并不是说只有新闻学者、新闻研究者关于新闻的认识活动，才能形成关于新闻的认识论观念。事实上，任何人，只要以认识为目的，获得的关于新闻是什么的认知结果，都属于新闻的认识论观念。但通过不同方法获得的新闻观念，其正确性、准确性的范围、程度是不一样的。

我们知道，新闻现象、新闻活动的内容十分丰富，新闻领域是一个变化更新速度比较快的社会领域，这就意味着新闻认识始终面对着新现象、

---

① 这里，我们必须说明，纯粹理论思考或总结新闻活动经验，确实是形成新闻观念的重要渠道，而且，对于大多数人来说，后一种方式也是形成新闻认识观念的基本方法。但是，坐在办公室里想象或进行一般的经验总结，不能等同于严格的科学认识和理论研究。如果要实现一个领域的科学发展，首先要实现对对象的科学认识，这是科学发展的前提；大到科学发展规划，小到具体发展方案，都应该建立在经由科学认识形成的理论观念基础之上。参见杨保军．“尊重科学”是“科学发展”的前提［J］．理论视野，2009（5）：28－29。

② 在新闻工作实际中，一些新闻传媒组织的业务变革，诸如改版，开设新的版面、频道、时段、专栏，甚至创办新的媒介等重要行为，往往并不进行科学意义上的调查研究。在国家管理层面上，一些新闻宣传政策的出台、一些宣传纪律的实施，也常常是权威意志的结果，并不是建立在对新闻现象的科学认知基础上。这些现象，直接表现是缺乏认识论意义上的新闻观念、传播观念，深层次上则是缺乏对客观实际的尊重，缺乏科学发展的理念。

新问题，新的认识、新的观念会不断产生和出现。尽管一些基本的新闻认知观念在一定的历史时期内比较稳定，但随着人们认知的深入，它们的内涵一定会丰富、外延一定会扩展。人们看到，每一次传播领域的革命性变化，都会对新闻认识提出新的任务、新的挑战，都会引发新闻观念的时代性更新。认识论意义上的新闻观念变化更新，同样是其他意义上新闻观念变革的前提和基础。如果缺乏认识论意义上的把握，所谓的“新观念”，就很可能是“错误观念”或“坏观念”。

既然在认识论视野中讨论新闻观念，就应该充分意识到认识的有限性。新闻活动主体关于新闻的观念，仅仅是主体对新闻现象、新闻活动感觉到、认知到的内容，没有感觉到、认知到的还不可能形成真实的新闻观念。因此，认识论中的新闻观念是一个不确定的、开放的系统。当这种感觉、认知有了新的进展，就意味着新的观念的诞生和出现；当这种感觉、认知发现了以往观念的错误，那就意味着老旧观念需要修正和更新。这在原则上说是一个无限的过程。

总而言之，认识论意义上的新闻观念，作为关于新闻现象、新闻活动的理论观念，总是试图以求真方式揭示对象的真实面目，因而它是形成和建构新闻实践观念的出发点。人们能在多大范围内和程度上实现对新闻特征、新闻规律的遵循，取决于这种理论观念的性质和水平，也取决于对认识论意义上新闻观念的运用程度与水平。

（三）价值论视野中的新闻观念

新闻观念不只是一定主体关于新闻（广义上的新闻）是什么、实际做什么、能够做什么的纯粹认知观念，也是主体关于新闻应该是什么、应当做什么的观念，其中包含着主体关于新闻应该如何的情感和态度、信念和理想。并且，应该是什么，更为实质性地反映和体现了主体的新闻价值追求，反映和体现了主体的需要和利益追求，因此，在价值论视野中，更能揭示新闻观念的本质所在。就实际情况来看，每当人们言说新闻观念时，更侧重于新闻观念的价值论意义，可以说，“观念是决定态度和行动的价值系统，是人们的基本信念”①。

在价值论视野中，对主体新闻需要的反思性认识，构成了重要的观念内容；新闻观念更多的是相关主体的利益观念，是主体通过新闻观念形式体现出来的利益观念。在价值论意义上，新闻不再简单地被当作认知对象，而主要被看作实现一定主体利益需要的工具、中介或客体。新闻应该成为怎样的工具手段，成为怎样的满足主体需要的客体，主要是由一定主体的实际利益追求决定的，甚至是由主体的偏好、兴趣和非理性需求决定的，而不是由新闻自身的特征和规律决定的。因此，当一定主体把新闻当作价值客体、价值手段时，并不总是尊重新闻的特征和规律，也很有可能任意妄为、扭曲新闻的本性、背离新闻传播的规律，使新闻变得面目全非，成为满足特定利益的玩物。在现实社会（不管是历史现实还是当下现实）中，人们往往更多看到的是后一种现象，而不是前一种情形。因此，很多情况下，不光是个人或者一家媒体，甚至是一个国家、一个民族，乃至整个人类，其新闻活动本质上是盲目的、非理性的，为自身虚假的利益和需要所左右，为自身短期的需要和利益所迷惑，在观念论视野中则可以说，为一种错误的新闻观念所支配。

在价值论视野中，新闻观念也是典型的意识形态观念，是相关主体反映体现自身意识形态追求的重要形式之一。当一定主体从自身的利益需要出发去把握新闻现象时，新闻观念更多地成为主体关于新闻的情感态度和理想信念，成为关于新闻的一种意识形态。在一定社会中，存在着在不同

① 刘福森．哲学的“根”与“用”：哲学与现实的双重关系［N］．光明日报，2012-02-14(11).

主体层次上的新闻观念（见第二章），而主导一定社会的新闻观念，是比较系统、全面、深刻反映和体现统治阶级或阶层新闻需要、新闻利益的观念，属于典型的新闻意识形态，是一定社会主导意识形态体系中的一种形式。意识形态“就是一个社会在特定历史时期具有宰制性作用的观念和思想体系”①。作为一定社会新闻领域的意识形态，就是其具有的主导性的新闻观念系统。

作为一种意识形态形式，一定主体总会宣称自己的新闻观念是最为正当合理的新闻观念，是体现了新闻本质的观念。但事实并非总是如此，一定主体为了掩盖自己特定的利益和需要，不仅会想方设法遮蔽自己的真实意图，还会把自己的利益和需要宣称为整个社会的利益和需要。因此，意识形态意义上的新闻观念，常常有其虚伪性或虚假性。这种虚伪或虚假的核心，就是把个别当成普遍，把特殊利益说成是普遍利益，把自己的价值取向描绘成整个社会的价值向往。因此，在价值论视野中观察新闻观念，人们会发现，任何新闻观念其实都有某种偏狭特征。不要说党派宣传新闻观念、商业新闻观念，就是专业新闻主义观念，也有其自身的狭隘性，有其自身的虚假性和虚伪性，专业新闻主义观念并不会像它宣称的那样始终为社会大众服务，为公共利益服务。新闻观念作为意识形态的虚假性是普遍的，需要人们警惕。在一定社会中，只有展开不同新闻观念的持续对话，才能形成在整体上有利于社会良性运行的新闻意识形态。

在常态情况下，由于一定社会主体主要是按照他们自己的利益和需要来对待和使用新闻，按照自己对“新闻应该如何”的理解来对待和使用新闻的，因此，关于新闻的价值观念，往往成为整体新闻观念系统实际上的核心或灵魂，这是我们在价值论视野中理解新闻观念的重点。由于主体并

---

① 万俊人．如何理解中国道路的现代性［J］．理论视野，2010（12）：11－12.

不总是能够自觉到自己的真实需要和正当利益，并不总是能够准确把握新闻应该如何，因此，这样的灵魂并不总是红色的，很多时候是灰色的，甚至是黑色的。新闻需要的真实与虚假，是新闻观念真实与虚假的重要根源①。由新闻直接造成的种种社会悲剧，其观念根源往往就在这里。人们应该明白，没有哪一种新闻价值观念是天然正确的、合理的，任何自我宣称与标榜都需要受到审视和质疑；同样，一定新闻价值观念支配的新闻传播，并不都是善意的，并不都是能够带来正面社会效益的。

由上面的论述可以看出，作为价值论意义上的新闻观念，与作为认识论意义上的新闻观念相比，在不同主体之间具有更大的差异性甚至是对立性。不同新闻观念之间的竞争，往往不是认识论意义上的竞争，而是价值论意义上的竞争。比如，关于当代中国新闻业的实际状况是什么，这本质上是一个事实问题，不同利益主体或不同立场的主体，完全可以达成认知上的基本共识（承认有一个共同的客观事实存在）。但是，一旦问题改为当代中国的新闻业应该是什么，应该选择什么样的改革路径，不同主体间的看法就可能有着巨大的分歧，就可能会争论不休。而且，到底哪一种或什么样的新闻观念更为合理，恐怕一时还难以评判，常常只能交给历史去检验和说明（关于新闻观念的评判问题，我们将在后面专列章节进行讨论）。

（四）方法论视野中的新闻观念

新闻观念既是关于新闻活动的观念反映、认知结果，更是一定主体对于新闻活动的情感态度和价值期待；同时，在方法论视野中，新闻观念还是主体从事新闻活动的方法论观念，是新闻活动主体用来处理新闻实践问

---

① 杨保军．需要与想要：受众需要标准解析［J］．当代传播，2007（5）：6－9．

题和理论问题的基本方法。实际上，认识论和价值论意义上的新闻观念，只有落实到方法论上，才是有意义的，才能真正实现自身，成为能够真实指导主体新闻行为的观念。顺便可以指出的是，以往人们很少在方法论意义上研究新闻观念，这无疑是一个比较严重的缺陷或不足，因为如果不把一种观念的方法论内涵解析清楚，这种观念便是悬空的观念，难以发挥实际作用的观念。

任何一种新闻观念，都内在地包含着认知因素、价值因素和方法因素，只有从三个角度同时出发，才能真实地理解一种新闻观念。在这三种因素中，认识观念因素是基础，价值观念因素是灵魂，而方法观念因素是前两者落到实处的路径和技术。关于新闻观念的具体要素构成及其相互关系的分析，我们会在后面的相关章节中进行专门的探讨。此处，我们的重点在于指出必须在方法论的视野中审视新闻观念，只有这样，才能比较全面地认识、把握新闻观念的本质。

在方法论视野中，一种观念，就是一种方法；一套观念，就是一套方法体系。这就是观念与方法的核心关系。观念的方法论意义其实并不难理解。观念本身就是通过一定的方法获得的，因此，观念之中必然内含着方法要素、方法程序和方法操作的成分，有些观念甚至是直接通过获取观念的方法来定义的（自然科学中的许多观念尤为如此）。比如，一套理论，也就是一套观念系统，人们在发明建构它们时，必须使用一定的方法；反过来，理论一旦成形，也就成了一套观念工具，人们可以用它们来分析、解释、批判、前瞻一定的对象领域。运用理论的过程，实际上就是理论观念中内含的方法要素展开的过程——有些是以观念工具的方式展开，有些则以直接的感性工具运用方式展开，大部分则是以观念工具与感性工具相统一的方式展开。但有一个基本的原则，这就是获取理论的方法与运用理论的方法本质上是相同的、相似的，差异可能主要在于一个是“向上”的路径，一个是“向下”的路径。[①] 同样，方法论意义上的新闻观念，也是一种观念工具或手段，一定的新闻活动主体既可以用它来指导实践，规划自己的新闻行为，为自己的新闻活动方式进行辩护，也可以将其当作理论工具，用它去分析、解释、批判、反思一定的新闻现象。

在方法论视野中审视新闻观念，其核心是要说明新闻观念是有实践指向性的观念，并不是纯粹的理论观念，它内在地包含着“怎么做”的观念要素。但这里的要素仅仅是方法的观念要素，并不是直接的操作方法本身。也就是说，作为观念，它指出了寻找方法的方向和路径，而不是直接提供了可以操作的方法和措施。比如，一种具体的关于“新闻是什么、应该是什么”的新闻观念，设定了新闻的属性和特征，这就意味着它实质性地提供了主体可以辨别区分新闻与非新闻的原则性标准。而标准就是方法。因此，关于新闻是什么的观念，在原则上提供了选择新闻的标准观念、方法观念；但具体通过怎样的实际方法（采访、编辑）去选择作为报道对象的新闻，是属于观念具体化或客观化的问题，还需要有一个从抽象到具体的过程。再如，“具体新闻真实”观念，设定了具体新闻真实的观念标准——报道与报道对象的符合，等于指出了衡量具体新闻真实的原则方法；如果将原则（原则本身就是观念）结合新闻报道实际具体化，也就找到了能够直接检验具体新闻真实性的措施（指标）。

观念中包含着方法要素，并不等于方法要素都是可行的、有效的。观念方法与实践方法之间是有质的差别的，一个在精神领域，可以进行观念操作，另一个在感性领域，需要实际的感性操作。一种客观上实现不了的观念，就是空想性或幻想性的观念。这样的观念并不是说没有方法设想，而是说设想的方法是不可行的。观念的空想性，其核心问题往往就是方法

① 发明建构理论的过程，主要是从具体向一般的过程，所以叫作向上的路径；运用理论的过程，主要是从一般向具体的过程，所以叫作向下的路径。

的空想性。有些观念在其形成过程中就没有运用合理科学的方法，因而很可能没有形成对相关事实现象的正确认识和合理反映。比如，一些人设想当下中国的新闻业应该如何，提出了一系列的实践观念，其中包含了一整套的实现方法（属于方法观念），但这些方法在当下语境中是不可行的，这样的方法观念也就是无效的。我曾经在一篇论文中，做出这样的判断：发现问题重要，解决问题更重要，但找到解决问题的方法最重要。[①] 目的就在于说明方法要素在观念构成中具有举足轻重的作用。[②] 当年的乌托邦思想家、空想共产主义者并不是想得不美，而是"想得很美"[③]，但他们想出的方法实在离现实太远，无法切实地实行。而当方法观念无效时，观念在整体上也就无效了。

在方法论视野中，面向实践的新闻观念，依据不同类别、不同层次新闻观念的特征，不仅指导和影响着各类新闻活动主体整体的新闻行为，也会直接影响他们各种具体的新闻操作行为。[④] 新闻观念既是新闻活动主体新闻行为的观念标准，也是他们展开新闻活动的方法观念。一定社会的主导新闻观念，规定了该社会主导新闻活动的运行方法；指导某一新闻媒体的新闻观念，确立了该媒体生产传播新闻的模式与路径；左右个体新闻活动者的新闻观念，直接影响着他新闻采、写、编、评等的具体行为方法。即使作为新闻收受者的社会大众，他们拥有的新闻观念同样会影响其收受新闻的态度和方法。因此，新闻观念在新闻实践中最直接的、最外在的表现，就是新闻行为方法的展示。

---

① 当然，必须说明的是，应该如何，本身就是理想性的设计，它的意义在于指出努力的方向，这也正是理论研究的前瞻性所在，正是需要"创造条件也要上"的部分。

② 杨保军．认清假新闻的真面目［J］．新闻记者，2011（2）：4-11．事实上，人们容易设想解决问题的观念，但这种观念中如果缺少有效的方法要素，即使其可能有用，也仍然不能解决问题。

③ 马少华．想得很美：乌托邦的细节设计［M］．北京：中国青年出版社，2011．

④ 关于新闻观念与新闻行为之间的具体关系，我们将在第八章进行专门论述。

在方法论视野中，面向理论的新闻观念，不仅是构成既有新闻理论的主要内容[①]，也是开辟新闻理论新认识的重要前提和方法工具。既有的新闻观念既在一定程度上指出了新闻实践的方向，也在一定程度上划定了新闻理论探索的基本范围。这就像一套像样的理论（理论也是观念），它不仅是关于对象的认识结果，同时也是主体能够对待和进一步认识相关对象的一套方法，还是一种比具体方法更为系统全面的方法（即作为理论的方法或作为方法的理论）。

三、新闻观念的特性

所谓认识事物，其核心就是把握事物的特性。事物间的联系与区别，主要表现为事物内外特性的相似与差异。也正是事物之间内外特性的相似与差异，显现出事物不同的变化规律，影响着事物的不同功能作用。因此，考察新闻观念的特性，是我们系统研究新闻观念的重要起点。新闻观念，既有作为观念的一般属性，也有作为观念之一类的个性特征。理解一般属性是我们认识新闻观念的基础，把握个性特征则是认识新闻观念的关键。

（一）作为观念的一般属性

作为观念体系中的一类，新闻观念与其他观念一样，具有观念的一般属性。认识这些一般属性，是我们理解把握新闻观念（或任何其他一种观念）的基础。新闻观念作为观念的一般属性很多，我们不可能一一罗列，只能选取一些比较重要的属性加以阐释。并且，即使是讨论新闻观念作为观念的一般属性，我们仍然会注意到新闻观念的特殊性。

---

① 每一种新闻理论，特别是成体系的新闻理论，实质上就是一套比较完整的新闻观念系统。它提供了一套看待新闻现象、新闻活动的理论方法或理论工具。

1. 主体性

主体性本是在与客体关系之中用来描述和反映人之本质属性的一个概念，“是人作为活动主体的质的规定性，是在与客体相互作用中得到发展的人的自觉、自主、能动和创造的特性”[①]。这里所说的观念的主体性，首先是说观念只能是人或主体关于对象事物的观念。这是任何观念现实的归属性存在方式、有效性存在方式。观念的主体性，既可以说是观念最突出的特性，也可以说是观念的基础性特征。新闻观念作为主体观念之一类，它的首要属性当然也是主体性。

其次，观念的主体性，是说不同主体关于同一对象事物，既可能拥有共同的观念，也可能拥有不同的观念。观念的主体性，意味着主体的共同性与差异性都会表现在主体拥有的各种观念上。在观念论研究中，我们在重视不同主体观念共同性的同时，会更加关注主体差异性造成的观念差异性。因为，不管是在理论上，还是在实践中，如何理清、调整不同主体在同一对象事物上的不同观念才是真正的难题。观念差异往往是表象，不同利益常常是根本。观念主体性上的差异性，说明观念具有自身的特殊性或“本土”性，一些观念一旦离开自己生长的环境，离开发明自己的主体生存地域或社会，就会发生变异。这就像一些科学观念，一旦超越自己的适用领域，就需要修正，不然就会产生十分荒谬的结果。

从新闻活动角度看，即使是针对某一具体的新闻活动，在逻辑区分意义上也会有不同的活动主体存在，比如新闻源主体、新闻传播主体、新闻收受主体、新闻报道对象主体、新闻控制主体以及影响新闻传播的主体[②]。能够在新闻活动视野中把他们区分为不同的活动主体，除了因为他们有侧

---

① 郭湛．主体性哲学：人的存在及其意义：修订版［M］．北京：中国人民大学出版社，2011：23.

② 关于区分意义上的新闻活动主体及其相互关系分析，可参见杨保军《新闻活动论》（中国人民大学出版社，2006 年版）或《新闻理论教程》（中国人民大学出版社，2005 年版）中的相关章节。

重点不一的新闻活动领域和方式外，还有一个根据就是他们拥有不同的新闻观念，特别是拥有不同的新闻价值观念。现实新闻活动中的诸多矛盾和冲突，正是因为活动主体拥有不同新闻观念导致的。新闻活动，本质上就是这些主体间的信息交流、精神交往、文化交往等的相互作用①，而背后的实质则是他们通过新闻方式展开的或明或暗的利益合作或矛盾冲突活动。

从社会主体构成角度看，存在这样一个基本事实：不同社会人群（主体）拥有不同的新闻观念（当然他们也有基本一致的新闻观念）。政治家拥有自己的新闻观念，职业新闻工作者有自己的新闻观念，新闻教育者、研究者、理论家拥有自己的新闻观念，而社会大众同样也拥有自己的新闻观念。这些不同社会主体的新闻观念，构成了一定社会整体的新闻观念系统。也正是主体新闻观念的这种多样性，充分显示了新闻观念作为观念之一种的主体性特征。

再次，也是最为重要的，观念的主体性是说所有的观念都是主体提出的、发明的、创造的，而且主体可以依据环境与自身需要的发展变化，在历史的演化过程中，不断地发明和创造新的观念。人正是通过不断提出新的观念来改造自己、改变世界的，“拿掉所有重要的观念，人类文明马上便会倒退到三万年前的石器时代。可见，人是创造观念和富有各种观念的动物”②。不管是在整个人类历史长河中，还是在某个特定的社会领域，总是闪耀着一些“观念巨人”、观念明星。正是由于他们创造的一系列伟大观念，历史的红线才能贯穿起来。但更为重要的是，正是因为无数普通大众的物质活动和精神活动，才为所有观念的产生、创造、更新提供了永

---

① 关于新闻活动的本质，可参见杨保军．新闻活动论［M］．北京：中国人民大学出版社，2006。

② 赵鑫珊．观念改变世界：一唱雄鸡天下白［M］．南昌：江西人民出版社，2008：1.

久不竭的资源。

2. 精神性

显而易见，观念本身最典型的特性就是与物质世界之物质性相对的观念性、精神性。观念属于主体的精神世界、主观世界。与物质性相对的精神性，使观念世界能够成为一个相对独立的世界。观念世界的相对独立性，使观念可以按照自身的逻辑进行运演和发展，这正是观念世界能够成为相对自由世界的重要根据。此时，“词（词是观念的符号。——引者）所要讲述的只是自身，词要做的只是在自己的存在中闪烁”①。人们可以在一定意义上超越现实世界，设计、建构、想象某种可能的世界，从而描绘出观念上的图景。事实上，我们关于“应该是什么”的描绘就是观念精神性的充分体现。比如，人们可以以中国新闻业的现实为基础，也可以不以中国新闻业的现实为基础，描绘出自己向往的未来新闻业景象，设计出未来中国新闻业应有的观念结构。

观念的精神性，说明观念本身的产生、演变与更新首先发生在主体精神领域；说明观念与主体是直接同一的存在；说明观念本质上是内在于主体的，是主体的一种特殊规定性。因此，主体拥有什么样的观念，就可能产生什么样的行为，就可能成为什么样的主体。改变主体的关键就是改变主体的观念。需要注意的是，观念的内在性增加了人们判断一定主体观念真实面目的难度，人们只能通过主体的言行才能获知其拥有怎样的观念。但进一步说，主体观念与言行之间可能是分裂的、不一致的。

观念的精神性及其内在特点，意味着观念并不能直接对客观世界发挥改造作用，而是需要通过能够把握观念的主体这个独一无二的中介。观念手段不能代替物质手段，即所谓批判的武器不能代替武器的批判。也就是

---

① 福柯．词与物：人文科学考古学［M］．莫伟民，译．上海：上海三联书店，2001：393．

说，观念只有武装了主体，才能在实践活动中发挥真实的作用。任何一种观念，只有和主体的需要意识、目的观念结合起来、统一起来，转变成指导主体实践活动的实践观念，并通过一定的手段，才能够成为指导实践活动的有效观念。在精神世界内，观念交流仅仅是一种话语实践。

观念的精神性，意味着观念必须依赖客观的物质载体才能显现，观念的意义必须通过一定的感性符号才能承载和传播；而主体间的观念交流，必须通过共同的符号系统、意义系统（或可互译的符号系统和意义系统）才能顺利进行。

3. 历史性

观念的历史性，描述和反映的乃是观念存在的过程性特征。其核心包括两大方面：一是指观念的历史累积性或历史积淀性，即人类任何领域的基本观念，都是历史积淀的结果、文化演进的结果。不管站在哪个时代节点上或平台上的人们，现实存在的各种观念首先是观念历史流变的结果。从观念内容到观念形式，都是在历史的积淀中成形的。任何一个时代的人，首先面对的是前代人（当然不止一代）发明、创造的各种观念，后代人只能在前代人的观念基础上继续创造新的观念，就像他们只能在前代人创造的物质基础上才能继续创造物质财富一样。

二是指观念的历史相对性或观念的时代性，即不同历史时空中拥有不同的观念。首先，不同历史时代、历史时期拥有自身的核心观念；一定意义上，正是因为观念的差异性，人们才将历史区分为不同的历史时代、历史时期。其次，任何观念都是历史的产物，即使是某一具体观念，也有其孕育、产生、成长直至消亡的历史过程。每一个观念都有其自身的历史故事。任何一个新观念的诞生，都有自己的历史渊源。观念的相对性、时代性，实质上说明，并不存在永恒的观念，即使表达观念的符号（语言）可能在不同时代是相同的或相似的，但符号的内涵、意义一定会发生变化。

所有的观念都是当代观念，就像所有的思想史都是当代思想史一样。

观念的历史性，是由观念对象的历史性决定的。事物的变化是绝对的，自然事物如此，社会事物也是如此。因此，作为对事物的精神把握方式，观念的历史性是绝对的，只能对事物的历史性做出呈现。观念的历史性，也是由观念主体的历史性决定的。任何主体都是历史性的存在，只能以历史的方式、历史的能力认识把握对象。

观念的历史性，说明了任何一个时代、任何主体对相关对象事物的观念把握都是有限的，"我们的思想只能抓住现实的一些方面而不能完全掌握它"[①]。因此，任何观念在本质上都是不确定的、开放的；一种观念如果绝对确定和封闭，也就意味着完结和死亡。观念的历史性，说明观念的正确性、合理性、先进性等都是历史的。人们不能用超越历史环境、历史标准去衡量评判一种观念的历史正确性、合理性、先进性。

在新闻观念论意义上，观念的历史性提醒人们，任何新闻观念都是新闻意识积淀的结果，任何新闻观念都有其孕育、产生、成长的过程，任何新闻观念都与特定的历史传统、历史环境有着千丝万缕的内在关联。因此，对当下任何一个重要的新闻观念的具体把握，都需要观念史的分析与考量。只有弄清楚一个新闻观念的来龙去脉，我们才能真正理解一个新闻观念当下的真实面目和实质内涵。历史观念，也是我们把握新闻观念极为重要的方法论观念。

4. 方向性

前面的论述表明，人们关于对象事物的观念，不仅是认识论意义上的观念，也是价值论、方法论意义上的观念，是几种观念在某种程度上的可能统一。由于认识有正确与错误之分，价值有合理（正价值）与不合理

---

① 奥顿奈尔．从神创到虚拟：观念的历史［M］．宋作艳，胡斌，译．北京：北京大学出版社，2004：29.

（负价值）之分，方法有恰当（有效）与不恰当（无效）之别，这样实质上就造成了观念性质（正确与错误，合理与不合理，先进与落后等）的多种可能性。因此，任何比较全面的关于一定对象的观念系统，相对主体的可能行为来说其实都是有方向性的。具体一点说，认识论意义上的观念要素指引着主体行为正确性的方向，价值论意义上的观念要素指引着主体的目的论方向，方法论意义上的观念要素指引着主体实现目的的工具选择和手段选择。

在一个观念系统特别是具有“观”性质或“主义”特征的观念体系中，尽管认识观念是基础，但是关于对象“应该是什么”“应该如何”的观念，往往居于观念系统的核心地位，它是指导主体行为选择的关键观念要素。人是价值动物，总是按照自身的价值选择展开行动。因此，人们通常所说的观念的方向性，主要是指价值观念的方向性。

观念的方向性属性，说明不同观念有着不同的价值指向，也就意味着针对同一事物的不同观念之间必然存在着差异和冲突。不同意识形态系统之间的矛盾和冲突，就是观念系统方向性不一致的显著表现。主体选择了一种观念，就意味着选择了一种行为方向，选择了一种目标追求。对此，人们在现实社会中有着直接的、深切的体会。其实，不仅是宏观的、大的观念有其明确的方向性，就是一个比较小的个体观念也有其自身的方向性；一个人选择怎样的人生观、价值观，就等于他会沿着什么样的基本方向去追求自己的人生目标、实现自身的人生价值。当然，观念选择不是一次性的，也不是不可改变的，但只要选择的观念变化了，也就意味着主体的行为方向改变了。

观念的方向性特征，使得观念成为主体间互相选择或互相认同的重要根据。针对同一事物，不同主体往往拥有不同的观念。拥有相同观念的主体更容易结合成统一体，相反则要困难得多甚至不可能。因此，如果主体间对同样的事物抱有不同的观念，主体间发生矛盾与冲突的可能性就会大大增强。物以类聚，人以群分，其中的深层原因，便是观念的差异、观念方向的差异。但是，针对同一事物，持有不同观念，并不意味着主体间发生矛盾与冲突的必然性，因为持有不同观念的主体可以展开对话协商，求同存异，如此一来，不同主体之间仍然可以实现合作共赢，这也正是我们看到的社会常态。

需要说明的是，观念的方向性，并不必然能够成为主体行为或活动的方向性，因为在既有观念面前，主体仍然具有自身的主动性和创造性，主体可以反其道（观念）而行之，但这也恰好说明观念具有自身的方向性。至于主体是否按照一定观念的内在方向性活动，那是另一个问题。

另外，由于不同观念有着不同的方向性，也有一些观念的方向性本身可能是模糊的甚至多方向的，这就给主体的观念选择造成困境：到底用什么样的观念支配自己的行为，到底以怎样的方向确定自己的行为方向？从理论上说这依赖于主体的认知能力、需要和意愿，依赖于主体所处的相关环境条件。但在观念论意义上，如何认定观念方向的正确或错误、合理或不合理、先进或落后等，就成为十分重要的问题。对此，我们将在后面的相关章节进行专门的讨论。

（二）新闻观念的个性特征

作为整个社会观念系统中的一种特殊观念，新闻观念自然拥有自身的一些特殊属性，也即个性特征。毫无疑问，认识新闻观念的个性特征，是我们把握新闻观念实质的根本所在。个性是在比较参照中显现的，所谓新闻观念的个性特征，也是在与其他观念的对比中言说的。

1. 新闻观念的中介性

中介性是任何观念都具有的属性，因为观念是人类以理性方式把握认识对象的基本手段，只有通过这样的手段人类才能实现对外在对象的精神把握。但我们此处关于新闻观念中介性的阐释，除了这一最基本的意义之外，主要依据新闻活动在整个社会活动系统中特殊的中介地位、中介功能来理解新闻观念的中介性特点。

中介性也许是新闻观念最突出的个性特征。中介性，顾名思义，就是在不同事物、领域之间发挥桥梁作用的特性。新闻观念的中介性，客观上根基于新闻领域作为社会场域的中介性，也即新闻媒介的中介性和新闻本身的中介性，将新闻媒介、新闻看作沟通人与人之间、不同人群之间以及个人、群体与社会间的工具或桥梁，将新闻媒介、新闻看作社会大众了解环境（自然与社会）的中介，是一种典型的同时也真实反映了新闻媒介、新闻的特征及其功能的观念。英国著名传媒学者詹姆斯·卡伦（James Curran，有学者译为詹姆斯·卡瑞）就说："媒体通过新闻、评论和虚构来给世界下定义。媒体的中介作用决定了哪些因素占据突出的地位，而哪些则退居背景之中；哪些应当被包括进来，哪些又该被排除在外。"[①] 新闻媒介、新闻实际上就是一种特殊的社会中介场域，而"作为社会结构的中介场域，传媒实际上是社会生活的联络纽带和网络中枢"[②]。对新闻媒介以及新闻的这种客观中介性的认识与反思，便构成了新闻观念中介性的基本内容。

具体来说，新闻观念的中介性，首先在于新闻活动主体要自觉到新闻媒介、新闻在人类社会生活中的中介性特征。"如果这个世界可以分为物质世界和精神世界，那么传播和媒介面向人类的精神世界，成为物质文明与精神文明之间、外部世界与内部世界之间能量转化、信息交流的'桥梁'和'枢纽'。"[③] 人类是传播动物、交往动物，人类的物质交往与精神

---

① 卡伦．媒体与权力［M］．史安斌，董关鹏，译．北京：清华大学出版社，2006：210．

② 罗以澄，吕尚彬．中国社会转型下的传媒环境与传媒发展［M］．武汉：武汉大学出版社，2010：86．

③ 邵培仁．传媒学科的今天与明天［J］．当代传播，2011（4）：1．

交往都需要一定的中介系统和信息载体，新闻媒介和新闻就是其中一类中介系统和信息载体。

其次，新闻观念的中介性，在于自觉到新闻的价值和功能主要是中介性的价值和功能，手段或工具性的价值和功能。正是基于新闻信息，人们才能去认识、判断新闻之根源的客观世界；同样，正是基于新闻信息，人们才有可能有根据地去处理和面对新闻之后的重新思考与行为选择。

最后，新闻观念的中介性，在于人们能够自觉到新闻媒介是社会整体交流的中介场域，即新闻媒介处于社会政治、经济、文化环境之中，并且是联系、连接这些不同系统的中介系统。而新闻则是中介场域中的公共物品，是人们可以分享或共享的事实信息，是人们可以在中介场域中展开对话交流的思想基础。说到底，中介性是新闻媒介能够形成公共平台、构建公共领域的客观根据。

就新闻观念本身来说，它的中介性集中表现为新闻观念体系整体上处于中层观念层次，新闻理论整体上属于中层理论，我们对于几乎任何新闻核心观念的解释总是要依赖于宏观层次的理论，比如，新闻信息观念是以信息观念（或上层观念）为前提的，新闻真实观念是以真实观念为前提观念（或元层次观念）的，以新闻传播、新闻媒介、新闻价值、新闻自由、新闻控制、新闻道德、新闻环境等为对象的概念皆处于中层观念层次，在它们之下，才会关涉具体的操作层面的观念。显然，中介层次的诸多新闻观念，才是新闻观念的核心。可见，在整个观念层次结构上，新闻观念也处于典型中介层面，具有典型的中介性。

2. 新闻观念的附属性

附属性是新闻观念又一比较突出的个性特征。附属性揭示的是一个事物对其他事物的依赖性；观念世界尽管有自身的相对独立性，但在本体论意义上有赖于物质世界。这里所说的新闻观念的附属性，主要不是指客观存在的新闻现象、新闻活动相对于它的根源性，而是指新闻观念对其他主要社会观念的依赖性。

具体来说，新闻观念的附属性，是相对经济观念、政治观念、文化观念的主体性（自主性）而言的[①]。如果说经济观念、政治观念、文化观念等在社会观念系统中属于第一性的观念，那就可以说新闻观念属于第二性的观念。这里实质上是说，一定时代、一定历史时期、一定社会中新闻观念的总体状况，在很大程度上取决于经济观念、政治观念、文化观念等的整体状况，取决于一定历史时期社会思潮的整体状况或趋势。相对这些社会系统中的主导观念来说，新闻观念具有更强的被动性。实际情况通常是一定社会的主导观念体系决定着新闻观念的性质和取向。这种观念之间的基本关系，也是由新闻业与整个社会政治、经济、文化等领域的客观关系决定的。当然，这只是在基本的、本源性关系的意义上而言的，并不否认新闻领域在特定条件下对整个社会生活特别是政治生活等的巨大反作用，也不否认新闻领域的相对独立性或“半自主性”，诚如有人所说的，“一方面，大众传媒遵循自己独特的逻辑和规律运转，有自己独特的传播理念和实践系统，按照自身的规律性和要求自行选择参与场域活动的行动；另一方面，传媒场域并不具有完全的独立性，它又受到政治场域、经济场域、文化场域、公众生活场域的制约和影响，呈现出‘半自主性’”[②]。

附属性揭示了新闻观念对于政治观念、经济观念等的依附性或依赖性。明确地说就是，在常态情况下，一定社会有什么样的“主导性”的政

---

① 这里，相对新闻观念，我们笼统地谈论这几种观念的自主性或主体性，但在观念世界里，经济观念、政治观念、文化观念之间有着十分复杂的关系，需要进行专门的讨论，这已超出本书的研究范围了。

② 罗以澄，吕尚彬．中国社会转型下的传媒环境与传媒发展［M］．武汉：武汉大学出版社，2010：86.

治观念、经济观念，就有相应的“主导性”的新闻观念，而不是相反①。进一步说，新闻观念相对政治观念、经济观念的附属性，意味着新闻观念的变革与更新首先依赖于政治、经济的外部驱动。但对此我们同样不能作绝对化的理解，因为在一定的历史条件下，特别是在人类社会已经进入媒介化社会的宏观背景下，新闻传播（新闻报道与新闻评论）可能会成为各种社会观念变革更新的先导，支配新闻传播的新闻观念，不仅对于选择哪些新闻事实作为报道对象具有框架、标准作用，而且对于选择什么样的社会观念（包括政治、经济、文化、技术或者其他各种具体的社会观念）作为宣传、张扬或贬抑、批评对象也有着重要的影响②。

3. 新闻观念的独立性

任何一种观念都有其自身的相对独立性，新闻观念也不例外。因而独立性并不是新闻观念的典型个性，但新闻观念的个性必须在它的相对独立性中显现出来。新闻观念对象领域的特殊性，新闻实践活动的特殊性，新闻自身价值的特殊性，新闻职业责任的特殊性，新闻工作方式的专业性，等等，从根源上一起决定了新闻观念的相对独立性。正是这一系列的特殊性，使得关于它们的新闻观念与其他观念区分开来。

在最普遍的意义上说，新闻观念是关于新闻现象的观念，是关于人与人之间新闻信息交流互动的观念。由于新闻活动对于人类来说，是与生俱来的活动，是本体性的活动，而且信息需要（包括新闻意识明确后的新闻信息需要）是人类与生俱来的需要，因此，新闻意识很可能是人类比较古老的意识，新闻活动很可能是人类文明史上比较早地自觉到的活动。但人类到底是什么时候开始具有自觉而明确的“新闻”意识、“新闻”观念的，

① 我这里之所以强调“主导性”，是因为在任何社会中，在某类观念系统中，会存在多种甚至大量的不同具体观念，而只有某一两种才能成为影响相关社会领域的主导性观念。

② 关于新闻观念与社会观念间关系的专门讨论，将在第十一章展开。

到目前为止，并没有一个清晰的时间概念，还需要我们继续研究和探索。①

当新闻活动成为人类自觉的实践活动，当社会发展导致的社会分工使新闻活动成为人类一部分人的专门性、职业性活动时，相对独立的新闻意识、新闻观念便诞生了。新闻实践是怎样的实践，应该成为怎样的一种社会实践；什么是新闻，新闻的价值是什么；新闻媒体是怎样的机构，应该成为怎样的机构；职业新闻人是怎样的人，应该成为怎样的人；新闻机构、职业新闻人应该承担什么样的社会责任……对这些问题的自觉与回答，便形成了关于新闻现象、新闻活动、新闻实践、新闻价值、新闻职业责任等的独特意识和观念。这不仅使新闻活动与其他人类社会活动在实践方式上区别开来，也使新闻活动在精神领域、观念系统与其他领域、系统区分开来，获得新闻精神、新闻观念的独特性存在与表现。也就是说，新闻观念的相对独立性，是新闻观念成为自身的重要标志。

新闻观念的独立性，意味着新闻观念的演变有其自身的特征和规律，并不是完全受制于社会系统中的其他观念。一定意义上，正是基于新闻观念的相对独立性，我们的“新闻观念论”才有了充分的根据。

4. 新闻观念的实践性

前文我们已经在总体上指出，新闻观念是主体对于新闻现象的意识、反映和想象，也是主体关于新闻活动的情感、意愿、理想和信念，同时，在方法论视野中，新闻观念还是主体从事新闻活动的方法论观念，是新闻活动主体用来处理新闻实践问题和新闻理论问题的原则方法指导观念。这实质上意味着，新闻观念是一种实践观念，而不是纯粹的理论观念，具有

---

① 参见杨保军．新闻理论教程［M］．2版．北京：中国人民大学出版社，2010：72－74。另可参见焦中栋．“新闻”一词首次出现时间新考：兼论“新闻”词义的历史演进［J］．国际新闻界，2009（7）：108－111。

强烈的实践指向性。

一方面，新闻观念之所以具有比较突出的实践性特征，最重要的根源在于新闻活动本身的实践性特征。新闻活动是人类的本体性活动，是人类了解把握世界的一种基本认识实践活动，具有最为广泛的普遍性。进一步说，新闻活动不是那种比较纯粹的理论活动，其主要目的不在于探索普遍的科学真理，而是一种直接面对现实环境现象变动的观察活动、认识活动、传播收受活动。因而，关于这种活动的观念天然具有“反哺”指导的特征，即具有实践观念指导实践行为的特征。

另一方面，新闻观念作为一种实践性很强的观念，其最为突出的特征就是，任何一种具体的新闻观念，总是试图以自己的事实认知、价值取向、观念方法建构出一幅新闻蓝图或一个新闻实践方案，指导现实的新闻活动，实现自身的新闻追求和目标、理想或信念。也就是说，实践性是指新闻观念事实上有着明确的目的性，比如，不管是宏观意义上的商业新闻主义观念、宣传新闻主义观念、专业新闻主义观念，还是那些更为具体、更具直接实践意义的新闻观念像新闻史上出现过的召唤新闻观念、新新闻观念、调查新闻观念、精确新闻观念、存在论新闻观念、公共新闻观念等，抑或是当下流行的民生新闻观念、草根新闻观念、民众或公民新闻观念、未来新闻观念等[①]，它们都试图将自身的观念设想践行于实际的新闻活动之中。

① 关于这些观念中的一些重要新闻观念，我们在后面相关章节中将会有具体讨论。

第二章　新闻观念构成分析（上）

——观念的“主义”类型与系统内容

要使报刊完成自己的使命，首先必须不从外部为它规定任何使命，必须承认它具有连植物也具有的那种通常为人们所承认的东西，即承认它具有自己的内在规律，这些规律是它所不应该而且也不可能任意摆脱的。

——马克思

新闻判断是神圣的知识，是新闻人区别于其他人的秘密能力。

——盖伊·塔克曼（Gaye Tuchman）

没有分类，思想就无法进行，因为一切都将是混乱。

——赵汀阳

新闻观念是一个整体性或整合性的概念，指称所有的具体新闻观念，有着十分丰富的内涵。新闻观念既包括关于新闻的科学观，也包括关于新闻的价值观，内在地还包含着关于新闻的方法论观念。新闻观念在宏观上是一个庞大而复杂的观念体系或观念系统，微观上则是一个个具体的观念。要比较准确地理解和把握新闻观念的实质，还需要从不同层次、不同角度对新闻观念的构成进行细致的分析。“没有分类，思想就无法进行，因为一切都将是混乱。”[①] 只有阐释清楚新闻观念的各种构成方式，才能真实理解新闻观念的实质。我们可以从不同向度上、在不同视野中对新闻观念加以描述；每一个向度、每一种视野，都能够使人们看到新闻观念构成的不同景象。新闻观念的构成分析，是整个新闻观念论的核心内容，是新闻观念论的主体部分，它的内容比较庞大复杂。正因为如此，我们将分上下两章来分析阐释它，本章主要论述新闻观念的“主义”类型与观念内容的系统构成。

一、新闻观念的“主义”类型

一种“主义”，就是一种比较系统的意识形态或思想观念体系、价值观念体系[②]，它以一定的认识论观念为基础，一定的方法论观念为实现方式。“主义”层面的构成考察，是对新闻观念构成的一种宏观分析。需要预先说明的是，这里关于新闻观念宏观构成的说明主要不是经验的、实证的，而是比较抽象的，对特定的时代、特定的社会都有一定的超越性。我们以大历史观和全球化视野，在纵横结合上观照人类的新闻现象和新闻活动，试图将人类迄今为止实际拥有的新闻意识形态（也即新闻主义）即对

① 赵汀阳．观念图志［M］．桂林：广西师范大学出版社，2004：108.

② 有学者指出，“主义”原意为儒学中的“谨守仁义”，后转化为“主旨”或符合某一种道德价值的基本主张，该词在日本明治时代被用来指涉贯彻某一价值的普遍性理论，后来这种用法传入中国，表达各种政治经济主张背后的价值取向。参见金观涛，刘青峰．观念史研究：中国现代重要政治术语的形成［M］．北京：法律出版社，2009：217。直到现在，人们关于“主义”仍然主要是在意识形态、核心价值观念的意义上理解的。

人类社会截至目前拥有的具有一定理论性、体系性的新闻观念类型加以总结概括[①]，并对它们的内涵实质做出解析和说明。这是一种比较宏观的概括和粗线条的分类，描绘出来的不过是新闻观念的宏观图景；对这一图景中任何一种观念的全面把握，都还需要新闻观念史进一步的细致考察。

（一）“新闻主义”的三大类型

“新闻主义”是我提出的一个新概念[②]，用来指称具有全局意义的新闻观念系统，即相对比较系统的新闻观念体系。一种这样的新闻观念系统，就是一种新闻主义，一种新闻意识形态。在全球范围内，不管是从历史向度观察，还是从现实构成分析，一个明显的事实是：存在着多元化、多样化的新闻观念，可以说有多种新闻观、新闻主义或新闻意识形态。它们共同构成人类意义上的、动态的新闻观念系统。但在类别区分的意义上看，到目前为止，典型的新闻主义有三大类型：商业新闻主义、宣传新闻主义和专业新闻主义[③]。就目前来看，有些“主义”层面的新闻观念，已经得到比较系统的研究和总结，比如专业新闻主义观念；有些则是以习以

---

① 这一类型分析方法，有点像威尔伯·施拉姆（Wilbur Schramm，又译作韦尔伯·斯拉姆）等当年撰写《报刊的四种理论》（1956 年首次出版）时所运用的方法论观念。《报刊的四种理论》，实质上是从哲学观念、政治制度、经济制度、社会制度等宏观层面出发，对人类既有的新闻传播制度模式、理论观念范式进行了总结和概括，认为有四种基本理论——集权主义理论、自由主义理论、社会责任理论和苏联共产主义理论。中外学者普遍认为，“四种理论的考察，是 20 世纪西方新闻理论的最重大主题和最主要内容”。参见童兵，林涵 .20 世纪中国新闻学与传播学：理论新闻学卷 [M]. 上海：复旦大学出版社，2001：30。顺便可以指出的是，东西方学者一直都在对“报刊四种理论”进行反思和批判，并且提出了新的理论范式或制度范式理论。

② 我大概从 2004 年起就在讲课过程中使用这一概念，但在公开发表的著作、论文中使用这一概念，始于 2010 年。参见杨保军 . 尊重新闻传播规律是合理科学进行新闻活动的内在要求：对胡锦涛视察中国人民大学新闻学院谈话的一点体会 [J]. 新闻记者，2010（11）：16－18。

③ “商业新闻主义、宣传新闻主义、专业新闻主义”，也可以叫作“新闻商业主义、新闻宣传主义、新闻专业主义”。后面的名称更符合惯常的说法，比如人们已经习惯“新闻专业主义”的用语。我之所以采用前面的名称，并不是故弄玄虚，而是有两个用意：一是三种主义的说法，在形式上必定具有一定意义的首先性，先前是没有的，应该有形式上的标志；二是实质性的，将“商业”“宣传”“专业”置于前面，能够充分表明每种主义的首要特色，或者说每种主义的基本出发点和价值取向。

为常的方式存在于实际之中，也有一些零散的说法和观念，尚需进行理论上的总结和概括，比如宣传新闻主义观念和商业新闻主义观念。我们之所以做出或能够做出关于新闻观念“三种主义”的韦伯式的“理想类型”抽象与概括，在于我们能够在历史尺度上、现实尺度上观察和审视新闻传播的演变发展与实际构成状态，这种历史视角与现实视角使我们能够看出新闻观念的历史红线和共时结构的基本轮廓，尽管要看清细节尚需长期的更大的努力。也许由于视角与境界导致我们看偏一些问题，但我相信关于新闻观念类型的“三种主义”概括，不仅抓住了要害，而且也不会有大的类型遗漏。这里，我们主要从理论层面对这三种新闻主义的内涵加以揭示，并不准备对它们的历史演变过程进行详细阐释。

1. 商业新闻主义

所谓商业新闻主义，简单说，就是以新闻为手段、以商业利益为最高目标的一种新闻观念、一种新闻观。它的本质是新闻本身不是新闻活动的本位或出发点，即新闻本身不是目的，而是实现商业利益的工具。因而，在理论逻辑上，我们也可以说，商业新闻主义观念本质上是一种商业观念，而非新闻观念。但由于这种观念支配的行为主要通过作为商品的“新闻”来获取利益，因此，我们将其在新闻学视野中定性为一种新闻观念，一种商业新闻主义观念。

与商业新闻主义观念相适应，人们通常把奉行商业新闻主义观念的“新闻人”称之为“新闻商人”，历史上或现实中所谓“商人办报（台、站）”的实质意思正是如此。与商业新闻主义相近或同义的概念还有“市场新闻主义”，因而人们也把按照商业逻辑运行的新闻业称为市场新闻业，而把相应的传媒称为商业新闻传媒。人们通常所说的支配新闻业、新闻传媒、新闻传播的商业逻辑、市场逻辑、经济逻辑、金钱逻辑或资本逻辑等观念，实质上都是“商业新闻主义观念”的不同说法而已。全球传媒大亨默多克（Rupert Murdoch）的宣示，非常典型地呈现了商业新闻主义观念的实质，他说："所有报纸的经营都要盈利，我经营的任何东西都不是为了赢得敬重。"①

尽管近代（现代）新闻业②的产生有着多样的动力根源或要素，但最基本的动力是经济发展的需要，是资本主义市场经济萌芽发展的结果，而其背后的根本动力是社会生产力的提升与生产关系的变革。因此，把新闻当作商品，当作赚钱的手段，是现代新闻业与生俱来的一个特点。这也就是说，产业属性是近代新闻业与生俱来的属性。

近代报刊为什么会最先产生于欧洲，新闻史家们经过研究认为，有这样几个相互依存、缺一不可的条件：世界地理大发现使得欧洲的商业和工业从地中海贸易转向全球贸易，因此造成对新闻信息的规模化需求，而此前的手抄新闻传播方式已经很难满足这样的需要；欧洲地理上在这一时期形成相互联系的文明地区，各国及地区之间的贸易关卡减少，传递信息的障碍随之减少，从而使规模化的信息传播得以可能；欧洲主要民族经过文艺复兴运动的洗礼，基本形成了各自的标准语言和文字，奠定了规模化新闻传播的语言文字基础；古腾堡印刷技术的发明，提供了规模性、持续性新闻传播的技术条件；文艺复兴后，文化从僧侣阶层的垄断下逐步解放出来，转向世俗社会，为规模化的新闻传播提供了一定的读者市场。③ 从这

---

① 罗建华．"媒体大亨"迷思下的"报人"回归［J］．新闻记者，2012（11）：41-42.

② 在世界范围内所说的近代、现代新闻业，就是指西方印刷新闻诞生以来的新闻业；在中国范围内则指西方近代新闻业输入后的新闻业。我在本书中所说的"近代"或"现代"新闻业，在没有特别的时间说明时，都是一个意思。"近代"和"现代"都是对英文"modern"一词的译文。在中国大陆史学界，针对中国历史演变，大致形成了这样的习惯性时代划分：1840 年之前是古代，1840 年之后到五四运动前是近代，五四运动到新中国成立前称为现代，中华人民共和国成立至今称为当代。在西方学界，一般是以地理大发现与资本主义经济以及社会文化的兴起作为"现代"的开启，现代（modern times）泛指 15—16 世纪地理大发现以来的历史，现代社会一直持续至今；西方学界在大的历史划分上把晚近的现代（late modern）或当代（contemporary time）都归属于现代范围。当然，这只是通行的一般看法，至于具体的学者可能有着各自富有个性的观点，这也不是我们需要讨论的问题。

③ 陈力丹．世界新闻传播史［M］．上海：上海交通大学出版社，2002：10-11.

些条件中可以看出：第一，商业经济的发展是最根本的社会基础，这样的发展意味着社会经济基础的结构发生了变化，而这个基础变了，也就会引起社会信息交流结构的某种变化。美国新闻史家埃默里父子即埃德温·埃默里（Edwin Emery）和迈克尔·埃默里（Michael Emery）也说："商业的发展对第一份报纸的创办影响极大，而所有早期的报纸都是在商业中心问世的。"① 第二，生产力（技术工具是生产力水平的重要标志）水平的提高是最大的社会动力。没有印刷技术的发明，规模化的新闻传播是很难实现的。但同时我们也要明白，印刷术的出现，也是社会需要促生的结果。技术与需要本身也是互动的关系。这样一些原因及其相互作用的结果，促成了近代报刊这种新的社会事物的出现，使人类信息传播活动开始进入一个分门别类的新时代，为大众化新闻业奠定了初步的基础。

其实，无论从历史向度上看还是从现实中观察，一个最为明显的事实是，新闻传媒新闻传播活动的正常运行离不开经济支持。不管在什么样的经济体制下，媒体的正常运行都离不开经济逻辑的运作，差别只在于获取经济支持的途径不一样，以及经济逻辑运行的方式不同而已。在非市场经济环境中，新闻传媒的经济来源不依赖于社会性的经济市场，而是依赖于其他经济场（如政府或其他利益集团的资助）。在市场经济环境中，仍然有一些新闻传媒依赖特殊的、非市场的手段获得经济支持，但大部分传媒要按照市场经济的规律或方式获取正常运行的经济来源。因此，在一般情况下，如果新闻传媒要获得更多的经济利益，就更需要依赖市场进行运作了。这就从根本上说明，新闻传媒获取经济利益是很正常的事情。没有这样的利益，至少是没有经济逻辑的支持，传媒的运行（以新闻传播为主的

---

① 埃默里 M，埃默里 E，罗伯茨．美国新闻史：大众传播媒介解释史：第 8 版［M］．展江，殷文，主译．北京：新华出版社，2001：5. 2009 年，中国人民大学出版社推出该书第九版的中译本。

活动展开）是不可能的。说到底，经济基础决定上层建筑、决定意识形态这个根本性的关系是不可改变的，任何试图仅仅通过精神力量再造精神世界的想法都是幼稚的、不切实际的。事实上，正是支持新闻传媒的经济逻辑存在着不同形式，才从根本上造成了价值取向上不同的新闻传播和新闻业。

但是，我们也应该注意到，在现实中，对于不同的新闻传媒，获取经济利益的目的往往有很大的不同：一种是把传播新闻仅仅当作获取经济利益的手段，并把这种利益本身当作最高目标；一种则把获取经济利益当作支持新闻传播正常展开、高质量运行的手段，把新闻本身以及依赖新闻实现的社会目标当作最高目标。这是完全不同的两种价值取向：前者以盈利为直接目的和最终目的，后者以新闻为直接目的，以社会利益为最终目的。这时，前者奉行的是商业新闻主义观念，而后者则不是。这里也说明，新闻传媒（新闻传播主体）在市场经济环境中能够形成什么样的新闻观念，特别是主动地以什么样的新闻观念指导支配新闻传媒的运作，并不存在单一的对应关系。因此，即使在资本主义世界里，我们仍然可以看到不以单纯逐利为目的的私人新闻传媒存在，一些新闻人、新闻理想主义者甚至奉行良好的专业新闻主义观念；相反，在社会主义市场经济环境里，人们也能发现一些新闻媒体实质上把经济利益放在了首位，把社会利益仅仅当作“羊头”式的招牌，本质上奉行的是商业新闻主义的观念。在任何客观逻辑面前，作为主体的人都是有主动性和创造性的。

商业新闻主义观念支配下的新闻业，无疑从一开始就具有新闻大众化的潜力，使新闻文化回归其作为大众文化的本性。新闻文化从精英文化转变为平民文化、大众文化，重要的观念根源就是商业主义的新闻观念。商业新闻主义观念使新闻越来越娱乐化、世俗化、非精英化，也使新闻传播变得越来越民粹化、“受众中心化”，并在形式上淡化了新闻的阶级色彩、政治色彩，使新闻成为共同的社会消费品[①]。

商业新闻主义观念，在新闻业形成自身相对独立性的历史过程中发挥了重要的作用。新闻传媒正是在获得经济独立的基础上获得了政治独立，从而能够逐步确立专业新闻主义意识形态，形成专业新闻主义观念，作为相对独立的社会力量参与社会系统的运作，以自身特有的方式和力量监督政治权力、经济势力、社会力量等的运行。诚如一些研究者所说，“从长远来看，新闻媒体的商业化有助于庇护新闻生产，使其免受政府控制，并将其从政党支配下解放出来。正是新闻的商品化，鼓励新闻从业者发展专业主义。当新闻作为商品出售时，它脱离了国家宣传和政党纲领，并且新闻从业者可在新闻机构执行新闻采写的专业标准”[②]。因而，“利益不仅是新闻机构腐败的一个潜在来源，而且也是新闻机构用来抵制腐败的一种潜在力量”[③]。但是，商业新闻主义观念对于新闻传媒的运行已经被实践证明是一把双刃剑：它一方面使新闻传媒获得了经济自由和政治自由，但另一方面也导致一些新闻传媒与经济利益集团（主要表现为广告主）、政治统治集团“沆瀣一气”。现实提供的事实是：为了获取商业利益，新闻不仅会向经济低头（主要表现为向广告主低头），也会向政治低头（主要是向政府低头），因为经济与政治是互相影响的，政治权力手中常常攥着制定经济政策、传媒政策的命脉。有西方传媒学者一针见血地指出：“市场新闻业由于以‘市场’和‘利润’为指针，不仅使传媒组织不能与政治力

---

① 但是，新闻在本体上并不是商品，仅仅是事实信息，事实信息只有经过各种各样的装饰和包装、塑造和建构，才转化成为可以赚钱的商品，可以贩卖观念的宣传品，展开政治争斗的政治品……正是在各种可能关系中，新闻获得了多样的、多元的属性，而只有它的本性是唯一的。参见杨保军．新闻本体论［M］．北京：中国人民大学出版社，2008。

② 舒德森．新闻社会学［M］．徐桂权，译．北京：华夏出版社，2010：156.

③ 同②150.

量和市场力量保持距离，进而还规训了组织内部的新闻从业者，使新闻的独立性成为空中楼阁。”[①] “当市场新闻业大行其道，利润指标盖过一切的时候，民主也就悬在了半空，仅仅成为一个响亮的口号而已。”[②]

如今，商业新闻主义观念实际上流布全球，可以说已经全球化了，给新闻传播业带来了巨大的影响。有美国学者指出，商业新闻主义观念对美国新闻业的整体影响是深入骨髓的，“美国传媒界的景象，几乎就是私有及利润挂帅体制的天下”[③]，“一手赚钱一手裁员是美利坚‘报业的肮脏秘密’”[④]。商业新闻主义观念对新闻业的影响有正面的、有负面的，还有一些影响可能一下子很难说清到底会给新闻业带来什么样的长期效应。有人说，市场的才是自由的，市场的才是民主的，市场的才是平等的，但事实并不完全如此。在市场经济大潮中，新闻市场化的表现令人瞠目结舌、心惊胆战，新闻人变成了新闻商人，新闻作品变成了新闻商品，新闻不再是公开传播的真实的信息，而是成了各种伪装下的特殊商品，“红包”“有偿新闻（不闻）”“佣金”“软文”等等，五花八门、让人眼花缭乱。各种见不得人的私下交易使新闻变得面目全非。但更令人惊奇的是，所有这些不正常的、丑恶的现象变得自然而然、不足为奇并且大行其道。

对于市场新闻业促生的商业新闻主义观念，或者在商业新闻主义观念支配影响下的市场新闻业，我们必须以谨慎的、批判的、不断反思的眼光去对待，使其不断自省和警醒，不能美化更不能神化市场经济的“魅力”。“经济利益确实是重要的——但如果仅仅根据利益来行事，这将摧毁新闻从业者的精神，这种精神的力量比利益的驱动力更大。”[⑤] 正像“市场社

① 姜华．市场新闻业与传媒的边界：从《世界新闻报》窃听丑闻说起［J］．新闻记者，2011（9）：8－12．

② 同①．

③ 舒德森．新闻社会学［M］．徐桂权，译．北京：华夏出版社，2010：9．

④ 同③．

⑤ 同③147．

会不是民主的同义词，私人权利并不比社会利益更重要”[①] 一样，市场新闻业并不必然产生完美的新闻民主和新闻自由，市场新闻业很可能把新闻民主、新闻自由实质性地归属到个别人或一小部分人的手中，而社会大众只留下形式主义的自由与民主。在新自由主义观念影响下的西方新闻业，已经在过度集中或垄断中强烈地、明显地表现出了这样的特征，媒介帝国的自由与大众的自由并不是能够等同的事情。

2. 宣传新闻主义

首先需要说明的是，此处（也是在本书所有地方）我们是在中性意义上使用“宣传新闻主义”这一概念的，只是用它来描述和反映对待和运用新闻（包括新闻业、新闻传媒、新闻传播）的一种观念方式。同样，对商业新闻主义观念、专业新闻主义观念，我们也首先是在认识论意义上使用它们，并不赋予其预先的价值倾向。只是在做相关的分析时，我们才会指出这些观念带来的各种可能的影响。

所谓宣传新闻主义，简单说，就是以宣传为本位的“新闻观念”。就像我们在上面讨论商业新闻主义时一样，在理论逻辑上，我们应该说宣传新闻主义观念本质上是一种“宣传观念”，而非“新闻观念”；但由于这种观念支配的行为主要是通过作为宣传品的“新闻”来获取宣传者追求的利益，因此，我们将其在新闻学视野中定性为一种新闻观念。宣传新闻主义观念，无论在理论逻辑上还是在实践逻辑上，其实与商业新闻主义观念并没有本质的区别，都是把“新闻”作为实现新闻目的之外的手段，是在工具理性支配下对新闻的使用。在宣传新闻主义的观念中，宣传成为新闻追求的直接目的。与这样的观念相对应，“新闻人”事实上成了“宣传者”，或者是“新闻宣传工作者”（这是在中国语境中对新闻工作者比较标准的称谓）；而

① 吉鲁，吴万伟．新自由主义政治学的失败：年轻人和高等教育的危机［J］．复旦教育论坛，2011（5）：68－73.

新闻机构或新闻传媒组织也被定性为宣传部门、宣传组织机构，有的也称之为舆论宣传组织（机构）、思想舆论中心等等，所有这些名称都是在宣传新闻主义观念支配影响下根据新闻机构的实际功能或预期功能而命名的结果。

新闻本质上是特殊的事实信息，新闻传播最直接的目的，就是把这样的事实信息以客观的方式传播给社会大众，为他们提供知晓和参与公共领域活动的信息基础（当然不限于公共领域）。宣传[①]活动，简单说，就是宣传者从自身利益或自己所代表的利益群体的利益出发，运用自己的观念和各种可能手段（通常以符号手段为主），试图改变对象主体（通常表现为一定的社会群体）既有认知方式或观念（包括知情意）的一种活动，以使对象主体在观念与行为上达到与宣传者预期的一致或接近。可以十分明确地看出，新闻活动与宣传活动是两种有着重要区别的活动，新闻观念与宣传观念是两种不同的观念。

宣传新闻主义的典型表现就是党派新闻业的盛行，或者说党派新闻业奉行的新闻主义就是典型的宣传新闻主义观念。贯穿 19 世纪美国新闻业的核心就是党派新闻业观念，而“党派新闻业所要团结的仅仅是那些与记者们共享政治或意识形态立场的人们”，“出版商、编辑以及记者们都明白他们的工作就是为政治敲边鼓和做鼓动，而不是政治报道”[②]。迈克尔·舒德森认为，那个时代（即党派新闻业时代）的报纸，目的和宗旨不是为公民的知情权服务，而是培养公民的党派忠诚；党派新闻业不过是政治党派的拉拉队长和宣传家。[③] 至于中国，贯穿整个现代新闻业的主导新闻观念，

---

① 据学者们的考察，宣传（propaganda）一词第一次出现于 1622 年。1718 年，宣传一词在英语中首次使用。西方的宣传概念源于宗教，直到近代才进入政治领域，随后又进入商业领域，现在则几乎流行于所有社会领域，成为一个日常用词。第一次世界大战之后，宣传一词获得了广泛传播，由于苏俄和纳粹德国对宣传的运用，该概念在西方世界逐步成为一个具有负面意义的词汇。参见刘海龙．20 世纪宣传话语与宣传观念的变迁［D］．北京：中国人民大学，2008。

② 舒德森．为什么民主需要不可爱的新闻界［M］．贺文发，译．北京：华夏出版社，2010：42.

③ 同②43.

就是党派新闻观念，商业新闻主义观念、专业新闻主义观念尽管也留下了历史的痕迹与闪光，但都无法与宣传新闻主义观念的强大影响相比较。①

在整体上说，在对待新闻传播问题上，宣传新闻主义者最突出的特点是：所有传播内容与传播方式的选择以是否有利于宣传目的的实现为标准，凡是不符合其宣传目的的内容、方式都会被拒绝或放弃。也就是说，在宣传新闻主义观念支配下，新闻传播的内容、方式、目标等核心问题是按照传播主体的宣传目的来安排和设置的。新闻报道的内容不是按照新闻价值标准选择的，而是按照有利于传播者宣传目的的标准（宣传价值标准）选择的。因此，宣传新闻主义者的新闻传播，并不是拒绝传播新闻内容，也不是拒绝运用新闻传播方式，他们限制的、拒绝的、淡化的、遮蔽的仅仅是不合宣传目的的内容和方式。进一步说，宣传新闻主义者常常不是消极地而是积极地、不是被动地而是主动地通过新闻传播实现自身的宣传目的，而且，在宏观上，为了使宣传获得更好的效果，他们会把宣传营造得特别像新闻，而不是相反，除了技能低劣的宣传者，把真正的新闻也搞得像宣传一样。除了宏观上的方向性掌握，宣传新闻主义者在具体层面上，往往会采取各种各样的手段与方法，比如报道时机的把握、报道角度的选择、报道重点的突出等等，来加强宣传的效果。这就是说，坚持宣传新闻主义观念的主体，并不必然是新闻的造假者，更多的时候是从宣传意图出发的新闻选择者，即他们按照是否符合宣传的目的来选择新闻的内容和方式。这样我们才能称其为宣传新闻主义者，不然，就只能直接称之为宣传主义者了。但是，不可否认的是，为了引导社会舆论向宣传者希望的方向发展，遮蔽、扭曲具体新闻事实的本来面目（真相），以蒙蔽社会大众的耳目也是时有发生的事情。这在中外新闻史上或现实中并不是什么鲜

① 关于中西新闻观念的历史演变主线，我们将在后面相关章节展开描述。

见的事情。西方新闻媒体在冷战之后的“颜色革命”“非洲之春”“中东民主浪潮”等等中的表现，使其宣传新闻主义者的真实面目昭然天下。

在不同的社会环境中，宣传新闻主义观念的呈现方式有很大的不同。在中国，在新闻制度层面上，新闻传媒属国家所有（实际上就是政党、政府所有），新闻业被定性为上层建筑意识形态领域，是党、政府和人民的耳目喉舌。就现实来看，中国的新闻体制在整体上属于宣传新闻体制，最大的也最重要的宣传者就是中国共产党和中国政府，充当党和政府耳目喉舌的新闻传播不过是中介系统性手段，而新闻传播只是具体的实施方法。因而，与此相适应，新闻组织机构公开宣称自己就是新闻宣传组织机构，很多新闻从业人员公开承认自己就是新闻宣传工作者，并不是单纯的职业新闻人，就是党和政府的耳目喉舌。新闻传媒及其从业人员是这样说的，也是这样做的。因此，在新闻观念与新闻行为之间是一致的。正因为有这样一些前提性的和根本性的规定，在中国，新闻传播的基本目的就是以科学的理论武装人，以正确的舆论引导人，以高尚的精神塑造人，以优秀的作品鼓舞人。传递新闻信息是手段，教育、引导广大群众是目的。与新闻传播的新闻功能比起来，其宣传功能实质上被看作更重要、更根本的功能。① 当然，这只是一种整体的判断，并不是针对每一具体情况的判断。事实上，即使在中国，高明的宣传新闻主义者，也常常会以新闻传播者的面目出现，他们会充分运用新闻传播的技巧和方法，选择内容、制作新闻，实现宣传目的。在西方世界，特别是英美这样的国家（欧洲大陆国家有自身的传统，与英美有所不同），即使持有宣传新闻主义观念，实际奉行的是宣传新闻主义观念，也大都不会公然宣称，而是想方设法地隐蔽。为了实现比较好的宣传效果，英美新闻人常常会遮蔽自己作为宣传者的真

① 杨保军．新闻领域的中国模式：描述、概括与反思：上［J］．新闻界，2011（4）：3－7．

实身份（比如打扮成新闻传播者），隐藏自己作为宣传者的宣传意图（比如说自己只是报道事实信息），但这样的遮蔽或隐藏，恰好说明其是真实的宣传者，而非以新闻为本位的职业工作者，恰好说明其实质奉行的是宣传新闻主义观念，只是披着专业新闻主义的外衣。

宣传新闻主义观念，尽管主要表现为把新闻当作政治宣传的手段，但并不限于政治领域。就当今全球范围来看，宣传新闻主义观念更多地被世界各国特别是大国、强国用作传播、张扬本国、本民族文化价值观念的重要手段。宣传新闻主义观念有可能运用在各个社会领域，从原则上说，几乎所有的社会主体都可以把新闻当作实现传播自己主张，改变他人观念，追求自身利益的手段。人们看到，宣传新闻主义不限于新闻领域之内，并不仅仅是一些新闻人奉行的基本观念；它也是新闻领域之外且与新闻领域有着密切关联的一些行业对待新闻传播奉行的一种主义，比如公关行业、广告行业。对此，我们并不准备展开论述，只是加以简要的说明。可以说，就与新闻传播的关系来看，公关行业与广告行业是两个最大的实施宣传新闻主义观念的行业，它们都是将新闻作为宣传手段的“高手”；想方设法、绞尽脑汁地选择新闻、利用新闻甚至是策划新闻、制造新闻，几乎是这两个行业常用的基本手段。

无论从公共关系行业的源头上看，还是从其整个历史发展过程直至当下的表现看，这个行业实际上奉行的也是宣传新闻主义，本质上是把新闻作为公共关系的手段，作为宣传、实现公关目的理念的最佳手段之一，作为实现相关利益集团利益的手段。

很大程度上内在/内生于新闻行业的广告业，面对新闻，非常自然地奉行了宣传新闻主义观念，把新闻作为高明、有效的广告宣传手段。直至今日，广告新闻、软广告等等总是和新闻纠缠在一起，说透了，就是广告在借用新闻的影响力，传播广告主的理念、产品与形象。

3. 专业新闻主义

所谓专业新闻主义，用最简单的话说，就是以“新闻”为“本位”的新闻观念，它从新闻出发，并以新闻自身为直接目的。专业新闻主义是一种主张新闻（新闻业、新闻媒体、新闻人）独立自主的观念，要求新闻工作者积极自治自律的观念，追求新闻为社会公众服务的观念。国内专业新闻主义研究专家吴飞指出：“‘新闻专业主义’最早由谁提出尚不清楚。”[①] 国内外学界关于专业新闻主义的基本内涵概括尽管有所差异，但区别不大。美国学者阿特休尔（Herbert Altschull）将专业新闻主义的呈现方式与专业信念归纳为四条：新闻媒介摆脱外界干涉，摆脱来自政府、广告商甚至公众的干涉；新闻媒介为实现公众的知晓权服务；新闻媒介探求真理、反映真理；新闻媒介客观公正地报道事实。他还指出，“这四条信念是美国、西欧和其他实行市场经济的工业国解释新闻媒介问题的根本法宝”[②]。

专业新闻主义背后的核心理念是自由主义，中国传媒学者郭镇之指出：“新闻专业主义的理想来自自由主义的媒介理论，按照这个理论，报业是一种自治的体系，是监督政府的第四种权力。它必须对政府、对政党、对政客采取一种独立的、批判的态度，否则便不可能保持它树立的公众‘保护者’形象，便不可能拥有公众的信任。”[③] 可以说，专业新闻主义是自由主义在新闻活动领域的一种必然呈现方式，而在自由主义的视野中新闻业或新闻传媒只有以市场运作的方式才能保证这种独立性和自主性，也只有市场化的传媒才能真正以专业主义的方式运行。

专业新闻主义观念，有其自身的产生演变过程。一般来说，离当下较近的观念，人们相对比较容易说清楚它们的来源。专业新闻主义观念起源

① 吴飞．新闻专业主义研究［M］．北京：中国人民大学出版社，2009：26.

② ALTSCHULL. Agents of power：the role of news media in human affairs［M］. New York：Longman，1984.

③ 郭镇之．舆论监督、客观性与新闻专业主义［J］．电视研究，2000（3）：70－72.

于美国。对于美国新闻业来说，尽管整个19世纪主流的新闻是公开的或公然的党派新闻[①]，但现代美国新闻业的专业化观念，恰好肇始于19世纪晚期那些抨击党派政治的改革家[②]。像许多职业（occupation）一样，19世纪晚期，美国新闻界参与了席卷全美的专业主义运动（professionalism movement），伴随报纸社会影响力的增大，一小部分编辑、记者开始自称为专业人员。但在1900年之前，关于新闻专业的宣称几乎没有。尽管在整个19世纪美国报界的不道德受到人们的严厉批评，但直到20世纪20年代才有专门的新闻伦理原则、规范被制定出来，而其他职业早在19世纪50年代就有了职业伦理规范。有学者认为，新闻专业化是新闻业在现代化（modernization）过程中意识形态调整或适应（ideological adjustment）的必然结果；专业化也是控制当时"黄色新闻"泛滥、监督功能（watchdog function）偏废的关键手段。[③] 其实，当时在并不容易的报业现代化过程中，记者们关于自己的身份到底是什么的问题也是争论不休的（多少有点像今天中国的新闻界）。有人认为自己是专业人员，有人认为自己仅仅是为了养家糊口的"手艺人"，还有一些人则把新闻工作仅仅当作踏入文学事业的第一道门槛，认为新闻工作不过是"敲门砖"而已。

对源起于美国的专业新闻主义观念，人们亦有各种各样的批评。最主要的批评大概有这样几种：一是，认为专业新闻主义观念不过是职业新闻群体为了维护自身利益而创设、建构的一种意识形态。二是，认为专业新闻主义观念带有一定的理想主义或乌托邦色彩，或者说专业新闻主义观念带有一定的虚假性或虚伪性，其宣称的那些核心观念几乎无法在现实中比

---

① KAPLAN R. The news about new institutionalism：journalism's ethic of objectivity and its political origins [J]. Political communication，2006 (2)：173-185.

② 舒德森．为什么民主需要不可爱的新闻界 [M]．贺文发，译．北京：华夏出版社，2010：44.

③ CRONIN M. Trade press roles in promoting journalistic professionalism，1884-1917 [J]. Journal of mass media ethics，1993 (4)：227-238.

较好地实现。比如，新闻传媒的自主与独立在现实中是无法做到的，新闻传播总是受到政治逻辑、经济逻辑的影响甚至左右。客观报道理念不过是一个神话，根本不可能做到，新闻不过是新闻传播者塑造出来、建构出来的一种景象。至于职业道德、职业伦理，也基本上是一些美妙的说辞，现实是新闻媒体为了自己的利益，在新闻操作过程中经常违背社会公共道德，更不要说宣称的职业道德了；世界各国新闻界内部接连不断的丑闻就是明证。

（二）不同"新闻主义"间的基本关系

关于不同新闻主义之间的关系，我们大致可以在两个向度上展开讨论：一是在历时向度上，看它们之间有着怎样的承继关系，这主要是新闻观念史的视角；二是在共时层面上，对它们之间的现实关系以及应有关系做出分析，这主要是一种现实批判的理论视野。我们主要以后一种方式对它们之间的关系展开分析。

在历时向度上，我们可以描述两条具体路径中三种新闻主义之间的关系。一是在世界范围内描述三种新闻主义的相继关系，也就是主要看看它们在世界新闻史上或新闻观念史上产生、出现的先后关系；二是针对不同国家的新闻现象、新闻活动特别是新闻业的历史演变情况，着重从新闻观念史的角度描述三种新闻主义的不同表现以及它们之间的具体关系[①]。在这一范围内，可以想见，不同社会、国家之间的历史面貌会有很大的不同。这两个历时向度上的研究工作一定是相当艰苦烦琐的，需要世界各国的新闻传播研究者共同努力，逐步"绘制"出观念演变的历史图

① 三种新闻主义——商业新闻主义、宣传新闻主义和专业新闻主义——是一个总的说法。这些主义在具体的环境中有着具体的表现，比如宣传新闻主义可以表现为党派新闻观念、国家新闻观念，有时还可以表现为同人办报观念；而专业新闻主义有时也可以表现为同人办报观念。对于这些问题，都需要在具体的历史情境中进行具体的分析和说明。

景。显然，我们这里难以完成这样的任务。

在共时层面上，如果以当今时代为主要观察对象，我们看到的基本事实是：不管是在全球范围内，还是在多数社会（国家）的新闻领域，三种主义的新闻观念同时存在[①]。因而，我们将通过一般与特殊两个方面来分析三种新闻主义观念之间的基本关系。在一般意义上，我们将以新闻实际为根据，侧重从理论角度解剖三种新闻主义的逻辑关系；在特殊意义上，将以当下中国新闻传媒新闻主义选择的实际状况为参照，讨论三种新闻主义之间的关系。

在历史与逻辑相统一的意义上看，三种新闻主义的基本关系是：先有商业新闻主义，后有宣传新闻主义，再有专业新闻主义。人们知道，近代新闻业是西方社会现代性的产物（近代新闻业同时也成为现代化过程的动力），是近代市场经济的产物，因此，其内在的基本观念应该是商业主义的观念。而近代新闻业一经产生，便不再仅仅是获取商业利益的手段，而是迅速成为资产阶级进行政治革命、社会革命的工具，也成为资产阶级内部不同党派争权夺利的工具，从而实质性地产生了宣传新闻主义观念（主要表现为党派新闻观念）。当西方主要国家的资产阶级革命完成，资产阶级政权基本稳固，资本主义制度基本建立，新闻业便又回归其原初的本性，成为资本家用来赚钱的一种重要工具或手段，因而商业新闻主义观念得到进一步的明确。但是，经过党派新闻观念（实质上就是宣传新闻主义观念）洗礼后，新闻业进一步自觉到经济、政治自主性与独立性的重要（主要开端于 19 世纪二三十年代的商业化报纸；大致以美国出现的以信息为代表的新闻革命为标志）。同时，追求商业利益的新闻业，越来越发现社会大众其实是获取利益的核心手段（表现为受众市场），要运用好这一手段，就得首先把它当作目的，满足其基本需要，维护其作为社会公众的

---

① 需要说明的是，在全球范围内，一定有一些国家或地区中的新闻观念构成比较单一，而不是这几种新闻主义同时存在。

基本利益（表现为公共利益）。于是，在多种元素、力量的共同影响作用下，逐步形成了专业新闻主义观念。如今，由历史积淀而成的新闻观念系统，在“主义”层面实质上是由商业新闻主义、宣传新闻主义、专业新闻主义共同构成的。也就是说，从今天的角度看，三种新闻主义在历史过程中是叠加性的，即后一种的出现并没有彻底取代前一种，而且它们的出现本身也有重合的时段。

就现实来看，纯粹的或单一的某种新闻主义已不多见，大部分新闻传媒实际奉行的是由三种新闻主义混合或结合而成的某种观念。因此，我们所讲的三种新闻主义，都是韦伯式的“理想类型”，而不是完全的实际形式。实际新闻活动中的新闻主义类型，都是三种形式不同程度与不同方式的某种糅合。而且，现实社会中每种类型的新闻主义都有自身内部的程度差别，因而每种类型本身的构成都是相当复杂的，比如有强的宣传新闻主义观念，也有弱的宣传新闻主义观念。在不同类型的新闻主义之间，有些以商业新闻主义观念为核心，有些以宣传新闻主义观念为灵魂，有些则以专业新闻主义观念为中心，有些还试图在这些观念之间寻求某种平衡，建构自身的“中庸”性的新闻观念，即不同类型、不同程度观念的结合，以使实践中的新闻主义表现得异常丰富多彩。

新闻业、新闻传媒的现实生存与发展离不开经济逻辑的支持；同时，任何新闻组织、新闻传播主体都不可能是“无心”的传播者，它们一定拥有自己的立场和传播价值取向，总会宣传自己认可的一些观念。因此，如何求得几种新闻主义或新闻观念之间的平衡关系，仍然是人类新闻业面对的难题，也是必须解决的问题。

就现在来看，在全球范围内，人们关于三种新闻主义关系的处理，基本的思路有两条：第一，在可实行多种新闻传媒资产所有制的国家或社会中，调整新闻传媒的所有制结构方式，使得不同观念支配的新闻传媒都有生存发展的可能性，从而形成相互制约、相互平衡的结构关系。比如，英国传媒学者詹姆斯·卡伦就提出了一种新的新闻传媒运作模式，试图把不同所有制的媒体（诸如私营媒体、社会性市场媒体、专业性媒体、公民媒体、公共服务型媒体等）结构在一起[①]，确保新闻的公共服务目标的实现。第二，在单一新闻所有制的情况下，则主要通过国家的相关新闻政策等对新闻传媒的实际运行进行调节和控制，以确保公共利益的实现，同时也寄希望于新闻传媒自身的追求。这当然有着巨大的困难，但问题恐怕只能在历史的演进过程中逐步解决。

下面，我们以中国新闻业的现实状况为基本参照对象，对这三种基本新闻主义类型的关系加以考量，以获得更为具体的认识。

在宏观的社会层面上，就当下实际来看，主导中国[②]新闻业新闻观念系统的“主义”依旧是宣传新闻主义[③]；商业新闻主义观念、专业新闻主义观念仍然处于从属甚至是边缘地位。但是，伴随市场经济的成长与扩张，商业新闻主义观念对中国新闻业的整体性客观影响变得越来越大、越来越深，甚至成为实际左右一些新闻传媒新闻传播运行的基本观念；而专业新闻主义观念更多的是理想主义的口号或影响业务操作的观念，还远未成为对中国新闻业整体具有重要影响力的新闻观念。

在新闻传媒层面上，在中国宏观的社会语境约束中，所有新闻传媒都会明言它们首先坚持的是宣传新闻主义观念[④]，也有一些新闻传媒宣称它们奉行的是专业新闻主义观念，但没有新闻传媒直接宣称自己奉行的是商业

---

① 卡伦．媒体与权力［M］．史安斌，董关鹏，译．北京：清华大学出版社，2006：306-314.

② 指中国大陆地区，在没有特别说明的情况下，本书中的中国皆指中国大陆。

③ 也可以按照人们更为习惯的说法表达为“新闻宣传主义”。但我之所以用“宣传新闻主义”这样的表达，是因为在我看来，它更能直接（直观）呈现支配中国当前新闻活动的核心观念仍然是以“宣传”为本位的观念，是宣传优先的观念。

④ 更常见的说法是坚持马克思主义新闻观，或者更为直接地表达为坚持以正确的舆论引导人和坚持正面宣传为主。

新闻主义观念。就实际情形来看，问题相当复杂。就总体情况来说，这三种新闻主义在新闻传播业领域中已经形成某种比较稳定的结构局面。以党报、党台（电视台、广播电台）、党站（新闻网站）为代表的新闻媒体，明确奉行和实践着宣传新闻主义观念。以都市报、晚报以及其他生活类媒体为代表的新闻传媒，大多实际奉行的是以商业新闻主义为主导的观念，其中一些媒体也有比较强的专业新闻主义意识，但它们都不会僭越宣传新闻主义观念。还有少数媒体，或者是一些媒体中的相关板块（比如某个频道、栏目等），宣称自己坚守着以专业新闻主义为核心的新闻观念。这就是说，在中国当下的新闻传播领域，三种新闻主义在媒体层面都是存在的。当然，更多的是混合状态，即新闻传媒以及新闻从业人员大多同时拥有多种新闻观念。

在职业个体的微观层面上，问题就变得更为复杂。在整体的社会转型过程中，中国的新闻业也在转型，新闻从业者也在转型，其中最突出的表现就是新闻从业者新闻观念发生转变，与此同时也伴随着职业角色的转变、职业身份认同的变化等问题[①]。与改革开放之前相比，中国的新闻传播领域产生了角色、身份、观念的矛盾和冲突现象。这突出表现为以下几点：第一，新闻从业者的角色认知发生了急剧的变迁。在计划经济时代，作为党和人民“耳目喉舌”的新闻从业者的角色较为单一，他们常常被当作国家公职人员，是“党的人”或“公家人”，享有一定的特权，主要是宣传党的路线、方针、政策，反映人民的问题和困难，角色认知以宣传角色为主。新时期新的社会转型开始后，记者的职业特征和社会角色认知逐渐发生了变化，趋势之一便是回归新闻记者职业身份，但与此同时，其他各种关于记者角色的认知仍有存在的空间，呈现出一种观点的多样化状态[②]。第二，

① 杨保军，涂凌波．析社会转型中新闻从业者的角色冲突与紧张［J］．江南社会学院学报，2010（4）：14－18．

② 陈力丹，江凌．改革开放30年来记者角色认知的变迁［J］．当代传播，2008（6）：4－6．

在新的社会环境和新闻业变革中，新闻从业者承担起更多的角色责任，社会以及新闻从业者自身形成比以往更多的角色期望，从而造成了角色领悟的混乱和角色追求的分化。在中国新闻改革的现实环境中，党的宣传管理机制、市场经济下的商业利润逻辑和掺杂了中国传统知识分子道义责任，又深受来自西方的专业新闻主义影响的职业理念，共同塑造着新闻从业者的观念构成。因而，诚如一些学者所说，理解多重逻辑的相互交织、多种观念的相互作用，是理解中国新闻改革的重要起点。[①] 新闻从业者面对多重角色期望，呈现出角色领悟的暧昧和混乱状态：一些人表面追求公共利益，却用伪公共利益实现政治利益或实现经济利益；用转型前"喉舌"角色的"权利"，实现经济利益[②]。与此同时，角色追求的分化也随之出现，表现为媒体内部不同新闻从业者角色追求的分化，以及单一新闻从业者不同社会情景下角色追求的多变。在同一媒体内部，有的管理者、记者和编辑倾向于专业主义角色追求，而另一些则可能倾向于宣传角色追求，或者是经济利益、同行利益（获取名望等）等其他追求。作为新闻从业者个人来讲，在宣传压力、经济利益、同行压力等较弱的情况下，其可能会追求专业主义角色，但在这些方面的压力较强时，就容易放弃专业主义角色。角色追求的分化往往相互交织，相互矛盾，相互冲突，因而角色的冲突与紧张也就不可避免，而新闻从业者内心深处则是各种观念的冲突或矛盾。第三，角色认同的缺失。在社会转型期，由于价值观念的多元以及社会地位的变动、职业的流动普遍存在，角色认同重构也就变得异常复杂。有人当记者是"铁肩担道义"，有人当记者是为了获得高收入和享有一些特殊的权利。[③] 新闻从业者的角色认同基础并不稳定，也缺乏共同的话语模式。特

① 陆晔．社会控制与自主性：新闻从业者工作满意度与角色冲突分析［J］．现代传播，2004（6）：7－11，16.

② 周俊．试析新闻失范行为中的角色期望与角色领悟［J］．国际新闻界，2008（12）：51－55.

③ 黎明洁．记者角色的社会学分析［J］．当代传播，2004（2）：35－36.

别是宣传体制，对角色的认同形成了严重的阻碍。因此，不少新闻工作者常以沉默、“游击”和逃离的方式抵制甚或拒绝宣传体制行为，而消费市场和传媒市场的成长又日益为“逃离”这种抵制甚或拒绝的方式提供了可能的空间与时机，那些富有新闻专业理想的新闻从业者可以、越来越敢于并且可能在市场上实践自己的专业理念。① 角色或身份认同的危机与矛盾状态，同样表现在新闻从业者的内心中，存在着比较强烈的观念困惑与纠结。

二、新闻观念系统的内容构成

新闻观念说到底是关于人类新闻现象、新闻活动的观念。人类新闻活动演变进化到当下，可以说主要以两种形式展开：一是普遍的、贯穿人类始终的社会形式，或者称作民间形式；二是在民间（民众）新闻②的基础上，近代以来逐步产生并历史性成长起来的新闻业态形式③。这两种新闻活动形式④当然都发生在社会环境之中，也就是说，新闻活动总是与其他社会活动“纠缠”在一起，成为一种本体性的人类活动。因此，系统的新闻观念内容应该包括以下三个大的方面：新闻本体论意义上的观念构成；

① 陆晔，潘忠党．成名的想象：中国社会转型过程中新闻从业者的专业主义话语建构［J］．新闻学研究，2002，71：17－59.

② 我曾经提出“民间新闻”的概念，目的就在于将职业新闻活动之外的所有人类新闻活动加以统摄，这一概念具有贯通人类新闻活动史的意义，与当下所说的“公民新闻”并不完全等同。大致可以说，民间新闻包含了公民新闻，公民新闻只是民间新闻的一部分，是新闻活动发展到当代的一种特殊的民间新闻表现形式。另外，民间新闻也可以称为“民众新闻”，这样有可能更容易与公民新闻区别开来。“公民”是一个更具政治、法律色彩的概念，而“民众”则是一个社会常识意义上的概念，后者更能描述当前所谓人人都是传播者的现象。本书在同等意义上使用民间新闻与民众新闻这两个概念。

③ 关于人类新闻活动历史时代划分以及两种形式的关系，可参见杨保军．新闻理论教程［M］．2版．北京：中国人民大学出版社，2010。

④ 我国新闻学者王中先生曾经提出两种“新闻”概念：一是作为社会现象的新闻活动，不限新闻传播的方式；二是专指通过大众传播媒介传播的“新闻”。并且，他认为，前一种新闻才是新闻学科学研究的基础。参见赵凯．王中文集［M］．上海：复旦大学出版社，2004：309，321，322。

新闻业态论意义上的观念构成；新闻关系论意义上的观念构成。由于新闻关系论意义上的观念构成重点在于“关系”，不像本体论、业态论重点在于新闻和新闻业本身，因此，这里我们主要分析前两种意义上的观念构成，“关系”意义上的观念问题，我们将在“新闻观念与社会观念系统”一章中进行专门的讨论。

（一）新闻本体论意义上的观念构成

在体系结构上，我曾经把新闻理论体系分为三大板块：新闻本体论、新闻业态论和新闻关系论，贯穿其中的一条红线是新闻精神论。① 并且，“如果把由新闻精神论贯穿起来的新闻本体论、新闻业态论和新闻关系论看成广义的新闻理论，那么，新闻本体论，即关于新闻本身的理论，就是狭义的新闻理论”②。新闻本体论是整个新闻理论体系中最为基础的部分，为人们提供了理解新闻及新闻活动的普遍观念框架；新闻本体论，主要以新闻本身即传收过程中的新闻为对象，重点探求揭示、解释说明新闻的起源、本原、本质和特性，新闻的功能和价值，新闻传收的要素构成、基本结构、基本矛盾，新闻传播的基本观念与方法，直至新闻传播的基本规律等问题。因此，在新闻本体论意义上，新闻观念主要关涉以下一些核心内容。需要预先说明的是，这只是一些选择出来的重要观念，并不是所有观念，而且我们的选择并不是唯一的选择，更不是唯一正确的选择。

1. 新闻（现象）的起源观念

关于新闻现象的起源观念，包括两个方面的问题：一是根源观念，即

---

① 杨保军．新闻理论教程［M］．2版．北京：中国人民大学出版社，2010.

② 同①6. 我国新闻学者宁树藩先生在构建新闻理论体系问题上，曾经提出过与我类似的观点，他说：“一是以新闻传播为研究对象而形成的，这可说是本来意义上的新闻学；一是以报纸等新闻媒介的活动为研究对象而形成起来的，无以名之，姑称之为广义新闻学。”参见宁树藩．宁树藩文集［M］．汕头：汕头大学出版社，2003：460。

新闻现象的产生是由哪些原因导致的，基本的动力要素是什么；二是时间观念，即新闻现象是什么时候起源、发生的。

“作为科学的新闻学必须回答人类社会为什么必然产生沟通信息活动的道理。”① 新闻的起源观念回答的正是这一问题，即新闻现象是因什么而产生的。关于新闻现象的起源问题，基本的观念是有限的。有些人认为，传播和收受新闻是人的本能，这样的新闻起源观被称为“本能说”或“欲望说”②。更为流行而且被人们普遍接受的新闻起源观念是：人类的生存、生活需要是新闻起源的直接原因，其背后的根本动力是人类的劳动；因为正是劳动产生了人，从而才有了人类意义上的信息交流，包括新闻信息的交流。具体一点说，人类的生理器官与心理机能是新闻传播产生的自然基础。人类生存与发展的客观需要是新闻传播产生的根本动力。社会动力学告诉我们，“社会运行动力是一个复杂的系统，人本身的各种复杂需要则是最基本的原动力。动力源于人的需要”③，“需要本身必然要推动人们参与社会生活中的各种活动”④。人为什么要进行各种各样的活动（当然包括新闻活动），“现代心理学表明，主体活动最终引发于主体需要：主体需要产生满足这些需要的主体欲望；主体欲望产生实现这些欲望的主体目的；主体目的则产生达到这些目的的主体的全部活动过程”⑤。新闻传播活动作为人类活动之一种，它的动力根源当然也离不开人的需要。因而，从宏观层面上讲，新闻传播首先是人类生存、发展需要的产物。信息

---

① 赵凯．王中文集［M］．上海：复旦大学出版社，2004：226.

② 比如，日本学者新闻学家小野秀雄就说：“交流是基于群居本能的反映而产生的一种派生过程，也就是说，在群居本能和心灵交流之间形成了因果关系，而提供经验正是基于群居本能的产物，所以群居本能和好奇本能具有同样的价值，它也是报刊形成的根本条件。”参见张昆．中外新闻传播思想史导论［M］．上海：复旦大学出版社，2006：170。

③ 郑杭生．社会学概论新修［M］．3版．北京：中国人民大学出版社，2003：38.

④ 同③39.

⑤ 王海明．新伦理学：优良道德的制定与实现之研究［M］．北京：商务印书馆，2001：29.

交往需要是人类新闻传播现象产生的直接原因。恩格斯说过："人们从一开始，从他们存在的时候起，就是彼此需要的，只是由于这一点，他们才能发展自己的需要和能力等等，他们发生了交往"①。"人们之间必须交往，这是一个平凡的事实，是社会之所以存在和发展的根源。"② 而交往就是人与人之间物质的和精神的相互联系和相互作用。在这些必需的交往之中，尽管物质交往是人类生存发展的基础，但精神交往与它是同在的，而且它是物质交往有效实现的桥梁。精神交往从广义上说就是各种信息的交往，因而精神交往的需要也就是信息交往的需要，正是在包含人们情感、意见、生存生产生活信息的交往中，蕴含着新闻信息的交流和分享，这种"信息基因"最终导致新闻传播现象的产生和独立。因而，大致可以说，信息交往直接促成了新闻传收现象的产生。③

关于新闻现象起源的时间，已经形成的基本观念是这样的：首先，人类传播与人类社会同生。人类传播活动并不是人类发展到一定阶段的产物，而是与人类一起诞生的人类活动，它与人类是同生的，不存在谁先谁后的问题，两者之间是一种互生互动性的历史关系。"我们是传播的动物，传播渗透到我们所做的一切事物中。它是形成人类的材料。它是流经人类全部历史的水流，不断延伸我们的感觉和我们的信息渠道。"④ "传播是一种自然而然的、必需的、无所不在的活动。"⑤ 传播是"人类关系赖以存在和发展的机制，是一切智能的象征和通过空间传达它们和通过时间保存

---

① 马克思恩格斯全集：第 42 卷［M］. 北京：人民出版社，1979：360.

② 郭湛．主体性哲学：人的存在及其意义［M］. 昆明：云南人民出版社，2002：250.

③ 对此比较详细的论述，可参见杨保军．新闻理论教程［M］. 北京：中国人民大学出版社，2005。

④ 施拉姆，波特．传播学概论［M］. 陈亮，周立方，李启，译．北京：新华出版社，1984：20. 2010 年，中国人民大学出版社推出该书第二版的中译本。

⑤ 同④.

它们的手段”[①]。人类学家爱德华·萨丕尔（Edward Sapir）也说：“每一种文化形式和每一社会行为的表现都或则明晰或则含糊地涉及传播。”[②]作为个体的人类无法在大自然中独立生存，生命的求生本能迫使原初的人类个体聚集为一定的群体，成为不得不进行交往的群体。原初人类的聚集过程不仅是人类社会的形成过程，真正的人的形成过程，也是人类传播的形成过程，这几个过程是完全同步的。其次，新闻现象与传播现象同步发生。不论在什么时代，人类之间的精神传播都是一种信息交流与分享的活动，其中的信息自然包含人们现在所说的类似新闻信息的那种信息，“新闻信息是始终存在的，只是在人类活动的早期，融于一般信息的传播之中，难以以一种绝对的标准予以辨别”[③]。因此，传播现象与新闻现象在人类漫长的精神交往史上始终是同步演变、同步发展的。

一些学者根据新闻历史学家们既有的研究成果，还有其他学科的相关成就，对新闻现象从发生到成形的过程做出了非常粗略的描述：当人类进化到古人类学上称为“新人”或“真人”的人（即完全形成的人）时，新闻现象或新闻活动诞生了。[④] 这一描述大致勾勒出了新闻传播与一般信息传播“同产生共发展”的悠久历史轨迹，但其中的推理、猜测和“大而化之”也是显而易见的。当然，对于人类新闻传播与一般信息传播的共生过程、分离过程的描述，永远不可能离开一定的想象和猜测。这恐怕也应成为我们在新闻现象起源问题上应该有的观念。

2. 新闻的本原观念

新闻的本原观念，回答的核心问题是：人们通过各种渠道、媒介、方式分享或共享到的“新闻信息”源于什么，最初来自哪里。必须指出的

---

① 施拉姆，波特．传播学概论［M］．陈亮，周立方，李启，译．北京：新华出版社，1984：3.

② 同①4.

③ 陈力丹．世界新闻传播史［M］．上海：上海交通大学出版社，2002：1.

④ 方汉奇．中国新闻事业通史：第1卷［M］．北京：中国人民大学出版社，1992：20.

是，新闻的本原观念，是以把“新闻”作为传播中的或传播态的新闻为前提的。如果把新闻认定为别的东西，我们下面的分析也就失去了成立的前提。并且，人们以往关于新闻本原的观念，是以职业新闻传播为对象的，而现在，我们需要把所有可能的新闻传播类型与方式全部纳入考虑的范围。

根据人类新闻活动已经形成的事实，特别是现代（或者说近代）新闻业的开启，使人们逐步认识到，新闻传播关注的核心是事实世界中最新的、有意义的变动状况；事物的变动形成了人们所说的各种事实。事实世界是所有新闻的本原；具体事实是具体新闻的本原；任何具体的新闻报道、新闻传布都是基于具体的事实，不管事实是物质性的还是精神性的[①]。总而言之，“强调新闻就是强调事实”[②]。事实在先，新闻在后，新闻是对事实的反映和报道；这是新闻本原观念最为核心的内容，也是全球范围内共识度最高的新闻观念。因此，任何对非事实（信息）的报道与传播，都不能构成新闻。

由于新闻的本原是事实，因而在新闻本体论视野中，事实被认定为新闻的本体，而关于本体的陈述或呈现则是新闻的现象性存在、认知性存在。[③] 本体是唯一的，但现象可能是多样的。[④] 事实的本原性，使得新闻本原观的

---

① 物质性事实是指由实在的客观事物变动而形成的事实，精神性事实是指由主体发表的看法所构成的话语性事实（对此类话语的报道形成了话语新闻或观点新闻）。关于新闻事实的详细讨论，有兴趣的读者可参见杨保军．新闻事实论［M］．北京：新华出版社，2001。关于话语新闻，我在讨论新闻真实问题时，专门阐释了话语新闻或观点新闻的真实问题，可参见杨保军．新闻真实论［M］．北京：中国人民大学出版社，2006。

② 塔奇曼．做新闻［M］．麻争旗，刘笑盈，徐扬，译．北京：华夏出版社，2008：155.

③ 关于新闻本体问题的系统阐述，可参见杨保军．新闻本体论［M］．北京：中国人民大学出版社，2008。

④ 新闻本体的唯一性，现象的多样性，可主要作两方面的理解：一是在抽象意义上，新闻本原只能是事实；二是在具体新闻传播中，尽管某一具体事实是唯一的，但关于该具体事实的反映报道却是多样的。正是新闻现象的多样性，才充分说明了新闻的复杂性，以及新闻传播背后各种因素关系的复杂性。

具体内容实际上转换成了如何看待事实在新闻传播过程中的地位与作用，如何看待“新闻”与“事实”之间的基本关系。其中，还有一个带有一定逻辑前提意味的问题：什么样的事实才是“新闻事实”。对这些基本问题的回答，也就构成了新闻事实观念的基本内容。因此，新闻本原观念的实质内容还有另一方面：新闻事实是什么。

具备什么属性的事实才能成为新闻事实[①]，这是传统新闻价值要素（属性）学说关注的核心问题[②]。尽管不同学者有不同的要素描述，但目前已经形成了比较一致的观点，即新近性、重要性、显著性、接近性和趣味性，它们是一个事实成为新闻事实的基本要素（属性）。但在事实与新闻事实之间，并没有绝对的界限，从典型性新闻事实到非典型性新闻事实，再到非新闻事实，其间存在着交叉模糊地带。事实能否成为新闻事实具有一定的相对性，是在事实与需要（媒体需要和定位、收受者需要）之间确定的。在民间（民众、公民）新闻传播中，事实成为新闻事实的标准具有更大的主观随意性。因此，好多在新闻名义下传播的新闻并不是真正的新闻，因为其根源的事实并不具备新闻事实的基本要素。

事实本原观念，为新闻的真实性、客观性等要求奠定了坚实的基础；事实本原观念，也为新闻陈述、再现或呈现与建构设定了基本的边界。可以说，事实本原观念为新闻传播定下了最深层的准则，也为新闻之所以是新闻确立了最重要的基础。任何超越事实的传播本质上都与新闻无缘。确定或检验新闻真实的唯一标准是事实。

---

① 有人在认识论意义上把新闻文本或新闻报道中陈述、描写甚或塑造、建构出来的事实称为新闻事实，但更多的人是在本体论意义上使用新闻事实这一概念，这里的新闻事实是指客观存在的、可以经验的具有新闻属性的事实。我是在本体论意义上使用新闻事实这一概念的。

② 关于什么样的事实才能成为新闻事实，可参见陈力丹．新闻理论十讲［M］．上海：复旦大学出版社，2008。关于新闻价值要素学说，可参见杨保军．新闻理论教程［M］．北京：中国人民大学出版社，2005。

3. 新闻的观念

"新闻"是新闻理论的基础范畴，是整个新闻学的核心概念，甚至被称为新闻学的第一概念[①]。有人干脆说："新闻学根子是什么？当然是新闻定义。"[②] 这些说法都足以从一个方面说明，关于新闻的观念在整个新闻观念系统中的重要性以及基础性。"新闻的观念"是"狭义新闻观念论"的核心内容，也是"广义新闻观念论"的前提性内容。关于新闻的观念，主要包括两方面的内容：新闻的本质是什么；传播中的新闻（传播态的新闻）是什么，或在传播中呈现出来的新闻是什么。[③]

人们为什么要不断追问新闻的本质和含义，其实并不是一个简单的概念界定问题，也不是将新闻与非新闻进行简单的分界或范畴化问题。对新闻本身内涵的不断探究和阐释，实际上历史性地呈现了不同时代的新闻观念，或者现实性地表现了同一时代中多样化的新闻观念。因为几乎所有的新闻观念都会首先凝结在对新闻是什么的理解上，而任何自觉的或者不自觉的新闻活动总是在一定的新闻观念、新闻价值观念支配下展开的[④]。对新闻的界定，表面上似乎只是事实性的陈述，但在深层上却有价值性的诉求，任何"是"的判断中总是蕴含着某种"应该"，这在人文社会科学中体现得还是比较明显的。这大概也是人们尽管懂得"在科学上，一切定义都只有微小的价值"[⑤]，但还是在不断纠缠新闻到底是什么的根本原因之所在。

---

① 项德生，郑保卫．新闻学概论［M］．武汉：武汉大学出版社，2000：40.

② 徐培汀．中国新闻传播学说史：1949—2005［M］．重庆：重庆出版社，2006：149.

③ 人们通常对新闻的本质与新闻是什么是不加区分的，很多的混乱也正是由此引起的。其实，新闻的本质追问的是新闻本体，新闻是什么或传播中的新闻是现象新闻。目前大部分新闻定义是针对现象新闻的，而不是针对新闻本体的。说新闻是事实，指的是本体，说新闻是报道，指的是传播态。参见杨保军．新闻本体论［M］．北京：中国人民大学出版社，2008。李良荣先生认为存在着两种新闻定义：一是新闻是新近发生事实的报道；二是新闻是新近事实变动的信息。新闻是报道，表达出新闻的形式。新闻是信息，表达出新闻的实质。参见李良荣．新闻学概论［M］．2版．上海：复旦大学出版社，2005：25。显然，李良荣先生关于新闻的两种定义与我将新闻的本体与新闻分开的基本思路是一致的。

④ 在现实中，还存在着非新闻观念支配下的新闻活动，这时的新闻活动只是名义性的，而非实质性的，名存实亡。

⑤ 马克思恩格斯选集：第3卷［M］．3版．北京：人民出版社，2012：459.

新闻的本质是什么，一定意义上，这与新闻的本原是什么是一个问题。新闻本质上是一种事实信息，这是关于新闻的本体论观念。

新闻是什么？是对作为社会传播现象中的新闻的追问，是对作为本质的事实信息经过中介转换（中介化）结果的追问。本质上属于事实信息的新闻，在转换成为一种传播态的信息时，就不再像逻辑上、想象上的事实信息那么纯粹了[①]，不再是纯粹认识论的结果。因为，它经过了“新闻生产”这个环节，这是一个在各种力量（特别是政治权力与经济力量）博弈下、在各种方法运用下、在各种框架架构下，按照一定程序方式对“事实信息”中介化的过程；经过中介化的事实信息呈现为“新闻报道”，如何看待这样的“新闻报道”构成了关于“新闻”之观念的另一核心内容。诚如我国台湾学者臧国仁所说：“随着社会学、符号学、现象学以及人类方法学的哲学思考和理论的不断融入，许多学者开始将新闻视为主、客观辩证关系中产生出来的社会真实。在这些认识之下，新闻媒体所呈现的信息并不是固定实体，而是文本制作者、受众与文本之间互动且受到社会情境影响的结果。传播者的角色，也转而被视为重要符号产制的中介机构。”[②] 事实上，人们关于新闻是什么的争论，主要不是关于新闻本原（本体）是什么的争论（这一点上观念比较统一），而是关于传播中的新闻（报道）是什

---

① 人们能够接触到的都是处于传播状态的新闻即传播态的新闻，但人类的理性可以帮助人们推断存在着客观的不以人的认知与意志为转移的事实信息，这就是新闻的本源态或本源。我针对事实信息在传收过程的演变，将新闻分为本源态、传播态和收受态三种形态；并且将“新闻”定义在传播态。事实上，在中国最流行也最权威的定义仍然是陆定一的界定：“新闻是对新近发生的事实的报道。”参见杨保军．新闻理论教程［M］．2版．北京：中国人民大学出版社，2010。其实，尽管“直至世纪之交（指20世纪与21世纪之交。——引者），在新闻究竟为何、如何准确定义新闻方面仍然没有令人满意的答案”，但“新闻的观念（如果不说现代观念的话）贯穿了好几个世纪的历史”。参见戴比尔，梅里尔．全球新闻事业：重大议题与传媒体制：第5版［M］．郭之恩，译．北京：华夏出版社，2010：157。时至今日，在西方语境中，“新闻被视为传媒对仍未发生、正在发生或现实中已发生过的问题与事件的报道”。参见戴比尔，梅里尔．全球新闻事业：重大议题与传媒体制：第5版［M］．郭之恩，译．北京：华夏出版社，2010：159。

② 臧国仁．新闻媒体与消息来源：媒介框架与真实建构之论述［M］．台北：三民书局，1999：106.

么的争论。新闻再现论、建构论、再现建构统一论[①]，真实环境论、虚拟环境论、真实虚拟混合论[②]，如此等等，关注的都是传播中的新闻本质上到底是什么的问题，有关新闻定义的争论也主要集中表现在这后一方面。

新闻的本质是事实信息，这在逻辑上具有绝对性。但新闻（报道）是什么，却具有明显的历史性。即使在同一时代，人们对新闻的实际观念也是千奇百怪、种类繁多[③]。尤其是在今天这样的媒介环境中，如何界定传播态的新闻并不是一个简单的问题。通过网络平台传播的民间新闻或民众新闻、公民新闻，并不是按照新闻专业准则生产的新闻，而是"随心所欲"式的新闻。新闻不再是比较纯净的"事实信息"，而是将事实信息、意见信息、情态信息杂糅在一起的混合物。"公民记者缺乏组织工作记者的训练。他们也不遵从相同的专业主义规范。在很多方面，互联网将鼓吹的角色混杂于记者的角色。它使得新闻事业越来越像公关业。它使新闻事业越发个人化，融入了更多观点。"[④] 如果将民间（民众）新闻记者或公民记者传播

① 简要地说，再现论认为，新闻（报道）可以像镜子映射对象一样呈现事实；建构论认为新闻实际上是传播主体用自身主观框架（新闻框架）对事实形象、意义的塑造和呈现；再现建构统一论则认为，新闻是传播者对事实再现与建构的某种统一，传播主体既不可能像镜子一样再现事实，也不可能是对事实的纯粹主观建构，而要受到新闻传播原则的约束，也会受到事实属性特征的限制。

② 真实环境论认为，新闻报道关于事实世界的呈现是真实的，可以为人们提供一个真实的符号世界，至少是一个真实的新闻符号世界；虚拟环境论认为，新闻报道呈现的事实世界，不可能与事实世界相一致，不过是一个虚拟的符号环境而已。虚拟环境论的源头是美国学者李普曼（Walter Lippmann）。真实虚拟混合论认为，新闻报道塑造的符号环境，真真假假，真实中有虚拟，虚拟中有真实，很难定论，要视具体情况而定。

③ 据专家们的考证，最早周期性出版的报纸——包括日报和周报——出现在 17 世纪的德国。而至今可以确认的第一篇刊登在报纸上、有关新闻的博士论文出现在 1690 年。一个名为托俾厄斯·波伊瑟（Tobias Peucer）的德国学生在莱比锡大学发表了他的博士论文《论新闻报道》。他认为新闻就是那些为满足人们好奇心（而出版）的无关痛痒、毫无价值的信息，新闻是世界各地近期发生的不同事件的通告。参见戴比尔，梅里尔．全球新闻事业：重大议题与传媒体制：第 5 版［M］．郭之恩，译．北京：华夏出版社，2010：157。据童兵先生讲，"国人有好事者，曾经收集到三百多个新闻定义，国外更有人扬言，新闻定义在千种之上"，参见童兵．理论新闻传播学导论［M］．北京：中国人民大学出版社，2000：24。关于各种类型的新闻定义，可参见杨保军．新闻理论教程［M］．北京：中国人民大学出版社，2005。

④ 戴比尔，梅里尔．全球新闻事业：重大议题与传媒体制：第 5 版［M］．郭之恩，译．北京：华夏出版社，2010：28.

的新闻也定义为新闻，那么这对新闻是什么的传统观念会带来严峻的挑战。我们以为，民众（公民）记者传播的新闻严格意义上只能是准新闻，并不是专业的、按照职业新闻传播原则传播的新闻。因此，在今天这样的传播环境中，我们对新闻应该加以职业与非职业的分类，应该建构不同类别的“新闻”观念。也许有一天，这两类新闻能够达到统一，但至少目前还没有。但在本体论意义上，新闻应该是“事实信息”这一基本原则是稳定的。

4. 新闻传播观念

作为实践活动的新闻传播，就是一种传播“新闻”的实践活动。这个解释和说明看似简单，却十分明确地告诉人们：“新闻”传播不是其他传播，其使命就是传播“新闻”，这是“新闻传播观念”最基本、最核心的内容，也是判断一种传播是否是“新闻”传播的最基本、最根本的标准。它也再明确不过地告诉人们，广告传播、公关传播、文学传播、宣传传播、艺术传播等等传播领域或类型，都不是“新闻”传播，哪怕它们与新闻传播有着千丝万缕的关系。美国著名新闻教育家、新闻学者詹姆斯·凯瑞（James Carey）曾经这样写道：“新闻学是一门独特的社会实践学科，在特定的历史时期诞生，因此不能与其他相关但彼此独立的社会实践学科相混淆。新闻学必须在教育和实践中与其他学科区分开。新闻教育必须将新闻学本身作为目标。”[①] 他还强调，“新闻学作为独立的社会实践不能与传播或者媒体混淆。……否则就是将关于鱼的故事和鱼本身混为一谈了”[②]。

新闻传播观念的内涵十分丰富，除了上面关于新闻传播本身的观念外，最重要的内容体现在“如何传播新闻”的观念上，也就是新闻传播的原则（原则本身就是观念）。新闻传播的原则或基本要求，构成了新闻传

---

① CAREY J. 新闻教育错在哪里［J］. 李昕，译. 国际新闻界，2002（3）：8－11.

② 同①.

播实践的具体标准，也凸显了新闻传播的个性所在。也就是说，只有按照这些原则或要求实施的传播，才能称得上是新闻传播。尽管在不同国家和地区对新闻传播的基本准则可能会存在一些差异性的解释，但这并不影响它们已经成为全球新闻界、全球职业新闻工作者公认的基本准则。这些基本准则是：真实、客观、公正、全面、及时、公开。正是对这些基本准则的遵守和实施，保证了新闻的相对独立性，保证了新闻对于社会公众知情权的基本满足，保证了职业新闻工作者社会责任的实现。下面，我们对这些基本准则或要求的内涵加以简要的说明①。自然，我们的解释和说明除了一般的意义之外，总会包含一些中国语境中新闻传播的特殊性。

（1）真实观念。真实是新闻传播的总观念之一，是对新闻传播提出的总原则或总要求。真实原则的逻辑前提是，把新闻活动看作一种认识活动，把新闻报道看作以新闻认识方式获得的认识结果。真实原则的实质内涵是，新闻报道（内容）要与报道对象（事实）相符合。这里暗含两个基本信念：一是新闻报道的对象事实是客观实在并且可知的；二是真实论中的符合论是可信的，新闻真实是通过经验方法、逻辑方法可证明、可证实的。因此，在新闻真实观念中，新闻真实是一种事实性真实，事实是检验新闻真实的唯一标准。正是这一观念，从根本上要求任何新闻报道的基本任务都是反映、再现事实，而不是表达传播者的意见或情感，尽管这在新闻实践上难以彻底避免。

除了事实性这一根本观念，新闻真实观念认为新闻传播有自身的特点，因而，新闻真实也有自身的其他一些特征：新闻真实是一种过程性真实，即新闻真实的实现，特别是对比较复杂的新闻事实来说，原则上只能

---

① 关于这些准则的详细阐释，可参见杨保军．新闻理论教程［M］．2版．北京：中国人民大学出版社，2010。这些准则，实质上就是新闻传播的一些核心观念。这些核心观念的出现和内涵演变都有其自身的历史过程。而关于这种历史过程的考察，构成了新闻观念史的基本内容，这是需要单独展开的研究。我们这里只是对历史积淀成果的呈现。

依赖新闻报道的完整过程来完成。新闻真实是有限度的真实，即新闻真实是新闻认识范围内的真实，新闻真实是在各种认知因素、价值因素、心理因素、社会因素等的约束、限制、影响下的真实。新闻真实是在及时报道、公开报道中呈现的真实，正是在及时报道、公开报道这样特有的新闻传播方式中，新闻真实显示出自身一些内在的特点。新闻真实是在各种环境因素影响下的真实。新闻真实的这些特点说明，新闻真实不是纯粹认识论意义上的真实，人们不能将新闻真实与科学认识意义上的真理相等同。也正是因为这样一些特征，对个别新闻事实的真实面目，有可能无法加以揭示；一些新闻真实的谜，可能具有永久性；人们只能知道有某一事实发生，但不可能获知真相；人们只能获得关于事实发生的真实报道，不可能获得关于事实真相的真实报道①。

在新闻真实问题上，存在着多样化的真实观念和新闻真实观。在新闻真实是否可能的问题上，存在着这样三种基本观念：一是认为新闻真实是可能的，即新闻报道可以比较准确地再现和反映新闻事实的面目，新闻传播者有认识事实的能力，能够做到客观认知；二是认为新闻真实是不可能的，新闻真实在整体上是传播者愿意看到的真实，不过是各种权力（政治、经济、公关、人情等等）博弈的结果，是塑造和建构出来的真实，与事实的本来面目是两回事，甚至说并不存在什么事实的本来面目②；三是

① 事实、真相、真实在新闻真实论中是三个有联系亦有差别的概念，事实是关于对象存在性的描述，真相（与假象相对）是关于对象存在性本质的描述，真实（与虚假相对）则是对主体关于对象认识属性的描述。参见杨保军．事实·真相·真实：对新闻真实论中三个关键概念及其相互关系的理解［J］．新闻记者，2008（6）：61-65。

② 认识论意义上的建构论者不承认客观事实的存在，因此，他们本质上也不可能承认符合论意义上新闻真实的实现。其实，建构论者是狭隘经验论者，因此，他们才会持“没有观察者，什么也不存在”，“实在是交流的结果”等看法。参见 POERKSEN B. Theory review the ideal and the myth of objectivity：provocations of constructivist journalism research［J］．Journalism studies，2008（2）：295-304。在狭隘经验论者的眼中，事物的客观性自然难以进入他们的视野，认识包括新闻认识，也就成了主体纯粹建构的结果。

认为新闻真实只能是一种近似的真实，即新闻报道的对象社会事实（包括自然事实）是客观存在的，有自身的本来面目，但新闻真实——对社会事实的符号化呈现——不可能完全呈现事实的本来面目，任何新闻的真实都只能是片面的真实、近似的真实。

在新闻真实观层面上，有些观念认为，新闻真实主要针对的是具体的报道对象，不包含关于社会现实的整体真实呈现问题。有些观念认为，新闻真实不仅要反映具体事实的真实，同时也要注意对报道领域整体面貌的把握，即注意主导性和整体性的真实情况。在中国，尤其关注整体真实，可以说，整体真实是重要的新闻真实观念。① 有些观念认为，新闻真实仅仅是事实真实、现象真实，不关涉本质真实问题。还有些观念则认为，新闻不仅要报道事实所表现出来的现象，还要尽可能揭示事实的本质。现象真实与本质真实间的关系问题，直到现在仍然是中国新闻界在真实问题上的重要争论议题。②

还有一些观念认为，新闻真实并不限于新闻报道范围内的事情，还应该延伸到新闻收受范围，只有把完成的新闻传收过程当作考察新闻真实的对象，才能建构系统完整的新闻真实论或新闻真实观念，不然，新闻真实观念就是不完整的，新闻真实论就是半截子理论③。

---

① 我在《新闻真实论》中指出，整体真实是一种重要的新闻真实观念，它要求从新闻报道对象的全局出发考虑新闻报道，注意不同属性事实之间的平衡。整体真实在逻辑上与新闻的本质要求有一定的背反性，这是因为，如果追求整体真实，就意味着新闻要关注新闻事实以外的事实，这时即使实现了真实报道，也恰好不是新闻真实，而成了一般意义上的认识真实。参见杨保军．新闻真实论[M]．北京：中国人民大学出版社，2006。美国学者舒德森在《新闻社会学》中也有类似的看法，他说："同样应当清楚，一个人越是试图描绘整个社会场景的现实，那种标准的新闻实践将越是不可能达到。新闻往往更倾向于选择特例，而非正常范围内的规则、事件和行动。如果天气报告对晴天的关注和对飓风、水灾、热浪及寒潮的关注一样多，它可能更准确，但它不再是新闻。"参见舒德森．新闻社会学[M]．徐桂权，译．北京：华夏出版社，2010：45。因此，整体真实观在某种意义上也是宣传新闻主义观念的特殊要求和必然结果，因为宣传主义新闻观念要求以正面报道为主，而许多正面事实往往是日常性的社会事实，并不具备新闻事实的特征。

② 关于新闻真实观念的这些具体问题，有兴趣的读者可参见杨保军．新闻真实论[M]．北京：中国人民大学出版社，2006。

③ 这是本书作者很早就提出的看法，在《新闻真实论》中有比较系统的论证，有兴趣的读者可参阅。

（2）客观观念。作为一种新闻传播观念，客观观念可以说是影响最为广泛、争议最为激烈的一种观念。按照新闻历史学家的基本共识，客观观念及其相应的一套基本操作方法诞生于19世纪末到20世纪20年代左右的美国新闻界[①]；有人认为是李普曼第一次从方法论的层面上提出了“客观性”原则，就是用类似自然科学性观察-实验方法报道社会事物的原则[②]。对客观观念产生的根源，人们至今没有达成完全一致的看法。有人

① 客观报道的理论，“起源于19世纪，在美国和英国广泛地被赞为20世纪前25年中对于新闻学的独特贡献”。参见斯拉姆，等．报刊的四种理论［M］．中国人民大学新闻系，译．北京：新华出版社，1980：70。到了20世纪20年代，客观准则（objectivity norm）完全正式地成为一种职业观念，成为专业目标的一部分。参见SCHUDSON M. The objectivity norm in American journalism［J］. Journalism，2001（2）：149－170。“无论怎样，追求‘客观的’、无‘偏见’的报道渐渐在整个20世纪20年代，不同程度地在美国和英国（程度稍低）日益专业的新闻文化中作为制度确立下来。”参见艾伦．新闻文化［M］．方洁，陈亦南，牟玉涵，等译．北京：北京大学出版社，2008：22。到了20世纪20年代末30年代初，有80%的新闻报道都是遵循客观原则写就的。在20世纪二三十年代，两种有明显区别的客观性定义出现了：一种基于理论和意识形态观念，另一种基于规则和实用主义观念。前者的典型代表人物是李普曼，他把记者描述为训练有素的专业人员，他们不为任何事业服务，只是用客观实际解释和说明新闻（to explain and interpret the news）；后者的典型代表人物是纳尔逊·克劳福德（Nelson Crawford），他认为新闻最基本的角色就是传播客观事实（信息）（the dissemination of objective facts），为了确保公平和平衡，新闻组织应该建立并坚守新闻所要求的特殊规则。参见STOKER K. Existential objectivity：freeing journalists to be ethical［J］. Journal of mass media ethics，1995（1）：5－22。但也有相关研究者对客观理念的起源做过更为细致的考察，他们指出，早在20世纪之前，客观性（观念）在记者中间就已经很好地确立了。1867年，一位名为杰西·黑尼（Jesse Haney）的纽约出版人在其《黑尼创作指南》（*Haney's Guide to Author*）中，不仅描述了客观报道应该具备的许多特征，甚至使用了“客观”（object）这个词；1872年，在以“编辑人”（editor）为名出版的《年轻编辑指南》（*Hints to Young Editors*）中，作者实质性地提出了之后一百多年来衡量客观性的标准；1890年出版的由埃德温·舒曼（Edwin Shuman）撰写的《走入新闻：给年轻记者的帮助和提示》（*Steps into Journalism：Helps and Hints for Young Writers*），提出了人们几乎通常认为的客观元素（elements of objectivity）——倒金字塔结构、无党派性、中立或超越性、依据可见的事实、平衡。参见MIRANDO J. Embrancing objectivity early on：journalism textbooks of the 1800s［J］. Journal of mass media ethics，2001（1）：23－32。也有中国学者经过考证认为，新闻客观理念的提出和阐释在1910年左右出现。考证者指出，1911年密苏里大学新闻学院的助教查尔斯·G. 罗斯（Charles G. Ross）在他撰写的教科书《新闻写作》（*The Writing of News*）第三章中，引用了圣路易斯《共和报》（*Republic*）一篇社论中的文字：“现代新闻报道值得重视的三点是明晰、简洁和客观（objectivity）。今天新闻写作者的目标是进行绝对明了的报道，甚至对于低于平均水准的读者——因为每个人都读报；尽可能节省篇幅，并且将自己的偏见、爱好、意见统统斥之于新闻报道之外。”参见杨凯．再探新闻客观性起源［J］．国际新闻界，2013（1）：80－86。

② 齐爱军，洪浚浩．西方有关主流媒体研究的多元理论视角论析［J］．新闻大学，2013（1）：8－15.

认为是技术进步特别是电报传播技术的使用导致的，有人认为是当时美国新闻界为超越党派报刊实践与观念而找到的一条出路，有人认为是商业激烈竞争的结果，是科学理性兴起的结果，还有学者则相信客观观念兴起的核心原因是职业新闻意识、职业新闻群体的诞生，是为了与其他职业群体特别是公关职业群体加以区分。学者们都有自己或充分或不够充分的根据和理由。我以为，这本身是一个很难简单准确说明的问题，但作为一种影响深远的新闻观念，客观观念的产生一定与西方文化传统有关[①]，与当时的整体时代背景有关，与社会环境以及新闻业的演变发展等有关，不可能只与某一个或某几个因素有关。我国学者黄旦说："至于美国的新闻客观性，在追溯其来源时就看得很清楚，它深植于美国社会的自由民主传统中，关联着新闻媒介的社会角色，以及政治体系、民众与媒介三者的关系平衡。"[②] 至于到底哪些因素是核心根源，仍然需要进一步深入研究。

作为极其重要的新闻传播理念，客观观念在其初步形成后，就要求职业新闻工作者在新闻传播中要有客观的思想和客观的态度，在新闻报道中要尊重事实、从事实出发，让事实"说话"。事实上，客观观念不仅是一种理念，它本身就是一条总的、最为重要的新闻伦理规范和原则。进一步说，几乎所有的具有普遍性的新闻伦理原则或道德规范，最核心的内容都是源于客观观念。由世界上第一所新闻学院——美国密苏里大学新闻学院——首任院长威廉斯（Walter Williams）制定的记者伦理准则（The Journalist's Creed）就是源于客观准则。[③] 1923 年美国《新闻规约》第 5

---

① 比如，舒德森等就认为，新闻客观理念反映了西方文化中启蒙主义和现代主义的持久影响。参见 SOFFER O. The competing ideals of objectivity and dialogue in American journalism [J]. Journalism, 2009 (4): 473-491。

② 黄旦．传者图像：新闻专业主义的建构与消解 [M]. 上海：复旦大学出版社，2005：112-113.

③ EDMONDSON A, PERRY E L, Jr. Objectivity and "the journalist's creed" [J]. Journalism history, 2008 (4): 233-240.

条对客观原则的确认，是客观报道原则确立的最终标志，这条规定说："不偏——健全的工作可以使新闻报道和意见表达清楚地区别开来。新闻报道不应该掺加意见或任何偏见。"[①] "到了 20 世纪 30 年代，客观性已成为美国新闻界常见的说法。"[②]

客观观念技术化、操作化后的主要要求，就是在新闻报道中将事实与意见分开，事实是事实，意见是意见[③]。曾经担任过英国《曼彻斯特卫报》主编的 C. P. 斯科特（C. P. Scott）指出，"意见可以自由，但是事实却神圣不可侵犯"[④]。为了达到这样的要求，还有一系列的具体方法。[⑤] 将事实与意见自觉地在新闻报道中分开依然是职业新闻传播者普遍认可和遵守的基本新闻原则。

但是，直到目前，依旧存在的一个普遍现象是：人们对新闻客观性见仁见智，"有人诅咒它的虚伪，有人悲叹它的式微，有人以捍卫它为借口来影响公共舆论，更有人在客观性的旗帜下与影响媒体的外部政治经济权力进行抗争"[⑥]。其实，早在第一次世界大战时，人们对客观性就抱有怀

---

① 童兵．比较新闻传播学［M］．北京：中国人民大学出版社，2002：94.

② SCHUDSON M. 探索新闻：美国报业社会史［M］．何颖怡，译．台北：远流出版事业股份有限公司，1993：158.

③ 关于事实与意见的关系问题，我国新闻学家徐宝璜也曾指出："只有事实，可成新闻。事实登载后，阅者自然有主张。今将记者之意见夹杂在内，脑筋简单不能识别者，无不被其迷惑，以意见为事实而失其主张之自由矣。即能识别者，须于长篇中寻出五六行之新闻，亦觉太不经济矣。此亦应纠正者也。"参见徐宝璜．新闻学［M］．北京：中国人民大学出版社，1994：11。中国新闻史家戈公振也主张区分言论与新闻，他说："从报纸发达史上研究，发表意见，绝非报纸原质之特定色，乃附带而生者也。"参见戈公振．中国报学史：插图整理本［M］．上海：上海古籍出版社，2003：17－18。

④ 艾伦．新闻文化［M］．方洁，陈亦南，牟玉涵，等译．北京：北京大学出版社，2008：1.

⑤ 客观报道在操作上有这样的规范：（1）以倒金字塔方式在第一段简述基本事实；（2）以 5 个 W 报道；（3）以第三人称语气报道；（4）引述当事人的话；（5）强调可以证实的事实；（6）不采取立场；（7）至少表达新闻事实的两面。参见埃默里 M，埃默里 E，罗伯茨．美国新闻史：大众传播媒介解释史：第 8 版［M］．展江，殷文，主译．北京：新华出版社，2001：865。

⑥ 哈克特，赵月枝．维系民主?：西方政治与新闻客观性［M］．沈荟，周雨，译．北京：清华大学出版社，2005：7.

疑了。[①] 然而，尽管人们对客观观念做出了各种各样的批评、批判，但它仍然是“不死之神”[②]，是全球新闻界普遍认可的一种观念、伦理原则和操作方法。朱迪丝·李钦伯格（Judith Lichtenberg）这样写道：“在这些后现代的时日里，客观性理想看起来要走到尽头了。然而，美国新闻记者仍然把客观性当作他们职业的基本规范。”[③] 还有学者指出，批评或试图用其他观念替换客观理念的做法，就像唱四季歌一样周期性地复发，但都无多大效果。[④] 其实，相关研究一再表明，尽管不同国家的新闻人，由于各自国家历史背景不同，文化（包括新闻文化）传统不同，或者对媒介角色、记者角色的理解有所差异，导致对客观性的内涵的理解有所不同，但时至今日，绝大多数新闻人认为客观性非常重要，“老旧经典的客观性专业准则（the old and classic professional norm of objectivity）依旧活在西方世界的新闻事业中”[⑤]。同样，我们也可以说，它也越来越成为中国新闻人共同认可并接受的基本观念。

我们应该指出，客观报道尽管是可能的，但客观报道确实是有限度的。“客观性是一种可望而不可即的理想和难于实现的神话，但是它的确有助于形成一种健康的新闻伦理和独特的新闻精神。”[⑥] “绝对客观性不可能达到，只会引起永无休止、徒劳无益的争吵辩论。充其量它只是一个相对的概念。一些分析家争辩道，客观性并不意味着指望要达到它，而是对

---

① SOFFER O. The competing ideals of objectivity and dialogue in American journalism [J]. Journalism，2009（4）：473－491.

② 哈克特，赵月枝．维系民主?：西方政治与新闻客观性 [M]．沈荟，周雨，译．北京：清华大学出版社，2005.

③ 库兰，古尔维奇．大众媒介与社会 [M]．杨击，译．北京：华夏出版社，2006：226.

④ RYAN M. Journalism ethics，objectivity，existential journalism，standpoint epistemology，and public journalism [J]．Journal of media ethics，2001（1）：3－22.

⑤ DONSBACH W，KLETT B. Subjective objectivity. How journalists in four countries define a key term of their profession [J]．International communication gazette，1993（1）：53－83.

⑥ 埃默里 M，埃默里 E，罗伯茨．美国新闻史：大众传播媒介解释史：第 8 版 [M]．展江，殷文，主译．北京：新华出版社，2001：866.

现实反映的一个过程，一种态度、一套思维方法。”[①] 客观事实的复杂性，主体认识能力的有限性，各种环境要素的制约性，以及新闻传播内部诸多要素的各种可能影响，等等，使客观的实现只能是有限的实现，不可能是圆满的实现。但是，我们必须指出的是，正因为人类能够认识到客观性的有限性，同时又能自觉到客观性的可逼近性，所以尊重客观原则、拥有客观理念是一种应该坚守的新闻伦理原则。不然，新闻认识将滑入怀疑主义、相对主义甚至是不可知主义的泥坑，果真如此，新闻的价值与意义也就无从谈起了。诚如一位西方学者所说：“只要我们还试图理解这个世界，如果不假设客观性的可能性，不认同这种假设的价值，我们是无法前行的。新闻记者所提出的问题终究是有答案的。只要人们怀有良好的愿望，具有敏锐的感觉，经过深思熟虑是可以取得一致意见的：如欲严肃对待新闻业，就应该接受、必须接受客观性这一先决条件。”[②]

（3）公正观念。公正是传播主体在新闻传播活动中“应当”追求的一种价值，也是传播主体应该坚守的新闻道德原则。从本质上说，公正原则是相对事实原则的“应然之则”。公正原则的核心在于实现“新闻正义”，承担新闻媒体应尽的社会职责，即通过新闻传播实现和维护人们应该享有的最基本的新闻自由权利。

公正原则在宏观层面上，要求作为社会公共平台的新闻媒体、作为守望环境的新闻传播主体，拒绝向任何权力和金钱做出不正当的倾斜，“新闻事业应以独立的精神执行其任务，以社会利益为前提，不与政治人物勾结，更不可牺牲其永恒的利益，而向任何政权低头”[③]。公正原则要求新闻传播媒体、新闻传播主体尽力消除传播中的歧视行为，树立为所有民众

---

① 阿特休尔．权力的媒介［M］．黄煜，裘志康，译．北京：华夏出版社，1989：148.

② 库兰，古尔维奇．大众媒介与社会［M］．杨击，译．北京：华夏出版社，2006：243.

③ 童兵．比较新闻传播学［M］．北京：中国人民大学出版社，2002：86.

服务、为整个社会服务的新闻职业道义和精神，不能把传播仅仅指向那些社会的强势群体、富裕地区和领域，而无视弱势群体的利益和需要，无视贫困地区和欠发展的领域。

新闻传播公正性的基础是：新闻本身是真实的、客观的和全面的；新闻传播本身是及时的、公开的。只有再现新闻事实本身的面目，达到“让事实说话”的要求，才能真正奠定新闻传播公正性或正义性的基础。

公正原则落实到具体的、微观的新闻报道活动中，其最典型的体现是要求传播主体在再现新闻事实时，必须以“平等”的态度与方式对待新闻事实的“当事”各方。这是因为，“一般公正”是指对事物的不同方面、不同意见都提供同等的待遇。对新闻传播来说，只有对构成新闻事实、事件的各方，特别是为争议各方提供平等利用媒介的机会，才能从手段上、形式上保证再现事实的全面性、客观性和公正性。

公正原则对新闻传播主体自身提出的直接要求是：不能利用职业之便随意表达自己的情感和意见，不能将非新闻的东西当作新闻来报道，不能有意进行失实的、片面的、歧视的报道以实现自己的私利，更不能以虚假的、有偿的报道来误导收受者、欺骗社会。公正原则对新闻传播主体提出的更高要求是：在“让事实说话”的基础上，敢于坚持社会正义，以新闻方式“为事实说话”，即敢于将应该公开的事实、公开的信息，迅速及时地公之于众，而不怕任何权力的压制；敢于揭露社会的各种丑恶，特别是权力阶层的丑恶；敢于为社会中的弱势群体呐喊，维护他们的权利和利益。新闻公正原则的最终目的就是为人民服务、为社会服务，以新闻方式维护社会的良性运行。

（4）全面观念。全面是相对片面而言的，既是新闻报道的一种观念，也是新闻报道的基本方法。新闻传播的全面性，就是向社会公众提供全面的而不是片面的、整体的而不是零星的、正确的而不是歪曲的事实、情况和意见。从一般意义上说，所谓全面就是从纵、横两个向度上，“提供各方面的事实、情况、意见，不片面报道和隐匿事实”①。具体来说，包含以下几个要点：

从新闻事实的构成角度看，全面有三个方面的含义或要求：一是针对个别事实报道的全面性；二是针对同类事实报道的全面性；三是针对一定时空范围内所有事实报道的全面性。第一种全面性能够落实在每一具体的新闻报道之中，是传播主体易于把握和相对比较容易做到的，后两种全面性首先是对新闻报道观念的要求，实质上就是要求以全面（整体）的新闻真实观指导和约束新闻报道活动，对待同类事实和一定时空范围内的所有事实，不能以点代面，以局部代全部，以微观代宏观。这样的全面，还内在要求注意不同领域、不同地区、不同人群之间的新闻平衡，即新闻传媒、职业新闻传播主体应该关注目标报道范围的所有新闻，而不只是关注一些所谓“重点”地区、“重点”领域、“重点”人群的新闻。因而，全面也是保证新闻公正的重要观念和方法。

从新闻报道的时间性上看，全面性包含即时全面和历史全面两个基本方面。所有具体新闻报道的内在要求是及时快速，因而所谓即时全面，就是指具体新闻报道要反映事实在截稿时刻或某一确定报道时间点为止的整体面貌；历史全面的核心含义是指新闻报道要反映新闻事实历时变化的全面性和完整性。

针对实际的新闻传播情况，全面性有两个需要特别强调的方面：一是全面必须是包含对负面新闻事实报道的全面，尽管“报喜不报忧”或“报忧不报喜”在全面原则面前都是偏颇的，但就中国的实际而言，需要解决的主要是报喜不报忧的问题；二是对于那些有争议的问题，集中表现在揭

① 童兵．理论新闻传播学导论［M］．北京：中国人民大学出版社，2000：84.

露性、批评性报道中，传播主体要特别注意顾及各方的情况和意见，要主动运用均衡或平衡报道的手法，把事实的整体状况再现出来。

总之，全面观念，从理论上说，就是不片面的、面面俱到的观念，以哪方面为主的报道，从原则上都是失衡的、不公正的，“关于社会状况的‘一边倒’的报道，不论是倒向哪一边，都可能误导民众，使他们对国家的未来失去信心或盲目乐观”[①]。因此，以某一面为主的合理观念，必须建立在该面在社会实际中是主要方面的客观基础上。但这只是理论上的逻辑，因为在实践中，往往恰好是在最为困难的时候需要向人们发出正面的呼唤，新闻全面性的要求是不能掩盖全面的真相的，而仅仅凸显某一面的事实。

在社会现实中，新闻的全面，实际上是主导新闻观念下的全面，是主导新闻观念背后权力支配下的全面，这样的全面本身就可能是一种难以避免的片面。新闻全面只能是新闻意义上的全面，比如，全面的真实最多是新闻事实范围内、新闻认识层次上的全面真实，不可能是关于整个事实世界的真实、科学认识意义上的真实，果真如此，新闻真实也就不再是新闻真实。

（5）及时观念。“及时”是个“时距”概念，其最基本、最重要的含义就是“快”，就是要尽可能在距事实发生最短的时间内将事实信息反映出来、传播出去。但能够“及时”或“快”到什么程度，则依赖于一定时代提供的通信与交通等条件[②]。

从新闻传播的总体要求上说，对新闻事实的反映报道越及时越好，时间是实现新闻价值的内在要求。及时的程度是以新闻事实的发生、发现到

① 陈嫣如．心传：传播学理论的新探索［M］．厦门：厦门大学出版社，2010：65.

② 有研究表明，直到 19 世纪 30 年代，随着便士报的出现，“及时”才被作为一种真正的新闻要素。

传播实现间的时距来衡量的，因此从新闻事实发生、发现到得到反映报道的“时距”越短就越及时。在广播、电视、互联网等的现场直播中，这种“时距”对视听者几乎为零，现场直播成为一种实时性的传播。及时之“快”的含义，意味着“抢”新闻是新闻传播主体必然的、必需的行为，是新闻竞争的基本着眼点和着手处。

在及时传播观念中，及时并不是纯粹的快，并不是一个纯粹的时间观念，内含着通过时间把握的传收效果问题。在“快”的原则下，“及时的时间效果”（称为“时效”）还可能通过时机、时宜的方式来实现。时机、时宜的本质在于通过对报道时间的把握，求得传播者预期的传播效果。“‘时’首先侧重时间性，‘机’则同时关乎空间境域。‘时’与‘机’合观即为时机，它可以看作是时空统一形态之下的实践条件，与机会、机遇相近。”① 因此，既讲快速又讲效果是及时传播原则需要把握的又一基本精神。这样一来，快闻（新闻）、慢闻（旧闻）甚至不闻常常成为新闻传播的时间艺术②。当然，传播者把握运用的这种“艺术”大多是从传播者利益出发的，它能否保证收受者的需要和利益，则可能是另一回事。

时间要素，并不仅仅是传播主体能够控制的传播要素。新闻活动中的各种主体（比如新闻源主体、报道对象主体、控制主体等）、各种力量（比如政治力量、经济力量等）、各种因素（比如技术因素、环境因素等），常常正是通过对传播时间的控制和作用，实际影响着新闻传播的效果。因此，传播主体之间关于时间的安排与竞争，不仅是新闻价值的竞争，也是

① 杨国荣．论实践智慧［J］．中国社会科学，2012（4）：4－22.

② “时机与机会、机遇的特点之一在于包含着指向未来的可能性；时机作为实践的条件，为实现一定的价值目的提供了可能，在有助于价值目的的实现这一层面，它无疑呈现正面或积极的价值意义。时机同时又是条件之‘场’或条件的汇聚：它具体呈现为相关条件在某一时空背景下的交集，这种条件的交集或汇聚为实践的成功展开提供了契机。”参见杨国荣．论实践智慧［J］．中国社会科学，2012（4）：4－22。

传播效果的竞争。

在“后新闻业时代”开启之后，时间要素在民间新闻（民众新闻、公民新闻）传播中近乎成为一个“失控”（不可控制）的要素，传统的“及时”观念受到强烈的冲击。及时事实上已经变成了“随时”和“全时”，制度化新闻传播的时间秩序已被民间新闻的“无时不在”打破。不同传播主体对时间的竞争，也不再是简单的“快”的竞争，而是对时间实际内涵“注意力”的竞争。在相同的时间内抓住受众的注意力，才算是真正的及时。传播时间与收受时间之间的“合拍”，也是及时性的重要内涵。总而言之，及时观念的内涵变得越来越丰富，大大超越了传统时代的基本规定。

（6）公开观念。公开观念以往主要针对新闻传播的特征而言，但在今天，公开已经是一个社会化的观念，不限于新闻领域，而是针对整个社会系统而言的观念，并且核心在于社会权力系统的信息公开，它是新闻公开观念能够实现的基础所在。

公开，首先是指新闻传播的大众性和社会性。这意味着新闻传播是面向整个社会的传播、面向所有人的传播，意味着传播新闻、收受新闻不论在实质上还是在形式上不是某些人的特权，而是人们应该拥有的一种普遍权利。公开意味着新闻传播应该是一种自由的传播，即既有传播自由又有收受自由的传播。新闻自由是公开原则的内核和根本精神。公开是新闻传播获得和产生社会影响力的重要方式，“只要信息是公开的，政治行动者就不得不小心地行动，仿佛有人在公共场合注意着它”①。公开本身就是一种最广泛的监督，不只是对政治行动者，对所有的社会行动者都是一样。

---

① 舒德森．新闻社会学［M］．徐桂权，译．北京：华夏出版社，2010：38.

公开，要求新闻传播主体不能隐瞒或遮蔽新闻事实的本来面目，在每一个传播环节上，都能够以公开的方式处理新闻信息。新闻传播过程本身的公开，是新闻传播公开原则的实质性内容，是新闻媒介能够成为“社会公共平台”的基本条件之一。一些新闻传播在第一环节——采访——的非公开性（隐性采访）是应该努力避免的，“除非信息对公众利益意义重大，而以传统的开放方式又无法获得，否则不要暗中探听，不要用鬼鬼祟祟的方法收集信息。如果使用了这种方法，应在报道中予以解释”[①]。公开是常态，隐蔽是例外。

公开，要求一定的组织、团体或个人，按照有关法律或相关规定的要求，履行应尽的义务，通过新闻传播媒介，及时向社会和公众告知与社会公共事务相关的新闻信息。公开，要求新闻传播主体在非特殊情况下，应该向社会和收受者公开新闻信息的来源。

新闻传播的公开性，是一种系统的公开性，既关系到新闻传播内部的公开，也关系到社会相关系统的公开；新闻传播是一种过程性的公开，涉及新闻传播的每一个重要环节。只有把握住新闻传播公开的系统性和过程性特点，才能比较全面地理解新闻传播公开性的含义。

5. 新闻价值观念

从世界范围看，新闻价值这一概念，最早是德国学者托俾厄斯·波伊瑟于 1690 年提出的，美国在 19 世纪 30 年代才有新闻价值概念，中国最早是由徐宝璜在 1918 年《新闻学大意》中提出的。[②]

新闻价值观念，回答的最重要的问题有两个：第一，什么样的事实是有新闻价值的事实，或者说什么样的事实信息是有新闻价值的事实信

---

① 史密斯．新闻道德评价［M］．李青藜，译．北京：新华出版社，2001：37.

② 徐培汀．中国新闻传播学说史：1949—2005［M］．重庆：重庆出版社，2006：59. 另可参见杨保军．新闻价值论［M］．北京：中国人民大学出版社，2003。亦可参见戴比尔，梅里尔．全球新闻事业：重大议题与传媒体制：第 5 版［M］．郭之恩，译．北京：华夏出版社，2010：155 - 168。

息；第二，“新闻的价值”是什么。有些学者认为新闻价值观念重点是对第一个问题的回答，因此，他们往往将新闻价值界定为传播者选择新闻的标准（被称为“标准说”），或者界定为使一个事实成为新闻事实的那些要素的总和（被称为“要素说”）①。另一些学者则侧重从新闻的功能作用角度界定新闻价值，认为新闻价值实质上是指新闻对于作为受众的社会、群体、个人的有用性（被称为“满足说”，或“需要说”“效用说”等）②。

这两种各执一端的新闻价值理论，实际上都是“半截子”新闻价值观念，它们割裂了新闻传收的完整过程。新闻价值理论是贯穿整个新闻传播过程的理论，新闻价值观念应该反映完整的新闻传收过程。因此，新闻价值观念既包括“新闻价值”观念，也包括“新闻的价值”观念。而且，由于针对“事实”（事实信息）而言的“新闻价值”与针对“新闻”而言的“新闻的价值”之间有着直接的内在的联系③，因此，这两种观念也是直接的内在的相关。只有这两种价值观念的统一才能构成完整的新闻价值理论或完整的新闻价值观念④。

需要注意的是，传统上所讲的“新闻价值”概念，主要是在我们上述所说的第一种意义上使用的，主要是从职业新闻传播者选择新闻报道内容

---

① 这些要素（不同人概括的多少有所差别，但通常是五要素——时新性、重要性、显著性、接近性和趣味性）被称为新闻价值要素，基于价值要素的新闻价值学说被称为价值要素学说。这是目前新闻理论教科书中关于新闻价值理论的普遍框架或基本内容。近些年来，也有学者针对“新闻（文本）”这一价值客体，提出了新闻的价值属性，这些属性是真实性、及时性、针对性与亲和性。参见杨保军．新闻理论教程［M］．2版．北京：中国人民大学出版社，2010。

② 关于对“新闻价值”概念的不同理解、不同定义，有兴趣的读者可参见杨保军．新闻价值论［M］．北京：中国人民大学出版社，2003。

③ 新闻是对事实的反映；新闻的价值首先是对新闻事实所包含的各种可能价值的传递，然后才有其他可能的延伸或派生性价值。

④ 曾有学者提出初步的统一价值论，比如沈世纬在《新闻价值初探》中，就将新闻价值分为两个阶段：第一阶段表现为取舍事实，衡量新闻的尺度；第二阶段，称之为新闻的实际价值。参见徐培汀．中国新闻传播学说史：1949—2005［M］．重庆：重庆出版社，2006：59。

的角度上使用的。但在如此界定的新闻价值观念中到底包含哪些内容，学者们直到现在也没有统一的看法，反而倒是发出了各种近乎无奈式的描述。比如，英国著名媒介学者斯图亚特·霍尔（Stuart Hall）就说："'新闻价值'是现代社会中最为晦涩的意义结构的一种。所有'真正的新闻记者'被假定是拥有它的，但是很少有人能够或者试图识别或定义它。"[①] 美国著名新闻学者盖伊·塔克曼写道："新闻判断是神圣的知识，是新闻人区别于其他人的秘密能力（secret ability）。"大名鼎鼎的舒德森则说："构成'新闻判断'的文化知识太复杂太不明晰，绝非'意识形态'或'常识'这样的术语所能概括。"[②] 看来，关于新闻价值观念的内涵，仍然是值得深入探讨的。新闻价值观念，并不限于新闻活动范围，而是与整个社会系统密切相关。

针对传播主体而言的新闻价值观念，其核心其实是新闻传播内容的选择标准问题。同样，对于收受主体来说，其核心其实也是用什么标准选择收受对象的问题。因此，新闻价值观念的灵魂是价值选择的标准。不同主体（包括传播主体与收受主体）在新闻传收活动中的不同表现，集中体现在"标准观念"的差异上。因此，在新闻价值理论研究中，标准问题应该成为始终关注的核心问题。在一般意义上说，职业新闻传播主体选择报道内容的标准可以分为两大类：一类是新闻专业标准，即人们通常所说的新闻价值标准；另一类可以称为社会标准（或非专业标准），诸如法律、政策、道德规范、纪律要求等等。对于非职业新闻传播者（民间或公民新闻传播者、非职业新闻组织的群体传播者）来说，他们选择新闻传播内容的标准充满了主观偏好与追求自身利益的色彩，不会遵循统一的原则性标准，这既使新闻传播内容丰富多彩，同时也可能使新闻传播中不乏流言蜚

---

① 库兰，古尔维奇．大众媒介与社会［M］．杨击，译．北京：华夏出版社，2006：181－182.
② 同①.

语。新闻收受者选择新闻的标准，大致可以划分为二：一是有用性标准，二是有趣性标准。这些标准的内涵当然非常丰富，也会因人而异。[①] 至于新闻具体具有哪些分门别类的价值项目，则需要进行专门的新闻价值论研究。[②]

上面关于新闻价值的观念主要是针对新闻领域而言的，可以称之为狭义的新闻价值观念。如果从社会层面看，就会形成广义的新闻价值观念，它与一定社会的主导价值体系有着直接的关系[③]。广义新闻价值观念除了回答上述狭义的问题之外，更为重要的是如何看待“新闻传播”的社会价值。此时关注的关键问题是新闻传播的价值取向、价值理想问题。当人们追问一定社会新闻业的价值观念、一定新闻媒体的价值观念时，关注的是新闻业、新闻媒体想通过新闻传播活动达到什么样的目的。“主义”层面的新闻观念、意识形态意义上的新闻观念，其灵魂性的内容就是关于新闻传播的价值观念，实质上回答的问题是“新闻传播应该做什么”。这可以说是一定社会范围内最大的新闻价值观念，正是这种广义上的新闻价值观念，从总体上决定着狭义层面上的新闻价值观念。在全球范围内，不同社会间的新闻冲突，正是这个层面上价值观念的冲突，不同新闻传播的宏观价值追求，正是这个层面上价值观念的不同所导致的。说到底，我们关于新闻观念的研究，除了学理问题的探讨，最终要回答的、与新闻实践关系最为密切的理论问题就是我们应该在这一层面上建构什么样的新闻价值观念。

6. 新闻功能观念

“新闻功能观念”是与“新闻价值观念”密切相关但又有一定差别的

---

① 杨保军．新闻理论教程［M］．2 版．北京：中国人民大学出版社，2010.

② 有兴趣的读者可参见杨保军．新闻价值论［M］．北京：中国人民大学出版社，2003。

③ 参见第十一章“新闻观念与社会观念系统”。

观念。新闻功能观念反映的是如何认识和看待新闻的功能属性，新闻价值观念反映的是如何看待新闻的价值和意义。它们之间的实质联系是：新闻的价值和意义是新闻的功能属性与主体对象相互作用的产物；功能属于新闻本身，但价值是新闻对相关主体的意义或效应。

新闻的功能可以在两种关系中确定：面向事实，新闻具有再现或呈现事实对象的功能；面向收受者，新闻具有告知事实是什么的信息功能。[①]这是新闻的最直接、最基本的功能，也可说是新闻的本体性（本位性）功能。这两种向度上的功能属性，使新闻具有众多的延伸性或派生性的功能，诸如经济功能、政治功能、文化功能、知识功能、教育功能、娱乐功能等等。[②] 新闻对事实（从个别事实到整个事实世界）的反映功能，不仅是再现的也是建构的，新闻对事实的反映是再现与建构在某种程度上的统一。

在新闻的本位功能与延伸或派生功能之间，尽管本位功能是基础，但在重要性上，延伸或派生功能往往超过本位功能。这是新闻功能观念中应该特别注意的，因为人们传收新闻的主要目的并不是简单传收信息，而是要在传收信息的基础上追求更为重要的目标。

在新闻的众多可能的功能属性中，哪一种或哪几种能够得到显现，主要依赖两个条件：一是主体的主导新闻观念，特别是主体的新闻目的论观念。对于宣传新闻主义者来说，新闻的主要功能就是它的宣传属性，对于商业新闻主义的奉行者来说，新闻的核心功能便是商品功能，而对于专业新闻主义者来说，新闻的核心功能是它的信息属性、公共属性。二是新闻活动所处的历史环境或历史条件。不同社会环境中的新闻，其主导性的功能是不一样的。处于革命环境、政治斗争时代中的新闻，其核心功能不可

---

① 人们通常所说的新闻的功能，指的是后一种意义上的功能。但在逻辑上，新闻的功能还应该包括前一种。这与价值概念是不一样的，价值是相对主体而言的，但功能是新闻自身在一定关系中显现的客观属性，既可以相对主体而言，也可以相对客体规定。

② 杨保军．论新闻的本体功能与派生功能［J］．理论月刊，2010（3）：5－11.

能是信息功能，更多的是宣传功能；处于和平环境、市场经济社会中的新闻，其核心功能很可能是信息功能、经济功能、娱乐功能等。至于一条具体新闻的功能偏向，仍需要置于一定的传收环境中去确定。在不同的传收环境与传收关系中，新闻所显化出来的功能属性是不一样的。

7. 新闻规律观念

新闻规律观念，是指人们对新闻规律的看法。新闻规律是一种简化的说法，完整的说法应该是“新闻活动规律”。

新闻规律，通常包括两个大的方面：一是针对作为社会现象的新闻活动而言的，此时所谓的新闻规律，主要关注的是，作为社会现象的新闻活动在其漫长的历史演变发展过程中有无规律，如果有则规律是什么。二是针对新闻传收过程而言的，此时所谓的新闻规律，是在超越不同新闻传收内容、传收方式的情况下，探究新闻传收过程中构成传收过程的各个要素之间有无规律性的关系，如果有则关系是什么。将这两者放在一起便构成了广义的新闻规律观念，仅仅针对第二个方面则可以说是狭义的新闻规律观念。

作为社会现象的新闻活动，有其自身的演变规律，这种演变规律体现在新闻活动与其他社会系统、社会要素的关系中，集中表现为与社会整体发展、社会性质演变的同步性。比如，新闻业的发展最明显地体现了这一基本规律。人们看到，人类或一定社会整体的物质文明、精神文明、政治文明程度，决定着新闻业的整体发展规模和水平。人类或一定社会新闻业的每一次划时代的提升，总是与物质生产方式的进步、科学技术的更新、整体文化水平的提高、政治统治的变革相一致。而且，这种同步性、一致性，并不只是与其中某一个要素的同步或一致，而是与各要素统一形成的社会的整体发展变化相一致。[①] 在中观层面上，新闻活动规律的内容非常

① 杨保军．新闻理论教程［M］. 2版．北京：中国人民大学出版社，2010.

丰富，可以从不同角度、侧面进行分析概括，诸如新闻业的发展规律、媒介形态的演变规律、新闻业的经营管理规律（新闻产业的运行规律）等等。

就狭义的新闻规律来说（这既是新闻规律观念的重点，也是人们通常关于新闻规律的所指），新闻活动本质上是主体间的活动，是主体间关于新闻信息的交流活动，不管这种活动以何种具体的方式、形式展开，其核心一直是主体间关于新闻信息为主的传收交流活动[①]。因此，新闻规律、新闻活动规律，说到底，核心就是“新闻传收规律”。新闻规律观念，也就是“新闻传收规律观念”或“新闻传播规律观念”[②]。如上所说，新闻规律观念关涉的实质性的问题是：新闻传收有无规律，如果有则基本规律是什么。第一个问题回答的是新闻规律的客观性，第二个问题解释的是新闻规律的具体内容。

新闻规律观念，是以承认新闻现象、新闻活动具有自身客观特征为前提的。作为一种社会现象，新闻（活动）在人类社会生活中有其独特的地位和作用；作为一种传收新闻信息的行为，新闻活动是发生在人与人之间（主体间）的信息交流过程[③]。“新闻信息的分享是结成新闻传播关系及推动新闻传播过程不断循环往复的基本动力，它不仅是讨论整个新闻传播过程的基本出发点，也是归纳新闻传播过程规律的立足点。”[④] 新闻传收规律揭示的是新闻活动要素之间内在的、本质的、稳定的关系，核心则是传

---

① 人类新闻活动经历了“前新闻业时代”“新闻业时代”，如今“后新闻业时代”已经开启。但不管在哪个时代，新闻活动（不管是有意识地展开还是不自觉地进行）的核心都是传收新闻信息。

② 新闻传播规律有两方面的含义：一是等同于新闻传收规律，因为传播本身就包含传与收；二是仅指传递（传播者的传播行为）规律。由于人们通常针对职业新闻传播者讨论新闻规律问题，因此多数人已经习惯使用“新闻传播规律”这样的概念。

③ 信息交流只是直接的表现，伴随着这种信息交流，或者是在这种信息交流的背后，包含着不同主体间的精神交流、文化交流，蕴含和深藏着不同主体间的权力、利益等的关系。

④ 黄旦．新闻传播学［M］．杭州：杭州大学出版社，1997：235.

播主体如何通过传递新闻满足收受主体新闻需求的内在的、稳定的关系。也就是说，主体间新闻信息传收过程中那种内在的、稳定的关系便是新闻规律的核心[①]，也是最为普遍意义上的新闻规律。从一定意义上说，新闻研究所揭示并已经被证实了的传收理论，都是新闻规律。不过，有些侧重于“传”的一方，比如把关人理论、议程设置理论、新闻框架理论等；有些侧重于“收”的一方，比如使用与满足理论、沉默螺旋理论、选择性理论等。但不管侧重于哪一方，另一方都是实质性地存在着，谈论一方总是或明或暗地与另一方相关联。职业新闻工作者在新闻传播中应该遵守的那些基本准则，比如真实、客观、全面、公正、及时、公开等也是新闻传播的内在规律，是新闻传播的内在规定。就完整的新闻传收活动来看，传收之间内在的、稳定的关系，可以概括为三大方面：一是传收的互相选择；二是追求传收效用；三是努力实现传收接近。这也正是新闻传收活动中的基本规律，可以概括为新闻传收选择律、效用律和接近律。[②]

就目前来看，人们对新闻规律的认识还相当初级，并没有形成相对统一的新闻规律观念[③]。其中最为重要的是新闻规律的普遍性与特殊性问题。

人类新闻活动是历史性活动，这样的人类活动与人类俱生俱进。尽管贯穿历史始终的是关于新闻信息的传收行为，但在不同的历史时代，甚至在同时代的不同社会中，人类传收新闻信息的内容甚至方式都有一定的甚至巨大的差别。因此，作为主体活动的一种规律，新闻规律不仅有普遍

---

① 杨保军．新闻理论教程［M］．北京：中国人民大学出版社，2005.

② 关于这三种基本规律的具体阐释，可参见杨保军．试论新闻传播规律［J］．国际新闻界，2005（1）：59-65。

③ 最典型的表现就是，尽管人们都在说要按照新闻规律展开新闻活动、进行新闻传播，但在我国已经出版的大部分新闻理论教材中，关于新闻规律的论述大都语焉不详，甚至根本没有专门的内容安排。

性，而且一定会有基于新闻活动环境特殊性所形成的差异性，由此形成普遍规律与特殊规律这样的观念，便是很自然的事情。

大致可以说，普遍规律，揭示的是抽取具体新闻活动内容、活动方式后，新闻活动要素之间呈现出来的内在的、稳定的关系，更多的是一种形式化的规律；普遍规律贯穿历史，适应不同社会环境（不同社会形态、不同社会性质、不同社会发展水平等）、不同新闻传收方式（直接的人际方式、间接的人际方式、大众传播方式等）。特殊规律，关注的恰好是特殊社会环境、具体传收方式的特征，因而其只适应于特定社会环境和特定新闻传收方式，是一种情境化的规律。在一般与特殊之间，有着内在的联系：特殊包含着一般，一般简化了特殊。特殊重在个性，而一般重在共性。

（二）新闻业态论意义上的观念构成

新闻业态论，是在把新闻活动作为社会活动系统一个子系统的前提下，主要以新闻业为对象，探求新闻业产生与发展的过程及规律，分析新闻业的性质特征与功能作用，考察新闻业的管理与控制，揭示新闻业的运行机制与规律等。一个行业领域意味着一种社会分工的存在，意味着一种职业工作方式的存在，意味着一种专业知识和专业技能的存在，同时也意味着一种行业规范、职业道德等的存在。因此，在新闻业态论的视野中，新闻观念的构成主要有两个大的方面：一是关于新闻业的观念；二是关于新闻职业的观念。在它们各自的内部又包括许多具体的观念。下面，我们就其中一些核心观念加以阐释和说明。

1. 新闻业观念

新闻业观念本身就是一个观念系统，应该包括人们对新闻业各方面的认识与期望。但我们难以做到面面俱到，只能选择最基本的几个方面加以阐释：新闻业的起源与演变观念，新闻业的性质或属性观念，新闻业的制度观念，新闻业的功能观念。

（1）新闻业的起源与演变观念。在新闻业的起源上确立什么样的观念，是个相当复杂的问题。人类新闻活动发展到怎样的程度、采用什么样的方式才算有了或达到了“业态”形式，这其实是很难界定的；但如果没有这样一个基本标准，人们也就难以讨论新闻业的起源，因为缺乏一个明确的对象（标准）。而没有这样的标准，也就没有了演变的源头。当人们讨论现存某一事物的起源时，往往是以该事物的现实状态为标准或是按照当代人的认知设定一个标准，运用还原思维方式去追溯它最初是怎么来的。人们现在所说的新闻业是指现代新闻业，是西方现代社会发展的产物。因此，所谓新闻业的起源观念，实质上就是要回答现代新闻业是因什么而产生的，是在什么时间（段）出现的。此外，就像关于新闻现象起源的观念问题一样，新闻业的起源实质上也是两个问题：一是时间问题，一是动力或原因问题。我们将这两个方面结合在一起加以叙述。

关于新闻业产生的原因，从逻辑上说，应该与新闻现象的起源相一致，这是大前提，基于此，然后再去寻找具体的时代原因或动力。作为一种组织化、系统化、规模化、专业化的新闻活动方式，新闻业是人类社会发展到一定阶段的产物。现代新闻业的诞生有其深厚宽广的历史背景，有其相互联系的诸多原因。“现代新闻体系并不是单个国家的馈赠，它只是人们进行的传播努力不断演变的现今阶段的产物。”[①] 从根本上说，新闻业也像人类的其他事业一样，是满足社会发展需要的产物，具体来讲，则是满足人类规模化新闻需要的产物。“不是报纸创造了新闻，而是新闻创造了报纸。”[②]

---

① 埃默里 M，埃默里 E，罗伯茨．美国新闻史：大众传播媒介解释史：第 8 版［M］．展江，殷文，主译．北京：新华出版社，2001：1.

② 同①5.

日本新闻学家小野秀雄指出："报纸是人们由于在生活上的需要，想要真实地了解环境的变化而发明和发展的文化现象。"①

新闻业的产生过程，也是近代报刊的诞生与扩散过程。新闻史家们普遍认为，近代报刊从孕育、生长到相对成熟经历了数百年的历史。这一过程大致包括三个环节。15 世纪中叶欧式印刷技术的发明和在德国出现的印刷新闻纸，是近代报刊产生的第一个环节。"印刷新闻纸的问世，是新闻事业诞生的时间标志。"② 印刷新闻使人类新闻传播一步一步开始进入规模化的传播时代，标志着新闻传播业的开始。16 世纪，西班牙、葡萄牙、荷兰等商业民族在全球的经商活动中，无意中传播了欧式印刷技术和简单的公报式的报纸，构成了近代报刊产生的第二个环节。从 17 世纪开始，英国面向全球的殖民过程，将近代报刊移植到世界各地，出现了近代报刊的准"全球化"现象。18 世纪到 19 世纪，近代报刊遍及世界各个角落，在世界范围内完成了近代报刊的起源过程。③ 到了 19 世纪三四十年代，欧美一些资本主义国家的报业，适应自由市场经济的发展，进入了大众化的报刊时期，可以说是近代报刊走向成熟的基本标志。而报刊业的成熟，大致可以看成是现代新闻业的成形，因为当时只有报刊，还没有后来接连产生的各种电子媒介形态。

近代报刊为什么会最先产生于欧洲，新闻史家们经过研究认为，有这样几条相互依存、缺一不可的条件：世界地理大发现使得欧洲的商业和工业从地中海贸易转向全球贸易，因此造成对新闻信息的规模化需求，而此

---

① 张昆．中外新闻传播思想史导论［M］．上海：复旦大学出版社，2006：169－170.

② 项德生，郑保卫．新闻学概论［M］．武汉：武汉大学出版社，2000：92.

③ 陈力丹．世界新闻传播史［M］．上海：上海交通大学出版社，2002：12. 另外请读者注意，西方历史学者一般把 15 世纪中期以后的历史称为"现代史"，而中国学者通常把俄国十月社会主义革命之后的历史称为"现代史"。陈力丹先生运用的是西方学者的划分方式。我们采用了中国学者的一般划分概念。

前的手抄新闻传播方式已经很难满足这样的需要；欧洲地理上在这一时期形成相互联系的文明地区，各国及地区之间的贸易关卡减少，传递信息的障碍随之减少，从而使规模化的信息传播得以可能；欧洲主要民族经过文艺复兴运动的洗礼，基本形成了各自的标准语言和文字，奠定了规模化新闻传播的语言文字基础；古腾堡印刷技术的发明，提供了规模化、持续性新闻传播的技术条件；文艺复兴后，文化从僧侣阶层的垄断下逐步解放出来，转向世俗社会，为规模化的新闻传播提供了一定的读者市场。[①] 从这些条件可以看出：第一，商业经济的发展是最根本的社会基础。美国新闻史家埃默里父子就说："商业的发展对第一份报纸的创办影响极大，而所有早期的报纸都是在商业中心问世的。"[②] 第二，生产力（技术工具是生产力水平的重要标志）水平的提高是最大的社会动力。没有印刷技术的发明，规模化的新闻传播是不可想象的。这两者之间的相互作用，促成了近代报刊这种新的社会事物的出现。当然，还有其他的社会政治、文化等方面的条件。

如果以近代西方新闻业的诞生为界限，就可以将整个人类的新闻活动历史过程分为"前新闻业时代""新闻业时代"和"后新闻业时代"。在近代新闻业诞生之前，人类新闻活动已经历了不同的传播时代，主要包括以人的身体感觉器官为媒介的前口语时代、以语言为媒介的口语时代和以文字为媒介的文字时代。人类新闻活动又一次革命性的变化始于印刷新闻的诞生。印刷新闻使新闻传播逐步成为一种相对独立的信息传播类别，因而从此以后，随着新的传播媒介的不断发明，人类新闻传播登上了一个又一个新的历史阶梯，诸如广播新闻时代、电视新闻时代。自从互联网传播技

---

① 陈力丹．世界新闻传播史［M］．上海：上海交通大学出版社，2002：10－11．

② 埃默里 M，埃默里 E，罗伯茨．美国新闻史：大众传播媒介解释史：第 8 版［M］．展江，殷文，主译．北京：新华出版社，2001：5．

术运用到新闻传播领域之后，传统新闻业再次发生了巨大的革命性变革，一个新的新闻业时代逐步开启。相对于传统新闻业时代，这个新时代可以称为“后新闻业时代”。这里的“后”，有两个主要意思：首先是一个时间概念，指网络新闻发展到一定阶段之后的新闻业。其次是一个揭示新闻业实质变革的概念，意在说明当网络新闻、手机新闻、融合新闻等已经成为常态新闻传播现象时，人类新闻业、新闻活动开启了一个前所未有的新时代，新闻传收出现了前所未有的新景象，新闻传播的整体结构正在产生前所未有的一些变化，比如传播主体结构的变化、媒介形态结构的变化、全球新闻传播生态的变化等等。

上面关于新闻业的起源观念，针对的是近代新闻业现象。如果针对古代新闻活动讨论“新闻业”的起源问题，可能会有其他一些起源观念。比如，在中国，就有学者认为中国新闻事业或报业源于唐代中后期，因为那时已经出现了新闻信（进奏院状报）。① 这里的关键还是一个标准问题（标准其实是最核心的观念），如果把组织化、规模化、专业化等作为衡量新闻业产生的基本标准，唐代是否有新闻事业，结论是显而易见的。

（2）新闻业的性质或属性观念。新闻业的本质是什么，新闻业的基本属性是什么，关于这些问题的回答，构成了新闻业观念的核心内容。

在描述意义上，新闻业是新闻媒介组织及其活动的总称，其内涵有这样几个要点：第一，新闻业的实体运行组织或机构是各种各样的新闻媒体；第二，新闻业的活动主要包括两大部分，即以传播新闻信息为主的信息采集、加工、传播活动（新闻生产与新闻传播活动）和对新闻媒介组织的经营管理活动；第三，新闻业还包括那些主要为新闻媒介组织提供支持和服务的相关机构及其活动，这些相关机构及其活动可以看作非直接性的

① 李彬．中国新闻社会史：插图本［M］．2版．北京：清华大学出版社，2009：31.

新闻传播活动。在这种描述为主的意义上，人们关于新闻业的属性观念基本上是一致的。

在实质意义上，新闻业本质观念、属性观念的关键，是要揭示新闻业到底是怎样一种性质的“业”（事业、产业），是具有什么样基本属性的“业”（事业、产业）。对新闻业性质属性的认定和揭示，应该确立多维视野，不仅要有横向的，也需要纵向的。因为在同一人类历史时代，不同社会存在着具有自身特征的新闻业。比如，在横向上，当今世界就既有资本主义新闻业，也有社会主义新闻业；在纵向上，存在着不同历史时代（不管是在人类意义上，还是在一定社会范围内）的新闻业，诸如封建时代的新闻业，资本主义时代的新闻业，社会主义时代的新闻业。这些无论在横向上还是纵向上不同的新闻业都有各自特殊的性质和属性，针对这些特殊的性质和属性，可以形成不同的新闻业属性观念。但是，在特殊性之外，新闻业性质和属性观念的核心是要呈现其普遍的性质和属性。

新闻活动可以说是人类社会的本体性活动，即它是人类与生俱来并且须臾不可没有的活动，但它演变发展成为人类的一种传播事业，还是近几百来的事情。即使在这短短的几百年里，新闻业的定位与形象也是不确定的，在社会政治、经济、文化、技术等各种力量的共同作用下，新闻业自身的生态和格局也在不断地演进和变革，它在一定社会有机系统以及整个人类生存、生活世界中的地位与功能作用同样是不确定的，显现出不同的形象。新闻业本身到底应该成为怎样的事业/产业，新闻媒介、新闻传播、新闻到底应该在一定社会中扮演怎样的角色、发挥什么样的功能作用，人类新闻传播的整体景象到底会发生怎样的变化，所有这些问题都还没有也不可能有一劳永逸的答案，仍然是需要人们不断进行探索的重大课题。

尽管在今天看来，作为传媒业之重要组成部分的新闻业已经是人类或一定社会整体产业系统中的一个“显要”子系统，因而产业属性是新闻业的基础属性，但产业属性可以说并不是新闻业的个性特征，新闻业的个性特征是与新闻、新闻传播、新闻传媒与生俱来的当然也随历史发展而不断变化的意识形态属性和公共性。新闻是人类认识世界、把握世界的一种意识或观念形式，它天然是一种意识形态形式，至于新闻传媒在历史演变过程中成为政治工具、宣传武器，从而显示出政治意识形态的属性，这只是其意识形态属性的一种典型表现。从逻辑上说，公共性首先是由新闻天然的公开性、可见性、透明性获得的，从而使新闻媒介可以获得公共平台的属性，使新闻业在整体上具有公共性这样的本性。这种本性指向整个社会大众，成为新闻业的一种应当，因此，诚如学者潘忠党所言，传媒（实质也是新闻业）的公共性，就是指传媒作为社会公器服务和维护公共利益的一种属性，体现在三个大的方面：一是以社会公众为服务对象；二是传媒作为公共平台向公众开放，话语必须公开；三是传媒的运作与使用必须公正。[①] 在马克思主义新闻观视野中，新闻业是社会结构中的上层建筑，并将新闻机构认定为社会意识形态系统的重要组成部分，这是符合新闻业实际状态的。这样的意识形态系统，它的目标应该是为社会的公共利益服务。美国学者舒德森这样定义新闻业，他说："新闻业是生产和传播攸关普遍公共利益的重要时事信息的活动或实践。"[②] 其中抓住的也正是新闻业的公共性特征。

总而言之，产业属性、意识形态属性和公共属性构成了新闻业的基本属性，也界定了新闻业的基本性质。这些一般属性在不同时代、不同社会的具体情境化中会有侧重不同的表现，从而形成性质有所区别的各种具体新闻业态。

---

① 潘忠党．序言：传媒的公共性与中国新闻传媒改革的再起步［J］．传播与社会学刊，2008，6：1－16.

② 舒德森．新闻社会学［M］．徐桂权，译．北京：华夏出版社，2010：13.

（3）新闻业的制度观念。制度观念就是人们对制度、制度来源、制度制定、制度选择、制度实施等的基本态度、认知和看法。新闻业的制度观念自然就是对新闻制度的基本态度、认知和看法。新闻业的制度观念内容相当丰富，但核心问题有这样两个方面：一是何谓新闻制度；二是新闻制度的根源。实质问题是新闻制度与社会制度特别是与一定社会政治制度的关系。

从一般意义上说，制度通常表现为一套规范或规则（体系），是社会基于一定的依据制定的约束社会主体行为的规范或规则（体系）。按照这样的逻辑，新闻制度就是社会主体依照一定的根据，为新闻活动制定的行为规范或规则体系①。这样的制度不仅针对职业传播系统，也会关涉整个社会大众。

自从新闻业诞生之后，特别是新闻业成为现代社会事业、产业的有机构成部分后，新闻制度也已经成为现代社会制度系统的有机构成部分。新闻制度是政治制度、经济制度的体现，本质上附属于一定社会的政治制度，即有什么样的政治制度，就有什么样的新闻制度。中国台湾学者李瞻先生在其《新闻学：新闻原理与制度之批评研究》中写道："任何新闻（报业）制度，均为政治制度之一环。换言之，一个社会的政治哲学决定它的新闻哲学；而新闻哲学又直接决定它的新闻政策、新闻制度与新闻观念价值的标准。所以任何国家的新闻事业，必须服务它所依附的政治制度及其生存社会的价值标准，此乃一项必然的逻辑。"② "在新闻媒体的政治性和阶级性归属上，一个国家的政治制度和统治阶级的阶级立场具有决定性的影响。"③

---

① 关于新闻制度问题，我们将在"新闻观念与新闻制度"一章进行专门的讨论。

② 李瞻．新闻学：新闻原理与制度之批评研究［M］．台北：三民书局，1973：4.

③ 刘华蓉．大众传媒与政治［M］．北京：北京大学出版社，2001：40－41.

新闻制度是一定社会结构的反映和体现。如果一个社会的政治结构是专制主义的，那么它的新闻制度一定也是极权主义的、专制主义的；如果一个社会的政治制度是民主主义的，那么它的新闻制度一定也是自由主义的。比如，《报刊的四种理论》（又译为《传媒的四种理论》）的作者就是这种新闻制度观念的典型持有者，他们所概括的新闻制度理论（实际上也是新闻制度模式或观念）与一定社会政治结构是统一的。①

（4）新闻业的功能观念。新闻业的功能观取决于性质观或属性观。也可以说，功能观是属性观的集中体现。属性的可能决定着功能的范围。事物的属性是在历史进程中可以开发和遮蔽的。当今社会，新闻业表现出极其复杂多样的属性，这就从根本上决定了它有着复杂多样的功能。因此，确立什么样的新闻业功能观也成了一个比较复杂的问题。但从总体上看，关于新闻业的功能观念，大致有这样几种“理想类型”：经济功能观念、政治功能观念、公共（服务）功能观念、（复合）多元功能观念。

经济功能观念，是以新闻业的产业属性为基础对新闻业功能做出的认定。从产业角度看，新闻业属于信息产业，也属于文化产业，是通过生产、传播信息、文化产品实现自身经济功能的。经济功能观念认为新闻业与其他产业没有本质的区别，也是创造经济财富的一个领域和手段。作为意识形态领域的新闻业，已经经济基础化了，也只能以基础化的方式产生实际的规模化的影响和作用，这是其能够成为重要产业的根本原因。因而，新闻业不仅属于传统马克思主义所说的思想上层建筑（意识形态）的一个子系统，而且属于整个社会经济基础的一部分，产业的一部分，它“参与了产品的生产和经营”，“在经济基础的部分有了它的位置”②。

---

① 西伯特，彼得森，施拉姆．传媒的四种理论［M］．戴鑫，译．北京：中国人民大学出版社，2008.

② 丁柏铨．中国当代理论新闻学［M］．上海：复旦大学出版社，2002：60.

作为文化产业的新闻业，无疑具有强烈的文化属性，相应具有强大的文化功能。于是，新闻业具有传承、传播、创造文化的功能。相对于其他文化形式来说，作为文化产业的新闻业是文化中的文化，是所有其他文化传播的一种可能载体，具有强大的宣传、扩散等文化功能。因而，有学者指出："新闻媒体对于社会的主要作用在于，它日复一日地成为文化领域的行动者，即扮演着意义符号与讯息的生产者或信使的角色。"①

新闻业通过运作以新闻传播为主的活动，日夜不停地建构着一定社会的形象、国家形象、民族形象以及各种群体和个人的形象，并在这样的活动中建构着国家共同体、民族共同体以及一定组织（群体）共同体。这是现代新闻事业极其重要的功能。一定社会通过主流新闻传媒为主的新闻传播，使全体国民时时意识到我们是同一国家共同体的成员，是同一大民族（国族）中的一分子，这恐怕是任何其他方式都难以相比的一大功能。新闻有助于建构一个情感共同体，有助于建构一种公共的交谈。②

政治功能观念，是以新闻业的政治属性或意识形态属性为基础对新闻业功能做出的认定。作为意识形态的重要形式之一，新闻业在现实社会中，通过新闻传媒的传播立场、传播价值取向，表现出或强或弱、或明晰或隐蔽的政治性，显示出某种程度的政治功能。政治功能观念特别强调新闻媒介、新闻传播以及新闻的宣传功能、舆论功能。同时，新闻传媒的公共性，也使其成为公共平台或公共领域，成为社会公众进行广泛社会公共事务参与、政治参与的通道。

新闻业在现代社会中是最为重要的舆论领域，新闻传媒是最为重要的舆论机构，新闻传播是最为重要的舆论手段，新闻是最为重要的舆论载体，广义新闻（报道与评论）可以反映舆论、引导舆论和制造舆论，新闻

---

① 舒德森．新闻社会学［M］．徐桂权，译．北京：华夏出版社，2010：29.

② 同①32.

业、新闻传媒、新闻传播、新闻与舆论的如此关系，说明新闻业无论是作为文化事业的有机组成部分，还是作为上层建筑意识形态的产业呈现方式之一，都具有极为重要的社会舆论功能。

公共（服务）功能观念，是以新闻业的公共属性为基础对新闻业功能的认定。从事业角度看，新闻业属于一种社会公共事业，公共性是其突出特征，追求和维护社会公共利益、促进社会公共生活的健康发展是其基本目标。作为事业的新闻业是通过生产、传播以新闻为主（包括新闻和新闻评论）的精神产品实现公共服务功能的。公共性使新闻传媒应该成为一个公开、公正的领域或平台，促进社会领域特别是政治领域的民主发展。公共（服务）功能是传媒公共性、公共精神、民主精神的体现。公共（服务）功能观念的基本前提是把新闻传媒看成新闻信息、新闻意见的交流通道与平台，新闻传媒的其他功能作用都以此为前提和基础①。

（复合）多元功能观念，是以现实社会中新闻业的各种基本属性为基础对新闻业功能做出的认定。在实践中，单一产业属性、意识形态属性、公共属性的新闻业是不存在的（但以某种属性为主的新闻业或新闻媒体是存在的），这就从根本上决定了新闻业在整体上的功能必然是复合的、多元的②。

新闻业或新闻传媒主要具有或应该发挥怎样的功能，是与支配新闻业的“主义”层面的新闻观念高度相关的，实质上是与新闻业的性质（背后

---

① 比如，我国著名新闻史家丁淦林先生朴素和间接地指出：“按照新闻学的基本观念，媒体是一种传播信息的工具。其他的作用要在这个基础上才能生效，比如对别人的说服和良好的舆论导向。”参见丁淦林．丁淦林回忆录［M］．德国：EBNER VERLAG GmbH& Co. KG，2012：173。

② 比如在中国，改革开放以来，对新闻业的功能已经形成了多元化的观念，人们按照一定的次序，将新闻业各种功能概括为这样一些条目：报道新闻，传播信息；表达意见，引导舆论；服务社会，指导生活；传播知识，普及教育；提供娱乐，裨益身心；播载广告，促进产销。参见甘惜分．新闻学大辞典［M］．郑州：河南人民出版社，1993：10。这样的认知集中反映了当前中国新闻界以至整个社会关于新闻业的基本功能观念。

的社会性质）密切相关的。

期望新闻传播具有什么样的功能，发挥什么样的效用，对新闻媒体的定位、新闻内容的选择都有直接的、重要的影响。

作为产业与事业的统一混合体，新闻业要追求社会效益与经济效益的统一，在这种统一中实现自身促进社会良性运行的功能。

新闻业自身的相对独立性、自主性正是通过自身的产业属性实现、保障的。新闻业的功能观念反映的是传播主体对新闻（传播）之功能的看法，如上所言，它与传播主体的新闻价值观念密切相关。传播主体期望新闻传播发挥什么样的功能作用，用它来发挥什么样的功能作用，直接或间接反映了传播主体的新闻功能观念。

2. 新闻职业观念

尽管直到现在人们仍然对新闻职业的完备性争论不休[①]，但就实际情况来看，我同意这样的判断：新闻职业可能不具备一种职业应当具备的全部典型（经典）特征（all the classical attributes），但它确实具有一种职业具备的最重要的特征[②]，比如新闻职业需要专门的知识、专门的技艺和技能以及公共服务精神等[③]。因此，在新闻观念论视野中，讨论新闻职业

---

① 不像其他专业，新闻专业在叙述这个世界时缺乏明确的、排他的、不受挑战的特权（franchise）；没有特殊的专业化的技术知识，没有正式的资格培训，没有特殊奥秘的职业语言体系，也没有创造出自明的、有用的社会产品。参见 KAPLAN R. The news about new institutionalism: journalism's ethic of objectivity and its political origins [J]. Political communication，2006（2）：173-185。

② HODGES L. The journalist and professionalism [J]. Journal of mass media ethics，1986（2）：32-36.

③ 罗斯科·庞德（Roscoe Pound）认为，一种职业成立的标准主要是三个：专业知识、像一门艺术一样的职业实践、公共服务的精神。亚伯拉罕·弗莱克斯纳（Abraham Flexner）认为，一种职业成立的标准主要是六个：个体需承担较大责任的智力劳动、从科学和学习中获取原料、专业知识有实际且明确的用途、拥有教育传播（专业）的技术、倾向于自组织以及越来越强的利他主义动机。参见 HODGES L. The journalist and professionalism [J]. Journal of mass media ethics，1986（2）：32-36。

观念是有根据的。新闻职业观念的核心有这样几个方面：新闻职业是一种什么样的职业，职业新闻工作者（以记者为代表）是一种什么样的角色，职业新闻工作者应该承担什么样的社会责任，职业新闻工作者应该遵循什么样的职业道德。这些问题大致可以概括为三大方面：一是职业角色观念；二是职业责任（职责）观念；三是新闻（伦理）道德观念。下面，我们就这三个方面的观念内涵加以阐释。

（1）职业角色观念。职业对个人来说，是一种获得主要生活来源的工作，是社会分工的结果。在现代社会，从原则上说，进入社会中的人都在从事某种职业。角色指拥有特定社会地位的个人所期望的行为和身份，每一种角色也都有一定的功能，都有自身的行为规范和基本模式。在现实社会中，任何个人总是拥有某种地位（社会位置）并履行着某种角色。从事一定职业的角色，就是职业角色。对于一定的职业角色，由于社会分工与历史积淀的结果，一定社会总是对其有一定的定位和期望，也就是说，人们都拥有一定的职业角色观念。

职业新闻工作者到底是一种什么样的角色，新闻人或新闻记者到底是什么样的人，要给一个确切的界定并不是很容易的事情。美国学者舒德森就说："记者是什么样的人呢？这个问题并不是如它显得那般明了。"[①] 但新闻记者（新闻从业者）这个职业毕竟已经有一百二三十年的历史了，人们对于这个职业角色已经形成了一些基本的观念。从观念史角度看，以美国为代表的西方新闻界（社会）对记者角色主要有两种观念：一是认为记者是客观报道事实的中立者；一是将记者看作积极参与政治事务和社会事务、追求某种社会理想、担当一定社会责任的倡导者。前者可以称为中立性的职业角色，后者则可称为倡导性的职业

---

① 舒德森．新闻的力量［M］．刘艺娉，译．北京：华夏出版社，2011：86.

角色。[①] 在当代中国，新闻从业者的角色观念比较模糊和复杂，通常被看作新闻宣传工作者，按照西方的标准，他们是典型的倡导者类型。但经过改革开放 30 多年的历程，如今的新闻从业者角色，可以说是作为客观报道者、解释者、宣传者的角色混合在一起，并没有理论上所说的那么清晰。然而，其中表现出一个角色方向，那就是越来越向新闻专业化的角色回归。

我们可以根据历史与现实、国内与国外对新闻职业角色的基本理解，总结概括出关于新闻职业角色的主要观念内涵。

首先，新闻工作是一种职业，在世界范围内有其普遍的职业内涵。新闻工作是门职业，其内容就是新闻信息的采集、整理、加工和扩散。[②] 人们通常把从事新闻工作的人称为“新闻从业人员”或“新闻工作者”，主要包括新闻记者、编辑、主持人、播音员、节目制作人等，简单说就是从事新闻生产与新闻传播的人员。如今，民众或公民新闻的蓬勃兴起，使得关于新闻从业人员的描述必须强调“职业化”以及职业化所依赖的专业知识、专业技能和专业精神。正是在“职业”与“专业”的意义上，人们才能把作为职业角色的新闻生产者、传播者与作为民众的新闻生产者、传播者区分开来。职业角色的专业化程度，反映和体现着一种职业的成熟程度。因此，下面一点对于我们理解当今的新闻职业更为重要。

其次，新闻职业角色需要一定的专业（profession）素养。也就是说，

---

① 1975 年，詹诺维兹把记者角色概括为中立性的把关人和参与性的倡导者。20 世纪 80 年代，韦弗和威尔霍伊特认为这种二分法太过粗糙，所以又把记者角色分成信息传播者、解释者和对立者三种。到了 20 世纪 90 年代，学者们发现，美国新闻从业者扮演着传播者、解释者、对立者和公众鼓动者四种角色。参见白红义．从倡导到中立：当代中国调查记者的职业角色变迁［J］．新闻记者，2012（2）：9－14。

② 陆晔，潘忠党．成名的想象：中国社会转型过程中新闻从业者的专业主义话语建构［J］．新闻学研究，2002，71：17－59.

新闻职业有其特定的“专业门槛”。新闻职业角色的正式出现以至成熟，是专业新闻主义能够确立的基础。职业角色总是要有一定水平的专业知识和技能，要遵守一定的专业规范与伦理，追求一定的专业目标和理想（专业信念、专业精神），这些其实就是专业主义的基本要求或内涵。一种职业角色，必须以专业方式展开专业工作，追求专业目标，实现专业责任。[①] 这实质上是说，一种职业的内在规定是其拥有的专业性。新闻职业完善性一直受到怀疑的根本原因，就在于一些人认为它缺乏类似医生、律师、教师、工程师等那样足够的专业化程度。

再次，新闻职业的专业性内涵，使新闻职业角色拥有特殊的专业权力。“媒体及其从业者的‘专业权力’之于现代社会是一种‘必要’而且‘合理’的权力，建构‘专业权力的意识形态’自然也有其合理性和必要性。”[②] 新闻职业角色的专业权力表现为新闻自由权利。正是特殊的职业（专业）权力（权利），使得新闻职业能够以特殊的方式为社会公共利益服务。

最后，职业的历史性与职业的社会性，决定了新闻职业在不同历史时代、不同社会中具有不同的差异性表现。比如，就当下的中国语境来说，新闻职业角色是多元或多重角色的组构，主要包括专业角色、同行角色和宣传角色等。专业角色要求职业新闻从业者按照专业新闻主义规范和要求，真实、客观、公正、全面地报道新闻事实，维护公共利益；同行角色要求其作为社会组织中的一员，协调处理与同事间的关系，符合行业准则

---

① 当美国《纽约每日新闻》的一位资深编辑被问及记者的定义在过去 15 年是否发生改变时，他回答道：“定义并没有改变，改变的是知识技术。新闻记者是进行全面报道和客观报道的人，他们天性好奇而多疑，并且拥有多种技能，可以写出清晰、简明、精准的报道。”参见赫斯科维兹，江海伦．新闻学教育：生存还是繁荣?：来自美国新闻学院的报告 [J]. 新闻记者，2011（10）：61－64。

② 芮必峰．新闻专业主义：一种职业权力的意识形态：再论新闻专业主义之于我国新闻传播实践 [J]. 国际新闻界，2011（12）：72－77.

与规范，获取行业内其他成员的认可；宣传角色要求其把宣传目标当作新闻报道的基本任务。角色多元有可能造成不同角色间的紧张，造成一定的内心信念和观念的冲突。

（2）职业责任（职责）观念。职业责任（职责）就是职业主体担当的责任。职业主体分为职业个体和具有人格意义的职业组织主体。在职业个体层面上，责任实质上是一种职业从业者应该完成的任务，是随“职”而来的“责”。因此，职责是与“职业”与“职位”高度相关的概念。[①] 职业新闻工作者的职责是什么，应该担当怎样的社会责任，这是职业责任（职责）观念包括的主要内容。马克斯·韦伯（Max Weber）曾经指出，一个人的职业责任，是社会伦理的特有本质，是个人应当感知到的职业活动的内容和任务。[②] 职业责任其实就是职业义务，就是一种职业必须要做的或者不可不做的事情。职责，一定意义上说，就是一种职业的“道德底线”，属于必须完成的义务。[③]“讨论媒体职业道德规范意味着谈论新闻记者的各项职责。”[④]

新闻职业应该承担怎样的职业责任，与职业主体拥有什么样的新闻观、新闻价值观念或功能观念高度相关。从原则上说，拥有什么样的新闻观、新闻价值观念或功能观念，就会有什么样的新闻职责观念。新闻职责观念是为了保证新闻价值观念的实现。

---

① 这里，我们只在一般的职业意义上说明职责观念，并不准备在职业范围内区分出不同职位来具体阐释不同职位主体应有的职责观念。

② 韦伯．文明的历史脚步：韦伯文集［M］．黄宪起，张晓琳，译．上海：上海三联书店，1988：139.

③ 何怀宏先生认为，“道德底线”主要是相对较高的人生理想和价值观念来讲的，主要用于公共领域，用于那些会严重影响到他人和社会的行为，在对个人的要求上，它不涉及“分外有功的行为”，而主要是指必须履行与公民权利相称的公民义务。他将“道德底线”本身分为三个层次：第一层次是所有人最基本的自然义务，即人之为人的义务，这是最基本的道德底线；第二个层次是与制度、法律密切相关的公民义务；第三个层次是各种行业的职责或特殊行为领域内的道德。参见何怀宏．底线伦理是公民道德建设的可行之路［J］．绿叶，2009（1）：75-79。

④ 贝特朗．媒体职业道德规范与责任体系［M］．宋建新，译．北京：商务印书馆，2006：2.

新闻行业、职业的历史演变积淀，形成了新闻职业的基本职责观念[①]——监测环境、守望社会、服务大众，这常常被看作职业新闻工作者的总职责。这一总职责包括两个大的方面：一是反映报道人们生存、生活、工作等环境的最新重要变动情况；二是通过对一些特殊事实的反映、报道和评论，实施以政府以及企业为核心对象的新闻监督、舆论监督，以维护社会公共利益。[②] 新闻工作者承担着特殊的社会责任，"新闻工作者需要具备的是非同一般的强烈的社会责任感"[③]。中国新闻学的奠基人徐宝璜指出，"新闻纸既为社会之公共机关，故其记者亦为社会之公人，责任匪轻。处之宜慎，遇事当求其真。发言应本乎正，本独立之精神，作神圣之事业"[④]。美国新闻史上的伟大报人普利策讲过一段被人们无数次引用的话："倘若一个国家是一条航行在大海上的船，新闻记者就是船头的瞭望者。他要在一望无际的海面上观察一切，审视海上的不测风云和浅滩暗礁，及时发出警告。"[⑤] "记者是新闻人，更是公共信息负责任的传播者，必须努力揭示事物的真相、坚定地维护人民的利益，勇敢地揭露利己主义者制造的种种假象，彻底尽到新闻工作者的社

---

① 我们应该以历史的观念来对待和理解新闻职业。任何职业，本身就是历史的产物，社会演化的产物。因此，职业总是伴随时代的发展而变化，有些职业出现了，有些职业消亡了，还有些职业的工作方式、工作内容、工作原则变化了，或是扩展或是缩小，或是革新或是更新。新闻职业自从诞生以后，一直在发生变化。这意味着新闻职业观念同样是历史性的观念，在不同历史时代、历史时期，新闻职业观念的内涵、外延都在变化。比如，对于处在"后新闻业时代"已经开启的记者，相比传统媒体时代的记者来说，其职业观念会发生很大的变化，有学者写道："具有新闻理想与国际视野，了解新媒介传播特性，对新技术抱有敏感，随时准备以互动、合作方式播报新闻，才是2.0新闻时代最具竞争力的全媒体记者。"参见仇筠茜，陈昌凤．颠覆中的新闻业：记者准备好了吗？[J]．新闻与写作，2011（10）：40-43。

② 在现实中，不管是在西方还是在东方，不管是在哪种主义层面的新闻意识形态观念下，新闻监督都是艰难的，美国著名新闻学者约翰·梅里尔（John Merrill）就说："'作为政府看门狗'的传统新闻理念甚至被改造成了'政府的巴儿狗'。"参见戴比尔，梅里尔．全球新闻事业：重大议题与传媒体制：第5版[M]．郭之恩，译．北京：华夏出版社，2010：2。

③ 高钢．新闻写作精要[M]．北京：首都经济贸易大学出版社，2005：8.

④ 徐宝璜．徐宝璜新闻学论集[M]．北京：北京大学出版社，2008：35.

⑤ 刘建明．新闻学前沿：新闻学关注的11个焦点[M]．北京：清华大学出版社，2005：244.

会责任。”[①] 职业新闻工作者只有充分自觉到、意识到自己对“监测环境、守望社会、服务大众”担当着不可推卸的天职时，他才会以各种优秀的品质支持自己的行为。“没有道德责任感，任何职业都将失去它的社会价值：对于社会，它不能有效地实现职业职能、创造效益、组织社会结构、确定社会价值；对于组织，它不能形成良好的组织文化氛围，促进其生存和发展；对于个人，它不能实现长期谋生，进行个人技能的积累，为社会贡献出价值。”[②]

依据新闻职业行为的实际构成或者展开过程，新闻职业责任可以分为以下三个不同的方面、层次或者向度：

首先，在职业行为过程中遵守职业道德规范，既要遵守普遍的新闻道德规范，也要遵守适应特定社会环境中新闻职业的道德规范，并且要处理好两种规范之间的关系。一方面，在全球范围内，从事新闻职业的工作者，有其统一的职业观念，这是他们能够被称为新闻工作者的重要根据和标志。“全世界的新闻工作者有两大‘根本立场’，这体现在他们所期望践行的新闻理念及他们所希望实现的本国传媒体制之中。它们是严肃-分析、通俗-浅显的立场。”[③] 另一方面，不同国家、不同社会中的新闻工作者，有着不同的职业观念，对他们的职业有着不同的认识和看法。“记者与其身处的社会、价值观、传统、意识形态及政治现实密不可分。”[④] 而在现实中，大多情况下，新闻工作者的观念是混合的，而不是单一的、纯粹的。但不管在哪种职业观念或职业责任观念意义上，在具体的每一次新闻报道中，都要努力实现真实、客观、公正、及时、公开的报道，追求新闻

---

① 刘建明．新闻学前沿：新闻学关注的 11 个焦点［M］．北京：清华大学出版社，2005：244.

② 郭金鸿．道德责任论［M］．北京：人民出版社，2008：275－276.

③ 戴比尔，梅里尔．全球新闻事业：重大议题与传媒体制：第 5 版［M］．郭之恩，译．北京：华夏出版社，2010：14.

④ 同③15.

报道对社会公众的有益性。

其次，在职业主体人格上追求职业美德，也就是通过新闻职业实践以及自身的不断经验总结和反思，努力使自己成为诚实、勇敢、智慧、正直的职业新闻人，成为有职业责任感的、负责任的职业新闻人。

最后，在职业活动目标上追求职业理想，这就是“监测环境、守望社会、服务大众”。新闻传播媒体，作为社会公共中介，作为意见交流的平台，新闻传播者，作为大众的公仆，作为服务社会的守望者，承担着许多具体的社会责任事项。从原则上说，新闻传播具有的所有功能属性，能够实现的所有社会作用，都应该是新闻媒体及其从业者承担的责任。

新闻职责既有普遍性，也有特殊性。生活在不同时代、不同社会中的新闻从业者，总是担当着不同的职业责任。[①] 但作为职业新闻工作者，只有在把所做的事务当成自己的责任、职责、义务时，只有愿意为自己的行为负责时，才能说建立了比较完整的责任感，拥有了健康的职责观念。

（3）新闻（伦理）道德观念。“每一个阶级，甚至每一个行业，都各有各的道德”[②]。作为职业道德的道德，是一种责任道德，“职业伦理本身是规则规定，其特征是责任的分辨。职业伦理本身就是一种责任伦理”[③]。职业道德的核心是职责。职业道德责任是职业主体的责任。这是言说新闻职业道德的基本前提。

新闻道德观念，从原则上说，是元道德观念或者说哲学道德观念结合新闻活动特性的某种应用和落实。在道德哲学范围内，存在着多元性的道

---

① 比如，有学者针对今天中国的情况指出，经过三十多年的改革开放，中国社会出现了多元化的社会阶层和利益集团，社会矛盾较为激烈。在这样的背景下，大众传媒要站在公共利益的立场上，担当“社会守望者”“矛盾协调者”的角色，通过客观、平衡、公正的报道揭示真相、维护正义，促成社会各方的相互谅解、沟通达成共识。参见蔡雯．需要重新定义的“专业化”：对新闻媒体内容生产的思考和建议［J］．新闻记者，2012（5）：17－21。

② 马克思恩格斯选集：第4卷［M］．3版．北京：人民出版社，2012：247.

③ 龚群．社会伦理十讲［M］．北京：中国人民大学出版社，2008：144.

德理论（观念）体系，诸如功利主义[①]、义务论[②]、美德理论[③]等，至于具体的伦理道德观念就更多了。当然，我们需要说明，作为一种职业道德，新闻道德观念、新闻职业道德规范有其自身的产生、演变、发展历史[④]，有其自身的内容体系[⑤]。但这些问题我们在此不可能展开论述。这里，我们不准备以道德哲学理论为前提，来具体阐释各种新闻道德观念的构成，而是以新闻职业道德现象为对象，重点解释新闻职业道德观念需要关注的一些主要问题。

其一，新闻道德是一种职业道德，职业道德是职业角色的道德，具有职业领域所规定的角色特征。在社会学的视野中，每个人都必然承担一定

① 功利主义是后果主义（consequentialism）的主要形式。后果主义，就是按照行为后果的好坏来评判行为之对错的理论。功利主义的基本主张是：一个行为是正确的，当且仅当该行为使社会善最大化了，即该行为给最大多数人带来了最大利益。功利主义是一个家族，有各种具体的理论形式，比如有古典功利主义、当代功利主义等。

② 义务论（deontology）认为，一个行为本身具有内在的道德价值，而不管该行为会带来什么样的后果。也就是说，一个行为正确与否，关键要看它是否符合某种或某些义务规则。义务论最典型也最重要的代表人物是德国哲学家康德。

③ 道德哲学中的美德理论（virtue），与功利主义、义务论有很大的不同，它是以行为主体的品德作为基本的道德判断的一种理论，而功利主义、义务论主要针对人的行为（包括动机）和行为后果来评判行为的对错。在美德理论看来，一个行为是否道德和能否道德，关键要看行为主体是否是一个有美德的主体。

④ 新闻职业道德观念、规范有其自身相伴现代新闻业、新闻职业产生、演变、发展的过程，有学者以美国现代新闻业为基本参照，考察了新闻职业道德观念的历史演变过程。第一，近代报刊产生时期（17世纪20年代）：新闻道德问题出现，新闻道德基本观念形成。第二，政党报刊时期（18世纪70年代）：政党报刊互相攻讦，新闻道德规范提出。第三，大众报刊时代（19世纪30年代）：新闻事业规范形成，职业道德完善。第四，垄断报刊时代（20世纪20年代）：产业化及媒介垄断对新闻职业道德的影响。第五，新媒体和全球化时期（20世纪90年代以来）：技术的发展对传播媒介和传播事业发展的影响不容忽视。参见段京肃，陈堂发．新闻职业道德形成和发展的基本线索［J］．当代传播，2012（1）：12-16。这一描述可作为考察新闻职业道德观念演变的一种参照。但是，由于不同国家、不同社会的新闻业、新闻职业有着并不相同的历史背景和形成路径，因此，存在着不同的地方化的新闻道德观念、新闻职业道德观念演变史。即使在人类进入全球化时代、全球新闻传播业基本形成的今天，新闻职业道德观念仍然不是全球统一的，而是普遍观念与特殊的地方化观念的某种统一。

⑤ 关于新闻道德、新闻职业道德的系统讨论，可参见杨保军．新闻道德论［M］．北京：中国人民大学出版社，2010。关于职业道德体系，有学者在借鉴世界新闻传播业公认的专业新闻主义理念的基础上，结合中国新闻传播业发展的特点，提出我国职业规范所要遵循的基本专业原则：真实与准确、客观与平衡、时效、自主、公共利益与个人权利兼顾、减少伤害、更正与答辩、回避等。参见周俊．论我国新闻职业规范的基本专业原则［J］．新闻记者，2012（1）：36-41。

的社会角色，必然受角色道德的约束，或者说需有一定的角色德性；而当一个人达到一定的社会化程度时，他总要担当一定的职业角色，职业角色则进一步意味着、蕴含着一个人承担相应的道德义务、遵守一定的道德规范，这就是职业道德义务和职业道德规范。职业道德与职业特点密切相关，“是道德的一般原则通过职业特点的具体体现”[①]。职业道德，一般说来，就是通过将普遍的道德理论与道德原则直接应用到具体的社会实践领域中去，从而形成的与不同的职业之独特的任务相适应的特殊的责任、义务及行为规范。因而，“职业道德除社会道德中共通的要求之外，还包括基于职业专门逻辑的特殊道德要求，因而区别于大众的生活逻辑，具有鲜明的职业特点，有着许多大众道德不能涵盖的内容”[②]。也就是说，职业道德总是鲜明地表达职业行为及其角色行为的道德规范与准则。职业道德及其角色道德不是一般地反映阶级道德或社会道德的要求，而是反映一定的社会共同体、一定的社会行业的特殊利益及其要求，并通过这种对特殊行业利益的要求来与社会或阶级的利益相关联。[③] “职业道德不是在一般社会实践的意义上形成的，而是在特定的职业实践、角色实践的基础上形成的；因而，它往往表现为处于某一职业、某一角色的人们所特有的道德心理和道德习惯。”[④]

其二，新闻活动是内在需要伦理道德的活动，职业新闻活动是内在需要职业伦理道德的活动。伟大的物理学家同时也无愧伟大哲学家之名的爱因斯坦说：“道德不是什么神圣的东西，它纯粹是人的事情。”[⑤] 确实，人是道德动物，只有人才是会讲道德的动物，并且会将道德贯穿在几乎所有

① 蓝鸿文．新闻伦理学简明教程［M］．北京：中国人民大学出版社，2001：4.
② 黄瑚．新闻法规与职业道德教程［M］．上海：复旦大学出版社，2003：217.
③ 龚群．社会伦理十讲［M］．北京：中国人民大学出版社，2008：164.
④ 同③.
⑤ 李泽厚．哲学纲要［M］．北京：北京大学出版社，2011：17.

的社会生活和社会活动中。新闻活动是典型的交往活动，它在本质上是主体间性的活动，具有必然的相互性，诚如有人所说："交往是一种独特的社会互动类型，是一个持续进行的互动过程，是两个以上的人共同参与的活动。"① 新闻活动的典型交往性，内在要求处于新闻活动中的主体必须遵守共同的伦理准则或规范，否则，这种活动就无法健康正常地展开。这就意味着，所有参与新闻活动的人都应该首先遵守交往的公共伦理道德，并在此基础上，努力按照新闻活动的特殊要求进行互动。这样的基本逻辑决定了新闻活动是必然需求道德的人类活动，因而，"新闻工作逃脱不了道德问题"②。

其三，从原则上说，所有的新闻活动主体都应该讲新闻道德，而职业新闻活动者是新闻职业道德的自然主体。所有参与新闻活动的人都应该成为讲道德和践行道德的主体；职业新闻活动主体更是要把有道德的新闻活动作为最基本的要求。新闻空间是一个公共空间（领域），所有在这一领域活动的主体都应该遵守公共道德（可以名之为新闻道德）；一定社会的新闻图景本来就是由所有社会成员共同塑造的，在当今新的媒介技术、媒介生态条件下，则更是这样，所有社会成员构成了共同的新闻活动主体。因此，从原则上说，所有社会成员在参与新闻活动的过程中都应该成为一定意义上的新闻道德主体，而不只是职业新闻活动主体应该遵循新闻道德。③ 因此，尽管新闻职业道德的主体无疑是职业新闻活动主体，但在"后新闻业时代"开启之后，对新闻伦理道德问题，确实需要一些新的思考，因为民间新闻（民众新闻、公民新闻）已经成为建构一定社会整体新闻图景的重要力

---

① 周国文．公民伦理观的历史源流［M］．北京：中央编译出版社，2008：31.

② 桑德斯．道德与新闻［M］．洪伟，高蕊，钟文倩，译．上海：复旦大学出版社，2007：41.

③ 杨保军．公共化或社会化："后新闻业时代"新闻道德的一种走向［J］．编辑学刊，2010（3）：32－36；杨保军．"窄化"或专业化："后新闻业时代"新闻道德的另一个走向［J］．新闻记者，2010（8）：17－19.

量和方式，至少从理论上、从道义上，应该对参与面向社会大众进行新闻传播的民间新闻传播者提出准新闻职业道德的要求。当然，对职业活动主体来说，除了遵守公共道德，还应该同时遵守职业道德的特殊要求。职业新闻活动主体应该在道德规则中出场和行动，也只应该在道德规则中出场和行动。

其四，在媒体组织主体与职业个体之间，应该特别关注组织主体的道德属性。在现实的新闻活动中，新闻职业道德主体主要表现为两种主体形式：一是组织主体——新闻媒体；二是个体——职业新闻传播者个人。因此，在新闻观念论视野中，新闻伦理道德主体应该对组织主体和个体都加以考虑。其中，两种道德主体之间的关系至关重要，特别是组织主体的道德素质具有前提性的作用①。作为道德主体的新闻媒体，它会要求组织内的所有工作人员按照组织要求、组织目标展开工作。在新闻行业与职业新闻个体之间，作为组织主体的新闻媒体，在职业道德建设中有着特别的中介、桥梁地位和作用。没有这样的中介、桥梁，新闻道德建设就将断裂。职业个体直接归属、依赖具体的媒体组织，媒体组织则是新闻行业真正的运行实体。因此，新闻媒体组织的媒介品格、价值追求和新闻理想，在新闻实践中实质上要比个体工作者的道德表现更为重要。组织的不道德，一般情况下，总是比个体的不道德更可怕，总是会产生更为恶劣的后果和影响。个体造成的道德灾难常常是个体性的，组织造成的道德灾难往往是大面积的。对于新闻媒体这种组织来说，由于其自身天然的社会影响就更是这样。“集团不道德比个体不道德危害更大”，“集团行为既产生比个体行为更为严重的伦理道德后果，又是个体伦理道德精神的直接‘社会环境’，其影响重大而深刻。”② 因此，一个有道德的新闻媒体组织，尽管难以保

---

① 但在以往的职业道德研究中，人们关注的主要是作为人的道德主体即职业个体，总以为组织主体的道德要求最终还是要落实在个体身上。但是，组织是个体存在的方式，组织的素质、目标、规范等，是个体展开活动的环境。

② 樊浩．当前中国伦理道德状况及其精神哲学分析［J］．中国社会科学，2009（4）：27－42，204－205.

证其每个组织成员都是有道德的，尽管难以保证其刊播的每一条新闻都是符合道德规范的新闻，但它的组织道德一定会在日复一日的运行中濡染每个组织成员的灵魂，一定会在日复一日的运行中减少或降低新闻刊播中的道德风险。美国新闻伦理学者 H. 古德温（H. Goodwin）说得好，“新闻业中最有道德的记者出自高质量的、有品位的新闻媒体”[①]。作为道德主体的新闻媒体，必然拥有自己的伦理道德原则，拥有自己的道德价值目标或者价值理想。从理论上说，新闻媒体最高尚的道德目标就是把新闻媒介当作公共平台，使媒介成为公共领域，为社会大众提供信息和交流的平台，并且通过媒介的新闻传播，监测环境，守望社会，担当责任，实现为公共利益服务的目的。

其五，在社会层面上，新闻（伦理）道德观念自然会关涉新闻制度的伦理问题，即新闻制度本身的正当性、合理性问题，这就不是简单的新闻职业道德问题了，而是关系到对一定新闻制度体系之正当性的评价问题。但是，制度层面的正当性、合理性对组织层面、个体层面的道德观念有着至关重要的前提性影响。一般说来，“制度之善优于、先于也重要于个体之善”[②]。试想，如果一种新闻业在制度层面就不具有新闻专业的特性，那么，要求其从业者遵守新闻职业道德规范就显得非常滑稽。

其六，新闻领域是一个飞速发展变化的领域，一个不断出现新现象、新事物、新问题的领域，因此，职业新闻活动是一个需要不断提高职业道德水准的活动。正如有学者所说的那样，“考虑到新闻业飞速发展和社会价值观的不断变化，新闻职业道德准则应该成为一种与时俱进、不断完善发展的体系，而不是一系列僵硬的教条”[③]。其实，在更为普遍的意义上

---

① GOODWIN H E. Grouping for ethics in journalism [M]. Iowa：Iowa State University Press，1983：305.

② 甘绍平．人权伦理学 [M]. 北京：中国发展出版社，2009：6.

③ 陈力丹．自由与责任：国际社会新闻自律研究 [M]. 开封：河南大学出版社，2006：5.

说，“新闻道德在形成过程中，不同的阶段所面临的问题是不一样的，不同阶段所提出的新闻道德的内容也是不一样的。在经历了漫长的发展过程之后，为不同阶段的新闻工作者和社会所接受的内容逐步沉淀下来，成为完整的新闻道德规范。可以说，新闻道德观念的形成过程是阶段性的，在新闻传播事业发展的不同阶段，‘新闻道德’的概念有着不同的内涵”①。现实中，人们常常十分悲哀地看到，很多职业道德标准已经变成了“底线道德”要求，只要不冲破道德底线就可以心安理得了。底线道德是消极的道德要求，是低水平的道德规范，向底线道德靠拢的社会是没有希望的社会，向底线道德靠拢的职业是没有光彩的职业。如果底线不断下降，那这个社会就是一个走向道德腐烂而不仅仅是道德滑坡的社会，这个职业就是一个走向道德泥潭而不仅仅是道德沦丧的职业。一言以蔽之，向道德底线靠拢的新闻是令人失望的新闻，是有悖职业崇高职责的新闻。人们应该明白，“道德底线是防范手段，不是价值目标”②。

其七，确立新闻职业道德普遍性与特殊性相统一的观念。在世界范围内，尽管全球新闻界至少认可新闻活动是具有伦理性、道德性的活动，但能否形成全球性新闻伦理观念却是答案并不统一的问题。有学者指出，“不存在一种所有媒体适用的自律模式（新闻自律的本质就是用新闻精神来进行自我约束。——引者）。各个国家应该根据记者所处不同的政治、文化和经济环境制定适合自己国情的自律版本”，“不存在放之各国、各种类型媒介而皆准的自律规范，但是在不同国度、不同媒介之间存在相似的规律，这些规律是我们应该观察到和学习的”③。应该说，作为统一的行业、职业，新闻应该有大致统一的职业伦理道德，事实上，职业新闻传

① 段京肃，陈堂发．新闻职业道德形成和发展的基本线索［J］．当代传播，2012（1）：12-16.
② 侯才．“中国现代性”的塑造与价值观的重建［J］．理论视野，2011（12）：19-21.
③ 陈力丹．自由与责任：国际社会新闻自律研究［M］．开封：河南大学出版社，2006：2，6.

播的基本原则，诸如真实、客观、公正、及时、公开等已经成为全球职业新闻工作者认可的基本准则，它们已经具备职业伦理道德规范的意义。而这些普遍准则在不同国家、社会的具体实现则构成了它们的具体表现形式。

三、超越新闻业的新闻自由观念

“新闻自由是一个颇富争议的概念。”① 新闻自由观念起源于西方，英国人弥尔顿（John Milton，又译作密尔顿）的出版自由观念②是新闻自由思想的源头，也是世界新闻史上自由主义报刊理论的思想源头③，“瑞典是世界上第一个确立公开性和新闻自由原则的国家，它的 1776 年宪法承认了近用官方文件和新闻自由的权力”④。新闻自由，最初是关于新闻传播媒体或职业新闻记者生产新闻、传播新闻的自由，但随着社会的发展，新闻自由已经成为所有公民的自由，也就是说新闻自由已经超越了新闻业的范围。因此，我们将新闻自由观念单独拿出来加以阐释。在所有的新闻

---

① 戴比尔，梅里尔．全球新闻事业：重大议题与传媒体制：第 5 版［M］．郭之恩，译．北京：华夏出版社，2010：61.

② 弥尔顿《论出版自由》的原名为 *Areopagitica: A Speech of Mr. John Milton for the Liberty of Unlicensed Printing to the Parliament of England*，西方世界一般将其简称为 *Areopagitica*（《阿留帕几底卡》）。弥尔顿 1643 年发表的第一版没有署名，比较权威的是 1644 年印刷的第二版。国内相关研究者提出，“应该从基督教神学的角度来理解弥尔顿的言论出版自由思想”，“弥尔顿毕竟是十七世纪的人物，我们如果以现代自由主义理论阐释弥尔顿，必将犯下历史误置的错误”。弥尔顿的言论出版自由是基督徒的自由，而非异教徒的自由，所以天主教徒、无神论者、渎神论者便不配拥有这种自由；言论出版自由保护的对象是探索真理的严肃的书籍或小册子，至于那些低俗的出版物、诽谤性言论则排除在外；弥尔顿的出版自由思想并不是意见自由交流的市场，而是真理与谬误展开搏斗的战场；弥尔顿坚信真理必胜是基于对“天意”的信仰。参见马凌．漏译与误读：再议新闻传播思想史中的弥尔顿问题［J］．当代传播，2012（2）：30－33。

③ 张昆．中外新闻传播思想史导论［M］．上海：复旦大学出版社，2006：86.

④ 哈林，曼奇尼．比较媒介体制：媒介与政治的三种模式［M］．陈娟，展江，等译．北京：中国人民大学出版社，2012：146.

观念中，可能没有比新闻自由观念更能吸引人们的眼球了。人们关于它的讨论很多，但差异性比较大。我们这里仅在普遍意义上加以解释。新闻自由观念包括的内容非常丰富，但最基本也最重要的观念是对这几个问题的回答：新闻自由是谁的自由，即新闻自由的主体是谁；新闻自由是什么性质、什么特征的自由；新闻自由是什么内容的自由。

（一）新闻自由的主体

新闻自由是谁的自由，即什么样的主体才能享有新闻自由权利，这就是新闻自由主体观念要回答的核心问题。新闻自由到底是谁的自由，应该属于谁的自由？从理论逻辑上说，新闻活动（最重要的体现为传播新闻和收受新闻的活动）是人类的本体性活动，即人人都是新闻活动者。因此，新闻自由应该是每个人的自由——传播新闻和收受新闻的自由。但是，新闻自由史提供的事实并不与理论逻辑完全符合，新闻自由主体的内涵展开也是一个历史的艰苦斗争的过程。新闻自由主体的扩大过程，不仅是人类新闻活动、新闻业进步的过程，更是人类社会文明水平、政治文明程度不断提升的过程。在理论上，关于新闻自由主体的所指问题，时至今日仍然存在一定的争论。

新闻自由本身是一个历史范畴，其是历史的而非天赋的。新闻自由本身就是现代性的产物，其在世界各国的孕育、成长都是一个历史的过程。新闻自由主体正是在新闻历史的展开过程中，逐步由一部分人扩展为多数人，直至理论上的所有人（现实上，直到今天，并不是所有人都能享有实际的新闻自由）。比如，在自由理论最为发达的英国，新闻自由从无到有、从少到多，就经历了从 17 世纪中期到 19 世纪末的 200 多年时间。新闻自由度的增强或自由范围的扩大，需要新闻业不断获取经济自由、政治自由以及其他条件，这都需要一个艰难的、漫长的历史奋斗过程。而对于中国这样的东方国家来说，新闻自由近乎是纯粹的舶来品，自由观念、新闻自由观念是由传教士于19世纪才开始带入中国的[①]。因此，新闻自由问题对于我们来说更是“新近的”问题。

尽管弥尔顿在《论出版自由》中说过，出版自由是“一切自由中最重要的自由”[②]，但这最重要的自由在这位最早提出出版自由观念的弥尔顿看来并不属于所有人，它只属于弥尔顿认为的有教养的人。在资产阶级成长以及资本主义发展过程中，新闻自由作为一种权利，也经历了一个逐步扩大范围、成为普遍权利的过程。1789年法国《人权宣言》第一条规定“在权利方面，人生来是而且始终是自由平等的”；第十条写道“任何人都可以发表自己的意见——即使是宗教上的意见——而不受打击，只要他的言论不扰乱法定的公共秩序”；第十一条说“无拘束地交流思想和意见是人类最宝贵的权利之一，每个公民都有言论、著述和出版自由，只要他对滥用法律规定下的这种自由负责”。1791年获得批准并且成为美国新闻自由基石的《权利法案》（The Bill of Rights）第一条规定：“国会不得制定下列法律：确立宗教或禁止宗教自由；剥夺人民言论或新闻出版自由；剥夺人民和平集会及向政府请愿申冤之权。”[③] 因而，传统新闻自由的发展历程常被人们描述成这样：“17世纪奠定了自己的思想基础，18世纪付诸实践，19世纪达到了顶峰。”[④] 至于在现实社会中，新闻自由对于很多人来说只能是纸面上的、形式上的自由，也就是说他们并不是或很难成为实

---

① 像马礼逊（1782—1834）发表在《广州纪录报》上的《印刷自由论》就被认为“是出现在东方报刊上第一篇介绍西方出版自由观念及天赋人权学说的文章”，参见徐培汀，裘正义．中国新闻传播学说史［M］．重庆：重庆出版社，1994：114；郭士立（1803—1851）在其创办的《东西洋考每月统记传》上发表的《新闻纸略论》中，也介绍了“新闻自由”观念。

② 密尔顿．论出版自由［M］．吴之椿，译．北京：商务印书馆，1958：34.

③ 关于《人权宣言》和美国宪法第一修正案（即《权利法案》）第一条相关内容，可参见黄瑚．新闻法规与职业道德教程［M］．上海：复旦大学出版社，2003：345-346。

④ 徐耀魁．西方新闻理论评析［M］．北京：新华出版社，1998：218.

质性的新闻自由主体。针对马克思主义关于新闻自由的论述，有研究者指出，“传统马克思主义强调享有新闻自由的主体是执政党和国家，非传统马克思主义则认为享有新闻自由的主体应该是广大民众”①。

关于新闻自由主体，今天人们达成的基本共识是：新闻自由首先是公民的自由，然后才是新闻传媒的自由，公民自由在逻辑上先于新闻传媒的自由②；新闻自由既有传播新闻的自由，也有收受新闻的自由，是传收自由的统一。在道德哲学的视野中，新闻自由是所有人应该享有的道德权利；在认识论视野中，新闻自由是所有人真实传收新闻的能力和自由；在法律视野中，新闻自由是公民平等享有的法律权利；从社会文化层面上看，新闻自由总是与一定社会的文化传统、文化现实、价值取向有着内在的联系；在现实性上，新闻自由总与一定社会的整体政治、经济结构以及发展水平有一定的适应性③；在职业视野中，新闻自由对于职业主体来

---

① 童兵．“新闻自由”的表述与践行：传统马克思主义与非传统马克思主义两种视角的比较［J］．南京社会科学，2011（7）：1－8．根据论文中的表述，童兵先生所说的传统马克思主义，主要指经典马克思主义及其主要继承者，从人物来看，包括马克思、恩格斯、列宁、斯大林、毛泽东、邓小平、江泽民、胡锦涛等；而非传统马克思主义，“泛指不同于马克思主义经典作家即传统马克思主义的代表人物及其思想观点，包括新马克思主义、西方马克思主义以及明确表示在一些问题上不赞同经典作家观点或政策的人物及其思想”，作者主要论述了卢森堡、葛兰西、铁托等几位的新闻自由思想。这里需要稍加说明的是，童兵先生的这种区分是在十分粗线条意义上的大致区分，因为不管是在他所说的传统马克思主义内部还是在非传统马克思主义内部，不同思想家（暂且以思想家身份来谈论他们）关于新闻自由的观念是有很大差别的；而且，非传统马克思主义其实也是一个非常笼统的概念，童兵先生所说的几位，在“国外马克思主义研究领域”，仅仅属于经典西方马克思主义人物。关于马克思主义的研究，在当今世界与中国，名目繁多、流派纷呈。类型划分本身就是一项十分复杂烦琐的任务，但通常意义上，可将马克思主义分为经典马克思主义、西方经典马克思主义、新马克思主义、后马克思主义等。

② 英国著名传播理论家丹尼斯·麦奎尔（Denis McQuail）认为：“更为宏大、更有价值的新闻自由观念应同时包括传媒享有自由的程度，以及公民近用传媒内容的程度。”参见戴比尔，梅里尔．全球新闻事业：重大议题与传媒体制：第5版［M］．郭之恩，译．北京：华夏出版社，2010：63。

③ 比如，《报刊的四种理论》（又译作《传媒的四种理论》）的作者就提供了这样的见解。参见西伯特，彼得森，施拉姆．传媒的四种理论［M］．戴鑫，译．北京：中国人民大学出版社，2008。一定社会的新闻自由以及奉行的总体新闻观念（主义或理论，包括制度模式），总是与该社会的基本结构相一致，“传播系统是其所处社会的结构、政治、行为的反映”。参见戴比尔，梅里尔．全球新闻事业：重大议题与传媒体制：第5版［M］．郭之恩，译．北京：华夏出版社，2010：63。

说，既是一种职业权利（自由），也是一种公民权利（自由），而对非职业主体来说，则仅仅是一种公民权利（自由）。

在具体的新闻实践层面上，关于新闻自由以及相关的新闻自由主体问题，还有一个避不开的问题，这就是内部新闻自由问题。新闻领域中的内部新闻自由主体，毫无疑问只是传媒机构内部的事情，与社会大众没有直接的关系。内部新闻自由主体实质所指乃是职业个体与媒体组织主体间的关系问题，可以说个体与组织主体都是内部新闻自由主体，但这种所谓的内部新闻自由恰好可以称为内部新闻不自由，因为它本质上是媒体内部对新闻传播内容、传播方式的自我限制和自我约束，目的在于不招惹媒体外部的政治、经济等力量，以保全媒体自身的经济利益。由此看来，内部新闻自由控制、自我审查实质上处理的依然是新闻传播自由与外部环境的关系，这既说明内外自由的本质一致性，也再次揭示了新闻自由的关系本质和相对性特征。

传媒组织的结构方式，也使内部新闻自由越来越成为突出的问题。在新自由主义的影响下，传媒与工商业的联合在近二三十年来已经成为常态，而且在全球范围都是愈演愈烈。在很多情形中，新闻传媒不过是大的集团公司的一个“小兄弟”，“这种联合有时候会导致‘新闻禁区’的出现。新闻记者不敢涉足这些‘禁区’，生怕踩了他们所属的母公司或者姐妹公司的‘脚指头’”①。

开办传媒门槛的不断提高，实际上使金钱或资本成为首先的也是首要的媒体审查形式，这实质上也意味着只有有愿望的资本主体才是实质性的新闻自由主体，并且从原则上说，只有大资本主体才能成为真正的新闻自由主体。谁控制着钱袋，谁就拥有更多的新闻自由，这既是基本的社会经

① 卡伦．媒体与权力［M］．史安斌，董关鹏，译．北京：清华大学出版社，2006：281.

验事实，也是颠扑不破的真理，并且在任何性质的社会中都一样。

（二）新闻自由的实质与特征

在最一般的意义上，自由的实质是指人的自主的活动、不受限制的活动，按照自己的意志进行的活动。因此，新闻自由，在最一般的意义上就是指参与新闻活动的人的自主性和不受限制性。恩格斯说："每个人都可以不经国家事先许可自由无阻地发表自己的意见，这也就是出版自由。"① 新闻自由也像人类的其他自由一样，是历史的产物，是一定社会中的人的自由，因此，会受到诸多条件的限制与约束，显示出自身的一些特征。

1. 新闻自由的实质

主体的自由总与主体活动（物质活动、精神活动及其统一体）的内容和方式相联系，因而，新闻自由与新闻活动的内容、方式密切相关。新闻活动是一种社会活动，因而新闻自由是一种社会自由。新闻活动是一种具有多重属性的社会活动，因而它具有多重的自由含义。新闻活动的属性主要表现在这样两个方面：第一，它是一种以新闻方式认识社会的活动，因而我们可以在一般认识论的意义上探讨新闻自由的含义；第二，新闻活动是一种属于上层建筑意识形态领域的活动，因而新闻自由在形式和内容上既是政治、法律自由又是思想、言论、出版自由。

在认识论意义上，新闻传播与收受是对客观世界的一种认知活动，因而可以说新闻自由是一种认识自由。只有获得对事实的正确认识，传收者才能获得真实的自由。具体来说，传播者只有真实认知所反映的对象，所报道的新闻在本性上才会获得无障碍的传播，成为自由新闻，而能够创制

---

① 马克思恩格斯全集：第 1 卷［M］. 北京：人民出版社，1956：695.

出自由新闻的新闻传播主体才是自由的。对收受者来说，只有获得自由新闻并且正确认知了它，新闻才能真正转化成为正确的认知观念。[①] 但人们通常并不在认识论的意义上来讨论新闻自由，而主要是在政治学、法学的意义上讨论新闻自由，是把新闻自由作为一种普遍的道德权利和具体的政治权利、法律权利来对待。因此，理解新闻自由的实质应该主要从这些方面出发。

在应然性或理想性上说，新闻自由是一种道德权利。在这一意义上，新闻自由作为一种权利是纯粹的、绝对的或普遍的，就是一种“应该”，一种人人应该平等享有的权利。在现实性上，新闻自由仅仅是一种法定权利，即法律规定的政治权利，是在有限规范约束中的一种权利。“道德权利与法定权利之间存在区分，前者独立于任一法律结构而存在。”[②] 道德权利的理想性、应当性，使它成为人类永远追求的目标和境界；法定权利的现实性，使它成为人们实际上可享有的有限权利。

就现实社会而言，新闻自由实质上是一种政治自由或政治权利。“政治自由，广义而言（包括通常所称的公民权利），指的是人们拥有的确定应该由什么人执政而且按什么原则来执政的机会，也包括监督批评当局、拥有政治表达与出版言论不受审查的自由、能够选择不同政党的自由等等的可能性。”[③] “政治权利指参加社会政治生活的权利，包括表达自由权利、集会和结社权利和选举的权利。”[④] 在诸多具体的政治自由、政治权利之中，新闻自由在总体上属于表达自由的权利范围，与言论自由、出版

---

① 关于认识论意义上的新闻自由，参见杨保军．认识论意义上的新闻自由［J］．新闻大学，2008（6）：71－74。

② 刘曙辉．论道德距离［J］．哲学动态，2012（1）：76－80．

③ 森．以自由看待发展［M］．任赜，于真，译．北京：中国人民大学出版社，2002：32．

④ 杨宇冠．人权法：《公民权利和政治权利国际公约》研究［M］．北京：中国人民公安大学出版社，2003：4．

自由在本质上是一致的。人们通常认为，言论自由、出版自由是思想自由的体现，而新闻自由是言论自由、出版自由在新闻领域的实施和运用，也可以把新闻自由看作言论自由、出版自由通过新闻传播渠道实现的自由。事实上，人们越来越在同等的意义上使用这些概念。但从区别的意义上说，言论自由和出版自由的外延更宽一些，新闻自由有其特定的内涵，它主要指人们搜集、发布、传送和收受新闻的自由。显然，新闻自由是人们知情权、议政权（参与权）、表达权、监督权实现的重要通道，是其他具体民主权利有效实现的基础。

作为政治权利的新闻自由，并不是一种抽象的权利，而是一种具体的权利，体现在新闻传播与收受活动的整个过程之中。我们知道，政治自由所要解决的主要问题是，人在何种范围内有权按照自己的意志和理性自由行动，而这种范围在实践中需要通过法律来加以界定，作为一种政治权利的新闻自由自不例外，人们在新闻活动中到底有一些什么样具体的权利必须通过法律加以界定。马克思早就说过："新闻出版法就是对新闻出版自由在法律上的认可"，"没有关于新闻出版的立法就是从法律自由领域中取消新闻出版自由，因为法律上所承认的自由在一个国家中是以法律形式存在的。法律不是压制自由的措施，正如重力定律不是阻止运动的措施一样"[①]。因此，从直接的现实性上看，新闻自由是一种法律自由，即法律规定范围内可以实行的自由。因而，新闻法治是新闻自由得以现实化的前提和保障。

在法律自由的意义上理解新闻自由，具有特别的意义。先看看先哲们的慧识。荷兰哲学家斯宾诺莎认为，法律是实现自由的必要条件，只有在有法律的条件下自由才是可能的，但与此同时，法律又必须是理性的，是

① 马克思恩格斯全集：第1卷［M］. 2版. 北京：人民出版社，1995：176.

"经过全民同意"的法律，即法律必须反映人民的意志，因此，只有"民主政治才是最自然、与个人自由最相合的政体"[①]。英国资产阶级革命时期杰出的哲学家洛克认为，政治自由就是用法律所规定的自由。他指出，"自由意味着不受他人的束缚和强暴，而哪里没有法律，哪里就不能有这种自由"[②]。法国启蒙思想家孟德斯鸠认为政治自由就是法律所允许的范围内活动的权利，主要包括两方面的要求：一是不做法律禁止的事情，二是不被强迫去做法律没有规定要做的事情。法国启蒙思想家卢梭认为，"唯有服从人们自己为自己所规定的法律，才是自由"[③]。德国哲学家康德认为，"没有法律保护的自由是暂时的、不安全的"，"真正的自由是法律状态下的对于公民的外在自由的限定"[④]。显而易见，将新闻自由理解为一种法律自由，有助于我们准确把握新闻自由的实际内涵，也有助于我们理解真实的新闻自由，不至于以幻想的方式、乌托邦的方式去对待新闻自由问题，在法律自由意义上的新闻自由的实质就是相关的法律规定是新闻自由的范围和界限。

2. 新闻自由的特征

新闻自由具有普遍的自由形式，但作为政治权利却有着强烈的政治性；新闻自由的实现方式是具体的，自由活动范围是有限的，法律就是现实边界；新闻自由本身就是人类社会活动追求的目标，同时也是实现其他社会理想的手段。只有系统理解和把握新闻自由的这些基本特征，才能理解现实社会中真实的新闻自由。下面，我们就来分别阐释新闻自由的这些特征。

第一，新闻自由是具有政治性、阶级性的自由。新闻自由作为一种政治自由或政治权利，其政治性是不言自明的。但还是需要对政治性的内涵

---

① 斯宾诺莎．神学政治论［M］．温锡增，译．北京：商务印书馆，1963：219．

② 洛克．政府论：下篇［M］．叶启芳，瞿菊农，译．北京：商务印书馆，1964：36．

③ 卢梭．社会契约论［M］．何兆武，译．2版．北京：商务印书馆，1980：30．

④ 龚群．当代西方道义论与功利主义研究［M］．北京：中国人民大学出版社，2002：107．

做出必要的解释。

在直接的、表面的和区别的意义上，政治性是说新闻自由是一种政治自由，不是其他形式的社会自由。但这并不是说它与其他形式的自由没有关系，新闻自由不仅与其他形式的政治自由密切相关，比如它与言论自由、出版自由、集会自由、结社自由、游行自由、示威自由等都属于表达自由或见解自由[①]，而且与非政治性的自由也有紧密的关系，比如经济自由、人身自由等都会直接影响一个人新闻自由权利的行使和实现程度。事实上，所有的自由权利之间都是相关的，失去了一种自由，往往就意味着其他自由的失去，而在所有自由中最为重要的言论自由（内在包含新闻自由）的有无与限度，反映着一个国家民主政治的实际程度。

新闻自由政治性的深层意义在于新闻自由与政治制度的统一性。可以说，有什么样的政治制度，就有什么样的新闻自由。政治制度的核心是国家政权问题，掌握国家政权的阶级不同，就会有不同的新闻自由状况，这是新闻自由政治性的实质，也就是新闻自由的阶级性。在封建政治制度下，国家政权掌握在封建地主的手中，因而不可能有其他阶级的言论自由；在资本主义政治制度下，不管采取什么样具体的政治制度类型，国家政权都掌握在资产阶级手中，因而其新闻自由从根本上说必然是资产阶级的新闻自由、资本的自由；在社会主义政治制度下，国家政权掌握在人民手中，因而其新闻自由从根本上说必然是人民的新闻自由。需要特别注意的是，历史已经证明，不管是在资本主义政治制度下还是在社会主义政治制度下，都可能产生封建式的极权统治、专制统治形式，因而新闻自由也可能蜕变为极权、专制统治者的自由，这时新闻媒体会变成极权者、专制者欺骗、撒谎甚至镇压人民的精神暴力工具。

---

① 张千帆．宪法学导论：原理与应用［M］．北京：法律出版社，2004：510.

新闻自由的政治性表明，新闻自由实质上只能是统治阶级的自由，被统治者不管在法律形式上享有多少与统治者一样的自由，在现实社会中都不可能享受到与统治者相同的自由。恩格斯曾经讲过这样的话："在富人和穷人不平等的前提下的平等……就是简直把**不平等**叫做平等。这样，出版自由就仅仅是资产阶级的特权"[①]。列宁当年在批评有关社会主义出版自由的错误观点时指出："我们倒要弄弄清楚是**什么样的**出版自由？是干**什么**用的？是给**哪一个阶级**的？"[②] 确实，在现实社会中，一个阶级的自由就意味着另一个阶级的不自由。"阶级是横在新闻自由前面的一条分界线。"[③] 要使新闻自由真正成为所有人在实质上可以平等享有的自由权利，资本主义和社会主义都还有漫长的路要走。因而，新闻自由问题上的阶级分析、政治分析方法并没有过时，仍然有其真实、合理、科学的意义。把新闻自由设想为所有人无差别的自由权利，依旧是道德意义上的美好愿望，是人类应该努力实现的理想境界，并不就是当下的现实。

可见，在不同社会，新闻自由的程度和模式直接与其新闻制度（新闻业的治理模式与治理方法）相关；而新闻制度又与该社会的经济、政治制度直接相关，与该社会的文化制度、文化传统相关，与该社会的新闻传统相关。美国著名经济学家安德鲁·施莱弗（Andrei Shleifer）认为，不同的社会在社会秩序和个人自由度上的选择是不同的。[④] 因此，很难找到一个衡量新闻自由程度的统一模式或标准，但这不等于不应该有一个基本的新闻自由标准。事实上，在世界范围内，存在着多样化的考量、评价各国新闻自由水平的政府和非政府组织[⑤]，它们从不同方面（通常为政治、经

---

① 马克思恩格斯全集：第 2 卷［M］. 北京：人民出版社，1957：648.

② 列宁全集：第 42 卷［M］. 2 版增订版. 北京：人民出版社，2017：93.

③ 黄旦. 新闻传播学［M］. 杭州：杭州大学出版社，1997：107.

④ 李稻葵. 中国需要什么样的经济改革［N］. 学习时报，2012 - 04 - 09（4）.

⑤ 比如记者无国界、自由之家、国际研究与交流委员会及保护新闻工作者委员会。

济、法律环境）设计了多样化的经验指标，衡量评价不同国家、地区新闻自由的情况①。我们以为，不管在怎样的政治制度、社会环境中，作为现代社会的文明标志之一，新闻自由应该有一些共同的起码的标准，那种以政治、社会环境特殊性否定新闻自由普遍性的做法是站不住脚的。

第二，新闻自由具有历史性和相对性。在现实社会中，新闻自由作为人的一项基本权利，并不是绝对的，而是相对的，是一定范围、一定限度内的自由。新闻自由的相对性，实质上是指新闻自由的条件性，即新闻自由总是一定条件下的自由。这种条件性表现在以下几个方面。

其一，新闻自由具有历史性。新闻自由的历史性，大致包含两方面的意思：一方面是说新闻自由像自由一样，本身就是历史的产物，自由作为公民的一种基本权利，作为得到法律规定的公民平等享有的自由权利，作为论证这种法律合理性的道德观念、价值观念，也都是在现代社会和现代文明中才出现的。新闻自由的含义本身具有历史性。新闻自由“是在社会演进过程中，民主政治的产品，它的意义是变动的，随时间、空间而各不相同”②。在不同历史时代、时期，人们理解的新闻自由是有所差别的，其历史内涵是有所不同的。另一方面是说，新闻自由的实践具有历史性。新闻自由与人类所有的具体的自由一样，都是人类自身历史发展的产物，不是人类与生俱来的绝对权利。新闻自由的历史性表现为，从新闻自由被看作人的自由权利的那天起，其就随着人类历史的演变而演变，起伏而起伏，发展而发展，在不同的历史阶段，新闻自由的实际范围、实现的水平

① 关于自由，包括作为整体的自由（overall-freedom）和专门的自由（specific freedom）是否可以度量，学术界的看法并不一致。意大利当代政治哲学家伊恩·卡特（Ian Carter）在 1999 年出版的著作《自由的度量》中第一次对自由的度量问题进行了系统而深入的研究，他在书中讨论了如何建构一种连贯统一的自由概念使其具有可量化的属性，并试图提供一种与自由主义的社会正义理论相兼容的自由理论。参见李石．自由可以度量吗?：以伊恩·卡特在《自由的度量》一书中的讨论为例［J］．哲学动态，2012（3）：83-88。

② 李瞻．新闻学：新闻原理与制度之批评研究［M］．台北：三民书局，1973：33.

是不同的，这是由具体的历史环境、历史条件决定的。“新闻自由不是一种一成不变的和孤立的价值观，这在任何社会和任何时代都是如此。它是一个社会的一种内在功能，必须随着社会情境的变化而变化。”① 需要注意的是，有人以我们的历史传统缺乏新闻自由为凭借而否认新闻自由概念的合理性和新闻自由的必要性，这种貌似历史主义的观念恰好背离了历史主义的精神。在我们的历史传统中缺乏新闻自由的思想和实践，那是由我们传统的历史经验事实决定的，当历史发展到今天，我们的社会已经成为现代文明的社会，因而作为现代文明的新闻自由已经成为人们的基本权利，当然要践行新闻自由。有位学者说得好，“引用传统并不能为广泛地压制新闻自由，或者压制一个公民与他人交流的权利提供理由”②。

其二，新闻自由具有关系性。新闻自由是人的自由，是在人与人的关系中实现的自由。认识的自由实现于人与客体对象的关系中，法律自由、道德自由实现于人与人、人与社会的各种具体的关系之中。新闻自由是人的一种社会权利，是一种从自身出发，而又指向他人、指向社会的自由。相对思想自由的内向性来说，新闻自由是一种外向性的自由。作为社会个体，人的权利的运用或实现只能发生在社会关系之中，也就是说，自由权利的实行必然会关涉或影响到他人的物质利益或精神利益③，而涉及他人利益的自由，就要受到他人利益的限制，自由权利的运用者就要对他人负责，对社会负责。“真正的自由，是生活在文明社会中的人，带着其所有的约束与负担，通过从中发现必要的手段来发展他自己的道德个性，使自己不断从这种奴役状态中解放出来。”④ 美国人威廉·钱宁（William

---

① 新闻自由委员会．一个自由而负责的新闻界［M］．展江，王征，王涛，译．北京：中国人民大学出版社，2004：7.

② 森．以自由看待发展［M］．任赜，于真，译．北京：中国人民大学出版社，2002：24.

③ 英国哲学家密尔（John Mill）指出，“发表和刊发意见的自由”，“属于个人涉及他人那部分行为”。参见密尔．论自由［M］．许宝骙，译．北京：商务印书馆，1959：13。

④ 拉吉罗．欧洲自由主义史［M］．杨军，译．长春：吉林人民出版社，2001：332－333.

Channing）说："自由的精髓不是像很多人想象的那样，对于我们自己某些权利的羡慕，而是对于他人权利的尊重。"① 新闻自由的关系性，决定了没有绝对的新闻自由，必须和他人的权利相平衡，即任何人在行使自己的新闻自由权利时，也有尊重他人同样权利的义务。

其三，新闻自由在现实社会中有着实际的界限。承认自由的普遍性，不等于否认自由的条件性。新闻自由的普遍性、绝对性强调了新闻自由是基本人权，条件性是指新闻自由的实现是需要条件的。在现实社会中，自由是有边界的自由，不可能成为绝对的自由，不管是什么类型的、哪个领域的自由，这种边界的根源就在于人类的生存、生活、生产方式，任何个人都无法彻底离开他人，主体或人的共在从根本上决定了自由的本质是关系性的。因此，诚如弥尔顿 300 多年前所说的，"凡是强占他人的自由的人，必然首先丧失自己的自由"②。因此，将新闻自由（其他类型的自由其实也一样）绝对化本身就是空想性的观念，美国学者科恩就说："如果辩护公民自由——言论自由是其中之一——要以神学或形而上学种种不堪一击的绝对主义作盾牌，其基础是不牢固的。"③

没有绝对的自由、没有纯粹的民主，自由不是为所欲为、不是无政府主义。即使是传统新闻自由主义者，也没有人承认过有绝对的新闻自由；即使在所谓新闻最自由的美国，"没有人，即使是这个国家的奠基人，也从未认为新闻是完全自由的，也没有哪个有责任心和思维稳健的人希望新闻是完全自由的"④。只有那些天真幼稚的幻想家才会把新闻自由设想为不受任何约束和限制的。但是，新闻自由的界限不能随意设定，人们应该

① 里尔巴克．自由钟与美国精神［M］．黄剑波，高民贵，译．南昌：江西人民出版社，2010：7.

② 弥尔顿．为英国人民声辩［M］．何宁，译．北京：商务印书馆，1958：294.

③ 张昆．中外新闻传播思想史导论［M］．上海：复旦大学出版社，2006：126.

④ 丹尼斯，梅里尔．媒介论争：19 个重大问题的正反方辩论［M］．王纬，等译．北京：北京广播学院出版社，2004：9.

明白，“界限”或“尺度”不良的新闻自由，很可能转变成新闻不自由甚至是无自由（比如新自由主义观念下造成的传媒垄断，正在阉割新闻自由的真意），或者新闻自由实质上仅仅成为少数人的自由，而大多数人失去新闻自由。如此这般，美好的新闻自由变成了恶的新闻自由。[①] 只有恶劣的界限是随意的，优良的界限必须反映公民的统一意志，并以国家意志的外化形式——法律规定下来。因而，法律就是自由的界限，孟德斯鸠说：“如果公民能够做（法律）所禁止做的，他将不再拥有自由。”[②] 霍布豪斯说：“自由和法律之间没有根本的对立。相反，法律对于自由是必不可少的。”[③]

其四，制约新闻自由实际状况的因素很多，比如政治、经济、文化、技术、国际环境以及社会主体的基本素质、价值观念等，而且这些因素对新闻自由的影响都是双向的、多面的，既有可能有利于新闻自由的扩展与提升，也有可能不利于新闻自由的顺利实现。比如，作为政治自由的新闻自由本质上是一种精神自由、表达自由，尽管饥饿的人可以为饥饿而呼喊，但他也只能如此，而且，声音微弱。我的意思是说政治自由是需要经济自由支撑的；如果没有经济自由，政治自由一定是悬空的，诚如法国政治哲学家托克维尔所说，不过是“将自由的头颅安放在一个受奴役的躯体上”[④] 而已。事实上，不同自由之间都是相互关联的，互相制约的同时也互为条件。

第三，新闻自由的形式是普遍的，内容是具体的。资产阶级早在两百

---

① 关于新自由主义引起的种种悖谬，可参见李泽厚．哲学纲要［M］．北京：北京大学出版社，2011：27。

② 霍尔姆斯．反自由主义剖析［M］．曦中，陈兴玛，彭俊军，译．北京：中国社会科学出版社，2002：337.

③ 霍布豪斯．自由主义［M］．朱曾汶，译．北京：商务印书馆，1996：9.

④ 托克维尔．旧制度与大革命［M］．冯棠，译．北京：商务印书馆，1992：240.

多年前，就把新闻自由作为人人都应该享有的权利在法律中规定了下来，使其成为一种普遍的权利，成为普遍的形式自由。如今，在有宪法的国家中，不管它是怎样的社会制度，几乎都把新闻自由以直接或间接的方式规定为人人可以享有的普遍权利。因此，我们可以说，新闻自由对整个人类而言，已经是一种普遍拥有的形式自由。

形式自由是与实质自由相对的一个概念。实质自由是指公民实际能够享有的自由，实际能够实现的自由权利；形式自由是指作为道德权利的自由，特别是作为法律规定的自由，即不管某种自由权利是否能够在实际中实现，它在法律形式上都是现实的、存在的，因而至少在原则上，每个人都拥有某种平等的、可施行的自由权利。

从普遍的形式自由过渡到普遍的实质自由，对整个人类来说还有漫长的路要走。但在形式上规定和承认新闻自由的普遍性，必定使每个人在形式上具有了平等性，这与在形式上没有平等性相比是一个伟大的进步，它必定设立了一个目标，为一定社会实现真正的新闻自由确立了基本的方向。更为重要的是，形式上的普遍权利反映了每个人的意志，使人们对法律的服从实质上成为对自己的服从，而这正是自由的本意。如果连这种形式上的自由权利都没有，那么实质性的新闻自由更是无从谈起。形式上的普遍性，至少使人们可以确立观念上的平等性，至少为人们施行新闻自由权利打开了合法性的大门。

从内容上看，新闻自由是具体的自由，不是抽象的自由。具体性主要是指，新闻自由作为一种公民权利，体现为一项项具体的、可施行的权利。新闻自由的具体性，使新闻自由的实现具有了可操作性。新闻自由作为一种宪法权利，往往是原则性的，只有落实在具体的法律规定或其他相关规范中，才具有更加实际的意义。“如果宪法规定了人民有新闻出版自由权，但并不规定享有的具体权利，这就把新闻自由局限于一般的抽象议论。”[①] 在此情形下，人民就有上当受骗的感觉，而这是非常危险的事情。“宪法和法律的承诺是必须要兑现的，不然国家就失去了信誉。”[②]

第四，新闻自由本身就是重要的社会价值和目标，同时也是实现诸多其他重要社会价值的手段，即人们通常所说的新闻自由既是目的又是手段。任何一种自由都既是目的又是手段。一种自由没有得到实现时，它就会主要被当作目标来对待；而当它得到普遍实现时，又转化为实现其他更高目标的手段，但它本身作为目标的存在依然需要维持。事实上，一种自由总是与其他种类的自由互相关联、互为条件地存在着、实现着，诚如马克思所说：“自由的每一种形式都制约着另一种形式，正像身体的这一部分制约着另一部分一样。只要某一种自由成了问题，那么，整个自由都成问题。”[③] 现实社会中的自由系统是有机的，尽管每一种自由都有自身独立的价值和作用。

新闻自由的目的性，是指把新闻自由本身作为目标去实现。马克思曾把是否存在新闻出版自由，作为衡量整个社会政治自由、经济自由的尺度，他说：“没有新闻出版自由，其他一切自由都会成为泡影。”[④] 他还说过：“发表意见的自由是一切自由中最神圣的，因为它是一切的基础。”[⑤] 新闻自由本身就是社会应该追求的基本目标。世界著名的经济学家、1998年诺贝尔经济学奖获得者阿马蒂亚·森（Amartya Sen）说：“对基本政治自由和公民权利的剥夺之所以是值得关心的问题，并不是因为它们能对发展的其他方面作贡献（例如在促进国民生产总值增长和工业化方面），而

① 刘建明．当代新闻学原理［M］．北京：清华大学出版社，2003：372.

② 张千帆．宪法学导论：原理与应用［M］．北京：法律出版社，2004：470.

③ 马克思恩格斯全集：第1卷［M］．2版．北京：人民出版社，1995：201.

④ 同③.

⑤ 陈力丹．马克思主义新闻思想概论［M］．上海：复旦大学出版社，2003：71.

是因为这些自由本身丰富了发展的过程”，“政治自由作为发展手段所起的工具性作用的重要性，丝毫不降低它在评价性方面作为发展目标的重要性”①。因此，作为目的的新闻自由，有其特殊的目标性价值，并不需要它作为实现其他目标的手段去证明，它本身就是人类文明社会追求的价值目标，就是政治文明的重要标志，就是人类的基本需要。作为政治权利的新闻自由，是人们评价社会发展水平、文明程度的重要尺度。一个高度民主、文明的社会，一定是一个新闻自由得到有效实现的社会，是一个新闻自由度比较高的社会。自由是人类理想的生存、发展状态与方式，新闻自由是人类自由的构成部分，因而对新闻自由的剥夺就意味着对人类自由生存与发展权利的某种剥夺，而不只是对实现更高生活目标的手段的限制或剥夺。总而言之，新闻自由具有自足的价值，并不需要它的手段价值去证明。

新闻自由的手段性，是指把新闻自由作为实现其他社会目标的方法和途径，使其充当工具性的角色。我国台湾学者李瞻先生对新闻自由的工具性价值做出了精彩的概括，他说：“新闻自由是寻求真理的途径”；“新闻自由是人民权利的保障”；“新闻自由是民主政治的灵魂”；“新闻自由是社会进步的动力”；“新闻自由是世界和平的基础”②。我们在此基础上，对一些要点做出进一步的阐释。

首先，新闻自由既是政治自由的表现，又是促进政治自由的手段。联合国1991年在纳米比亚召开会议，讨论建立一个独立而多元的新闻媒介所必需的法律和经济条件，发表了“温得和克宣言”；1992年又在哈萨克斯坦召开会议，会议坚决支持“温得和克宣言”并重申了发展自由而独立的言论手段是建设民主所必需的信念。联合国已经宣布5月3日——“温

① 森．以自由看待发展［M］．任赜，于真，译．北京：中国人民大学出版社，2002：30－31.
② 李瞻．新闻学：新闻原理与制度之批评研究［M］．台北：三民书局，1973：36－37.

得和克宣言”纪念日——为世界新闻自由日。它每年都提醒人们，新闻媒介在促进和保护其他人权中起着关键作用。“没有言论自由和获得信息的自由，就无法参与有关政府经济的国事辩论或获得保护健康所必需的信息；没有言论自由，就不能对酷刑、失踪和法院外的处决等侵权行为进行抨击。”① “没有言论自由、出版自由与结社自由，就不会出现民主政体，不会出现社会主义和民族主义，也不会出现任何其无限多样的形式。”②只有提供新闻自由和发表各种言论的自由，人们才能知情，才能有效参政议政，才能有效地监督政府，政府也才能真正听到人民发自内心的声音。因此，人民的知情权、表达权、参与权、监督权本质上是统一的，都可以看作新闻自由权利的内涵。法国著名作家阿尔贝·加缪曾说过一句令人回味无穷的话：“毋庸置疑，新闻自由可能有好处，也可能有坏处，但如果没有自由，那就只有坏处，绝不会有好处。”③ 共产国际的创始人之一罗莎·卢森堡指出：“没有自由的、不受限制的报刊，没有不受阻碍的结社和集会活动，广大人民群众的统治恰恰是完全不能设想的，这是一个彰明显著、无可辩驳的事实。”④ 人民当家作主是新中国的追求和理想，但要做到民主，人民自由是首要的条件，自由是民主的前提，没有自由就没有民主。这里的自由当然是全方位的，包括经济自由、政治自由、文化自由，其中自然包含新闻自由。由于新闻自由本质上是信息、意见传收的自由，是自由中的自由，是能够“民主”的基础条件和前提，因此，在诸多自由项目中，新闻自由具有特殊的价值和意义。

其次，新闻自由是实现言论自由的重要途径。新闻媒介是言论得以传

---

① 张穗华．媒介的变迁［M］．北京：中国对外翻译出版公司，2002：29.

② 拉吉罗．欧洲自由主义史［M］．杨军，译．长春：吉林人民出版社，2001：407.

③ 同①195.

④ 卢森堡．论俄国革命·书信集［M］．殷叙彝，傅惟慈，郭颐顿，等译．贵阳：贵州人民出版社，2001：28.

播和发挥影响的载体。在当今社会，言论的影响力主要依赖于（新闻）媒介的传播，言论自由的实质在很大程度上就是看能否通过（新闻）媒介来发表言论，而这首先依赖于新闻自由的实现程度。可以说，言论自由和新闻自由是一体化的。如今，在传播技术的支持下，新闻自由、言论自由有了比较充分的实现空间和手段，但要使这些自由权利成为人们能够理性运用的权利，必须有国家法律的保障。

再次，新闻自由是探寻真理的重要通道，是进行社会合作的有效桥梁。新闻自由作为探寻真理的方法，在传统自由主义者那里有数不清的精彩论述，我们摘录两段。弥尔顿在《论出版自由》中写道："虽然各种学说流派可以随便在大地上传播，然而真理却已亲自上阵；我们如果怀疑它的力量而实行许可制和查禁制，那就是伤害了它。让它和虚伪交手吧。谁又看见过真理在放胆的交手时吃过败仗呢?"① 杰斐逊曾就新闻自由对于探索真理的意义说过这样一句话："我们的第一个目标是给人们打开所有通向真理的道路。迄今为止，找到的最好的办法是新闻自由。"② 新闻自由是人们相互之间进行交流的通道，在当今世界，没有新闻自由，人们将失去一种最为有效的相互交流信息、意见的桥梁。马克思说："自由的出版物是人民精神的慧眼，是人民自我信任的体现，是把个人同国家和整个世界联系起来的有声的纽带"，"是人民用来观察自己的一面精神上的镜子"③。把公民应有的自由归还他们，就是对他们的信任。自由多了，社会就会乱，就会滥用自由，这种担心可能有一定的理由，但这样的担心是对人民的不信任，对人民不信任的社会不可能是民主的，"一切极权政治皆来自对人的不信任，而民主政治的真正根据乃是来自对人的信任"④。

---

① 密尔顿．论出版自由［M］．吴之椿，译．北京：商务印书馆，1958：46.

② 斯拉姆，等．报刊的四种理论［M］．中国人民大学新闻系，译．北京：新华出版社，1980：54.

③ 马克思恩格斯全集：第1卷［M］．北京：人民出版社，1956：74，75.

④ 徐复观．中国思想史论集［M］．上海：上海书店出版社，2004：188.

2010年9月23日温家宝在接受CNN的专访时曾说："人民对民主和自由的向往和需求是无法阻挡的"①。没有自由，在一定意义上就等于堵死了追求真理的道路，堵死了追求当家作主的民主道路。

最后，就新闻传播内部来说，新闻自由是实现真实新闻传播的条件。没有新闻自由的新闻传播，将失去新闻传播的实际意义，没有自由的传播环境或条件，意味着新闻媒体不能将真正的新闻事实报道反映出来，意味着新闻媒体无法或至少不能很好地实现自己监测环境、守望社会、服务大众的功能作用。李普曼说："人们失去对周遭现实的掌握，无可避免会成为骚动和煽动的牺牲品。只有在一个收受者被剥夺了接触资讯管道的社会里，江湖术士、好战分子和恐怖分子才会大行其道。当所有的消息都是二手消息、所有的证言都是不确定时，人们不再对事实有所反应，只会随着意见起舞。人们所据以行动的世界不再是事实，而是由报道、谣言和揣测所架构出来的世界。我们思考的参考架构不是事实，而是别人所宣称的事实。"② 如果有新闻自由的保障，这种情况就会大大减少。由于新闻自由是所有自由中最基本的自由，是人权之中最基本的人权，是民主政治的灵魂，因此，它的手段价值体现在所有的社会领域，我们不可能在此展开全面细致的分析③。

---

① 刘畅．微观社会转型期及其临界点的确认［J］．贵州社会科学，2011（7）：4-11.

② SCHUDSON M. 探索新闻：美国报业社会史［M］．何颖怡，译．台北：远流出版事业股份有限公司，1993：128.

③ 比如，新闻自由对经济自由就具有极大的作用。对此，阿马蒂亚·森的论证，在我看来具有经典式的意义。他以自己对世界饥荒问题的长期研究为根据，指出政治自由和公民权利与避免经济灾难的自由之间具有紧密的关系（其实与避免其他方面的灾难也是紧密相关的），他说："饥荒不在一个民主国家中发生。事实上，从来没有任何重大饥荒曾经在一个民主国家中发生，不管它是多么贫困。这是因为如果政府致力于防止饥荒的话，饥荒是极其容易防止的，而在有选举和自由媒体的民主体制中，政府有强烈的政治激励因素去防止饥荒。这表明，政治自由，以民主制度的形式出现，有助于保障经济的自由和生存的自由。"阿马蒂亚·森进一步指出："对于民主提供的保障，当一个国家非常幸运地没有面临严重灾难时，当万事顺利时，不大会想起。但是，由于经济或其他境况的变化，或者由于未纠正的政策错误，丧失这种保障的危险可能就隐藏在看起来是升平的情况后。"参见森．以自由看待发展［M］．任赜，于真，译．北京：中国人民大学出版社，2002：42。

第五，基于上述关于新闻自由特征的理解，我们应该充分确立这样的观念：新闻自由是应该担当责任的自由。“滥用自由与滥用权力一样，都会对自由本身带来危害。”[①] 作为以公共利益为基本目标的新闻传媒和新闻从业者，在履行自身新闻自由权利的过程中，同样要自觉接受法律、道德和其他一些规范的限制，不能在新闻自由（自由传播）的幌子下损害社会公德、损害社会公共利益。诚如有学者所说：“新闻媒体和新闻记者行使大众媒介权应该有益于社会公众权利、利益，而不得对社会公共利益和公共秩序造成损害。”[②] 日本著名新闻学家小野秀雄认为，新闻自由不是目的，而是确保新闻使命得以实现的手段，他说：“从新闻的立场来讲，新闻自由只有在确保其使命完成这个意义上才是需要的。如果不是这样，自由就会有害而无益。由此可见，新闻由于获得了自由，担负起了维持和捍卫公益的重要职责。”[③] 在自由与责任之间，往往难以平衡二者的关系，美国传媒学者梅里尔就表达过这样的看法，“既想要有自由的新闻界，又想要负责的新闻界，是痴心妄想。新闻界越自由，其不负责的倾向就越膨胀。总而言之，自由有如火焰：它对社会既有利又有弊”[④]。这进一步提醒人们，在运用新闻自由权利的过程中，应该充分考虑到新闻自由的关系特征，考虑到新闻自由的条件性，以承担必要的和应该的社会责任。没有自律的自由往往是难以实现的自由，也可能不是真正的自由。

（三）新闻自由的内容构成

新闻自由的具体展开便是新闻自由的基本内容。新闻传播活动的实际

---

① 里尔巴克．自由钟与美国精神［M］．黄剑波，高民贵，译．南昌：江西人民出版社，2010：31.

② 张振亮．大众媒介权、个人隐私权及其权利张力关系：基于自由主义理论视角的分析［J］．新闻记者，2011（12）：78-82.

③ 张昆．中外新闻传播思想史导论［M］．上海：复旦大学出版社，2006：165-166.

④ 戴比尔，梅里尔．全球新闻事业：重大议题与传媒体制：第5版［M］．郭之恩，译．北京：华夏出版社，2010：11.

构成情况、新闻传播活动与新闻传播环境的相互关系等将直接决定新闻自由基本内容的构成。作为新闻活动的共同主体——传播主体与收受主体（实际上就是社会共同主体）——自然是新闻自由的主体。所有人在本质上既是传播主体又是收受主体，因而可以将新闻自由从总体上分为传播新闻的自由（简称传播自由）和收受新闻的自由（简称收受自由）。

历史上曾经把新闻自由主要理解为职业新闻传播者的传播自由，比如，1951年国际新闻学会（International Press Institute，IPI）发布的文件指出，新闻自由的内容包含：（1）采访自由（free access of news）；（2）传递自由（free transmission of news）；（3）出版自由（free publication of newspaper）；（4）表达自由（free expression of views）。又如，新中国成立前出版的新闻学图书《现代新闻学概论》把新闻自由的含义归纳为五项：（1）采访的自由；（2）传递的自由；（3）刊载的自由；（4）批评的自由；（5）发行的自由。[①] 如果新闻传播机构确实是社会公共平台，掌握在人民的手中，是人民利益的代表，那么，即使把新闻自由理解为传播自由也无大碍，但这种把直接权利变为间接权利的做法往往是危险的，因为谁也不能保证“代表”不会偏离被代表者的利益。因此，把新闻自由主要理解为传播者的自由或传播自由是片面的，甚至是有害的，因为“某些新闻传播机构所具有的新闻传播自由，非但不能等于人民享有新闻自由，反而是对人民新闻自由权利的掠夺和限制”[②]，这种情形不是简单的理论推理，而是我们在各国新闻史和现实中看到的一些景象。因此，将新闻自由理解为进而在法律上明确规定为传播自由和收受自由是比较有效的，并且把这种权利赋予所有人，而不是说传播者只有传播自由，收受者只有收受自由。

将新闻自由理解为公民的普遍权利，确定为每个人的权利（基本人

---

① 储玉坤．现代新闻学概论［M］．上海：世界书局，1948：367.

② 黄旦．新闻传播学［M］．杭州：杭州大学出版社，1997：101.

权），已经成为人们的共识。1948 年联合国新闻自由会议通过的《国际新闻自由公约草案》（Draft Convention of International Free Press）中说："缔约各国为了希望其人民充分得到消息的权利得以行使，希望能由新闻及意见自由传播增进其人民间的互相了解起见，已决定缔结一项公约以达到这一目的。"缔约国同意"予本国人民及其他缔约国之人民在本国境内依法发表或收取各种新闻与意见之自由，不问其方式为口头、文字、出版品、图画或其他合法运用之视觉或听觉的方法"①。很显然，"新闻及意见自由传播"便是公约对"新闻自由"的界定。《世界人权宣言》第 19 条说："人人有权享有主张和发表意见的自由；此项权利包括持有主张而不受干涉的自由和通过任何媒介和不论国界寻求、接受和传递消息和思想的自由。"《公民权利和政治权利国际公约》（中华人民共和国中央人民政府于 1998 年 10 月 5 日签署本公约）第 19 条第 2 款说："人人有自由发表意见的权利；此项权利包括寻求、接受和传递各种消息和思想的自由，而不论国界，也不论口头的、书写的、印刷的、采取艺术形式的或通过他所选择的任何其他媒介。"1949 年 9 月，中国人民政治协商会议第一次全体会议通过了具有临时宪法性质的《中国人民政治协商会议共同纲领》，其中第 49 条指出："保护报道真实新闻的自由。"② 我国 1954 年制定的宪法中写道："中华人民共和国公民有言论、出版、集会、结社、游行、示威的自由"，同时规定"国家供给必需的物质上的便利，以保证公民享受这些自由"。我国现行的宪法（中经 1975 年、1978 年、1982 年等三次颁布及多次修订）第 35 条规定："中华人民共和国公民有言论、出版、集会、结社、游行、示威的自由。"我国学者在 20 世纪 80 年代就将新闻自由界定

---

① 中国社会科学院新闻研究所，北京新闻学会．各国新闻出版法选辑［M］．北京：人民日报出版社，1981：29.

② 徐培汀．中国新闻传播学说史：1949—2005［M］．重庆：重庆出版社，2006：18.

为："搜集、发布、传达和收受新闻的自由，包括报刊的出版自由、电台与电视台的播放自由、新闻采访与报道的自由，以及发表新闻评论的自由等，是言论、出版自由在新闻领域的具体运用。"①

从现实出发，新闻自由最为核心的内容就是报道新闻的自由，它既是传播自由中其他各种自由（采写编评等自由权利）的集中表现，也是收受自由得以实现的前提。那么如何理解报道新闻的自由？我们以为，报道新闻自由的要义在于不同传播主体（包括非职业新闻传播主体之外的所有新闻传播者）在不违背相关法律规定的范围内，可以从不同角度去报道事实、评论事实，这些不同角度间的互补互动，才有可能比较完整地呈现出事实的面目和真相。美国新闻人、著名的随笔作家 E. B. 怀特（E. B. White）这样写道："一些新闻难免有歪曲之处，但歪曲本是党派新闻固有的东西，政治集团同样如此。我还从没有见过不偏不倚的文字，不管是政治性的还是非政治性的。作者倒向哪边，文字就偏向哪边。没有人生来公允，虽然有许多人生来正直。美国新闻自由的美好，就在于偏向，扭曲和歪曲来自许多方向，读者必须筛选、核查、比照，才能得出真相……只有新闻的扭曲来自同一个出处，例如政治控制下的新闻制度，读者才会蒙了头。"② 新闻自由的要义，不是一种声音的自由传播，而是不同声音在法律范围内的齐鸣。对于同一事实或事件，只有通过不同传播者自觉与不自觉的"协作"（其中不仅是合作和互补，也必然会发生冲突和矛盾），才能为社会大众呈现出事实的完整面目。法国学者贝尔纳·瓦耶纳（Bernard Voyenne）说得好："谁也不能说自己掌握了全部新闻，但是通过每个人所掌握的分散的、不完整的片段，却可以最终合成一个协调的整体。"③ 也许我们可

---

① 余家宏，宁树藩，徐培汀，等．新闻学词典［M］．杭州：浙江人民出版社，1988：72.

② 蔡晓滨．美国报人：游走于现实与历史之间［M］．济南：山东画报出版社，2010：228.

③ 瓦耶纳．当代新闻学［M］．丁雪英，连燕堂，译．北京：新华出版社，1986：37.

以说，所有媒体的“合作”（在今天的传播环境中，则可以说是整个社会大众与职业新闻媒体的合作），即由报刊的“整个机体”“分裂成许多各不相同的报纸”，通过各种不同特征的“相互补充”[1]，方能够为人们描绘出一个真实的事实存在，而这一点，还必须以每一媒体对某一侧面的真实反映为前提。只有这样，“每一片玫瑰花瓣”才都能够“散发出玫瑰的芬芳并表现出玫瑰的特质”[2]，而其中的真实精神或灵魂便是新闻自由[3]。如果没有真实的新闻自由，也就不可能有真实的新闻传播，新闻自由永远是真实新闻传播的保证。新闻自由，就是让所有传播者在优良的法律环境中，自由地报道事实、评论事实。这是新闻自由最基本的实际内容。

---

① 马克思恩格斯全集：第1卷［M］. 北京：人民出版社，1956：190.

② 马克思恩格斯全集：第1卷［M］. 2版. 北京：人民出版社，1995：397.

③ 以往人们对马克思所说的“报刊的有机运动”，主要是从新闻真实实现的过程性去理解，但这只是其中的一点。我以为，马克思“报刊的有机运动”思想中更为重要的内在精神是新闻自由精神。马克思事实上已经指出，没有不同报刊之间的有机运动，也即没有自由的报刊，新闻真实的实现是不可能的。因而，我们可以说马克思表达了这样的核心思想：没有报刊自由（新闻自由）就没有真实新闻，因而，新闻自由才是新闻活动的灵魂。

第三章　新闻观念构成分析（下）

——观念的内在要素与层次结构

没有说出口的思想，也就是没有表达出来的思想，必然注定要与心怀这个思想的人一道死亡。

——保罗·莱文森（Paul Levinson）

语言作为“表达观念的符号系统”，首先与意义相联系。这里所说的意义，不仅仅限于认知或描述，而且也涉及评价与规范。

——杨国荣

在一个价值观体系中，选择什么东西作为至高价值是需要无比谨慎的事情，因为当其他价值在与最高价值发生矛盾时，其他价值就必定被牺牲掉，因此，只有最高价值才具有决定意义。如果最高价值选择不当就会使整个价值体系失去正当性，即使这一体系包含了所有好的价值也无济于事。

——赵汀阳

上一章，我们主要分析了新闻观念的“主义”类型与核心内容的系统构成，这是对新闻内容构成比较宏观的把握。本章中，我们首先以主义层面的新闻观念为对象，分析一种系统的新闻观念的内在层次结构；然后再以具体新闻观念为对象，深入到内部，解剖其内在的要素构成及其基本关系，从而在更为细致的微观层次上认识新闻观念的结构方式；之后以新闻学为基本视角、从主体结构方式出发，对新闻观念的层次构成及不同层次间的相互关系加以分析和阐释。最后，为了在经验层次上对新闻观念形成更为真切的感知和理解，我们将在总体意义上，对新闻观念的实际存在方式或表现方式做一些简要的论述和说明。

一、结构论视野中主义层面新闻观念的基本构成

结构论就是把对象作为整体，分析构成对象的要素、层次及其相互关系。主义层面的新闻观念，是一种系统性比较强的宏观观念，拥有比较明晰的内在要素及层次结构。如果我们能够将这样的结构准确呈现出来，那必将有利于人们对新闻观念的理解和把握。本节中，我们首先对主义层面新闻观念内在层次的一般结构做出解剖和阐释；其次将运用这一一般结构模式，并针对专业新闻主义观念、宣传新闻主义观念和商业新闻主义观念的具体内容，对它们的内在结构分别加以描述；之后再对构成观念系统的不同层次之间的关系进行阐述。

（一）观念层次结构解析

一般意义上，针对一定社会实践领域的体系性或系统性观念，总是有其内在的比较完整的基本结构。如果按照构成一种总观念之不同具体观念间的层次关系，可以说一种系统的总观念通常拥有自身的核心观念、基本

观念和操作观念。同样，对于任何一种主义层次的新闻观念，从其主要观念内容构成的内在关系上看，大致可以分为三个层次：中心层、中间层和边缘层。三个层次的有机统一构成完整的主义观念系统（见图 3-1）。

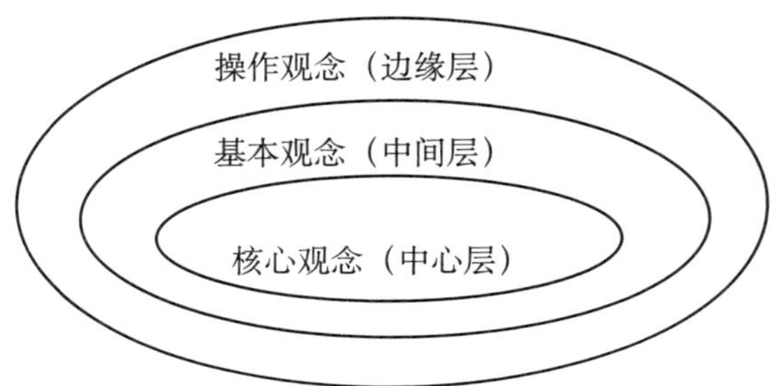

图 3-1 主义层面新闻观念的基本层次结构图

所谓中心层观念，就是一种新闻主义的核心观念，属于观念系统的灵魂或硬核，处于整体主义观念系统结构的中心地位，是决定某一观念系统之所以是它自身的判决性或决定性观念。

所谓中间层观念，就是那些能够直接体现、实现和维护中心层观念的基本观念；也可以说是核心观念的初步具体化表现。之所以定义或名之为中间层观念，主要因为它是中介中心层观念与边缘层（操作）观念的观念，具有桥梁地位和作用。

所谓边缘层观念，就是那些为了实现中间层观念要求或观念内容的操作层面的观念，这样的观念更为具体，是直接可以指导实践活动或实践行为的操作性观念。

按照上面关于新闻主义层面观念的结构模式，我们可以将专业新闻主义观念的层次结构具体描绘如下（见图 3-2）。

对于专业新闻主义观念来说，其核心观念就是“新闻本位”观念，具体主要表现为：关于新闻传媒自主性或独立性的观念（实质上就是新闻自由观念），关于新闻传媒应该为社会公共利益服务的观念（也即社会责任

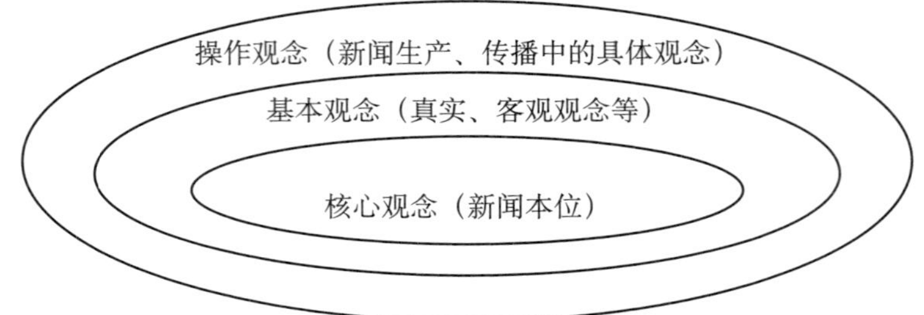

图 3-2　专业新闻主义观念内容层次结构图

观念、公共观念、公共精神)。

那些最基本的新闻传播观念，诸如新闻价值观念、新闻真实观念、客观观念、全面观念、公正观念、平衡观念、及时观念、公开观念等，以及新闻职业自治或新闻自律观念、新闻职业伦理道德观念等，便是处于中间层次的基本观念。这些基本观念既是新闻本位观念的具体体现，也是新闻本位观念能够在新闻实践中得以体现、实现的观念保证，它们实际上构成了新闻观念的主要内容。

为了实现中间层次基本观念（诸如真实、客观、全面、及时、公开等等）的要求，还需要一些能够直接操作可行的方法和措施，而关于这些方法、措施等的观念反映，便构成了边缘层次的新闻观念内容。在新闻实践中，那些关于如何具体展开新闻采、写、编、评、制、播等等的观念，就属于边缘层次操作观念的主要内容。

同样，按照上面关于新闻主义层面观念的结构模式，我们可以将中国当前占主导性的宣传新闻主义观念描绘如下①（见图 3-3）。

---

① 宣传新闻主义观念是把新闻当作宣传手段的一种观念，这样的观念在不同社会和不同时代、历史时期会有不同的表现。并且，对于不同的宣传主体来说，其具体的宣传目的与宣传内容也会有所不同。因此，不同宣传主体针对宣传目的的基本观念和操作观念也会有所不同。故而，我们图中所示的仅仅是针对中国当前的情况。如果仅仅在抽象的意义上进行描述，可以说宣传新闻主义的核心观念是“宣传至上的观念”，基本观念是“新闻是宣传的手段”的观念，而操作观念则包含丰富的、繁杂的各种能够实现宣传目标的具体可行的观念。

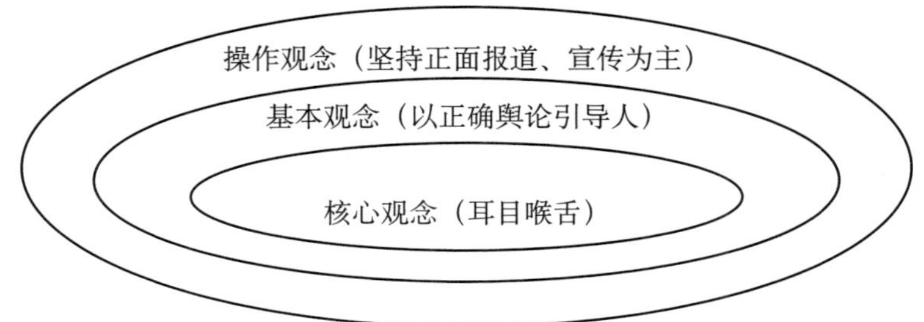

图 3-3 宣传新闻主义观念内容层次结构图

图 3-3 中，“耳目喉舌”观念（新闻传媒是党、政府和人民的耳目喉舌）是宣传新闻主义的核心观念（其中自然包含着新闻业、新闻工作的党性观念），在现实中国社会也表现为“二为”观念（为人民服务，为社会主义服务），既反映了中国新闻业的根本性质，也反映了中国新闻业的最高宗旨。

坚持以正确的舆论引导人构成了改革开放以来宣传新闻主义的基本观念，也可以说是新闻传播工作的主要任务和直接目的。始终坚持把新闻作为重要而有效的舆论引导手段，是宣传新闻主义观念最为突出的特点。中国新闻界耳熟能详的关于舆论引导的“祸福论”“利误论”[①] 都十分明确地表明了这一点。

坚持正面（宣传）报道为主则是处于边缘层次的操作观念，它直接指明了新闻传播工作者应该如何选择和报道现实世界的各种事实，直接指明了反映和建构社会现实的操作方向和操作方法。中国新闻界从 2003 年开始先后开展的“三贴近”（贴近实际、贴近生活、贴近群众）活动、“三

---

① 江泽民在 1994 年 1 月全国宣传工作会议上发表的讲话中说：“舆论导向正确，是党和人民之福；舆论导向错误，是党和人民之祸。”参见金炳华．新闻工作者必读［M］．2 版．北京：文汇出版社，2001：65。胡锦涛在 2008 年 6 月 20 日视察《人民日报》时明确指出：“舆论引导正确，利党利国利民；舆论引导错误，误党误国误民”。参见唱响奋进凯歌 弘扬民族精神：记胡锦涛总书记在人民日报社考察工作［N］．人民日报，2008-06-21（1）。

善”（善待媒体、善用媒体、善管媒体）活动和“走转改”（走基层、转作风、改文风）① 活动等，一定意义上都可以看作为了实现以正确的舆论引导人、最终实现“二为”宗旨的操作观念。

与上面相类似，我们可以根据关于新闻主义层面观念的结构模式，对商业新闻主义观念的构成也做出大致的描绘（见图 3 - 4）。

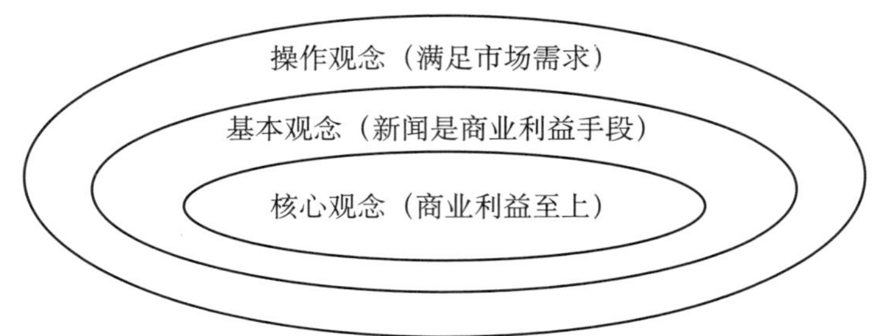

图 3 - 4　商业新闻主义观念内容层次结构图

对于商业新闻主义观念来说，其核心观念是经济利益或商业利益至上，“商业利益”始终是其新闻传播的目标指向。

处于中心层的商业新闻主义的基本观念是：把新闻当作实现商业利益的手段。新闻不是目的，仅仅是盈利的手段。因此，只有有利于实现商业利益的新闻才是有用的、有意义的新闻。

边缘层观念或操作观念则是如何具体运用新闻手段实现商业利益的至上追求。当新闻被当作获取商业利益的手段时，如何获取新闻、传播新闻便转换成了刺激市场的“艺术”。

在新闻传播实际中，传播主体以单一的某种新闻主义作为新闻主导观念是不多见的，大多数都是三种基本主义的某种“混搭”，但由于它们必定

---

① 为推动新闻工作者切实将群众观点、群众路线体现在新闻宣传实践中，促进新闻单位深入基层、深入群众进一步制度化、常态化，中宣部、中央外宣办、国家广电总局、新闻出版总署、中国记协五部门于 2011 年 8 月召开会议，做出《关于在新闻战线广泛深入开展“走基层、转作风、改文风”活动的意见》，决定在全国新闻战线组织开展“走基层、转作风、改文风”活动。

是“新闻主义”，因此，在基本观念和操作观念层面上看，至少在形式上是大致相似的。这样，我们就可以做出如下的总体性结构描述（见图3-5），关于“两两”结合的结构图都可以根据这一基本结构模式加以简化，我们就不再单独描绘了。

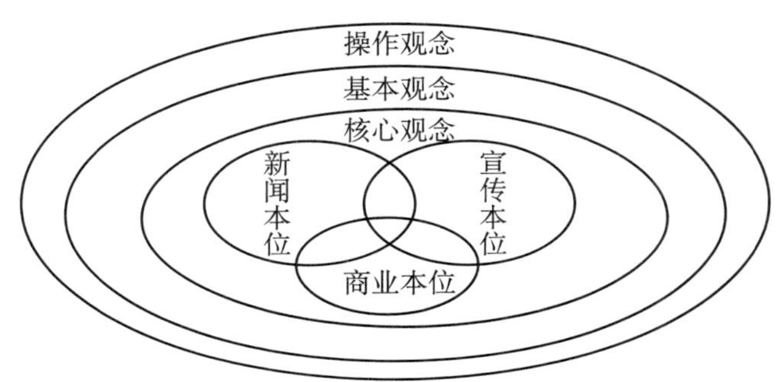

图3-5 三种基本新闻主义的混合结构

对于“混搭”主义来说，一般情况下，传播主体不会平等对待三者，常常是以某一种新闻主义为主，以其他两种主义做补充，从而形成多种主义的“张力型”或相互制约型的结构方式。由于以某一种主义为主导，因此，在名义上仍然可以称之为“专业新闻主义”，或“宣传新闻主义”，或“商业新闻主义”。比如，尽管近些年来中国新闻传媒大多在主义问题上是混搭式的构成方式，但宣传新闻主义在总体上依然是主导的观念；又如，在西方，绝大多数新闻传媒奉行的新闻主义同样是混搭式的，但基本上要么以专业新闻主义为主，要么以商业新闻主义为核心。

对混搭结构来说，在基本观念、操作观念上大致是相同的，因为当新闻被作为手段运用时，都要在形式上遵循新闻传播的基本要求和操作规范，至于在实质上怎样运用新闻传播的基本观念和操作观念，则是由各种主义的价值取向从根本上决定的。

（二）不同层次之间的基本关系

上面关于主义层面新闻观念由中心到边缘的圈层结构描绘，以及对不同圈层主要观念内容的简要解释，应该说已经比较形象地说明了构成主义层面新闻观念不同层次之间的基本关系。但为了集中而清晰地把握不同圈层之间的关系，我们下面再加以总结概括。

从总体上说，中心层是一种新闻主义的核心观念，集中反映了一种新闻主义的价值追求和价值理想；中间层则是实现核心观念的基本观念；而操作层的观念则是进一步实现基本观念、核心观念的措施或方法观念，构成中间层和边缘层的诸多具体观念，既要反映观念来源的实际情况，同时还要能够有效满足相关主体的传播目标追求，做到内涵认识、价值与方法的统一。三个圈层有机结构成一个系统观念，才使一种主义层面的新闻观念能够实现认识论、价值论和方法论上的统一，从而成为一种具有实践指向的主义、观念。具体来讲，不同层次的观念具有以下一些基本关系。

第一，如上所见，三种新闻主义有着相似的观念结构方式，在不同的圈层结构间有着相同的逻辑关系：中心层—中间层—边缘层。三种主义最大的不同或根本的区别在于构成它们的中心层的核心观念不同：专业新闻主义是新闻本位的观念，宣传新闻主义是宣传本位的观念，而商业新闻主义是商业（利益）本位的观念。但是，不管对于哪一种新闻主义，作为新闻主义，它们在中间层、边缘层的基本观念和操作观念是大致相似的，最起码在形式表现上是相似的，它们都会按照新闻传播的基本要求（真实、客观、及时、公开等观念）以及新闻生产、新闻传播的基本方式方法为核心观念的实现服务，区别在于不同新闻主义会以不同的态度和方式运用基本观念和操作观念。

第二，从中心到边缘，观念的抽象性在不断减弱，而具体性在不断增强。可以说，中心层观念通过中间层观念、边缘层观念逐步使自身能够落实于实践活动之中。与此相应，从中心到边缘，观念的稳定性不断减弱，而灵活性不断增强。中心层的核心观念一旦确定或形成，便是稳定的，具有长久的不变性，构成了一种主义观念的内核和灵魂；但中间层、边缘层的基本观念特别是操作观念会伴随各种条件的变化而不断更新扬弃。

第三，上述第二点已经内在表明，新闻观念变革往往会从操作观念开始，最难改变的是核心观念。当一种主义层面新闻观念的核心观念变动了、改变了，那就只有两种基本情况：一是原有的主义观念消散了；二是原有新闻主义转变成了另一种新闻主义。比如，当美国新闻史上党派报刊被市场化、商业化的大众报刊取代后，浓厚的宣传新闻主义观念（报刊是政党的耳目喉舌）也就被商业新闻主义观念（商业利益至上）取代了。改革开放以来的中国新闻改革，也首先是从操作观念和基本观念的变革更新开始的，表现为人所共知的业务改革在先、理论变革在后的景象；但随着改革的深入和扩展，处于中心层的核心观念也出现了一定的松动，传统的宣传本位观念受到了商业本位、专业本位观念的冲击，从而使今日中国的新闻业景象表现出比较复杂的局面。

第四，需要特别说明的是，对于一种主义层面的新闻观念来说，三个圈层的观念缺一不可，也就是说，圈层不可“缺环”、不能断裂。缺少基本观念、操作观念的核心观念本质上是空洞的、虚妄的，仅仅是一种观念的存在，难以现实化。同样，没有核心观念的基本观念、操作观念将失去价值目标、理想指向，仅仅是工具性、手段性的存在。基本观念、操作观念能否得到恰当的运用，从观念论角度看，关键是有无一个合理正确的核心观念。因此，在一定意义上说，这里所说的核心观念（中心层）、基本观念（中间层）、操作观念（边缘层）具有同等的重要性，我们将它们划分成圈层结构，主要是对观念结构方式的一种描述，是逻辑分析的需要。在实际中，作为实践理念的任何一种新闻主义，其观念系统本质上是内在统一的；如果一种主义层面的新闻观念内部，不同层次观念之间没有基本的统一性，那它一定是无效的实践观念。

二、主体视野中新闻观念层次构成分析

上面，我们以主义层面的三种典型性新闻观念为对象，运用结构论方法对它们的层次构成及其关系进行了分析，这是一种针对“观念实体”的分析。但我们知道，所有观念都是主体的观念，因此，为了更加准确细致地把握新闻观念，很有必要从主体角度对新闻观念的构成展开进一步的分析。人类社会是一个巨大的有机体，有其自身的结构方式；社会存在的层级结构从根本上决定了主体观念的层次性表现。从主体角度对新闻观念的层次构成分析，能够帮助我们更加清晰地把握一定社会中新闻观念系统的内部构成，从而进一步看清、看透新闻观念的实质。

（一）不同主体层次新闻观念的构成

在第一章，我们已经指出，主体性是观念最基本的属性。因此，我们将主要从主体的层次构成角度分析新闻观念的层次结构，随后进一步讨论不同层次观念之间的关系。从主体层次构成角度分析新闻观念的层次构成，需要把握两个基本要点：一是主体的层次构成，二是新闻活动的视角。将这二者结合起来，我们可以把新闻观念的层次构成分为：人类或全球层面的新闻观念，社会层面的新闻观念，新闻传播行业层面的新闻观念，新闻媒体层面的新闻观念，职业（非职业）个体层面的新闻观念。这些不同层次的新闻观念之间存在着各种可能的关系。

1. 人类或全球层面的新闻观念

人类生存发展过程给我们提供了这样的客观事实：新闻活动是人类共同的本体性活动，新闻信息需求是人类生存、发展的基本需要。正是基于这样一些根本性的、客观的共同点，不管组成人类的具体群体生活在地球的哪个地方，生活在历史的哪个时代，人类对自身的新闻活动都会有一些共同的、相似的基本经验和体验。而一旦人类文明发展到某种程度，使人类在总体上对自己创造的新闻现象、自身的新闻活动具有一定程度的自觉或反思性认识，不管不同空间中的人之间是否进行交流，他们都会形成一些初级的共同的或相似的新闻意识、新闻观念。起初人们并不会以概念化的方式表达他们对新闻现象、新闻活动的认识，用概念化方法表达新闻意识、新闻观念是人类对新闻现象、新闻活动有了充分自觉之后的事情。

人类能够有效地、自然地相互交流、讨论全球意义上的新闻观念，恐怕要以全球化以及“全球社会”[①] 的逐步产生、出现、形成为背景，不然这样的讨论交流就缺乏必要的现实基础。正是全球化的形成（信息交流本身是促成全球化的条件），使人类的新闻活动具有了全球性的意义，进入了全球化的时代，面对着越来越多全球性的问题（诸如环境问题、生态问题、资源问题、气候问题、人口问题、饥饿问题、海洋问题、太空问题、核武器问题、恐怖主义问题等等）；全球新闻传播、国际新闻传播的常态化，跨地区、跨国新闻（文化）交流互动的日常化，使我们关于人类意义上新闻观念的讨论不仅具有学术价值，同时具有重要的实践意义。当全球新闻传播、国际新闻传播成为影响人类活动的重要领域、重要方式时，关

---

① “全球社会”是相对“国际社会”而言的一个概念。“全球社会”是基于全球问题的共识和解决全球问题的共同努力而形成的包括国家在内的各种共同体和个人与生态环境间的关系体系；“国际社会”是由世界上各个以自身的利益为基础的经济、政治共同体间的关系构成的整体。参见叶险明．世界历史的“双重结构”与当代中国社会的全球发展路径［J］．中国社会科学，2012（6）：4－23。

于全球新闻观念的讨论就会成为人类关注的重大问题，这正是今天媒介环境中人们看到的景象。

尽管对什么是真正的新闻，特别是什么应该成为新闻，以及与此相关的一系列问题，生活在不同地区、国度以及属于不同民族的人们，生活在不同时代、历史时期的人们，会因各种各样的原因而有不同的认识，但在如今全球化的背景下，已经形成了关于新闻的一些共同知识和观念，在如何反映、报道新闻事实的态度与方法观念上，人类的共识度越来越高，而不是越来越低，最起码在职业新闻活动领域是可以做出这样的判断的。就职业新闻活动领域来看，一些共同的新闻活动原则、一些相同或相似的新闻观念至少在形式上已经形成，比如，新闻传媒要保持相对的自主性和独立性，要承担社会责任、维护公共利益，新闻传播要坚持新闻真实观念、新闻客观观念，新闻工作者应该坚守新闻伦理道德观念，等等。当然，要想达到新闻观念的实质一致①，还有很长的路要走。但我们应该清楚的是，人类的多样性存在，从根本上决定了新闻观念的差异性是必然的。因此，一致也只能是差异中的一致，差异也一定是一致中的差异。差异间的相互尊重是实现一致性的前提，但任何一种差异性都不能以差异为借口违背新闻传播的基本特征和基本规律。

对于曾经相当封闭的中国来说，曾有一段时间把自身之外的西方资本主义国家的所有知识和观念——不仅是人文社科领域，甚至是自然科学领域——统统看作是错误的、荒谬的，这是用单一阶级标准评判知识、观念科学性与合理性的必然恶果。现在，中国越来越成为世界结构中的中国，中国的新闻业也成为整个人类新闻业的有机组成部分，中国的新闻工作者也是全球新闻工作者中的一个群体。如此，中国与世界一起拥有一些共同

---

① 新闻观念的实质一致，是指观念的具体内容所指的一致性；新闻观念的形式一致，是指观念表达的概念形式（语汇形式）的一致性。

的新闻观念就不足为奇，而是理所应当了。我们应该也必须承认一些普适新闻观念的存在[①]，应该在新闻活动中遵守那些共同的新闻传播原则和观念。

2. 社会层面的新闻观念

讨论社会层面的新闻观念，是把一定社会视为一个统一的主体单元，看其新闻观念的构成或表现状况。毫无疑问，在任何一个特定的社会中，通常都会存在多元化、多样化的新闻观念，因为任何社会中的主体构成、主体利益都不会是单一的，而是多元的，这样的多元、多样也会表现在新闻观念的一致或差异上。另一个显见的事实是，一定社会中不同主体新闻观念的社会地位、社会影响是不会相同的。但我们这里并不准备说明一定社会的具体新闻观念的详细构成情况，只是就一定社会中处于主导地位的新闻观念加以简要说明。因为，只有这种主导新闻观念，才称得上是社会层面具有实质意义的新闻观念。

人们看到，一个社会总是有其总体的主导价值观或核心价值体系。所谓主导价值观，“就是在一个社会中占统治地位、对社会其他价值观及其发展方向和基本走向具有主导、引领和规范作用的价值观”[②]。同样，在一个社会的新闻领域，也总是有其主导的新闻价值观或新闻观念。其实，人们通常所说的社会层面的新闻观念，主要是指一定社会中的主导新闻观念。就现实社会来看，这样的新闻观念就是统治阶级或统治阶层（集团）拥有的、赞同的新闻观念，或者说就是国家或政府所持有的、赞同的新闻观念。国家或政府持有的新闻观念通常以新闻制度的方式得以呈现，新闻制度既是新闻观念的规则化表现，也是一定新闻观念得以稳定化、权威化

① 关于全球新闻观念的形成问题，我们将在下一章的相关部分进行专门的讨论。

② 廖小平．主导价值观与主流价值观辨证：兼论改革开放以来主流价值观的变迁［J］．教学与研究，2008（8）：11－16.

的根本方式。新闻制度可以表现为与新闻活动相关的法律，也可以表现为新闻活动领域长期形成的习惯、规则，以及政府制定的相关新闻政策[①]等。

在当下中国社会，可以进一步说，主导新闻观念就是执政党中国共产党所持有的新闻观念——马克思主义新闻观。这样的新闻观念，就是国家或政府拥有的新闻意识形态或新闻观。一般说来，一定政府的新闻观念是系统的、成体系的，是其政治意识形态的有机组成部分；更准确地说，政府的新闻观念是其政治意识形态在新闻领域的体现或延展。因此，对一个政府（政党）而言，有什么样的政治意识形态，原则上就有什么样的新闻观念体系。新闻观念不过是整体意识形态的一种体现方式。

在一个稳定的、统一的社会中，尽管在新闻领域也会存在多元的、多样化的新闻观念，但主导整个社会的核心新闻观念是唯一的，不可能是多元化的，就像在一个社会中价值观念是多样的、多元的，但整个社会的主导价值观念、政治意识形态不可能是多元化的一样。诚如有人所说："任何国家、任何社会，不管其经济和社会结构多么复杂多样，占统治地位的主流意识形态必然都是一元的。如果只有多样并存而没有一元指导，主流意识形态得不到坚持，就必然导致整个社会的思想混乱和政局动荡。"[②] 但是，在一个动荡的、分裂的社会中，就很难有统一的、一元的主导价值观念了，因为，动荡、分裂往往就是主导意识形态的不统一或无法统一、无法主导所导致的。当然，主导价值观并不必然是合理的价值观，也并不必然是社会大众从内心认可的价值观，对新闻领域而言，同样可能存在着类似的现象。

因此，在对社会层面的新闻观念做出上述说明之后，我们还想特别指

---

① 关于新闻观念与新闻政策之间的关系，我们将在后文以专门章节展开讨论。

② 张昌尔．树立与科学发展观相适应的文化观［N］．人民日报，2005－10－19（9）．

出，对一个处于转型状态中的社会来说，以政府或政党新闻观念为“主导”的新闻观念体系往往与社会“主流”新闻观念体系并不完全一致，甚至有尖锐的冲突和矛盾。主导新闻观念是政府倡导的、要求新闻传媒贯彻落实、职业新闻工作者奉行实践的新闻观念，但主流新闻观念则是指流行于职业群体之中甚至是流行于普通民众间的大多数人实际赞同或奉行的新闻观念①。因此，主导并不一定主流，主流也并不一定主导。显而易见，只有主导与主流实现统一，一定社会才会真正拥有统一而稳定的新闻观念体系。另外，主导新闻观念通常是稳定的、清晰的，但主流新闻观念在一定历史时期、社会状态中不一定是清晰的、明确的。

3. 新闻传播行业层面的新闻观念

新闻传播行业层面的新闻观念，就是新闻行业主体所拥有的新闻观念，一定意义上就是人们通常所说的职业新闻群体（新闻从业者）拥有的新闻观念。新闻观念论所讨论的新闻观念，实际上也主要是针对行业（主体）新闻观念而言的。

一定社会是由不同社会领域构成的，是由不同社会行业构成的。每一领域、每一行业都会以自身特有的性质、地位、功能、作用显示本领域、本行业在社会系统中的特色和个性。而所有这些内容，都会表现在行业的基本观念之中。对行业内部来说，行业观念是统一行业的精神工具；对行业外部来说，行业观念是行业独立性的重要精神标志，也是社会认知、判断、评价一个行业的基本依据。马克斯·韦伯说过，任何一项伟大事业的背后都存在着一种支撑这一事业并维系这一事业成败的无形的时代文化精神。新闻行业拥有的新闻观念是本行业的灵魂和精神支柱，反映和标志着

① “主流价值观，则是‘社会成员价值观合力作用的结果’”。参见刘英．主导价值观与主流价值观的融合：“中国网事”年度网络人物评选对价值传播的创新与启示［J］．新闻记者，2012（6）：19－23。

本行业的目标追求和价值取向。

对于新闻传播行业来说，首先需要回答的一个大问题是：新闻行业到底是一个什么样的行业？在不同的视野中，可能有不同的回答。在经济视野中，新闻行业是第三产业的一部分；在文化视野中，新闻行业是影响广泛的文化事业、文化产业；在政治视野中，新闻行业是上层建筑的一部分，是意识形态领域的重要构成部分；在舆论视野中，新闻行业是专门的社会舆论领域，是反映、制造、引导社会舆论的特殊行业；在信息论视野中，新闻行业是一定社会信息采集、加工、制作、传播的中心……可以说这都是对新闻传播行业的地位、属性、功能等的描述和反映。但是，最为实质的回答恐怕是：新闻行业是以“新闻传播”或“传播新闻”活动为主、为核心的一个社会行业、社会领域，它是一个主要通过新闻方式为社会建设服务、为社会大众服务的行业。因此，在其行业观念系统中，最重要的观念是新闻观念。新闻传播活动是新闻行业的实践之根，新闻观念则是新闻行业的精神之本。

所谓行业新闻观念，主要是指新闻行业对“新闻”在社会存在、社会发展、社会生活中的地位、属性、功能、作用等的看法。因此，行业新闻观念主要包括两个互相紧密联系的方面：一是对行业本身的看法；二是对行业与社会之间关系的看法。对这两个方面的反思与自觉，即对行业之社会性质、特征、地位、属性、功能、价值、意义等的反思与自觉，构成了新闻行业主体对本行业的认知和想象。一言以蔽之，行业新闻观念就是新闻行业主体对自身的观念自觉。一个行业对本行业拥有怎样的观念，对该行业的实际运行有着至关重要的作用和影响。应该说，新闻观念的典型性存在方式，应该是行业性的，这是不同社会领域得以区分的必然结果。

从理论上说，作为行业观念的新闻观念，在一定社会范围内甚至在全球范围内都应该是大体一致的或相似的。但从现实性上看，作为行业观念的新闻观念，在不同时代、不同社会之间具有更为明显的特殊性和差异性，时代性和社会性才是新闻观念的显著特征。即使在同一时代、同一社会之中，新闻行业内部对新闻的认知、看法、态度、理想、信念也是既有一致性又有不一致性。行业的历史性存在、社会性存在，从根本上决定了行业新闻观念也是历史的、社会的。我们在前文论及的三种新闻主义，其实也可以看作新闻行业的三种不同核心观念。

4. 新闻媒体层面的新闻观念

新闻媒体组织是新闻行业的实体运行机构，是新闻生产、新闻传播的实际"操作者"，它们才是构成新闻行业的核心。因此，从主体角度分析新闻观念的构成，新闻媒体组织主体可以说是一个最重要、最典型的层次。

就目前的媒介生态来说，尽管在一系列技术（技术丛）的强大支持下，民众新闻传播、非职业新闻群体的新闻传播影响越来越大，对职业新闻传播构成了一定的冲击和挑战，但在新近可预见的时间内，依旧毫无疑问的是，专业新闻媒体及其新闻传播对于一定社会整体的新闻图景呈现与建构依然发挥着核心作用。因此，从实践性上看，对一定社会新闻活动具有重要影响的新闻观念，是新闻媒体组织实际拥有和践行的新闻观念，因为新闻媒体组织是制度化新闻生产、新闻传播最重要的机构或社会信息中介系统，它既要面对新闻控制主体（主要是政府或政党）提供倡导的主导新闻观念，又要面对作为新闻收受主体的社会大众的新闻需求，还要面对新闻活动中各种可能影响性主体的多重压力。由不同新闻媒体组织新闻观念构成的整体性新闻观念生态结构，最能呈现和反映一定社会整体的新闻观念构成情况。

新闻媒体组织的新闻观念，通常最直接地体现或表达在它的媒体方针

（办报、办台、办站方针）和编辑方针之中。正是在这些方针中，媒体组织会明确对外宣称自己的媒体属性、媒体定位、价值取向、理想追求、新闻信念、操作方式等基本观念①。媒体组织的新闻观念，是媒体用来指导自身新闻行为的思想，是具有强烈实践性的观念，是媒体处理新闻行为与其他行为关系的基本理念或精神原则。它体现了一家新闻媒体的品质与风格，是一家媒体的灵魂。

在新闻观念论视野中，新闻媒体间的区别，在根本上说就是新闻观念的不同。在世界范围内，人们关于主流媒体与非主流媒体的划分，关于高雅、严肃传媒与通俗、娱乐传媒的区隔，关于政治传媒与商业传媒的区别……在中国范围内，人们关于党媒与社会媒体的划界，关于主流媒体与一般媒体的区分……在中外，人们关于新闻传媒组织立场的各种“左中右”的定位，以及关于传媒的“极端”“保守”“开放”等等的标签，实质上都是对不同新闻传媒所持有、奉行的新闻观念的一种言说。因而，在一定意义上，我们可以说，有什么样的新闻观念，就有什么样的新闻媒体。当然，新闻传媒的新闻观念并不纯粹是关于新闻的观念，现实中，新闻传媒拥有的各种观念（如社会观念、政治观念、经济观念、文化观念、民族观念、国家观念等等）都会熔铸在其新闻观念之中，并通过这种观念指导的新闻传播活动呈现出来、实现出来，或者说，这样的新闻观念会成为其新闻传媒整体新闻生产、新闻传播的基模或框架②。新闻框架的内核在媒体层面就是媒体的新闻观念。

---

① 比如，历史上、现实中，中外一些著名的或不著名的新闻媒体，都会在自己开办之日或改版之时，通过自己的媒介甚或其他媒介（广告方式）向社会宣示自己的方针。有些新闻媒体甚至会把自己的价值理想、操作理念凝结成一两句话，常态化地刊登在自家媒介的显著位置（如报头底下或报眼位置等）上，以示宣传和张扬。

② 对新闻传媒组织来说，新闻框架就是其生产新闻、传播新闻的原则、标准或观念，这样的观念会落实在生产、传播的每个环节，体现为选择事实的角度，写作、编辑（呈现和建构）新闻的结构方式、修辞手段，传播新闻的时机、技巧与艺术，等等。

每个新闻媒体组织都有自己相对独立的新闻观念体系，“每个新闻组织的新闻文化各有差异”①。根据我们前文关于新闻观念结构的分析，可以说，在新闻媒体的观念体系中，首要层次是总的、主导性的“主义”层面的观念（这种观念有时与媒体向外宣称的观念并不完全一致），其次是维护总观念的各种具体观念，再外一个层次是实现具体观念的操作方法和实施程序的观念。作为一种新闻实践观念，对于一个比较成熟的新闻媒体组织来说，应该是系统的、全面的，并且是与时俱进、不断更新的。

5. 职业（非职业）个体层面的新闻观念

从主体角度看，观念最基本的存在方式是个体化形式，它存在和运行在一个人的大脑和心理之中。一种观念只有被社会大众广泛拥有，才能叫作社会观念；一种职业观念只有被从事相关职业的人员普遍拥有，才能称得上是一种职业观念。个体拥有是任何观念最为实在的存在方式。对于同一对象，不同个体既可能拥有大致一样的观念，也可能拥有不同的观念。因此，观念最为丰富多彩的存在方式，也在个体层面上。在新闻观念论视野中，所谓个体新闻观念，就是指个体对新闻现象、新闻活动拥有的认知和看法，以及个体对新闻现象、新闻活动的情感、愿望和期待等等。

个体的新闻观念可能是系统的，也可能是零散的；可能是自觉的，也可能是无意识的。对于普通社会大众来说，不大可能会以自觉的、理性的方式建构自己的新闻观念，他们大多是根据自己的生活经验、工作经验，根据自己的媒介接触、新闻接触经验，形成对新闻现象的一些基本看法，对新闻（主要是职业新闻或制度化新闻）传播、职业新闻工作者形成某种期望。当然，在社会越来越媒介化的今天，伴随媒介知识的普及和社会整体媒介素养的提高，社会大众的媒介观念、新闻观念有可能获得越来越自

① 艾伦．新闻文化［M］．方洁，陈亦南，牟玉涵，等译．北京：北京大学出版社，2008：66.

觉的形式，他们对新闻的本质会有越来越清晰的认知，对新闻应该发挥什么样的功能作用也会有越来越自觉的要求和越来越高的期望；同样，他们也会越来越自觉地使用各种媒介，以满足自身的各种需要。

人们看到，在“后新闻业时代”开启之后，民众个体不再仅仅是私人领域的“小”传播者，信息传收不再限于小范围的人与人之间，而是已经完全可以进入社会公共领域，充当社会化、大众化、公共化的“大”新闻传播者，只要愿意，就可以向所有人传播①。因此，从原则上说，民众实际拥有的新闻观念，包括他们对新闻的价值态度、认识水平以及操作意识，都会直接左右他们的新闻行为，自然也会影响新闻收受者和社会信息传播秩序，对一定社会新闻图景的塑造与建构更是有着不可低估的影响和作用。从新闻观念论的角度看，普通民众拥有和表现出来、实践出来的新闻观念，也会对既有的和未来可能新生的职业新闻观念产生不小的作用和影响。这一点，我们在当下中国的新闻媒介环境中已经可以明显地感受到。②

在当前环境下，由于新闻教育和职业实践的双重作用与影响，就职业新闻个体来说，他们拥有的新闻观念相对来说是比较自觉的、成系统的。这主要表现在以下三个方面：在认知层面上，职业新闻个体通常对新闻、新闻媒介、新闻业等的性质、属性、功能、作用等具有比较深入的理解和

---

① 当然，对此我们不能做出过于夸张的乐观判断，因为在现实世界中，不要说在最不发达国家，就是在发展中国家，甚至在发达国家，还有大量的民众，无论是在物质能力上还是在精神能力、技术能力上，都无法便利使用甚至接触新媒介。

② 依据实际看，民众新闻（不管通过什么样具体的传收方式）中，那些能够真正形成规模化社会影响的新闻，往往是能够反映公共利益、维护社会公正、体现社会精神的新闻，其反映、传播事实信息的观念也常常比较客观、全面，呈现、陈述事实信息的方法也比较真切、朴素，所有这些都与职业新闻观念的理想性要求相差无几。可以说，真正优秀的民众新闻很好地体现了职业新闻的追求，与职业新闻的精神是内在统一的，而且也以某种自然自在的方法凸显了新闻的民主精神、公共精神和自由精神。因此，我们可以说，民众新闻的勃兴，在总体上有利于职业新闻观念的提升，并且塑造或造就了职业新闻观念的社会基础。这在当前中国，尤其如此。

把握，知道“新闻”是什么，也比较明白新闻是怎么生产出来、传播出去的；在价值层面上，职业新闻个体通常都拥有自己（认可）的新闻价值取向、新闻理想和新闻信念，明白自己为什么要做新闻，应该如何做新闻，为谁做新闻；在操作层面上，职业新闻个体的新闻观念通常由什么是真正的新闻、如何获取新闻、如何报道新闻这样几个层次或要素（方面）构成。英国的一位媒体学者就曾这样说，“在记者的工作文化中前后衔接的先例为他们提供了以下几种知识：认知性知识（辨认一个故事为某一类型的故事），程序性知识（如何接触和使用人工信源和文献信源），以及表达性知识（怎样构建和表达故事，如何证明自己所选择的报道方法是合适的）”①。总体来说，职业新闻个体大多会根据自身的新闻实践经验、社会经验以及各种学习方式自觉建构、调整、修正、更新自己的新闻观念系统，从而使各个主体层次的新闻观念以不同的方式得到最终的落实。

（二）不同主体层次新闻观念间的基本关系

任何观念都是一定主体的观念。不同主体层次新闻观念之间的关系，实际上就是不同（层次）主体新闻观念间的关系。根据上文关于主体层次的划分，我们可以简单地将不同主体层次间的新闻观念结构或构成描绘如下（见图 3-6）。

直观和透过这个结构图，我们对不同主体层次新闻观念之间的关系大致可以做出以下几点主要说明和解释。

第一，不同主体层次的新闻观念，不仅“层级”不一样，地位、作用、影响也不一样。我们可以把五个具体层次的新闻观念粗略分为三个大的层级：宏观层级——人类或全球层次与社会层次；中观层级——新闻行

① 艾伦．新闻文化［M］．方洁，陈亦南，牟玉涵，等译．北京：北京大学出版社，2008：83.

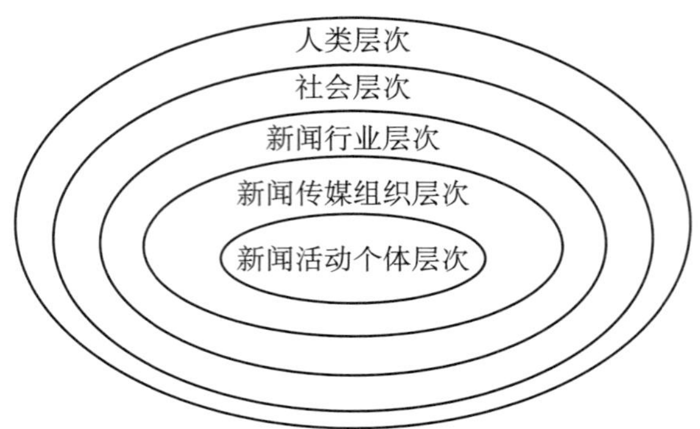

图 3-6　主体视野中的新闻观念层次构成

业层次与新闻传媒组织层次；微观层级——新闻活动个体层次。但需要进一步说明的是，尽管人类全球化的进程使得"全球社会"成为已经开启了的现实社会，但它仍然主要是作为一种未来的世界历史趋势而存在的社会。[①] 因此，在分析讨论不同主体层次新闻观念间的关系时，我们主要以一定社会范围为界限，将上面所说的三个层级进一步简化为宏观层级的社会主体（以统治主体为代表）、中观层级的传媒主体（行业层与媒体组织层）和微观层级的新闻活动个体，并在这一分级基础上讨论主体新闻观念间的基本关系。

从一般原则上来说，不同层级主体拥有相同的或不同的新闻观念只是个事实现象，而问题的关键在于不同层级主体的新闻观念在整个社会新闻观念系统中的地位、功能、作用往往存在着很大的差别。有些主体的新闻观念能够成为一定社会中的主导新闻观念，占据新闻观念的统治地位，具有强烈的现实性、指导性和指向性；有些主体的新闻观念则属于边缘性的新闻观念，至多是某种新闻思潮而已，只对人们的新闻思想、新闻行为构成一定范围的影响；有些主体的新闻观念很有可能充满了理想色彩，形成

① 叶险明．世界历史的"双重结构"与当代中国社会的全球发展路径［J］．中国社会科学，2012（6）：4-23.

了对现实主导新闻观念或其他新闻思想、思潮的反思和批判，也许在某种意义或程度上指示着未来新闻活动的出路或方向。

从现实性上看，处于社会统治阶层的主体，其新闻观念往往会被提升、确立或普遍化为社会层面（宏观层级）的主导新闻观念[①]。在此基础上，在一定社会的体制化新闻传播领域，自然会形成这样一种逻辑：行业层面新闻观念是对社会层面新闻观念的落实，传媒层面新闻观念是对行业层面新闻观念的具体化，而职业个体层面新闻观念是对传媒层面新闻观念的落实。不同主体层级新闻观念之间的这种逻辑关系，体现在拥有现代新闻业的各种具体社会之中。比如，在当代中国，处在宏观层级的社会层面新闻观念就是执政党（政府——代表社会或人民大众）的新闻观念（马克思主义新闻观，体现为宣传新闻主义观念、喉舌新闻观念）居于整个新闻观念系统的主导地位，处于中观层级的行业和传媒组织的新闻观念不过是对宣传新闻主义观念的贯彻，处于微观层级的职业个体新闻观念只是对宣传新闻主义观念的具体化或落实。也就是说，整个社会要用宣传新闻主义观念统一所有主体（不管是组织化的主体还是实实在在的个体）的新闻观念，以便形成统一的新闻行为和新闻实践。又如，在美国，自由主义新闻观念是其社会层面的主导新闻观念，体现在中观层级便是行业和新闻传媒奉行的专业新闻主义观念（专业新闻主义观念是典型的自由主义新闻观念，它首先强调的是新闻传媒的独立和自主，而这是自由主义新闻观念的根本或基础），落实在微观层级的职业个体身上，便是把新闻自由观念所内含的具体权利（采写编评等）奉为圭臬，即使在操作理念和方法理念上，也是以至少能够在形式上中立、自由的客观观念与客观方法为核心内容。当然，我们必须看到，在这一逻辑系列之外，还存在着其他新闻观

① 在现实中，人们通常看到的情况是，政治家们的新闻观念在其获得社会的统治权之后，往往更容易成为一定社会的主导新闻观念。

念，存在着一些与社会主导新闻观念并不一致甚至不能共存的新闻观念，但它们的实际影响往往比较小，难以与主导新闻观念相抗衡。

显而易见，在一定社会的新闻观念生态结构中，社会层面的新闻观念居于主导地位，发挥着确立新闻传播宏观价值取向的根本作用，新闻行业、传媒组织主体层面的新闻观念居于中间，是社会层面新闻观念得以落实的桥梁，起着不可取代的、重要的中介作用，而个体层面的新闻观念则是宏观、中观层级新闻观念能够最终发挥作用的终端，是能够直接具体体现在新闻实践中的神经末梢。总体来看，宏观层级的主导新闻观念具有强烈的排他性或霸权性（领导性）特征，不仅要主导一定社会的新闻观念系统，同时也会约束限制其他新闻观念的“滋生”和传播，抵制其他新闻观念对自身的侵蚀和反抗。比如，人们不难发现：在社会主义国家，西方自由主义新闻观念总是受到抵制、约束和批判；同样，在西方国家，宣传新闻主义观念、政党新闻观念，也往往受到限制和批评；而无论在东方还是西方，商业新闻主义观念至少在形式上、口头上都受到社会某种程度的抵制、反思和警觉，都试图将其影响控制在一定的范围内。至于在行业范围内，在职业界限内，相关主体更是对那些形形色色的、非传统的、非主流的新闻观念随时展开讨论、反思、批判和抵制①。

第二，不同主体层级新闻观念之间具有相对自主独立性，但同时存在着内在的关联。通过上面第一点的分析，我们可以用一个形象的比喻描述不同主体层级新闻观念之间的基本关系，这就是社会层面的新闻观念是

---

① 比如，在美国，在以自由主义新闻观念为基础的专业新闻主义意识形态之外，出现过各种各样的具体的新闻观念，比如新新闻主义观念、召唤（鼓吹）新闻主义观念、存在新闻主义观念、公共新闻主义观念等等，但由于与专业新闻主义观念的核心观念之一——客观理念——总是有某种程度的错位和矛盾，因而它们大都是过眼云烟，来去匆匆，对社会整体主导的新闻观念形不成整体的、实质性的影响。同样，在中国，尽管专业新闻主义观念试图呼风唤雨，但对主导性的喉舌新闻观念、宣传新闻主义观念并没有构成根本性的动摇。

“章”，传媒层面的新闻观念是“节”，个体层面的新闻观念是“目”。从上向下的基本关系是：“章”统率着“节”，“节”统率着“目”。而从下向上的关系则是：“目”是“节”的体现，“节”是“章”的体现。同时，尽管“章节目”有着各自的相对独立性，但“章节目”是同时存在的（共在的），谁也离不开谁，互相作用，互相影响，构成一定社会中新闻观念的基本生态系统。相对层级高的新闻观念构成了相对层级低的新闻观念的环境，而每一层级新闻观念都可以看作新闻观念生态系统中的主体。

不同层级新闻观念之间的相对独立性，不仅说明它们之间有所不同，各自有着特定的影响范围，同时也说明它们之间可能存在张力、可能产生矛盾或冲突。一般来说，社会层面的新闻观念相对其他两个层级来说具有更强的稳定性和保守性，一旦确立，就不易变革或更新，越是具有中心地位的观念越是具有“硬核”的特征；而中观、微观层级的新闻观念具有更多的变动性或灵活性，表现出多元性和多样性，越是处于相对下层的新闻观念越是具有松散性的特点。因此，在一定社会整体背景色彩稳定的前提下，新闻观念的变革更新往往从微观、中观层级开始孕育、萌发、成长；而在全球化背景下，越来越多地会受到处于最外层的人类层面的新闻观念的波及、渗透和影响。中国改革开放以来的新闻业改革、改进也恰好证明了这一点，新闻观念的变革首先表现在一些“先知先觉”的个体身上，他们往往会最先提出一些新思想、新观念，充当“观念领袖”的角色；而在中观层级，则常常表现在新闻传媒新闻业务观念的更新方面；然后才逐步向核心观念、向社会层面的主导新闻观念靠拢、逼近。当然，我们应该注意到这只是事情的一个向度——从下向上的向度；还有另外一个向度——从上向下，宏观的整体社会变革是中观、微观变革的大背景，缺乏新闻观念的整体的历史性转变或调整，对于一定社会来说，其新闻观念或其他观念的更新很难出现整体的生动景象。因此，总的来看，不同层级之间的观念变革具有互动、共动的特征，具有内在的关联性。

社会主导新闻观念的落实与个体之间有着特别的关系，需要稍微多说几句。我们知道，人的社会本性决定了任何个体的新闻观念都同时属于社会的新闻观念。在现实社会中，“没有一个人是一个孤岛，每一个人都是关系网络的中心点”①。个体的新闻观念不过是社会的新闻观念的一种存在或表现形式。不同个体、群体拥有不同的新闻观念，恰好是社会拥有的新闻观念丰富性和复杂性的具体呈现。社会的新闻观念的有效存在方式，就是其成为具体主体的新闻观念。当一定社会（通过统治者）所倡导的主导新闻观念不能或无法落实到个体的心灵中时，这种观念从根本上说就是无效性、外在性的存在。因此，如何使社会层面的主导新闻观念“进入”个体心灵，得到个体心悦诚服的认可与接受，始终是一定社会统治阶层在新闻领域面临的难题，在今天这样的新媒体环境中，就愈发困难了。人们已经看到，官方的新闻观念（主导新闻观念）常常成为民间解构的对象，成为人们嘲笑、讽刺、批判的对象，这些现象恰好说明主导新闻观念要想在人们的心中落实并不是件容易的事情。如何适应时代的要求，满足社会大众的诉求，是任何一个社会都必须时时关注的重大问题，不然，很多东西只能是名存实亡。

第三，由于新闻传媒组织是新闻生产、新闻传播的核心主体，职业新闻个体是新闻生产、新闻传播的直接实践者、一线落实者，因此，这两个主体层面的新闻观念之间有着更为具体、实在、紧密的关系，对新闻生产、新闻传播也有着更为直接的作用和影响。

在传媒组织与职业个体之间，实质上就是在传媒所有者（或所有者的代表、受托人）与新闻从业者之间，对通过传媒活动特别是新闻活动做什

---

① 杜维明，范曾．天与人：关于儒学走向世界前瞻的对话［J］．北京大学学报（哲学社会科学版），2010（2）：5-12.

么、应该做什么是有差异的，传媒所有者有其追求的政治利益、商业利益，新闻从业者亦有其实际的利益追求和职业理想实现的问题。这种情况，无论在什么样的社会结构中、传媒制度下都是存在的。只要传媒所有者与新闻从业者之间没有真实的一体化，二者之间的差异、矛盾就有绝对性。即使二者一体化了，身份之间的逻辑区分也使这样的矛盾仍然不可避免。因此，作为组织主体的观念与作为职业个体的观念之间，是不可能绝对一致的。当然，在一体化的情况下，更易于统一；相反，则更易于产生矛盾。①

在一般意义上说，新闻传媒组织的新闻观念，主导着组织机构中从业者的新闻观念，传媒组织往往会通过组织内部的新闻自由机制控制个体新闻观念影响新闻行为的范围和程度，即从原则上说，个体用来指导新闻活动的实践观念受制于所在传媒组织的观念。如果职业个体不愿意受制于所在媒体组织的新闻观念，也就很难在该组织工作。一家传媒组织的新闻精神的统一性、新闻观念的统一性，是其独立、自主、成熟的重要标志，至于其观念的科学性、合理性则是另一个问题。但是，个体层面的新闻观念，最具多样性、灵活性，也最具活力；每一个记者、编辑或新闻人的个性、风格等在一定程度上都是其内在新闻精神、新闻观念的感性显现。一家传媒机构只有充分尊重职业个体的个性与风格，才有可能成为有特色、有风格的媒体。在组织与个体之间，尽管组织新闻观念具有方向性的约束、规范、指导作用，但个体新闻观念始终是新闻观念丰富多彩、变革更

---

① 我在几部著作中，从职业传播角度，将新闻传播主体分为“高位主体”（主要指新闻资产所有者）和“本位主体”（主要指直接从事新闻生产、传播的活动者），并讨论了二者之间的基本关系，诸如：高位主体是新闻媒体方针（办报方针、编辑方针）的建构者、制定者，本位主体是贯彻者、落实者，即本位主体是高位主体的意志实现者，高位主体与本位主体是利益一致的共同体，高位主体与本位主体存在利益、观念矛盾，等等。参见杨保军《新闻活动论》（中国人民大学出版社，2006年版）或《新闻理论研究引论》（中国人民大学出版社，2009年版）中的相关内容。这些关于高位主体与本位主体之间关系的总体判断也适用于二者在新闻观念方面的基本关系。

新的重要源泉。

最后，对于一定社会来说，如何形成统一的或整体性的主导新闻观念，或者说如何形成普遍认可的主导新闻观念是一个至关重要的问题，实质上就是如何对待不同主体新闻观念之关系的问题。在不同主体的新闻观念之间，并不必然存在某种天然的、唯一正确的、合理的新闻观念，就像一定社会的主导价值观念只能在观念生态的自发演变和自觉建构中逐步成长一样，主导新闻观念形成的理想方式是不同观念之间的对话、协商和博弈，最终形成共同的主导新闻观念。不同社会主体的新闻观念各有所长，也各有所短，因此，只有基于公共理性的论辩和博弈才有可能形成符合社会进步和利于新闻价值全面发挥的新闻观念。对此，我们在下一章还要展开进一步的论述。

三、具体新闻观念的内在要素构成

通过第一章的相关分析，我们知道新闻观念系统拥有不同的层次和类型，有“观”层面的新闻观念，也有一般性的新闻观念，有综合性的或复合性的新闻观念，也有单一的或简单的新闻观念，但不管是哪个层次、哪种类型的新闻观念，都有自己的要素构成方式。在上面两节中，我们主要从结构论、主体论角度分析了新闻观念的层次构成，本节我们将要进行的是关于具体新闻观念的内在要素构成分析，就是要把具体新闻观念作为一个对象系统，看看这个系统内部是由哪些部分、单元、要素构成的，进而分析这些要素之间的基本关系是什么。只有经过这样的“解剖”和透视，我们才能在理论上真正把握新闻观念的基本结构。此处需要预先说明的是，我们关于新闻观念的要素构成分析，仅仅是理论的、逻辑的分析，并不是说我们能够将整体统一的某一新闻观念分割成一些具体的要素。

（一）新闻观念的认知要素

我们在第一章曾从认识论、价值论和方法论视野出发，对新闻观念的本质作了不同角度的分析，这样的分析实质上已经表明，新闻观念内在包含着认知、价值和方法三类观念要素。我们关于新闻观念要素构成的分析，也恰好与用来反映表达观念的语言构成实质上相一致。表达观念的语言符号（概念的表现形式），内在地包含着认识论、价值论和方法论的意义与要素。我国哲学家杨国荣先生说："语言作为'表达观念的符号系统'，首先与意义相联系。这里所说的意义，不仅仅限于认知或描述，而且也涉及评价与规范。"[①] 但这些都仍然只是关于新闻观念内在构成比较宏观的、一般性的原则把握。如果要对新闻观念有一个进一步深入的认知，就有必要深入新闻观念内部，对每一种构成要素观念展开细致的解剖。这里，我们先从认知要素观念入手，随后再对价值要素观念和方法要素观念进行分析。[②]

新闻观念是主体关于新闻（广义）是什么的认识结果，也是主体关于新闻应该如何的信念与理想，并且是这两大方面的统一。主体关于新闻是什么的认知，构成了新闻观念中的认知要素，也构成了新闻观念的基础。这里，我们以既有新闻观念为对象，具体分析关涉认知要素的诸多问题。

首先，一定新闻观念中认知要素的内涵，总是一定历史认知积淀与当下认知的共同结果。这就是说，任何一个具体的、比较小的新闻观念，更不要说比较大的新闻观念、"观"或"主义"层次上的新闻观念，原则上

---

① 杨国荣．道论［M］．北京：北京大学出版社，2011：162.

② 为了表达的方便，在后文相关论述中，如果没有必要进行特殊的强调，我们将不再在"要素"之后加"观念"一词。但读者需要理解，我们是在观念意义上展开要素分析的，而不是客观实体意义上的要素分析。

都有其历史根源；即使是一个新生的新闻观念，同样也有其历时的孕育、产生和成长的过程。新闻观念中认知要素的历史累积性，决定了任何时候的新闻观念都只能是具有一定历史认识水平的新闻观念。因此，在一般意义上说，有什么样的新闻认识能力和水平，才有什么样的新闻观念，从而有什么样的新闻实践水平[①]。如果一定的主体，不能认识新闻、新闻媒体、新闻业的本质和属性，也就难以按照它们的特征或内在规律从事新闻活动。当然，我们绝不否认一些自发的活动有时也会依循相关活动的规律而展开，但这毕竟与自觉按照规律展开实践活动是两回事。

其次，关于同一新闻对象，存在着不同的认知结果，因而存在着不同的认识论意义上的新闻观念。比如，关于“新闻真实”这一对象，就存在着不同的甚至是极为复杂的认识论意义上的多种观念。也就是说，针对“新闻真实是什么”这一同样的新闻真实论问题，存在着不同的回答，从而形成不同的新闻真实观念或新闻真实观。我们看到，在现实中，关于新闻真实，就存在着“再现论”与“建构论”的争论：有些人认为新闻真实是再现性的真实，是对新闻事实镜子式的反映；有些人则认为新闻真实是建构性的真实，是主体依据自身认知框架建构的结果；还有些人认为新闻真实是再现与建构相统一的真实。我们还看到，关于新闻真实存在着“具体真实”和“整体真实”的争论：有人认为新闻真实只能是具体真实，人们只能谈论一则具体新闻报道的真实性；有人则认为新闻真实既有具体真实，也包括整体真实（在一定时期内对目标报道领域整体情况的真实反映或呈现），是具体真实和整体真实的统一。在中国新闻界，还有人们更为熟悉但也始终争论不休的两种新闻真实观念：现象真实与本质真实——有人认为新闻真实就是现象真实，不存在本质真实的问题，有人认为新闻真

① 当然，在源流意义上，新闻实践活动是新闻认识观念得以产生的根本来源；新闻观念只能是关于新闻实践活动的观念。

实是现象真实与本质真实的统一。[①] 除此之外，还有其他关于新闻真实的观念，有人甚至从根本上怀疑新闻真实的可能性，这可以称为怀疑论意义上的新闻真实观念。可见，针对一个对象“是什么”的回答，并不是那么简单，而是存在着多种多样相当复杂矛盾甚至对立的认知观念。

在针对同一对象形成的不同认知观念之间，尽管存在着复杂的关系，但大致有这样几种基本情况：第一，不同认知只是反映了同一对象的不同侧面或不同层次，因此每一种认知观念都可能是片面的，这就像盲人摸象故事所隐喻的那样。这里实际上暗含了一种可能性，即有一种认知在逻辑上是全面的、绝对正确的。第二，有些认知是正确的，而有些认知是错误的，当然有些认知可能更多时候处在正确与错误之间。

不同观念认知要素间这种复杂关系的存在，意味着以什么样的认知观念作为建构新闻实践观念的基础，其实是一个既艰难而又有风险的事情。如果选择了相对正确的观念，新闻活动就有可能真正按照新闻规律的内在要求而展开，新闻活动将能为社会的良性运行提供正常的新闻服务；如果选择了相对错误的观念，新闻活动就很可能背离新闻规律的内在要求，也可能成为有害于社会发展的信息行为。由此不难看出，为新闻认知提供宽松自由的环境，使不同认知观念之间展开良性的论辩，是至关重要的事情，是形成相对比较合理的新闻观念的重要前提。[②]

再次，对象的统一性，使得新闻观念中的认知要素在不同主体视野中

---

① 关于新闻真实观念、真实观的这一系列问题的讨论，有兴趣的读者可参见杨保军《新闻真实论》（中国人民大学出版社，2006 年版）中的相关论述。

② 在我国，这方面的历史教训实在是太沉痛了，只要人们略微回忆一下改革开放之前的 30 年，中国的新闻业是怎样走过来的，一切就都明白了。我们往往把党和国家领导人的新闻观念或与新闻工作相关的观念（比如宣传观念以及其他关于意识形态工作的观念）认定为天然正确的观念，并以此为前提建构我们的新闻实践观念，这就把新闻实践的合理性、科学性建立在了偶然性的基础上。新闻观念的正确与否，是个真理问题，不能依赖任何主观意志、权力意志而转移，只能以它是否准确反映了新闻实际为标准。

具有较高的统一性。这就是说，尽管人们的认知视角有差别、认知水平不一样，但不同主体至少知道要认知的对象是什么。关于这一点，与我们后面将要讨论的价值要素有很大的不同。比如，关于新闻真实，尽管存在着如上所说的纷繁复杂的认知观念，但在最抽象的意义上，或者说在最普遍的层次上，人们的认知又是基本统一的；不管中外，人们普遍认为新闻真实观念描述、反映的是新闻（报道）与对象之间的认识论关系。并且，除了那些极端的建构论者、怀疑论者，人们大都同意新闻真实是用来描述反映“新闻（报道）与对象之间符合性和符合程度”的一个概念。对象的统一性，意味着认识再艰难，道路再曲折，人们总有机会达成基本共识。简单说，人们在“是什么”这种具有科学主义意义的问题上是比较容易达成共识的。

最后，如前所说，认知要素往往是整体新闻观念确立、变动、更新的基础，是观念变化更新比较活跃的动力要素。一般说来，主体关于一定对象的整体观念（即既包括认知要素又包括价值要素、方法要素的观念），总是以自己对对象的认知（不管是实际正确的认知还是自以为正确的认知）为前提。因此，一旦主体对某一新闻对象的认知发生变化，就会导致其关于该对象的整体新闻观念发生变化。比如，一个记者如果原来认为新闻真实就是现象真实，那么，他关于新闻真实的整体观念就会建立在这样的认知观念上。如今，他经过实践或理论研究，认为新闻真实不只是现象真实，还包含着本质真实，要追求现象真实和本质真实的统一。这时，他关于新闻真实的整体观念就会发生变化，他就会把新闻报道“应该”追求本质真实放置在自己新闻真实的观念之中，而原来是没有本质真实这个“应该”的。事实上，任何新闻观念首先是对相关新闻对象的认知观念，认知要素在整体新闻观念的形成与结构上都具有逻辑在先的意义。因此，新闻观念的基础是关于新闻对象“是什么”的观念。在“是什么”的观念之基础上，主体才有可能根据自身的需要和愿望、依据环境的特点和可能条件做出进一步的选择，建构出关于对象“应该是什么”的设想或观念。

（二）新闻观念的价值要素

新闻观念总是反映和体现着新闻活动主体对于一定新闻对象的想象和信念，包含着主体希望新闻对象是什么的愿望，即新闻对象应该是什么始终是新闻观念的深层构成要素。新闻观念中那些反映一定主体新闻需要及相关利益、表达一定主体新闻价值愿望和新闻价值理想的要素就是我们所说的新闻观念的价值要素。

我们一再指出，现实中的新闻观念，不是纯粹的认识论观念，而是一种具有实践指向的实践观念，它内在地包含着新闻主体的需要观念和利益观念，反映和体现着一定新闻活动主体的新闻价值观念①。“价值观是一个人或一个组织对当下事物以及将来事物是否具有价值、有多大价值、应该具有何种价值的信仰、信念、认知、情感以及意志的总称。”② 因而，一种系统的或成体系的甚至是简单的新闻观念，总是拥有终极性的价值目标，或终极性的价值尺度、标准、根据或要素。或者说，任何一种新闻观念都有其价值诉求，都有其价值理想。一种观念要想成为对一定主体有价值的观念，必然要反映主体的需要和愿望，因此，价值要素往往是一种观念的核心要素。正是在这样的意义上，我们完全可以说，尽管认知要素是新闻观念的基础，但价值要素才是新闻观念的核心。

---

① 这里所说的新闻价值观念是广义的，不是狭义的。狭义的新闻价值观念是指什么样的事实或新闻是具有新闻价值的，什么样的新闻（报道）对社会、对受众是有效用的。广义的新闻价值观念是指主体的新闻价值观，主要是指主体对新闻业、新闻传媒、新闻传播、新闻的总体性价值判断，如新闻业应该成为怎样的事业，新闻媒介应该成为怎样的媒介，新闻传播应该追求什么样的目标，新闻应该报道什么样的事实，等等。对此，可参见前文关于“新闻价值观念”的论述。

② 晏辉．现代性语境下的价值与价值观［M］．北京：北京师范大学出版社，2009：24.

对于一定的新闻观念来说，其价值要素的存在首先表现为一种整体性的新闻姿态或新闻态度。比如，对于主义层面的新闻观念来说，它们会将自身认定的本位观念作为新闻活动的整体姿态或价值取向：专业新闻主义会把新闻本位观念作为最高的、根本的、应该的观念贯穿在整体的新闻活动之中；宣传新闻主义会把宣传本位观念作为最高的、根本的、正当的、应该的观念落实在整体的新闻活动之中；而商业新闻主义则会把商业利益观念作为最高的、根本的、合理的观念灌注在整个新闻活动过程之中。这种“最高的、根本的”观念选择，本质上是最高价值的选择，对于一个观念体系或一种具体观念都有着至关重要的意义，诚如有学者所说：“在一个价值观体系中，选择什么东西作为至高价值是需要无比谨慎的事情，因为当其他价值在与最高价值发生矛盾时，其他价值就必定被牺牲掉，因此，只有最高价值才具有决定意义。如果最高价值选择不当就会使整个价值体系失去正当性，即使这一体系包含了所有好的价值也无济于事。”① 因此，我们在此可以顺便指出：所谓新闻改革，在新闻观念论视野中，最重要的、最根本的就是改革或革新既有的新闻价值观念②，最重要的、最根本的就是改革或革新最重要的、最根本的新闻价值观念。价值观念的变革或更新，将为新闻活动创造新的境界，也将给新闻活动者预设新的权利和责任，“权利和责任，是每一个价值和价值观念体系的核心”③。又如，针对新闻传播活动，对于真实坚守新闻客观观念的新闻活动主体来说，客观观念在整体上被认定为新闻传播中应该的和应有的观念，只有按照客观观念展开新闻传播活动，才会被认定为正当的和合理的。显然，这是一种

---

① 赵汀阳．坏世界研究：作为第一哲学的政治哲学［M］．北京：中国人民大学出版社，2009：138.

② 对此，我们将在后面的相关章节进行专门深入的分析与论述。

③ 李德顺．“主流价值观边缘化危机”反思［J］．复印报刊资料（哲学文摘），2010（2）：6－7.

整体性的观念上的价值选择，反映和体现了一定新闻活动主体整体的新闻传播价值姿态或价值取向。

与上面一点紧密相关，新闻观念中的价值要素是弥漫性、贯穿性的要素，渗透在主体新闻观念的角角落落、缝缝隙隙，弥漫、氤氲在整个新闻观念的气息之中。与此同时，新闻观念中的价值要素也是一种明确、清晰的存在。事实上，每一个具体的新闻观念，其本身就是新闻行为的原则和规范，具有明确的价值指向和价值追求。比如，对于持有新闻客观观念的活动主体来说，他们不仅认为在新闻传播活动中应该奉行新闻客观观念（姿态或态度），更重要的是他们还认为这样的观念必须落实在所有的采写编评等新闻活动的具体操作过程和操作方法之中（表现或体现为一系列必须遵守的规则或规范），必须渗入新闻活动的骨髓之中、血液之中。“只应该这样做，不应该那样做”，这是新闻观念中价值要素最典型的表现。

价值观念是与主体性质、特征联系最为紧密的观念，是最能反映和体现主体本质和属性的观念。因此，它也是与主体生存、发展状态联系最为紧密的观念，“对于每一个主体来说，他的价值和价值观念如何，总是由他的社会存在、地位、利益、需要和能力等客观条件所决定的，是与他的生存发展相关的选择和追求所在”①。正是因为这样，人们才能经常看到，尽管不同主体对同一对象可以达成共同的认知，即拥有共同的或基本相似的认知观念，但在应该如何对待该对象的态度和价值取向上往往会有很大的差别甚至是完全的对立。因而不难理解，为什么同样是新闻真实观念，有些人强调现象真实、个别真实，而有些人强调本质真实、整体真实；同样是新闻客观观念，有人强调它的意识形态意义，而有人则强调它的认识论和方法论意义。毫无疑问，正是新闻观念中的价值要素，使新闻观念有

① 李德顺．“主流价值观边缘化危机”反思［J］．复印报刊资料（哲学文摘），2010（2）：6－7．

着不同的真实面目；正是因为新闻观念中价值要素的不同，才使新闻观念有了实质性的类别区分。

（三）新闻观念的方法要素

任何一种新闻观念，作为指向新闻活动的实践观念，不仅是对相关对象的认知和价值愿望的表达，还包含着基于实现认知观念、价值观念的方法观念。在以往的观念研究中，人们很少注意到这一点，其实是一种遗漏或缺失。事实上，一种新闻观念的现实化，不管这种新闻观念本身是宏观的还是中观的或微观的，总要诉求一定的方法和手段，而观念现实化的方法或手段要素就蕴含在观念之中，至少在观念中实质性地包含着观念得以现实化的方法论原则和指向，即在新闻观念之中本身就包含或蕴藏着方法观念要素。

新闻观念中的认知要素规定了能够做什么，价值要素规定了应当做什么，而蕴含其中的方法要素规定了应该如何做、怎么做，这几者之间有着内在的关联，有机统一构成一个具体的新闻观念系统。杨国荣先生曾在实践智慧的意义上讨论过应该做什么与应该如何做的关系，对我们理解和把握方法要素与认知要素、价值要素间的内在关系有所启发，他说："'应该做什么'与'应该如何做'在逻辑上相互关联：前者以价值层面的理性关切为内涵，后者则更多地体现了工具层面的理性思虑，'应该做什么'所内含的价值理性与'应该如何做'所关涉的工具理性既对应于目的和手段，又彼此呈现相互交融的形态。"[①] 因此，看得出，价值与价值实现的方法本质上是不可分离的，如果分离，一种价值追求也就变成了纯粹的观念。

---

① 杨国荣．论实践智慧［J］．中国社会科学，2012（4）：4-22.

一种主义层面的新闻观念，首先要对某种新闻实际做出自身的反映或认知，同时会体现主体的利益需要和价值诉求，而要将主体的认知与价值诉求转变成现实，总是需要一定的途径和方法。因此，一种主义层面的观念总是包含着将观念现实化的方法观念或方法要素。比如，宣传新闻主义观念，并不仅仅是把新闻当作宣传手段的一种观念，作为一种对待新闻的观念系统，它内在地包含着“如何做”的观念要素，诸如：建立什么样的新闻制度，才能确保新闻媒体成为宣传主体的耳目喉舌，新闻成为有效的宣传手段；树立什么样的新闻从业观念，才能使新闻工作者充当宣传者的角色；确立什么样的工作观念，才能使“新闻工作”变成“新闻宣传工作”。如此等等，其实都包含在整体的观念系统中。对于专业新闻主义观念来说，也是如此。以新闻为本位的专业新闻主义观念，首先在制度向度上认为新闻传媒应该具有独立性和自主性；在新闻传播中，更是拥有一套系统的原则和方法，诸如客观、平衡、准确、及时、公开等等；在对从业者的具体要求（业务技能和职业伦理）上，则更是有明确的衡量标准和方法。商业新闻主义观念也不例外，为了通过新闻手段实现商业利益至上的目标，它也有相应的一整套具有可操作性的方法，这些方法也同样会以观念方式首先存在于商业新闻主义观念体系之中。

一个具体的新闻观念，同样内在包含着方法观念要素，形成对新闻行为的直接指导意义。比如，新闻客观观念（理念），它是人们普遍公认的新闻传播原则。在这样一个原则中，首先包含着“客观是什么”的观念。其次包含着“为什么要客观”的解释，通过这种解释，说明新闻传播者应该坚持客观原则，于是客观观念便成为一条价值原则（观念）。而在“客观是什么”这样的观念中，等于直接提供了客观的标准，因而也就内在地包含着“怎样做才是客观的”要素；并且，“怎样做才是客观的”一旦具体化，就成为如何实现客观的操作层次的方法观念。如此，才形成一个比较系统、全面的新闻客观观念系统。再如，新闻理论或新闻报道中的具体真实观念，它不仅解释了什么是具体真实，同时也提供了具体真实的标准，以及实现标准的具体方法，诸如要做到要素真实、事项真实、关系真实等等。[①]

其实，对任何一种具体的新闻观念，都可以进行这样的分析。比如，新闻报道中的及时观念，在认识论意义上“及时”就是“快”，就是从事件发生到事件信息传播出去的时间距离短；在价值论意义上，则是对传播主体提出了应该性的要求，必须或应该及时；而在方法论意义上，及时的认识论解释中，实质上已经说明了怎样才能做到及时的方法观念——缩短事件发生到事件信息传播出去的时间距离。至于怎样缩短这个时间距离，就属于具体的方法了。但我们可以看出，在及时观念中包含着潜在的方法观念要素，它已经为及时提供了方法论的观念标准。

一种观念的可信、可行，不只在于它对对象认知的正确，对主体需要反映的合理，还在于它能提供使观念可信、可行的方法观念要素，提供使观念得以现实化的途径和方法。新闻观念中的方法要素，使观念的实现成为可能。如果一种观念中的方法观念要素无法转换成为现实可实行、可操作的方法，这样的观念便是空想性的观念。这就像一种或一套技术，它不仅是某种理论观念的客体化，或者说是某种知识的物理性体现，它同时也内在包含着一套操作理念直至具体的实际操作规则和手段。一种技术或一套技术，如果缺少了内在的操作理念和方法，它便是死的、无用的技术。

四、新闻观念的存在或表现方式

新闻观念以怎样的方式存在和表现，是我们把握新闻观念构成的重要

① 杨保军．新闻理论教程［M］．2版．北京：中国人民大学出版社，2010：113－115.

前提；正是新闻观念的实际构成样态，从根本上决定着它的存在与表现方式。作为一种观念形式，新闻观念也像其他任何一种观念一样，具有多样化的存在方式和表现方式，但大致可以分为两种典型类型：一是内在的存在方式；二是外在的存在方式或表现方式。新闻观念的不同存在和表现方式，意味着新闻观念发挥作用的方式和渠道是不同的。因此，解释新闻观念的存在方式与表现方式，对理解新闻观念如何产生作用的机制具有重要的作用，这将为我们后文的相关论述奠定一定的基础。

（一）新闻观念的内在存在方式

任何"观念"，最核心的一种存在方式，就是存在于每个人的"心"（脑或精神世界）中；美国学者保罗·莱文森认为，"当思想没有用语言或非语言的姿势传播出来时，它们完全是私密的，内在于人的"①。所谓新闻观念的内在存在方式，就是说新闻观念被主体实际的拥有或内化，成为其精神世界的一部分，成为其内在世界的一部分。一种观念要想真实地发挥作用，首要的条件就是进入一个人内在的精神世界。不管哪个层级的新闻观念，若是不能进入主体的观念世界，那就既不能直接影响主体的思想观念，也不可能对感性实践产生实际作用。因此，观念的内在存在方式是值得研究的重要问题。

在个体层面上，新闻观念也像其他社会观念一样，常态的或日常的存在方式是心理方式，即以各种主观愿望、要求、感觉、情绪或主体习惯、观念、理想、信念等方式存在于个体的内在世界。简单说，观念的内在存在方式，体现为一个人的认知、情感、理想、信念等。新闻观念的内在存在方式，实际上也就是它的心理存在方式。

---

① 莱文森．思想无羁［M］．何道宽，译．南京：南京大学出版社，2003：100.

尽管心理方式是观念存在的个体方式，但是，面对共同事物，人们往往可以产生共同的经验，生出共同的心理，也就是说可以产生共同的或最起码是大致相同的认知、情感和信念，这是经验事实所证明了的。如果人们面对共同事物有着共同的心理，观念在心理存在方式外也就获得了一种社会存在方式。拥有共同的或大致相同的某种心理方式，是一个共同体能够成为共同体的共同心理基础。因此，个体心理是社会共同心理的基础，对于一定的群体（阶级、阶层、组织、团体等）来说，他们能否拥有基本一致的新闻观念，关键要看构成群体的个体分子之间是否拥有大致一致的共同心理观念基础。

前面说过，一种观念对主体能够发挥作用与影响的方式，首先是主体内在地拥有这种观念，但我们同时应该明白另一个方面，这就是观念的内在存在方式使得观念的作用和影响范围只限于一定的个体。再新奇、再有用、再伟大的观念，如果仅仅以内在方式存在，它的价值就只能是个人化的，自然是相当有限的。因此，内在观念的外在化，个人观念的公共化，是知识、观念产生普遍力量的必然方式，“没有说出口的思想，也就是没有表达出来的思想，必然注定要与心怀这个思想的人一道死亡”①。

（二）新闻观念的外在表现方式

我们反复说过，观念说到底是人的观念、主体的观念；新闻观念属于精神性、观念性事物，但这并不是说观念不能离开具体的主体而存在、而表现。事实上，新闻观念也有它自身外在的存在或表现方式。人们往往正是通过这些外在的存在或表现方式，才能真切地了解、体验和把握相关主体新闻观念的真实面目。内在的观念形式是看不见的，一旦以外在方式表

---

① 莱文森．思想无羁［M］．何道宽，译．南京：南京大学出版社，2003：115.

现出来，人们就能看得见、摸得着、经验得到，也才能评头论足、说长道短。新闻观念的外在表现方式很多，通常有以下几种样式。

一是对新闻观念的文本表达方式，这是新闻观念最常见（常态）的存在或表现形式。在这一表达方式范围内，通常有以下几种常见的具体形式。

第一，通过一定的文献文本、理论文本直接叙说、论述、解释、说明一定的新闻观念。政府、政党、行业、传媒组织等都会通过特定的报告、决议、文件等形式直接说明自身的新闻观念（意识形态）。在广义上，我们可以说，所有的新闻学研究——具体表现为著作、论文等等——一定意义上都是对某种新闻观念的直接论述、论证和表达。

第二，通过新闻作品间接表达或呈现背后的新闻观念。“为了向我们自身表述自己的思想，我们需要……把它们落实于一些物质性的东西，象征它们。”[①] 新闻观念另一常态的文本表现方式，就是新闻作品。一定社会的主流新闻观念一定会通过整体的新闻图景呈现出来。宣传新闻主义观念一定会通过宣传味道比较浓厚的新闻作品表现在人们面前；商业新闻主义观念必然会通过商业色彩比较浓厚的新闻作品（娱乐新闻、社会新闻、新闻的娱乐化等）呈现出来；专业新闻主义观念同样也会通过专业化的新闻内容、方式显示出自身观念与其他新闻观念的不同。至于不同传媒组织机构、职业新闻传播者甚至是民众新闻传播者，也会在自觉或不自觉之中展现出自己的核心新闻观念。具体一点说，新闻作品的话语表达方式，往往能够比较好地体现新闻传播者内心的一些新闻观念。精英新闻观念支配下的新闻写作、新闻话语一般说来是比较文雅、理性的，而平民新闻观念支配下的新闻写作、新闻话语一般说来就是比较通俗的、直白的，那些在

---

① 施郎格．论技术、技艺与文明［M］．蒙养山人，译．北京：世界图书出版公司北京公司，2010：14.

商业新闻主义观念支配下的新闻写作、新闻话语很可能是煽情的、露骨的、刺激性的。可以说，对于新闻传播主体而言，新闻作品这种文本形式，是最能真实说明、表现其新闻观念的文本形式。因此，在新闻研究中，人们看到，研究者正是通过对相关新闻作品文本的统计分析、结构分析、内容分析、话语分析来揭示传播者新闻观念的。因为，任何新闻业务操作过程（新闻生产过程），总是在一定新闻观念支配指导下展开的，不管是媒体组织的新闻生产方式，还是职业个体的业务操作过程，甚至是民众新闻传播者的新闻行为，都会以直接感性的形式或比较隐蔽的形式（渗透在字里行间、体现在文本语境之中）呈现着他们内在的新闻观念。一言以蔽之，新闻观念不可避免地要以形象直观的物化方式或客体化方式表现在新闻文本之中。

第三，还有一种新闻观念的文本表现方式，那就是直接的话语表达。我们知道，人脑的思维或观念活动，内在地发生在心理之中、大脑之中，但思维的结果如要呈现在人们面前，就不能不通过话语、文字或者其他符号的或非（语言）符号的方式表达、表现出来。符号方式可以说是任何一种观念自然也包括新闻观念存在的客观形式，也是一种观念的社会化、公共化（相对内在的私人化而言）的存在或表现方式，而最常见的当然是运用语言符号的方式、话语的方式直接言说出来。

需要说明的是，新闻观念的组织主体表达方式，通常是比较正式的、理性的，但对个体来说，就不一定了。即新闻观念的主体表达，也会像其他观念的主体表达一样，并不总是单一的理性方式，也会以其他方式表现出来，诚如有人所说，“这种观念未必是以完全理性化、系统化的形式展现，在许多场合甚至以具有浪漫情调的幻想出现”①，会以充满各种情绪

① 张昆．中外新闻传播思想史导论［M］．上海：复旦大学出版社，2006：5.

或激情的方式表达出来。

二是以各种规范化的方式表现出来，使一些基本的、重要的新闻观念获得稳定的、明确的甚至是权威性的存在或表现方式。比如，在社会层面上，一定社会的主导新闻观念常常会以法律规范（包括从宪法到专门的新闻法）形式、新闻政策形式、新闻纪律形式（在中国，中国共产党对新闻宣传工作具有系统的、严格的纪律要求）在一定时期固定下来；在行业层面上、传媒层面上、职业个体层面上，则会以新闻行业规范、新闻职业道德、新闻传播原则、新闻业务操作规则等等方式表现出来。总而言之，这些规范、规则或标准等，都是新闻观念的规则化表现形式，具有相对稳定、明细的内涵和要求。不同新闻观念的规则化，形成了约束性（严格程度、约束范围、要求水平）不同的新闻规范。有些属于硬性的必须遵守的规则，有些则属于软性的应该遵守的规范。其实，无论是对一般社会公众来说，还是对职业新闻工作者来说，常常正是通过对这些规范的了解和运用来掌握和内化一些新闻观念的。[①]

三是新闻观念的新闻实践、新闻行为呈现方式，既可以说是直接的，也可以说是间接的。直接的，是说主体新闻活动、新闻行为（包括以新闻传收为核心的各种活动和行为）是其新闻观念的直接外在呈现方式；间接的，是说人们必须通过对新闻行为的观察、分析、解释、评判等活动，才能推断相关主体真正认可、接受和拥有什么样的新闻观念。

新闻活动主体通过语言符号或其他符号方式宣称的新闻观念，往往与其新闻实践、新闻行为实际展现出来的新闻观念不相一致。人们常说，听其言，观其行；不要听一个人怎么说，关键要看一个人怎么做。其实，对任何一个层次的主体（从一定社会主体到职业个体）都是这样。一家新闻

---

① 关于新闻观念与新闻制度的关系问题，我们在后文还要专章讨论。

传媒、一个职业新闻工作者到底内在认可、接受、信奉、贯彻怎样的新闻观念，人们主要是通过其新闻实践行为评判的，而不仅仅根据其如何口头宣称、文本宣扬认定。在这一意义上，我们完全可以说，实践方式、行为方式才是新闻观念最为真实的呈现方式；新闻实践、新闻行为才是评判新闻观念是否正确科学、合理正当最基本的标准①。

除了以上所说的三种常见的主要方式外，新闻观念的客体化或外在化表现形式还有很多。比如，各种各样的新闻博物馆、纪念馆，本质上不仅是新闻历史的展现，不仅是对相关人物、事件的纪念，它们也是各种新闻观念的物质符号、感性呈现方式。再如，以各种方式树立的新闻界先进分子、模范人物（优秀记者、编辑等），对他们事迹、品格、作品等等的宣传和张扬，本身也是对某种新闻观念、新闻理想、新闻信念的宣传和张扬，也是一种生动鲜活的新闻精神、新闻观念表现方式。

① 关于新闻观念的评判问题，我们将在第六章专门论述。

第四章　新闻观念的形成机制

这种历史观和唯心主义历史观不同，它不是在每个时代中寻找某种范畴，而是始终站在现实历史的基础上，不是从观念出发来解释实践，而是从物质实践出发来解释各种观念形态。

——马克思、恩格斯

思想不是自给自足的，而是植根于别处。

——斯图亚特·霍尔

每一个历史时期的思想不是偶然的即兴之作，而是面临前一时期思想在理论上和逻辑上的问题和冲突，为了解决这些问题或冲突而萌发的，并形成系统的观念。

——许倬云

探讨新闻观念形成的机制，就是寻找新闻观念得以形成的动力与路径，特别是要探寻那些比较重要的，对新闻业、新闻传收活动具有广泛影响力的新闻观念形成的动力与路径。新闻观念有其形成的内在机制。社会环境是新闻实践、新闻观念运行、产生、演变、发展的天地，新闻实践是新闻观念产生形成的根本动力与根源，新闻认识与新闻反思是新闻观念生成的理性渠道。认识与实践的相互作用是观念生成的基本动力机制。需要预先说明的是，这里关于新闻观念的形成机制分析主要是理论的、逻辑的，而非针对一些具体新闻观念形成的特殊历史过程展开观念史的考察。

一、新闻观念形成的动力根源

一种新观念的诞生，直接表现为思想者或思想主体的思想产物，即一个新观念的产生，是由某一思想主体直接提出来的。但是，主体之所以能够产生新观念，既与观念所本源的对象不可分离，也与对象所处的"环境"或"语境"紧密联系，更与人们对相关对象、有关活动认识、反思的水平直接相关。任何一种观念的产生，都有其各自的动力根源。英国著名传媒学者斯图亚特·霍尔说："思想不是自给自足的，而是植根于别处。"[①] 新闻观念的形成，也像其他社会领域的观念一样，有着自身复杂的根源。这里，我们先在一般意义上考察一下新闻观念形成的动力根源。

（一）新闻观念形成的社会根源与历史逻辑

我们这里关于新闻观念的社会根源考察，主要从两个大的方面着手：一是人类新闻意识产生的社会根源，这主要是一种观念史向度的考察；二是新闻观念与社会实际的关系。对这两方面，我们都将侧重从理论视角加以分析，而不是从观念史角度细致考察。因此，关于新闻观念产生的社会根源说明与历史过程解释都只能是粗线条的。详细的论述则需要新闻社会

---

① 卡瑞，辛顿．英国新闻史：第6版［M］．栾轶玫，译．北京：清华大学出版社，2005：282.

学与历史新闻学的深究。

在一般意义上说，意识都是意识到的存在，任何意识都有自己的根源和对象。“人的意识、观念、思想、文化、精神一类的东西，它们不是一种独立的存在，也没有自己独立的历史。它们都是在一定的生产方式与交换方式上生成的，与人们现实的社会关系有着密切的联系，是作为人们现实的社会关系的反映而存在的。人们的生产方式与交换方式、人们的社会关系、现实的物质生活条件，是人们的意识、观念、思想、文化、精神一类的东西生成与存在的基础。”[①] 现实是思想的原始出生地，也是思想的可靠扎根处。[②] 因此，“思想历史与社会历史的相互贯通，说明思想观念的研究不能局限在以思想解释思想，只有从思想与社会历史的互动中，才能准确判断思想观念的内涵与特征”[③]。新闻意识、新闻观念作为人类意识、观念的一种，也是以人类新闻现象或实际的新闻活动为本源的，即没有客观存在的人类关于新闻信息的交流活动，任何时候都不可能生成新闻意识、新闻观念。

有了上述一般意义上的前提设定，再来看看我们考察新闻意识、新闻观念形成的方法论观念。我们关于新闻意识、新闻思想、新闻观念等的历史追溯，是在我们有了新闻研究意识甚至是有了新闻学科意识、学科建制之后的事情。在有了学科意识、学科建制、学术研究意识之后，人们才开始追寻相关思想、观念以及学科等等的历史起源和演变情况。从这一意义上说，学术史、思想史、观念史很大程度上是自觉建构的结果，是当下人们对历史传统材料发现、发明的结果，尽管这样的建构总是要以一定的事实为基础，总是要以历史上曾经自在发生过、存在的相关意识、思想、观念等为基础[④]。因此，新闻意识、新闻思想、新闻观念始于何时何地何

---

① 林剑．文化的批判与批判的立场［J］．哲学动态，2012（1）：9－13.

② 陈立新，俞娜．向“现实”本身去寻求“思想”［J］．学习与探索，2012（3）：14－20.

③ 方光华．关于中国史学科发展的三点思考［N］．中国社会科学报，2011－07－28（8）.

④ 当然，我们应该清楚，任何自觉都是以自发为前提、为基础的，自发的历史积淀到一定程度，就有可能产生自觉的反思和自觉的建构。

人，一定是一个不断发现、发明、整理、总结的历史过程。一旦有了关于一个对象的研究意识，特别是有了学科观念，人们就会自觉从历史、理论等不同向度逐步建构起学科的衍生过程。每当有了新的可信的材料，真实的思想史、观念史便具有了有形的、可靠的轨迹；当缺乏可信的材料或者既有的材料还不足以支撑一个学科比较完整的形象建构时，人们便用猜测、推理甚至是想象建构学科的历史图景。我们现在关于新闻观念社会根源的说明与解释，很大程度上就是在如此方法论观念支配下的结果。这真像一个人取得成就后，再去建构成就得以形成的故事线索一样，一些原来自在的零散的甚至本无多少必然联系的东西，往往也会被有模有样地连缀在一起，显示出某种逻辑的、历史的必然。历史既是发现的结果，也是发明的产物。考察新闻观念形成的社会根源，首先是以当下（不同时代的人们有着各自的当下）我们对新闻观念（新闻意识、新闻思想等相关事物）的基本理解为前提的，不然我们将没有一个明确的对象。这就是说，我们实质上是以当下认定的新闻观念为标准或参照物，然后再去追寻这样的新闻观念或类似的观念是在什么时候开始孕育、产生、形成的。

观念是需要的产物，也是需要的精神性呈现；需要作为观念产生的根本动力，并不是抽象的，而是具体的，既与具体主体的特征有关，也与具体主体所处历史环境状况、社会条件等因素紧密相关。“时代的伟大需要，产生伟大观念。”① 从根本上说，社会需要是一切观念能够产生、演变、更新，特别是真正盛行的基础性原因。社会需要，说到底，乃是社会中的人的需要。人的需要的发展变化，乃是各种观念起伏兴衰的根本所在。人的需要的丰富性、复杂性、差异性等决定了呈现主体需要之观念具有同样的特征和表现。因此，在总体上，我们可以说，社会需要、人类的需要是

① 赵鑫珊．观念改变世界：一唱雄鸡天下白［M］．南昌：江西人民出版社，2008：111.

新闻观念产生、形成的最大、最根本的动力。具体一些，用我们已经形成的认识来说，新闻活动，是人类的本体性活动；新闻，是人类的基本需要之一。正是生存、生活中对新闻信息的客观需要，导致人类新闻交流现象的产生；正是人类对新闻信息的规模化需求，导致了近代新闻传播业的诞生；正是人类生存发展环境、条件、阶段等等的差异，导致人们有着差异性的新闻需要……这些正是人们形成共同新闻意识、新闻观念和不同新闻意识、新闻观念的社会根源。当然，人类以怎样的时代方式满足和实现自己的新闻需要，还要看整个时代提供的条件，政治、经济、文化、技术等共同营造的环境将从整体上决定和影响新闻需要的实现形式。比如，人们最易看到的是传收技术的不断发明创造，为人类新闻需要的满足与实现不断提供着新的时代方式。但有一点在抽象意义上是始终不变的，这就是新闻需要是新闻观念产生的基础性动力。

尽管新闻活动是人类的本体性或与生俱来的活动，但“新闻是一种历史形成的范畴，而不是一个人类社会普遍与永恒的特征”①。人类关于新闻的观念是在历史过程中逐步形成的，同样也是在历史过程中变化的。我们可能很难追寻到人类新闻意识、新闻观念最初具体的诞生时间，但总可以根据人类历史、认识的演变与发展，大致推断出可能经历的历史时代，描绘出历史的逻辑过程。而且我们相信，随着人类整体认识水平的提高，特别是对新闻活动史的深入发掘、了解与把握，总有可能比较清楚地呈现出人类新闻观念的历史图景。

与最初新闻信息和其他信息不分的混沌形态相适应，在新闻传播的产生阶段及后来相当长的历史发展过程中，人类并没有明确的新闻意识、新闻观念，即没有将我们现在所谓的新闻信息与其他信息明确加以区分的意识和观念。新闻信息不仅在客观上与其他一般的信息共同存在于自然和社

① 舒德森．新闻的力量［M］．刘艺娉，译．北京：华夏出版社，2011：36.

会之中，即使在传播过程中，也与其他信息浑然一体。正如有学者指出的那样，“新闻信息虽然古已有之，但在古代，新闻信息的陈述内容和传播方式与其他信息没有太大差别。在陈述内容上，它与历史信息相近；在传播方式上，它与情报信息相同。可以说新闻信息与历史、情报信息处于混一状态之中”①。事实上，新闻信息不仅与历史、情报信息混为一体，它与其他生产、生活中的信息同样混为一体。这种历史状况可以说也是新闻意识、新闻观念的蒙昧期、混沌期②。

但是，新闻信息与其他信息之间的客观差别，意味着总有一日人类会意识到它们之间的不同。也就是说，只要人类有了自己的文化，踏上了文明之路，将信息加以分类区分就具有历史的可能性甚至必然性。毫无疑问，新闻意识从模糊到清晰有一个漫长的演变过程，中西方学者对“新闻”一词的词源学考察足以说明这一点。中国学者经过考证，认为“新闻”一词最早出现于唐朝③；美国新闻学者约斯特（Casper Yost）对“新

① 项德生，郑保卫．新闻学概论［M］．武汉：武汉大学出版社，2000：22.

② 即使到了近代，从西方世界舶来的现代新闻观念，对中国早期的所谓“新闻人”来说，也还没有成为相对独立的新闻观念，马少华就说，“其实，对于我国近代早期新闻人来说，并没有历史与新闻的绝对界线”。参见马少华．历史与新闻有多少相通之处［J］．新闻与写作，2011（9）：62－64。

③ 我国学者姚福申经过考证认为，“新闻”一词比较早地见于《旧唐书》所记载的初唐人孙处玄“恨天下无书以广新闻”的言论中，参见姚福申．唐代孙处玄使用“新闻”一语的考辨［J］．新闻大学，1989（1）：44－46。也有学者经过考察认为，“新闻”一词的出现，或“新”与“闻”两字的连用，可以上推到南朝刘宋时的佛教典籍《弘明集》，参见焦中栋．“新闻”一词首次出现时间新考：兼论“新闻”词义的历史演进［J］．国际新闻界，2009（7）：108－111；王樊逸．“新”旧之分 耳学之“闻”：中国古代“新闻”观的语义学再考［J］．国际新闻界，2010（2）：97－102。还有学者就“新闻”含义在我国从古代到现代的转换过程做了考察，认为近代意义上的“新闻”一词，与中国近代新闻事业的发展密切相关，因而也与19世纪早期来华的传教士息息相关。1822年马礼逊在他出版于澳门的《华英字典》的第三部里，第一次将“news”译作“新闻、消息、信息”。由于传教士来自新闻业已经十分发达的英美等地，他们对news的认识支配了对报刊中所要报道的“新闻”的选择。可以说，正是传教士对news的翻译以及对“新闻”一词的使用，推动了其含义在中国向现代的转换。19世纪30年代以后，“新闻”一词已经开始被中国人比较多地使用，这时的“新闻”二字，实际上已经是指新近事实或其报道了。到了20世纪20年代，徐宝璜最早从理论上给“新闻”下了明确的定义，他在1919年出版的《新闻学》中说：“新闻者，乃多数阅者所注意之最近事实也。”参见罗以澄．新闻与传播评论：2011年卷［M］．武汉：武汉出版社，2011：77－82。

闻”一词在西方的起源也做过考证，认为“新闻”一词在上古时代的语言中就有根源。据《牛津辞典》的解释，将“新闻”解释为“新鲜报道”之意是1423年的事情。[①] 即使在“新闻”这一词语产生之前，相对比较自觉的、带有分离性质的新闻传播也已经开始。比如，早在公元前2世纪的汉武帝时代就出现的“府报”[②]，唐代的邸报等；早在公元前59年，“可以看作世界上最早的日报”的罗马《每日纪事》，以及从公元2世纪就开始直到18世纪还在流行的“新闻信”等[③]。但是，人们通常将西方近代报纸的产生，也就是新闻传播业的诞生，作为新闻传播与其他信息传播相对分离的起始时间。这也就是说，新闻意识、新闻观念是现代社会的产物，也可以说是现代性的产物。如今人们所言说的新闻是一个现代以来的概念、观念。比如，有学者说：“关于传播信息中的一类——新闻，能够从一般信息传播中分离出来，仅是最近几百年的事情。”[④] 这在一般意义上是可以接受的论断。因为明确的、普遍的新闻意识，是与西方近代报纸相伴而生的，直到19世纪三四十年代大众化、商业化的报纸真正勃兴起来，人们才将新闻信息与意见信息、广告信息等自觉地加以区分，与其他信息相分离的新闻传播观念才得以逐步形成和确立，人们对什么应该是新闻、什么不应该是新闻才有了比较稳定的标准。由商业化报纸带来的这场报业革命，“奠定的是整个现代新闻事业的基础”[⑤]，它真正确立了具有现代意义的“新闻”观念，从而使新闻有了与其他信息分离的独立形态。

当时代演进到19世纪末20世纪初，随着整个社会分工的进一步细化，职业运动的展开，我们可以说人类在整体上已经有了比较明确的新闻

---

① 郑保卫．当代新闻理论［M］．北京：新华出版社，2003：40-41.

② 陈力丹．发现“府报”：我国古代报纸的历史前推800年［J］．当代传播，2004（1）：27.

③ 甘惜分．新闻学大辞典［M］．郑州：河南人民出版社，1993：668.

④ 陈力丹．世界新闻传播史［M］．上海：上海交通大学出版社，2002：1.

⑤ 李良荣．当代西方新闻传播业［M］．北京：中国人民大学出版社，2000：143.

观念，对新闻传播也有了比较明确的传播原则，甚至形成了初步的专业化的新闻观念，比如客观观念开始逐步确立，比较明确的新闻职业伦理准则也开始建立，等等。但正是在此之后，关于什么是新闻、什么应该是新闻的问题，成为越来越被争论的问题。也就是说，一旦自觉的基本的新闻意识、新闻观念诞生，其反而会促使人们进行更加深入、全面、系统的思考。因而人们看到，新闻观念问题越来越成为新闻研究的主体，越来越成为新闻业的核心问题。而且，伴随新闻业的迅猛发展，特别是由技术进步带来的整个人类新闻活动结构、方式的巨大变化，新闻观念问题成为越来越复杂的问题，需要我们站在时代的潮头、时代的平台上进行新的思考。

明确的新闻意识使人们将新闻传播与其他信息的传播从本质上得以区别，形成了分门别类的信息传播形式。但就新闻传播的实际情况来看，即使人们具有明确的新闻意识，即使社会拥有相对独立的新闻传播媒介，也仍然不存在仅仅传播新闻信息而不传播任何其他信息的新闻传媒。新闻信息总是与其他信息共存于同一媒介之上，以统一的形态向社会传播。这种统一性在报纸进入厚报时代，电子传媒进入全天候传播时代，特别是网络传播天然带来的信息海量时代，显得更加突出。而媒介形态在整体上进入融合时代时，所有信息融合于同一平台，人类新闻传播似乎又进入混沌不分的一体化时代，似乎又回到了遥远的过去。

但十分清楚的是，新闻信息与其他信息在当今信息传播中的统一，是在人类有了明确的、自觉的新闻意识之后的统一，是在人们将新闻信息与其他信息区别开来之后的统一，这与没有区别前提下的混沌不分有着质的不同。因而，我们不仅在形式上看到，不同的信息传播在媒介上有不同的标识，而且更为重要的是，人们不断批判非新闻意识支配下的新闻传播观念。

总体来说，在社会历史眼光中，依据我们对人类新闻现象、新闻活动历史演变的整体把握——前新闻业时代、新闻业时代和后新闻业时代[①]，人类新闻意识、新闻观念大致也经历了三个历史时代：前现代时期的、混沌不分的新闻意识，现代时期由社会分工、职业新闻带来的比较明确的新闻观念，后新闻业时代开启后带来的对现代新闻观念的冲击和反思。后新闻业时代开启后，传统的职业新闻观念正在受到民众新闻观念的挑战，人们也正在做出各种各样新的反思和回应。但总体来看，到目前为止，传统的以职业新闻为核心的新闻观念并没有受到根本的动摇，传统的职业新闻的价值取向、价值理想、新闻信念等，正好是民众新闻向往和追求的目标。但不可否认的是，职业新闻设定的新闻选择标准、新闻传播原则、新闻传播方式等等，正在受到民众新闻观念和传收实践的解构；这种解构将会给传统新闻观念特别是职业（专业）新闻观念带来怎样根本性的影响还有待继续观察和研究。

（二）新闻观念形成的实践根据

意识是意识到的对象，观念是对观念对象的反映。一种观念或思想总是关于一定对象的观念或思想，离开对象的观念或思想，本身就是不可思议的怪物。观念对象可以不是实在物，可以是纯粹的想象物，但不可能没有对象物的存在。

---

① 我在描述人类新闻现象或新闻活动的历史过程时，依据现代新闻业标准，将人类新闻活动历史分为三个大的时代：前新闻业时代、新闻业时代和后新闻业时代。这一新的描述的意义在于它打破了仅仅依赖媒介形态、技术演变的基本（传统）范式，为人们提供了一种整体性方法论观念，可以避免技术主义的偏颇。同时，这一描述方式也使我们能够充分注意到人类新闻活动整体的历史变化，特别是以网络技术、数字技术等技术构成的技术丛造成的人类新闻活动的整体的解构性变化。参见杨保军《新闻活动论》（中国人民大学出版社，2006 年版）、《新闻理论研究引论》（中国人民大学出版社，2009 年版）和《新闻理论教程》（中国人民大学出版社，2010 年第 2 版）的相关内容。

观念并不能自生，而是源于人们的实际、源于人们的实践生活。观念、思想，最重要的根据来源是实践、现实，而不是我们的想象或推理。人类观念形成的最终根源在于人类的生产实践，只有从主体的物质实践出发才能对各种观念的形成做出最终的说明。诚如马克思、恩格斯在《德意志意识形态》中所言，"这种历史观（指唯物主义历史观。——引者）和唯心主义历史观不同，它不是在每个时代中寻找某种范畴，而是始终站在现实历史的**基础**上，不是从观念出发来解释实践，而是从物质实践出发来解释各种观念形态"①。马克思在给其父亲的一封信中谈及自己的一些思想转变时曾说："我从理想主义……转而向现实本身去寻求观念。"② 恩格斯指出，"一切观念都来自经验，都是现实的反映——正确的或歪曲的反映"③。一般来说，相关领域观念的生成首先根源于相关实践领域的活动，新闻观念的生成根源于新闻活动、新闻实践，"新闻传播观念是对于新闻传播现象、新闻传播实践的能动反映"④。新闻观念来源于人们的新闻交往活动，我们只有深入到人类的新闻实践中去，深入到人类的精神交往、信息交往、新闻交流活动中去，才有可能探求到新闻观念生成的根源⑤。当然，这只是本源意义上的关系，我们并不否认观念形成后的相对独立性和主体对观念的能动性运用，也不否认观念逻辑的自身演化。

我们说新闻观念根源于新闻实践、新闻活动，这是一个总的一般性判断，具体来说，其起码应该包括这样几层意思。

第一，人类新闻实践的基本内容决定着新闻观念的基本内涵。在整体

---

① 马克思恩格斯选集：第 1 卷［M］. 3 版. 北京：人民出版社，2012：172.

② 马克思恩格斯全集：第 47 卷［M］. 2 版. 北京：人民出版社，2004：12-13.

③ 马克思恩格斯全集：第 26 卷［M］. 2 版. 北京：人民出版社，2014：347.

④ 吴廷俊. 中国新闻传播史：1978—2008［M］. 上海：复旦大学出版社，2011：103.

⑤ 恩格斯在谈到人们道德观念的来源时说："人们自觉地或不自觉地，归根到底总是……从他们进行生产和交换的经济关系中，吸取自己的道德观念。"参见马克思恩格斯选集：第 3 卷［M］. 北京：人民出版社，1972：133。这对我们理解新闻观念的来源具有方法论的启示意义。

上说，有什么样的新闻实践内容，就会产生什么样的新闻观念。不管在什么性质的社会、在怎样的时代，只要人们把新闻实践当作重要的政治活动方式（即新闻活动的主要内容是政治内容），就会有政治新闻观念出现；只要人们通过新闻活动方式去获取商业利益（即新闻活动的主要内容实质上是商业性的内容），就会有商业新闻观念诞生；同样，只要人们利用新闻实践去维护和实现社会公共利益（即以监测环境、守望社会为基本内容的活动），专业新闻观念、公共新闻观念就会出现。一句话，有什么样的实践根源，就会产生什么样的基本观念；在最根本的意义上，即在本体论意义上，观念之流永远是由实践之源决定的①。

人类新闻实践是一个领域不断扩大、内容不断丰富的过程，与此相适应，新闻观念产生、反映的范围也经历了一个不断延展、丰富的过程。比如，仅就我国改革开放以来新的历史时期来说：起初新闻实践的核心领域是政治新闻，社会需要尽快解放思想，抛弃旧的观念，确立新的思想；随后则是经济领域，社会从以政治斗争、政治运动为中心转向以经济建设为中心，经济新闻成了新闻领域的核心；之后，随着社会转型的深入、改革开放的深化、市场经济的完善、社会生活的丰富、观念变革的加剧，新闻实践领域也相伴延伸到社会的所有领域。依据新闻实践内容领域的重心转移和不断扩展，新闻观念的重心也在变化和扩展。如今，我们完全可以说，凡是人类社会生活涉及的领域，从内容上看，都有新闻实践的影子和触角，也都有相应的领域性新闻观念的诞生或出现。过去没有的、少有的新闻实践有了、多了，相应的，过去没有的、少有的新闻观念有了、多了。公共新闻、社区新闻、平民新闻、草根新闻的实践有了，相应的新闻

① 需要特别说明的是，这里仅仅是在源流意义上对新闻实践与新闻观念之关系的讨论，并不否认新闻观念与新闻实践的互动关系。事实上，一旦超越本体论意义上的源流关系，新闻观念往往是新闻实践的先导，我们甚至可以说，有什么样的观念，才会有什么样的实践。

观念也就诞生了；社会新闻、娱乐新闻、情色新闻多了（这里暂且不讨论这些新闻观念的正确与合理问题），相应的新闻观念也就多了。很多新闻观念就是在日复一日的新闻实践中逐步形成、定型的，诚如有人所说，“正是在这种日复一日的普通的甚至是平凡的处理‘事实素材’的过程中，某种特定的新闻价值观、信息采集方式和表达风格”① 才建构了起来。

从另一个角度看，如果一些新闻实践内容少了、消失了，相应的新闻观念也会逐渐失去存在的根据，慢慢地沉淀为新闻观念史的原料。

第二，人类新闻实践的方式、实践水平，决定着新闻观念的表现形式和实际水平。从宏观的历史尺度上看，人类新闻实践活动经历了“前新闻业时代”“新闻业时代”和正在开启的“后新闻业时代”，与此相适应，人类新闻观念的历史演变也大致可以划分为前现代新闻观念、现代新闻观念和已露端倪的后现代新闻观念。在前新闻业时代，主导人类社会的新闻活动方式主要是自在自发的人际（民众间）的信息交流方式，此时，在总体上，人们并没有明确的新闻意识、新闻观念，没有形成明确的新闻传播原则，应该说人类新闻意识还处于比较低的水平；在新闻业时代，大众新闻传播方式的诞生，使人类的新闻活动逐步超越了民众新闻交流为主导的自在自发状态，进入了越来越自为自觉的职业新闻传播为主的形态，从而促成了新闻观念的革命性变化——高度自觉的专业新闻观念的出现，使人类的新闻认识、新闻观念达到一个比较高的水平；当以网络传播为核心的方式将人类新闻活动带入一个新的时代后，传统的专业新闻观念也在一定程度上受到了冲击和挑战，民众新闻观念已经进入一个与专业新闻观念交流、协商、对话、博弈的时代，也许一个新的观念变革时代已经到来，也许人类对新闻的认知、评价等观念会提升到一个新的境界。看

① 艾伦．新闻文化［M］．方洁，陈亦南，牟玉涵，等译．北京：北京大学出版社，2008：155.

得出，新闻观念的整体变化与人类新闻实践活动的整体方式变化大致是同步的。

新闻媒介形态的历史演变，最为明显地展示了人类新闻实践方式、活动方式的历史图景，相应地也决定了人类新闻活动的观念图景、观念水平。直到今天，人类对自身新闻实践活动史的观念描述仍然主要依据的是媒介形态的演变史：口头新闻—文字新闻—印刷新闻—电子新闻—数字新闻（融合新闻）……从大的地域上看，比如就人们通常所说的东西两个世界来说，各地的新闻活动史，从逻辑线索上看大致有相似的方式，特别是近代新闻业诞生之前的人类新闻活动史基本一样。文明演化客观上的时代性差异，造成了世界各地文明水平之间的差异，从而形成了不同文明之间的“交流”，特别是形成了主要由所谓“先进”地区向“落后”地区的“文明的或野蛮的”扩散与辐射。人类的新闻活动现象也大致遵循了这样一种基本逻辑。人们看到，西方新闻活动史，到目前为止，经过了口头新闻—新闻信（news-letter）—新闻书（news-book）、新闻纸（news-paper）（印刷新闻）—广播新闻—电视新闻—网络新闻—融合新闻这样一个基本过程。同样，中国新闻活动史，也经过了口头新闻—邸报新闻（唐代邸报实质上就是具有新闻性的公文信，与西方的新闻信大致相似）—新闻书（宋代邸报的主要形式，类似小册子）—新闻纸（近代印刷新闻，19 世纪中后期出现）[①] —广播新闻—电视新闻—网络新闻—融合新闻这样一个基本过程。与此一致，新闻观念的演变也经历了这样一个历史过程。由此可以看出，尽管从一种媒介样式（样态、形态）到另一种媒介样式，在中西可能时间间隔不一，但路径模样是一致的。因此，我们从理论上似乎可以大胆推论：无论东西，人类新闻意识诞生、新闻观念出现的实际逻辑路径

① 但 19 世纪中后期中国出现的近代意义上的新闻纸（印刷新闻），则是西方输入的结果。这就意味着近代以来的新闻观念从根源上就带着中西之间的差异与冲突。

是相似的，新闻观念水平提升的逻辑过程也是大致相似的，这也可能是新闻活动规律的必然。但我们应该特别注意一点，人们通常所描述的新闻史、新闻观念史演变过程，往往是以城市为对象的，因为近代以来的新闻业发展首先都是城市的产物，而非农村的产物。即使到了今天，各种大众传媒的核心仍然在城市，而不在农村[①]。

第三，新闻观念是主体的新闻观念，不同主体有不同的生存发展方式，其观念形成的路径自然是有差异的；不同社会新闻实践的特殊性、差异性，从根本上决定着不同社会主导新闻观念之间的差异性和特色表现[②]。事实上，只有理解了新闻观念的实践根源以及这种根源上的差异性，才能使我们从根本上理解为什么不同社会、不同历史时代会有不同的主导新闻观念；只有理解了新闻观念的实践根源上的差异性，也才能从根本上理解为什么同一社会、同一时代会出现多样化、多元化的新闻观念。

不同社会政治、经济、历史、文化等等的客观差异性，决定了存在与运行于不同社会中的新闻实践会有很大的不同，从而决定了新闻观念的不同。比如，当西方现代新闻业在近代传入中国时，处于内外交困、挨打受欺状态的中国人在整体上不大可能把报纸（新闻）当作赚钱的工具，更不可能仅仅把新闻媒介（报纸）当作传播新闻信息的渠道，更有可能的是把报纸（新闻）当作制造、引导舆论的工具，当作救亡图存的手段，因而也就不大可能在这样的社会状态中产生商业新闻主义观念和新闻本位观念，

---

① 欧洲文化史专家彼得·李伯庚（Peter Rietbergen）就指出，在欧洲农村，直到19世纪后半叶大众媒介才发挥作用。在此之前，传播消息只有两个渠道：一是口头，另一个是手写，或是画图。参见李伯庚．欧洲文化史：全球史视角下的文明通典：第2版：上［M］．赵复三，译．南京：江苏人民出版社，2012：196。

② 至于不同社会新闻实践之间的差异性，需要通过社会政治、经济、文化、历史传统等等的差异性进行解释；如果进一步追问社会之间的差异性问题，那就属于更为广泛的学科领域的事情了，关系到整个人类的文化、文明起源与演化等等重大问题，不是我们的能力能够说明的。

更有可能产生的是政治新闻观念、喉舌新闻观念、启蒙新闻观念①。只有社会整体进入比较平稳的和平发展状态，进入一定的比较稳定的经济体制（不管是计划经济体制还是市场经济体制），相应的新闻实践方式才能内生性地出现，进而促使与其相适应的新闻观念产生和传播。比如，正是计划经济的计划性、整一性，才使宣传新闻主义新闻观念的绝对化成为可能；正是市场经济生产方式的出现，才使商业化的新闻实践成为可能，也才使商业新闻主义观念的诞生、流行、张扬甚至疯狂成为可能；正是在计划经济向市场经济的转型过程中，公共利益与私人利益的矛盾凸显出来，使私人领域与公共领域分离开来，才使新闻的公共性问题摆在社会面前，从而使公共新闻实践和公共新闻观念流行开来。

如果从横向上观察，可以看得更加清楚。相对比较自主、独立的新闻实践，使得新闻自由观念、专业新闻主义观念在西方世界成为主导的、主流的新闻观念；而主要充当党和政府耳目喉舌的新闻实践，使得工具观念、宣传新闻主义观念在中国成为主导新闻观念。这里需要注意的是新闻实践与新闻观念之间的互动关系。从根源上说，新闻实践的样式是由社会大背景决定的，如何进行实践的观念同样也是由社会大背景从根本上决定的，因此，我们至少可以说新闻观念是由社会实际决定的，是社会实际的需要。

（三）新闻观念形成的认识途径

认知未知对象，探索未知领域，始终是人类形成一定观念的内在动力

---

① 我们看到，直到今天，尽管中国已经成为名副其实的世界大国，但她的国歌中依然唱道“中华民族到了最危险的时候”；要在这样的自觉意识中“前进”，新闻在中国人的心里恐怕只能是战斗的工具、宣传的武器，新闻的功能作用依然是向外的宣传和引导教育，而不是向内的监测与监督。对于政府、执政党，这样的意识、观念非常自觉和强烈。在社会精英层的内心，其实也大致如此，差别只在于他们可能认为新闻的重要功能作用在于向内的启蒙。当然，这是否完全符合时代的实际，是需要认真研究的大问题。

或根源。新闻观念像其他任何观念一样，在直接性上是人类精神的产物，是人类对一定新闻现象、新闻活动认知及对认知反思的产物。观念直接表现为关于对象事物的认知和评判，而一般说来，评判是以认知为逻辑前提的。因此，在一般意义上，可以说，观念是通过对相关对象事物的认知形成的，新闻观念是对新闻现象、新闻活动认知及认知反思的结果。但即使在新闻观念论的视野中，对于人类整体和个体来说，对于处在不同时代的主体来说，对于不同的新闻活动个体来说，其新闻观念形成的认识路径都是有差异的，需要进一步说明和解释。

首先，就人类整体来说，在历史向度上，新闻观念的形成主要是新闻活动史特别是新闻认识史积淀而成的思想成果和知识结果，它以观念史、思想史的方式呈现为新闻精神世界和新闻知识领域，诚如德国哲学家黑格尔在更为一般的意义上所说："思维所创获的成果，就其为思想而言，构成了精神自身的存在。"[①] 如前文所述，人类新闻意识的产生，是一个由混沌到清晰的过程，由不自觉到自觉的过程，由零散状态到成为体系的过程。这样的认识过程、观念形成过程，从原则上说具有历史的不间断性和永恒性，是一个不断提升的过程。因此，新闻观念的体系性、成熟性或完备性等等特性，本身都是历史的。

就人类新闻观念形成的具体认识途径、认识方式来说，其不可能是某种单一的形式，一定是多样的，可以是对新闻活动直接的经验体会，也可以是对新闻现象间接的文本式认知，可以是对新闻现象理性的本质分析，也可以是对新闻活动非理性的情感体验。总之，对于与社会生活有着天然紧密联系的新闻活动来说（甚至可以说新闻活动就是人类日常生活的一部分，随着媒介化社会的到来，就更是这样了），人们几乎时时刻刻都有感

---

① 黑格尔．哲学史讲演录：第1卷［M］．贺麟，王太庆，译．北京：商务印书馆，1959：42.

知、观察、认识的机会，因而易于形成不同层次的新闻意识、新闻思想和新闻观念；就此而言，新闻观念是大众容易理解的一种社会观念。可以顺便指出的是，大概正是因为新闻活动的日常生活化，新闻观念越来越成为社会大众必须具备的生活观念；而另一种说法则是，社会大众越来越应该具备媒介素养和新闻素养。

观念形成最典型的途径乃是人类特有的反思能力、反思性认知方式，新闻观念的形成也不例外。人类一旦对自身的活动有了自觉意识和反省，那就意味着活动进入了自觉状态；一旦进入自觉状态，人类就可以对历史与现实进行分析和研究、展开批判和反思，就能够有意设计和建构未来活动的内容和方式、取向和追求。反思方式，不仅使人类能够对新闻活动是什么的认知进入新的状态，而且能够使人类对新闻活动应该怎样的设想进入新的境界；将理论观念转化为实践观念，是人类反思性认知能力、观念能力最突出的表现。可以说，自从人类有了专门性的新闻研究，特别是有了建制性的新闻学科，人类的新闻认知才算真正进入了一个新的时代，新闻观念的形成才算真正进入反思性的、建构性的时代。比如，本书所进行的新闻观念研究，实质上就是一种反思性的观念认知活动。

其次，在认识论视野中，新闻观念形成的总的历史机制是承接性的而非断裂性的，是扬弃性的而非抛弃性的。对处于不同时代的人类主体来说，后代的新闻观念首先是对前代新闻观念的继承、反思和批判，然后才是新的认识、新的设想、新的创造。“无论是从思想史或是科学史，我们必须记取没有一个观念不是基于前面而来的，天下没有凭空掉下来的理论，所以时间的延续性还是存在的。”[①] 新观念的诞生，不会凭空而来，它首先是对新闻思想史、新闻观念史的承继，是对新闻学脉波动中新问题

① 许倬云．中国文化与世界文化［M］．桂林：广西师范大学出版社，2006：34．

的发现或老问题的新思考，“每一个历史时期的思想不是偶然的即兴之作，而是面临前一时期思想在理论上和逻辑上的问题和冲突，为了解决这些问题或冲突而萌发的，并形成系统的观念”[①]。新观念诞生的更多机缘，乃是老思想、旧观念与新问题、新现象的碰撞。老思想、旧观念不能解决新问题、解释新现象，于是产生新观念的时刻也就来临了。

在认识论视野中，新闻观念形成的现实机制大都是挑战应对式的，或者说是问题回答式的。观念的产生与形成，依赖于观念对象的出现和想象。通常情况下，新的现实、新的实践会对既有认知构成挑战、提出需要回答的问题，为新认知、新观念的产生形成前提设置。这正是人们在新闻领域看到的典型现象，每一次传播技术革命，每一种新的媒介形态的诞生，都会对既有的一些新闻观念甚至是整体的新闻观念系统提出挑战，需要人们以新的观念做出回应。正是在既有新闻观念与新生现实的相互作用过程中，诞生一些新的观念，甚至会促成观念系统的整体性变革。

再次，对任何一个个体来说，其新闻观念的形成，在认识途径上首先是对前人观念的学习、继承、反思和批判，然后才是自己的可能创造和更新。对于个体来说，新闻观念的形成，也像其他社会观念的形成一样，主要是个体社会化的经验过程、学习过程和实践过程。但对于不同的个体来说，其新闻观念形成的主要认识途径会有一定的差别。我们如果以当前新闻领域的实际为参照，大致可以做出下面的解释。

在一般意义上说[②]，就职业新闻个体来说，形成基本新闻观念的主

---

① 周国文．公民伦理观的历史源流［M］．北京：中央编译出版社，2008：41.

② 这里之所以特别强调“一般意义”，是因为我们所阐释的情况仅仅是主导的、主流的情况，并不是全面的、具体的实际。由于新闻传播教育的规模化发展，人们看到，大量的新闻专业毕业生并没有在新闻行业就业，因此，充当社会大众的很多个体的基本新闻观念也是在专门的新闻教育过程中获得的、建构的。与此同时，职业新闻传播中具体（内容）领域的专业化，又需要大批非新闻专业的人员，这就使得不少其他非新闻专业的学生有机会进入新闻领域，这些人的（职业）新闻观念只能在进入新闻领域后通过专门的新闻培训和新闻实践逐步建立。

要认识途径有：接受相对比较系统的新闻教育，以知识论的方式建构自己的新闻观念体系；在职业新闻活动过程中，进一步检验、更新、完善自身的新闻观念。就一般的社会大众个体来说，他们也有自己的新闻观念，但他们的新闻观念主要是通过自己的媒介接触行为、新闻接触行为形成的，当然也可以通过各种专门的学习、培训方式获得和建构自己的新闻观念。在民间新闻勃兴的今天，社会大众个体同样可以通过自身的新闻传播实践以经验、体会的方式，形成和领会新闻观念的基本内容与精神。

最后，从上面几点可以发现，在总体上说，新闻观念形成的认识途径主要有两条：一是主体与新闻认识对象的相互作用，这是新闻观念形成的基础性路径；二是不同主体间的相互作用，新闻观念是主体间交流的结果，这种交流既可以是直接的，也可以是间接的、历史的、文本化的、观念化的形式。

二、新闻观念形成的路径

作为一种观念类型，新闻观念到底是通过什么样的路径形成的，特别是那些在一定社会中、一定历史时期内具有广泛影响力的或者说具有主导性地位与作用的新闻观念到底是通过什么样的方式、路径形成的，是非常值得探讨的问题。因为只有发现了这样的基本路径，我们才能真正理解新闻观念到底是怎样成长起来的，也才能为新闻观念的创新创造条件。

（一）新闻观念形成的自发路径

人类历史演变发展首先是一个自然的历史过程，是所有人共同意志、共同力量相互作用、相互影响的合力结果[①]，物质生活史如此，精神生活史也不例外。新闻观念作为人类观念世界中的一种，其形成路径也像任何其他观念一样，在宏观视野中，首先是一个自发自在的过程。

新闻意识的最初诞生，其实是个很难说清楚的问题；人类到底是什么时候将新闻信息与其他信息明确加以区分的，到底是什么时候具有了明确的新闻活动意识的，这也是不大容易说清楚的问题[②]。但我们在理论上总可以推断出，自发自在的新闻活动演变发展到一定程度，新闻意识也就自然萌发了、诞生了、出现了；这本质上是一个自然而然的过程，并不是按照上帝或神的旨意实现的过程，也不是人类预先设计好然后逐步加以实现的过程。当然，对于今天的人们来说，正因为已经有了（具有历史性的）自觉的新闻意识，所以也就可以自觉地追溯新闻意识的起源问题，甚至可以大致搞清楚新闻意识产生的历史时代或时期。

到目前为止，在一般意义上看，人类对于自身的活动并不总是也并不全是自觉自知的，尤其是对自身活动的可能结果和影响并不总是、并不全是自知的，总体上，人类对自身的行为本质上仍然处在知与不知的状态之中。这就是说，自在性、自发性是人类活动难以避免也难以逃脱的基本属性，它贯穿于整个人类活动史、实践史、认识史之中，并不仅仅是人类早期活动的特征。因此，即使到了所谓人类理性、自觉性、主体性高度发达的今天，一些活动的展开、一些观念的诞生也是在人类的无意识或不大自

---

① 关于人类历史发展的这种自发性、合力性，恩格斯在其著名的“平行四边形”法则中做过说明和阐释。英国哲学家哈耶克（Friedrich von Hayek）在论述社会演变的秩序规则形成过程时也有类似的思想和观念，可参见哈耶克．自由秩序原理［M］．邓正来，译．北京：生活·读书·新知三联书店，1997。他们的这些思想对于我们理解各种社会观念的形成具有重要的方法论启示意义。

② 现在的人们，常常是以可见的文本文献作为基础，说明和论证新闻意识的诞生，这在方法论上并不具有绝对可靠的意义。这是因为，很多东西并没有被文字记载下来，人类更长时间的文明史是口头文化史或其他物理符号史，而非文字文化史。文字至上的研究观念、学术观念对于很多新闻观念（包括其他领域的观念）的源流考察是不周全的，需要审慎对待，更需要在方法论上做出一定的反思。

觉的过程中发生的、进行的。事实上，“意料之外”的物质结果、精神产物，既常常给人类带来意外惊喜，也往往给人类带来意外的麻烦甚或灾难。在新闻观念论视野中，新闻活动的实际演化过程为新闻观念的诞生、出现奠定了客观基础，这基本上是一个自发自在的过程。在新闻精神世界、观念领域，可能产生、出现怎样的观念，首先是人类新闻活动自发演进的结果，并不是人们设计好了要创生某一种观念的结果。其实，观念的自发性并不难理解，只要我们按照历史唯物主义的立场、观点和方法对新闻现象展开考察，就自然能够得出这样的结论。人类也许能够以自己的力量扭曲一段历史，但不大可能彻底改变历史演变的路线。一定社会、一定历史时代、一定历史时期的主导新闻观念更多的是历史演变的客观诉求，而不是社会主体的任意选择。落后与超越，都会让一定的社会主体付出历史的代价。

新闻现象有其自身的本性和特点，新闻活动有其自身的规律和属性，新闻业有其自身的演变动力和机制，李普曼就曾表达过这样甚为精到的见解：“报业并非某些人发明，也不是任何人有意识的倡议下而产生的。它是在一个世代的演进下，经过不断的尝试和错误，而慢慢形成的。”[①] 这正好说明，新闻活动、新闻业有其内在的、必然的甚至是某种先验意义上的客观属性或特征，有其内在的基本追求和目标，有其自身的发展变化规律和趋势。所有这些东西以一种客观的力量，自发自在地不断矫正和调整着新闻活动者的活动观念和活动方式，要求从事新闻活动的主体必须按照新闻活动、新闻传播业的客观要求发挥主观能动性。也正是在这样一个历史过程中，一些客观的特征、规律逐步显现在人们的面前，一些合理的、科学的观念从而得以逐步在人的主观世界中形成。真理观念很多情形下是

① 黄旦．传者图像：新闻专业主义的建构与消解［M］．上海：复旦大学出版社，2005：346.

自发的显现过程，而非主动的揭示过程。只要事物演变发展到一定的地步，一些观念就会自然而然地形成。只要有了政治化的新闻业，喉舌新闻观念、宣传新闻观念就会自在地生长起来；只要有了市场新闻业，商业新闻观念就会自发地内生出来。这其中的逻辑具有一定的必然性，不是某个人可以任意改变的。①

即使在高度自觉的理论反思、理论研究中，即在生产创造新闻观念的高度自主自觉的精神活动过程中，也不乏理论逻辑的自发自在性。任何一个新闻学研究者，并不能够完全自觉到自己的研究将会产生怎样的结果，特别是对现实的、未来的新闻观念将会产生怎样的作用和影响，这就像在一些自然科学研究过程中，科学研究者并不能够完全掌控研究的结果一样。总是有一些自发的、偶然的结果会呈现出来。事实上，当理论研究发展演变到一定的程度，一些新的概念、观念也就不得不产生、出现了。这一过程有着自发自在的力量，有着逻辑的必然性；只有到了一定的时候，某些概念、某些观念才可能出现。历史演变到某个节点、关口，就会有新的事物诞生；同样，理论研究达到一定的境界，一些新的概念、观念也会自然而生。可以说，水到渠成，是多数重要观念诞生形成的基本方式之一。自发自在的力量并不神秘，而是一种客观的力量，具有历史的必然性。也许，越是自发自在的，才是越合理的。顺应历史潮流的观念，可能就是这样的自发观念。可以想象，当自由、民主的潮流成为新闻活动的自发态势时，与此相适应的新闻自由观念、新闻民主观念，也就自然具有或显现出历史的合理性和正当性。

（二）新闻观念形成的自觉路径

当人类的新闻活动在整体上成为一种自觉的活动，特别是成为社会整

① 周宪，刘康．中国当代传媒文化研究［M］．北京：北京大学出版社，2011.

体分工结构中的有机构成部分，成为一种制度化的信息生产、精神生产、文化生产方式之后，新的新闻观念的出现就不再是以自发产生为主的方式，而是逐步转换成了以自觉创新、自觉设计、自觉创造为主的方式。也就是说，新闻观念形成的核心路径变成了人类自觉开辟、自觉建构的道路。当然，这样的自觉并不是说主体可以随意更新创造新闻观念，而是说人类能够更多地根据新闻活动的特征与规律，根据主体自身的需要和愿望，依据客观环境的状况和条件，自觉地为新闻活动的展开设计和建构一定的新闻实践观念。至于能否设计或建构出真实的、正确的、合理的新闻观念，那是另一个问题。①

人类的高明或与其他动物的质的不同，很大程度上就在于拥有自觉能力和反思能力。而这样的潜在能力一旦凸显出来、现实化，能够被人类在整体上自觉运用，人类就进入了所谓的理性时代。人类作为理性动物，能够比较自觉地把握自己的命运。在一定的社会活动领域，一旦有了自觉之后，也就能够同时也应该为活动的有效展开、需要的有效满足，依据一定的条件进行设计和建构良好的实践观念。也就是说，“人类的理性思维，应当为人类的前途找出个应然的理想境界，作为我们奋斗的目标”②。按照这样的基本逻辑，对新闻活动领域来说，进入自觉时代后，充分发挥主观能动性，对新闻现象、新闻活动进行专门的认知和研究，自觉探索新闻现象、新闻活动的特征和规律，就成为主导性的方式。而在观念论视域

① 自从人类从整体上进入自觉的新闻活动时代，即职业新闻诞生之后的新闻时代，以错误的新闻观念、不合理的新闻观念指导新闻实践，几乎在世界各国的新闻史上都发生过。当然，其中的原因不仅仅是对新闻没有形成正确的观念，更主要的是对社会发展的内在要求缺乏正确的认知，对一定社会的真实需要缺乏准确的把握；更为根本的原因，则是利益追求的偏误和人性邪恶的显现。比如，从反右斗争扩大化开始直到整个“文化大革命”期间，中国共产党用阶级斗争观念指导新闻事业，主要原因并不在于对新闻业的功能作用缺少正确的认识，而在于对整个中国社会的基本矛盾没有形成正确的认识观念。

② 许倬云．中国文化与世界文化［M］．桂林：广西师范大学出版社，2006：232.

中，以自觉为主要方式形成（更新或创造）新闻观念也应是很自然的事情。事实上，自从印刷新闻业诞生之后，新闻活动的演变发展越来越走上一条自觉自为的道路。

当历史发展造成一定的客观趋势，加之一定的社会情境，一些重要的新闻观念就会被自觉地创造出来。比如：对西方新闻世界以及整个人类新闻观念具有重要影响的新闻自由（出版自由）观念，就是由英国政治家、诗人弥尔顿以强烈的愿望和理性论证的方式提出来的；新闻活动的核心观念之一新闻价值观念早在 17 世纪末就已经得到了德国学者的自觉研究；新闻信息观念、事实与意见分开的观念直至新闻客观理念，都是在新闻业的历史演变、信息革命过程中，由新闻人和新闻研究者自觉确立起来的基本观念；如今仍具全球性影响的新闻社会责任观念，更是美国学者在高度自觉的调查研究结果基础上提出的观念；至于 20 世纪主要产生于美国的新新闻观念、召唤新闻观念、精确新闻观念、存在主义新闻观念、公共新闻观念等等，也都是人们自觉提出的结果；全球范围以及世界各个国家、地区职业新闻群体制定的职业伦理道德原则规范更是新闻道德观念的自觉体现；新媒体时代到来之后，人们根据新闻业的结构转换、媒介生态的变革、媒介环境的变化等，又自觉地提出了大量的新思想、新观念，比如网络新闻、融合新闻、微博新闻、公民新闻、草根新闻、新闻互动等等，以描述、总结、概括新现象、新事物、新趋势。

如今，一个社会选择什么样的发展道路、选择什么样的指导思想，一个具体的社会活动领域选择什么样的发展方式、选择什么样的主义观念，越来越成为自觉的行为，“策划”“设计”“顶层设计”“战略设想”“战略谋划”“区域发展战略”“国家发展规划”“全球发展战略”等等语汇、概念、理念，近乎成了人们的口头语。这些都在一定程度上表明，人类越来越以自觉的方式谋划着自身的生存与发展。回到我们的主题，一定社会的主导新闻观念（新闻主义），既是历史发展的客观选择结果，也是历史活动主体——人（表现为一定的社会主体）——自觉选择的结果，并且在形式上直接表现为主体的自觉自主选择。人们不难发现，不论在哪个社会，在现实性上，在那些有影响力的、占据一定社会主导地位的新闻观念（新闻主义）中，不管是正确的、合理的，还是错误的、不合理的，或是介乎二者之间的，往往都是由社会权威力量自觉建构的，都是由一定社会统治主体主动自觉塑造、建设、倡导、培养、维护的结果。人们看到，在西方世界，自由主义的新闻观念、独立自主的新闻观念，始终受到维护和张扬；在中国，马克思主义新闻观成为执政党和政府不遗余力提倡宣传、贯彻落实的新闻宣传观念。与此同时，那些与主导新闻观念或新闻主义有所对抗的新闻观念也会受到自觉的批判和抵制。新闻观念系统本身必然会表现出多样化和多元化的结构，但在现实社会中主导新闻观念无论在哪个国家、哪个社会却都只有一种，这正是自觉选择、自觉塑造、自觉建设的突出结果。①

在新闻行业、职业领域范围内，那些重要的新闻精神、新闻观念，更是受到行业主体、职业共同体的自觉建设与维护，因为基本的新闻观念是职业共同体存在的精神标志、延续发展的精神动力和实践追求的理想旗帜。人们看到，新闻职业共同体②往往会通过各种自觉的方式不断建构和完善共同体的观念体系（意识形态体系），他们有实现自治的组织形式、伦理原则，他们会组织开展各种各样的活动，宣传自身的观念，更会通过

① 当然，这样的选择能否得到一定社会的普遍认可，能否成为真正主导一定社会的新闻观念，属于另一个问题。统治者当作主导的观念，能否与现实社会的需求相一致，能否与社会大众的需要相一致，是非常复杂的问题，需要作专门的讨论。

② 新闻职业共同体，有不同的存在和表现层次，就现在的情况看，全球范围内的新闻职业共同体是比较松散的，但在一定社会范围内是比较紧密的——表现为一定社会全体新闻从业人员构成的共同体，具体媒介行业（比如报纸、广播、电视等）领域中的共同体；而在确定的新闻媒体组织内部职业共同体表现得更为一体化，因为职业共同体与组织共同体实现了一体化的存在形式。

新闻传播活动以直接感性的实践方式彰显自身观念的特殊性和优良性。

职业个体的成长过程，在观念论视野中，就是一个不断自觉培养新闻职业观念、锤炼新闻职业理想、确立新闻职业信念的过程。职业人在精神面向上的突出特征就是自觉的职业意识，就是明确知道“我是谁、我应该做什么”的人，这是一种高度自觉的状态。在职业实践过程中，合格的职业个体就是能够自觉按照职业精神、职业观念履行职责的个体。也正是在这样的过程中，职业个体可以不断提升自己的新闻观念水平，自觉建构美好的职业理想和信念。

总而言之，从今天的角度看，不管哪个层次主体的新闻观念，其主导的形成建构方式都以自觉方式为主，自发自在的方式隐蔽在历史的背后，默默地发挥着客观的作用。可以说，新闻观念的形成历史，是一个越来越自觉的历史，人们不仅自觉反映新闻现实，而且自觉设想新闻未来。

（三）新闻观念形成的混合路径

从上述两大方面的阐释中，我们已经可以看出：在前新闻业时代，新闻意识、新闻观念是自发为主的结果，人类在整体上并没有形成自觉的新闻观念；进入新闻业时代（以印刷新闻业诞生为基本标志）之后，新闻意识、新闻观念逐步成为自觉为主的产物。但即使是进入自觉为主的路径，就新闻观念的实际形成来看，并不存在单一的路径形成模式，大都是自发与自觉的某种统一。因而，我们可以笼统地说，新闻观念的实际形成路径是混合的。

当新闻观念的生产进入以自觉为主的状态后，在自发与自觉之间，大致具有如下的关系。

第一，自觉建立在自发基础之上。事物的演化有其自身的本性和路径，有其不以任何人的主观意志为转移的客观的一面。因此，创造新事物的过程，提出新思维、产生新观念的过程，首先是一个发现实际、认识实际、尊重实际的过程，是一个面对历史、了解历史、反思历史的过程。对于任何一种人为创造而言，有效的自觉是以对自发的尊重与把握为前提的。自发是基础，自觉是提升。“任何实践活动都有其合乎事物自然本性的、合理的、最优的途径和方法。这种途径和方法隐含在各种现实活动之中，看似无形，却非常重要，具有深不可测的创造潜力。人为的途径和方法必须逐步转化为合乎事物自然本性的途径和方法，这样才会带来高深的认识和非凡的技术成果。”① 正确的、合理的新闻观念必须以对新闻实际的准确认识、对社会新闻需要的真实把握为基础。比如，对社会主义市场经济条件下的中国新闻业来说，一定会内生出一些与其相适应的不同于计划经济时代的新闻观念，而观念更新、创造的自觉性在于主体能够主动认识市场经济的特点和规律，能够主动探索研究其他市场经济条件下新闻观念的表现，从而进一步针对中国的实际发明、创造符合中国新闻业实际的新闻观念。自觉不是凭空胡思乱想的过程，而是以自发的实际变化为基础的创造过程。

第二，在一般意义上说，“人类过去的所作所为，有些是自然而然发生的，有些却是当时的人在当时、当地所做的决定而使其如此地发展”②。这就是说，人类活动在本性上是自发与自觉的统一。但是，在人类理性觉醒之后，自觉自主的行为选择，自觉自主的观念指导，就越来越成为人类生存发展的主导方式。新闻领域也是如此，我们可以说，自从进入自觉为主的新闻业时代之后，新闻观念的自觉生产方式就越来越突出、越来越明显，也越来越重要。人类在认识到新闻的特征与功能后，就会想方设法充分发挥新闻的作用和影响，满足自身的需要、实现自己的利益。纵观世界

---

① 王前．哲学的解蔽：从知识到体验［M］．北京：人民出版社，2009：44.

② 许倬云．中国文化与世界文化［M］．桂林：广西师范大学出版社，2006：15.

新闻史，人们不难发现，人类自觉创造各种各样大大小小的新闻观念，无不是为了自己的需要和利益，为了自己的理想和信念。宣传新闻主义观念（政党新闻观念、喉舌新闻观念）的创造，目的在于运用新闻手段追求和实现一定政党及其所代表的群体的利益，商业新闻主义观念的提出则是为了通过新闻方式实现新闻传媒的商业利益，专业新闻主义观念的发明首先是为了保持新闻传媒的自主性和独立性，以使新闻传媒能够以自身特有的功能与方式为社会公共利益服务。至于那些相对比较小的新闻观念，比如当下人们比较熟悉的公共新闻观念、草根新闻观念、娱乐新闻观念等等，都是为了以特定的新闻方式实现整个社会或一定主体的实际利益。我们相信，随着人们对新闻现象、新闻活动（新闻、新闻传播、新闻传媒、新闻业等）越来越深入、越来越全面的认识和把握，更多的新闻观念会被自觉地生产出来，更多的新闻观念会被用来指导人们的新闻活动。同时，我们也相信，依据主体的能动性、创造性，建立在自发基础上的新闻观念自觉形成方式会成为改革改进新闻活动的主要方式；人们会根据对未来的设想改造现实，会用自己的新闻实践观念创造新的新闻实践图景。

第三，自发自在的新闻活动规律，往往会以客观逻辑的方式扭转一些错误的新闻观念，显示出自发的根基性力量。人类确实具有不同于其他动物的主动性和创造性，但人类也常常会错误地使用自己的创造性和主动性。凭借主观意志、主观设想（想象）任意妄为在人类的历史活动中并不少见，造成的危害乃至灾难也常常触目惊心。在新闻领域这样的现象在世界各国的新闻史上也不乏实例。美国新闻史上有所谓的“黑暗时期”，在德国、意大利、日本新闻史上都有法西斯主义张狂无羁的时期……所有这些，仅从理论上看，都是以某种极为自觉的“新闻观念”指导新闻实践造成的悲惨景象。自觉的观念创造并不一定能够提出良好的观念；即使是良好的动机，也不一定能够创造出良善的观念。不仅在新闻领域如此，每一个社会领域都一样。因此，在自觉提出、发明新闻观念特别是应用这样的观念时，一定不要忘记自发自在的边界，要充分自觉到人类理性能力的限度。

三、新闻观念形成的基本机制

一种观念的产生与形成，总有一定的机制，或者说有其自身“出世”的逻辑和道理。这种逻辑不可能是单一的，而只会是多重的，其中最根本的原因在于观念产生、形成的环境构成，也即观念产生、形成的客观基础或基本条件构成要素和系统不可能是单一的。对于那些重要的观念来说尤其如此。任何一种有一定影响力的政治、经济、文化、技术、哲学、道德、宗教等观念的产生与形成无不如此。能够对新闻业、新闻媒介、新闻传播、新闻活动者新闻行为造成一定影响的新闻观念的产生与形成同样不会例外。因此，新闻观念的形成机制也像其他观念的形成机制一样，是复杂的，需要进行系统的、细致的、深入的分析和考察。当然，尽管我们知道一种有社会影响力的观念的产生与形成有众多的机制和逻辑，但在这些逻辑与机制中存在着差别，有些更加重要，有些则不太重要。因此，我们没有必要也不可能对所有的机制一一进行考察。我们选择的这些机制是有重要影响力的观念产生与形成的必然机制，对那些偶然的因素我们将在论述过程中加以必要的说明，不作专门阐释。

（一）新闻观念形成的主体机制

观念是人的发明。人类历史上或伟大或渺小的思想观念，无论它有怎样的产生根源，都首先直接是认识的产物，依赖于人类精神上的智慧和热情、兴趣和毅力、深思和想象。因此，新闻思想、新闻观念毫无例外地首先是主体人的精神产物。所谓新闻观念生成的主体机制，就是要阐释主体是如何提出一种新的新闻观念的，一种新的观念在提出之后又是如何传播的。其实，新闻观念形成的主体机制也像其他观念生成的主体机制一样，大致是一个从个体开始不断向群体扩展的过程，是主体间针对相关新闻思想观念交流对话、反思批判的过程。在这样的过程中，有些观念可能早早夭折，有些观念可能半途而废，有些观念则可能长久存在，甚至会永不磨灭。下面，我们就新闻观念形成的常规主体机制及不同主体间的差异性加以简要分析。

1. 新闻观念形成的常规主体机制

所谓新闻观念形成的常规主体机制，就是要揭示在常态情况下，新闻观念在主体间是如何形成的，又是如何传播的，也就是要揭示在新闻观念形成过程中，主体间是怎样的一种相互作用方式、相互影响或互动过程。这里暂且不考虑其他社会环境因素的影响。

我们知道，观念是主体的观念，“新概念是智力活动的结果，也是对客观对象的反映”①。因而，人们不难发现，在任何一个社会领域的精神史、观念史路径上，都会有一串串耀眼的精神领袖或观念人物。人们叙说一个社会领域（以及相应的学科领域或学术领域）的演变史，正是通过众多历史人物提出的诸多核心思想、重要观念进行的。观念的形成与更新以一定的主体为载体，直接发生在一定领域前后相继的人物身上，尽管在他们的背后有着历史背景、社会环境和庞大的人群，但观念人物总是站在观念生产的前沿阵地。新观念的不断诞生和出现，需要前后时代的继承和发扬，“思想体系中的成员有思考的人，也有传授的人，如果新陈代谢不佳，新观念即不易出现”②。看看伟大的爱因斯坦对他伟大的前辈是如何表达

① 周建设．面向语言处理的计算与认知取向［J］．中国社会科学，2012（9）：143－149.

② 许倬云．中国文化与世界文化［M］．桂林：广西师范大学出版社，2006：15.

自己的情怀的，“牛顿啊，请原谅我，你所发现的道路，在你那个时代，是一位具有最高思维能力和创造力的人所能发现的唯一道路。你所创造的观念，甚至今天仍然在指导我们的物理学思想，虽然我们现在知道，如果要更深入地去理解各种联系，那就必须用另外一些离直接经验领域较远的观念去代替这些观念”①。具体一点说，新闻观念形成的常规主体机制主要包括两个大的方面：

第一，在新闻观念形成过程中，不同主体的地位作用是不一样的，有些人处于“观念领袖”的地位，大多数人则充当着“观念群众”的角色。任何观念首先是由一些“观念人物”提出的，那些最先提出某种有影响的观念的人物可以称之为“观念领袖”（类似于传播学或舆论学中描述的“舆论领袖”），而那些跟进解释宣传观念者，或仅仅跟随观念精神的人，可以笼统称之为“观念群众”或“观念大众”。“观念领袖”通常来自相关的社会领域，特别是相关的学术领域；但对有着特殊社会功能作用的新闻领域来说，观念领袖有可能来自政治领域、新闻实践领域或其他领域，这要根据不同历史时代、不同社会的具体情况进行分析。比如，无论中外，在党派新闻业（或新闻业的党派观念）处于核心地位时，政治领袖们也往往就是新闻观念领袖（在后文的政治机制中会有专门讨论）；但在专业新闻业获得主导地位后，新闻领域的观念领袖大多出自新闻实践领域和新闻学术领域。这主要是因为在前一种情况下，新闻基本上是政治的附庸或宣传工具，而在后一种情况下，新闻获得了更强的相对自主性和独立性。这里需要注意的是，在“观念领袖”与“观念群众”之间，在大的原则上，“观念群众”永远是一定新闻观念产生形成的基础主体，新观念在他们中间可能以零散的、火花式的、感性式的方式孕育着、生长着、传播着，

① 赵鑫珊．观念改变世界：一唱雄鸡天下白［M］．南昌：江西人民出版社，2008：96.

“观念领袖”则是那些能够及时发现、总结、概括、提出新观念的人。观念领袖以观念英雄的面貌出现，但他们永远离不开观念群众这个巨大的群体基础。

第二，在主体论视野中，新闻观念的形成过程，实质上是主体间的交往对话协商过程；可以说，主体间的“对话”是新闻观念形成、传播的主要机制。如上所说，新观念总是有人先提出，有人跟进，有人传播；观念追随者的扩展与深化，张扬与宣传，是一种新观念能够展开社会化传播的重要动力。新观念在一些“先知先觉”者（所谓先知先觉者也就是时代精神的首先发现者，或者是一定领域中发展趋势的发现者）提出来后，就像投入观念之水的一块石头，以击起千层浪或者小涟漪的方式扩展开来。这个过程也像一些学术研究一样，原创者最先提出新的学术观念或学说，然后有一些后继者不断对原创学说进行扩展和深化，逐步形成完整的学说甚至体系。当然，这一过程并非一帆风顺，也不会一呼百应，而更多的是一个交流对话的过程。并且，不同的新观念在主体间的互动过程中，获得不同的结果或“下场”，具有不同的命运。通常情况下，只有那些在对话交流、反思批判过程中得到辩护和认可的观念才能生存下去、传播开来，而那些虚假的、意义与价值不大的所谓新观念会慢慢销声匿迹。[①] 这就像在学术研究的常态中，只有真正具有原创性的学术见解才会得到不断的讨论和深化，而那些虚假的、意义与价值不大的“新观点、新见解、新理论”经过一段时间就会被学术界遗忘或清除出学术领域。

2. 新闻观念形成的主体差异

所谓新闻观念形成的主体差异，主要是想在个体层面上，分析一下新

---

① 我们应该注意，思想史、学术史都向人们提供过例外的事实，有些天才的思想、观念、学术见解有可能超越当时人的普遍认识能力，从而被不当地扼杀。但在如今这样相对比较自由的时代，这种情况会越来越少。

闻观念形成的不同路径或方式。因为我们看到，在个体层面上，主体新闻观念形成的路径和方式差异是明显存在的客观事实。关于这一问题，我们可以将主体大致分为两类来进行讨论，一类为职业新闻主体，另一类是普通社会大众。

第一，对于现代社会中的职业新闻主体来说，其新闻观念形成主要有两条路径：一是教育途径；二是新闻实践途径。

我们先来看教育途径。就当代社会来说，未来新闻从业者新闻观念形成方式中最为基本的是接受新闻教育；学校教育对专业新闻观念的形成有着重要的基础性作用。有关研究指出，学校教育对新闻职业理想的形成极为重要，“什么是对的、什么是错的，什么是真实的、什么是谎言，记者所受的教育对其新闻理念的影响是其他方式无可比肩的”①。一般来讲，学校教育所培养的新闻观念通常具有专业新闻主义观念的性质，具有更多的理论色彩和理想气息；学校的专业教育不仅能让学生知道新闻是什么，更为重要的是使学生比较充分地认识到新闻应该是什么。

但是，无可讳言，在任何一个国家，建制性或制度化新闻教育给学生（未来可能的新闻工作者）传授灌输的新闻观念，大都是与社会主流意识形态相一致，或者说是主流意识形态希望的、倡导的新闻观念，官方会通过各种方式达到这样的目标，比如相关教材的统一编写，教师队伍的统一培训等等②。因此，受教育者是在社会权力塑造的新闻教育框架内形成新闻观念的（对此，我们在后文新闻观念形成的社会机制中还要做专门论述）。然而，同样无可讳言的是，由于教育特别是高等教育具有相对的社

① 戴比尔，梅里尔．全球新闻事业：重大议题与传媒体制：第5版［M］．郭之恩，译．北京：华夏出版社，2010：166.

② 比如，在中国，基本的新闻学教材（史、论、采、写、编、评等）通过国家主导的马克思主义研究工程统一编写，高校特别是重点高校（“985”“211”学校）新闻院系的主要教师都要参加由中共中央宣传部、教育部等组织的专门思想培训班。

会自主性和独立性，再加上高等教育学习特有的怀疑性、反思性、批判性，教育者（教师）以及学习者拥有了一定的自主性，这可能使社会权力（主要是政治统治权力）通过制度方式规定的新闻观念得不到完全预期的传授，甚至会受到某种形式的批判和抵制。因此，仅从新闻教育角度看，形成多元的个体新闻观念是很自然的事情，不可能通过教育造就与官方意识形态完全一致的新闻观念。

再来看实践途径。我们在前面论述“新闻观念形成的实践根据”时已经在总体上指出，新闻实践的内容、方式、水平、主体差异性等是新闻观念形成的根本性依据。此处，我们想从专业个体的新闻实践层面进一步指出，共同的或相似的新闻实践使得职业个体之间能够形成共同的职业新闻观念，而个性化的、特殊性的新闻实践方式、新闻实践经验可能造就出不同的职业新闻个体，形成不同的新闻观念。正是通过新闻实践、通过亲身体验，使得每一职业新闻个体对“新闻”获得更为真切的认识，从而形成自身更为现实的、真实的新闻观念。也大概正是因为这样的原因，人们可以看到，有些职业新闻主体是新闻理想主义者，有些是现实主义者，还有些则是机会主义者，如此等等。

第二，对于普通社会大众来说，在普遍意义上看，他们的新闻观念大都是在新闻收受的经验过程中形成的。在传统媒介环境、新闻环境中，普通社会大众主要是在新闻收受活动中，通过对新闻媒介（报纸、广播电视节目等）、新闻文本（新闻报道）的直接接触、解读、理解方式，通过对新闻记者、新闻媒体的间接了解和想象等方式，以及一些人偶尔与媒体、记者直接接触交往等观察经验方式，逐步建构起新闻是什么、新闻传播是什么、新闻媒介是什么、新闻人是什么等一般观念。这样的新闻观念自然具有偶然性、零散性、不确定性，也自然会形成多样化、多层次性的新闻观念。因此，在传统媒介时代，社会大众在整体上缺乏媒介素养、新闻素养，很难形成相对比较系统的新闻观念，更谈不上相对独立的新闻观念，尤其是在国民素质整体偏低的发展中国家。

但在“后新闻业时代”开启之后，或者说在今天这样的新媒体环境中、媒介化社会中，情况可以说发生了比较大的变化。普通社会大众，尤其是普通社会大众中与新媒体相伴成长起来的一代又一代“电子媒介人”①，与传统媒介环境中的人已经有了很大的不同。他们不仅拥有充分的媒介接触行为，更多了解和观察新闻媒介新闻行为的机会②，时时刻刻都在接收各种各样的（新闻）信息，而且已经能够以民众记者或公民记者的身份，以社会化、公共化的方式参与发布传播新闻、表达意见，已经冲击、打破了职业新闻的信息垄断状况，已经在相当程度上与制度化、组织化的新闻传媒构成了一种互动互补的博弈关系，这是一个与传统媒介时代相比有了质的变化的时代。在这样一个大的时代背景下，普通社会大众关于“新闻（应该）是什么、新闻传播（应该）是什么、新闻媒介（应该）是什么、新闻人（应该）是什么”等等这些关涉新闻观念的基本问题，有了更为自觉的认知，有了更多的反思性、批判性思考。他们能够以传播者的角色亲身体验、实践他们想象的新闻观念，从而使新闻观念的形成具有了不同以往的路径和方式。可以说，今天的电子媒介人比以往的人有了更优良的媒介素养，也有了更好的新闻素养。当然，由于对媒介接触及新闻接触、传收、解读、理解等的机会、兴趣、倾向、水平等等的差异，个体之间的新闻观念差异具有必然性。对此，我们这里只能做出定性的描述，

① 所谓电子媒介人，是指生活于媒介化社会，拥有各种电子媒介，具备随时发布和接收电子媒介信息的便利，成为媒介化社会电子网络节点和信息传播主体的人。参见夏德元．电子媒介人的崛起：社会的媒介化及人与媒介关系的嬗变［M］．上海：复旦大学出版社，2011。

② 今天的人们，可以通过各种各样的新闻现场直播、新闻发布会现场、新闻生产过程的呈现（新闻采访、新闻制作、新闻传播过程），直接观察到职业新闻媒体、新闻人的工作过程和工作方式，能够对“新闻”形成直观的印象和观念，破除传统媒介时代新闻生产的神秘性。

难以做出进一步的阐释。

（二）新闻观念形成的社会机制

观念是对各种可能存在的反映和想象，但观念的产生总是以存在为基础、以客观实际为基本出发点。在人类任何一个具体社会活动领域，观念不仅是具体领域自组织机制的产物，也是该领域（系统）环境的产物、时代的产物，是系统与环境相互作用的产物。这就是说，在新闻观念论的视野中，社会机制是新闻观念得以形成的根本性的、基础性的机制。我们将主要从两个方面简要考察新闻观念形成的社会机制：一是分析整体社会环境对新闻观念形成的作用与影响；二是考察一些重要社会要素对新闻观念形成的作用和影响。关于新闻观念与其他社会领域特别是其他社会领域观念的相互作用关系我们将在第十一章进行专门的讨论。

1. 整体社会环境与新闻观念的形成

在整体层面上考察新闻观念形成的社会机制，就是从理论上将新闻观念从社会环境中抽离出来，看看社会整体存在与新闻观念形成之间到底是一种什么样的基本关系。

第一，一定社会的主导新闻观念是由社会的整体结构方式决定的，即一定社会的主导新闻观念是由社会的整体制度（主要体现为社会的政治制度、经济制度和文化制度）决定的。“新闻的变化总是离不开社会的变化，新闻的发展与社会的发展始终步调一致”[①]，“社会变迁左右新闻传播……看待新闻传播必须联系特定的社会历史背景，离开这个背景而就新闻谈新闻，包括所谓新闻专业主义，不仅莫名其妙，而且舍本逐末”[②]。社会发展的整体状况和水平，社会发展的整体运行和变化，将决定一定社会中能

---

① 李彬．中国新闻社会史：插图本［M］．2版．北京：清华大学出版社，2009：532.

② 同①531－532.

够形成什么样的主导新闻观念。观念的形成及其特征，永远都与一定的时代纠缠在一起，永远都有其时代、社会根源。英国著名媒介学者科林·斯巴克斯（Colin Sparks）指出："任何一个观点都是其所处时代的逐步演化发展而来的。"[①] 各种具有一定社会影响的新闻观念、新闻思潮，总是与一定社会的实际变化有着深层次的关联。一种新闻观念、新闻思潮，不大可能凭空而生、从天而降。一句话，社会整体环境的状态及其变化，是所有新闻观念形成与变化的母体。

那些具有"新闻主义"意义的新闻观念比如自由主义新闻观念、商业新闻主义观念、党派新闻观念、专业新闻主义观念的出现和形成，首先都是社会整体时代性变革的产物；社会整体变革需要与其相适应的新闻传播业和新闻传播；而新闻传播业、新闻传播的变革又首先需要与其相适应的新闻观念。这是社会实际变化与新闻观念形成之间最基本的现实逻辑。比如，在宏观的历史尺度上，当中国还没有迈开现代化的步伐，没有开始进入现代社会，那就根本不可能有现代意义上各种可能的新闻观念；当中国被卷进现代社会的进程之后，现代新闻业开始出现，现代新闻观念——不管是内生的还是舶来的——随之出现。当社会实际处于利益结构多元状况时，人们也就看到多元新闻观念共存的景象；当社会处于整体性社会的状态时，社会中的新闻观念便是比较纯粹一元化的[②]。再具体一点看，新时期中国新闻观念生态系统的基本表现与特征，首先是中国社会改革开放和社会转型（结构变革）的产物；如果没有中国社会的根本性变革与转型，就不可能有相应新闻观念的形成。改革使传统的铁板一块的宣传新闻主义观念有所松动；开放使外来的各种新闻观念有机会进入中国、影响中国；

① 斯巴克斯．全球化、社会发展与大众媒体［M］．刘舸，常怡如，译．北京：社会科学文献出版社，2009：9.

② 比如从1949年到改革开放前的中国，社会在整体上是一种政治化的社会，在这样的政治制度下，新闻观念也就只能是单一的政治新闻观念——政党性的宣传新闻主义观念。

计划经济向市场经济转型这一社会基础部分中最核心、最根本的变革，使得中国新闻领域内生出与其相适应、相伴随的市场新闻观念（主要表现为专业新闻主义观念和商业新闻主义观念），以及其他各种多样化的微观新闻观念。事实上，在西方世界也是一样，在宏观历史视野中，人们可以看到，商业新闻主义观念的诞生首先与现代新闻业的经济根源直接相关，与现代资本主义社会、市场经济生产方式的开启直接相关；宣传新闻主义观念则是阶级斗争、阶层斗争、政党政治运作的重要结果，实质上则是社会整体利益结构关系变革的体现；而规模化市场新闻业的形成是商业新闻主义观念昌盛甚至疯狂的根本原因，市场新闻业的形成又是社会整体生产方式变化的结果；只有现代新闻传播业有了相对独立的地位，专业化的新闻观念才有了客观的基础，而其背后则是社会整体分工进一步专业化、细致化的结果，也是整个资本主义生产（包括新闻生产）走向垄断化的结果。当然，这里我们应该注意，不能把社会整体状态及其变化与新闻观念形成之间的关系仅仅看成是简单的因果关系，而应看成是基本源流（社会整体变化是源，新闻观念形成是流）关系基础上的一种互动关系。

如果从新闻业形态的历史构成观察，我们会发现，每个时代都有居于主导地位的新闻业形态，都有与该新闻业形态相应的主导新闻观念。而任何一个时代能够拥有怎样的新闻业态，与一定社会的整体经济结构、政治结构、技术水平、文化偏好等是相适应的。在印刷新闻业时代人们不可能形成电子新闻业时代的新闻观念，在传统电子新闻时代（指传统的广播电视新闻时代）人们不大可能形成网络新闻时代或新媒体时代的新闻观念。进一步说，即使人类社会整体上进入了一定的新闻业时代，比如网络时代，但某一具体社会由于政治、经济等原因没有进入这样一个时代，那么，该社会也难以形成与此相关的主导新闻观念。也就是说，一定社会整体的状态决定着该社会可能拥有什么样的主导新闻观念（新闻主义或新闻意识形态）①。

如果我们上面的论述能够站得住脚，那就可以说，在总体上新闻传媒、新闻从业人员的新闻观念，与一定社会的整体环境特征也是高度相关的，一般说来是与一定社会主导新闻观念相一致的。比如，西方职业新闻主体在整体上拥有自由主义的新闻观念，这与其社会整体的政治制度、经济制度、文化制度是相一致的；而在当下中国，职业新闻主体在整体上拥有的是马克思主义新闻观，准确地说，拥有的是宣传新闻主义观念。② 曾经对全球 21 个国家和地区记者基本特征与职业价值观做过对比研究的一些学者指出，尽管对记者进行跨国比较是困难的，但可以证实的是，记者角色的职业价值观与具体的政治、文化环境相关。③ 如果要美国职业新闻主体形成和拥有中国式新闻观念，大概是不可能的；相反，如果要中国从事新闻宣传的工作者实际形成和拥有美国式新闻观念，恐怕也是比较困难的。这里的核心原因，可能主要不在于职业个体，而在于整体社会所处的状态。

第二，一定社会的新闻观念生态结构是由该社会整体的利益结构方式决定的。所有具体的新闻思潮（思潮就是观念爆发流行的集中表现），总是根源于一定的社会原因；即使是那些兴盛一时、影响一段时期的新闻观念也总是有其相应的社会根源。不管是在西方还是在中国，那些昌盛一

---

① 直至今天，个别国家仍然在原则上限制社会大众对新媒体的自由使用，这样的限制必然在一定的历史时期内阻碍与新媒体技术、媒介生态相适应的传播观念、新闻观念的形成。

② 这里应该注意，职业新闻主体的新闻观念在整体上与社会主导新闻主义、新闻意识形态的一致，并不否认一些职业个体持有与主导新闻意识形态不一致的新闻观念，也不否认还有人会反对、批判主导新闻意识形态。事实上，不管是现实主义者还是理想主义者，大都不会完全赞同主导新闻意识形态。尤其是新闻理想主义者，常常会对现行的新闻意识形态观点进行激烈的批评甚至强烈的反对和批判。

③ 戴比尔，梅里尔．全球新闻事业：重大议题与传媒体制：第 5 版［M］．郭之恩，译．北京：华夏出版社，2010：135.

时、流行一段的具体新闻观念，诸如黄色（煽情）新闻观念、精英新闻观念、存在主义新闻观念、公共新闻观念、草根新闻观念、女权主义新闻观念等等的出现，同样都与社会演变、时代变化有着不可分割的关联。比如：当年美国“黄色新闻”的泛滥，与商业经济成为资本主义主导经济方式是一致的，更与当年报业为了应对经济萧条的境况相关[①]；当下娱乐新闻观念的风行，与后现代社会的显现、消费社会的形成等是相一致的；20世纪90年代到21世纪初美国公共新闻观念的时兴，与美国社会民主政治的疲软相关，与社会大众政治参与的整体热情下降相关，也与一些中小传媒（主要是报纸）的生存困境相关；如今公民新闻观念在全球特别是在中国社会的勃兴，同样与社会政治的民主化程度相关……其实，时下各种另类的或非正统的新闻观念（alternative journalism）的产生与形成，无不与一定的社会运动、社会现象相关。可以说，任何一种新闻观念的诞生，都有其自身的社会根源。差别在于，有些新闻观念侧重根源于政治问题，有些侧重根源于经济问题，有些则侧重根源于文化问题，也有一些是社会综合原因的结果。事实上，任何一种新闻观念的出现，就是一种社会现象、社会力量、社会因素或某一社会群体以新闻方式的浮出或凸显，就是一种社会声音的呼唤和显现。我们甚至可以说，在现代媒介社会，一个社会群体、一种社会势力，不管大小强弱，只有有了自己的新闻观念、新闻形象，其存在才是可视的、感性的、真实的。因此，新的新闻观念会不断形成，因为社会是一个不断变化演进的巨大系统，它的各种变化或多或少、或强或弱总要通过媒介方式、新闻方式显现出来。当然，仍需我们注意的是，在解释新闻观念的形成问题上，我们不应该忽视由新闻业内部原因为主引发的变化，但这显然不是我们此处讨论的重点所在。

---

① 埃默里M，埃默里E，罗伯茨．美国新闻史：大众传播媒介解释史：第8版［M］．展江，殷文，主译．北京：新华出版社，2001：223－232.

2. 主要社会因素与新闻观念的形成

考察新闻观念形成与具体社会领域的基本关系，是将新闻观念作为对象从社会环境中抽离出来，看某一具体社会系统、要素是如何对新闻观念的形成产生作用和影响的。我们依据惯常的认知，挑出几个基本的重要的因素——政治、经济、文化和技术，分析一下它们对新闻观念形成的主要影响。

（1）新闻观念形成的政治机制。

在所有社会因素中，政治对新闻观念的形成有着直接的决定性作用。我国新闻学者童兵指出，“新闻观念的形成常常以政治文化与新闻文化为背景”①。在世界各国的历史发展过程中，新闻与政治都有着千丝万缕的关系。新闻媒介、新闻传播都曾经充当过政治活动的手段，其实，直到今天依然如此，只是在不同的社会环境中表现有所不同罢了。在一定社会中，政治与新闻观念的形成之间有着复杂的关系，我们难以条分缕析深入细致地加以分析阐释。这里，我们将主要以一定社会中处于统治地位的政治权力为对象，讨论它与新闻观念形成之间的核心关系。

首先，政治对新闻观念形成的作用，主要表现为处在社会统治地位的政治权力决定着一定社会主导新闻观念的选择。尽管每一种政治力量都会建设作为耳目喉舌的新闻传媒，都会形成自己特有的新闻观念；但就一定的现实社会来看，处于主导地位的新闻主义或新闻观念总是由占统治地位的政治力量确立的，是由该社会的政治权力结构方式决定的。专制主义政治不可能选择自由主义的新闻观念；反过来，民主政治也不可能选择专制主义的新闻观念。而当一个社会客观上或实际上缺少统一的主导政治力量

① 吴廷俊．中国新闻传播史：1978—2008［M］．上海：复旦大学出版社，2011：93.

时，该社会也就难以形成统一的主导新闻观念。比如，从辛亥革命到1949年中华人民共和国成立以前，由于在中国社会中，并没有形成具有绝对权威性的统一的政治统治权力，而是处于各种政治力量（抗日战争期间还有外族入侵形成的政治力量）的博弈之中，因而在新闻观念生态系统中，也形成了多元的新闻观念（诸如政党新闻观念、同人办报观念、商业新闻观念、具有一定雏形的专业新闻意识、法西斯新闻观念等），每一种新闻观念各有自身的"霸权（领导）"领域和价值取向，但不论性质如何、正确合理与否，就是缺乏全国性的统一的主导新闻观念（主义）。而中华人民共和国一经成立，建立起真正全国统一的政治统治权力，中国共产党的党报新闻观念（主义）便随之成为全国性的主导新闻观念，其他各种新闻观念很快烟消云散、退出历史舞台。

政治统治权力相对新闻观念的优先性和主导性意味着，一定政治统治权力的转移，政治权力结构、权力运行方式的变化等，都将在某种程度上引起主导新闻观念的转移和变化。因此，政治统治权力的性质变化必将导致新闻观念根本性的变化。比如，在现代社会发展过程中，欧洲各国在由封建政权统治转向资产阶级统治后，其新闻观念也由封建专制主义观念转向资产阶级自由主义观念。而在历史的曲折发展中，一旦再次出现专制统治、法西斯统治，一定社会的主导新闻观念也会迅速地、相应地发生转变。第二次世界大战前夕，德国、意大利法西斯统治者的上台，使得德意两国的新闻传媒迅速转变成为法西斯的统治工具、宣传武器，而其背后则是主导新闻观念的转移和变化。

其次，占社会统治地位的政治权力会以各种方式实现主导新闻观念的"霸权性"影响或统领性作用。处于统治地位的政治权力不仅会确立主导新闻观念，还会通过与新闻领域相关的法律、政策、路线、方针、纪律、伦理道德规范等将新闻观念转换为可以直接指导、影响、约束新闻活动的实践观念和活动规则，转换为各种可行的制度形式；政治统治权力也会通过福柯式的社会微观权力形式，将其认可的新闻观念贯彻落实到整个新闻教育、新闻培训的过程之中，包括新闻教育、教学制度的设立，教学培训内容的设定（通过新闻教学、培训教材的统一编写或审查），教育教学方法的设计；政治统治权力同样还会通过权力安排，在社会各个层次实现有计划、有组织的媒介素养、新闻素养培养工作，创造有利于社会接受认可主导新闻观念的环境。除了这些主导的方式之外，政治统治权力亦会采用各种可将主导新闻观念仪式化、物理化、符号化等的方式，比如各种（政府）奖励制度（比如我国的政府新闻奖以及范长江、邹韬奋人物奖等）的建立、节日的设定（如记者节）、庆祝仪式的举办，使政治统治权力倡导的新闻观念得到有形的呈现和广泛的宣传。

再次，占有社会政治统治权力的组织或集团，会以各种方式限制与主导新闻观念不一致的新闻观念的形成和传播。主导新闻观念的选择具有排他性，一定社会的政治统治权力不可能同时选择两种以上的主导新闻观念。即使是在所谓自由民主政治体制下，也只可能允许与其相适应的自由主义新闻观念，不可能允许其他新闻观念的自由形成和传播。比如，以美国为代表的西方社会，与自由民主政治精神相符合的新闻观念只能是自由主义观念。因而，人们看到，尽管有各种各样的新闻观念、新闻思潮不时形成兴起，诸如新新闻主义观念、召唤新闻观念、公共新闻观念等，但由于这些观念从根本上与自由主义新闻观念所主张的、坚持的新闻自主性、独立性、客观性、公共性本质上具有一定的矛盾和冲突，因此，也就从根本上决定了这些观念不可能在自由民主的政治环境中获得像样的地位和影响，始终会受到占主导的自由主义新闻观念的反对和抵制。比如，20 世纪末 21 世纪初曾在美国流行一时的公共新闻，之所以受到美国主流新闻媒体的抵制和反对，其核心原因就是主流新闻传媒认为，公共新闻观念与自由主义新闻观念的核心理念——新闻的自主性与新闻的客观性——是背道而驰的；也正因为这样，几乎没有主流新闻传媒参与这场新闻实践运动。同样，在已经过30多年改革开放的中国，坚持马克思主义新闻观的中国共产党绝对不会轻易允许自由主义新闻观念、专业新闻主义观念（作为整体）[①]、商业新闻主义观念侵犯、干扰马克思主义新闻观的主导地位，而是会以各种办法确保这一主导新闻观念的贯彻落实。同样，我们会看到，我国新闻媒体高举“二为”方针（为人民服务，为社会主义服务），强调新闻工作的党性原则，坚持正确的舆论导向，坚持以正面报道为主，始终是主导新闻观念的核心；而为了使这样的核心理念得到实现，政府会不断根据新的社会环境（包括国际环境）、新的实际提出一些具体的方针、策略和方法，比如，“三贴近”（贴近实际、贴近生活、贴近群众）、“三善”（善待媒体、善用媒体、善管媒体）、“走转改”（走基层、转作风、改文风）等。

总而言之，通过以上的阐释可以看出，在一定社会中，政治制度、政治观念与主导新闻观念从根本上说是一致的。有什么样的政治统治权力，就有什么样的主导新闻观念、新闻意识形态。主导新闻观念的变化始终以政治权力的变化为转移。当然，在非常态的社会中，这种新闻观念与政治统治权力的契合关系有可能表现得不是那么明显，但在一定社会中，政治权力结构与新闻观念生态结构之间总是具有基本的一致性。

（2）新闻观念形成的经济机制。

依据经典马克思主义的社会结构理论，经济作为社会运行的基础性因

---

① 作为政治统治权力拥有者的中国共产党，不可能允许专业新闻主义观念替代马克思主义新闻观或宣传新闻主义观念成为中国的主导新闻主义。人们应该明白，专业新闻主义的核心理念并不是客观理念或社会责任，而是新闻领域的自治观念以及新闻传播的独立理念、自由理念，它的核心是新闻传媒独立于政府，独立于政党，独立于社会大众，成为一种独立的社会权力（所谓第四权力），而这在宣传新闻主义观念看来是根本不可能的，新闻传媒要绝对服从党的领导。

素或条件，对树立其上的政治上层建筑及各种形式的意识形态都具有源泉性、根基性的作用。依据这一逻辑，从原则上说，任一新闻观念的形成总有其直接的或间接的经济根源。下面，我们也像讨论政治因素那样，从宏观层次简要阐释一下经济因素对新闻观念形成的作用。

第一，一定社会的基本经济体制决定着新闻观念的整体生态结构，新闻观念的形成难以超越经济制度的宏观制约；对于一定社会能够实行怎样的主导新闻观念，现行的经济制度尤其具有基础性的作用。一定社会的经济发展水平特别是一定社会的经济结构方式或经济制度，对该社会能够产生什么样的新闻观念，以什么样的新闻观念作为主导新闻意识形态有着深层次的影响。在封建经济制度下，不可能形成以新闻自由为主导的新闻观念；在计划经济体制下，不可能形成自由主义主导的新闻观念生态；同样，在自由市场经济主导的经济体制下，不可能形成以专制新闻观念为核心的观念生态。但我们应该清楚，对于新闻观念的形成来说，经济因素绝不是唯一的、直接的因素，它只能与政治的、文化的、技术的、社会的等等因素一起，才能决定新闻观念的可能样态。一般而言，经济并不是直接决定上层建筑尤其是各种具体意识形态形式（诸如宗教、哲学、文学、艺术、道德，包括新闻意识形态）的唯一因素，这是因为每一个上层建筑系统包括每一个意识形态形式，都有自身客观的相对独立性，并且，人们在人类历史的发展演变过程中，已经经验到、认识到了它们相对独立的地位、作用或影响。因而，如果在经济与新闻观念之间直接画上决定与被决定的等号，未免过于简单。其实，正是因为意识形态不同形式的相对独立性、自主性，才使它们往往表现出反思性和批判性，从而能够提出一些前瞻性的思想和观念，为未来发展提供新的观念和设想。传媒政治经济批判学者彼得·戈尔丁（Peter Golding）和格雷厄姆·默多克（Graham Murdock）的认识是比较恰切的，“经济动力在限定一般环境的主要特征时起着重要的作用，而传播活动是发生在这种环境之中的，但这种决定作用并不能完全解释传播活动的性质”[①]。至于经济动力对于传播观念包括新闻观念的作用就更是如此了，人们不可能根据单一的经济要素对一定社会中的新闻观念现象做出周全的解释。

第二，就当前的情况来看，即在信息时代、媒介化社会到来的情况下（信息经济、传媒经济已经成为当前社会重要的经济形式或经济构成部分），人们看到，不管是在西方还是在中国，社会经济对新闻观念的形成影响越来越大，对传媒的实际运作影响越来越深。事实上，自从现代新闻业诞生之后[②]，经济始终是制约传媒发展的核心因素，差别只在于不同时代、不同社会形态中经济因素影响传媒以及传媒观念的方式不大一样而已[③]。就新近来看，在西方，自从经济领域进入新自由主义状态，传媒垄断在不断强化，传媒领域的多元化迅速萎缩，传统的公共利益目标受到了越来越大的挑战和伤害。传媒经济学家罗伯特·皮卡特（Robert Picard）这样说：“在媒体高度商业化的环境下，为吸引能带来更多收入的观众和广告商，媒体追求娱乐和休闲内容，使社区、国家和世界事务的信息和讨论日益边缘化。”“传媒的经济变革和财务压力对人们理解世界、参与公共讨论以及对社会发展和维护具有重大的影响。”[④] 可见，经济因素对新闻观念的影响是客观的、明显的、巨大的。2008 年以来源于美国波及整个世界的金融经济危机不仅影响了作为实体经济之有机构成部分的传媒经

---

① 库兰，古尔维奇．大众媒介与社会［M］．杨击，译．北京：华夏出版社，2006：68.

② （近）现代新闻业的产生，本身也有其重要的经济根源，市场经济的孕育、发展，在客观上造成了对信息的稳定化、规模化、及时化、周期化的需要，从而从根本上为制度化、组织化以及随后的职业化的信息生产奠定了基础。

③ 笼统地讲，环境经济因素（媒体自身之外的经济因素）作用影响新闻业发展的形式大致有两大类型：一是非市场化方式，比如政府、政党提供的各种或明或暗的补贴、各种形式的捐款；二是市场化方式，最主要的就是广告途径，还有发行途径。

④ 杭敏，皮卡特．西方传媒的公共利益与商业利益冲突及影响［J］．新闻记者，2011（11）：46－50.

济，也实实在在影响了几乎所有新闻组织机构的新闻传播战略和策略，机构萎缩、人员裁减、新闻质量下降，严肃新闻减少，这都是新闻观念在经济力量作用下不得不变的明显表现。作为基础性力量，谁也难以抵抗经济对于各种意识形态形式的作用和影响。其实，历史上黄色新闻的泛滥，当下新闻娱乐化的猖狂，中国新闻界所说的“三俗”（庸俗、媚俗、低俗）新闻的难以遏制，其深层的原因动力都包含着新闻传媒不当的经济或商业利益追求。

一言以蔽之，经济因素对新闻观念的形成有着基础性的影响，对于一定社会主导新闻观念的形成来说，经济因素尤其具有根本性的决定作用。

（3）新闻观念形成的文化机制。

如果在一般意义上分析文化对新闻观念形成的作用机制，就等于是在分析社会整体系统与新闻观念形成之间的关系，因为普遍意义上的文化内涵，囊括了人类社会所有物质生产与精神生产的结果。因此，我们这里只在狭义的文化意义上，即在精神文化意义上讨论文化对新闻观念形成的影响；进一步说，就是讨论社会上层建筑意识形态内部其他意识形态形式对新闻观念形成的影响，即宗教、哲学、文学、艺术、道德等意识形态形式对作为意识形态形式之一种的新闻观念形成的作用和影响。需要预先说明的是，我们这里着重的是其他文化形式作为整体对于新闻观念形成的影响，关于新闻观念对其他观念的影响作用，以及新闻观念与其他主要具体的文化观念之间的相互作用，我们将在第十一章进行专门讨论。在文化整体与新闻观念形成之间，有这样几个要点需要把握。

第一，一定社会的主导文化价值取向，将制约和引导新闻观念内在价值形成的方向性。一个社会尽管是一个巨大的文化系统，但一般说来，它总是拥有自身核心的文化价值观念（比如当代中国就有自己明确的社会主义核心价值体系），这样的核心价值观念有着强烈的发射扩散倾向，那就是要将核心价值观念渗透到所有社会领域以及社会生活的每一个角落，形成“霸权性”影响或统领性作用。实际上，只有达到这样的状态，一种文化价值观念才称得上是该社会主导的或核心的文化观念。就近代新闻业诞生以来的事实看，一定社会、时代有什么样的主导文化价值观念，就会形成什么样的主导新闻观念。在民主、自由价值至上的社会（至少这样宣称，并且人们普遍这样认可）中，与其对立的新闻观念很难有机会形成，即反民主、反自由的新闻观念很难在这样的整体社会文化氛围中生存和发展。当金钱至上成为一定社会基本的文化氛围时，商业新闻主义观念的泛滥也就自然而然、在所难免。消费文化、休闲文化一旦弥漫一个社会，娱乐新闻或新闻的娱乐化也就势不可当。在一个高度政治化的社会中，新闻观念的政治化是必然的，而在一个高度商业化的社会中，新闻观念的商业化也是必然的。一定社会新闻观念的生态构成方式与其文化观念的构成样态有着高度的契合性。当然，我们不应忘记，文化主体是具有反思性、批判性的主体，新闻文化主体、观念主体同样具有这样的属性。因此，不是说社会中有什么样的文化，就必然会形成什么样的新闻观念，流行什么样的新闻观念，不断反思、批判现实文化环境中的不良倾向也常常是新闻传媒的突出表现甚至是其应该担当的社会文化责任，但这属于另外一面的问题，我们不在此处展开讨论。

第二，一定社会的大众文化价值取向，对新闻观念的形成常常有着直接的影响。这主要是因为新闻传媒是重要的大众文化载体，而新闻传媒的生存发展很难超越或背弃大众的媒介选择、内容选择，传媒的媒介产品包括新闻产品原则上只有适应社会大众的需求才能实现利益追求。因此，新闻传媒选择什么样的新闻观念、新闻价值观念，并不是纯粹自主的事情，而是要受到大众文化价值取向的制约。事实上，人们看到，尽管传媒文化（包括新闻文化）中包含着主导文化、精英文化和大众文化[①]，但就实际来看，特别是就中国的实际来看，尽管如上所言，主导文化由于特有的政治权威的支持在整个传媒文化中占据着不可动摇的主导地位，对新闻观念特别是主导新闻观念的形成与选择有着决定性的影响，但我们也发现，伴随着市场经济的扩展和深化、社会的整体转型，市场的力量、大众文化（社会）的力量，相对影响力越来越大，并且越来越能够以相对独立的方式影响和作用于新闻传媒；政治并不能左右一切，人们也很难再用传统的政党主义认识论或国家（政府）主义认识论来简单解释新的新闻现象[②]。在观念论视野中，新闻观念的形成不再只是政党、政府说了算的事情，而是有了更深层的经济根源，有了更为广泛的大众文化缘由，也时常会受到精英文化、新闻理想主义的反思和批判（这一点，我们将在新闻观念形成的学术机制中加以讨论）。

第三，一定社会的整体文化观念对其传媒文化、新闻文化（新闻观念是其内核）有着深层次的、长期的甚至是稳定的影响。一定社会，一旦形成自己的历史，铸就自己的文化传统，历史积淀的文化精神、文化理念就会渗透到新闻精神、新闻观念之中。比如，中国文化传统对知识分子天地良心角色的定位，道德楷模、浩然正气的期待，以天下为己任、勇于担当的希望，使得中国新闻人的新闻观念中始终包含着“铁肩担道义，妙手著

---

① 周宪，刘康．中国当代传媒文化研究［M］．北京：北京大学出版社，2011.

② 我们这里所说的政党主义认识论或国家（政府）主义认识论是指一种学术现象，一些人在解释新闻领域的很多变革时，自觉不自觉地将改革的动力全部归因于政党或政府（国家）的意志。这在改革开放初期也许是适当的，但随着改革开放的深入，这样的归因显得越来越片面，越来越简单化。其实，人们看到，任何一个社会领域的改革，不再是单一政治外在主导的，而是受到领域自身情况的根本左右，还会受到政治以外其他各种力量的影响和作用。比如，新闻领域的改革就越来越受到市场和社会的作用和影响，而且，政治意志有时并不能够制约市场和社会的力量。新闻实践的方向选择甚至是新闻研究的价值取向，也都受到市场与社会的巨大影响。

文章”的价值情怀，念念不忘启蒙大众、引导民众的追求。又如，1840年鸦片战争以来中国特有的历史磨难，中华传统文化特有的苦难挣扎，中国人民特有的心路历程，从深层上决定了直至今天，中国人新闻观念中特有的政治功能取向、宣传价值诉求，他们要把新闻当作革命的武器、斗争的工具、建设的手段。自然，一定社会的精神文化是发展的、变化的，对于现代社会来说，这种发展变化还往往首先会冲击既有的新闻观念，表现在社会“皮肤”层面的新闻媒介上。另外，具有老生常谈意味的是，在不同历史时代、不同社会当中，社会文化特别是其中的主导文化价值观念对新闻观念形成的作用与影响有着相当的不同。在有些社会中，政治统治权力以直接的方式规定主导新闻观念的类型；而在另一些社会中，主导新闻观念的选择并不直接依据政党或政府的权力意志，这要看新闻系统对政治领域的相对独立性的大小强弱。

第四，在新闻观念论视野中，如果我们把科学作为一种特殊的文化形式看待，那么，它对新闻观念的形成，同样也是一个重要的影响因素。我在《新闻精神论》中就曾把新闻精神（新闻精神实质上就是特定的新闻观念）概括为“求实为本的科学精神”“正义至上的人文精神”“和谐为美的自由精神”。[①] 而且，我把“求实为本的科学精神”看作整个新闻精神体系的基础，这其实是在认识论意义上对新闻观念的根本性揭示。新闻追求真实、客观尽管与科学追求真理、客观有着层次上的差别、方法上的不同，但其内在精神观念是一致的。因此，主体（不管哪个层次的主体）的科学观念对其新闻观念的形成有着重要的作用。一个不相信科学可以探索真理的人，不可能相信新闻能够揭示事实的真相。

新闻活动是人类认识事实世界的一种基本方式，它的直接目的在于反

---

① 杨保军．新闻精神论［M］．北京：中国人民大学出版社，2007.

映和报道事实世界中有意义的最新变动情况，或者说，“新闻活动的目的就是向人们提供所需要的公开而准确的信息”[①]。因而，为了把一般事实世界中新闻事实的真实面目公之于众，求真、求实便是最基本的要求，也是最根本的要求。求实、求真的要求，正是科学精神的根本。[②] 因此，新闻精神首先是一种科学精神，新闻观念一定意义上说也应该具有科学观念的特征。正是基于这样的认识，我在《新闻精神论》中将新闻求真精神概括为“崇尚理性，求实为本”，“尊重事实，反对虚假”，“合理怀疑，坚持证实”[③]。

科学态度、科学观念对新闻观念的影响有其自身的历史故事。有学者指出，新闻与社会科学中的客观观念（the conception of objectivity in social science and journalism）受到自然科学的重大影响[④]，另据美国学者迈克尔·舒德森考证，19 世纪 90 年代及其后的记者，或者受过科学训练，或者推崇科学。受这种浸透于社会方方面面的科学主义的熏陶，记者们认为自己与科学家相差无几，其任务是要比前人更勇敢、更清楚、更真实地揭示经济和政治事实。当时的记者们确信，像科学那样去报道描述事实，

---

① 这是美国新闻学者比尔·科瓦齐（Bill Kovach）和汤姆·罗森斯蒂尔（Tom Rosenstiel）在他们所著的《新闻的要素》中表达的基本看法。转引自罗以澄，秦志希．新闻与传播评论：2005 年卷［M］．武汉：武汉出版社，2006：2。

② 对于求真、求实的要求，新闻与科学在精神上是一致的，但两者在求真、求实的方法上、目标上是有很大差别的。我们强调的是求真、求实过程的精神和态度，而不是作为结果的相似性，因为它们在结果上不是一回事。新闻的求真、求实在于揭示具体新闻事实、事件的真实面目；科学的目的是认清对象的本质，揭示同类或者类似对象共同特征和运行规律。新闻的基本思维原则是个别就是个别，科学的基本思维原则是通过个别来揭示一般。

③ 杨保军．新闻精神论［M］．北京：中国人民大学出版社，2007.

④ SOFFER O. The competing ideals of objectivity and dialogue in American journalism［J］. Journalism，2009（4）：473－491. 英国现实主义作家查尔斯·狄更斯在 1854 年所写小说《艰难时世》中的一段话，也能够从一个方面说明当时人们对新闻报道真实性的看法——强调的是具有科学意义的理性。他借小说人物之口说：“现在，我需要的是，事实……唯有事实才是生活中所需要的，根除一切无中生有的东西。只有依靠事实，才能形成理性动物所拥有的思维见解；别的任何东西对此无所帮助……坚持事实吧，先生！”参见哈克特，赵月枝．维系民主?：西方政治与新闻客观性［M］．沈荟，周雨，译．北京：清华大学出版社，2005：19。

就等于反映并透视了社会真相。[①] 可见，科学观念对新闻观念的影响早在新闻职业开始逐步独立的时候就已经开始了。中国科学院有位院士这样说："作为大众传媒的工具——媒体，应该是与科学研究相通的，实事求是，报道的真实性，始终是媒体的灵魂。一个好的记者和好的编辑与科研工作者一样是老老实实地调查研究分析，得出真实的结论，而决不能不顾事实，哗众取宠。"[②] 事实上，在新闻传播史上，新闻观念尤其是新闻报道观念不断受到科学观念的影响，并形成了一些有相当影响的新闻观念。比如，20 世纪 70 年代产生的精确新闻观念[③]，基于社会学、统计学手段形成的各种民意调查报道，利用电子计算机作为辅助工具（分析各种数据）形成的各种报道，目前依赖大数据的新闻报道，等等，都是近乎把新闻报道作为科学调查的样式，其间深受科学观念的作用和影响。

（4）新闻观念形成的技术机制。

如何看待技术在新闻活动领域的地位和作用，始终是新闻观念形成研究中的重要问题。所谓新闻观念形成的技术机制，就是要考察技术在新闻观念形成过程中的动力作用。技术本身就是知识客体化的产物，"是人的思想的物质体现"[④]。因而，在一般意义上可以说，它是知识观念的产物，因而"工具（工具就是技术的表现。——引者）的力量就是思想的力量"[⑤]。但"技术"一旦产生，它就成为相对独立的客观存在，一种可以

---

① 黄旦．传者图像：新闻专业主义的建构与消解［M］．上海：复旦大学出版社，2005：76.

② 陈汝东．传播伦理学［M］．北京：北京大学出版社，2006：137.

③ 精确新闻观念即精确新闻学，这是 20 世纪 70 年代曾在美国风行一时的一种新闻报道观念，最早是由美国新闻学者菲利浦·迈耶（Philip Meyer）在其 1971 年出版的《精确新闻学》中提出来的。精确新闻学主张，应该运用现代社会科学的方法和新手段采写新闻，以保证新闻报道的准确性和客观性。精确新闻学自从提出后，不断向美国以外的地区扩散，成为一种被普遍接受的新闻观念和新闻报道方法。

④ 莱文森．思想无羁［M］．何道宽，译．南京：南京大学出版社，2003：102.

⑤ 施郎格．论技术、技艺与文明［M］．蒙养山人，译．北京：世界图书出版公司北京公司，2010：167.

改造客观世界同时也能改造主观世界的重要力量。技术特别是传播技术对新闻观念形成的作用和影响可以在两个大的层次上考虑，一是技术对整个新闻观念系统的宏观影响和作用，二是技术对一些重要新闻观念形成的微观作用和影响。

在宏观层面上，技术是现代文化的本质表现。人类新闻活动史提示我们，现代新闻业很大程度上就是现代技术（如印刷技术的现代形式）或现代文化在西方世界的产物和表现。因此，也可以大而化之地说，在整体意义上，现代新闻观念很大程度上就是现代技术的产物，是现代西方文化的一部分，人们谈论现代化难以离开现代媒介和现代传媒观念、新闻观念。我们因而可以顺理成章地说，技术是新闻观念诞生、变革的核心要素和力量之一，技术进步是撬动新闻观念变革最有力的杠杆之一。技术具有这样潜在的功能、内在的力量，重要的时代性的技术发明和创造很可能具有改变社会结构的能量。就新闻领域来说，一旦有了社会政治、经济、文化因素的解放和协助，技术在新闻观念形成与变革中的动力作用就会成倍地放大和增长。

在宏观历史尺度上，技术进步改变着整个新闻生产、传播、收受的主导方式，同时也在改变着新闻、新闻传播、新闻媒介的社会地位作用、功能影响、价值意义，改变着整个新闻系统与社会整体的关系，改变着新闻系统与社会政治、经济、文化以及与每个社会成员生存、生活等等的关系。这一系列的客观改变必然引起相关观念的改变；从新闻观念论的角度说，就是必然会引起新的新闻观念的产生和旧的新闻观念的改变。

传播技术的发明，不仅改变着人类的认知方式、认知观念，也从宏观上改变着整体的认知环境，“在人类传播史上，信息传播技术的每一次突破都在某种程度上意味着触动人们对世界认知的环境框架”[①]，诚如加拿

---

① 陈卫星．数字迷思的传播想象（代译序）[M]//莫斯可．数字化崇拜：迷思、权力与赛博空间．黄典林，译．北京：北京大学出版社，2010：17.

大学者普罗克斯（Serge Proulx）所说："通过传播技术配置所产生的对我们思考世界的方式的影响，不能仅仅还原到文化内容传递这样一个唯一的角色。技术工艺就其物质性层面而言，不是一个'中立的'媒介。看来，这些技术配置归纳出我们建构现实的方式的'环境'。"① 由新的传播技术建构起的新的认知环境（比如网络认知环境就是网络技术造成的直接结果），会从整体上改变人们的新闻观念。因此，我们完全可以做出这样的判断，技术更新总是发生在新闻观念更新之前，对新闻观念的更新具有前导性的作用和影响。技术特别是传播技术的每一次革命性更新，都会同步或者延迟性引发新的（新闻）传播时代的到来，都会引发新观念时代的到来②；技术特别是传播技术的每一次比较小的发明或革新，都有可能引发一些传播活动方式和某些具体传播观念（包括新闻活动和新闻观念）的变化与更新。

具体一点讲，技术领域发生的一系列时代性进步，促成了人类传播领域、新闻活动领域一系列时代性的观念变迁。我们关于"前新闻业时代""新闻业时代"和"后新闻业时代"的划分③，人们关于口语新闻、书写新闻、印刷新闻、电子新闻（广播新闻、电视新闻）、网络新闻、手机新闻、全媒体新闻、融合新闻、博客新闻、微博新闻、微信新闻、云新闻等等的言说，本质上都是以相关传播技术为基础而创造出来的新闻观念，本质上反映的都是传播技术的历史性发明与变迁。因此，技术持续不断地改变着人类关于新闻活动的时代观念、新闻的媒介形态观念。因而，可以进一步指出的是，在技术更新面前无动于衷的媒体必然被历史淘汰。每当一

---

① 陈卫星．数字迷思的传播想象（代译序）[M]//莫斯可．数字化崇拜：迷思、权力与赛博空间．黄典林，译．北京：北京大学出版社，2010：17.

② 德国哲学家阿诺德·盖伦（Arnold Gehlen）说过："我们的文化作为一个整体，其中是技术和自然科学显示了最高的变化率，立法则前进得缓慢些，而社会价值的准则和威望的标准则越发缓慢。"参见盖伦．技术时代的人类心灵：工业社会的社会心理问题 [M]．何兆武，何冰，译．上海：上海科技教育出版社，2003：34。

③ 杨保军．新闻理论教程 [M]．2版．北京：中国人民大学出版社，2010.

种革命性的传播技术发明出来，人们一边欢呼雀跃，一边焦虑不安。高兴的是一个新的媒介时代就要到来，焦虑的是传统媒介就要受到挑战。美国学者罗杰·菲德勒（Roger Fidler）说得好，“一切形式的传播媒介，以及媒介企业，为了在不断改变的环境中生存，必须针对新型的媒介做出改变——它们唯一的另一个选择就是死亡”[①]。其实，对于任何新闻活动主体，不只是新闻传媒，这样的判断都是适用的。技术发展导致的媒介形态改变，媒介生态环境与媒介格局的变化，不仅给新闻传播的生产观念（包括采写编评等观念）、传播观念等带来了巨大的影响，同时也给新闻收受观念、控制观念、新闻自由观念、伦理道德观念等带来了前所未有的变化，新的观念随之而产生。众所周知，以互联网技术为核心的“技术丛”促生了以“网络新闻”为核心的一整套新闻观念系统，它不仅承继了传统新闻观念，更是扬弃了传统新闻观念。

从微观层面上看，技术的不断发明与进步，促成了新闻领域诸多具体重要观念的形成，也导致了众多新闻观念的更新。技术使新闻本性中的一些属性凸显了出来。一种新技术中总是蕴含着新知识，并内在地诉求人们要用新观念来运用它、延伸它，实现它的功能要求。比如，人们关于新闻最为重要的观念之一——及时性观念[②]，就是由电报传播技术在新闻传播中的应用促生的[③]。“技术时代人的生活完全由时间控制着”[④]，“时间被赋予价值，这是技术时代固有的本质”，“‘快捷’（promptness）是技术时代的又一价值标准，缺乏这个标准，技术社会便不可能存在”[⑤]。时间不仅

---

① 菲德勒．媒介形态变化：认识新媒介［M］．明安香，译．北京：华夏出版社，2000：24－25．

② 人们所说的“新闻贵新”，除了事情本身的新鲜性之外，最重要的就是通过时间的及时快速保证事实信息的新鲜性，因此，及时性观念始终是新闻的核心观念。

③ 艾伦．新闻文化［M］．方洁，陈亦南，牟玉涵，等译．北京：北京大学出版社，2008：13－14．

④ 吴国盛．时间的观念［M］．北京：北京大学出版社，2006：85．

⑤ 同④102．

本身成了价值（如时间就是金钱、时间就是生命），也成为诸多价值的衡量标准。而随后广播技术、电视技术、卫星技术、网络技术等等的不断发明与运用，使得新闻的及时性观念变成了瞬时性观念、实时性观念、全时性观念。又如，影像技术或视觉传播技术的发展，就在不断改变着新闻再现、新闻呈现的方式，与此同时，也就自然改变了新闻采写编评等观念。当人类只能通过肉眼看世界的时候，就只能记录看到的东西，这时的新闻观念大致只能是对文字新闻的想象。当人类发明了照相摄影技术后，就可以通过相机摄影直接再现新闻事件的瞬间场面、重要时刻，于是“眼见为实”的新闻传收观念就有了根基，“一张图片胜过千言万语”的传收观念就有了依据。当连续摄影录像技术、电视技术、直播技术出现后，人们就可以完全同步呈现事件的实际发生过程，于是现场直播观念、实时收看观念也就自然诞生了。当数码摄影摄像技术与电脑图像技术得到普遍应用时，人们不仅可以像以往那样生产、传收图像信息、图像新闻，同时也可以虚拟或以仿像（如动画模拟等）的方式呈现新闻事件的实际面貌。这带来了两方面的影响：一方面“眼见为实”的收受观念得到了进一步的张扬；但另一方面，“眼见并不一定为实”的收受观念也出现了。技术对“看”或“图像”的客观性、真实性既有“建构”功能同时也有“解构”功能，“图像崇拜”与“图像乌托邦（幻觉）”的观念相伴而生。但就总体情况来看，视觉传收技术的高速发展，使人类已经全面进入“读图”时代，进入“视觉文化”兴盛甚至猖獗的时代；人类世界也已经像德国哲学家海德格尔近百年前所说的“被把握为图像了”[①]。于是，人们不难发现，今天的新闻传收，已经进入了“图像”主导的时代，印刷新闻出现了普遍的“疲软”表现，那些没有彩色图片的报纸几乎无人问津。残酷的战争场

---

① 孙周兴．海德格尔选集［M］．上海：上海三联书店，1996：899．

面被实时地呈现在电视、电脑、手机、iPad屏幕上，人们就像看游戏一样地看新闻。可以说，技术发展彻底改变了人们传收新闻的主导方式和传收新闻的主导观念。

技术发明与进步不断促成一些新闻观念的诞生和更新，对此，网络时代到来后人们体验得最为直接和深刻。传收主体一体化（相互转换角色）观念、互动化观念、移动化观念、传收本位转换观念、大众传播观念、小众传播观念、分众传播观念、“个众”传播观念、传播的去中心化观念、碎片化观念以及微新闻观念、融合新闻观念、（民众）公民新闻观念等，都与传播技术的内在作用不可分离。如果没有网络技术、卫星技术、数字技术、无线传播技术、光缆技术等建构起来的庞大的“技术丛”，我们无法想象这些新闻观念的形成。人们看到，Web2.0时代带来的一系列网络传收变革、手机传收革新，正在改变着人们传统的信息及新闻传收方式、互动方式以及相关的思想观念。其实，技术对社会大众获取新闻的观念，有着直接的影响。指示人们从什么样的媒介渠道获取新闻，与技术支持下的媒介形态直接相关。比如，如果你问一个人从哪里获得新闻，在新媒体时代到来之前，他不可能说是互联网或手机，同样在广播电视出现之前，不可能说是从广播电视中获得新闻的。

越来越发达先进的传收技术，似乎越来越使人们回归到最自然的交流状态和交流方式，这确实是一种螺旋式的回归。不同的是，技术发明与进步使人类的新闻活动进入越来越自由的状态。“技术之所以重要，因为它是人类自由的实现方式，或者说，技术使人的自由意志获得了现实化。”[①] 根据技术的发展趋势，我们似乎有理由相信，人们向往的自然交流状态很可能在技术进步的某个时段得到更加美好的实现。这同样是我们在技术基

① 张桂芳，陈[illegible]生活世界［J］. 哲学研究，2010（3）：110－114，122.

础上的浪漫观念和想象。

（三）新闻观念形成的学术机制

知识生产、观念生产是一定社会广义生产系统的重要组成部分，对于如今已经开始在整体上步入知识社会的人类来说，这样的生产有着极为重要的地位和作用。从一般社会观念系统的形成到特定社会领域观念系统的形成，专门的知识生产、观念生产领域具有举足轻重的影响，学术机制是各种观念得以出笼、成形、传播的重要方式。因此，我们很有必要对新闻观念形成的学术机制、学术方式加以专门的讨论。

对于人类或一定的社会来说，精神生产、知识生产，从古到今，离不开广义的知识分子，“一个文化的突破，要靠知识分子。一个文化之给予新定义，也是依仗知识分子”①。而所谓文化，在精神范围内便呈现为一系列互有联系的观念，是典型的话语实践表现方式。社会能否产生新观念，当然最重要的根基是社会本身的客观变革，但能否将客观变革及其变革的未来走向以知识形式、意见形式、观念形式呈现出来，却在很大程度上依赖于一定社会的知识（观念）生产队伍，知识（观念）生产方式或知识（观念）生产机制。一个社会的整体观念生产如此，构成社会的每个具体领域的观念生产也大致是这样。

如前所述，新闻观念也像其他观念一样，并不都是人类新闻活动过程中自发自在的产物，更多的新闻观念是人类依据一定环境条件自觉发明、自觉反思、主动建构的产物。人们知道，一定社会的知识生产特别是社会主导观念的生产，主导方式往往不是自发的、民间的，而是制度化的或建制性的，主要掌握在社会统治阶级、阶层或某种特殊社会集团的手里。当

① 许倬云．中国文化与世界文化［M］．桂林：广西师范大学出版社，2006：106.

人类整体上进入现代社会，尽管普通社会大众获得了更多的社会自由，更多的知识创造、观念创造机会，但我们也看到，大学、研究机构越来越成为各种人文社会观念的主要生产领域，而这些建制性的机构往往掌控在政治统治权力的手中，社会观念的生产特别受到整个社会统治（治理）结构的作用和影响。在新闻领域，自从现代新闻业诞生以来，特别是现代新闻教育、新闻研究开启以来，许多重要新闻观念都是通过学术机制、学术方式生产的、形成的、传播的；新闻传播学术场域是生产新闻观念的重要空间，学术研究、学术对话、学术交流、学术论辩（争议）等等是许多新闻观念得以产生的重要机制[①]。一些重要的新闻观念特别是体系性的新闻观念，正是通过学术机制、学术方式形成的、建构的。并且，伴随社会演进，一定社会领域观念的生产方式越来越倚重于学术机制或学术方式。

首先，成体系的新闻观念是以学术方式逐步建构的。新闻学，以现代学科方式，在过去一百多年的时间里，通过新闻史、新闻理论和应用新闻学为主的基本学科架构建立起关于新闻现象、新闻活动的系统观念体系[②]。通常情况下，当一个学科发展到一定的程度，或者说相对比较成熟的时候，都会建构起本学科比较完整的认识观念体系、价值观念体系和方法论观念体系。这样的体系构成了关于学科对象的基本观念架构，是人们认知、理解、评判、把握学科对象领域的基本精神手段。应该说，以学术机制、学术方式建构起来的比较系统的新闻观念具有较强的稳定性，它是一定时代、一定社会人们认识、理解新闻现象的基本观念。比如，20世纪二三十年代，正是一些有代表性的新闻学术著作的出版标志着中国人已

---

① 针对一定的领域，人们不难发现，领域观念史与领域思想史、学术史往往是高度一致的。一定观念的产生与演变常常就是相关学术研究的展开与演进，学术进路就是观念进化的路线。

② 自然，随着新闻领域、新闻业自身的发展变化，新闻学学科领域的范围也在发生变化，学科构成的外延、内涵也都在不断调整，但就目前来看，核心的三大支柱并没有根本性的变化。

经建立了基本的新闻观念体系。① 相反，如果没有建立或失去这样的学术体系，也就失去了基本的新闻观念系统。② 一般说来，以学术机制建构的新闻观念体系比通过政治机制创立的新闻观念系统具有更强的客观性和科学性，具有更为稳定的持久性或延续性。学术机制注重揭示新闻现象的本质和规律，政治机制则更看重新闻手段的政治功能与作用，往往难以尊重新闻活动自身的自主性和相对的独立性。

其次，像其他学科一样，新闻学通过学术研究（机制）方式不断提出与时代相适应的新见解、新观点、新思想和新观念，以学术解释、反思、批判方式不断创造学术成果、更新新闻观念。新闻学术研究，可以通过自身的人脉（一代又一代的学者关系）、学脉（一代又一代的学术思想、学术见解关系），历史性地发明、发现、创造、更新新闻学科领域的基本思想和基本观念，从而成为本领域极为重要的知识生产、观念生产的核心力量和核心方式。学术机制有自身的逻辑，它更注重新闻领域内在的演进方式。学术机制的内在精神是自由独立、忠于事实、追求真理。追踪、认识和把握新闻领域的最新变化发展，始终是新闻学术研究的重要取向。正是在这样的学术追求过程中，不断提出和确立新的新闻观念。

---

① 徐宝璜的《新闻学》，1919 年出版，这是中国人自撰的第一部理论新闻学著作，被称为“破天荒”之作；邵飘萍的《实际应用新闻学》，1923 年出版，这是我国第一部论述采访的学术专著；戈公振的《中国报学史》，1927 年出版，这部著作是中国历史新闻学的奠基之作，是第一部系统而全面研究中国新闻事业史的开创性学术专著。还有任白涛的《应用新闻学》，1922 年出版，以及日本学者松本君平的《新闻学》，1903 年翻译出版（杜平群译），这是我国最早的一本新闻学译著，美国学者舒曼的《实用新闻学》，1913 年翻译出版（史青译，据说史青就是史量才），这是中国翻译出版的第一本实用新闻学著作。这些著作特别是前三部著作的出版，标志着中国人有了自己的基本新闻观念系统，有了自己对现代新闻的基本理解与把握方式。

② 比如，从中华人民共和国成立到改革开放前，中国大陆没有出版过像样的系统阐释新闻学基本原理的著作，因而在这一期间，我们的基本新闻观念实质上也是空缺的。直到 1982 年，甘惜分先生的《新闻基础理论》出版（中国人民大学出版社），才标志着我们初步有了建立在马克思主义立场上的新闻观念体系；而到了 1993 年，由甘惜分先生主编的《新闻学大辞典》的出版（河南人民出版社），可以说是那个历史时期新闻观念比较系统全面的表达。

再次，在一般意义上，学术方式常常会针对新闻实践领域特别是社会政治统治权力的相关新闻观念展开批评、评判活动，提出具有前瞻性和理想性的新闻观念。学术方式不仅对新闻现象是什么进行科学解释和探究，生产关于新闻现象的认识论观念，而且还会基于现实，提出新闻活动应该是什么的未来方向，创造出关于新闻活动的价值论观念。在此过程中，学术方式对新闻观念形成的特殊作用在于，它常常能以比较客观的姿态对新闻实践中的各种现象展开透彻的分析，对实践中出现的各种观念进行反思和批判，从而确立起更为科学的新闻观念；同时，学术方式也常常能够以比较客观的态度对各种社会利益集团特别是政治统治权力的新闻意识形态（新闻路线、方针、政策以及一些具体的管理措施等）展开分析批判，从而为确立更为合理的新闻观念提供智慧和知识支持。当然，我们不能忽视，学术方式本身也有其自身的问题，它的认识可能会有谬误，它的价值设想有可能是乌托邦式的幻想，它提出的方法可能并不可行。

在讨论新闻观念形成的学术机制时，我们还应该注意到，知识生产、观念生产是典型的社会精神生产，发生在社会系统之中，因此，必然存在知识、观念与各种社会权力之间的复杂纠葛。知识生产、观念生产不会百分之百的纯粹。毫无疑问，一定社会的政治统治权力会自觉运用手中的权力，通过各种方式，诸如大学教育、教学制度、科研机构管理制度、学术制度（科研资助方式、科研奖励制度、人才建设、管理制度等）等，努力创制、建构与政治统治权力意志相一致的各种知识与观念，会想方设法通过各种方式确立与统治阶级意识形态相一致的知识与观念。我们应该知道，在任何一个社会，政治统治权力都会极力创制、建构自己的政治思想、法律思想，同样也会创制和建构自己的哲学、文学、艺术、道德等等意识形态形式。我们也应该注意到，政治统治权力以外的其他各种社会力量，包括政治的、经济的、文化的等等，同样会以各种方式介入学术机制，以生产出有利于它们的新闻观念。我们还应该特别注意的是，在现实社会中，政治、经济与学术力量经常会以各种方式合谋，共同生产一定社会的新闻意识形态体系，共同建构主导一定社会的新闻主义（观念）。这些方式，并不必然产生恶的、不合理的新闻观念，但这些方式确实有可能损害和抹平一个社会的反思能力，抑制甚或扼杀多元观念对话交流协商的可能，而缺乏自我反思能力的社会、缺乏自觉反思机制的社会、缺少对话交流的社会，往往更容易走上曲折发展的路线甚至是错误的道路。

以学术机制、学术话语生产出来的新闻观念，大概有几种可能的生存、传播（转换）方式：一是主要限于学术领域之内，在学术领域内部交流互动，通过学术逻辑演变，推动学术研究的深入展开，这是大部分学术观念的基本命运。二是一些观念向官方意识形态话语转变，这既是双方互相认可的结果，也可能是合谋的结果；如今，政治知识化、知识政治化已经是相当普遍的现象，权力与知识的转换也早已成为人们见怪不怪的现象①。三是一些观念向社会话语转变，成为社会大众日常话语的一部分，至少是成为新闻领域共同体话语系统的一部分。形成这种结果的渠道通常有两种：一是学术话语因受到社会大众认可，由学术话语直接转化成为社会话语；二是学术话语通过官方认可然后推广成为社会话语，这可以看作学术领域、政治领域、社会领域的融合。这样的观念一般说来是最有效的实践观念。

最后还须简单说明的是，任何领域的知识生产、观念生产都不可能是封闭的，而是在一个开放的、整体的社会系统中展开的，也是在整体的知识场域中、观念生态系统中进行的。这就是说，任何一个具体的知识领

---

① 在知识与权力的转换中，有一种在世界各地越来越流行的现象，这就是握有政治权力、经济权力、文化权力的人越来越乐于介入学术领域，成为跨界的人，他们更多的是以各种权力为资本而不是以学术水平本身为资本来获得学术地位和声誉。知识、观念生产的权力化现象严重损害了学术的客观性和独立性。

域、观念领域原则上都会受到其他社会领域，其他知识、观念生产领域的作用和影响。因而，在新闻观念生产的背后，存在着其他知识、观念的作用和影响。对此，我们将在后文新闻观念与社会观念的互动关系中再加以讨论。

四、新闻观念形成的基本标志

在此题目下，需要首先说明的是，我们这里主要是试图从理论角度说明新闻观念形成的基本标志，而主要不是从新闻观念史的角度具体说明新闻观念形成的历史标志。当然，在做理论论述的过程中，我们既要以现有的新闻观念史研究成果为基础，同时也要结合一些新闻观念形成的历史过程来加以阐释，这样才不至流于空洞。讨论新闻观念形成的基本标志，具体包括两个大的方面：一是作为整体的新闻观念形成的标志；二是具体新闻观念，特别是那些公认的、比较重要的新闻观念形成的标志。而这两个方面有着紧密的内在联系，重要新闻观念的形成本身就是整体新闻观念形成的必要标志（物）。

（一）观念形成的时间标志

一谈到某一对象物诞生或形成的标志，人们常常最先想到的是“时间标志”，即一种事物到底是什么时候诞生的或形成的。但是，如何判断观念形成的时间标志，却是一个非常复杂的事情，需要具体问题具体分析，那种笼统的判断或结论是没有多大意义的。何况，有些观念的形成，人们可以找到比较明确的时间标志，而有些观念的形成，往往无法找到明晰的时间标志。事实上，大多数观念的形成都有一个漫长的过程，都经历了一定的时间段或历史时期，常常很难确定一个明确的时间点。因此，我们更多的是从观念理论的视野中分辨不同情况，对新闻观念形成的时间标志问题加以原则性的阐释。而关于具体观念形成的具体时间问题，只能通过观念史的个案考察分别去完成。

首先，作为整体的新闻观念（新闻意识）形成的时间标志。这里有两个方面：一是在类的意义上，明确的新闻自觉是什么时间开始的；二是那些如今看来具有理想类型意义的新闻观念形成的时间标志。人类关于新闻活动的整体自觉，就目前来看，人们通常以近代西方新闻业的诞生为标志（参见前文相关论述）。依据我们对新闻观念理想类型的划分——商业新闻主义观念、宣传新闻主义观念和专业新闻主义观念，我们可以分别考察它们的历史产生过程，当它们各自的基本原则形成之时，我们就可以认定那个时间点或时间段是它们各自形成的时间标志。我们将在下一章进行专门的论述。

其次，具体的、比较重要的新闻观念形成的时间标志。“形成”既是比较完整的过程概念，也是表示形成过程之最后结果的概念。我们这里所说的观念“形成”，主要是指一个观念不仅有了明确的、稳定的概念表达形式（通过一定的词语或词汇），而且获得了基本的、稳定的含义，这种基本的、稳定的含义是以当代理解为基本标准的[①]。因此，我们所说的观念形成，还不是一般意义上的观念产生之意，“产生”只是观念形成的最初环节（当然，有些观念的产生之时也就是它的形成之时）。在对观念形成做出基本说明之后，我们再来分析新闻观念形成的时间标志的可能情况。

---

① 人们考察一个事物的起源演变与形成时，实际上总是以历史性的当代理解为标准的，即考察者总是以自己所处时代整体上甚至是自己对该事物是什么为标准追溯它在历史上呈现的过程，从而说明对象物的产生、演变与形成过程。这就意味着，不同时代对同一事物（对象）的产生与形成会有不同的说明和解释，这是由认识的历史性或时代性决定的。但从原则上说，人们对同一事物（对象）产生与形成过程的说明与解释，只能越来越接近历史的真相。

第一，有些观念的形成，时间轨迹、观念人物线索、观念传播路径等都是比较清晰的。因此，人们可以比较明确地说某个观念是由谁在什么时间、什么场合、什么环境、什么条件下提出的（概念的出现），什么时候获得比较稳定的意义的，即可以比较明确地对某一观念形成的时间标志做出判断。比如，在马克思主义新闻思想体系中，根据目前占有的资料，人们就能够比较清晰地说明“党性原则”或“党性观念”的历史产生过程。又如，在中国共产党党报理论中，“全党办报”观念、“政治家办报”观念、“舆论一律”与“舆论不一律”观念等等，都有比较明确的时间标志。再如，在美国新闻史上，召唤新闻观念、精确新闻观念、公共新闻观念等，都有比较明确的形成时间。但对有些重要的新闻观念来说，到底是什么时间产生的、形成的，却是难以准确说清楚的。比如，对美国以至对整个世界新闻业、新闻职业产生重要而深远影响的客观观念（norm of objectivity，ideas of objectivity，skills of objectivity）到底是什么时候形成的，尽管经过了长期的研究，但至今人们也只能大致说清楚它产生于什么年代，很难说清楚它是由哪个具体的人、在什么具体的时间、在什么具体的场合或事件中提出来的（概念的出现），客观概念是何时获得我们现在理解的基本含义的，都是难以十分明确的问题，因为历史上没有过这样一个“魔幻的时刻”（magic moment）[①]。又如，整体真实这一在中国新闻界有着特殊影响的观念，到底是什么时候形成的，其来龙去脉是怎样的，也还是个问题。也就是说，有些新闻观念，人们只能大致说清楚它们产生的年代，无法说清楚它们形成的相对比较确切的时间。事实上，我们应该明白，越是重要的观念，越是有相对比较长的孕育、生产、演变、形成的过程，它们本身就没有一个清晰的形成时间点。每一重要的新闻观念，都有

---

① SCHUDSON M. The objectivity norm in American journalism [J]. Journalism，2001（2）：149－170.

自己的一段形成史，其中不仅包含着新闻历史的起起伏伏，也一定包含着社会历史、政治历史等的风风雨雨。

第二，一般说来，越是相对新近出现的观念，人们越容易确定其形成的时间标志。这是常识，没有必要做过多的解释。比如，改革开放以来，中国新闻学领域出现了大量的新概念、新观念，它们的产生形成过程相对来说就比较容易说清楚，因为有些观念不管是引入新闻领域的（从国外引进或者从其他学科转化引进），还是新闻界自己创造的，毕竟只有几十年或更短时间的历史，无论从文献角度还是人们的直接经验角度，相对比较容易说清楚。但这只是一般而言，可能并不适用于有些新闻观念的具体情况。

第三，越是自觉提出的观念，越是容易确定其形成的时间标志。前面说过，在原则上，新闻观念也像其他社会观念一样，基本上是在自发与自觉的共同机制中产生形成的。但是，总有一些观念，是在自发酝酿一定时期后，由人们通过各种方式自觉提出来的。对于那些不知不觉中形成的观念，事后追踪说明其形成过程一般来说比较困难，但对于自觉提出、建构的观念，情况就大不一样了。当人们以自觉方式提出一个概念时，不仅有相对比较明确的时间，而且往往会明确赋予这一概念以一定的含义。因而，自觉提出的新闻观念，在其产生之时也就基本成形了，之后的对话交流或争议批评，大致是一个不断发展完善观念的过程。比如，近些年来，中共中央为了充分发挥新闻传媒的新闻宣传作用，先后提出了“三贴近”“三善”“走转改”等等观念，在提出之时就以权威方式赋予其明确的含义，使其成为指导当前中国新闻宣传工作的重要观念。①

① 有人可能会说这不是新闻观念，而是政治宣传观念。但不要忘记，中国的主导新闻观念就是宣传新闻主义观念。

（二）观念形成的质量标志

一种观念的诞生，是以它的出现为标志；但一种观念的形成，恐怕不能简单地以其出现为标志。观念达到的质量，应该是观念形成的实质性标志。那么，如何考察或衡量一个观念形成的实质性标志问题呢？我们以为，一是要从观念本身出发，考察它的质量，重点在于审查表达观念的概念的成熟程度；二是要从它对相关主体以及相关行为实践的作用影响范围程度等去考察它的质量。我们这里所说的观念质量主要是前一意义上的，而后一意义上的观念质量问题属于观念的感性实践问题，关涉到观念的评价问题，我们将在后面通过专门的章节进行讨论。如果从表达观念、反映观念之概念的角度看，一个观念的质量如何，主要通过以下几个方面来衡量。

第一，如前文所说，观念的产生或出现是以观念形式（概念形式、词语表达形式）的出现为直接标志的，“观念和思想都是由人借词汇、言语和语言来表示的”①。但观念的形成，从观念自身看，意味着一种观念已经具有了一定的成熟度，即它不仅有了基本的、相对稳定的概念形式（词语表达形式），而且，其实质内涵（概念的内涵）也基本形成。具有这样两方面特征的一个概念（观念），就具有了与其他观念相区分的外在与内在标志。这样的观念，其典型特征是达到了形式（符号）与内容（所指）的基本统一。人们运用这样的观念时，知道某一观念指称的、反映的对象是什么，或者说人们会用某种观念言说相应的对象。因此，这种概念形式与概念内容的统一性是一个观念得以形成的基本质量标志。

第二，从概念角度看，观念的形成过程，本身就是在与主体认知和话

---

① 艾德勒．大观念：如何思考西方思想的基本主题［M］．安佳，李业慧，译．广州：花城出版社，2008：263.

语实践的关系中不断完成的，因此，观念形成的质量，同样需要在这种关系中加以考察。那么，怎样在这种关系中具体衡量一个新闻观念的形成问题呢？我们这里以定性的方式进行一些原则性的阐释。首先，在认识论或知识论意义上，一种观念被社会特别是一定群体认知的程度，是衡量一种观念形成质量的基础性标志。一般来说，一种新观念，只有得到比较广泛的认知与接受（认可），人们才能说某一观念形成了。其次，在话语实践的意义上说，一种观念形成最典型的标志是，它成为相关话语实践的基本观念工具。对于一个学术化的新闻观念来说，学术共同体的广泛接受与认可，只是其形成的重要的认识论质量标志，而只有在学术界的学术话语实践中得到广泛使用，它才实质性地得以形成。比如，一个观念在学术领域的形成，实际的表现就是一种观念以概念形式成为人们展开学术研究、学术交流、学术对话的基本观念工具，成为学术话语的重要展示形式。如人们在讨论普通社会大众充当新闻传播者角色的现象时，普遍接受和使用了“公民新闻”这样的概念，这就意味着公民新闻观念已经成为一种基本的当代新闻观念。类似的观念很多，比如娱乐新闻或新闻的娱乐化观念、新闻策划观念、公共新闻观念等等，都已成为普遍得到运用的新闻学概念。这表明，这些概念所内含的相关观念，是比较明确的、稳定的，是人们可以共同使用而不产生歧义的观念。这样既得到普遍认可又得到普遍运用的观念，就是高质量的观念。需要再次特别说明的是，这一意义上的“高质量”，并不是指观念本身的好坏问题，而是仅指这是一个准确的、明晰的并在新闻话语实践中得到普遍使用的观念。

第三，在学术场域之外，一个新闻观念的质量高低还要看它被整个社会（包括官方和民间）认可使用的情况。如果描述和反映一种新闻现象，人们普遍选择使用某一概念，那么这样的概念就是高质量的、比较成熟的；如果针对同一现象，人们选用的概念（语词）是任意的、随心所欲的，那至少说明关于这一现象人们还没有形成相对统一的言说观念，还缺少质量比较高的概念。

我们还应该注意到，并不是所有的概念、观念，一经形成，就会持续演变、发展、积淀、成熟，最终成为得到普遍认可的高质量的概念、观念，事实上，很多概念、观念诞生之后，由于各种可能的原因，可能会夭折、半途而废，退出历史舞台。法国哲学家福柯就说过这样的话，“某种概念的历史并不总是，也不会全是一条观念的逐步完善的历史”①。事实上，只有那些经得起实践检验、学术磨炼、社会挑剔的概念、观念才能在历史上留下自身的印迹。当然，死而复生、绝地反击的事情，也常常会发生、出现在观念史的长河中，那是因为有超前认识的天才存在，有一时蒙昧不清的误判，也有历史机遇的错过与巧合；历史有必然，但也充满偶然。

（三）观念形成的人物标志

在直接性上，任何观念都是主体的发明、主体的精神创造物。尽管观念有其客观的根据，但首先产生于主体自己的精神世界之中。而任何人的内在观念，总有一种外在化的冲动，即人们都有一种欲望，想让自己的观念得到传播、得到他人和社会的认可。而一种观念一旦超越内在存在方式，它便超越了人内传播的范围，会以各种具体方式转化成主体间的社会交流方式，从而也使观念获得外在表现方式。于是，人们也就能获知一些观念最初的主体来源。因此，不管在哪个时代、哪个社会范围、哪个学术领域，只要论及一些重要的、有影响的观念的产生与形成，人们总是不由自主地会问某某观念是由谁或哪些人最先提出的，又是由谁或哪些人逐步完善的，谁是某一或某些观念形成的核心人物，这就自然出现了观念形成

---

① 福柯．知识考古学［M］．谢强，马月，译．2版．北京：生活·读书·新知三联书店，2003：3.

的人物标志问题。也正是因为如此，不管哪个领域的学说史、思想史、观念史，人们总会看到一个又一个的“观念人物”“观念英雄”，他们之间的历史承继，描绘了学术演变、思想变迁、观念演进的历史画面。新闻观念领域自不例外，每一种重要观念的产生、形成总有一些标志性的观念人物。当然，我们这里并不是要从新闻观念史的角度去描绘每一重要新闻观念形成过程中的标志性人物及其相互关系，而是主要从观念理论的角度，分析一下在观念形成的人物标志问题上，大致有哪些基本类型或情况。

第一，个体型。就像在“每个领域都需要爱因斯坦、维特根斯坦、达尔文之类的著名大师来确立身份”[①] 一样，在任何一个（观念）领域，同样需要领袖式、英雄式的人物。如前文所述，就观念的产生或直接存在方式而言，观念首先是个体性的。任何一种具体的观念，作为精神产物，最先是由个体依据一定的条件、观照或想象一定的对象、在一定的情境下“想”出来或“发明”出来的。因此，不管是在人类历史的整体进程中，还是在某个人类活动的领域中，总是存在过、存在着并将继续诞生一些思想巨人、观念巨匠，他们为人们生产、提供具有广泛、深远影响的各种观念。也正是因为这样，个体层次的观念或观念的个体性，是观念研究中极为重要的一个路径或方面。事实上，对观念的具体研究，总是很难离开那些重要的观念人物、观念创造者，尤其是观念史的研究，人们总是把一些观念与一些具体的人物联系在一起，把一些观念的产生与形成归属于某些个体人物。比如，对中西精神文化史的陈述与研究，总是离不开每一时代的思想巨匠，总是离不开那些光辉灿烂的思想人物[②]，而他们之所以能够

① 董艳．学术话语：社会学术文化观念和社会建构论阐释［J］．国外社会科学，2012（4）：135－139.

② 人们完全可以依据中西思想史、观念史、精神史、文化史甚至是近代以来的学科领域史（诸如自然科学、社会科学和精神学科等）列出一长串光辉灿烂的名字，与每一个名字联系在一起的，便是伟大的思想、观念、学术或理论。

成为思想巨匠，正是因为他们提出了具有时代标志性甚至是历史永恒性的各种观念；他们因提出各种伟大观念、伟大思想而名垂青史。

同样，在新闻观念论视野中，有些观念的提出者比较单一，历史线索也相当清晰，不会造成什么争议。比如，在西方新闻史上，影响巨大而深远的出版自由、新闻自由观念人们通常认为是由英国哲学家、诗人弥尔顿最先提出的，其后则有很多哲学家、思想家、政治家等不断发展完善，形成了西方新闻自由观念。又如，在马克思主义新闻宣传思想史中占有重要地位的党性观念，公认是由列宁第一个明确提出的，并对其内涵作了相当明确的阐释，因而可以说在列宁时代，无产阶级新闻工作的党性观念不仅产生了也已形成了；中国共产党正是根据列宁关于党性原则的基本论述，结合中国的实际情况，形成了自己的党报观念和党性原则。再如，中华人民共和国成立之后，“舆论一律”与“舆论不一律”的舆论观念或本质上的新闻自由观念，就是由毛泽东明确提出的，有据可查，不会有什么争议。事实上，在中国新闻史上，特别是在中国共产党党报思想史上，许多重要的新闻宣传观念首先是由党的领袖人物提出的（有时是以党组织的名义提出），像全党办报、群众办报观念，政治家办报观念，真实、客观、全面、有立场的观念，新闻宣传观念，正面宣传（报道）为主的观念，“三贴近”观念，“三善”观念，“走转改”观念，等等。凡此种种产生形成的具体新闻（宣传）观念，在主体角度都可以归属于“个体型”模式。

第二，群体型。对绝大多数（对新闻研究、对新闻实践或对二者同时）有影响的观念来说，就其比较完整的产生形成过程来看，原则上都是由众多人物的共同努力完成的，而且这些人物既有可能生活在同一时代、时期，也有可能生活在不同的时代、时期。可以说，“群体型”是观念形成最基本也最主要的主体构成模式。因而，某些观念的形成，难以用某一个观念人物来代表，而必须以几个或众多人物（群体）为标志。有些观念可能最先由某一人提出，但仅仅是提出而已，并没有被赋予基本的、稳定的内容，只有后继者给予公认的基本内涵后，这一观念才能被认定为形成或比较成熟。有些重要观念的提出者不限于一个人，而可能是多人。他们之间有可能有时间差，也有可能是同时的，有可能相互影响、互相启发，也有可能各自独立。无论在自然科学史上，还是在人文社科领域，这样的事情并不鲜见。在这些情况下，观念提出和形成的人物标志问题往往会变得比较复杂，甚至成为历史公案，难以说得清楚、道得明白。

由群体型模式作为主体标志的重要新闻观念很多，比如，对美国以至整个西方新闻界影响甚大的社会责任观念（理论），就是由 20 世纪 40 年代成立的“美国新闻自由委员会”提出和表述的；而许多重要的新闻传播理论（包括生产理论、效果理论，实质上也就是各种各样的生产观念和效果观念），有些是由个别的研究者单独首先提出的，有些则是由研究团队一起完成的。

第三，主体模糊型。还有一些重要观念，因为各种原因，在一定历史时期往往无法找到具体的提出者，只能说明一定的观念在某一时期基本形成，获得了比较稳定的含义。事实上，人们看到，“寻找第一、探求最先”，常常成为历史研究中的有趣课题。人们总是想溯本求源，这当然不只是好奇心使然，而是因为，很多事情，只有正本清源，才能真正说明一个观念的实质，一种思想的目的，一个概念的缘由，也才能真正说明白它们内涵的历史演变。而观念史、概念史就是思想史、学术史、精神史，也是一定意义上的实践史和活动史。在很多情况下，只要人们搞清楚观念提出、形成过程中的主体互动关系，也就大致能够说明学术观念的来龙去脉，以及相关实践活动的纷繁复杂。

需要特别说明的是，新闻观念形成的人物标志，不管属于哪种类型、哪种具体方式，都不能否认这样一个基本事实：这就是没有哪个观念仅仅是因为一个天才思想家、理论家、学问家而诞生的。一个重要观念的产生和出现，总是有其得以产生的各种环境条件和环境因素，有其社会基础或知识基础，甚至可以说有其大众思想基础。任何一个新观念都不会凭空而生，总有其历史原因、现实原因及学脉延续、思想积淀、知识逻辑等等的原因。观念形成的标志性人物，只是代表人物而已，一定时代的物质生产和精神生产状况永远都是标志性人物产生的土壤。而且，新观念的提出，尤其是事关政治、经济、文化、社会生活领域重要观念的提出，特别是那些具有历史性或革命性影响观念的提出，不仅仅是风光的事、出人头地的事，对于观念人物来说，也往往要冒很大的风险甚至是付出生命的代价①。这样的观念，大都不是纯粹的学术问题，而是关系到社会发展变革的命运问题。因而，有些观念的产生与形成，不仅仅是观念变革的标志，也是时代转折的标志。

五、全球性新闻观念的形成

时代观念是由时代发展从根本上决定的，时代发展的需要是所有观念得以产生的根本动力。当人类进入新的全球化阶段、新的传播时代后，它就自然需要和呼唤新的全球性的相对统一的新闻传播观念。不管哪个民族、哪个国家、哪个地区、哪个社会，不管生活在地球上哪个地域、角落

① 即使在自然科学领域，一些新学说、新观念的提出，也需要承担很大的风险，有些关系到观念人物的学术声誉，有些甚至关系到他们的终身命运问题。当年推荐爱因斯坦为普鲁士科学院院士的几位物理学家在推荐信中写道："即使是在最严格的科学里，要是不偶尔冒些风险，也不可能引进新的基本观念。"参见赵鑫珊．观念改变世界：一唱雄鸡天下白［M］．南昌：江西人民出版社，2008：82。事实上，科学史上，很多著名人物就是因为提出了新的观念、新的学说而遭到了迫害，献出了自己的生命。

的人们，都想过上和平、安宁、富足、美好的生活。因此，在信息观念、新闻观念的视野中，“如何让信息传播与人类社会的理想追求趋于一致”[①]已经成为时代的自然话题和重要任务。基于这样的背景与事实，我们很有必要就全球统一新闻观念的可能形成问题，加以初步的探索和阐释。当然，这同样是已经进入世界新闻业的中国新闻业面临的重大课题，更是中国期望增强文化软实力、国际（新闻）传播力、扩大全球话语权及影响力必须解决的重大问题。

（一）全球新闻观念的含义与可能

伴随人类越来越快的全球化步伐，我们的世界尽管变得越来越复杂，但也确实变得越来越小，一个客观上谁也离不开谁的“有机人类世界”已经初步形成。在全球化过程中，人们确实看到了不同地区、国家、民族之间的文化冲突越来越频繁，但同样令人印象深刻的是，人类间的对话、协商也越来越多，有些观念也越来越流行和普遍，一些共同的价值观念正在被整个人类谈论、探讨、认可并接受。新闻传播领域也基本上是这样一番景象。尽管各国都有根源于自己历史、传统和现实的主导新闻观念或意识形态，但一些普遍的、具有全球意义的新闻观念也在逐步形成。因此，在新闻观念论视野中，讨论全球新闻观念的含义与意义问题本身是有客观根据的，自然也是具有学术价值和现实意义的。

1. 全球新闻观念

所谓全球统一新闻观念（简称全球新闻观念），是指人类整体关于新闻是什么、新闻应该是什么、新闻能够做什么、新闻应该做什么这些基本问题相对一致的认识和信念。简单说，就是人类关于新闻的统一性看法和

① 舒德森．为什么民主需要不可爱的新闻界［M］．贺文发，译．北京：华夏出版社，2010：3．

信念。更加明确地说，全球新闻观念主要是针对全球新闻界而言的，如果全球新闻职业领域、全球职业新闻工作者对这些问题有相对比较一致的回答，我们就说，人类有了相对比较统一的新闻观念，相反，我们就说没有。需要稍加解释的是，尽管当前民间新闻（公民新闻、民众新闻）对整个人类社会新闻图景的整体建构影响越来越大，以致有些人认为在不久的将来，职业新闻将没有存在的必要；但就目前来看，这种看法还具有虚幻的意味。事实是，职业新闻仍然是并将长久是人类的主导新闻传播力量和传播方式。以“新技术丛”① 为核心动力所引发的新闻传播主体结构的变化，比如，新闻传播主体的全民化或多元化（包括职业新闻传播组织之外的群体、组织和个人），并没有从根本上改变人类新闻传播活动的基本格局，职业新闻传播依然是建构不同社会新闻图景最重要的力量。因此，全球职业新闻领域的新闻观念，可以代表整个人类社会对新闻的基本看法和信念。我们也是以职业新闻领域为基本对象来讨论全球新闻观念的可能问题、实质问题及全球新闻观念形成的可能路径与方式问题的。

2. 全球新闻观念形成的可能

就目前的客观事实来看，在全球范围内，尽管客观上存在着主导全球的新闻传播力量和传播渠道，也存在着某些具有霸权性的新闻观念或新闻意识形态，但还远未形成全球高度共同认可的、统一性的新闻实践观念；也就是说，并不存在世界各国职业新闻工作者共同遵守的统一的具有实践指导价值的新闻主义、新闻意识形态。但是，我们也得承认，确实存在着这样的客观事实：有些新闻观念甚至是一些相当根本性的新闻观念，已经至少在理论范围、观念范围内或认识论意义上得到了全球职业新闻工作者广泛的认同；尽管得到认同的新闻观念，对有些职业新闻工作者可

---

① 我所说的“技术丛”概念，是指由一系列（传收）技术组成的庞大的技术系统，是整体的技术系统促成了人类新闻活动结构、方式的变革；人类不可能依赖某种单一技术改变传播的整体面貌。

能并没有自由的实践环境和充分的实践机会。基于这种客观事实的存在，并考虑到未来的发展趋势以及我们对于人类理性的信念，我们相信，全球新闻观念的形成并不是决然无望的事情。如果以乐观主义的姿态展望，大致统一的、具有实践意义的全球新闻观念会在未来全球新闻发展过程中逐步形成，至少会在有些具体的新闻传播领域（比如国际新闻传播领域）首先形成。下面，我们就阐释一下全球新闻观念可能形成的理由或根据。

其一，全球化为全球新闻观念的形成提供了最重要的客观根据、最基本的动力与可能。人们基本公认，全球化是我们所处时代人类发展的重要特征之一，它以全球经济一体化为基础，使人类的不同群体之间（国家之间、民族之间、地域之间等）比以往任何一个时代都更加紧密地联系起来；并且，不可否认，随着全球范围内文化交流的深化，随着科学技术、世界市场、世界历史进程，特别是随着信息化和全球化进程的加快，文化的共同性在初步增加，而文化的数量在逐步减少。确实，这样一个宏大的时代背景，至少意味着人类形成共同文化因素的可能性在增多，形成一些具有相似或共同观念的活动领域在增多，或者说人类在一些共同的活动领域会越来越减少相异的观念，而越来越多增加、形成相同的观念。这样一个宏大的时代背景，在客观上也呼唤和要求人类要以更加开放的姿态、相互尊重的方式、互动共进的观念思考未来、面向未来。任何一个国家、民族都不能仅仅囿于自我范围来把握自身的特殊命运，还要站在人类的层面高瞻远瞩思考和把握具有全球意义的普遍问题。这样一种宏观趋势，尽管对文化的多样性可能带来危害，但对人类各个活动领域相似或共同观念的形成无疑是一种巨大的客观性促进力量。也就是说，经济全球化这一根本性的现象（事实），已经造成了人类命运一体化的客观趋势，使得如今的世界越来越成为一个谁也离不开谁的世界，世界的客观联系越来越紧密，而不是越来越松散，诚如著名文化学者许倬云所说：“今天的世界确在急剧地缩小，人类各文明之间的交会，已势将汇合为一个共同的人类文明。”[①] 经济交往的全球化，从根基意义上决定了精神交往全球化的必然，人类的物质交往与精神交往本身就是一体化的、不可分割的。全球化的进展与深化，使得“世界交往必然要替代局部的民族交往，成为现代交往的主旋律；民族交往必然会冲破以往的种种藩篱而成为世界交往的一部分”[②]。看看马克思、恩格斯所说的话：“资产阶级，由于开拓了世界市场，使一切国家的生产和消费都成为世界性的了……它们的产品不仅供本国消费，而且同时供世界各地消费。旧的、靠本国产品来满足的需要，被新的、要靠极其遥远的国家和地带的产品来满足的需要所代替了。过去那种地方的和民族的自给自足和闭关自守状态，被各民族的各方面的互相往来和各方面的互相依赖所代替了。物质的生产是如此，精神的生产也是如此。各民族的精神产品成了公共的财产。民族的片面性和局限性日益成为不可能，于是由许多种民族的和地方的文学形成了一种世界的文学。”[③] 这样一个物质交往、精神交往全球化的世界，内在要求构成人类和世界的各个民族、各个国家，应该在互相尊重各自发展道路、价值观念选择的前提下，在尊重文化多元存在、共同繁荣兴旺的前提下，必须拥有一些共同的、核心的价值理念，必须遵守通过平等对话形成的一些共同原则。“在‘全球化’的世界上，理应形成全球性的公共主义。”[④] 一言以蔽之，人类的全球化交往，不管是在物质交往领域还是在精神交往领域，都意味着在客观上需要全球相对统一的规则和观念。事实上，如此特征的规则、观念在人类各个具体活动领域已经大量形成，从联合国宪章到各个领域的国际

① 许倬云．中国文化与世界文化［M］．桂林：广西师范大学出版社，2006：7.

② 陈力丹．精神交往论：马克思恩格斯的传播观［M］．北京：开明出版社，1993：27.

③ 马克思恩格斯选集：第1卷［M］．3版．北京：人民出版社，2012：404.

④ 郭湛．公共主义的核心价值观念［J］．理论视野，2011（12）：25-27.

公约、条约等等，就是人类统一活动规则、统一活动观念在一定程度、一定范围的体现或明证。其实，人类作为共同体，在相似的、共同的活动领域，只有形成越来越多相似的、共同的观念，人类作为整体才能取得共同的进步和发展，人类不同群体间的交流才能顺利高效地展开。

全球新闻观念就是众多普遍问题中的一个，并且是相当突出的具有一定优先性的一个，因为，全球新闻领域本身既是全球化的结果，更是全球化的重要动力之一。人类努力在新闻领域形成大致统一的观念是必要的，也是拥有客观基础的。在我们上述描述的这样一个宏大时代背景下，也使人们有理由相信，一些普遍的新闻观念会在人类历史的世界化、全球化过程中逐步形成；或者说，在全球化的过程中，理应形成能够适应全球化需要的全球新闻观念。作为对自身命运能够自觉的人类，为了人类共同的利益，应该建构相对统一的全球新闻观念。当这个世界被明确地区分为“这里”与“那里”，当人类被明确地区分为“我们”与“他们”的时候，不管是在野蛮时代还是在文明时代，“这里”对“那里”的报道，“我们”对“他们”的报道，就不可能客观，不可能全面，不可能公正。也许我们难以彻底说明背后所有的原因，但我们至少可以看到并承认这样的事实。在全球化进入新的境界，在全球新闻传播景象已经形成的今天，我们应该塑造全球新闻观念，“这里”“那里”都是一个世界，“我们”“他们”都是人类。我们应该按照天下世界观来观察、理解和对待我们作为人类的共同世界、共同的新闻世界。

其二，全球职业新闻的同一性或组织、结构、功能、目标等等的大致相似性，为全球新闻观念的形成提供了内在根据。在现代社会中，尽管职业新闻活动在不同的环境中具有不同的表现和特征，但在宏观层面上观察，人们会发现，职业新闻活动在世界各国、各地，在各种社会、经济、文化、技术环境中，其实具有大致相似的结构方式（组织方式、生产方式、传播方式)，职业新闻传播有着大致相似的社会功能，承担着大致相似的社会责任。在不同社会中，职业新闻传播其实都在关注环境中不同寻常的变化和事件，都在以新闻传播为主的方式为各自国家、民族的发展贡献力量，都在为各自的社会运行提供公共信息服务。新闻活动的这些相似性，是形成大致统一新闻观念的重要客观基础。也就是说，职业新闻的全球相似性，提供了新闻观念统一性的基础，提供了全球职业新闻大致认同的可能。当然，我们必须指出，不同社会环境中的职业新闻活动存在着一些明显的差异性，而这也正是全球新闻观念形成的或大或小的障碍。对此，我们将在全球新闻观念形成的途径与方法中再做讨论。

其三，业已形成的一些观念认同，为全球新闻观念的进一步形成不仅开辟了道路，也展现了充满希望的前景。就新闻领域的实际情况看，不同国家、地区、社会中新闻观念已经表现出一定程度的相似性和共同性。无论是在职业新闻观念的宣称上还是在相关新闻理论研究领域内，甚至是在官方的文献（法律、政策）中，人们都能看到，一些共同的新闻观念，至少在文字上、口头上得到了共同的认可。比如，在全球几乎所有重要新闻传媒组织领导人参加的 2009 年首届世界媒体峰会上，时任中国国家主席胡锦涛在致辞中就说，媒体（人）“要切实承担社会责任，促进新闻信息真实、准确、全面、客观传播”，“应该遵守新闻从业基本准则”[①]，这里所说的“真实、准确、全面、客观”就是共同的基本新闻观念，并且是应该遵守的共同准则、基本观念。事实上，“不同国家的新闻媒体之间分享着共同的要素，在某些方面，近年来国家之间的文化与风格具有显著的融合趋势”[②]。有学者在一项跨国调查之后，也提出了这样的看法：“尽管各

① 首届世界媒体峰会于 2009 年 10 月 8 日至 10 日在北京召开，胡锦涛发表致辞。具体讲话内容参见胡锦涛．在世界媒体峰会开幕式上的致辞［N］．人民日报，2009－10－10（1）。

② 舒德森．新闻社会学［M］．徐桂权，译．北京：华夏出版社，2010：196－197.

国文化不同、专业教育的类型不同、记者的劳动类型不同（有些是在约束力很强的专业协会或工会中，有些则不是），但是，新闻记者公开陈述的专业理念并没有太大的区别。”[①] 当然，我们也必须注意到，有些新闻观念的相同、相似往往是“宣称性”的，是形式大于内容的，也就是说，在实际的贯彻中常常有着“实质性”的差别。比如，同样认为新闻应该“真实、准确、全面、客观”报道“重要的”事情，但什么是“重要的”，对“谁”是“重要的”，在不同国家、不同社会中的具体阐释就有相当大的差别，落实到具体的新闻选择中，差异就更大了。但话说回来，这并不影响对一些基本的新闻观念的认同。

其四，现代新闻业的同源性在某种程度上也为全球新闻观念的形成提供了某种有利条件，但对此我们必须谨慎对待。从历史角度看，全球现代新闻业，本来就是当年西方（以英美模式为主）新闻观念向全球扩展传播的结果[②]，因此具有天生的相似性。但是，我们应该明白，今天的相似性是经过反抗西方殖民、获得民族独立后螺旋上升的新结果，是经过某种“本土化”后的再相似，与当年强势甚至霸权式的推广扩散造成的相似性有着很大的差别。但差别的存在，并不是交流的障碍。“中西新闻虽然存在不少差异，这些差异又根源于社会政治和历史文化，但新闻人的责任和使命又是相通的：促进和谐、进步与昌明，避免危机、矛盾与灾难。”[③] 而且，经验事实表明，不同文化间的人们是可以相互交流、相互理解的，诚如有人所言：“第一，尽管世界观有很大差异，我们和来自不同文化的人还是共享许多东西；第二，即便我们看待事物的方法与其他文化不同，我们还是能够体会到这种差异，也能认识到我们与别人的看法是不同的。”[④]

① 库兰，古尔维奇．大众媒介与社会［M］．杨击，译．北京：华夏出版社，2006：176.

② 陈力丹．世界新闻传播史［M］．上海：上海交通大学出版社，2002.

③ 李彬．中国新闻社会史：插图本［M］．2 版．北京：清华大学出版社，2009：533.

④ 同①232.

人类的反思能力使人类能够自觉到自己与他者的差异，而只要能够交流和相互理解，人类就有希望达成一些基本共识。其实，如前所说，在很多领域、很多方面这已经是事实。因此，对于还没有达成基本共识的领域，只是说明时机尚不成熟，那就在时间的流逝中一步一步解决吧，人类需要做的是，通过共同努力来缩短达成共识的时间。

（二）当前全球新闻观念的实质表现

尽管全球化特别是经济全球化已经成为不争的事实，我们也认为人类在一些领域应该按照相似的、共同的观念指导各自的行为，但我们还是很有必要分析一下当前新闻传播领域所表现的全球化状况，即全球化的实质到底是什么，到底是谁的全球化，什么样的全球化。对这些问题，我们当然不可能在此做出系统的回答；但我们将针对全球化现象中全球新闻传播的新闻观念问题做一些分析，看看当前初步形成的一些全球新闻观念，实质到底是什么，其中反映出的可能趋势是什么。

我们认为，就新闻领域来说，特别是国际新闻传播领域来看，全球新闻观念的实质有两个重要维度（不限于这两个维度）的突出表现：一是就当下的实际表现来看，以美国为首的西方自由主义新闻观念主导着国际新闻传播的基本局面；二是新兴国家原则上包括所有第三世界的发展中国家，正在积极介入国际新闻传播领域，并且已经发出了自己的声音，赢得了一定的话语权，因此，它们的新闻观念也在全球化的进程中显示出自己的力量和影响，并将越来越强、越来越大。因此，那种把全球新闻观念简单说成是以美国为代表的西方新闻观念的全球化，既不完全符合当下的实际情况，也没有指明未来全球新闻观念形成的可能方式。因而，我们将从这两个方面来分析说明全球新闻观念的实质表现。

首先来看第一方面。可以说，主导当今全球新闻传播特别是国际新闻传播的实质观念，是以美国为首的西方自由主义新闻观念，这样的观念在新闻领域被特别定义、宣称为“专业新闻主义观念”，其核心内容是新闻传媒的自主与独立，坚持客观报道理念，承担社会责任和坚守职业自律。而以美国为代表的西方世界，试图在全球化过程中将这样的新闻观念特别是新闻传媒要独立自主（实际上就是他们所说的新闻自由的核心）的观念推向全球。

就当下的实际来看，以美国为首的西方资本主义世界的新闻传播观念，确实主导着当今新闻传播的主渠道，这是既存的客观事实，也是国际新闻界公认的事实。这当然不仅仅是新闻观念范围内的事情，而且是实际新闻传播的事实问题。众多研究数据一再表明，以美国为首的西方新闻传媒不仅把持着国际新闻传播的主渠道，塑造和建构着国际新闻的整体图景，也从根本上决定着西方各国人民对其他发展中国家的理解与想象。“美英两国的两家通讯社美联社和路透社控制着全球的新闻与信息。它们与法新社组成三强，提供了全球80%的新闻。美联社电视部与路透社电视部，同时主导着电视新闻。”① 20世纪冷战结束以来，新自由主义② 思潮昌兴西方世界，并对其政治、经济、文化等形成了实质性的作用和影响。新自由主义的勃兴、张扬与传播，伴随着国际垄断资本主义的全球化

---

① 戴比尔，梅里尔．全球新闻事业：重大议题与传媒体制：第5版［M］．郭之恩，译．北京：华夏出版社，2010：109－110.

② 按照美国思想家和语言学家乔姆斯基（Noam Chomsky）在《新自由主义和全球秩序》的说法，“新自由主义是在亚当·斯密古典自由主义基础上建立起来的一套理论体系，强调以市场为导向，包含一系列有关全球秩序和主张贸易自由化、价格市场化、私有化观点的理论和思想体系，其完成形态则是所谓‘华盛顿共识’”。参见李彬．中国新闻社会史：插图本［M］．2版．北京：清华大学出版社，2009：481。但很多西方学者和中国学者认为，新自由主义并不像乔姆斯基所说的是一种纯粹的经济学理论，而是资本主义全球化战略下的“意识形态的理论表现”（法国学者科恩·塞柯）；新自由主义自诞生之日起就已经明显地带有政治倾向和政治目标，体现为一种意识形态理论，因而始终是一种意识形态理论，反映着垄断资产阶级的利益、愿望与要求。新自由主义实质上就是西方国家的“政治经济学”，是披着经济理论外衣的意识形态理论，必然要为资产阶级服务。可参见高和荣．揭开新自由主义的意识形态面纱［J］．政治学研究，2011（3）：86－92。

蔓延，是资本主义进入国际垄断时期的思想旗帜或意识形态表征。“遍布世界的新自由主义政府政策最近几十年都在寻求将共同的东西私有化，将文化产品——比如信息、思想，甚至动植物的物种变成私人财产。”① 在新闻领域，新自由主义潮流带来的最直接的也是最重要的影响、最明显的表现，就是在新闻领域普遍的“解禁”运动，或者说是“解除规制”，即一方面是传媒自由化（私有化）的进一步加剧，另一方面是全球化传媒“巨无霸”的形成。英国著名媒体学者詹姆斯·卡伦指出：“以‘解除规制’名义进行的全球化削弱了民族国家和政府的力量，这也就意味着后者代表的人民的力量同时也被削弱了。”② 其中，新闻观念的传播，一方面是商业新闻主义的疯狂，另一方面则是西方价值观念的风行。因此，仅就全球化过程中的新闻观念来说，其最大的表现、最深刻的实质就是西方新闻价值观的全球化和普遍化。在现实性上，全球性传媒集团持有或奉行的新闻观念，对全球大众能够看到什么样的新闻、对世界具有什么样的信念和想象有着不可低估的影响；传媒“巨无霸”们（如美国在线-时代华纳、沃尔特·迪士尼、维亚康姆哥伦比亚广播公司、贝塔斯曼、新闻集团等）在塑造世界形象甚至各国形象方面有着重大的影响和作用。就历史、现实和可见的未来来看，由于全球新闻传播的媒介渠道、信息流动总量主要控制在扎根西方社会的跨国巨型传媒组织手中，因此，所谓全球新闻观念，其实质就是西方世界主导的新闻观念，其他地区、国家新闻业持有的新闻观念很难与西方主导的商业主义的、专业主义的新闻观念展开竞争。有人认为互联网的全球化可以改变这种局面，但就现实的总体情况来看，这还不是事实，而且信息鸿沟、数字鸿沟倒是越来越深、越来越宽。

---

① 伊曼努尔·沃勒斯坦（Immanuel Wallerstein）语，转引自王平．哈特与内格里后马克思主义激进民主的致思路径［J］．哲学动态，2012（2）：44-49。

② 卡伦．媒体与权力［M］．史安斌，董关鹏，译．北京：清华大学出版社，2006：5.

以美国为首的西方自由主义新闻观念的全球传播过程，实质上是整个西方价值观念全球化扩散、传播过程的有机构成部分，并且是其文化价值观念传播的重要载体和方式。全球化本质上是源于西方现代性的全球化，全球化在整体上是由资本主义主导的、由资本逻辑支配的全球化。有西方学者说："之所以出现市场的全球化，是因为那些发达国家的政府，特别是美国政府，将种种贸易合约和协定强加到世界人民的头上，使得那些大型公司和富商们能够轻而易举地主宰其他国家的经济命脉，却不需要为那些国家的人民承担任何责任。"① 在这样的全球化中，发达国家通过资本的全球流动和不平等的国际秩序，转嫁发展代价和资源环境危机，获得巨额利益；欧美利用其经济和技术上的地位和优势，强力输出其民主制度、文化和价值，形成新形式的霸权主义，否定世界各国发展模式、体制和道路的差异性。传媒领域就是如此，因而就当下的主导形式来看，新闻观念的全球化，相当程度上就是西方观念、美国观念的全球化。而且西方世界依然继续着这样的做法。英国媒介学者科林·斯巴克斯一针见血地指出："尽管美国在领土上的野心不及前人，但是它更不愿意看到发展中国家的人们对未来做出自己的选择。"② 已故美国著名媒介学者赫伯特·席勒（Herbert Schiller）说："今天，美国把全球文化和传播的控制权牢牢掌握在自己的手中。"③ 因而，"全球化经常被用来在全球传播西方媒介产品，世界上很少有地方能够幸免"④。全球化浪潮使传媒公司成为"跨国资产阶级"（transnational capitalist class）的有机成员，"它们给地理上分散的新阶级提供了基本的传播设施，使得他们能够建立起一个休戚相关的内部

① 斯巴克斯．全球化、社会发展与大众媒体［M］．刘舸，常怡如，译．北京：社会科学文献出版社，2009：中文版代序一 10.

② 同①12.

③ 卡伦．媒体与权力［M］．史安斌，董关鹏，译．北京：清华大学出版社，2006：219.

④ 库兰，古尔维奇．大众媒介与社会［M］．杨击，译．北京：华夏出版社，2006：94.

交换网络”，“它们试图寻求重新组织起围绕消费主义的公共传播，以利于它们的市场扩展，把它们的产品消费当作一种跨国的、无一幸免的身份认同和生活方式来促销”[①]。显然，它们也会力图将自己的传播观念塑造成全球性的观念。

以美国为首的西方新闻观念的全球化过程，实质上也是打压、挤压其他新闻观念的过程，打压、挤压其他文化价值观念传播的过程。有学者指出：“意识形态制造是西方国家实施文化霸权战略的主要外交模式。它以所谓文明的方式，设计巨大的文化陷阱，一个重要的政治目的是，霸权话语通过假象替代真实、制造等级和制造幻觉等方式，实现对非霸权话语的驱逐、压制，最终摧毁其反抗力。”[②] “美国凭借其强大的政治、经济、军事和科技实力向世界各国输出西方式的价值观念和社会制度，进行思想渗透和精神控制，并以此来衡量别国的政治、经济、文化制度和生活方式。”[③] 有美国学者明确指出：“从全球范围来看，以美国为首的西方媒体反映的则是发达国家、北方国家的资本主义和民主价值。”[④] 因此，凡是和美国利益不一致的，凡是和美国价值观有冲突的都是不合理的甚至是邪恶的。以美国为代表的西方新闻传媒，始终是用双重甚至是多重标准在指导自身的新闻传播，面对国内是一套观念，国外是另一套观念，而且面对不同国家采取不同的价值标准。正如一些美国学者所指出的那样，美国传媒在对外报道方面，媒介的客观性无疑是被削弱的。[⑤] 看得出，以美国为

---

① 库兰，古尔维奇．大众媒介与社会［M］．杨击，译．北京：华夏出版社，2006：19－20.

② 姜安．毛泽东“三个世界划分”理论的政治考量与时代价值［J］．中国社会科学，2012（1）：4－26.

③ 曹文振．美国的海洋霸权战略与中国的对策［J］．战略与管理（内部版），2011（9/10）：70－82.

④ 戴比尔，梅里尔．全球新闻事业：重大议题与传媒体制：第5版［M］．郭之恩，译．北京：华夏出版社，2010：420.

⑤ 舒德森．新闻社会学［M］．徐桂权，译．北京：华夏出版社，2010：49.

首的西方自由主义新闻观念确实有其虚伪主义的一面，在全球新闻传播中，他们实际奉行的仍然是具有霸权主义色彩的新闻观念。

但是，以美国为首的西方新闻观念，尽管主宰着当今新闻传播特别是国际新闻传播的宏观图景，但这并不是事情的全部。实际上，今天整个人类都被卷入全球化的浪潮，其中充满了机遇、挑战和风险，而且，机遇、挑战和风险面向的是所有国家，这就意味着，它也给发展中国家提供了发展自我的机会。就新闻观念的全球化问题来看，人们也能看到这一面：新兴国家和广大第三世界国家中的一些国家的新闻观念，也伴随着全球化的步伐传向全球，与西方新闻观念展开了竞争、合作与对话，当然其中也充满了矛盾和斗争。

人们看到，正是在全球化过程中，中国的新闻传播在国力不断上升的支持下，开始实质性地走向世界，“把地球管起来”，“把中国的声音传遍世界”，“向世界说明中国”等等愿望开始一步一步变成了行动。有中国政治哲学研究者就明确指出：“尤其在实践层面上，中国不仅深度介入全球化进程，而且是国际社会公认的全球化赢家之一。”① 巴西、印度、俄罗斯等新兴经济体的传媒，甚至像设立在卡塔尔这样小国的一些新闻传媒（如半岛电视台），也都在国际新闻传播领域发出了自己强有力的声音，造成了相当大的国际影响。因而，全球新闻观念的实质，是多元新闻观念的兴起，并不仅仅是以美国为首的西方新闻观念的横行天下。尽管就目前来看，他们的新闻价值观念（其中深藏着政治、经济、文化等观念）仍然占据着主导性的地位和影响，但人们应该看到，不管因为什么样的原因（主要是经济原因），以美国为首的西方世界的国际新闻传播能力在相对下降，而新兴国家的传播能力、传播影响力却在相对上升，新兴国家“挨骂”的

---

① 斯巴克斯．全球化、社会发展与大众媒体［M］．刘舸，常怡如，译．北京：社会科学文献出版社，2009：全球化译丛总序 2.

境地虽然没有彻底改变，但它们已经有能力、有底气、有信心与西方传媒展开话语权的争夺。尤其是从 2008 年金融危机以来，由于经济这一根本要素的影响，西方新闻传媒在整体上的相对影响力在下降，而不是上升，相反，以中国为代表的新兴国家的新闻传播能力却在上升，在国际传播领域的声音越来越多、越来越大，世界上越来越多的人也慢慢开始愿意倾听或主动倾听新兴国家新闻传媒发出的声音、传播的信息、所做的新闻报道。

事实上，"正像现代化不是西方化，更不是资本主义化"一样，现代化"可以有资本主义现代化，也可以有社会主义现代化，甚至还可以有其他形式的现代化。现代化是共性化和多样化相统一的过程"[①]，全球化本质上是也应该是一个中性范畴，全球化既不可能是完全的美国化过程，也不可能是纯粹的资本主义化过程，倒可以说是世界各种文化对话交流同时难免碰撞冲突的一个历史过程。当然，谁也不能否认在这一过程中，有些文化，当下来说就是西方文化、美国文化，会显示出更为强势的地位和力量；这大概是因为全球化过程从本质上说仍然是一个"现代化"的全球辐射过程，而现代化源于西方世界，这就从根本上决定了后发国家在现代化过程中一定会在某种程度上模仿西方世界的一些做法。新闻领域、新闻业在现代化过程中恐怕也难以例外。但是，全球化的最终结果如何，我以为只能是对话交流的结果，不可能是一种文化对其他文化进行"文化覆盖"的过程，更不可能形成"文化覆盖"性的结局。诚如有人在论述现代性的展开过程时所认为的，虽然现代性在不同地区、不同文化中的布展毫无疑问要展示出许多普遍性、共同性的要素，包括现代性的许多重要维度的"置入"或"嵌入"，但是，无论如何都不会出现线性决定论意义上的全球

---

① 陈柳钦．现代化的内涵及其理论演进［J］．经济研究参考，2011（44）：15－31.

范围内的齐一化的现代性，而必然形成既有普遍性和共同性，具有可以相互对话和交流的可能性，又有不同历史背景、不同文化底色、不同地域特色的丰富多彩的“现代星丛”。不同地区、不同国家的人民都会探索自身的现代化道路、现代化方式。

因此，我们以为，全球新闻观念并不仅仅就是美国新闻观念，更不仅仅是自由主义新闻观念的流行，而是各种新闻观念对话交流的一个过程。这样的一种状况或表现，将为未来较为合理的全球新闻观念形成创造条件、开辟道路。

（三）全球新闻观念的形成机制（路径与方式）

全球化的进展，使人类真正开始在特殊与特殊之间建构普遍的桥梁，使人类真正开启了如马克思所说的“世界历史”时代。在历史开始向世界历史转变的宏大时代背景下，担负前沿交往交流的新闻领域特别是国际新闻传播领域，理应积极探求形成共同新闻观念的路径和方法。

对于整个人类来说，具有现代性色彩的新闻业事实上在全球已经初步形成，世界上绝大多数国家都拥有各自的现代新闻传媒系统，但这并不意味着全球共同新闻观念的形成。而如果缺少统一的或基本一致的新闻观念，全球化的新闻业并不一定能够增强不同人群之间的相互理解和同情，就如有学者所说：“我们可以将所有的新闻事业统称为全球新闻事业。全球传媒增进了我们对异国、他乡及异文化的认识，然而这并不意味着它必然会扩大我们对异国、他乡及异文化的了解和同情。”[①] 如果缺少全球统一的或基本一致的新闻观念，新闻传媒、新闻传播反而有可能就像我们在现实中经常看到的那样，成为挑起事端、激化矛盾的重要工具，甚至会成

---

① 戴比尔，梅里尔．全球新闻事业：重大议题与传媒体制：第 5 版［M］．郭之恩，译．北京：华夏出版社，2010：22.

为相互争斗的手段，并且是处在前沿阵地的、充满全球时空中的“信息武器”。就目前来看，全球新闻业，只是地理结构上的存在，还远远不是精神意义、观念意义上的统一存在；争取新闻观念的统一性才刚刚起步，而且前途未卜。但从大的历史尺度来看，人类似乎一直向着自己的共同目标前进，客观上有了越来越多的共同利益，全球共同体似乎也是可望又可即的事情，甚至是不得不为的事情。大概正是因为如此，人们看到，如今，各种各样的全球主义、世界主义、国际主义、跨国主义等等的话题越来越成为学术研究和实践领域的热门话题。然而，问题的关键是怎样才能形成这些具有全球化意义的各种主义或观念。具体到新闻领域来说，通过怎样的机制和方式才能形成全球新闻观念。或者说，全球新闻观念通过什么样的路径与方式才能逐步成为现实。下面，我们试着从理论上对这一问题做一些初步的回答。

首先，在逻辑上说，全球新闻观念能够形成的第一机制很可能是一个看上去比较“虚”的机制，但在实践上却是一个十分重要的有着前提性与贯通性作用的机制，这是一种认知机制、价值观念机制。主要包括两个方面：一是人类之间能够形成真正的平等意识，以真实的国家平等、民族平等观念互相对待，这是人类能够形成其他众多共同观念的基本前提，新闻领域也不例外。二是协商、交流、对话是形成全球新闻观念的总的可实行、可操作的机制，也是形成全球新闻观念的精神原则。不管在实践领域还是在学术研究领域、教育领域或其他新闻文化领域，协商、交流、对话都是形成共同观念的总体性机制和方式。

毫无疑问，全球新闻观念能否有效形成，绝不仅仅是新闻传播范围内的事情，并且很有可能首先不是新闻领域范围内的事情，而是国际经济、政治、文化、外交等等领域的事情，尤其是国际政治领域的事情。它们可能更是先决性的条件。而从观念上说，能否形成基本的国与国、民族与民族、地方与地方等等之间的平等认知与价值观念，更是人类能够形成其他共同观念的前提条件。法国著名社会学家涂尔干说过："每一个文明本质上都比较易于变得更加民族主义，并且易于沾染不同民族或者国家的鲜明特征。"① 法国社会学家莫斯（Marcel Mauss）也曾说过："几乎每个国族（the nation）都存在自己是世界第一的幻想。……这里好像存在一种天然的自满，部分原因在于无知和政治上的诡辩，而且常常也出于教育的需要。"② 这一状况时至今日仍然没有多少改变。对于一些大国、强国来说，这甚至不是"幻想"，而是已经成为"狂想"。霸权天下的观念，在一些人的心中恶性膨胀，这显然是形成全球共同体和各个领域共同观念的障碍。如果没有相互尊重、平等对待这样的基本"出发点"，就不可能形成真实的大家从内心认可的、接受的共同观念。"在相互依存度越来越高的国际社会，如何建立一个崭新的世界？基本答案是'以平等开放的精神，维护文明的多样性，促进国际关系民主化，协力构建各种文明兼容并蓄的和谐世界'。"③ 只有在这样一种总体观念下，人类才有可能在各个领域特别是那些文明个性、文化色彩、意识形态属性相对比较强，差异性比较明显的领域展开交流、协商、对话，形成一些比较一致的共同观念。

因此，在新的全球化背景下，要想形成共同的新闻观念，从根本的或总的原则机制上，不应该是既有的某种新闻观念的强势推广扩散，而应该是各种新闻观念之间的交流、协商与对话。有学者指出："世界主义的发展首先起源于社会行动者之间的多元互动关系，这些行动者通过彼此相遇而走到一起，从而必须以一种批判而多元的精神来审视自身的经验、审视

① 施郎格．论技术、技艺与文明［M］．蒙养山人，译．北京：世界图书出版公司北京公司，2010：38.

② 同①42.

③ 姜安．毛泽东"三个世界划分"理论的政治考量与时代价值［J］．中国社会科学，2012（1）：4－26.

对方的处境。通过参照普遍性的规范和准则来理解彼此的情境。从这一角度而言，世界主义的态度首先是一种对话的态度。世界主义现象是通过相遇、交往、对话的逻辑得到塑造的，这中间通行的是一种普遍主义的准则，而不是一方高于另一方的逻辑。”① 中国著名社会学家费孝通先生在论及全球价值观念形成的途径时也说过类似的话：“通过加强群体之间的接触、交流和融合，在实践中筛选出一系列能为各群体自愿接受的共同价值标准，实现‘美美与共’。就是说已经被捆在一体中的人们能有一套大家公认的价值标准，人人心甘情愿地按这些标准主动地行事。”② 这些论述和思想对如何形成全球新闻观念都具有重要的方法论意义，也实际指出了形成共同观念的方向性道路。

其次，全球新闻观念能够形成的最重要的根基和渠道是新闻实践领域的交流，特别是国际新闻传播领域的实际交流与合作。实际行动或实践方式，是最直接、最有效展现不同主体在同一活动领域共同点与差异处的方式，从中可以看出背后精神观念的一致与不同。而相互了解、知情是所有有效协商、对话的基础和起点。因此，形成全球新闻观念的根本机制在于全球性的新闻实践交往。实践交往造成的相互交流、相互作用、相互影响是感性的、实际的、经验的，是产生共同观念的根基。如果没有新闻的相互交流，共同观念就失去了可能，也没有必要。全球化的客观进程，特别是信息时代的到来，媒介化生存方式的普遍化，使本身就处于人类跨文化交流前沿阵地的新闻活动者，能有更多的机会展开对话和交流，这无疑为达成共识、形成共同观念增加了可能。即使在新闻交流中发生矛盾，出现观念冲突，人们也应该坚信“不打不相识”的朴素道理。共同的观

---

① 德兰迪，郭忠华．“世界主义”共同体如何形成：关于重大社会变迁问题的对话［J］．学术月刊，2011（7）：5-13.

② 叶隽．文明史、现代性与现时代问题：读《文明史的进程》［J］．中国图书评论，2011（9）：76-85.

念不可能在隔绝中形成，只能在实际的交流对话甚至是矛盾冲突中逐步形成。战争的规则是在战争中形成的，同样，合作的规范也是在合作中造就的。

新闻领域在全球交流中有着很大的特殊性。一方面，新闻领域作为意识形态色彩比较浓厚的文化领域，似乎难以形成全球共同观念；但从另一方面看，新闻领域又易于形成全球共同观念。这一方面是由新闻的本性决定的，它首先强调的是事实；另一方面则是由新闻传播的特征决定的，它首先强调的是呈现事实的真实面目。我在有关著作中曾经表达过这样的看法：新闻符号世界为人类创造了一个近似的、共同的符号世界。不同人生活中所面对的现实的感性时空世界是有很大差异的，但在全球化所造成的全球性传播环境下，人们面对的新闻符号世界却具有更多的相似性，尤其是在国际新闻传播领域。人类永远都不可能生活在同一具体的感性时空世界中，但却完全有可能生活在比较近似的新闻符号世界中。与其他符号世界相比，比如与文学符号世界、理论符号世界、宗教符号世界等相比，人类拥有的共同符号世界更多的可能是新闻符号世界。共同的新闻符号世界，使人类充分意识到他们生活在同一时空中，生活在同一个地球上，他们面临一些共同的问题，有着作为人类的共同命运。正是新闻符号世界，使人们从一个向度上形成了及时的相互了解，形成了具有全球规模的互动，感受到了全球一体化的存在。这一切，实际上为形成全球新闻观念提供了良好的基础。当然，对于新闻符号世界的共同性或相似性，我们不能做出过于乐观的描述，因为今天的世界仍然是一个以区分为前提的统一世界。① 文化个性、国家特征依然是各国新闻观念特别是“主义”层面新闻观念的主导性构成方式，也就是说，主导新闻观念仍然是分散的、区域化

---

① 杨保军．新闻理论教程［M］．2版．北京：中国人民大学出版社，2010.

的、国家化的、地方化的。这是因为，当前和今后很长历史时期的世界，依然是民族国家分立的世界、主导的世界，世界范围的经济制度、政治制度等等依然主要是民族国家自主自决的。各民族国家之间的实际差异不是短时期内可以解决的，新闻领域也一样。经济全球化容易实现，就像器物层面的文化全球化容易实现一样，但要在制度层面、观念层面实现全球化就比较艰难了。

实事求是地看，国际新闻传播是全球新闻实践交往最易展开的领域。在全球意义上，国际新闻传播领域是不同国家、地区之间展开新闻交流的前沿领域。与国内相比，国际新闻传播领域为相互交流、对话、协商、理解等提供了比较直接的机会和场域，传播者们可以看到来自不同国家、地区的记者到底是怎样展开实际工作的，从而为不同国家、民族、文化背景支配下的特殊新闻观念提供了审视自我和他者的可能。因而，这种在同一机会和场域中的新闻交流，是共同新闻观念产生的重要机制，为在国际新闻传播中形成共同的新闻观念提供了机会或可能。也就是说，国际新闻传播领域，既可以为调整甚至修正转换原有特殊性的新闻观念提供可能的机会，也可以为交流、对话、协商以及形成超越所有特殊性的新闻观念创造机会。而一旦共同的新闻观念生成，即可逐步形成惯例性的（制度化的）国际新闻传播规范或原则。[①] 事实上，“事实是事实，意见是意见”这样的报道理念，已经成为国际新闻传播中的基本观念。能够报道出共同的基本事实面目是新闻的第一要求，而对事实做出不同的分析与评价也是很正常的现象。

---

① 这里关于全球新闻观念的形成机制，受到英国学者杰拉德·德兰迪（Gerard Delanty）解释“世界主义”（cosmopolitanism）形成机制的方法论的启示。他提出理解世界主义形成的基本机制：产生性机制（generative mechanism）、转换性机制（transformative mechanism）和制度化机制（institutionalizing mechanism）。参见德兰迪，郭忠华．“世界主义”共同体如何形成：关于重大社会变迁问题的对话［J］．学术月刊，2011（7）：5-13。

但是，在世界范围内，观察国际新闻事件的眼睛一定是分颜色的，眼光是分文化、民族、国家、地区背景的，这是公认的事实，诚如一些学者所说："尽管大家对全球化的进程言之凿凿，但我们认为国际新闻生产的本质是国内化、本地化的，最终是国家化的：受权力结构、文化形态和政治经济利益的制约，各国媒体通过主流意识形态折射、再现同一事件时，存在着显著不同，这就是'内在化'的过程。"① 这再次说明，全球新闻观念的形成是一个十分艰难的过程。因此，在全球新闻观念形成的历程上，人们应该有充分的思想准备，要认识到，就现在的情形来看，不大可能在短期内形成全球统一的、各种地方文化普遍同意的单一性的新闻观念，最大的可能是首先形成对一些抽象的统一原则或观念的认可，比如新闻要真实、客观、及时，新闻要为社会大众服务等。事实上，仅就这一层面来看，至少在口头上，似乎已经做到了这一点。比如，尽管不同国家、不同社会可能会对真实、客观、全面、公正、及时等新闻传播的基本原则有一些差异性的解释，但关于这些原则的基本要求还是可以达成一致的。早在 20 世纪 50 年代中期，中国领导人就已经表明我们的新闻传播可以遵守这样的普遍规则②；而到了 21 世纪的今天，中国领导人在世界性的传媒高峰论坛上再次表达了这样的新闻观念③。首先承认一些共同的抽象准则或观念，然后再逐步达到内涵解释的基本一致，可能是全球新闻观念在实践中得以成形的基本逻辑。这就像一些国际条约中，签约方对某些条款可

---

① 库兰，古尔维奇．大众媒介与社会［M］．杨击，译．北京：华夏出版社，2006：286.

② 1956 年五六月间，刘少奇就新华社的新闻工作发表过这样的意见："新华社的新闻必须是客观的、真实的、公正的、全面的，同时必须是有立场的。和其他通讯社相比，尽管观点不一样，但是新闻报道是客观的、真实的、公正的、全面的，这就能在世界上建立威信。"参见中国社会科学院新闻研究所．中国共产党新闻工作文件汇编：下卷［M］．北京：新华出版社，1980：361。

③ 在 2009 年北京召开的世界媒体峰会上，胡锦涛在致辞中说，媒体（人）"要切实承担社会责任，促进新闻信息真实、准确、全面、客观传播"，"应该遵守新闻从业基本准则"。参见胡锦涛．在世界媒体峰会开幕式上的致辞［N］．人民日报，2009－10－10（1）。

以持保留态度，但对条约在总体上是承认的，等到条件成熟，再完全承认。这个世界必定是个复杂的世界，组成它的“单元”有着或大或小的差异甚至相当不同。因此，人们只有从事实出发，尊重差异，才有可能最终达到更大程度的统一。在如今这样的背景下，全球新闻观念形成的过程，一定是一个长期的、复杂的充满各种矛盾冲突、利益博弈的过程。可以想见，不同国家、不同的跨国公司（特别是传媒组织）、各种利益集团，都试图把新闻作为一种维护自身利益、塑造自身形象、传递自己价值观念的手段，总想用自己的观念影响全球新闻传播的图景。每一种力量都想让别人首先分享自己生产传播的信息、相信自己的信息。这种分享、相信当然不限于直接的信息，而是蕴含在信息中的观念，以及支配这种传播的新闻观念。

将国内新闻观念与国际新闻观念统一起来，从而形成更为全面的、实质性的全球新闻观念，更是一个十分艰难、漫长的过程。不同民族、国家有着各自的历史、传统和文化，有着各自的实际和特色，这从根本上决定了全球新闻观念共同性、统一性的有限性。全球新闻观念的共同性也只能是“和而不同”，不可能是绝对同一。

再次，全球范围内新闻教育领域、新闻研究领域的交流，是全球新闻观念形成的有效渠道和平台，也是全球新闻观念得以形成的重要的、长期的、深层的机制与方式。从理论逻辑上说，全球新闻观念的形成首先是观念范围内的事情，之后才有可能逐步从理论观念转变为实践观念，进而转变成实践行为。这同样像我们上面关于新闻传播实践交往所说的一样，一定是一个漫长的、艰苦的过程。其实，全球范围内的新闻教育、新闻学术交流早已开启，人们现在需要做的是，在新的全球化时代环境中，充分利用更加便利的交往条件，开辟更加有效的交流、对话渠道。

人们知道，对于当今时代来说，新闻教育几近成为建构新闻从业者主要新闻观念的核心渠道、基本方式，是塑造、延续一定新闻意识形态的基本形式与途径，自然也是一种长期性的机制。“一般说来，学院式新闻专业教育的目标原则上可以分为三个方面：一是培养学生系统学习和把握新闻专业知识和专业技能，二是培养学生的综合素质，三是培养学生将来从事新闻工作必须拥有的基本价值理念、职业伦理和职业道德。……在实际教学中，这三个方面往往是融合在一起的，但教育培养学生形成正确合理的新闻职业理念、新闻专业精神，乃是新闻专业教育的根本和灵魂。”① 显然，全球新闻教育观念的统一性，将在很大程度上奠定全球新闻观念统一性的基础。尽管世界各国的新闻教学、新闻教育都有其特殊的内容和目标，但由新闻、新闻媒介、新闻业基本属性，新闻、新闻媒介、新闻业基本功能，新闻传播基本原则等等构成新闻教学最基本的内容则是一致的（至于采写编评等新闻业务方面的技能、技巧、方法等就更是一致的了），关于新闻从业者的角色身份、从业职责、应该遵守的基本道德规范等方面也是基本一致的。所有这些，都为形成全球新闻观念构成了有利的条件。换个角度说，新闻教育是建构全球新闻观念的重要机制与方式。

与新闻教育一样，新闻研究也是形成新闻观念的基本方式。从一般意义上说，新闻研究最基本的目的是探索新闻现象的内在特征，揭示新闻活动的基本规律，认识不同时代、不同社会新闻现象、新闻活动的特殊根据与表现，为人们的新闻实践提供具有真理性的理论观念。因此，新闻学术领域的国际交流，对形成全球共同的新闻实践观念有着重要的意义，是形成共同观念的一种深层机制，也是具有长远性影响的机制。毋庸置疑，从宏观层面上看，新闻学术认识上的共识，新闻理论观念上的基本一致，将

---

① 杨保军. 新闻精神论［M］. 北京：中国人民大学出版社，2007：262.

对新闻教学、新闻教育（包括新闻职业培训等）内容设置与构成的一致性，对新闻实践指导观念设计与建构的相似性，都产生直接的作用和影响。

人们不难发现，新闻领域的一些新观念、新思想，常常首先是通过学术方式提出来的，也是通过学术方式展开对话交流的。比如，就全球新闻观念这一问题来说，全球新闻观念的本质是什么，全球新闻观念的基本内容是什么，全球新闻观念形成的根据是什么、必要性是什么，等等，都得通过学术方式来回答。又如，就当前来看，有无全球统一的新闻本质认定，有无全球一致的新闻伦理观念，有无全球一致的新闻传播原则，等等，也都首先需要新闻理论研究加以回答；而且，尽管人们可以通过直接经验对这些问题做出初步的判断，但真正要形成比较全面的、严肃的、可信的判断，还得通过一定的学术研究来进行。由此来看，新闻研究、新闻学术交流，其实是形成全球新闻观念极为重要的机制与方式。事实上，在普遍意义上说，人们已经看到，与以往任何时候相比，今天的全球化已经把全球学术界更加紧密地连接、交融在一起；而且，全球化不仅是把“我们”——总是作为学习者的角色——纳入了全球学术领域，同样也把“他们”——过于自负自大的西方学界——推向了全球，他们同样不得不睁开眼睛看世界，不得不面对一个比他们想象的更为丰富多彩的世界。有些欧美学术界的学者已经越来越强烈地意识到，只专注于西方世界的学术成果[①]，削弱了“它们作为社会科学的长期性价值”（美国著名传媒学者迈克尔·舒德森语）。因此，全球化为全球学术界带来了一个相互交流、对话、合作的新时代。在这样一个时代，人类在一些共同关注的领域、现象、问题上形成共识度越来越广、越深、越高的观念是完全可能的和

① 卡伦．媒体与权力［M］．史安斌，董关鹏，译．北京：清华大学出版社，2006：215.

应该的，新闻领域特别是国际新闻传播领域应该成为这样的优先性领域。

最后，新媒体时代的开启，为全球新闻观念的形成提供了特殊的动力机制。全球媒体的运行，新媒体时代、“后新闻业时代”的开启，在一定程度上确实开辟了全球公共领域。① 全球公共领域的开辟，使得全球公民已经从抽象的概念正在变成一定程度的现实，这既是全球化的结果，也是全球化的表现。正是在这样一种情境中，人们甚至看到，民族身份、国家身份、公民身份已经被渗透进了（或者说包含了）全球公民身份、全球公司“公民”身份② 等等的因素和影响。美国知名传媒学者舒德森就说：“今天，新闻业显著的全球性甚至可能引发一种世界共同体的意识，这个世界共同体承担着人类的命运和超国家的人权。媒体对日常生活中微小的个人表演、科学和教育中的成就或悲剧、宗教或文化的冲突或进步的报道，与时政报道一样建构出公共议程并形成共同体。通过这两种方式，新闻促成了共同的社会世界的日常反思与再建构。”③

新技术、新媒介形态造成的新的媒介生态、媒介环境，促成了全球公共领域的新形式，这不仅为全球事务提供了特殊的交流平台，更是为新闻领域内的信息交流、意见交流、观念交流提供了得天独厚的空间和机会，为全球新闻观念的形成提供了良好的通道。在新闻观念论的视野中，我们以为，全球公共领域的出现，为全球新闻观念的形成提供了新的客观根

---

① 全球公共领域的孕育成长，依赖于正在培育全球化成长的力量。

② 全球化造就了巨大的跨国公司，很多人对自己身份的想象已经转变为公司想象了，这种归属性的身份想象甚至与民族、国家形成了某种程度的平行或并列关系。有英国学者说，全球化、新自由主义使英国这样的西方国家的政府都感到“保护人民利益的能力被削弱了”，“人民对政府的效忠程度也在逐渐降低”。参见卡伦．媒体与权力［M］．史安斌，董关鹏，译．北京：清华大学出版社，2006：39。

③ 舒德森．新闻社会学［M］．徐桂权，译．北京：华夏出版社，2010：254.

据，这就像人类公共生活的存在是社会公共道德生成的根据一样。正是因为公共生活，造成了人们必须遵守共同的伦理规范。[①] 通过在全球公共领域中的实际交流，人们才能真实地相互了解、相互理解，从而为形成共同的观念、共同的规范创造和奠定“群众基础”。

相对比较规模化的人群或数量比较大的普通社会大众，由于新闻报道或新闻事件引发，能在同一平台上展开实际的交流对话，对形成相对统一性新闻观念有着根本性的作用。从现实性上看，针对同样的新闻现象、新闻活动，或同样的新闻事实、新闻事件，不同社会中的人们，完全有可能从不同立场、不同角度出发提出不同的看法和观点，很可能各执一词、各持己见，从而在媒介空间形成强烈的矛盾和冲突（人们经常看到这样的景象）。但是，矛盾与冲突也是交流对话的一种方式。何况，交流对话的形式并不总是矛盾冲突。其实，不管以何种方式、形式展开交流，总会促成人们之间的相互了解，总会促成一定程度、一定范围的反思。而一旦有了了解、有了反思这样的活动，实际上就等于迈出了形成一致观念的步伐。人们只有知道了他人的观念是什么，自己的观念是什么，才能展开有效的比较，才有可能求同存异、互相理解、互相尊重，从而逐步形成一些共同认可的观念。如果能有一些共同的新闻观念，在公共领域中形成的国际舆论也许能够更加公正一些。

（四）中国应有的姿态与原则

如上所说，全球新闻观念是全球新闻业面临的问题，每一局部的新闻业都是形成全球新闻观念的对话者。因此，在对全球新闻观念形成之可

---

① 全球普遍公德的相似，就是因为共同或相似生活方式的生成。李泽厚先生说：“正由于科技生产力的发展、经济全球的趋同，使人们生活日渐趋同或接近，才要求大体相同或接近的法律-伦理的规范、秩序和制度。”参见李泽厚．哲学纲要［M］．北京：北京大学出版社，2011：70。

能、现实之表现与实质以及形成的基本机制做出阐释之后，我们很有必要特别地从中国立场或中国角度，说明一下我们在全球新闻观念形成过程中应该持有的基本态度和应该采取的原则性方法。

第一，充分认识参与全球新闻观念建构的重要性和必要性。全球化的必然性，在客观上要求中国这样一个世界上发展中的大国，特别是已经全方位融入世界结构体系中的大国，要为统一的全球新闻观念贡献自己的智慧，提供自己有说服力、能打动人、有影响力的观念；此外，中国要想争取到更大的国际话语权，增强文化软实力，在国际传播领域、新闻传播领域提升自己的传播力，也必须参与到全球传播观念、新闻传播观念的建构中去。换句话说，在今天这样全球化的宏观时代背景下，我们首先必须认识到，促成全球新闻观念的形成，不仅是人类或世界发展的需要，也是中国获得国际话语权、提升传播力的需要。如果不能成为观念体系、游戏规则制定中的参与者，就很可能失去与他人对话、协商和相互理解的良好机会，也就很难将自身的认识观念、价值观念渗透进全球观念之中，更是难以在新闻实践中维护自身的正当利益以及国家、民族、人民的真实形象。人们在现实中经常看到这样的事实，中国在很多国内外事务中“挨骂”，主要不是因为中国做得不好，而是因为中国说得不好。因此，充分认识参与全球新闻观念建构的重要性和必要性，仍然是中国政府、中国新闻传播界的重要任务。

第二，要有比较明确的参与建构全球新闻观念的指导思想。积极展开与国际传播界、新闻传播界全面的协商、对话、交流，应该成为中国参与全球新闻观念建构的基本指导观念。在对话协商、合作交流、矛盾斗争中共同建构全球新闻观念，这是形成统一新闻观念的不二法门。我们应该对国际新闻传播的基本原则提出自己的看法，不仅是理论的、学术的方法，更重要的是通过新闻实践的方式（采写编制播等）把我们的观念通过我们的作品、产品传播出去，从而与西方新闻观念形成真实的、有效的对话。理论对话、实践对话是观念对话的根本途径。对话的前提尽管是能够耐心倾听他人的声音，但对我们来说，由于西方新闻传媒在当今世界传播格局中依然占据着强势地位，因此我们应该积极地发出自己的声音，将“中国变成一个有声的中国”①。鲁迅先生在 20 世纪 20 年代就说过：“青年们先可以将中国变成一个有声的中国……必须有了真的声音，才能和世界的人同在世界上生活。”② 用什么样的观念支配指导向世界说明中国、传播中国、解释中国、表达中国的话语实践，是能否赢得国际话语权的重大问题，具有战略意义。“一国话语中的概念内涵，话语所表达的立场、观点、主张，话语表达中所渗透的理念、价值取向、逻辑力量等，是决定其话语的解释力、说服力、影响力的重要因素。”③ 我们应该努力适应国际新闻传播的一些既有观念和惯例，然后再逐步渗透进我们的观念因素，形成新的国际新闻传播观念，只有改变了自己，才有可能改变别人。

第三，最为重要的，当然是在实践上提高中国新闻传播的水平和能力。要想形成比较公正、平衡的世界新闻传播新秩序，我们不能一味批评抱怨西方新闻报道的不公，指责其采用双重甚至多重新闻价值标准（对其国内与国外采取不同的报道观念，针对不同的国家采取不同的新闻观念），问题的关键在于增强中国自身的国际新闻、全球新闻传播能力，扩大中国自身在整个世界传播格局中的话语权和话语力量；只有在实际传播能力、

---

① 鲁迅．鲁迅全集：第 4 卷［M］．北京：人民文学出版社，1981：15.

② 同①.

③ 王志军．跨越话语表达的四大障碍，切实提升我国国际话语权［J］．战略与管理（内部版），2011（9/10）：83-87.

话语能力上可以与西方传媒抗衡，才有可能在实质性的新闻对话中形成平衡的新闻观念。中国的新闻观念也才有希望被别人理解，甚至被与我们相似的国家接受和采用。要实现这样的目的，必须尊重新闻的特征，按照新闻规律办事。我们应当认识到，全球新闻观念，既是人类整体发展的应当，也是新闻内在特征、规律的要求。在国际新闻传播中，首要的是以新闻观念、新闻方式、新闻语言报道事实。其次一定要了解相关目标受众的需求所在、思维方式、心理特征、收受习惯等。再次则是创制目标受众喜闻乐见的新闻文本形式。[①] 传播学研究中提出的使用与满足理论已经证明，收受者最喜欢的是那些能够满足他们需要和兴趣的信息，我们不能背离这样的规律，一厢情愿地以我们自己习惯的新闻观念、话语方式传播国际新闻、全球新闻。

有人说："当今中国面临三个维度的国际理解与沟通难题：一是如何站在人类层面，实现国际公共安全建构上的理解与会通？二是如何跨越社会制度与意识形态差异，增进对话和了解？三是如何面对中国的崛起，处理好与周边和世界的关系？"[②] 毫无疑问，要解决如此重大的难题，新闻手段绝不是核心手段；但是，在今天这样的媒介世界里，新闻一定是重要的、有效的手段之一，并且很可能是具有"前沿阵地"意义的手段。我们首先要通过新闻方式向世界说明中国，向世界传播中国。而在运用新闻方式时，如想发挥良好的沟通作用，就得按照国际惯例，按照通行的基本新闻观念进行传播。全球化一定意义上就是对地方性、区域性的超越，这种超越不仅表现在感性空间，更为本质的东西乃是超越地方性、

---

① 杨保军．创制亲近性文本：跨文化有效传播的重要基础［J］．国际新闻界，2001（6）：59-63．

② 姜安．毛泽东"三个世界划分"理论的政治考量与时代价值［J］．中国社会科学，2012（1）：4-26．

地区性的文化观念，形成一些全球性的文化观念、全球性的思维方式。新闻传播不再以单纯地满足地方性需求为目标，不再是单纯地俯就地方收受需要、地方收受心理，而是以全球普遍经验为基础去选择传播的内容与方式。

最后，也是我们应该特别注意的一点，在讨论全球新闻观念的未来建构时，我们也不能想当然地认定这就是西方式的特别是美国自由主义支配下的专业新闻主义。我们必须看到，以美国为首的西方世界，用其自由主义新闻观念传播的新闻产品（还有其他文化产品），不只是获取经济利益的手段，或者说主要目的并不在于获取经济利益，而是把他们认为具有普世价值的观念传遍世界，并希望这样的观念能够在全球落地、生根发芽、开花结果，用他们的观念建构新的世界新闻秩序和制度。因此，新闻观念并不单纯是新闻观念，而是承载着更多的价值观念、更多的目的。“全球新闻事业并非只是简单孤立的新闻操作。其背后除了全球化力量的推动外，还有全球各地不同的道德、伦理、宗教价值观。”[①] 美国式专业新闻主义并不是完美的理想的新闻主义，建立在自由主义理念之上的专业新闻主义，并不像理论逻辑阐释的那样，维护了社会大众的利益。人们看到的事实是，新闻越来越成为传媒集团赚钱的工具，它们奉行的主要不是专业新闻主义，而是商业新闻主义，它们并不是政府权力的看门狗，倒是越来越成为政府的巴儿狗；而且，更应该引起人们注意的是，新闻媒介对自身所属的公司、集团的监督变得越来越疲软无力，特别是面对它们自己“老爹老妈”或者“子子孙孙”的恶行丑闻时，所谓的新闻监督几乎消亡殆尽了。因此，人类应该建构怎样的全球新闻观念，并不是一个终结了的问

---

① 戴比尔，梅里尔．全球新闻事业：重大议题与传媒体制：第 5 版［M］．郭之恩，译．北京：华夏出版社，2010：4.

题，而是刚刚开始的问题。正是由于新兴国家的崛起，才使全球对话具有了实质性的意义。伴随全球化的发展，特别是在全球化进程中新兴国家的崛起，全球新闻传播的不平衡现象会有所改变，发展新闻主义的观念很有可能会成为一股潮流，被越来越多的发展中国家接受和采用，从而与西方式的专业新闻主义展开更为广泛的对话，形成某种新的具有全球意义的新闻观念。

第五章　新闻观念的演变与更新

人们的观念、观点和概念，一句话，人们的意识，随着人们的生活条件、人们的社会关系、人们的社会存在的改变而改变……

——马克思、恩格斯

历史知识沉淀于特定观念。

——柯林武德

观念绝不是实际风景和期望的图片。

——约翰·内夫（John Neff）

无论是人类的整体新闻自觉，还是每一具体新闻观念的形成，都是在历史演变过程中展开的、进行的。不论在哪个社会，不同历史时代总是拥有不同的主导新闻观念，而不同历史时代的新闻观念共同构成了新闻观念的演变历史路径。新闻观念的历史演变过程或者说更新过程，就是新观念不断产生、继承、扬弃、批判、超越旧观念的过程，也是各种新闻观念在历史长河中不断过滤、清洗、积淀的过程。新闻观念的演变与更新，会通过各种不同的类型、方式方法展开，而且在观念演变更新过程中，遵循的也并不仅仅是新闻活动和新闻领域自身的内在逻辑，也会同时受到新闻活动环境中各种力量和因素的作用和影响。本章中，我们将在一般描述阐释中外新闻观念演变宏观线索、着重说明和反思中国改革开放以来新闻观念变革的基础上，重点从理论上考察分析新闻观念更新的动力、过程与方式。

一、历时视野中的新闻观念

柯林武德说："历史知识沉淀于特定观念。"① 同时，"任何观念的重大变化都会在语言上留下痕迹"②。这就意味着我们可以通过对历史遗迹、历史文献资料等的考察、分析与阐释来描述观念的演变更新过程。从历史视野中，不同历史时代、历史时期有不同的主导新闻观念，这些新闻观念之间的历史关系是一种继承、扬弃性的关系。这些主导新闻观念之间的关系演变，描述了新闻精神的演变史，反映了新闻观念史的历史脉络和历史骨架。③ 但本研究不是专门的新闻观念史考察，因此，我们并不精细考量新闻观念的历史演变过程，而主要在大历史观的视野中，描述出新闻观念在中西历史长河中的基本演变路径和模样，以便获得对新闻观念演变史的框架性、主线性把握，为我们理解现实的新闻观念变化更新提供基础。其实，"历史学家在探索过去时，不仅从那些令他们着迷的现实问题出发，最终还是想回到现实中去"④。

---

① 金观涛，刘青峰．观念史研究：中国现代重要政治术语的形成［M］．北京：法律出版社，2009：2.

② 同①39.

③ 对于每一个具体的、重要的新闻观念的起源、演变与发展或消亡的考察研究，需要专门的新闻观念史功夫，不是旨在建构新闻观念理论框架的"新闻观念论"能够胜任的。因此，这里只是对宏观路径的描述，不是对具体核心新闻观念的历史解剖。

④ 李伯庚．欧洲文化史：全球史视角下的文明通典：第2版：下［M］．赵复三，译．南京：江苏人民出版社，2012：532.

（一）西方新闻观念的历史表现[①]（以美国新闻业为例）

“西方”实在是一个过于庞大的概念，令人难以驾驭。[②] 因此，我们将量力而行，主要以美国为对象，简要描述具有历史时代意义的新闻观念的历史流变与表现。之所以选择美国，道理也是显而易见的。自从 19 世纪大众化新闻传播兴起以来[③]，美国的新闻业不仅持续发达、领先世界，而且也不断产生出具有全球性影响的新闻观念。直到当今，一个不可否认的基本事实是：以自由主义为核心的美国新闻意识形态、新闻观念，仍然在全球范围内发挥着比其他新闻观念更大的影响和作用。

从宏观的观念范式上说，美国的新闻观念系统的主导精神和历史红线属于美国式的自由主义样式[④]，表现为商业主义与专业主义的某种结合[⑤]。其实，早在 20 世纪 50 年代中后期，美国人就以冷战思维，对他们视野中的新闻

---

① 对西方新闻观念或新闻理念的历史演变与发展，国内很多学者都做过专题研究，做出了不同的概括，比如周俊、李玉洁认为，西方新闻理念的总体发展历程大致有三个阶段：自由主义，社会责任论，新闻专业主义。参见周俊，李玉洁．西方核心新闻理念的构成与发展［J］．现代传播，2010（5）：40－45。林溪声、童兵指出：“市场”与“责任”是西方国家新闻理念的两个核心概念。他们认为西方新闻理念主要有新闻自由理念、新闻专业主义理念、社会责任理念、发展传播理念、民众参与理念、民主社会主义理念和公共新闻理念。参见林溪声，童兵．市场与责任：西方核心新闻理念的演化及价值［J］．当代传播，2010（1）：4－8。

② 荷兰著名文化史学家彼得·李伯庚说，进入 19 世纪，欧洲和北美的经济交流和文化上的互相向往逐步形成一种格局，大西洋两岸在文化上呈现出相似之处，彼此也意识到历史文化的悠久联系，由追求共同的价值而发展出民主制度的社会。在北大西洋两岸形成一个经济和文化的联合体，这就是人们所知的“西方世界”。参见李伯庚．欧洲文化史：全球史视角下的文明通典：第 2 版：下［M］．赵复三，译．南京：江苏人民出版社，2012：460。

③ 关于大众化新闻传播产生、兴起的时间，学界有不同的看法。有人认为，印刷新闻纸的诞生之日，就是大众化新闻传播的开始；有人认为，19 世纪二三十年代北美、西欧商业化报纸的兴起，是大众化新闻传播开启的重要标志；还有人认为，广播电视特别是电视的发明，才真正开启了一个大众化的新闻传播时代。本书作者倾向于第二种看法。因为，商业化报纸兴起之后，社会大众已经从原则上可以参与到新闻的规模化传播之中，已经成为普遍的新闻收受者。

④ 在英国也一样，比如英国新闻史家詹姆斯·卡伦就说：“在对英国媒体史的相互对立的解读中，自由主义的叙事是历史最悠久的，因而也是最完备的。”参见卡伦．媒体与权力［M］．史安斌，董关鹏，译．北京：清华大学出版社，2006：4。

⑤ 美国新闻社会学家甘斯（Herbert J. Gans）认为，美国新闻业的核心价值观是民族优越感、利他主义的民主、负责任的资本主义、小城镇的田园风格、个人主义和温和主义。参见舒德森．新闻社会学［M］．徐桂权，译．北京：华夏出版社，2010：74。

制度、理论模式（在新闻观念论视野中，也就是新闻主义或观念模式）做过总结概括。其中，最具代表性的成果就是施拉姆等撰写的《报刊的四种理论》（1956年首次出版），它从哲学观念、政治制度、经济制度、社会制度等宏观层面出发，对人类既有的新闻传播制度模式、理论观念范式进行了总结和概括，认为有四种基本理论——集权主义理论、自由主义理论、社会责任理论和苏联共产主义理论。[①]"其中苏联共产主义的理论乃是较老的集权主义理论的发展"，"社会责任理论也是自由主义理论的修正"[②]。中外学者普遍认为，对"四种理论的考察，是20世纪西方新闻理论的最重大主题和最主要内容"[③]。尽管随着时代发展，后来者对《报刊的四种理论》不断进行反思批判[④]，

---

① 关于"四种理论"的具体内容，可阅读斯拉姆，等．报刊的四种理论［M］．中国人民大学新闻系，译．北京：新华出版社，1980。关于《报刊的四种理论》，国内有了最新译本，名为《传媒的四种理论》，戴鑫译（中国人民大学出版社，2008年版）。另外可参见童兵，林涵．20世纪中国新闻学与传播学：理论新闻学卷［M］．上海：复旦大学出版社，2001：30－41。

② 斯拉姆，等．报刊的四种理论［M］．中国人民大学新闻系，译．北京：新华出版社，1980：2.

③ 童兵，林涵．20世纪中国新闻学与传播学：理论新闻学卷［M］．上海：复旦大学出版社，2001：30.

④ 20世纪40年代后期，美国人对传统新闻自由主义理论及其实践进行了反思，结果是提出了至今仍在影响整个西方新闻界的社会责任理论。事实上，这种总结反思一直在进行，特别是到了世纪之交（20世纪和21世纪），西方人对过去的理论做了比较系统化的反思和批判，并构建着新的新闻学理论。首先，对有代表性的传统理论观点进行反思批判，寻找新的理论出路。其中引起广泛关注的研究案例有：对《报刊的四种理论》的批判，试图摆脱冷战思维对新闻理论研究的影响；对李普曼的新闻与民主思想的批判，试图建构新的新闻与民主关系的理论；对埃默里的新闻史观的批判，试图在更广阔的时空领域真实呈现新闻媒介的历史地位；批判媒介效果理论的商业化内涵，试图在把握媒介效果的人性内容中重建媒介效果理论；反思批判传统的新闻自由观念、新闻伦理观念、客观报道理念，试图对垄断时代的新闻媒介进行根本性的文化批判；对社会责任理论做出反思，如提出了公民新闻理念，实质上是美国新闻界对社会责任理论进行思考、探索的新表现。其次，西方新闻界根据传播实际的一系列新的变化，诸如新闻传播形式的变化，新闻传播格局的变化，文化与政治、市场与意识形态、传播者与接收者关系的变化，全球新闻传播形势的变化等，对传统的研究方法进行反思，各种各样新的研究方法层出不穷，人文社会科学方法与科学主义的方法互相借鉴、整合创新正在成为一种趋势。再次，全面比较欧美新闻学理论研究，试图在变化了的媒介环境中实现两种理论研究的整合。这一时期的新闻传播学研究，从全球化视野观察和研究新闻传播现象的思路日益清晰，研究活动也不断拓展与深化，涉及全球媒介哲学、全球媒介体制比较、全球新闻的采集与流向、全球新闻自由、全球新闻伦理、全球广告与公共关系诸方面，并对西欧、东欧、中东、非洲、亚洲、太平洋地区、拉丁美洲、加勒比海地区以及北美的新闻发展状况进行了全面的比较分析。这种研究思路和研究活动表明，西方新闻界正在为世界新闻传播新秩序的建立做理论准备。关于西方（主要是北美与欧洲）新闻观念的宏观表现（制度层面的表现与未来趋势），可参见哈林，曼奇尼．比较媒介体制：媒介与政治的三种模式［M］．陈娟，展江，等译．北京：中国人民大学出版社，2012。

但基本的观念模式并没有多少本质的变化。《报刊的四种理论》，实质性地表明：美国新闻业始终奉行的核心观念是自由主义观念。但这样的新闻观念在美国新闻业的历史演变过程中有着不同的时代表现。要想将这一历史过程说得比较清楚，尚需从几个不同的角度或侧面加以简要阐释。

1. "主义"视野中的新闻观念史

为了比较清楚地揭示和呈现美国新闻观念史的宏观路线和架构，我们先以三种理想类型的新闻观念——商业新闻主义、宣传新闻主义、专业新闻主义——为基本参照，看看以美国为代表的西方新闻观念史的基本图景的构成。

首先，商业新闻主义观念是贯穿美国新闻业始终的一种观念。商业新闻主义观念的核心，就是把新闻作为赢得商业利益的手段，把作为新闻收受者和其他信息消费者的受众当作赚钱的工具或商品。商业新闻主义观念在西方新闻业中可以说根深蒂固，延绵不断，近代新闻业产生过程中最直接的动因之一便是商业贸易的需要，即经济需求是最为根本的动力，并不是政治斗争的结果，也不是为了满足大众的一般性信息需求[①]。按照美国学者的看法，"美国新闻业从起步时就受到商业动机的驱使"[②]。殖民地时期的美国报人们也只是把自己看作小商人（小生意人），而不是什么有学问的专业人士。起初，这些报人既没有把自己的报纸想象为政治工具，也没有把印刷所看成是专门的新闻采集机构。[③] 美国早期报刊在印刷商手中产生，是作为印刷书籍之外的副业而出现，因而从一开始便具有盈利的取向。[④]

---

① 当然，近代新闻业在西方的诞生，是多种社会条件共同作用的结果，是时代的产物，很难归结到某一些因素上；一种时代性事物的产生，只有在多种因素的契合中才可能成为现实。

② 舒德森．为什么民主需要不可爱的新闻界［M］．贺文发，译．北京：华夏出版社，2010：56.

③ SCHUDSON M. The objectivity norm in American journalism［J］. Journalism，2001（2）：149－170.

④ 黄旦．美国早期报人及其办报思想［J］．新闻大学，2000（1）：57－61.

起步时代的商业定位或价值取向，为美国新闻业价值观定下了商业新闻主义观念的主调；尽管在美国新闻业的历史演变过程中出现过各种各样的具体新闻观念（见后文），试图与过度的商业新闻主义观念博弈，但历史与现实呈现的事实是，商业新闻主义观念这一灵魂没有受到根本性的动摇，新闻业始终控制在“资本”的手里，以资本的意志为转移。而且，诚如有学者所说：“自 19 世纪 30 年代开始向商业化转变的西方传媒，其在 20 世纪后商业化进程加快，且呈现蔓延全球之势。”① 事实上，商业新闻主义观念的整体出现，是新闻业走向产业化道路的必然。19 世纪中期到 20 世纪初期英国报业的产业化过程很好地说明了这一点，那些激进派报刊之所以难以生存或不得不转型、改变新闻观念，除了政治的、社会的原因之外，最根本的原因是资本的力量。② 人们看到，在商业新闻主义观念支配下，西方新闻业越来越变成了“市场新闻业”③，商业利益越来越成为新闻业运作的核心。有学者经过研究发现，“以欧美诸国为主的西方传媒业，自 20 世纪六七十年代以来，伴随经济领域自由主义思潮的弥漫，掀起了一股兼并风潮。虽然四五十年以来，这股传媒业的兼并之风时强时弱，但蔓延至今却从未停止过。传媒业的兼并，是新闻业市场化的重要特征之一，也深刻影响着新闻业的运作及发展方向”④。针对西方新闻业的过度商业化或市场化倾向，有学者指出，“虽然商业化对于其媒体自身以及整个经济社会发展起到很大的进步作用，但是，过度商业化的逻辑却在一定程度上导致了传媒文化的逐渐没落，传媒对所应担负的社会责任的缺

---

① 姜华．市场新闻业与传媒的边界：从《世界新闻报》窃听丑闻说起［J］．新闻记者，2011（9）：8－12.

② 卡瑞，辛顿．英国新闻史：第 6 版［M］．栾轶玫，译．北京：清华大学出版社，2005.

③ 市场新闻业是新闻业产业化后，学术界对新闻业以市场为导向、以利润为首要经营目标的运营方式的概括。参见姜华．市场新闻业与传媒的边界：从《世界新闻报》窃听丑闻说起［J］．新闻记者，2011（9）：8－12。

④ 同①.

失问题严重”①。有西方学者指出：“21世纪美国传媒所面临的挑战是，要在肆意的商业主义氛围中平衡公司盈利的需要和公平、准确及负责的需要。”② 这足以见出商业新闻主义观念对美国以至整个西方新闻业的重大影响。商业新闻主义观念之所以能够成为西方新闻业的基本观念，从根本上说是与其资本主义制度相一致的，是与其资本主义的经济生产方式相一致的。

其次，宣传新闻主义观念。我们这里所说的宣传新闻主义观念，主要是指政治宣传新闻主义，即主要是指新闻业、新闻媒介、新闻传播、新闻被当作政治宣传的手段，当作追求政治利益的工具。在西方新闻史上，这样的新闻观念典型地表现为政党或党派新闻观念。在美国新闻业的历史中，宣传新闻主义观念一直客观地存在着③。尽管今天的美国新闻界甚至美国大众一听到“宣传”二字，便会本能式地反感或鄙视，但在真实的美国新闻史上及其现实中，宣传新闻主义观念不仅实实在在存在过，而且仍然实实在在地存在着。每到其国内政治的博弈时刻（比如各种选举，尤其是总统选举），绝大多数新闻传媒便会显现出自己的政治倾向；至于在对外新闻传播中，美国新闻界与整个西方新闻界一样，始终坚持的是具有强烈宣传新闻主义观念色彩的双重或多元价值标准；历来的事实表明，西方新闻传媒总是以本国利益为至上标准，很少也很难客观地报道其他国家、社会的真实情况。

---

① 薛国林，李志敏．论中国传媒价值认同：以马克思公共性思想为视角［J］．现代传播，2011（9）：15-19，25.

② 盖伦．技术时代的人类心灵：工业社会的社会心理问题［M］．何兆武，何冰，译．上海：上海科技教育出版社，2003：407.

③ 在英国，18世纪到19世纪中期，激进派报刊（在中国学者写的西方新闻史著作中通常被称为无产阶级报刊）成为英国报刊中的重要力量，它们实质坚持的就是宣传新闻主义观念，“他们力争描述和揭露关于权力和社会不平等的一幅动态画面，而不是只报道由一系列不相关事件串起的‘硬新闻’。他们视自己为本阶级的代表而不是毫无利益关系的旁观者”；“激进报业是代表本阶级利益的一支主要动员力量”，具有巨大的新闻宣传影响，“当时时政类报纸的宣传效果远胜今日”。参见卡瑞，辛顿．英国新闻史：第6版［M］．栾轶玫，译．北京：清华大学出版社，2005。

从新闻史的角度看，在美国新闻史上，从 18 世纪 90 年代到 19 世纪的大部分时间里，新闻业与政治几乎是一体化的，“报刊一般理所当然地得到不同党派的财政支持，在努力报道新闻的同时努力成为政党的信使”[1]。实际上，在 19 世纪的大部分时间里，政党报刊塑造了主要西方国家的新闻图景，而其背后的核心观念并不是新闻观念，而是政党宣传观念、舆论观念；党派新闻观念便是典型的宣传新闻主义观念，新闻、传媒不过是各党派之间用来展开思想论战、争权夺利的手段和工具。“政党操纵下的‘党报’为了压制和打击政治对手，已经蜕变成了舆论一律的工具，直至走向自由的反面。这种肮脏恶心的办报局面可以说是整个 19 世纪西方报业最有特色的景观；直到 19 世纪快要谢幕的时候，情况才渐渐发生了重大变化——这就是大众化报纸的勃兴。”[2] 依照美国学者的说法，世纪之交（指 19 世纪与 20 世纪之交），美国新闻业的观念与实践(ideals and practices) 发生了根本性的转变，由政党报刊转变成了独立自主的报刊。[3] 当商业化传媒真正形成气候时，党派报纸偃旗息鼓了，但新闻宣传主义观念并没有彻底退出历史舞台，而是以各种形式依然存在于美国新闻界。被舒德森称为泛新闻工作者的公共人，就是彻头彻尾的宣传新闻主义者，奉行的也是彻头彻尾的宣传新闻主义观念，新闻在他们的手里仅仅是宣传的手段和工具。英国著名新闻史家卡伦认为，新闻传媒的党派倾向性，在新闻界未必是人们印象中的越来越弱，也许恰好相反；他指出，20 世纪 70 年代到 90 年代初，英国“全国性报纸的党派性倾向还有显著的增强”[4]。其实，在美国又何尝不是如此呢，看看朝

---

① 舒德森．新闻社会学［M］．徐桂权，译．北京：华夏出版社，2010：94.

② 张育仁．自由的历险：中国自由主义新闻思想史［M］．昆明：云南人民出版社，2002：34.

③ KAPLAN R. The news about new institutionalism：journalism's ethic of objectivity and its political origins［J］．Political communication，2006（2）：173 - 185.

④ 卡瑞，辛顿．英国新闻史：第 6 版［M］．栾轶玫，译．北京：清华大学出版社，2005：59.

鲜战争、越南战争、海湾战争、科索沃战争、阿富汗战争、伊拉克战争、利比亚战争、叙利亚战争期间美国新闻传媒的表现，谁敢说它们奉行的不是宣传新闻主义的观念？可以说，它们主要奉行的不仅是政党新闻宣传观念，而且是国家宣传新闻主义观念；专业新闻主义观念不过是遮羞布而已①。

这里有一点需要特别提醒人们的是，西方商业新闻主义观念并不是彻底排除宣传新闻主义观念，而是利用和内化了这种观念，把它当作实现商业利益的手段。因此，人们看到，那些在骨子里奉行商业新闻主义观念的新闻传媒，其实原则上都有自己的政治倾向或政党倾向，只不过它们选择倾向于哪个政党或哪个党派是以自身的商业利益来作为标准的。比如，被西方学者称为“地球村的统治者”的传媒大亨默多克②，在政治上就像一条变色龙，但他变来变去，始终都是围绕自己的商业利益变化的、旋转的，哪个政治家或政客，哪个政党或党派上台后可能会实行有利于默多克利益的传媒政策或其他政策，他就会支持谁，就会或明或暗地宣传谁。

再次，专业新闻主义观念③。专业新闻主义观念就是以新闻为本位的观念，其核心是追求新闻传媒的自主性和独立性，专业新闻主义的灵魂其实就是新闻自由理念。专业新闻主义观念，从其产生之后，一直是美国新闻业同时也是美国新闻人宣称的主导新闻观念和理想

① 一个国家或一定社会的新闻传媒，首先在整体上就是有倾向的，有自己核心的主导观念，这可以说是最大的政治倾向，比如，西方传媒在整体上不可能倾向社会主义的价值观，只能倾向于资本主义价值观。有美国学者指出，在社会观念、政治观点上，“与最自由民主制度下的媒体相比，美国媒体忽视左派观点的表述。美国政治体系也一向如此”。参见舒德森．新闻的力量［M］．刘艺娉，译．北京：华夏出版社，2011：5。

② 卡瑞，辛顿．英国新闻史：第6版［M］．栾轶玫，译．北京：清华大学出版社，2005：66.

③ 有关西方学者对专业新闻主义的一些最新理解，可参见周俊，李玉洁．西方核心新闻理念的构成与发展［J］．现代传播，2010（5）：40－45。

追求。

专业新闻主义观念是在新闻实践过程中逐步形成的。依据新闻史提供的基本事实，只是到了19世纪末，政党与报纸的联系才开始弱化。在19世纪与20世纪之交，美国新闻界重新定义了它的最高理想，重建了日常的新闻实践，新闻业从热衷于党派宣传政治转向了严肃、中立的客观报道。① 步入19世纪80年代，报业在美国已经成长为巨大的商业领域，与此同时，新闻的职业化也在大步前进。新闻业特有的采访形式也慢慢成形②，从而使新闻记者们以其显著的行业模式区别于其他职业团体（特别是当时兴盛至极的公关职业）。据美国学者迈克尔·舒德森的研究，“19世纪的美国，阅报意味着文明，所以报纸主编们开始认为他们的社会功能是提供新闻”③。报道新闻作为一种专业新闻活动直到19世纪30年代大众化、商业化报纸兴起才出现，这种专业化活动是民主市场社会与城市商业意识的产物。19世纪50年代之前，新闻采访极其少见，1859年，记者的采访活动还被看作很怪异的事情，19世纪80年代，采访这项出自美国的发明传到了欧洲；在美国，直到1890年之后，采访才得以完好确立④，到了20世纪30年代，采访已经成为新闻业中发展良好的一部分⑤。

美国新闻界一般认为，阿道夫·奥克斯（Adolph Ochs）1896年购买

---

① KAPLAN R. The news about new institutionalism：journalism's ethic of objectivity and its political origins [J]. Political communication，2006（2）：173-185.

② “新闻访谈一直到19世纪80年代才成为在业内被广泛接受并被予以制度化的‘媒介事件’，记者们依据访谈来撰写新闻故事。”参见舒德森．为什么民主需要不可爱的新闻界［M］．贺文发，译．北京：华夏出版社，2010：66。

③ 舒德森．新闻的力量［M］．刘艺娉，译．北京：华夏出版社，2011：44-45.

④ 同样，在英国，新闻工作作为明确的一种职业出现在19世纪的后半期。参见ALDRIDGE M，EVETTS J. Rethinking the concept of professionalism：the case of journalism［J］．British journal of sociology，2003（4）：547-564。

⑤ 同③.

《纽约时报》之后，美国新闻业逐步确立了“新闻信息模式”，报刊也逐步形成了“职业化报刊样式”[①]，从此之后，报纸“作为一个社会性新闻机构开始中兴”[②]。这既为西方新闻实践提供了一种新的摹本，同时也是专业新闻主义产生的重要根源。从20世纪20年代开始，面对强大的媒介批评，美国新闻业开始向专业化迈步，并且找到了应对批评、防止外界特别是政府干预的最有效的策略——专业主义。[③]“新闻业以专业主义来应对世纪之交的媒介批评，这是博弈、权衡的产物，也是当时社会的流行趋势。不同的是，在独立、自由的保护伞下，新闻业有条件、有选择地推进着自己的专业化进程。”[④] 到了20世纪40年代，为了应对新闻自由受到的可能侵害，为了解决媒介商业化与公共利益之间的矛盾和冲突，美国新闻自由委员会明确提出了“社会责任论”的观念。“社会责任论”并不是对传统自由主义新闻观念的挑战，至多是一种修正，它的根本目的在于通过强调媒体自律以及媒体的社会责任，来重新界定和调整媒体与经济利益集团的关系，从而彻底确立新闻业不受任何外来政治、经济势力控制的独立身份，使新闻媒体能真正成为负责任的公共传播者。[⑤] 美国新闻业的专业

---

① 奥克斯的办报方针是：“我的殷切目标是：《纽约时报》要用一种简明动人的方式，提供所有的新闻，用文明社会中慎重有礼的语言，来提供所有的新闻；即使不能比其他可靠媒介更快提供新闻，也要一样快；要不偏不倚、无私无畏地提供新闻，无论涉及什么政党、派别和利益；要使《纽约时报》的各栏成为探讨一切与公众有关的重大问题的论坛，并为此目的而邀请各种不同的见解的人参加明智的讨论。”参见埃默里 M，埃默里 E，罗伯茨．美国新闻史：大众传播媒介解释史：第8版［M］．展江，殷文，主译．北京：新华出版社，2001：273。为抵制黄色新闻的侵袭，奥克斯提出《纽约时报》的三大办报目标，即“高尚的新闻政策”“独立公正的评论”以及“正确详尽的新闻资料”，自此奠定了《纽约时报》客观公正的报风。参见李子坚．纽约时报的风格［M］．长春：长春出版社，1999：16。

② 埃默里 M，埃默里 E，罗伯茨．美国新闻史：大众传播媒介解释史：第8版［M］．展江，殷文，主译．北京：新华出版社，2001：271.

③ 史进峰．论新闻专业主义在中国新闻改革语境下实现之可能［D］．北京：中国人民大学，2008.

④ 谢静．20世纪初美国的媒介批评与新闻专业主义确立［J］．新闻与传播研究，2004（2）：73－78.

⑤ 同③.

主义精神在20世纪50年代到60年代发展到高峰。[①] 按照美国学者舒德森的说法，20世纪50年代，至少在美国新闻机构的上层，新闻从业者成为具备承诺的职业人士，而非政党人士；从二战到60年代，专业新闻主义首次全面开花[②]，"60年代是一个客观性媒体的年代，专业训练有素的记者努力试图克服其前辈们的偏袒性和小报化报道"[③]。到了20世纪70年代，美国的主要新闻从业者有一种普遍的意识，认为新闻已经变得过于具有批判性、过于愤世嫉俗和过于以政治丑闻为乐趣[④]，"社会学帮助我们看清，这个时代的新闻报道的一个重要变化是走向批评性的专业主义，而非义务顺从的专业主义"[⑤]。其后，专业新闻主义尽管有过起伏震荡，比如20世纪70年代到80年代出现了主观性相当强烈的解释新闻时代，90年代初到21世纪初还出现过倾向性比较明显的公共新闻，而网络时代、手机时代更是带来了一个多样化、多元化、分裂化、碎片化的时代；但直到今天，从总体上看，专业新闻主义依然是美国新闻业和职业新闻人的核心观念。舒德森这样写道："对新闻业特定观念的坚守——事实导向、敢做敢为、勇往直前、非党派性——在美国新闻记者们当中依然坚不可摧，在实践业务中甚至是神圣不可侵犯的。"[⑥] 另一位美国学者这样写道："在这些后现代的时日里，客观性理想看起来要走到尽头了。然而，美国新闻记者仍然把客观性当作他们职业的基本规范。"[⑦] 看来，专业新闻主义观念在美国新

---

① 将新闻工作作为一种职业的讨论最晚始于20世纪初，当时普利策建议记者应该接受教育和培训，以提高自身的社会地位；但直到20世纪60年代，才出现了专业新闻主义的学术研究团体。参见BEAM R，WEAVER D，BROWNLEE B. Changes in professionalism of U. S. journalists in the turbulent twenty-first century [J]. Journalism & mass communication quarterly，2009 (2)：277－298。

② 舒德森．新闻社会学［M］．徐桂权，译．北京：华夏出版社，2010：102－103.

③ 韦斯特．美国传媒体制的兴衰［M］．董立，译．北京：北京大学出版社，2010：3.

④ 同②126.

⑤ 同②136.

⑥ 舒德森．为什么民主需要不可爱的新闻界［M］．贺文发，译．北京：华夏出版社，2010：74.

⑦ 库兰，古尔维奇．大众媒介与社会［M］．杨击，译．北京：华夏出版社，2006：226.

闻职业共同体的心目中有着坚如磐石的地位。[①] 事实上，专业新闻主义观念是今天整个西方职业新闻界的基本观念，并且是越来越流行的观念。[②]

2. 业务层面新闻观念的历史呈现

以美国为代表的西方自由主义新闻观念，本质上是允许和鼓励多元新闻观念展开竞争的一种观念。[③] 因而，人们看到，在美国新闻历史演变过程中，特别是20世纪以来，出现过各种各样甚至是离奇古怪的一些具体的新闻观念，这些具体的新闻观念尽管始终没有撼动专业新闻主义观念坚守的客观新闻理念，也不能对商业新闻主义观念构成实质性的影响（或正面或负面），但也像走马灯式地曾经闪亮一时。这一系列观念，与新闻传播实践密切相关，其实也与美国社会的政治生活、普通大众的社区生活密切相关，也可称之为新闻实践观念或新闻思潮。它们主要有新新闻主义，调查新闻观念，精确新闻观念，倡导新闻观念，多视角新闻观念，对抗性或敌对性新闻观念、发展新闻观念，存在论新闻观念，主观认识论观念，公共新闻观念等。这些观念大都走出了美国国门，传向全球，包括中国，并形成了一定的影响。因此，除了对上述主导观念描述之外，有必要对这

① 在英国，专业新闻主义也走过了大致的路径。据英国传媒史专家的看法，在专业向度上，“20世纪20年代BBC的建立是一个纪念碑式的事件，提高了公共行政机构的声望，并且确立了以下思想：只有起用那些‘为国家服务’的无私的专业人士才能确保公共利益的最大化。在BBC的个案中，公共利益被界定为让每个公民都能享受到全国性广播机构的服务，能够接触到高品质的节目，并且确保每个选民的充分知情”。到了20世纪中期，专业价值受到了市场价值的挑战，传媒在适应市场变化的同时还要坚持维护社会公共利益。到了20世纪60年代，新闻从业者获得了更大的自主权，大大提升了一些报纸的品质。但是到了20世纪八九十年代，专业主义的权威被逐渐削弱了，主要是因为专业主义所倡导的公正性受到了攻击，同时专业主义也受到了日益扩张的市场价值的侵蚀。专业主义的日益萎靡，“导致了英国媒体质量的下降”。参见卡伦．媒体与权力［M］．史安斌，董关鹏，译．北京：清华大学出版社，2006：63－64。

② 哈林，曼奇尼．比较媒介体制：媒介与政治的三种模式［M］．陈娟，展江，等译．北京：中国人民大学出版社，2012.

③ 但我们不要忘记，西方自由主义新闻观念是不会允许“反新闻自由”观念的；而什么是反新闻自由的观念，又是由西方自由主义新闻观念自己说了算的。因此，以这样的自由观念为标准，像中国这样的国家自然从根本上说是没有新闻自由的。因而，如果中国学者放弃自由主义的阶级分析方法，就等于放弃了对新闻自由的社会主义理解。

些具体观念加以简要介绍。

（1）新新闻主义（new journalism）。这是美国新闻界在 20 世纪 60 年代提出的一种主张，其首倡者托马斯·沃尔夫（Thomas Wolfe）认为，传统的真实报道新闻事实的原则是墨守成规、原始主义，主张用写小说的方法写新闻报道，新闻中可以虚构、可以小说化；主观想象的东西才是真实的，用艺术手法创造出来的新闻才是高于真实的作品。新新闻主义认为，“记者与作家的混合是新闻学的新哲学，主观性的东西才是真实的。只有进行真正的艺术概括，用艺术方法写新闻才能高于事实”。然而，“新新闻主义的观点受到美国新闻界和文学界的怀疑，被认为对新闻和文学都有失尊严”①。尽管这种主张受到了美国严肃的新闻工作者的反对，但新新闻主义思潮对西方新闻学仍有一定影响。

（2）调查新闻观念（investigative journalism）。这是 20 世纪 70 年代首先在美国出现的一种新闻观念，因其倡导调查报道而得名。其背景是当时《华盛顿邮报》两名年轻记者波恩斯坦和伍德沃德对“水门事件”的成功报道。调查新闻学认为，新闻记者的社会使命，就是要主动而勇敢地去发现、捕捉重大社会黑幕丑闻，进行深入系统的调查报道，揭示背后的社会根源，推动社会的正常运行。调查报道在 20 世纪 80 年代之后逐渐减少，调查新闻观念也随之降温。

（3）精确新闻观念（precision journalism）。这是 20 世纪 70 年代曾在美国风行一时的一种新闻报道观念，最早是由美国新闻学者菲利浦·迈耶在其 1971 年出版的《精确新闻学》中提出来的。精确新闻学主张，应该运用现代社会科学的方法和新手段采写新闻，以保证新闻报道的准确性和客观性。精确新闻报道通常分为两大类：一种是主动性（active precision

① 徐耀魁．西方新闻理论评析［M］．北京：新华出版社，1998：50.

journalism）方式，即媒体或记者自己运用社会科学方法进行报道资料的采集，而不是依靠别人提供的准确数据化信息进行报道；一种是被动性或反应性（reactive precision journalism）方式，即媒体或记者主要依赖别人提供的科学数据进行报道。精确新闻学自从提出后，不断向美国以外的地区扩散，成为一种被普遍接受的新闻观念和新闻报道方法。直到目前，精确新闻仍然是一些新闻传媒经常使用的报道方法。

（4）倡导新闻观念。这是 20 世纪六七十年代流行于美国的一种新闻观念，又称为“鼓吹新闻学”（advocacy journalism）。这种新闻观念主张记者在依据大量事实的新闻报道中，应该明确表明自己的立场和观点，即“提倡记者在新闻报道中表现出明确的党派立场”[①]。记者在这样的新闻报道中充当的是倡导者或者鼓动者的角色。这种将事实信息与意见信息混杂在一起的报道理念背离了传统的客观报道理念，其观点不为美国新闻界认同，“倡导性新闻报道也极少被新闻媒介采用”[②]，因而没有多少实际的影响。

（5）多视角新闻观念（multi-perspective journalism），又称为“多维新闻学”。这是 20 世纪七八十年代在西方出现的一种新闻观念，主张新闻报道不应该只图猎奇而支离破碎地反映社会，应该用透视的方法，形象、立体并完整地反映现实。这种新闻观念比较重视新闻事件与民众的关系，不把眼光仅仅盯着政府官员，而是注意整个新闻报道的覆盖面。[③]

（6）对抗性或敌对性新闻观念（adversarial journalism）。这是一种将新闻界与政府对立起来的新闻观念，强调新闻传媒要以揭露政府（官员）的腐败、丑闻为己任。在美国新闻界曾经流行一种说法：新闻（界）是政

① 徐耀魁．西方新闻理论评析［M］．北京：新华出版社，1998：52.

② 同①.

③ 关于新新闻主义、调查新闻学、精确新闻学、倡导新闻学、多视角新闻学，可参见徐耀魁．西方新闻理论评析［M］．北京：新华出版社，1998：49－52。另可参见甘惜分．新闻学大辞典［M］．郑州：河南人民出版社，1993。

府的敌人，可以说这句话是对这种新闻观念的典型反映。对抗性或敌对性新闻观念在现实操作中，与调查新闻报道的风格、方法很相似。如今，对抗性或敌对性新闻观念依然是美国一些新闻人奉行的重要观念，并且有所扩展，新闻揭露不仅指向政府的腐败和丑行，也指向社会特别是与公共利益高度相关的企业的各种行为。

（7）发展新闻观念（development journalism）。这是发展中国家的新闻学者在 20 世纪 70 年代首先提出的一种要求从正面报道他们国家发展状况的新闻学理论。作为一种回应，西方新闻界在 20 世纪 80 年代后也开始研究探讨发展新闻学理论，试图找到一种新的方法：既能纠正西方新闻界对发展中国家新闻报道的偏颇和片面（即主要报道发展中国家的天灾人祸），又能使西方收受者对相关报道感兴趣。因而，发展新闻学是一个非常复杂的混合体①，不同学者对这一理论的表述往往各不相同。但对发展新闻观念核心内容的认识是基本一致的："国家的发展尤其经济发展是一切发展中国家的首要任务，新闻媒介必须服从、服务、促进国家发展尤其经济发展。""从这样的核心内容出发，发展中国家的新闻媒介都程度不一地和政府保持一致，宣传政府的施政纲领；都十分注重新闻媒介的守望、整合、教育功能。"② 这样的观念，实质上被第三世界的很多国家实际采用。

为了解决客观新闻理念碰到的诸多问题，在过去几十年中，美国新闻界还提出了一些新的新闻观念（这些观念大多都是对客观理念的怀疑和批判），其中有几种得到了比较广泛的讨论，如存在论（或存在主义）新闻观念、主观（观点或立场）认识论观念和公共新闻观念。国内新闻界对公共新闻观念相对比较熟悉，对前两者则介绍不多，我们加以简要说明。③

---

① 不能简单把发展新闻学归属到西方新闻学中，这里只是为了方便，没有单列讨论。

② 李良荣．新闻学概论［M］．上海：复旦大学出版社，2003：9.

③ 关于这几种新闻观念的简要阐释，可参见 RYAN M. Journalism ethics，objectivity，existential journalism，standpoint epistemology，and public journalism［J］．Journal of media ethics，2001（1）：3－22。

（8）存在论（或存在主义）新闻观念（existential journalism）。存在论新闻观念很难定义，因为存在主义（existentialism）本身就非常复杂，有各种各样的解释方式。但一般说来，温和的存在论新闻观念（moderate existential journalism）是极其个人化的（personal），它要求新闻实践者要有独立性、创新性，要充满激情、勇于承担义务、负责任，要具有主体性（subjective）。存在论新闻观念要求实践者推进或提升他人的自由与福利，包括社会的、政治的、文化的和经济的自由与福利。存在论新闻观念没有对这样的新闻到底应该以什么为优先做出假设，它的主要意向是"真实对待自我"，而不是出于公司或组织的利益。存在论新闻观念强调记者是自治的道德主体，必须承担道德责任，采取"正当的"或"负责任的"行动。奉行存在论新闻观念的记者，要寻求自身利益与广泛的社会公共利益的统一。存在论新闻是主观性的（subjective），但它并不否认客观世界（the objective world）的存在。[①]

（9）主观（观点或立场）认识论观念（standpoint epistemology）。据美国学者说，主观认识论观念是与批判客观科学研究的女权主义同时兴起的。新闻领域的主观认识论观念认为，新闻报道就像人类学研究中的记述一样，至多是对发生在他人身上之事件或事情的二手或三手重建（重构、重组，reconstruction），如此重建的客观性（objectivity）、实在性（realism）都是成问题的。因此，新闻报道应该从受相关事件或事情影响的被边缘化的人群（the marginalized groups）的视角出发。但是，有人指出，如果记者想理解或明白新闻报道对边缘人群的影响，他们就必须把自己视为局外人（outsiders）。[②]

---

① RYAN M. Journalism ethics，objectivity，existential journalism，standpoint epistemology，and public journalism [J]. Journal of media ethics，2001（1）：3－22. 另可参见 STOKER K. Existential objectivity：freeing journalists to be ethical [J]. Journal of mass media ethics，1995（1）：5－22。

② RYAN M. Journalism ethics，objectivity，existential journalism，standpoint epistemology，and public journalism [J]. Journal of media ethics，2001（1）：3－22.

（10）公共新闻观念，又名“公众新闻观念”（civic journalism ）和“公共-公众传播”（public-civic communication）。[①] 这是20世纪90年代前后在美国提出的一种新闻观念、进行的一种新闻实践，目前仍在争议中实践和演变，但总体上进入偃旗息鼓的状态。最早提出公共新闻理论的学者是美国纽约大学新闻系的杰伊·罗森（Jay Rosen）教授，他认为，“新闻记者不应该仅仅是报道新闻，新闻记者的工作还应该包含这样的一些内容：致力于提高社会公众在获得新闻信息的基础上的行动能力，关注公众之间对话和交流的质量，帮助人们积极地寻求解决问题的途径，告诉社会公众如何去应对社会问题，而不仅仅是让他们去阅读或观看这些问题”[②]。他还进一步指出，新闻业是健康的公共生活中的重要组成部分，新闻媒介应该担当起更积极的角色，去加强公民的职责和权益保护，推动公共讨论和复兴公共生活。[③] 与公共新闻观念相呼应的是公共新闻事业，所谓公共新闻事业是指“大众传媒以组织者、行动者的身份参与社区事务，倾听市民心声，寻找共同关心的问题并发起讨论，以各种方法吸引公众广泛参与，同时进行高强度、大规模的报道，争取对社会各界产生最大程度的影响，以实现某个良好的愿望或解决某个社会问题的媒体行为”[④]。公共新闻观念及其实践在美国已有十多年的历程，一直处于争议之中，人们担心的问题主要集中在这样几点：新闻工作者直接参与新闻事件并担当组织者

---

① 据迈克尔·瑞恩（Michael Ryan）引述他人的说法，公众新闻是指通过当地或本地公民设定新闻议题并运用本地资源解决问题的方式，寻求公民参与公共生活的一种新闻观念和实践；公共新闻，同样也是探求解决本体问题的一种新闻观念和实践，但它把核心议题设置或问题叙述的责任赋予记者自己，通过新闻报道寻求超出当地社区社会资源的方式来解决公共问题。参见 RYAN M. Journalism ethics，objectivity，existential journalism，standpoint epistemology，and public journalism [J]. Journal of media ethics，2001（1）：3－22。

② 蔡雯．“公共新闻”：发展中的理论与探索中的实践：探析美国“公共新闻”及其研究 [J]. 国际新闻界，2004（1）：30－34.

③ 同②.

④ 李青藜．美国的公民新闻事业 [J]. 国际新闻界，2004（1）：35－38，74.

角色是否恰当，是否会影响新闻报道的客观性；多家媒体联合报道一些所谓的公共问题，是否会剥夺收受者听取多方意见的权利；公共新闻业是否会背离为公共利益服务的初衷，变成一种媒体用来堂而皇之赚钱的工具等。有学者就对公共新闻观念与实践的质疑，做出了系统的回应，认为公共新闻观念与实践能够对以往长期形成的新闻惯例或习惯（conventions）构成挑战，而公共新闻实践者的长期生存依赖于记者、新闻机构以及相关理论研究的持续努力。①

就当下和可见的未来来看，并就总体情况来说，以一个中国学者的眼光观察，我认为，以美国为代表的西方新闻界坚守的核心理念依旧是自由主义新闻观念，这是其新闻观念的基石和灵魂。自由主义理念从根本上决定了以美国为代表的西方新闻业，必然以经济上的私有制度为主，这就意味着无论新闻职业共同体有着怎样的实际的或宣称的美好理想和愿望，商业新闻主义观念都是其新闻业不可动摇的基本观念，是近乎所有新闻媒体运作过程中不可能动摇和放弃的生存性观念。同时，新闻天然具有的公共性特征，新闻传媒本性上具有的社会中介性和公共平台性特征，以及新闻业在西方社会已经形成的惯例，使得监测环境、守望社会、为公共利益服务、承担必需的社会责任成为新闻传媒、职业新闻人的天职。与此相应，专业新闻主义观念在新闻业的历史演变中也已经成长为新闻职业共同体的基本职业观念，它实质上是以实现自由主义新闻理念为目标的一种观念。因此，我们大致可以这样说：以美国为代表的西方新闻业，总体上奉行的是专业新闻主义与商业新闻主义相结合的观念，商业逻辑与新闻逻辑永远处于一种纠结紧张的状态。至于宣传新闻主义的观念从表面上看要轻淡一些，至少是在形式上、宣称上不受美国新闻界的认可和欢迎②，也不会受

---

① HAAS T，STEINER L. Public journalism：a reply to critics［J］. Journalism，2006（2）：238－254.

② 舒德森．新闻的力量［M］. 刘艺娉，译．北京：华夏出版社，2011：4.

到其他西方国家新闻界的欢迎；但若揭去种种伪装的幕布、遮丑的面纱，我们仍然可以清楚地看到，西方新闻传媒业并没有从总体上实质性地放弃宣传新闻主义观念，几乎所有的主流新闻传媒毫无例外地具有自己清晰的政治立场或政治倾向性，并且，每当关键时刻（关系自身利益之时），它们都会“毫无畏惧”地以新闻方式宣传支持它们认为正当的、合理的政治理念、政治权力，也就是说，政治逻辑同样是支持新闻业、新闻传媒运行的重要逻辑。一言以蔽之，商业观念、政治观念、专业观念的某种结合、协商或矛盾与紧张，构成了实际支配新闻传媒运行的总观念，这是一种整体的结构性观念，不可能因某家新闻媒体的另类选择而发生根本性的变化。

就职业层面看，特别是从常态的新闻业务层面观察，西方职业新闻群体奉行的基本观念属于专业新闻主义观念，其具体内容，我以为美国人比尔·科瓦齐和汤姆·罗森斯蒂尔在他们所著的《新闻的十大基本原则：新闻从业者须知和公众的期待》中主要从新闻人角度做了很好的概括[①]，它们是：

（1）新闻工作首先要对真实负责。

（2）新闻工作首先要忠于公民。

（3）新闻工作的实质是用核实进行约束。

（4）新闻工作者必须独立于报道对象。

（5）新闻工作者必须成为独立的权力监督者。

（6）新闻媒体必须成为公众评论和妥协的论坛与广场。

（7）新闻工作者必须让重大事件变得有趣并且与受众息息相关。

（8）新闻工作者应该使新闻全面平衡。

---

① 科瓦齐，罗森斯蒂尔．新闻的十大基本原则：新闻从业者须知和公众的期待［M］．刘海龙，连晓东，译．北京：北京大学出版社，2011.

（9）新闻工作者有责任按良心行事。

（10）公民对新闻也享有权利和承担义务。

两位作者所罗列的这些新闻原则，其实就是指新闻从业者应该具备的基本新闻观念，就是希望新闻界、新闻人以及公民能够在新闻实践中、新闻活动中贯彻落实的新闻实践观念。这样的观念，依然会成为今后西方新闻界在新闻实践活动中坚持的基本观念。我以为，这不会因为新媒体的兴起，也不会因为公民新闻或民众新闻的风行发生什么根本性的变化。①

（二）中国新闻观念的历史表现

这里所说的中国，以中国大陆为核心对象。对于中国来说，现代新闻业与现代新闻观念，可以说是舶来品，主要都是西方现代文明直接输入的结果，而不是中国社会内生的产物。②“历史地看，新闻传播业的兴起在西方是近代社会变化发展的产物，在中国则是西方文化影响的结果。正是中西文化交流与碰撞开启了中国人的现代办报观念，一扫传统邸报的陈腐气息，那些或接受西方教育或与外国人较接近的中国文人揭开了中国近代新闻史新的一页。”③ 当然，我们谁都明白，外来的现代新闻观念并不是

---

① 事实上，在我看来，“后新闻业时代”的开启，不只是带来了人们特别关注的民众新闻（公民新闻）对职业新闻的冲击与影响，同时也带来了人们尚未充分关注的职业新闻对民众新闻的影响与作用。人们将会看到，职业新闻观念、职业新闻工作的基本方式甚至是职业道德要求，都将对民众新闻的传播带来不可轻视的引导和示范效应。参见杨保军．公共化或社会化：“后新闻业时代”新闻道德的一种走向［J］．编辑学刊，2010（3）：32－36；杨保军．“窄化”或专业化：“后新闻业时代”新闻道德的另一个走向［J］．新闻记者，2010（8）：17－19。

② 但我们不能承认在现代西方新闻业和新闻观念输入中国之前，中国完全没有新闻业或没有新闻观念这样的判断；至于如果没有西方现代新闻业、新闻观念的输入，中国社会是否能够“内生”出现代意义上的新闻业，则是一个有待探讨的问题（这样的问题，就像中国在没有西方列强侵略的情况下，是否能够内生为现代社会一样；但类似这样的诸多问题是否有意义，是值得怀疑的）。事实上，在西方现代新闻观念进入中国之前，中国已经有了通过市场化方式（商品交换方式）存续的小报。

③ 童兵．技术、制度与媒介变迁：中国传媒改革开放30年论集［M］．上海：复旦大学出版社，2009：226－274.

原封不动地落地中国、开花结果，而是在与中国文化、中国社会以及中国传统的新闻文化观念（最初只是自发的而非自觉的状态）的相互作用过程中生成了新闻观念在中国演变的历史图景。需要预先加以说明和解释的是：我们将分三个大的时间段落来描述、阐释和反思中国新闻观念的演变——第一阶段是中华人民共和国成立之前；第二阶段是 1949 年中华人民共和国成立到 1978 年改革开放之前；第三阶段是改革开放至今。并且，我们将打破惯常的时段结构方法①，把 1978 年之前作为一个整体的历史段落，而把 1978 年之后作为一个大的单独段落。这样做没有别的目的，就是为了突出 1978 年以来中国新闻业、新闻观念的巨大变化。

1. 1949 年之前的新闻观念演变

关于中国新闻观念的历史演变过程，我们以第一次鸦片战争为上限，以 1949 年中华人民共和国成立为下限，做出以下宏观的、粗线条的勾勒。关于 1949 年之后中国大陆新闻观念的整体演变历程，我们将在后面单列一个部分进行描述。

近代以来，中国报刊（随后也有广播及其他类型的媒介）奉行的核心思想观念是这样的，不管是维新派还是资产阶级革命派，不管是国民党还是共产党，都有一种共同的也是核心的观念，这就是把报刊当作各自进行政治活动的耳目喉舌，当作实现各自政治目标的宣传工具、舆论工具、斗争工具、革命工具。强调宣传引导，重视启蒙教育，这是近代报刊在中国与生俱来的特征。中国新闻史研究者大都认为，19 世纪以来国人自办报刊来自“自强”意识的萌发，不像西方世界，其近代报刊首先源于商业与贸易的需求。有学者经过对国人最早自办报刊的考察后指出：“近代报刊

① 人们惯常的做法是将 1949 年之前作为一个大的历史段落，1949 年之后作为另一大的历史段落，这从社会变革意义上说是非常合理的。但就中国新闻观念的演变来说，特别是中国共产党党报理论、党报新闻观念的演变来说，以 1978 年改革开放前后为界，也许更为合理。事实上，新闻学术界已经基本上达成这样的共识，认为中国共产党新闻观念真正实质性的变化或改进发生在 1978 年之后。

乃资本主义经济发展的产物，作为一般规律，固然可以衡量自然近代化社会的报业现象，但对于近代化道路特殊的中国社会，从单一的经济因素考察其民族报业进化之规律，就未免过于简单。”[①] 事实上，“国人早期商业报刊大都表现出敏于时代思潮的政治关怀”，而“维新思潮推动中国民族报业攀上了第一个高峰”[②]。还有学者针对整个中国近代报刊演变过程写道：“近代报刊自问世以来，便一直是阶级的舆论工具。各阶级依其经济政治实力的大小而拥有规模不等的新闻宣传系统，并赋之以独特的使命。”[③] 这一历史时期的报人，严格说来也不是新闻人，而是革命家、思想家、宣传家的角色，他们发挥的职能主要是思想家、革命家和宣传家的职能，而不是新闻家或新闻人的职能。有人这样写道：“从戊戌变法到五四运动，近代中国思想史跌宕起伏，无不与报刊密切相关。晚清以来，几乎所有重要的思想家，都直接介入了报刊的编辑出版。在中国近现代史上，无论是著名的报刊还是著名的记者，其社会影响和贡献首先是传播新思想新文化的思想启蒙，其次是针砭时弊、自由议政的舆论监督，作为最基本的新闻职业功能——报道新闻、传递信息——则在最次。中国第一代现代意义上的知识分子，也是最末一代封建士大夫（如康有为、梁启超、严复、章太炎等）和五四时期的启蒙思想家、文学家及学人（如鲁迅、胡适、陈独秀、李大钊、梁漱溟、周作人等），其精神轨迹一脉相传，就是以报刊宣传新思想、新文化，推动社会进步。”[④]

因此，我们完全可以说，在中国，自从近代大众化媒介出现以来，其

---

① 程丽红．社会思潮与媒介嬗变：清末社会改革运动中的大众传播媒介［J］．吉林大学社会科学学报，2012（5）：30－36.

② 同①.

③ 张昆．中外新闻传播思想史导论［M］．上海：复旦大学出版社，2006：309.

④ 陆晔，潘忠党．成名的想象：中国社会转型过程中新闻从业者的专业主义话语建构［J］．新闻学研究，2002，71：17－59.

实际奉行的主要观念，如果要我们从新闻学的角度给予一个恰当的名称，那就只能是宣传新闻主义观念，并且主要是政治宣传新闻主义观念。当然，在宏大的宣传新闻主义观念行进过程中，间或也有其他一些新闻观念，诸如商业新闻主义观念、专业新闻主义观念（意识）出现，甚至有时还有短期的张扬或勃发，但那些观念相对于宣传新闻主义观念来说，在历史的洪流中，可以说是历史的支流小溪，声音比较微弱，也没有形成多大的气候。因此，近代以来中国新闻观念的主流与核心，乃是宣传新闻主义观念。[①] 这里，我们以粗线条的方式，选择几个最具代表性人物的新闻思想来说明我们的这一“定名”。

我们先看资产阶级维新派代表人物梁启超的新闻观念。按照一些新闻史学者的看法，作为近代中国第一位新闻大师，他的新闻观念不可说不丰富，他“在新闻思想、新闻文本、新闻理论等方面均有一系列‘开天辟地’的贡献”[②]。比如，他提出了评判报刊优劣的“四大标准”[③]，他提出了报馆的两大天职——“监督政府”“向导国民”[④]，他提出了报馆应该“以国民公利公益为目的”[⑤] 的呼吁，如此等等对中国新闻思想观念都具有开创性或里程碑的意义，产生了深远的历史影响。但纵观其一生的办报实践和其实际奉行的报刊使命观，我们可以看到，核心乃是报刊要充当维

---

① 顺便说一句，中国新闻史的写作为什么总是和不同党派的政治活动史纠缠在一起，甚至成为政治活动史的附属物、展现方式，其中的核心原因，不在于新闻史家们缺乏新闻（业）本位意识，而是在客观上新闻史就与政党政治活动史紧密地结合在一起，谁要是生生把这两者拆开，那才不符合新闻史的历史真实面目。因此，新闻史写作的关键，并不在于是否与政党政治活动史结合的问题，而是如何结合的问题。我以为，最重要的是新闻史家们应该以新闻活动为主线来叙述新闻史，而不是以政治活动为主线来叙述新闻史。

② 李彬．中国新闻社会史：插图本［M］．2版．北京：清华大学出版社，2009：77.

③ 这四大标准是：宗旨定而高，思想新而正，材料富而当，报事速而确。参见梁启超．本馆第一百册祝辞并论报馆之责任及本馆之经历［N］．清议报，1901－12－21。

④ 梁启超．敬告我同业诸君［N］．新民丛报，1902－10－02．原文为“一曰对于政府而为其监督者；二曰对于国民而为其向导者”。

⑤ 同②85.

新变法的耳目喉舌，他的报刊功能观同样是围绕维新的政治目的，具有浓烈的政治色彩，诸如造舆论、开民智、兴民权、合民力、陶民德等等。这当然是由当时中国所处的情势决定的，具有谁也不能否认的历史合理性与必然性。在内忧外患深重的情形下，那时整个时代的报人们不可能把报刊的使命放在其他方面，也不大可能去想象报刊的其他功能。

然后我们来看资产阶级革命派的代表人物孙中山的新闻思想。以孙中山为代表的革命党人尽管没有梁启超等改良派丰富的报刊经验，但在报刊的功能观念认知上与改良派并没有本质的区别；革命派其实与改良派一样，同样以强烈的工具理性运用报刊，以鲜明的立场宣扬革命、引导舆论①。在中国新闻史学泰斗方汉奇先生主编的《中国新闻事业通史》第一卷中，对以孙中山为代表的资产阶级革命报人的办报思想做了这样的总结：第一，为革命办报，把鼓吹民族革命作为报纸的首要任务；第二，高度重视报纸的战斗作用，把报纸视为政治斗争的锐利武器；第三，承认报纸的党派性，主张办机关报和利用报纸宣传革命的纲领和主张；第四，认为报纸和记者是国民的代表和舆论的代表；第五，认为报纸不仅反映舆论，而且可以影响舆论、制造舆论。② 准确地说，孙中山手中的报纸，已经很难称为新闻纸了，至多能够称为政治新闻宣传纸。因此，孙中山的新闻观念可以说是极为典型的宣传新闻主义观念，或者说是极为典型的政治宣传新闻主义观念。

我们再来看看中国共产党的领袖毛泽东的新闻思想。从新闻角度看，

① 比如，1900 年 1 月创刊的《中国日报》起初还与维新报刊有相似之处，如从第 1 期到第 9 期连载《新政变通》，但后来，随着革命党人逐渐意识到报刊在言论宣传上的功用，开始着力宣传革命理论，诚如学者们指出的那样："《中国日报》的革命宣传，随着形势的变化，经历了一个由含蓄到公开、色彩逐渐鲜明、水平不断提高的过程。"参见方汉奇．中国新闻事业通史：第 1 卷［M］．北京：中国人民大学出版社，1992：468。

② 方汉奇．中国新闻事业通史：第 1 卷［M］．北京：中国人民大学出版社，1992：977－986.

毛泽东是一位伟大的报刊活动家，他不仅接受过一定程度的专业化的新闻观念，深谙新闻的特征和规律①，而且也是新闻（包括消息、评论等）写作的大家。但毛泽东的新闻思想重心、核心观念并不是以新闻为本位的，而是以宣传为灵魂的，这也是革命事业的需要和必然。毛泽东的新闻思想（新闻观念），按照惯常的理解，既是毛泽东本身的新闻思想，也是中国共产党新闻思想的代表。毛泽东新闻思想的核心是党报理论，党报理论的核心则是党报的使命观。在毛泽东看来，党报的核心使命不是新闻，而是宣传，为党的工作宣传最重要的就是宣传党的政策、路线和方针。他说："报纸的作用和力量，就在于它能使党的纲领路线，方针政策，工作任务和工作方法，最迅速最广泛地同群众见面。"② 毛泽东要求的是"全党办报""政治家办报"，而不是新闻家办报、专业办报。显然，这些都是典型的、明确的宣传新闻主义观念，并且是典型的、明确的政治宣传新闻主义观念。在毛泽东的新闻思想中，新闻其实并没有独立的地位，基本上属于政治宣传的手段和工具。毛泽东所表达的"舆论一律""舆论不一律""新闻、旧闻、不闻"等等思想，本质上依据的不是新闻自由或新闻规律的内在精神，而是政治斗争的需要、政治宣传的需要。需要说明的是，我们这里只是对历史事实的描述，并不是对历史事实的评价。毛泽东的新闻宣传思想或观念，只能放在历史环境中进行客观评价，不能进行简单的抽象的理论评判。当然，这不是我们这里要完成的任务。

因此，如果抽去具体的内容差别，我们可以毫不夸张地说，近代以来中国报刊持有的报刊理念就是宣传主义观念。即使在 1949 年之后，无论

---

① 比如，早在 1925 年，毛泽东就在《政治周报》的发刊词中写道："我们反攻敌人的方法，并不多用辩论，只是忠实地报告我们革命工作的事实。敌人说：'广东共产'，我们说：'请看事实'。……《政治周报》的体裁，十分之九是实际事实之叙述，只有十分之一是对于反革命派宣传的辩论。"十分明显，毛泽东深知什么是新闻手段，什么是新闻方式；让事实说话，乃是新闻的灵魂。

② 毛泽东新闻工作文选 [M]. 北京：新华出版社，1983：149.

是在祖国大陆还是在台湾地区，坚持的仍然是宣传新闻主义观念。一句话，尽管自从西方近代新闻观念传入中国以来，也出现过商业新闻主义观念，甚至实质性地出现过专业新闻主义观念，但占据核心地位的始终是宣传新闻主义观念，它是一条十分明确的、坚韧的红线，贯穿在近代中国新闻业的整个过程之中。

中国新闻业，不管是在祖国大陆还是在台湾地区，之所以至今依然显示出特别强烈的政治性、党派性，成为政党、政府直接的耳目喉舌，与这样的新闻近代历史情况具有直接的内在的关系。任何人，如果不能或者不愿理解中国新闻文化的这一历史传统，就无法理解中国新闻业的现实状况。同样，任何人，如果不能或不愿理解中国新闻业的这一历史背景，也就无法真正为中国新闻业的未来发展设计出可行的合理的路径，提出中国新闻业可行而合理的发展观念。无论我们对历史有着怎样的评判，无论我们对现实有着怎样的洞见，无论我们对未来有着怎样的美好设想，历史始终是我们不能抛弃的背景，尽管我们可以在一定的条件下超越历史。“历史并不是已经死去了的在者之场，而是依然向我们开放的活的领域”①；历史，既向今天不断注入它的影响，又在张开双臂等待今日的开发。

当然，除了宣传新闻主义观念这根红线、主线，近代中国新闻观念也有围绕新闻专业观念的一条忽明忽暗的线索。这条线索主要围绕民间报业而展开、闪现。② 但即使在这样的新闻观念中，其中的底色依然离不开启蒙、引导、革命和宣传。这当然也是由中国社会的宏大历史背景——革命

---

① 吴国盛．时间的观念［M］．北京：北京大学出版社，2006：177.

② 有人认为，中国近代报刊的商业转型，最初可以说是某种歪打正着的结果，因为这样的转型重要原因倒不是市场经济发育的结果，而是政治高压的无奈产物。袁世凯上台，搞了一场“癸丑报灾”，“报刊的重心不得不由以往的政治转向商业，从而客观上推进了政党报刊向商业报刊的转型”。参见李彬．中国新闻社会史：插图本［M］．2版．北京：清华大学出版社，2009：116。

背景与现代化进程决定的。新闻观念作为呈现历史的一种前沿方式，一定离不开历史的客观主线。

在中国，专业新闻主义意识或新闻职业意识，大致萌发于五四时期。在五四这个风云激荡的时代，新闻业务有了专业化的表现，新闻教育有了里程碑式的开启，新闻研究有了奠基性的著述，职业新闻记者也在这一时期登上历史舞台。[①] 所有这些，不仅意味着、标志着中国新闻业在现代化的道路上有了明显的进展，也意味着在中国比较明显地出现了与宣传新闻主义观念并不完全相同的另一种新闻观念，为新闻业的未来发展种下了另一种基因。

在中国近现代报刊史上，1927 年到 1937 年是民间报业的“黄金十年”[②]。中国民间新闻业大致分为两类：一是商人报刊；一是文人报刊。前者属于商人办报，奉行的是典型的商业新闻主义观念，办报以赚钱为最高宗旨；后者属于文人办报，做的事情是文人论政，奉行的核心理念具有自由主义的底色、专业新闻主义的色彩。这后一方面的典型代表就是新记《大公报》。新记《大公报》发刊词《本社同人之志趣》中提出的“四不主义”——不党、不卖、不私、不盲——最具专业新闻主义的精神。但“文人论政”的报刊志趣，说明此类报刊目标终在“论政”上，“政”仍是新闻的最后目的。看得出，文人办报，骨子里亦然是启蒙、引导和宣传。1949 年《大公报》被人民政府接收后发表的“新生宣言”中写道：大公报虽然始终穿着“民间”“独立”的外衣，但实际上是与蒋政权发生着血

① 五四时期，报纸版面编排、标题制作有了很大改进，各种文体如新闻、评论、述评、通讯等逐渐成形；新闻教育方面，1918 年，北京大学开设了新闻学课程，成立了新闻学研究会；中国新闻学的开山之作徐宝璜的《新闻学》于 1919 年出版，之后又有邵飘萍的《新闻学总论》、戈公振的《中国报学史》等面世；职业记者也在民国初年出现，如黄远生、邵飘萍、林白水等都是这一时期的风云人物，是中国职业记者诞生时的著名代表性人物。

② 李彬．中国新闻社会史：插图本［M］．2 版．北京：清华大学出版社，2009：256．

肉因缘的。老报人陶菊隐在《记者生活 30 年：亲历民国重大事件》中说，《大公报》由起初的“小骂大帮忙”[1]，进而为蒋党外围的宣传工具了。文人报纸确实是民间新闻的一部分，属于商业性质的报纸，因此，赚钱盈利是其基本动机，但这并不意味着市场逻辑支配报纸内容的生产，文人报纸往往以政治逻辑支配业务运作，这可以说是中国文人报刊的最大特征。

2. 1949—1978 年间的新闻观念

1949 年之后的中国大陆，主导新闻观念是明确的，这个新闻观念就是宣传新闻观念，甚至直接可以叫作宣传观念或政治宣传观念。这里，我们不准备对如此观念的历史正确性、合理性进行详细评判，但这种观念作为历史的存在，是谁也否认不了的客观事实。诚如有人所说，“改革开放前的 30 年，我国新闻媒介更多是作为凝聚人心鼓舞民气的宣传工具或宣传武器，从而服从和服务于国家现代化的总目标”[2]。我们甚至可以说，从 1949 年到 1978 年改革开放开启之时，无论中国大陆的新闻媒体实质性地发挥着什么样的功能作用[3]，实行的新闻观念在性质上其实并没有本质区别，都是宣传新闻主义观念，差别只在于不同的人有着不同的目的，有些人用这样的观念只为自己的小集团谋取利益（在当时的环境中主要是利用新闻传媒展开政治斗争，争取政治权力），有些人则用这样的观念支配

---

① 李彬．中国新闻社会史：插图本［M］．2 版．北京：清华大学出版社，2009：280.

② 同①．这一认定，只能是总体意义上的，因为中国新闻传媒并没有在这 30 年中始终发挥这样的作用，有时甚至发挥了阻碍现代化建设的作用，这当然需要做具体的历史考察和分析。

③ 尽管在一般意义上人们可以说新闻领导权始终掌握在中国共产党的手里，但人们同样明白，由于党内斗争的此起彼伏，新闻界的领导权实质上往往在党内不同派别之间转移。而且，那个派别掌握了新闻宣传的领导权，就会或明或暗地把新闻传媒作为与其他派别进行斗争的工具。因此，只要看看中共党史，就可以发现，从反右斗争开始，中经“大跃进”，直到“文化大革命”结束，新闻传媒始终是党内派别相互争夺的重要阵地。《新闻研究资料》在 1980 年第 3、第 4 辑专设“报纸是不是阶级斗争的工具?”的专栏，就此展开讨论。徐培汀、康荫、甘惜分、何微、葛迟胤、戴邦等发表文章参与。讨论中，多数学者认为将“阶级斗争工具”作为新闻事业在一定历史时期具有的一种功能作用，理论上是成立的；但将“阶级斗争工具”用来描述新闻事业的基本性质，理论上是不科学的，实践上也是有害的。

指导媒体为更多的人谋取利益。

不可忽视的是，在这一历史时期，尽管中国的新闻业像中国社会整体一样，在发展过程中出现过起伏甚至是灾难，但也出现和形成了一些重要的宣传新闻观念，其中一些观念已经成为中国共产党党报理论的核心内容，成为具有中国特色社会主义新闻理论的核心观念，自然对直到今天的中国新闻业、新闻传媒、新闻教育、新闻研究等都有着不可低估的根基性的作用和影响。因此，我们不能以历史虚无主义的态度对待这一不平凡的历史时代。由于这一时期处于人们通常所说的“毛泽东时代”，加之改革开放前人们总是用政治领袖的思想标志一个领域（特别是政治领域以及与政治领域紧密联系或较近的领域）的思想或观念权威，因此，我们将主要以毛泽东的一些核心新闻宣传观念为内容，兼及其他一些在这一历史时期有一定影响的观念，简要描述该历史阶段的新闻宣传观念演变史。

在这一历史时期，毛泽东就新闻业和新闻工作的性质、地位、路线方针、功能作用以及新闻报道的艺术等问题，表达了一系列的观点和看法。下面，我们择其要者加以阐释和说明，并作一些适当的评述。

在新闻业的性质问题上，他提出了“新闻事业反映论”的观念。毛泽东认为，“在社会主义国家，报纸是社会主义经济即在公有制基础上的计划经济通过新闻手段的反映，和资本主义国家报纸是无政府状态的和集团竞争的经济通过新闻手段的反映不相同”①。1957 年 7 月 9 日，毛泽东在《打退资产阶级右派的进攻》一文中，将新闻业的意识形态属性进一步明确化。他说：“制度不单是所有制，而且有上层建筑，主要是政权机关、意识形态。比如报纸，这是属于意识形态范围的。”可见，毛泽东将新闻

① 这一观点表达在毛泽东为《人民日报》所写的社论《文汇报在一个时间内的资产阶级方向》中，发表于 1957 年 6 月 14 日出版的《人民日报》。

业定性为上层建筑意识形态领域。直到今天，中国新闻界对新闻业性质的理解仍然大致如此。当然，立足今天，毛泽东当年所说的社会主义“计划经济”已经发生了根本性的变化[①]，而他把资本主义经济说成是无政府状态显然也不准确，资本主义经济并不是毫无计划的经济；至于上层建筑一些领域的经济基础化问题，就更不是毛泽东当时能够想到的问题（这一问题是以新闻业的产业化为基础的）。但是，在更高的抽象层面上分析毛泽东的看法，可以认定，新闻业（报纸）作为上层建筑思想意识形态的一种形式是对一定社会经济基础的反映这一根本看法，总体上依然是站得住脚的、科学的、合理的。但新闻业性质与社会经济性质的对应关系到底是怎样的，是否是单一对应的关系，仍是需要进一步探讨的问题。就实际来看，新闻业的性质并不是由经济制度单一决定的，总体上是与社会性质相一致的。

在新闻业的性质、功能问题上，毛泽东还在这一时期提出了著名的阶级斗争工具论观点，认为报刊是阶级斗争的工具[②]。1957 年毛泽东曾指出，中国社会的主要矛盾仍然是无产阶级和资产阶级的矛盾，也“正是从 1957 年开始，毛泽东提出的报纸是阶级斗争的工具的观点开始成为中国新闻学的立论之本，成为中国新闻工作者最基本的指导原则”[③]。阶级斗争工具论，其实是中国共产党党报理论早就有的一种观念[④]，是（新闻

---

① 人们知道，今天的中国已经是市场经济体制的中国。事实上，早在 1992 年春，邓小平在南方谈话中指出：“计划多一点还是市场多一点，不是社会主义与资本主义的本质区别。计划经济不等于社会主义，资本主义也有计划；市场经济不等于资本主义，社会主义也有市场。”这就从逻辑上说明，社会主义新闻业不仅是对社会主义计划经济的反映，同时更为准确的说法是，其也是对社会主义经济基础的反映。其实，毛泽东的看法在一般逻辑上就是如此。但在一般逻辑特殊化后产生了不准确的表达，我们只能说这是时代认识的局限所在。

② “从 1957 年开始，到 1966 年夏天，‘阶级斗争工具论’从确立到全国普及，成为中国新闻学的理论基础，成了毛泽东新闻思想最重要的核心。”参见童兵．主体与喉舌：共和国新闻传播轨迹审视 [M]. 郑州：河南人民出版社，1994：105。

③ 童兵．主体与喉舌：共和国新闻传播轨迹审视 [M]. 郑州：河南人民出版社，1994：93.

④ 陈力丹．马克思主义新闻学词典 [M]. 北京：中国广播电视出版社，2002：80.

业）报纸具有阶级性的自然推理。关于报刊的“阶级斗争工具”观念，直到改革开放初期人们还在讨论。[①] 应该说，在阶级社会以及阶级依然存在的社会环境中，新闻业不可能没有阶级性，即使在今天人们依旧可以清楚地看到这一点，只是今天新闻业的阶级性可能会以更为复杂的方式表现出来，不仅表现在一定的社会中，也会表现在全球社会的阶级、阶层结构中。但将新闻业的基本性质归属为单一的阶级性显然是偏颇的。阶级斗争工具也主要应该在功能论的意义上加以理解，并且不能超越历史条件做出一般性的判定，从而扭曲新闻业作为意识形态领域的基本属性以及监测环境、守望社会、满足大众信息需求的基本功能。只有实现了新闻传媒的基本功能，新闻传媒才能真正充当大众知情的通道和人民当家作主（民主）的中介手段。

在报纸应该掌握在什么样的人手里、由什么样的人来办的问题上，毛泽东明确反对“书生办报”，主张政治家办报的观念。1957 年、1959 年，毛泽东多次表达了政治家办报的观念，他认为“搞新闻工作，要政治家办报”。所谓“政治家办报”，并不仅仅是指办报者要有政治敏锐性、要有政治眼光、要有政治立场，关键是说新闻事业的领导权要掌握在中国共产党的手里，办报权（新闻权）要牢牢掌握在忠于马克思主义、忠于党和忠于人民的人的手里。自从毛泽东提出政治家办报的观念后，它便成为中国共产党党报理论中的一个核心观念和原则，对中国新闻业、新闻传媒坚持党性原则、成为党和政府的耳目喉舌具有根本性的作用，起到了“人事”观念上的重要保障。因此，政治家办报观念受到随后每代中共最高领导人的高度重视，江泽民、胡锦涛都曾在不同历史时期强调过政治家办报问题的

---

① 《新闻研究资料》在 1980 年第 3、第 4 辑专设“报纸是不是阶级斗争的工具?”的专栏，就此展开讨论。徐培汀、康荫、甘惜分、何微、葛迟胤、戴邦等发表文章参与。讨论中，多数学者认为将“阶级斗争工具”作为新闻事业在一定历史时期具有的一种功能作用，理论上是成立的；但将“阶级斗争工具”用来描述新闻事业的基本性质，理论上是不科学的，实践上也是有害的。

重要性和必要性。

在言论自由、新闻自由、学术自由观念上，毛泽东提出了对中国新闻业影响甚为深远的一些观念，如“双百方针”（百花齐放、百家争鸣）①，新闻报道的“三闻”观念（新闻、旧闻、不闻），但最突出也最重要的就是“舆论一律”与“舆论不一律”的观念。就一般意义上来说，毛泽东赞成言论自由、新闻自由，并把争取和实现言论自由、新闻自由看作革命事业的重要组成部分。他认为言论自由、新闻自由是有阶级性的，资产阶级的言论自由、新闻自由是虚伪的、骗人的。在社会主义，言论自由、新闻自由只是人民内部的自由，但对敌对势力是不能讲自由的。人民内部有批评的自由，有发表各种不同意见的自由，这就是“舆论不一律”；但对于反革命、阶级敌人，就只能让他们规规矩矩，不能让他们乱说乱动，就要实行“舆论一律”。② 毛泽东“舆论一律”与“舆论不一律”的言论自由、新闻自由观念，显然有其合理性，特别是在阶级社会中，毛泽东所说的“不一律”与“一律”本身就是事实。但从今天的角度看，应该注意两个问题：一是是否给予新闻自由、言论自由，要以法律为准绳；有些自由权利是超阶级的，并不以阶级所属为最终标准。二是在“人民”与“反革命”的区分上，往往会出现误判，因此，言论自由、新闻自由很难用政治

---

① 1956年4月，毛泽东提出“百花齐放，百家争鸣”的方针；5月下旬，时为中央宣传部部长的陆定一做了题为《百花齐放，百家争鸣》的报告，代表中央郑重地系统地阐述“双百”方针，解释党对知识分子，对教育、科学、文化工作的政策。知识和知识分子问题，科学界、文学艺术界以及社会公众如何贯彻“双百”方针问题，便成为报纸工作的一个新领域，要求报纸开拓新的道路。参见方汉奇．中国新闻事业通史：第3卷［M］．北京：中国人民大学出版社，1999：169。关于双百方针的具体来源与产生过程，可参见占善钦．“双百方针”是如何出台的？［J］．新华文摘，2012（14）：129－131。

② 1955年5—6月，《人民日报》连续发表了三批“关于胡风反革命集团的材料”，毛泽东为这些材料写了序言和系列的编者按语。其中写道：“我们的舆论，是一律，又是不一律。在人民内部，允许先进的人们和落后的人们自由利用我们的报纸、刊物、讲坛等等去竞赛，以期由先进的人们以民主的和说服的方法去教育落后的人们，……在人民与反革命之间的矛盾，则是人民在工人阶级和共产党的领导下对于反革命的专政。……这里不但舆论一律，而且法律也一律。”参见陈力丹．马克思主义新闻学词典［M］．北京：中国广播电视出版社，2002：86－87。

正确的身份去简单设定，而只能以法律为规范去划界。

在新闻传播内容选择、新闻传播方法的艺术观念方面，实质上是新闻报道的利益追求上、价值取向上，毛泽东提出了著名的、后被人们概括为“新闻、旧闻、不闻”的“三闻”观念。或者说，这是人们对毛泽东关于新闻报道如何体现阶级性、党派性观点的一种概括。① 就新闻传播实践来看，应该说毛泽东的“三闻”观念形象而准确地反映和描述了客观存在的现象。当然，新闻传播中到底怎么“闻”，还要遵循新闻自身的特点和规律，而不仅仅是传播主体的需要或利益问题，那样的话，就有可能扭曲新闻传播的面目。

除了毛泽东的新闻宣传观念外，这一时期还有一些重要观念值得回味。它们不仅留下了历史的痕迹和记忆，也对改革开放后中国新闻业、新闻观念的及时反思与更新提供了历史基础。

首先是被人们称为新闻传播原则的“八字方针”（客观、真实、公正、全面）。这是刘少奇关于新闻传播原则的一个著名表述。1956 年 5 月 28 日，刘少奇在对新华社工作的一次谈话中，对新闻报道的原则提出要求。他针对当时新闻报道中存在的一些主观主义和片面性的现象，提出新华社要成为世界性的通讯社，新华社的新闻就必须是客观的、真实的、公正的、全面的，同时必须是有立场的。刘少奇的这一观念，一方面准确表达了新闻传播自身普遍的、内在的（规律性）要求，另一方面也是对新闻的客观性与倾向性关系的准确概括。直到今天，客观、真

---

① 1957 年 3 月，在全国宣传工作会议期间，毛泽东同新闻出版界代表谈话。针对代表们“现在新闻太少，旧闻太多”的议论，他提出不能没有旧闻，也还要有无闻的看法。同年 5 月 18 日，他在与周恩来等中央领导和新华社社长吴冷西谈话时说，新闻有阶级性、党派性，这是普遍规律。西方通讯社有些消息，我们不用，这是“有闻”“无闻”的问题。我们自己做的一些事情，不登报，不广播，这也是一种“无闻”。而有些东西要以后发表，这就是“旧闻”。他说，有新闻，有旧闻，有无闻。第一有自由，凡是符合人民利益的都有自由；第二无自由，凡是不符合人民利益的都无自由，即有限制。

实、公正、全面也是世界各国新闻传媒普遍实际遵守的基本原则，是全球新闻界能够展开交流对话的基础。真正的新闻媒体，既在努力按照客观、真实、公正、全面的原则报道新闻，同时又总是坚守着各自的基本立场。

其次是1956年《人民日报》改版过程中提出的一些观念。1956年7月1日，《人民日报》发表题为《致读者》的社论，宣布将主要从“扩大报道范围，尽量满足读者多方面要求，开展自由讨论和改进文风”三大方面进行改版。这次改版尽管因政治原因很快夭折，但在昙花一现的改版中，它所提出的一些观念却让人们“念念不忘”，从而使这次改版与当年延安《解放日报》的改版一样，成为中国共产党党报史上以及中国新闻史上的重要事件。改版社论中明确提出：《人民日报》是人民的公共武器、公共财产，人民群众是它的主人，只有依靠群众，才能办好。从现在的眼光看，这无疑体现了新闻媒介应有的公共精神和民主精神，自然是十分根本而重要的新闻观念。群众观念与读者观念显然是高度统一的，满足读者需要是新闻民主观念的必然要求、自然逻辑。而自由讨论无论什么时候看，都是言论自由、新闻自由观念的实质体现。改进文风则是对尊重新闻传播方式的另一种表达而已。这次改版之所以得到人们的一再回味与肯定，恐怕就是因为它蕴含了深厚的可供分析、阐释和开掘的理论资源、观念源泉，提供了能够激发人们反复琢磨、不断反思、积极探索的精神财富。其实，就是今天的“三贴近”“走转改”，一定意义上仍然是1956年改版精神的某种承继或延续。我们甚至可以说，当年改版中蕴含的一些精彩观念直到今天还远远没有成为现实，仍是中国新闻业未来应该努力的重要方向。

在这30年中，尽管在“文化大革命”之前，新闻理论研究还取得过一些初步的成绩，但从20世纪50年代后期60年代初开始直到“文化大革命”结束，很难找到什么所谓的研究成果。[①] 有人指出：“到 1963 年，社会主义新闻学研究实际上凝固不前了。”[②] 因而，就 30 年的总体情况来看，新闻理论研究要么围绕政治权力旋转，要么受到政治权力的强烈压抑，缺少学术研究的独立性，成果上确实乏善可陈。当然，从新闻观念论的角度看，这一时期还是提出了一些值得进行历史考察的观念。比如，50 年代，王中提出“报纸是商品”的观点，就引发过报纸商品性的论争，但是，并未及时充分展开，很快以政治性批判告终。[③] 当时还就报纸是阶级斗争的工具这一观点展开过一定程度的论战，从历史角度看，对于人们澄清新闻业的性质、功能等都起到了一定的作用；而关于新闻真实问题的争论，特别是关于“本质真实”问题的论争，使人们对新闻真实的内涵有了进一步的理解。所有这些讨论议题，都在改革开放后再次成为热门话题，可以说，这些论争为新时期的新讨论奠定了一定的基础。

二、新时期中国新闻观念标志性演变路径

“毋庸置疑，改革开放 30 年，是中国新闻事业发展最快最好的时期。”[④]

---

① 对这一时期的中国新闻事业，有人做了这样的总结：“中国社会主义新闻事业一再受到极左思潮和形‘左’实右思潮的冲击而屡受挫折，党的马克思主义新闻思想和正确的新闻指导方针不断被错误的极左的新闻观所取代；同时，相当多数传媒又自觉不自觉地为错误思潮推波助澜，给马克思主义传播、党的建设和社会主义事业带来深重灾难，其教训是极其深刻的。”参见郑保卫．中国共产党新闻思想史［M］．福州：福建人民出版社，2004：377。

② 赵凯，丁法章，黄芝晓．二十世纪中国社会科学：新闻学卷［M］．上海：上海人民出版社，2005：52.

③ 改革开放后，关于报纸的商品性、新闻的商品性再次成为学术界讨论的热门话题。就目前来看，形成的基本看法是，新闻媒介产品（如报纸、节目等）是商品，但对新闻的商品性仍有争鸣。关于新闻商品性的论争集中在 1993 年至 1995 年。1992—1994 年社会主义市场经济观念确立后，新闻界为适应市场经济发展的环境，对新闻的商品性展开了比较热烈的讨论。之后在 1998—1999 年期间，又有过一些讨论。其中，一种观点认为新闻不是商品而是服务；另一种观点则认为新闻是商品，因为“服务”不过是商品的一种表现形式而已。

④ 吴廷俊．中国新闻传播史：1978—2008［M］．上海：复旦大学出版社，2011：3. 现在已经超过了 30 年，但仍然可以做出这样的定性判断。

这是新闻史家们做出的严肃的学术判断，也是有目共睹的客观事实。这期间，中国新闻领域发生了一系列重大的变化，诸如媒介形态体系、制度体系、价值体系都出现了前所未有的巨大变迁。[①] 在这样的变迁中，深藏其中的灵魂是最能体现新闻业内在精神与价值追求的新闻观念，最能反映新闻业变迁实质的是新闻观念变化的这根红线。因此，本节中我们将对新时期新闻观念演变的总体性质、演变轨迹做出比较清晰的描述，并在此基础上，做出一定的评述和反思。

（一）新时期新闻观念的总体定性

我们所说的新时期是指改革开放以来的历史时期，也就是从 1978 年至今的 30 多年。在此期间，中国社会发生了前所未有的巨大转型和变革，政治、经济、文化、社会各个领域、各个方面可以说都发生了翻天覆地的变化。[②] 新闻传播业、新闻传媒也像其他社会系统、社会领域一样，经历了和正在经历着自身的历史性变革和转型。在这 30 多年的历史转型过程中，新闻观念同样形成了自身的演变路径，对中国新闻改革的未来走向、观念变革也有诸多的启示。

总体来说，改革开放以来，支配指导中国大陆新闻事业的主导新闻观念在形式上并没有发生多少变化，依然可以概括为宣传新闻主义观念。也就是说，在总体的“主义”层面上，中国的新闻主义或新闻意识形态在过

① 吴廷俊．中国新闻传播史：1978—2008［M］．上海：复旦大学出版社，2011．

② 按照当代中国最高领导人的表述，“经过长期努力，我们坚持和发展中国特色社会主义取得了重大理论和实践成果，最重要的就是，开辟了中国特色社会主义道路，形成了中国特色社会主义理论体系，确立了中国特色社会主义制度。这是党和人民 90 多年奋斗、创造、积累的根本成就，必须倍加珍惜、始终坚持、不断发展。新的历史条件下，我们继续推进中国特色社会主义，必须不断丰富中国特色社会主义的实践特色、理论特色、民族特色、时代特色”。参见全党全国各族人民更加紧密地团结起来 沿着中国特色社会主义伟大道路奋勇前进［N］．人民日报，2012－07－24（1）。

去30多年并没有发生根本性的变化，仍然坚守马克思主义新闻观，坚守党报新闻理论的基本体系，坚守党报新闻观念的基本原则。“同1978年相比，中国新闻业从媒体的数量、种类到媒体报道的内容，的确都有了翻天覆地的变化”，但“一些根本性的原则、观念和制度，看起来是一成不变的。比如，1978年以来的历代中国领导人和宣传部门负责人，仍然强调以马克思主义新闻观为新闻业的指导思想；强调新闻工作是党的整个事业的一个重要组成部分，必须坚持党性原则；强调为人民服务，为社会主义服务的方针；强调坚持正确的舆论导向等等思想和原则”①。因而，我们可以在本质上仍然概括为马克思主义性质的、富有中国特色的“宣传新闻主义”。与此相应，中国新闻业宏观的、主体性的新闻制度并没有发生什么根本性的变化②，中国的新闻工作在总体上被中国共产党和中国政府定位为“新闻宣传工作”，诚如一些学者所说，“党管媒体与传媒国有的宏观管理制度，决定了中国新闻传媒的宣传角色始终是其第一功能”③。这也正是我们对新时期中国新闻观念在总体上名之为“宣传新闻主义”的重要原因之一。

简洁一点说，宣传新闻主义集中表现为在几个核心观念上和实际操作上没有任何根本性的动摇，即始终把新闻媒介当作党、政府和人民的耳目喉舌，始终坚守新闻资产的单一国家所有制形式，始终坚持党对新闻业的绝对领导，始终把宣传功能置于新闻工作的核心地位。在新闻传播实践

---

① 潘维，廉思．中国社会价值观变迁30年：1978—2008［M］．北京：中国社会科学出版社，2008：34，326-356.

② 1984年，我国新闻学者孙旭培在《新闻改革之管见》一文中，将新闻改革分为两个方面或两个大的层次：业务范围内的一般性改革属于微观改革，而宏观领域的改革主要是指新闻制度、新闻政策的改革，管理体制的改革，报业结构的改革，以及业务领域中影响全局的改革。参见孙旭培．新闻学新论［M］．北京：当代中国出版社，1994：176-179。

③ 罗以澄，吕尚彬．中国社会转型下的传媒环境与传媒发展［M］．武汉：武汉大学出版社，2010：19.

中，新时期的中国新闻传播业始终把“为人民服务，为社会主义服务”作为基本方针和最高宗旨，并根据不同阶段社会变革发展的实际情况，提出了改革、改进新闻业各个方面的诸多具体方针，但最重要的、最稳定的工作方针可以概括为两条：一是“坚持正面宣传为主”；二是“坚持以正确的舆论引导人”。前一工作方针注重手段，后一工作方针注重目的，可以说“坚持正面宣传为主”，核心就是为了实现以正确的舆论引导人。[①] 因此，从理论角度可以将它们概括为一条方针：“坚持正面宣传为主，实现正确舆论引导。”[②] 在一定意义上，我们可以说，有中国特色的社会主义新闻理论，其实就是坚持社会主义核心价值体系的、以宣传新闻主义观念为核心的新闻理论。

事实确实如此，我们如果把观察新闻观念的历史眼光再放远一点，就可以看到，新时期以来，中国共产党第二代、第三代领导集体及其之后的继承者，从根本上说都坚持了毛泽东新闻思想的灵魂，都把新闻媒介首先看成并用作党和政府的耳目喉舌，看成并当作党和政府的宣传工具。也就是说，坚持的都是宣传新闻主义的观念，并且是以政治宣传为核心的新闻观念（可以称为政治宣传新闻主义）。因而有学者甚至认为在过去近 70 年的历史中，中国共产党的核心新闻观念并没有什么根本性的变化，“这次改版[③] 一方面总结以往共产党新闻实践的理论、经验、

---

① 为了实现这样的目的，中共中央和国务院有关机构、部门先后针对新闻传媒、党政机构及干部、新闻宣传工作者提出“三贴近”（贴近实际、贴近生活、贴近群众）的工作方针、“三善”（善待媒体、善用媒体、善管媒体）的理念和“走转改”（走基层、转作风、改文风）的要求。

② 曾担任过中共中央政治局常委、中纪委书记的尉健行在一次有关新闻工作的讲话中说：“报纸宣传工作以正面宣传为主，坚持用正确的舆论引导人，这个基本方针要牢牢把握住。”参见陈富清．江泽民舆论导向思想研究［M］．北京：新华出版社，2003：131。另外，关于新时期中国新闻业的工作方针问题，详细论述可参见杨保军．新闻理论教程［M］．北京：中国人民大学出版社，2005。

③ 这次改版指 1942 年毛泽东在延安领导的《解放日报》改版活动。这次改版被认为是中国革命报业史上的一个标志性事件，因为它确立了中国共产党党报思想或党报理论体系，也就是毛泽东新闻思想的主导框架和核心观念。

教训，形成一整套独立的、完整的新闻思想；另一方面，这套思想及其精神又一直延续，从战争年代到和平年代，从毛泽东时代到邓小平时代，直到今天依然为主流媒体所遵奉”[①]。这样的判断基本上是符合历史事实的。我们可以看到，邓小平就把新闻宣传看成是与“枪杆子”对应的“笔杆子”，是“实行领导的主要方法”[②]。他把新闻宣传工作者看成是人类灵魂的工程师，担负着教育引导人民群众的重任，“一定要无条件地宣传党的主张”[③]。“他的新闻观的要义，就是传媒要为经济建设创造良好的安定团结的舆论环境”[④]，“要使我们党的报刊成为全国安定团结的思想上的中心”[⑤]。中国共产党第三代中央领导集体的核心江泽民，“他把新闻看作一种宣传形式，而且是一种舆论形式”[⑥]。江泽民指出：“我们党历来非常重视新闻工作。始终认为，我们国家的报纸、广播、电视等是党、政府和人民的喉舌。”[⑦] 新闻作为一种意识形态，作为宣传、教育、动员人民群众的一种舆论形式，总是直接或间接地反映我们党和国家的政治立场、政治主张和政治观点。新闻宣传机构承担的最重要的使命，“就是要正确地宣传党的理论、路线、方针、政策，生动地反映人民群众的伟大实践，调动一切积极因素，化消极因素为积极因素，团结一切可以团结的力量”[⑧]。进入21世纪，以胡锦涛同志为总书记的党中央，尽管反复强调新闻宣传工作要尊重新闻的特征，要按照新闻规律办事，要适

---

① 李彬．中国新闻社会史：插图本［M］．2版．北京：清华大学出版社，2009：159.

② 邓小平文选：第1卷［M］．2版．北京：人民出版社，1994：145.

③ 邓小平文选：第2卷［M］．2版．北京：人民出版社，1994：272.

④ 陈力丹．马克思主义新闻观教程［M］．北京：中国人民大学出版社，2011：137.

⑤ 同③255.

⑥ 同④147.

⑦ 中共中央宣传部新闻局．中国共产党新闻工作文献选编：1938—1989年［M］．北京：人民出版社，1990：184.

⑧ 中国新闻年鉴：1995［M］．北京：中国新闻年鉴杂志社，1995：1.

应新技术革命提出的新要求[1]，但在关于新闻工作的基本观念上，并没有发生实质性的变化，坚守的依然是宣传新闻主义的观念。“胡锦涛在坚持新闻、宣传的党性原则方面，表述与以往党中央的一贯认识完全一致。”[2]他在2008年6月视察《人民日报》时指出：“必须坚持党性原则，牢牢把握正确舆论导向。……把坚持正确导向放在新闻宣传工作的首位。”[3]

但是，实事求是地看，改革开放以来，在“宣传新闻主义”这一总观念形式上、概念上没有什么变化的情况下，其实质内容却随着时代的演变发生了许多甚至是巨大的变化，并且伴随改革开放程度的提高和社会变迁的深化，这一观念的内容将不断发生变化更新。

（二）新时期新闻观念的演进描述

尽管新时期以来中国的新闻观念依然可以在性质上确定为“宣传新闻主义观念”，但是，如上所说，我们也注意到，在过去30多年的新闻改革、改进过程中，“宣传新闻主义”的理念内涵，却在随着时代的演进、新闻业的变革不断地发生着变化，呈现出一条比较清晰的观念变革或演进的路线。[4] 因此，我们很有必要就过去30多年新闻观念的演变史做出单独的比较细致的描述。依据以往的研究成果和我们自己的思考，大概可以划

---

① 时任中共中央总书记胡锦涛在2008年视察《人民日报》时，在2009年在北京召开的世界媒体峰会开幕式的致辞中，在2010年考察中国人民大学新闻学院与学生的交流谈话中，都反复强调新闻工作要尊重新闻自身的特点，要按照新闻规律办事，新闻工作者要遵守新闻工作的普遍原则。

② 陈力丹．马克思主义新闻观教程［M］．北京：中国人民大学出版社，2011：155.

③ 胡锦涛．在人民日报社考察工作时的讲话［N］．人民日报，2008-06-21（4）.

④ 在做这样的阶段划分时，我们参照了国内一些主要相关研究成果。可参见李良荣．李良荣自选集：新闻改革的探索［M］．上海：复旦大学出版社，2004；罗以澄，张金海，单波．中国媒体发展研究报告：2008年卷［M］．武汉：武汉大学出版社，2008；童兵．主体与喉舌：共和国新闻传播轨迹审视［M］．郑州：河南人民出版社，1994；罗以澄，吕尚彬．中国社会转型下的传媒环境与传媒发展［M］．武汉：武汉大学出版社，2010；吴廷俊．中国新闻传播史：1978—2008［M］．上海：复旦大学出版社，2011：58-103。在阶段划分上，我主要采纳了张昆教授的看法，但在具体内容的阐释上有所不同。

分为以下几个典型的阶段。① 需要预先说明的是，下述历史阶段的划分，只是根据新闻观念演进历史事实的一个大致的分期，在不同时期之间并不存在绝对的界限。在相对比较平稳的社会进程中，观念的演变不大可能是断裂性的，而多是连续延绵性的，先后出现的新观念之间有着内在的承继与渗透联系，甚至会出现某种历史性的曲折反复。

1. 新闻本位观念的回归

这一阶段大致是 1978 年到 1982 年。该阶段最突出的、具有历史意义的观念变革表现在两个大的方面：一是把新闻当作新闻，二是把报纸当作新闻纸、把新闻传播媒介当作大众媒介，可以说是这一阶段的典型性“新观念”。这两方面统一在一起，实质上就是向新闻本位观念的回归。这种回归，在新闻观念论视野中，标志着中国新闻业一个新时代的开启。

面对刚刚结束的“无产阶级文化大革命”，从时代总体特征上看，这属于拨乱反正、正本清源的历史阶段，是一个全面清除“左”倾错误观念影响、尽快使新闻观念回归正确轨道的阶段。因此，在新闻观念论的视野中，我们可以说这一阶段新闻界关注和讨论的诸多问题，主要属于新闻领域的基本观念问题，诸如新闻的本质问题（定义问题），新闻价值观念问

---

① 我们只是根据历史事实做出描述，也就是说，这里我们只是根据过去 30 多年的实际情况，对新闻观念演变的历史现象做出描述。关于新闻观念的未来走向分析，我们将在后面相关章节展开。另外，如何对过去 30 多年的新闻历史演变过程做出阶段性划分，特别是从观念史的角度进行分段，目前并没有形成统一的看法。但就本研究目前掌握的资料来看，关于新时期新闻观念史的划分有一点是比较明确的：历史事实史与观念史在同一学者的划分中是统一的，也就是说，有什么样的主导观念，就有什么样的主导新闻实践。关于新闻观念演变的历史分期，也没有大的差异，大都分为四个或五个阶段。四阶段分为：第一阶段（1978—1982），第二阶段（1982—1989），第三阶段（1992—1999），第四阶段（2002 年至今），参见罗以澄，吕尚彬．中国社会转型下的传媒环境与传媒发展[M]．武汉：武汉大学出版社，2010。需要简单说明的是，这样的四阶段划分，是以改革开放过程中中国新闻业的转型为基础的。五阶段分为：第一阶段（1978—1982），第二阶段（1983—1988），第三阶段（1989—1991），第四阶段（1992—2000），第五阶段（2001—2008），参见吴廷俊．中国新闻传播史：1978—2008 [M]．上海：复旦大学出版社，2011：58 - 103。

题，新闻真实问题，新闻与宣传的关系问题，新闻业以及新闻媒介的性质、功能问题，新闻报道工作中诸多具体的业务观念问题，还有初步受到重视的受众问题。关于这些基本问题的讨论，恢复了原来的认识或形成了新的认识。比如：在新闻的定义问题上，基本确立了新闻是对新近发生的事实的报道或传布的观念；在新闻价值问题上，特别是在传播视野中，确立了新闻价值要素学说；在新闻真实问题上，反思批判了走向极端的"本质真实论"；在新闻与宣传关系问题上，初步区分了二者的本质区别——新闻是事实信息的传播、宣传是传者意图观念的传播，并重新确立了新闻报道与理论宣传的实践标准①；在新闻业、新闻媒介的性质、功能问题上，否定了单一的阶级斗争工具论观念，澄清了"耳目喉舌"的基本内涵，认可了新闻媒介作为大众媒介的一些基本功能；在新闻业务层面上，则针对消息写作、典型报道等等提出了一系列新的观念和改进措施；在受众观念问题上，恢复了读者需要论的基本观念。上述观念的恢复和确立，应该说在较短的时间内，树立了马克思主义新闻观的基本形象，大致勾勒出了社会主义新闻观念的基本框架，为新的历史时代的开启奠定了基础，为改革开放之后的中国新闻观念更新开了一个好头。

因此，有人在总结这一阶段新闻观念变革的特征时曾指出："1978—1982 年是中国新的历史时期的起步阶段，其间新闻观念变迁的主要特点表现在：首先否定了将新闻看作意识形态或过分强调新闻媒介阶级属性的错误观点，使政治本位的新闻观向新闻本位的新闻观转化。其次是力求改变唯心主义的传统观念，以读者的实际需要作为办报的前提；以探索新闻规律、构建新闻学科框架为主要任务，为新时期新闻学科建设奠定了理论基础。"② 这一总结概括总体上是恰当的、准确的。

① 郑保卫．中国共产党新闻思想史［M］．福州：福建人民出版社，2004：385-388．

② 吴廷俊．中国新闻传播史：1978—2008［M］．上海：复旦大学出版社，2011：66．

2. 新闻（媒介、传播）多元功能观念的形成

这一阶段大致是1983年到1988年。这一阶段，新闻观念变革的内容是十分丰富的，向度也是相当多维的，包括新闻传收中初步的互动观念（反馈观念、双向传播观念）、新闻控制观念、新闻传播过程的整体观念，以及由于传播学的引进而带来的一系列新概念、新范畴，还有伴随社会整体开放、变革、进步以及新闻事业自身变革发展带来的初步的新闻自由观念、新闻法治观念、新闻道德观念，等等。① 这众多观念尽管大都还处于雏形阶段，但对后来中国新闻观念的变革与更新播撒了种子、栽下了幼苗，具有重要的观念奠基作用。但就这一阶段观念变化的典型表现来说，目前大家公认的是，这一阶段最突出的是新闻（媒介、传播）多元功能观念的形成。有研究者指出："在20世纪80年代，中国新闻改革的核心就是对传媒功能的重新定位，把传媒的单一功能变成多项功能。"② 从而确立起新闻传媒的多元或多项功能观。

能够发生这样的变革，当然有许多动力因素，但宏观的背景原因，乃是改革开放打开了久封的国门，同时也打开了科学研究（包括人文社会科学研究）的国门；一些新学科和一些学科的新知识、新观念、新思维、新成果蜂拥而入。其中，"老三论"③ 的进入，特别是其中"信息论"带来的"信息"观念，对新闻观念的更新带来了巨大的影响（因此这一阶段也往往被一些人描述为信息功能观的确立）。我国著名新闻学者李良荣指出，"信息概念对我们原有的新闻观念有不小的冲击"④，包括对新闻事业作用

---

① 吴廷俊．中国新闻传播史：1978—2008［M］．上海：复旦大学出版社，2011：58－103．

② 罗以澄，吕尚彬．中国社会转型下的传媒环境与传媒发展［M］．武汉：武汉大学出版社，2010：12．

③ "老三论"是相对"新三论"而言的，"老三论"指信息论、控制论和系统论，"新三论"指突变论、协同论和耗散结构理论。

④ 同①67．

的认识，新闻报道内容的范围，新闻机构的内部设置与分工，新闻工作者的知识构成与思维、活动方式等，都带来了一定的影响。而与新闻学比较相近的传播学知识观念的引入，同样带来了不小的影响，诚如有人所说："传播学的传入对于冲淡新闻学界的极左政治宣传话语、构建新闻学专业话语系统有着极大的启发意义。"① 这一系列影响和作用，使新闻传播的功能发生巨大的变化，也生成了新的新闻功能观。

现在看来，这一阶段最重要的事件可以说是信息观念的引入。信息观念的引入，最根本的一点是动摇了中国新闻界传统的以"宣传"为本位的新闻观念，初步确立了新闻是以"信息"为本位的观念，确立了信息功能才是新闻的本位功能的观念②。因而，自然而然，新闻不再仅仅是宣传的手段，媒介也不再仅仅是宣传的工具，它们事实上都具有其他的多样化的功能。有学者这样总结道："这一次跨越，导致传媒功能的重新定位：不但要从事宣传，还必须提供信息、介绍知识、提供娱乐等。"③ 人们逐步认识到，"不同的传媒虽然有不同的功能定位，但就整体而言，传媒是以向社会传播信息为其生存依据，传播信息是新闻传媒的第一功能"④。多元功能观念的确立，使人们对新闻媒介、新闻传播、新闻的属性、特征有了更为全面的认知，从而为随后新闻观念的进一步更新，特别是观念更新范围的扩展、向度的增多奠定了基础。

3. 特殊的观念反思与党报观念的进一步强化时期

这一阶段大致是1989年到1991年。经过20世纪80年代初中期一段

---

① 伍静．中美传播学早期的建制史与反思［M］．济南：山东人民出版社，2011：97.

② 正是基于这一点，我将新闻的功能从根本上区分为两大类：一类是新闻的本位功能，即新闻作为事实信息的认知功能；第二类是建立在信息功能基础上的各种各样的多元的派生性与延伸性功能。参见杨保军《新闻本体论》（中国人民大学出版社，2008年版）中的相关论述。

③ 罗以澄，吕尚彬．中国社会转型下的传媒环境与传媒发展［M］．武汉：武汉大学出版社，2010：13.

④ 同③.

前所未有的改革开放，中国社会环境在各个方面都发生了一些变化，各种矛盾也初步显现出来，表现在精神领域、意识形态领域，就是思想环境、观念环境既处于活跃状态又有些相对混乱，外来的和内生的各种观念、思潮相互激荡摩擦，引发了社会的躁动与不安，典型表现之一就是学潮行为接连不断。终于，在一个特殊机遇的激发下，形成了一场特殊的“政治风波”，它给中国社会、中国新闻业以及新闻观念的演变带来了特殊的影响。

正是由于1989年春夏之交的政治风波，才形成了中国改革开放历史进程中短暂而特殊的一个历史阶段。毫无疑问，这是直到目前为止中国30多年来改革开放过程中一个特殊的历史时期。对于这一时期新闻界的表现以及新闻观念的起伏变化，不知出于什么样的原因，很多研究者讳莫如深、语焉不详。其实，这一阶段虽然短暂，但在改革开放的历史进程中有着特殊的意义。从党和政府的角度看，一些影响深远的新闻宣传观念正是在这一阶段中坚定而清晰地确立的，而这种确立和坚定，对之后中国新闻业的改革方向、新闻观念的价值取向具有重要的影响。因此，对这一特殊的历史阶段，很有必要展开深入的、专门的研究。但我们这里限于本研究的性质，只能主要从新闻观念角度加以简要的历史描述。

从新闻观念论的角度看，至少应该从两个大的方面去观察分析这一特殊的历史阶段：一是新闻界在政治风波之后，对过去一些新闻观念，特别是政治风波过程中新闻界一些观念和行为表现的反思①，其中最重要的是

---

① 时任中共中央政治局常委的李瑞环在有关讲话中说，“在今年春夏之交的风波中，新闻界有少数同志背离了党和人民的立场，几乎到了是非混淆、敌我不分的地步。有的报刊对动乱和北京的反革命暴乱起了推波助澜的作用。”参见中共中央宣传部新闻局．中国共产党新闻工作文献选编：1938—1989年［M］．北京：人民出版社，1990。时任中共中央总书记的江泽民指出：“我们要清醒地看到，近几年来资产阶级自由化思潮泛滥，直到今年春夏之交发生动乱和反革命暴乱，暴露出新闻界存在不少问题，有的还相当严重”。参见中共中央宣传部新闻局．中国共产党新闻工作文献选编：1938—1989年［M］．北京：人民出版社，1990。从这些讲话足见当时新闻界行为表现的一个侧面。

对“资产阶级自由化思潮”[①] 的反思和批判，最典型的表现是对“新闻自由”的认识与反思，主要包括对新闻自由的本质、特征（属性）、目的（手段）的认识，特别是对党的领导与新闻自由之间关系的认识。通过反思，新闻界不仅确立了辩证看待新闻自由的观念，也更加自觉地确立了新闻法治观念和新闻职业道德观念[②]。当然，从现在的角度看，在这一特殊的历史反思中，也有一些“过度回头”的表现[③]，但这样的曲折反复，在大的历史视野中，没有什么大惊小怪的，属于正常现象。二是在这一时期，进一步确立了一些统领全局的、重要的“新闻宣传”观念，对之后形成中国改革开放中的主导新闻观念有着至关重要的影响。比如，关于新闻工作的地位与作用问题，新闻工作的基本方针问题，新闻工作的党性问题，“新闻自由”问题，新闻的真实性问题，党对新闻工作的领导问题[④]；特别是至今仍然直接指导中国新闻工作的坚持正面宣传为主与坚持正确舆论导向等大的原则[⑤]，就是在这个特殊的历史时期十分明确而坚定地确立起来的。因此，有学者对这一特殊历史阶段新闻观念的变化概括为“在反思中重构、在稳定中前进”[⑥]，还是比较准确的。

总体来看，经过这一特殊历史阶段，中国新闻界进一步形成了十分明确的具有中国社会主义特色的新闻观念，那就是在改革开放过程中，在社会主义建设过程中，新闻事业的领导权必须牢牢掌握在马克思主义者手

---

① 所谓“资产阶级自由化思潮”，主要是指“盲目崇拜西方资本主义国家的‘民主’、‘自由’，否定共产党的领导，否定社会主义”的思潮。参见方汉奇．中国新闻事业通史：第 3 卷［M］. 北京：中国人民大学出版社，1999：486。

② 1991 年，中国记协通过了《中国新闻工作者职业道德准则》，这是新中国第一个正式颁布的新闻工作者职业道德准则，是中国新闻工作者职业道德走上正轨的重要的历史性标志。

③ 从现在的角度看，当时的反思有其历史的必然性和合理性；但在反思过程中，过度强化了宣传观念，在客观上也就削弱了“新闻”观念。

④ 中共中央宣传部新闻局．中国共产党新闻工作文献选编：1938—1989 年［M］. 北京：人民出版社，1990.

⑤ 同④.

⑥ 吴廷俊．中国新闻传播史：1978—2008［M］. 上海：复旦大学出版社，2011：76.

中，新闻事业必须坚持党的领导、新闻工作必须坚持党性原则，新闻事业必须坚持社会主义方向、坚持改革开放的正确方向，新闻传媒必须成为党和政府的耳目喉舌，坚定地宣传党的路线、方针和政策，坚持正面宣传为主，新闻工作者则必须树立马克思主义新闻观，在政治上、组织上、思想上服从党的领导、遵守党的宣传纪律。[①] 显然，经过这一特殊的历史时期，在新闻观念上，中国新闻界进一步确立和强化的是党报新闻观念、宣传新闻主义观念。

4. 新闻业双重属性观念的明确

这一阶段大致是 1992 年到 2001 年。如果说前两个阶段的观念变革主要是在新闻业务的层面上，第三阶段的变化实质上具有一定的全局性；那么，我们就可以说，从第四阶段起的观念演变越来越具有深层性。因为从此之后的观念变革，开始集中在新闻传播业的性质属性和新闻制度的问题上。这意味着新闻观念的变革越来越靠近新闻活动的内核，越来越靠近新闻业本身，同时也说明中国的新闻改革伴随时代的步伐一直在稳步地推进。

现在回过头来看，这一阶段新闻观念的核心变化是确立了新闻业双重属性——产业属性和意识形态属性——的认知。但关于新闻业双重属性观念的明确，也是承继先前观念变革更新的结果。在新闻业的定性上，或者说是在传播媒介的定性上，伴随改革开放的进程和新闻业自身的演变发展，可以说大致经历了三个主要阶段。

一是从阶级斗争工具论转变为一般的意识形态工具观念。“改革开放初期新闻思想中最核心的变革是，一直统领整个学科的性质论‘报纸是阶级斗争的工具’被摒弃，而由大众传播媒介、新闻媒介观念所取代，报纸的‘新闻纸’面目得以恢复。”[②] 但在改革开放的起步阶段，人们仍然普遍认为新闻传媒属于单纯的上层建筑中的意识形态领域。

① 方汉奇．中国新闻事业通史：第 3 卷［M］．北京：中国人民大学出版社，1999：491－492．

② 伍静．中美传播学早期的建制史与反思［M］．济南：山东人民出版社，2011：99．

二是承认新闻业既有意识形态属性，同时也具有一般产业的属性。这一重大的观念演进发生在1992年到2001年之间。1992年春节前后，邓小平在南方考察过程中发表了一系列谈话，开启了改革开放的一个新时代，带来了又一次重大的思想解放运动、观念变革运动，谈话的核心是指出了“市场经济”的手段性质，解决了“姓社姓资”的问题[①]，因而资本主义可以用的，社会主义也可以用，其成果的集中表现就是中国共产党在1992年10月召开的第十四次全国代表大会上确定了建立社会主义市场经济的改革目标，从此把中国带入建设社会主义市场经济的新时代。与此相应，传媒业也冲破以往单一的意识形态领域观念，一次真正的重大转型开始了。这一转型在观念上最典型的也是最终的表现就是认定新闻传媒业不仅仅是一种事业，同时也是一种产业[②]。在2001年《中央宣传部、国家广电总局、新闻出版总署关于深化新闻出版广播影视业改革的若干意见》中，首次以中央文件形式正式宣布“新闻出版业既有一般行业属性，又有意识形态属性，既是大众传媒，又是党的宣传思想阵地，事关国家安全和政治稳定，负有重要社会责任”[③]。也就是说，从此以官方文献形式，同

---

① 邓小平在谈话中指出：“改革开放迈不开步子，不敢闯，说来说去就是怕资本主义的东西多了，走了资本主义道路。要害是姓‘资’还是姓‘社’的问题。”参见邓小平文选：第3卷［M］. 北京：人民出版社，1993：372。

② 1992年6月，中共中央和国务院发布了《关于加快发展第三产业的决定》，正式将传媒业列入第三产业。这就意味着正式承认了传媒业的产业属性。其实，早在1978年末，《人民日报》与北京的一些新闻单位就联合向财政部递交报告，要求试行“事业单位，企业化管理”，希望通过自主经营弥补财政补贴之不足。财政部批准了这一报告，这也就实质上意味着在政策层面上承认了传媒的市场属性。曾担任过《人民日报》副总编辑的安岗先生在20世纪80年代初就认为：“新闻单位既是党的宣传事业，又是一个经济实体，必须实行企业管理。”他可以说是新中国成立以后“报纸产业化、集团化的先行者”。参见顾潜. 中西方新闻传播：冲突·交融·共存［M］. 上海：复旦大学出版社，2003：113。其实，早在1957年1月22日，王中先生就说：“我认为报纸有两重性：一重是宣传工具，一重是商品，而且要在商品性的基础上发挥宣传工具的作用。”参见赵凯. 王中文集［M］. 上海：复旦大学出版社，2004：16。可以说，这在逻辑上已经提出了新闻业双重属性的观点。

③ 中共中央办公厅、国务院办公厅以中办发〔2001〕17号文件形式于2001年8月转发了《中央宣传部、国家广电总局、新闻出版总署关于深化新闻出版广播影视业改革的若干意见》，从而以官方正式文件形式第一次认定了新闻业的双重属性。

时也在中国新闻人以及普通大众的思想中确立了新闻业具有双重属性——意识形态属性和产业属性——的基本观念。

新闻业产业属性观念的确立，当然不只是对新闻业属性认定的简单变化。这一观念变革，可以毫不夸张地说，带来了中华人民共和国成立以来中国新闻界没有过的根本性的新观念，对整个中国新闻业、新闻职业、新闻教育、新闻研究随后的发展具有深远的、革命性的影响。首先，新闻业从此开始，作为一个独立的产业领域而存在，具有了上层建筑经济基础化的特征，而不再仅仅是党和政府下属的一个舆论机构或宣传部门，不再仅仅是意识形态领域的一种形式；从此开始，作为一个行业的新闻业真正从根基上具有了市场观念和商业意识，“为传媒的市场化转型、产业化发展提供了制度空间和自由”[①]；从此开始，作为一个行业的新闻业具有了独立经营管理的观念，从而也就实质性地意味着新闻传媒有经济基础获得相对可能的自主性和独立性，而这对新闻业、新闻传媒来说，无疑是重大而深远的问题。其次，新闻职业作为一种独立职业、独立角色真正诞生、成长，职业新闻观念真正开始萌发、成长，新闻工作者不再是以往单一的宣传新闻工作者的角色，从而也造成了新闻从业者角色多元化的内在紧张；新的与市场经济相适应的新闻观念、新闻法治观念、新闻道德观念等等开始酝酿、形成、成长；作为受教育者的受众观念开始被作为市场的受众观念、作为服务对象的受众观念等逐步代替（受众本位观念开始普遍出现，但作为公民的受众观念、作为权利主体的受众观念还没有诞生）。最后，产业观念的确立，对新闻教育观念的变化、新闻研究领域的开辟，都带来了相应的影响。总而言之，产业属性观念的确立，开辟了中国新闻业市场化的道路，使中国新闻业开始进入市场逻辑或商业逻辑的轨道，使市场新

① 吴廷俊．中国新闻传播史：1978—2008［M］．上海：复旦大学出版社，2011：73.

闻主义观念或者说商业新闻主义观念开始成为支配影响中国新闻业、新闻职业的重要观念，冲破了以往政治逻辑单一支配中国新闻业的局面。当然，与产业属性相伴随的一系列新的观念（不管是正确的还是错误的）的诞生以及新的现象的出现，也给中国新闻业带来了大量前所未有的问题。从此开始，政治逻辑、商业逻辑、新闻逻辑之间的矛盾在中国新闻业的发展进程中逐步显现出来。

三是从 21 世纪开始，在双重属性的基础上，人们越来越重视新闻业、新闻媒介的公共属性。关于这一问题，显然不属于这段历史时期的核心，不宜在此展开，我们将在后面相关章节中再论。

5. 开放多元的新闻观念

这一阶段大致是 2002 年至今。以 2001 年 12 月 11 日中国加入世界贸易组织（WTO）为标志，中国的改革开放事业进入了一个新的时代。一个面向世界、更加开放的中国展现在世人面前；中国进一步成为世界结构中的中国，世界也进一步成为中国结构中的世界，从而一种中国离不开世界、世界离不开中国的“全球化”局面真正开启。中国新闻业从此开始，真正进入了世界范围的传播和竞争，也要受到一些国际规则或管理的约束。同时，正是在 21 世纪以来，传播技术有了进一步的飞速发展，对整个传统新闻业的结构、媒介生态结构以至整个新闻传收结构带来了巨大的冲击，各种新的传收方式的出现、传收模式的变革对传统新闻观念带来了进一步的影响，加之中国社会转型也进入了一个关键时期。因此，这一阶段的新生观念比较多，有宏观的、中观的，也有微观的，很难做出统一性的概括。因此，我们将从不同方面和层次加以描述和阐释。

第一，全球化新闻传播观念的形成。面对国际社会和全球社会的进一步形成，尽管对中国新闻业来说，其核心的、头等的事情仍然是国内新闻问题，但国际新闻、全球新闻越来越成为中国新闻必须面对的课题，如何展开全球范围内的新闻交流，提高或增强中国新闻的国际传播力、竞争力，如何“向世界说明中国”“向世界传播中国”[①]，把中国的声音传遍世界，大幅提高和增强中国的世界话语权或“软实力”已经成为时代的重大课题。

有学者指出，“2001—2008 年，是中国新闻传播业纳入全球信息文化产业体系的重要转折期”[②]，中国人的新闻传播观念具有了全球化视野。我以为这一判断是基本符合实际的。其实，从 2008 年开始，北京奥运会的召开，汶川大地震的发生，特别是源于美国而影响全球的金融经济危机的爆发，使得中国在国际社会、全球社会中具有了更加重要的位置和更加重大的影响，从客观上促使中国进一步增强了全球新闻传播观念，中国的一些新闻传媒机构也已经开始进入全球信息传播体系。从新闻观念角度说，所谓全球化新闻视野，主要包括这样几个方面：一是对新闻传播普遍原则的认可，对新闻职业伦理道德、社会责任观念的普遍认可。对于中国新闻界来说，这已不是问题。2009 年中共中央总书记胡锦涛在世界媒体峰会开幕式的致辞中已经明确表达了这样的观念。[③] 二是确立了越来越为明确的对外新闻传播观念。从业界到学界逐步认识到，对外新闻传播既要遵守新闻的特征和规律，又要特别重视新闻收受对象的文化特征、思维特征和心理特征，实现有效传播。三是对原生于西方的一些新闻观念，或深化理解，或引入改造，并积极全面展开各种交流活动，规模化出版西方学

---

① “向世界说明中国”是国务院新闻办公室原主任赵启正先生提出的一个口号或观念，其核心是中国传播界首先应该向国际客观、真实、全面地说明中国；“向世界传播中国”是曾任国务院新闻办公室主任的王晨先生提出的一个口号或观念，核心是中国传播界应该向世界传播中国文化、告知中国情况。

② 吴廷俊．中国新闻传播史：1978—2008［M］．上海：复旦大学出版社，2011：93.

③ 2009 年 10 月，胡锦涛在世界媒体峰会开幕式上致辞时提出，世界各国媒体“要充分运用自身特点和优势，广泛传播和平、发展、合作、共赢、包容理念”，“要切实承担社会责任，促进新闻信息真实、准确、全面、客观传播”。这篇讲话系统地向全球传达了中国传媒试图融入世界交往体系的意愿，表明中国新闻传媒在观念上的新姿态和新境界。参见胡锦涛．在世界媒体峰会开幕式上的致辞［N］．人民日报，2009－10－10（1）。

者撰著的新闻传播著述。我们看到，正是在这一时期，一些源于西方的重要新闻观念，比如专业新闻主义观念、客观理念、社会责任理论、新闻自由观念、表达自由观念等，都得到了更为细致深入的研究，形成了一批不错的研究成果。还有一些在实质内容上或概念形式上与中国实际比较契合的观念，被引入中国的新闻研究与实践之中，这一时期比较典型并形成广泛影响的就是"公共新闻"观念。中国新闻界以自己的方式理解和实践"公共"精神。[①] 一方面形成了民生新闻、平民新闻或面对社会弱势群体、边缘人群的新闻潮流，至今这股热潮仍在继续；另一方面从"公共"二字入手，积极探讨新闻媒介的公共性问题，新闻媒介与公共利益的关系问题，一定程度上，可以说已经成为近几年一个相对比较热门的话题。至于新闻领域的国际交流与西方著述的翻译出版，更是如火如荼。人们有目共睹的是，从政府到民间，从组织到个人，从新闻传媒机构到高等院校的新闻传播院系（包括各种研究机构），各种国际会议、人员往来在这些年来已经成为常态活动，大大增强了中西新闻领域不同层次、范围的相互了解、观念交流。[②] 同时，这一时期，越来越多的出版机构，参与到西方新闻传播著作的翻译出版活动之中，一批又一批、一个系列又一个系列的相关著作得到翻译出版。

---

① 在美国的公共新闻运动中，公共新闻的核心价值指向是增强美国公民的政治参与意识与积极性，增强美国公民的公共事务参与意识，当然，也有评论认为公共新闻运动不过是一些新闻传媒的商业策略。对此，可参见第四章相关内容。

② 仅就高等教育领域来看，国内知名或比较知名的新闻院系，比如中国人民大学新闻学院、复旦大学新闻学院、中国传媒大学、清华大学新闻与传播学院、北京大学新闻与传播学院，还有武汉大学、华中科技大学、上海大学、南京大学、暨南大学、厦门大学等等，以及一些外国语大学的相关院系，几乎平均每年都要至少召开一次新闻传播方面的国际学术会议，每个院系每学年至少都有2～3名教师到国外著名新闻院系进行半年以上的学术进修或学术访问，一些新闻院系的著名学者、教授还受邀参加在海外召开的国际学术会议。中国人民大学新闻学院、清华大学新闻与传播学院、中国传媒大学在国家相关政策支持下，开办了国际新闻专业的硕士班，三校从2009年开始招生，每年100～150人。所有这些，都大大促进和提供了中国新闻界的国际新闻传播观念。这些信息是笔者通过相关网站以及在学术交流活动中了解到的，笔者本人也直接参与了许多活动。

第二，信息公开有了制度保障，知情权观念得到进一步强化。这是这一历史时期新闻观念演变的典型表现，不仅促进了新闻业的发展，也大大提升了新闻自由的实际程度。我们知道，世界上越来越多国家建立了政府信息公开制度，知情权也已经成为一项基本的人权。对于中国来说，进入21世纪也加快了信息公开的步伐，逐步建构起了政府信息公开制度。比如，国务院于2003年5月制定《突发公共卫生事件应急条例》，建立了灾难信息发布制度。2005年8月8日，民政部、国家保密局联合发布《关于因自然灾害导致的死亡人员总数及相关资料解密的通知》，使因自然灾害导致的死亡人数能在第一时间向社会公布，体现了对公民知情权的尊重。2006年1月8日国务院发布《国家突发公共事件总体应急预案》，对迟报、谎报、瞒报和漏报突发公共事件重要情况及其他失职、渎职行为，依法处分有关责任人员；构成犯罪的，依法追究刑事责任。2007年8月30日《突发事件应对法》颁布，并于当年11月1日实施，进一步规范了政府的责任。2008年5月1日开始实施的《政府信息公开条例》，明确规定了政府在相关信息公开中的职责等。2008年北京奥运会期间，还有一系列关系到信息公开的相关法律政策公布。而中国新闻界关于四川“5·12”特大地震报道的突出成就，具有重要的历史性标志意义，这就是：它在事实上标志着，与公共利益相关的信息透明、公开和传播在中国的新闻实践中将会进入制度化、常态化的新时代，过去的一些禁区将被继续冲破，新闻自由的范围将会扩大、自由度将会进一步提高，人民群众的知情权将得到进一步的实现。①

第三，在21世纪已经过去的十多年中，以网络技术、数字技术、无

① 杨保军．全面理解新闻的“公开性”：5·12特大地震报道的启示［J］．理论视野，2008（6）：10-14．关于知情权比较系统深入的研究，可参见林爱珺．知情权的法律保障［M］．上海：复旦大学出版社，2010。

线技术、卫星技术等构成的“技术丛”，进一步以巨大的力量促成了新媒体时代或“后新闻业时代”[①] 的开启，这不仅在一定程度上改变了传统媒介生态结构，改变了传统新闻业的结构，同时也在很大程度上带来了新闻生产、新闻传播、新闻收受方式及模式的不小变化，更是从深层次上改变了新闻领域的一些传统观念，使人们不得不对以往的新闻观念（诸如新闻、新闻价值、新闻自由、新闻伦理道德、新闻控制等等）进行全面系统的重思和清理，同时也提出和形成了一系列新的观念，其中最具代表性、最具全局性影响的新闻观念是“融合新闻”观念和“公民（民间或民众）新闻”观念。

尽管人们对“什么是媒介融合（融合媒介）”和“什么是融合新闻”仍然争论不休，但无可置疑的是：“媒介融合”（media convergence）和“融合新闻”（convergence journalism/news）[②] 观念的生成与出现，是新媒体时代在新闻领域形成的重要观念标志。这些观念也属于从美国引入中国新闻界的概念。[③] 显然，媒介融合以“全媒体”共在为前提[④]，融合新

---

① 关于“后新闻业时代”的论述，可参见杨保军．新闻理论教程［M］．2版．北京：中国人民大学出版社，2010。

② 融合新闻有两大方面的基本含义：一是媒介融合情况下的新闻现象——全媒体传播现象，相当于英文的 convergence journalism；二是指具体的一种新闻类型，相当于英文的 convergence news。前者可以说是广义的融合新闻，后者可以说是狭义的融合新闻，这就像印刷新闻、广播新闻、电视新闻、网络新闻等既可以在广义上指以一定媒介形态为基础的整体新闻现象（print/radio/TV/online journalism），也可以在狭义上指具体的新闻类型（print/radio/TV/online news）一样。

③ 中国人民大学新闻学院的蔡雯教授说：“2004年我在美国做富布莱特项目研究的时候，第一次接触到‘媒介融合’、‘融合新闻’这些概念。在阅读了大量相关的论文、专著并对美国一些媒体进行了实地考察之后，我撰写并发表了若干篇文章，第一次把美国媒介融合的经典案例和代表性学术观点介绍给国内同行。”参见蔡雯为麦尚文专著《全媒体融合模式研究：中国报业转型的理论逻辑与现实选择》（中国人民大学出版社，2011年版）写的序言。

④ “有研究者认为，全媒体是媒介融合的中国化概念。……全媒体最早由中国传媒业界提出并作为一种实践理念得到认可。”在基本概念上，“全媒体”被界定为一种传播形态，是指综合运用多种媒体表现形式，如文、图、声、光、电，来全方位、立体地展示传播内容，同时通过文字、声像、网络、通信等传播手段来传输的一种新的传播形态。参见麦尚文．全媒体融合模式研究：中国报业转型的理论逻辑与现实选择［M］．北京：中国人民大学出版社，2011：27-28，33。

闻以不同媒介形态新闻的存在为前提。而融合，则是以数字技术为核心，以网络媒介为平台，使新闻的生产方式、呈现方式、收受方式进入了一种新的模式。在融合新闻观念中，强调的是融合，但“融”或“合”，始终是以“分”为前提的；而且，即使在“融合”的内部构成上，依然是“分”的有机结合。由此看来，“融”与“分”将始终是一对矛盾，是一种辩证统一的关系。媒介融合带来的融合新闻实质上是向人类最自然的传收状态的一种高级回归，媒介融合带来的新闻融合过程也是将人类信息感知系统（视觉、听觉、触觉等）、理解系统（直接的感性经验、直觉与间接的理性把握、概念理解）高度统一起来的一个过程。媒介融合或融合新闻观念的产生，使人类更加坚定一种信念，即越是与自然状态相似的信息传收方式，越是与人类本性接近的有效方式。

公民新闻①，是新媒体时代产生的一种具有全新意义的新闻观念。网络技术、数字技术以及其他相关技术的飞速发展，把人类社会迅速带入一个媒介化社会，带入一个原则上人人可以向社会大众进行公开传播的社会。于是，“公民新闻”现象应运而生，公民新闻观念也迅速成为一个普遍的社会化新闻观念。公民新闻是与职业新闻对比意义上的一个概念，主要是指普通社会大众通过网络、手机等媒介渠道传播的新闻。公民新闻的勃兴，在一定程度上冲破了职业新闻对新闻信息传播的垄断局面，形成了职业新闻与公民新闻共建一定社会新闻环境或新闻图景的景象。更为引人

① 如我在本书其他地方已经指出的，本书把公民新闻也称之为民众新闻或民间新闻。我以为，与公民新闻相比，民众新闻是一个更为准确的概念，它更能反映人人都是记者、人人手中都有麦克风的想象性或推理性景象，因为在现实社会中，传播新闻的不仅仅是“公民”，原则上任何大众个人以及民众组织或群体都可以；同时，民众新闻还是一个可以贯通人类新闻活动史的概念，一个可以用来描述和反映不同时代新闻现象的概念。但公民新闻已经成为一个约定俗成的概念，所以在没有特别强调意义的语境中，我们采用公民新闻概念或几个概念在同等意义上使用。当今民众新闻与新媒体时代之前的民众新闻相比，最大的不同在于，新媒体时代的民众新闻原则上都可以公共化、规模性地社会化，但在新媒体时代之前，只有极为少数的民众新闻可以凭借大众传播媒介公共化、社会化，而绝大多数民众新闻只能在狭小范围以人际交流方式展开，很难形成真正具有社会影响的新闻传收现象。

注目的是，公民新闻以全民化、全时空化的信息传播、意见表达方式，超越了职业新闻信息、意见资源的有限性。这对信息自由、言论自由的扩展与提升，特别是对还没有充分言论自由、新闻自由的社会来说，无疑会带来巨大的冲击和影响，对信息进一步迅速快捷流动、社会大众知情满足、公共领域的有效交流、社会政治民主建设等都具有重要的价值和意义。当然，我们不能过分夸大公民新闻的正面功能效应，它有着天然的缺陷，其真实性、客观性、全面性以及理性程度等，都是令人头疼的问题，也是让社会不安的问题。

第四，进入21世纪以来，人们还看到一种典型的现象，这就是中国新闻界特别是学界越来越重视理论与实践的结合，越来越重视学术研究对社会实践的服务作用，越来越重视理论探索与新闻业发展之间的关系，越来越重视学术研究的资政功能。这可以看作学术研究观念的一种重要变革。突出表现是：各种各样针对中国文化产业硬实力、软实力的报告，新闻行业（产业）发展、传媒发展状况的报告，针对社会舆情、公共事件危机处理的报告，针对新闻职业伦理道德状况、社会媒介素养状况的报告，针对学术研究进展情况、新闻教育情况的报道，等等，如雨后春笋、连绵不断地出现。有些报告已经形成稳定的周期性发布出版的态势[①]，建构起初步的具有历史累积或积淀意义的基本数据，对学术研究、传媒发展、政府决策等形成了重要的基础性参考作用。我们之所以特别关注学术研究观念的这种变革，主要是因为学术研究观念的变化，对新闻观念的演变与更新具有直接的和深远的影响（参见前章关于新闻观念形成的学术机制论述）。当然，我们也应该看到，急功近利、追求实用的学术研究，也使中国的新闻传播学研究出现了肤浅化、碎片化、无聊化的现象，一些学者已

---

① 可参见社会科学文献出版社近些年来出版的“皮书”系列。

经沦为唯利是图的机会主义者、功利主义者，这对新闻学术研究应有的独立性以及理论研究的反思性和批判性等都有相当严重的负面影响。

第五，尽管我们列为最后一点，但却是最为重要的，这就是，从 21 世纪以来这十多年中国新闻传播业的总体发展方向看，从中国未来整体的新闻意识形态变化大趋势上观察，我们以为，这一阶段最重要的观念变化，特别是从能够对当前中国新闻传播业演变发展构成实质性影响的角度看，事实上主要不是上面罗列的几个方面（尽管这些方面都很突出甚至非常重要），而是中国共产党第十七次全国代表大会报告中提出的一种总体观念，十八大继续承接的观念，这就是："保障人民的知情权、参与权、表达权、监督权"（概括为"四权"说）。这样的观念，标志着中国新闻改革的大观念、大方向和大目标，其实质乃是符合中国实际的"新闻自由观念"的开启。这很可能意味着中国新闻业的改革、改进将会迈出更大的步伐。我们相信，伴随中国社会转型的进一步深化，改革开放的进一步深化，新闻行业的结构也将进一步发生新的变革，将会"迈向改革传媒管理体制、推进媒介融合发展、优化传媒功能的新阶段"①，从而为各种新闻思潮、观念的产生、流行与实践提供新的社会基础。

（三）新闻观念演进的重要启示

观察、审视改革开放 30 多年来我国新闻业、新闻观念的演变路径，特别是分析、理解新闻观念变化中诸多实质性的内容，从中可以看到一些或清晰或模糊的规律性的线索，值得我们认真反思、研究和总结，以为今后中国新闻观念的更新提供一定的启示。②

---

① 罗以澄，吕尚彬．中国社会转型下的传媒环境与传媒发展［M］．武汉：武汉大学出版社，2010：16.

② 这里仅仅是基于过去 30 多年新闻观念演变情况的一个简单反思和总结，关于中国新闻观念的未来走向问题，我们将在后面相关章节进行专门的探讨。

第一，中国社会的整体变化转型，特别是经济、政治领域的变革转型，是新闻观念演变更新的基础，也是最为根本、最为重要的动力。尽管新闻传播在一定时期似乎引领了社会思潮和舆论[①]，但深层的力量依然来自社会的经济、政治变革。就过去的 30 多年来看，其中最为重要的，就是在政治权威主导下社会主义市场经济体制目标的明确确立。我们完全可以说，正是市场经济观念的引入与实行，改变了中国社会的根本面貌，动摇了中国社会改革开放前的基本结构。因此，我们还需要对市场经济给中国新闻传播业、新闻观念变化（特别是在主义层面）带来的和将要带来的影响进行全面深入的研究。可以说，这也是新闻观念研究在相当长时期面临的重大课题。

仅就过去 30 多年新闻观念系统的演变来说，信息观念的引入，受众观念的自觉与演变（纯粹的受教育者—新闻信息消费者—拥有知情权的公民），新闻批评监督观念的广泛兴起，新闻业双重属性观念的确立、公共观念的呼唤，新闻自由观念、法治观念、道德观念等等的出现和升华，以及对国外各种新闻思潮、新闻观念的引进与吸纳、批判与反思，都是在中国社会改革开放的整体大背景中实现的。市场经济的引入，逐步改变着以往社会的基本结构，逐步改变着以往人们之间的社会关系。诚如有人所言："市场的转型，必定引发社会基本群体的演变和社会阶层结构的变动，促成社会的发育和成长。"[②] 这种由经济改革促成的政治、社会、文化的变化，也一定会反映在新闻观念、新闻业的变化中。有学者指出，"当人类选择了市场经济这种经济组织方式也就同时选择了让'公意'这种潜在力量成为现实力量的体制。'市场'不仅仅是一种交易的场所、交易主体、

① 比如关于实践是检验真理的唯一标准的大讨论，关于邓小平南方谈话的宣传报道，以及关于各种社会现象、问题、观念等等展开的报道与讨论等。

② 沈原．市场、阶级与社会：转型社会学的关键议题［M］．北京：社会科学文献出版社，2007：9.

交易对象、交易行为和交易规则，更是一种拥有经济力量的人们表达其意志、交换其意志的社会空间。这个空间不但是流动的，而且是开放的。它不但在经济领域内流动，而且还向政治领域和文化领域流动，同时要求政治领域和文化领域必须是开放的”①。在中国，作为政治领域前沿阵地的新闻领域，作为文化领域之重镇的新闻领域，自然会伴随市场经济的步伐演变前行，而这也必然会造成新闻观念的变化和更新。这其中具有历史的客观性和必然性，是任何主观力量都不可能长久阻挡的。

需要新闻界深入思考的是，在30多年的改革开放中，经济领域最深刻的变革实质上就是所有制形式的变革；正是这一革命性的变革，从根本上激活了中国这个潜在的经济庞然大物，使其在很短的时期内奇迹般成为世界第二大经济体，创造了至今全球争议不休的中国模式、中国道路或中国经验。这也再次提醒我们，在传媒业整体上已经显现出经济基础化的态势下，如果关于新闻资产所有制的观念不发生实质性变革，提不出符合中国实际的创新性理论观念和实践观念，寻找不到符合中国实际的新闻业发展道路，新闻观念的整体创新就基本上是空话一句；与此相应，中国新闻业也很难有实质性的新的进步。因此，如何在维护社会主义核心价值体系的前提下革新新闻资产观念，是需要中国社会特别是中国新闻界积极展开探索的重大课题。

第二，过去30多年的经验告诉我们，所谓新闻观念的更新，从新闻观念史的角度看，实质上就是一个去除和抛弃各种非新闻观念的过程，就是一个不断认识新闻特征、新闻规律，回归新闻本位的过程，也是一个认识和把握不同时代新闻（行业、媒体、媒介、传播）个性特征的过程，扬弃旧观念提出新观念的过程。这是一个让新闻业、新闻传媒、新闻传播、

① 晏辉．论政治观念［J］．南京社会科学，2011（6）：8－15．

新闻工作者获得相对独立性、自主性的过程，也是一个让新闻相对独立地发挥社会功能、价值、意义、影响和作用的过程。进一步说，新闻观念的更新过程本质上是一个新闻自主观念成长的过程，是对新闻相对独立价值的认知过程。因此，无论我们怎样强调中国社会主义特色，如何强调党性原则的至高无上，在今后的新闻业发展、新闻观念创新上，都首先要坚持这样的大方向——尊重新闻自身的特征和规律，注重新闻媒介自身的本体功能和基本价值，这是所有新闻观念合理性的基础，也是新闻业能够科学持续发展的基本条件。任何时候，只要背离新闻内在的规律，我们面对的只能是惩罚和教训。

第三，从过去 30 多年的历程看，我们发现，稳中求进既是中国改革开放的总体特征，也是新闻业发展的基本特征。那种超越中国实际、无视中国特色的所谓观念发明创新，无论以怎样的面目出现（激进的或保守的），都可能给中国新闻业以及中国社会的正常平稳发展带来负面影响。稳中求进的社会改革，自然要求新闻观念的演进应该平稳有序。尽管观念更新会像历史演进一样，总是一个起伏曲折的过程，但一旦出现断裂性的观念变革，就很可能造成断裂性的社会实践。人类是在自己的经验和教训中前进的，中国的新闻观念更新需要进一步处理好继承与发展、借鉴与创新的关系。

第四，在过去 30 多年的新闻观念演变过程中，令人们印象最为深刻的一条是，新的传播技术在观念演变更新过程中有着特殊的功能作用，以客观的力量产生和促成了一系列有待人们面对的新问题、新课题。新闻传播技术（技术丛）创新实质上是以最具革命性的"新闻生产力"（工具）要素变革的方式促成了新闻观念的一些特殊变革，有些观念变革甚至具有全局性的、历史性的意义。其实，如果在大的历史尺度上看，不难发现，每一次具有里程碑意义的新闻观念变革与更新，都存在着传播技术这一最为强劲的动力要素。过去 30 多年，特别是进入 21 世纪这 10 多年来，正是以网络传播技术为代表的新技术的不断提升，在一定程度上改变了人们的生活方式、工作方式和思维方式，也使得中国的新闻图景建构出现了前所未有的变化，普通社会大众以公民新闻的主体身份对制度化、职业化的新闻观念提出了积极挑战，迫使中国新闻界不得不做出改变。公民新闻从本质上说是以追求公共利益为基本目的的，它也能够以最为广泛、最为快捷的方式监测环境、守望社会，而它本身就是新闻民主化的实现方式，也是新闻自由、表达自由的一种充分体现。因而，职业新闻如何以新的姿态、新的观念面对前所未有的公民新闻景象，本身就是中国新闻界面临的重要问题。至于在技术变革面前，如何应对新闻业结构的变化，如何在全球新闻传播、国际新闻传播领域凸显中国的合理地位与形象，等等，都是中国新闻界需要做出反应、思考和前瞻的重大课题。

第五，从总体上看，尽管这 30 多年来，新闻观念变革更新成为中国新闻业进步的重要精神力量，甚至成为中国社会发展的重要动力，但既缺乏足够的批判意识又缺少强烈的创新精神仍然是新闻观念演变过程中不可否认的面相。改革开放以来，“批判旧的观念与借鉴西方的新闻传播观念取得了许多成绩，然而在对未来的展望与现有体制反思的观念领域，成果却较为贫乏”[①]，我们缺少“观念人物”，缺少观念更新的勇气和胆量。敢想敢说敢写的思想者越来越少，唯唯诺诺的“知道”分子越来越多；敢做敢当敢于负责的学人越来越少，猥猥琐琐的“学人”越来越多。谁都知道，做一个像样的思想者是需要勇气的。思想者需要以历史为基础，以现实为对象，做出自己的分析、评价和预估，面向未来思考“希望问题”、思考能够如何和应该如何的问题。一个思想者提出的思想、观念或学说、

① 吴廷俊．中国新闻传播史：1978—2008［M］．上海：复旦大学出版社，2011：103.

理论，如果没有理想性，没有应当性，那就等于没有召唤力，没有给人们提供希望。有学者说哲学必须思考希望，其实，所有领域的思想者都需要思考希望，“思考‘希望问题’的确需要勇气，因为希望把思考者带向未来，因为思考希望意味着面临种种风险和不测”[①]。但真正的思想者，更不要说思想家，没有不思考希望问题的。事实上，他们通过思考希望问题，思考未来应该如何的问题，不仅成就了他们自身，也可能成就他们追求的目标和境界。作为观念创新者、发明者，建立在事实基础上的理论设想往往比现实存在更正确、更合理，只有具备了这样的信念，观念变革才有真正的希望。

三、新闻观念演变的动力机制模式

观念演变的动力学考察，直接目的在于发现观念演变的根源，最终目的则是为观念更新寻求有效的合理的路径或方法。新闻观念演变的动力学考察，核心在于回答：是什么样的原因和力量促成或导致了新闻观念的不断演化、变革和更新，从而为我们在新闻改革中顺应、改变和创造相关条件提供思路。对此，我们在上一章讨论新闻观念形成机制时，已经做了实质性地探讨，因而，本节我们将在一般性说明动力构成的基础上，重点阐释新闻观念演变的动力机制模式，以形成对新闻观念演变机制更进一步的理解和把握。

（一）新闻观念演变的动力构成

在上一章，我们已经从多个角度探讨了新闻观念的形成机制，这里，

---

① 于奇智．从康德问题到福柯问题的变迁：以启蒙运动和人文科学考古学为视角［J］．中国社会科学，2011（5）：121－134.

我们换个视角，以一般系统论的方法论观念为指导，再对新闻观念演变的动力要素构成加以宏观说明，以对上一章的论述做出进一步的补充。即我们将一定社会中的“新闻领域”（主要是新闻业）看作系统本体或系统对象，将本体之外所有要素构成的氛围看作本体环境，这样就形成了两个基本方面：新闻观念演变的环境动力和本体动力。由于本体对象是环境中的对象，而环境也只能是针对对象的环境，况且对象与环境的区分对于社会领域来说只能是理论性的、逻辑上的，在现实之中环境与对象其实是整体化的存在，互相渗透，纠缠在一起。因此，关于环境动力与本体动力的区别更多的是理论性的，是为了更好地理解和把握我们所要分析的问题。

1. 新闻观念演变的环境动力

这里的环境是相对新闻领域这个对象说的，除它之外，都可以归入环境范畴，包括物质环境和精神环境（观念环境）。对于环境本身，既可以做整体的把握，也可以分成不同的环境要素加以具体的把握。因此，人们既可以从总体环境的意义上考察环境作为动力要素对于新闻观念演变更新的作用和影响，也可以从构成环境的每个要素出发具体分析每一环境要素对新闻观念演变更新的意义和价值。当然，需要强调说明的是：我们这里所分析的，主要是环境对新闻观念演变更新的影响，暂时不考虑新闻观念对环境的影响或所谓的反作用；但在真实的社会中，新闻观念对社会环境的变化也是具有或弱或强的作用的。

马克思、恩格斯在《共产党宣言》中这样写道：“人们的观念、观点和概念，一句话，人们的意识，随着人们的生活条件、人们的社会关系、人们的社会存在的改变而改变”①。事实确实是这样，就人类创造的新闻历史事实来看，新闻观念演变更新的最大动力要素来自它所生存、运行的

---

① 马克思恩格斯选集：第1卷［M］. 3版. 北京：人民出版社，2012：419-420.

社会环境，而不是它自身；也就是说，社会环境的整体变化对新闻观念的演变更新有着前提性和决定性的作用。实际生活的力量、社会存在的力量，从新闻角度看，就是人们的信息需要或社会整体的新闻需要，是新闻观念演变更新的深层的、根本的动力。

就环境构成要素与新闻观念的演变更新关系来说，几乎每一种主要社会要素，诸如政治、经济、文化、技术等都对新闻观念的演变更新有着巨大的影响和作用，是新闻观念演变更新的重要动力。就一般情况（即常态情况）而言，在区分的意义上，不同环境要素对新闻观念演变更新的作用大小是不一样的，但到底哪一种或哪几种要素的作用与影响更大更强烈一些，很难有一个总体的一般性结论，需要分几种主要情况分别加以说明。

首先，从环境结构与新闻观念的关系上看，由于新闻观念属于观念范畴内的存在，与环境系统中的物质因素比起来，它与其他社会观念要素有着更为紧密的联系或接近性，因此，环境构成中的观念要素或者说一定社会的意识形态系统通常包括科学观念系统对新闻观念有着更为直接的作用和影响（比如，在当下中国，中国特色社会主义价值观念体系对中国坚持什么样的新闻观念具有直接的作用和影响）。相对而言，其他环境要素（比如各种物质要素）的作用和影响就比较间接，需要先转变为一定的观念要素，然后再对新闻观念的变化产生作用。物质世界与观念世界是不可能直接相互作用的，总是要通过一定的精神或观念中介；物质力量可以转化为精神或观念力量，成为观念变革的基础动力。

其次，在长期与短期历史尺度的比较中，应该说一定社会物质基础的变化、生产方式的变化，从根本上、深层次上决定着新闻观念变化的性质、总体方向或长远取向，而社会在一定历史时期的文化潮流特别是政治统治权力甚至是统治权力派别的更替变化，往往都会引起新闻观念的短期变化。封建经济制度、生产方式向资本主义经济制度、生产方式的转变，必然会从社会的根本制度层面改变社会的主导观念从而改变新闻观念（主义）的总体性质和价值取向——专制新闻观念向自由新闻观念的转变；一个社会总体的生产方式一旦从计划经济的生产方式逐步转变为市场经济的生产方式，该社会的主导新闻观念必然或迟或早都会产生相应的转变，市场经济一定会摧毁与其不相适应的各种观念[①]。同样，人们在历史事实中也看到，即使对一个物质生产方式已经相对比较稳定的社会来说，一旦统治社会的政治权力发生不正常的变更，或者说以形式上正常的方式产生出不正常的统治者之后，居于政治前沿阵地的新闻战线，其核心观念也会发生比较突然的、短期的转变，比如第二次世界大战期间德国和意大利的法西斯主义者、日本的军国主义者，在他们的统治下，这些社会中的主导新闻观念也变成了法西斯主义和军国主义式的战争宣传新闻观念。在这一意义上，我们可以说，在“社会人群”（或社会主体结构）区别上，一定社会中的政治家（或政客）或在一般意义上说社会中的精英人群，比起其他人群来，对新闻观念的变革影响更为直接强烈。但从长远意义或大的历史尺度上看，社会大众是创造历史的主要动力，他们是任何社会演变发展的主体基础，任何违背社会大众集体意志、公共利益的“精英”或“英雄”只能一闪而过，要么是“闪电”、要么是“鬼火”。

在短期历史尺度视野中，人们常能看到一种典型的现象，即在一些特殊的社会环境或社会状态中，诸如一个国家处于动荡状态、战争状态或其他危机状态，人们观察到的事实通常是：政治要素对该社会采取什么样的主导新闻观念或新闻观念向哪个方向改变有着决定性的作用。因为这样的环境或状态对任何一个社会来说，在历史的长河中必定是短期的、暂时的，这样的状态也是非常态的，政治家们或统治者大都会选择特别时期的

① 当然这种摧毁并不都是正面的，市场经济也有其邪恶的、消极的一面，也会引发诸多消极的社会现象和不良的社会观念，包括新闻观念。

特别观念。

再次，人们应该注意到，在不同的社会制度环境中，影响新闻观念演变的主要要素在直接性上通常具有一定的差别。就社会为人们提供的经验事实来看，通常在威权政治社会或整体性的政治社会中，政治要素无疑具有更为直接的权威性的影响和作用，而其他因素能够发生怎样的和多大的影响，都要以政治权力意志为转移。因此，在这样的社会中，新闻观念的变革方向选择主要以政治权力意志的偏好（实质上就是政治利益）为目标。相反，在民主程度（社会民主、政治民主等）比较高的社会中，公众偏好（实质上就是公共利益）更能影响新闻观念的变化趋势。因而在普遍意义上说，政治制度或政治体制是促成新闻观念变化要素中的核心要素。人们知道，社会差别，更突出地也更全面地表现在文化差异上，因此，一定社会的文化传统，特别是文化长期演化形成的比较稳定的文化特征、文化价值观念、价值理想，对新闻观念的价值取向具有根基性或基础性的影响。因此，一旦一个社会的文化观念发生变革，也就会促使各个社会领域的观念发生变化；而一定社会现行所倡导的主导文化价值观念，将决定新闻观念的演变方向。如果将上述几个方面结合起来，我们就能够理解为什么在当下中国实际采取的是宣传新闻主义观念，同时又总是受到商业新闻主义观念的影响；我们也能够理解为什么在美国实际采取的是自由主义新闻观念（表现为专业新闻主义观念），同时又有浓厚的商业新闻主义观念的价值取向，还又经常性地受到党派新闻观念的渗透和影响。

又次，有目共睹，一个越来越明显的事实是，技术进步是促使整体新闻文化观念或媒介观念、传播观念、新闻观念变化更新的十分重要的因素（这一要素当然不能简单地看作环境要素，它同时也可看作新闻观念变化的本体要素），甚至可以说是一个根本性的要素。新的传播技术的发明创造，往往成为引发新观念得以产生的核心动力因素。我们如果稍微放开眼界观察和思考，就会发现，任何重要传播技术的发明、创造和普遍运用，改变的不仅仅是媒介观念、传播观念、新闻观念，改变的可能是一定社会以至整个人类的生存景象、文化图景①。荷兰著名文化史专家彼得·李伯庚就指出："古腾堡的发明（指约翰·古腾堡发明的金属活字印刷术。——引者）为欧洲社会带来了经济、技术和文化上的一连串革命，有的学者甚至认为，这是西方几千年来经历的最重要的一次文化革命。"②今天，一个普通人都能看得明白，传播技术的每次革命性进步，都成为人类发展历程中的里程碑，印刷术之后的电报、广播、电视、计算机、卫星、网络……每一种都给人类的生存、生活、生产带来了整体性的巨大作用和影响。仅从我们这里关注的新闻观念变化与传播技术的宏观关系看，时代性的技术发明创造，总是带来时代性的新闻观念变革，尤其是新闻功能观念、价值观念的变革，总是与传播技术有着直接的、不可分离的关系。当然，技术对观念变革的动力影响，也总是离不开其他社会因素的协同作用。对此，我们将在后面相关章节再作阐释。

最后，对于新闻观念的演变更新来说，在诸多环境动力要素中，还有一种特别的与观念变化几乎一体化的动力要素，这就是学术动力，也可以称为研究动力。与实践领域相应的学术研究，由于其自身特有的历史反思性、现实批判性、相对的自主性和独立性以及理论前瞻性，往往成为一些新观念诞生的先声，成为一个领域相关观念演变与更新的重要的先导性力量。事实上，很多新的观念，最先并不是来源于新闻实践领域，而是来自

---

① 英国政治家、哲学家、科学家弗兰西斯·培根早在17世纪时就已指出："我们应当注意发明的力量、作用和产生的后果。特别要注意古代人闻所未闻的那些发明……具体就是印刷术、火药和罗盘。这几样发明……改变了全世界的面貌和发展。"转引自李伯庚．欧洲文化史：全球史视角下的文明通典：第2版：上［M］．赵复三，译．南京：江苏人民出版社，2012：233。

② 李伯庚．欧洲文化史：全球史视角下的文明通典：第2版：上［M］．赵复三，译．南京：江苏人民出版社，2012：237.

学术领域。只要我们回顾一下这几十年来中国新闻业的改革历程，就能发现，信息观念、受众观念、公共新闻观念等等都首先是由新闻学界提出的，之后才带来了新闻业的实际变革。有人说，"'新闻专业主义'研究，不仅为中国新闻理论体系的建构增加了新的内容，而且为新闻改革的推进锻造了锐利的理论武器"①。所谓"为新闻改革的推进锻造了锐利的理论武器"，最实质的东西就是这样的研究，为新闻业界的改革提供了理论支持、提供了新的思路、提供了新的观念或理念。

除了上面的相关环境要素外，还有许多社会因素对新闻观念的变化会有影响。比如，在今天这样的全球化时代，任何一个社会都难以实质性地封闭自我，因此，相对一定社会而言的全球环境（经济、政治、文化等），不仅是一般意义上的有时甚至成为极为重要的引发一定社会新闻观念变革的环境要素。又如，一些社会事件特别是公共事件的偶然发生，甚至是一些自然灾难的突然降临，都可能成为新闻观念演变更新的动力，甚至会成为观念演变更新的机遇或节点。如此等等，我们就不再一一讨论了。

2. 新闻观念演变的本体动力

这里所说的本体动力，是指新闻领域内部的动力，特别是新闻行业内部的动力。我们承认人类的新闻活动是有其自身客观特征和客观规律的活动，这就从根本上意味着，新闻观念的演变更新，有其内在的基本逻辑，绝对离不开新闻领域自身的内在变化。环境动力再强大，其作用仍然要通过本体的变化去实现。新闻领域的外在环境动力，只有传导为、转化为新闻领域内在的本体动力，才能最终对新闻领域内部包括新闻观念的变化产生影响，所谓外因只有通过内因才能产生作用。因此，关注新闻观念演变的本体动力，无论对理论研究还是实践活动，都是非常重要的。关于本体

---

① 吴廷俊．中国新闻传播史：1978—2008［M］．上海：复旦大学出版社，2011：6.

动力问题，我们可以重点从以下几个方面加以考虑。

第一，从宏观视野考察，人类新闻活动、新闻业发展的整体状况与趋势，内在地规定着新闻观念的整体水平、观念样态和观念趋向。因此，每当新闻业进入一种新的历史形态，就会以不可阻挡的动力，促成相应新闻观念的产生出现。印刷新闻业的成形是产生印刷新闻观念的前提，只有印刷新闻业发展到一定的程度，人们对于印刷新闻（主要指新闻性质的报刊）的性质、特征、功能、价值以及它与社会环境的关系等等才会形成一定的认知观念和价值判断。同样，广播新闻业、电视新闻业、网络新闻业以及一些具体的新闻运动或新闻潮流，诸如扒粪运动、深度报道、民生新闻、公共新闻运动等等，只有它们本身演变发展到一定程度，人们才能比较充分地认识它们的特征和价值，形成比较清晰的认知观念和价值观念。当与大众新闻传播、职业新闻传播相对应的民众新闻、公民新闻现象出现后，与公民新闻相关的一系列观念也就自然产生了；当大众传播模式在客观上不断分化出分众传播、小众传播、“个众”传播等等模式后，相应的分众观念、小众观念也就诞生了……看得出，所有这些所谓新观念的产生或出现，都是人类新闻活动、新闻业自身内在演进的必然结果。如果没有新闻活动、新闻业自身的这些内在变化，新观念的出现将失去基础。

当中国新闻业在市场经济环境运行中逐步进入产业化状态后，传媒产业观念、新闻产业观念也就自然而然出现了，关于新闻业的双重属性（产业属性与意识形态属性）的观念也就自在地生发出来了。新闻业自身的客观属性变了，人们就会寻求相应的概念反映其新的内涵。随着新闻改革的深化，近些年来新闻业、新闻传媒越来越显现出作为公共事业、公共领域、公共平台的本性和功能，于是关于传媒的公共观念、公共精神等也就水到渠成了；进而，人们便开始用“三重属性”（产业属性、意识形态属性、公共属性）的观念来描述和定性新闻业的属性。

当信息传播、新闻传播对人们的日常社会生活、工作、心理、观念产生切切实实的作用时，当新闻活动对文化教育、知识传播、社会道德、社会风气等等产生实实在在的作用时，当新闻业自身的演变发展对整个社会政治、经济、文化等发生巨大影响时，新闻自由、新闻道德、新闻控制、新闻的社会责任以及新闻与社会各个领域的正当关系问题才会成为新闻认识的对象，才会成为新闻认识关注的紧迫问题，从而逐步形成一系列的与新闻现象、新闻活动、新闻业、新闻传播相关的观念。只要新闻现象系统内部发生了变化、出现了新的景象，原则上说，就会有新的思想、新的观念以各种方式表现出来。正所谓内因是变化的根本，而根本的变化既会在客观现象上表现出来，也会通过主观认识、主观观念表达出来。

因此，观念更新的根本恐怕主要不在主体的观念发明和观念想象，而是新闻业自身的创新和发展，E. P. 汤普森（Edward Palmer Thompson）说："打破旧观念，提出新假设，重构新范畴，不是一个理论发明（invention）的问题。"① 当新闻业自身创造出新的景象、探索出新的路径时，相应的观念更新也就有了根基，有了得以产生的内在动力和基础。尽管主体的能动性和创造性，使人类可以依据历史和现实进行前瞻，对未来做出想象，从而形成精神动力和观念召唤，但从一定时代现实的、主流的新闻观念来看，其新闻观念的整体形态是难以超越历史的。也就是说，人类新闻活动的整体水平，从根基上决定着新闻观念的整体形态。当然，观念并不总是跟随性的，也是反思性、批判性、前瞻性和引领性的，它往往是新闻业实际变革更新的先导，对此，我们后文专列论点再作阐释。

---

① 沃勒斯坦．否思社会科学：19世纪范式的局限［M］．刘琦岩，叶萌芽，译．北京：生活·读书·新知三联书店，2008：62.

在宏观视野中，新闻领域内部形成的历史、传统、习惯、观念、制度等等新闻文化因素，都会以先在的力量约束和限制新闻观念的变化；任何新闻观念的变化更新都在某种意义上或程度上需要摆脱对新闻文化传统路径的依赖。因此，一定社会新闻文化的特性，对新闻观念的演变方式、方向有着深层次的影响和作用。对于一种政治性、宣传性比较强的新闻文化来说，历史的惯性使得新闻观念更容易偏向宣传新闻主义的变化，而对一种商业性、专业性比较强的新闻文化来说，历史的惯性使得新闻观念更易于向商业新闻主义、专业新闻主义的方向演变。新闻观念的变革与更新，在一定意义上其实就是对既有新闻文化的变革、扬弃和超越。

第二，从中观、微观层次上看，一些新闻传媒观念的变革、新闻业务操作观念的产生与出现，更是新闻业自身演变发展的内在客观需要所致。新闻领域尽管在整个社会系统中具有比较明显的附属性，但它也是相对独立自主的社会活动领域，它有自身相对特殊的生存发展方式，这样的自主性、独立性、特殊性不是抽象的，而是实在的、具体的，会表现在新闻传媒的日常经营管理运行中，表现在常态的新闻业务运作中，这些本体性的运行、运作变化必然造就相关观念的变化和更新。仅以中国新闻业近些年的发展变化为例（一定程度上也反映了全球新闻业的基本情况），人们可以看到，中国新闻业作为党和政府耳目喉舌的内在性质，使得新闻传媒必然会以宣传新闻主义的主导观念支配和指导自身的传播活动，并且这一性质规定，从根本上限制和约束了传媒新闻观念创新的大方向。而身在市场经济环境中运行的新闻传媒，必然要遵循市场经济的特征与规律，于是，便自然而然地、内在地催生出新闻竞争观念、新闻市场观念、新闻受众观念（受众是上帝）等。相应的，在新闻业务操作上也就出现了一些合理的或不合理的甚至还有丑陋的错误观念，诸如坚持正面报道（宣传）为主的观念、坚持与党和政府意志一致的舆论导向观念[①]、新闻策划观念、新闻炒作观念、有偿新闻观念等等。新闻竞争促成了新闻市场、新闻受众的自然分化，于是高级（精英）新闻观念、大众（平民）新闻观念又在新的时代环境中出现了，作为受众的社会人群也被区分为高级的（有影响力的或影响力大的）、低级的（无影响力的或影响力小的）或有效的（有消费能力的或购买力强的）、无效的（无消费能力的或购买力弱的）。如此等等观念的形成，都是新闻传媒在新环境中运行、运作的内生产物，也是新闻传媒生存发展过程中的必然。

近些年来，人们感受更为直接也更深刻的是，在新的传播技术力量的大力推动下[②]，新闻业开始进入新媒体时代、融合时代（媒介融合时代）、全媒体时代（可以统称为“后新闻业时代”），于是新的“媒体代际观念”形成了（旧的或传统媒体时代，新媒体或非传统媒体时代）、新的“序际观念”诞生了（第一媒体、第二媒体、第三媒体、第四媒体、第五媒体，可能还有后续），新的媒介生态观念（媒介生物、媒介生存平衡等等）产生了、新的媒介环境观念（虚拟环境、网络空间、网络环境等等）出来了，如此种种，不一而足。在这众多宏观观念生成的同时，也自然生成了大量新的新闻业务层面的观念，典型的如全媒体新闻、融合新闻、背包新闻（记者）、立体化新闻、全息新闻、全天候新闻、云新闻等概念和观念。至于与各种新的媒介形态和新的传播方式相应的新概念、新观念的生成就更是自然天成的事情了，诸如网络新闻、在线新闻、手机新闻、博客（还

① 坚持正确的舆论导向是中国新闻传播的重要方针，也是新闻工作最基本的指导观念；而所谓舆论导向正确，首先在于政治正确，即与党和政府的意志相一致，与党和政府的路线、方针、政策相一致。这是由中国新闻业作为党和政府耳目喉舌的根本性质所决定的，任何试图以其他标准衡量舆论导向是否正确的做法在现实性上都是不可能的。

② 传播技术以及与其相关的系列技术，既可以看作社会环境为新闻业发展提供的动力要素，同时也可以看作新闻业内部的一个重要因素。因此，我们在环境动力与本体动力两个方面都加以讨论。

有其他各种各样的“客”）新闻、微博新闻、物联网新闻等概念，铺天盖地，让人应接不暇。相信这种景象还会持续下去。毫无疑问，只要新闻领域存在并持续不断地变化发展，新的新闻概念、观念就会层出不穷、连续不断。至于哪些概念、观念经过历史的磨炼能够留存下来，能够成为记录、反映和承载人类新闻活动史、新闻思想史的符号工具，那是另一个问题了。

第三，上面两点，我们主要是从“物”的角度分析了新闻观念演变更新的本体动力，本点我们将主要从新闻活动主体角度考量新闻观念变化的内在动力问题。人们知道，不管什么观念，总是人的观念，因而主体总是推动观念演变更新的直接动力要素，任何新观念的产生、旧观念的扬弃，都要通过主体这个不可缺少的中介。新闻活动主体特别是职业新闻主体乃是新闻观念演变更新最为直接的内在主体动力要素。

直接从事职业新闻活动的人员，往往是推动新闻观念变革更新的直接动力（当然也可能成为阻力，或者说负动力）。他们身在新闻业内部，应该说，最能体会新闻传播的实际情况，最能直接观察新闻传播的真实面目，因而相对而言最能看清新闻传播应该追求的价值和方向（当然也可能出现身在庐山而不识庐山真面目的情况）。但我们以为“识”是常态，“不识”是例外，要真正认识一个事物，只在外边观察，看清的也只是大致轮廓，只有深入内部，才有可能认清内在的机理。任何外加的或内生的新闻观念要对实际的新闻活动产生作用和影响，最终还是要通过新闻传播主体的新闻行为来体现的，新闻从业者是接受运用或抵抗反对某种新闻观念的终端或“神经末梢”。因而有人说，“精英（指政治人物、思想家及著名报人。——引者）的思想固然重要，但精英的思想绝不是决定新闻传播事业、新闻传播制度发展演进的唯一因素。……新闻从业者对新闻活动的直接感悟、体验，他们的专业意识和职业精神，信息接受者对传媒的角色期待，在某些时候甚至比精英的思想更加重要”①。当然，我们也不能过分夸大新闻从业主体作为新闻观念变革更新动力要素的作用，因为一种新闻观念特别是“主义”层面的新闻观念能够发生变化，是各种要素整体作用的结果，尤其是一定社会整体的政治制度、经济制度、文化制度共同作用的结果。

除了职业新闻主体之外，其他新闻活动主体，诸如从事新闻教育、新闻研究的人员，既可以看作环境动力要素，也可以看作新闻观念的内在主体要素，但无论怎样划分，他们常常是推动新闻观念演变更新的先导性动力要素。关于这一点，我们在上一章以及上文的新闻观念形成的学术机制、学术动力中已有阐释，这里不再赘言。其他新闻活动主体中的新闻控制主体、收受主体同样也是新闻观念演变更新的重要动力。作为主体要素，控制主体可以更多地看作环境动力要素，对此，我们在上文也已从政治要素角度阐释过了，不再多言。新闻收受主体，就作为完整的新闻传收过程来说，应该更多地看作新闻活动的内在主体要素，但从作为社会活动领域或社会现象的新闻活动来看，可以把新闻收受主体看作环境主体要素。但不管做哪一角度的观察和分析，从原则上说，新闻收受主体是新闻观念演变更新最重要的主体动力要素；最主要的原因是，受众以反映社会整体新闻需要的方式从根本上决定着新闻观念演变更新的整体方向和长远目标，同时受众以公民知情权主体的身份从根本上左右着、调整着新闻传播的价值观念和理想追求。

在做过上述动力构成分析之后，需要再次说明的是，有些动力要素实际上既在环境之中，同时又在新闻行业本体内部。比如，技术要素，新闻教育、研究（学术）要素以及一些主体要素等，既可以放在环境动力要素

① 张昆．中外新闻传播思想史导论［M］．上海：复旦大学出版社，2006：5.

中，也可以放在广义的新闻领域内部要素中来讨论。因此，我们上述的划分，只是为了讨论方便的一个逻辑划分，在现实中，系统与环境的边界并不是那么清晰。作为动力要素，内外往往是综合在一起发挥作用的。

另一个特别需要说明的重要问题是，所有的所谓新闻观念变化或更新的“动力”要素，不管是外在环境中的还是内在于新闻业或新闻领域中的，在一定情况下，也都可能成为“阻力”因素。某种要素，在观念变化过程中，到底发挥的是动力作用还是阻力影响，既是事实问题，也关涉到价值评价问题。这背后还关系到更为重要也更为复杂的问题，就是如何评判新闻观念。对此，我们将在下一章展开专论。

（二）新闻观念演变的动力模式

对新闻观念演变更新动力要素的构成分析，目的在于寻求发现新闻观念演变更新过程的基本模式。也就是说，前述各种动力要素是以怎样的组合形式，怎样的基本路径和方法，使新闻观念变化和更新的。根据对新闻观念实际演变更新的历史考察，并像我们在上面分析新闻观念演变更新动力构成一样，运用系统论的方法，以新闻系统为本体、为对象，以社会系统为外在环境，我们可以将新闻观念演变更新的基本动力机制类型概括为以下几种。

1. 外驱主导型

所谓外驱主导型，是指新闻观念的变革与更新动力，主要来自新闻系统所处的外部环境，即新闻观念主要是在环境力量左右下、驱动下发生变化的。与其他模式相比，外驱主导型是新闻观念变化的主要模式、常态模式。

外驱主导型能够成为新闻观念变化的主导模式，是有其内在原因的。在马克思主义新闻学视野中，新闻领域本质上属于社会意识形态系统的有机构成部分，新闻观念是意识形态的一种典型表现形式。这就从根本上意味着，尽管新闻业、新闻传媒、新闻传播、新闻对整个社会发展有着独特的作用和影响，很多情况下还表现为积极能动的作用和影响，但它们在总体的社会结构中，在源流（物质与精神）结构关系上，在社会上层建筑内部（政治上层建筑与思想意识形态）的结构关系上，属于社会的受动系统、能动的反映系统。这种受动性、反映性，首先表现为它受制于社会的物质生产方式，受制于经济基础、经济结构方式，其次表现为它受制于与它同处上层建筑领域的政治思想、法律思想以及政治统治制度与方式、法律制度与方式。新闻领域与社会整体之间的这种总体结构关系，决定了新闻观念的变化与更新，特别是一定社会“主义”层面或主导新闻观念的变革与更新，其主导模式恐怕只能是被驱动的或外力驱动型的，即是在社会政治、经济、文化、技术等整体力量的推动下变化更新的，尤其是在社会处于常态稳定的情况下。

外驱主导型模式意味着，在一定社会中，没有政治、经济等观念、制度、实践方式的变革，主导新闻观念是很难自主变革更新的。换个说法就是，新闻观念的变化会始终受到政治等社会环境力量的制约和控制。依据历史唯物主义的社会结构和社会形态理论，在一定社会中，经济基础与政治上层建筑总是保持着宏观的一致性，即经济上处于统治地位的社会力量（阶级、阶层），其政治思想也总是处于统治地位，因而所谓新闻观念变革的外在主导型模式，实质上就是政治权力、政治统治方式主导型模式；统治权力总是要求主导新闻观念的变革与政治观念的变革更新保持一致性，在今天这样的媒介化社会中就更是如此。因此，顺便可以指出的是，在总体意义上，一定社会中的新闻传媒主导系统（主流媒体），也许不是该社会中某个政党、某个政治组织或利益集团的耳目喉舌，坚守的是自由主义新闻理念，但它从根本上一定是该社会政治制度的耳目喉舌，本质上是其政治制度的宣传者和维护者。[①] 如果传媒在社会权力结构中附属于政治权力，那它就很可能成为政治权力集团的耳目喉舌；如果传媒在社会权力结构中本质上属于社会大众、属于人民（比如在真正的民主社会中），那它很可能就成为为社会大众服务的工具，坚守的基本观念就是公共观念、为社会大众服务的观念。只有社会的权力结构（政治权力、经济权力、文化权力等）方式变化了，社会的主导新闻观念才有可能发生根本性的变化。

具体一点说，外驱主导型模式大致有两种主要形式：一种是新闻观念的变革更新动力，主要来自一定社会内部环境的主动变革和调整，这是最为常见的形式。在外驱主导型中，可能还有另一种比较特殊的情况，这就是，对于一定社会的新闻观念系统来说，其观念变化更新的力量很可能是由于本社会（国家、地域）之外新闻观念或其他社会观念（包括政治观念、经济观念、文化观念等）的进入（强行输入、主动引入等方式）激发的；也就是说，新闻观念的变革更新动力，主要来源于一定社会环境外部更大的环境，即来源于一定社会新闻系统的国际环境。对于第三世界的国家来说，在近代新闻业兴起的过程中，几乎都有过这样的历史经历。比如，从宏观上说，现代新闻观念在中国的整体形成就首先是西方近代新闻观念输入的结果，是西方物质文化、精神文化强行进入的结果。我们如果再回想一下 20 世纪 50 年代，也会发现同样的模式。当时，中国新闻宣传工作者的新闻宣传观念，很大程度上是向苏联学习的结果。塔斯社、《真理报》的观念成为学习的对象，甚至成为写稿、办报的最高标准。在今天这样的全球化时代，这一点就更为常见了，也越来越突出。人们看到，一

① 比如，在美国的某一家新闻媒体，可能既不是民主党的喉舌，也不是共和党的喉舌，但它却是美国政治观念、政治制度的喉舌；如果它不是这样的喉舌，就不可能在“自由”的美国得到生存发展的机会，因为美国的民主党和共和党，不管谁执政，首先都要维护美国的政治价值观念、民主政治制度。一般意义上说，任何一个社会，都不会允许反国家政治制度的新闻传媒合法地、公开地存在和运行。而一个社会，怎样才能建立起适应一定历史发展阶段的合理的政治制度，则是另一个问题。

些重要的新闻观念，或者兴盛一时的新闻观念，像公共新闻观念、融合新闻观念，也首先是从西方世界引入的结果。这些观念一旦进入，便形成一种动力，促使新闻界变革更新以往的一些观念。再宏观一点看，人们用“文化帝国主义”“信息殖民主义”“新闻霸权主义”“话语权侵占”甚至包括“和平演变”等等概念、观念或理论，所反映、描绘的很多现象也属于我们这里所说的一些情况。

但在后一种外驱主导型模式中，我们应该明白，尽管有些观念更新表面上看是外来引进观念直接造成的，但实质上总是有内部环境或内在的某种需求作为根本动力，外部力量发挥的主要是激发作用、引信作用。比如，新时期以来从外部环境引入（有些是在新的时代环境条件下重新或再次引入的）的专业新闻主义观念、新闻自由观念、公共领域（public sphere）观念（传媒的公共性）、公共新闻观念、融合新闻观念等等，以及诸多更为微观层面的观念，它们之所以在中国新闻领域产生作用和影响——或对原有的一些新闻观念形成冲击，或弥补了原有观念的一些不足，甚或带来了全新的观念，最根本的原因仍然是中国新闻领域自身改革改进的需要。需要顺便说几句的是，在对待来自中国之外的新闻观念时，无论是哪个层次的、什么范围的，科学的态度都不应该是简单地、不加批判分析地直接使用，或用它们直接套用中国的实际，或仅作观念逻辑的演绎；最根本的是从中国的实际出发，使引入的观念能够转化成有益于中国新闻业发展、有益于中国社会进步的观念。“如果脱离中国自己的国家与社会状况，单纯地满足于异域观念的演绎，那么，即使能触及部分现象甚至某些局部的核心，但却肯定会失去研究对象的完整性，最终让我们的研究和关于历史的叙述不断在抽象概念的替代和游戏中滑行。”①

---

① 李怡．中国现代文学史的叙述范式［J］．中国社会科学，2012（2）：164－180.

2. 内驱主导型

所谓内驱主导型，是相对外驱主导型而言的，是指新闻观念的变化或更新的主要动力来自新闻领域或新闻业内部，即是新闻领域内部的客观需要和变动力量引发、驱动、造成了新闻观念的变革。由于如上所说的新闻领域、新闻业在社会整体结构中的地位，使得在一般情况下，这种模式更多表现在新闻业务观念的变革中，而一定社会“主义”层面或主导新闻观念的变革，很难仅仅通过内驱主导型的观念变化模式来实现。主义层面或主导新闻观念的变革更新，通常要么通过外驱主导模式要么通过内外共振型模式来实现。

内驱主导型能够成为新闻观念变化更新的一种有效模式，根本原因在于新闻领域的相对自主性和独立性。尽管新闻业在不同的历史时代、不同的社会之中所具有的或获得的自主性、独立性程度有所不同，但其自主性、独立性不可能从本性上失去或泯灭，这是由人类新闻活动的本体性造成的，也是由新闻业的历史演变建构起来的。何况，新闻领域、新闻业不仅是一个相对独立的社会系统，有其自身的运行特征和内在规律，而且在现代民主时代开启之后，在相当普遍的范围内，世界上越来越多的国家和地区，为了让新闻传媒和新闻传播在社会发展中更好地发挥正面效应和作用，都在制度设计上（主要通过法律形式承认新闻自由的存在和必要）、社会分工上（承认新闻专业的独特性、新闻职业的独特社会价值）对新闻领域的自主性、独立性给予越来越多的认可和尊重。而在新闻观念论视野中，这都意味着新闻观念的变化与更新，有了更多的通过其自身的内在动力机制和演变逻辑来展开的机会和可能。内驱主导型模式之所以能够产生作用的另一重要原因在于，在各种内外条件的作用下，新闻领域、新闻业本身是不断发展变化的，这就从根本上为新闻观念的变化更新提供了坚实的基础和根据。新闻现象、新闻业自身的变化发展，必然呼唤和促成新老观念的更替、承继和扬弃。

在新闻观念的变化更新上，内驱主导型模式会表现出各种各样的具体形式。最主要的、典型的可能是这样几种：

第一，新闻活动自身的规律性是造成新闻观念变化更新的基础形式。以新闻信息传收为核心的新闻活动有自身的客观规律，它会以自在的客观力量不断校正主体那些背离新闻规律的所谓新闻行为。每当出现过度偏离新闻活动本性（主要是以新闻信息满足社会新闻需要）的“新闻行为”，就会给新闻业自身和社会造成一定的恶果，这种现象在中外新闻史上并不鲜见。规律正是以“后果比较严重”的方式提醒和警示新闻活动主体逐步回归新闻本位，按照新闻规律办事。[①] 主体新闻活动的规律是校正新闻活动方向、校正新闻活动基本观念最为隐蔽但也是最为强大的内在力量。

第二，新闻竞争促成新闻观念的变化更新。新闻行业内部的合作与竞争，是新闻观念变化更新的重要动力。不管在何种社会环境中，每一新闻传媒都要追求自己的生存、发展和壮大，因而按照一定规则展开合作特别是竞争是必然的；而为了在竞争中赢得先机或保持持续的领先地位，就得不断探索寻求能够取胜的战略、策略、途径、方式、方法、措施以及战术与技巧，而所有这些东西，不管层次高低、范围宽窄、谋略深浅、智慧大小、技能巧拙，都首先需要观念设计、想象、推测与建构。因此，逻辑上观念变革更新必然先行，这也是主体活动的突出特征。正是在竞争中，人们看到在新闻历史的长河中，新闻领域、新闻业内部新观念、新想法、新点子层出不穷，各种合理的、不合理的新观念丰富多彩、五花八门：黄色新闻（观念）、扒粪新闻（观念）、新新闻（观念）、精确新闻（观念）、文

---

① 杨保军．新闻理论教程［M］．2版．北京：中国人民大学出版社，2010.

学新闻（观念）、召唤新闻（观念）、公共新闻（观念）、民生新闻（观念）、表演性新闻（performance journalism）（观念）[①]、全媒体新闻（观念）、融合新闻（观念）……我们相信，只要新闻业还存在、还在演变，这样的新闻观念流就会持续不断地“流泻”下去。

第三，内驱主导型的观念变革与更新模式，还特别表现为新闻活动主体（主要是职业新闻活动主体和新闻教育、研究主体）对新闻领域的不断自觉反思、超越、批判。观念，作为人的创造物，既是一个自发的产生过程，又是一个自觉的形成过程。观念的推广，是离不开主体主动推动的。因而，新闻观念领域内部的反思与批判，是新闻观念更新的重要动力和精神方式。

尽管在原则上说新闻观念的产生与新闻实践的展开具有相互适应性或一定的匹配性，但新闻观念与新闻实践毕竟是两个性质不同的领域，很难同步演变。这有两大方面的可能：一方面，新闻实践日日常新、不断变化发展，然而新闻观念一旦形成，便具有了与一般精神文化、精神观念相似的稳定性和保守性，往往跟不上实践的步伐，这也正是人们常常在实际中看到的景象。比如，改革开放以来的中国新闻界，经常抱怨新闻观念更新跟不上新闻实践改革的步伐。因而，实践变化了，观念不一定也随之更新。另一方面，也是我们这里特别关注的，那就是观念反思、批判是观念更新的最直接的动力，构成了观念变革更新内驱主导型模式的重要形式。观念反思、批判可以超越现实的限制，可以总结历史经验教训，可以展望设想未来，从而构想出各种各样可能的新观念，形成对老观念、旧观念的超越与扬弃。但应该特别注意，并不是所有的观念反思、批判都是正确

---

① LIEBES T，KAMPF Z. Performance journalism：the case of media's coverage of war and terror [J]. Communication review，2009 (3)：239 - 249. 此文作者认为，一个表演性记者可能会从演播室走到“真实世界”中，他不仅是为了记录和报道，更是为了表演，在采访的故事情节中扮演主角，有时甚至会创造角色。

的、合理的，有些反思、批判本身可能是面向过去的、反动的，有些反思、批判可能是保守的、停滞不前的。人们不能一见所谓的反思、批判，就以为是正确的、合理的，就给予积极肯定的评价。在现实社会中，人们都往往是从自己的立场、观点、利益、理想、信念等出发去评判、反思、批判自身之外的新闻观念的，而这样的评判、反思、批判常常并不是客观的、公正的、面向未来的。因此，尽管观念反思、批判是重要的观念更新方式，但对这种方式内涵的价值取向的正当性也要有一定的反思，这样才能使新闻观念的更新更为合理有效，不至于误入歧途。

3. 内外共振型

上面我们讨论了新闻观念变化更新机制的两种基本类型——外驱主导型和内驱主导型。尽管它们都有各自的基本客观根据，但我们应该明白的是，在新闻观念实际的变化更新过程中，原则上都是在两种类型模式的共同作用下进行的、展开的，很难想象观念变革更新依赖或通过纯粹单一的或外或内的驱动模式。这是因为，新闻活动的环境因素，无论如何强大，总是要通过新闻领域这个中介发挥作用，去改变或影响新闻观念；而新闻领域或新闻业，无论具有怎样的个性特征、独立性和自主性，其生存发展都不得不从环境中获取物质、能量和信息资源，因而其观念变化更新不可能是完全自律的，必然会受到环境的作用和影响。正是这“一个硬币两面共存”的原因，从根本上决定了新闻观念变化更新的实际模式总体上属于混合型，或“内外共振型”。

所谓内外共振型，是指新闻观念的变革更新是在上述外在主导型和内在主导型两种模式的共同作用中展开的、实现的。顺便可以总结一下这三种模式的基本区别和关系：内外共振型是观念变化更新的总体模式；当观念变化更新的主导力量来自环境时，这种模式就可以称为外在主导型；当观念变化更新的主导力量来自新闻领域或新闻业内部时，这种模式就可以称为内在主导型。可见，三种类型的划分是依据观念变化更新的客观可能做出的。

在内外共振型模式中，内外驱动力大小的差异特别是方向的一致或不一致，造成内外共振型可能有多种具体的表现形式。在逻辑上，至少应该有以下几种主要情况。

第一，方向基本一致，共同促成新闻观念的变化与更新。通过第一章对新闻观念内涵的分析，我们知道新闻观念是认识论、价值论和方法论的统一观念系统，作为实践观念有着明确的方向性，并不是纯粹价值中立的观念。方向一致，是指环境力量与新闻业内部力量二者期望的观念变革方向是相同的。在现实社会中，这可能是主流形式，因为一般情形下，现实的政治统治权力与现实存在的新闻业具有结构上的一致性，尤其像在中国这样的社会。毫无疑问，在这种情况下，不管观念变革更新的实质是否合理正确，但在现实意义上，观念变化本身是更容易成功的。

第二，方向不大一致甚或方向完全相反。这是指外驱力希望的新闻观念变革方向与新闻领域内部希望变革的方向不一致或完全相反。政治统治权力希望的观念并不是新闻业、职业新闻工作者自身希望的，从而形成观念冲突。相反，由内驱力量形成的新闻观念，也很可能受到环境的约束和压制。这在一个政治统治权力分裂或不够稳定的社会中是相当常见的情形；当然在一个稳定的社会中也会出现，尤其是在政治统治权力（表现为政府）试图出台一些限制新闻自由的法律、政策等规范时，表现得比较突出。在这种情况下，双方往往会形成对立甚至对抗。在社会特别是新闻界张扬新闻自由观念、信息公开观念、政治监督观念，争取新闻自由的过程中，常常会受到政治统治权力的压制。事实上，世界新闻史为人们提供的历史事实大致就是这样一幅图景。另外，这种方向不一致的情况更容易出现在新闻业自主性、独立性比较强的社会结构中，在这样的结构中，新闻业更容易按照自身的意志行事，更倾向于发挥自身监测环境、守望社会的功能，因而更有可能与掌握社会各种权力的利益群体产生矛盾和冲突，当然这是将新闻传媒多少加以理想化的设想——它们能够以维护公共利益作为自身的重要社会责任。

第三，更多的情况，可能是处于一致与不一致之间。这是一个政治统治权力与新闻领域博弈的过程。最终结果如何，恐怕很难有统一的情况，但主要有两方面的表现：一方面是新闻领域对环境力量或外驱动力的反应和适应。人们常常看到，在各种环境力量（政治、经济、文化、技术等）的促使下，很多对新闻领域发展具有历史性影响的新闻观念得以从"新闻领域内部"[①] 诞生、形成。比如：倒金字塔写作观念与方式，据说就是为了适应最初不太完美的电报技术和战争环境（美国内战）而产生的；"黄色新闻"观念则是在经济压力下的产物[②]；而影响全球的新闻传播基本观念与方法——客观理念与客观方法的产生，则在很大程度上是当初美国报业为了超越党派争斗、应对市场竞争（为了扩大读者群）、争取自身职业（专业）独立性和自主性的结果。这类反应性、适应性的新闻观念从本性上说是符合新闻传播特征和规律的。在每一次革命性的技术出现后，人们都能发现一些新的观念的诞生，大众化新闻传播观念是与大众化的传播媒介相适应的，而融合新闻观念的诞生只能在多媒体产生之后并且能够把多种媒介形态在技术上融合在一起的情况下才有可能。另一方面是环境力量或外驱力量对新闻领域内部观念变化的允许和容忍。通常情况下，只要新

---

① 这里之所以特别强调"新闻领域内部"，就是为了与外驱主导型模式加以区别。外驱主导型模式的观念变革往往是环境力量将自身认为合理的新闻观念附加在新闻业身上，成为新闻领域、新闻业不得不接受的或被迫接受的观念。

② 20世纪初，商业压力逼迫着记者以激烈的小报式竞争来争取读者……这种竞争压力逐渐形成了一种新闻报道的小报风格，被称为"黄色新闻"。参见韦斯特．美国传媒体制的兴衰［M］．董立，译．北京：北京大学出版社，2010：30。

闻业内部不提出变革现行主义层面或主导新闻观念的新主义、新观念，社会政治统治权力大都不会神经过敏、无端干涉。而且，当新闻领域主要在业务层面更新既有观念时，政治统治权力还往往予以支持。需要注意的是，在不同社会，新闻观念变革更新的内外关系是不大一样的。在中国这样的社会，二者的关系极为紧密；而在美国这样的社会，新闻观念如何变革可能主要是新闻界的事情，尽管新闻界总是离不开社会环境的巨大影响。

四、新闻观念演变的过程与方式

不管通过上述哪种观念演变更新模式，新闻领域的观念演变更新，也像其他领域的观念演变更新一样，都有一个过程，并不会突然降临，而且新观念的出现也有多样的演变更新表现方式。这样的过程与方式并不像一些物质事物变化过程那样可以直接看得见、摸得着，而是以比较纯粹的观念方式或隐蔽渗透在新闻实践活动中的形式展开的，因而，只有通过一定的理论分析，才能对其过程环节的构成、表现方式的样式加以概括和把握。无疑，对观念演变更新过程及表现方式的细致考察，既可以使人们进一步认清观念演变更新的内部机制，也可以为人们自觉进行或促成观念更新提供一些理论视角和实际方法。

（一）新闻观念演变的基本过程

考察新闻观念演变更新的基本过程，重点在于分析观念演变更新通常要经历哪些基本环节，这些环节之间的基本关系，以及每一环节的内在实质、突出特征与表现。美国学者保罗·莱文森在论及一般知识进化过程时认为，知识演化包括三个阶段：“生成或创造新思想—借助批评和检测淘汰那些不正确的思想—通过教育和大众媒介传播那些尚未证明为不正确的思想。"[①] 其实，新闻观念的变化更新过程也大致遵循这样的逻辑：新观念的出现—新旧观念的竞争、旧观念的淘汰—新观念的胜出、传播、发挥实际的作用。下面，我们就将按照这样的基本过程和环节构成来简要考察新闻观念的变化更新。

1. 新观念的出现

一般说来，观念更新以新观念的出现为基本标志。但新观念出现本身就是一个过程，有其孕育、演变、诞生的不同阶段。新观念的出现，通常有两种典型表现形式：一是生成了一定观念系统或观念体系中从未有过的概念形式（通过新的关键词表达的一定观念），并表达了以往没有出现过的观念内容（有新的概念语词形式出现，并不必然意味着有新观念、新思想生成），可以称为"新酒新瓶"式；当然，有时也会创造出相对比较完整的全新观念体系。二是沿用以往既有的概念形式（语词形式不变），但却赋予概念某种程度上的新意（获得新的观念意义），可以称为"旧瓶新酒"式。对于特定的社会范围、领域范围、学科范围来说，新观念有可能是本土、本领域、本学科原创的，也可能是外来引进的、转化的、迁移的。但不管如何，新观念的出现，标志着观念更新的真正开始。

新生观念大致可以分为两个基本层次：一是可能影响主义层面或主导新闻观念系统的观念，这类新观念的核心追求在于新闻价值信念和新闻理想的改变；二是直接变革新闻业务层面的观念，其具有更为强烈的操作意义。自然，这两个层面之间有着内在的关系，主义层面的观念变革需要业务层面观念更新的支持；因此，观念变革更新的过程可能是多路径多方式多层次的，但根本性的观念更新一定是全面的、系统的。而观念变革到底

---

① 莱文森．思想无羁［M］．何道宽，译．南京：南京大学出版社，2003：3.

会从哪个层次开始，新观念首先可能诞生出现在哪个层面上，还要看观念变革的具体追求，以及观念变革的时机与环境条件。一般说来，由社会制度变革引发的新闻观念变革往往是根本性的，会首先表现在主义层面，比如苏联的解体，东欧诸多社会主义政权的剧变，使得宣传新闻主义的主导观念、党报观念迅速转变为形式上的自由主义新闻观念；而由社会制度的自律性调整、改进、改革、完善引发的新闻领域的变革，其观念更新更多的时候是从业务领域开始的，比如过去 30 多年中国的新闻观念更新，主要发生在新闻业务层面，而主导的宣传新闻主义观念、社会主义新闻观念、党报新闻观念并没有发生多少根本性的变化。

就特定的历史时期来说，纯粹的新观念是不多的，美国著名作家马克·吐温曾经非常形象地说道："古人从我们这儿偷走了所有观念。"[①] 这里的意思是说所谓的新观念大多都有其前代或更早时代的根源或雏形。中国思想史学者葛兆光在描述思想史的演变时这样说："固有的思想资源不断地被历史记忆唤起，并在新的生活环境中被重新诠释，以及在重新诠释时再度重构这样一种过程。"[②] 大量的新观念总是在反思批判既存观念的过程中诞生的。但是，"每一个时代，即使没有发现新的观念，但已有的观念也呈现出新的面目"[③]。要么获得新的形式，要么获得新的意义。这些关于一般观念更新的论述，对于新闻领域的观念变革来说，原则上也是适用的。比如，中国改革开放新时期新闻领域出现的一些所谓的新观念，不管是在概念形式上还是在观念实质内容上，往往都是对以往观念的某种恢复和重构，像新闻本位观念、新闻价值要素学说、新闻客观理念、新闻商品观念、传媒产业观念，甚至具有主义意义的专业新闻主义观念等等，

---

① 艾德勒．大观念：如何思考西方思想的基本主题［M］．安佳，李业慧，译．广州：花城出版社，2008：2.

② 张昆．中外新闻传播思想史导论［M］．上海：复旦大学出版社，2006：6.

③ 同①.

都在中国新闻观念史（更不要说世界新闻观念史）中具有一定的根源。但人们也都明白，所有这些观念在新的时代获得了不同以往的一些新的含义。

一些更具全新意义的观念（从概念形式到概念内容）的出现，可以说是新实践、新认识、新追求的结果，更具有观念创新的意义。每一时代面临的都是新的世界。对新现象、新问题的科学观察、抽象和概括，是形成全新概念的基本路径；一旦对对象有了新的理解和把握，就意味着新观念的诞生。有些新观念的出现，具有全局性的意义，有可能改变以往的观念结构，甚至影响主义层面或主导新闻观念的构成；有些则可能只是局部性的，是对新生事物的描述和反映，改变革新的或增添弥补的主要是既有观念系统中所欠缺的和空白的。比如，与以往时代相比，我们的时代出现了公民新闻、融合新闻这样具有全局意义的新闻观念，它们将对传统新闻生态、结构、观念带来巨大的影响，改变的很可能是整个人类新闻活动的结构和图景，很有可能使人类对新闻活动的未来发展趋势做出新的描述和判断；而网络新闻、手机新闻、博客新闻、微博新闻、全媒体新闻等等则更多的是操作层面、技术层面的新生事物，相应的观念，尽管是前所未有的，但也主要是支持全局观念的一些分支观念。又如，当专业新闻主义观念在新时期出现在中国新闻观念领域时，它从根本上冲击的乃是中国既有的主义层面的宣传新闻主义观念、政党（党报）新闻观念，而不只是业务层面的专业操作观念。

2. 新旧观念的竞争

新观念的诞生，并不必然意味着新观念的成功。一种新观念的有效性，是以其能够得到社会特别是新闻界普遍认同或能够实际影响日常新闻实践活动为标志的。而要达到这样的状态，必然有一个新观念被接受的过程，这一过程通常表现为与旧观念、老观念的竞争过程。一种新观念，不管历史最终证明其是否合理正确，它的孕育、诞生、成长总是一个与老观念或旧观念斗争的过程（即使这个新观念来源于老观念或旧观念），也往往是一个与其他新观念较量的过程，"一种新观念的问世，通常带有'反潮流'或'异见'的特征"[①]。能对一种新生观念构成真实挑战的观念，本身就是一种有力的观念。如果这种挑战新生观念的观念是既有的（老）观念，那就说明新生观念还有待完善；如果是另一个新观念，那说明它可能是更为优质的观念，"富有想象力的批评本身就是新思想，就是观察事物的新方法"[②]。因而，与相关既有观念展开竞争，是观念更新过程的重要环节，甚至可以说是核心环节。

观念竞争过程，既是一个理论论辩的过程，也是一个实践检验的过程，但总体上可以看成是一个"论辩"过程，实践检验可以看作展开论辩的一个十分重要的方面或论据。因而，一种新生观念能否最终成为有影响的支配新闻行为的观念，关键要看它在论辩阶段与其他观念的竞争情况。它的真实性、正确性、合理性、先进性是在论辩过程中确立的、证明的。新观念的类型不同、层次不同，展开具体论辩的方式也有所不同。

需要与旧的或老的观念展开竞争的观念，通常有两大类：第一大类，同时也是最为典型的一类，就是那些具有比较丰富的价值内涵、价值特性的观念。这样的观念关涉不同层次、不同范围的新闻意识形态选择、新闻主义选择问题，关系到新闻为谁服务的问题，以及追求什么利益、什么核心价值、什么信念理想的问题，因而常常会展开激烈的论争。比如，"文化大革命"的结束，既标志着一个旧时代的结束，又意味着一个新时代的开启，在这种时代变换中，中国开始了改革开放的伟大进程。在新闻领

① 闾小波．近代中国民主观念之生成与流变：一项观念史的考察［M］．南京：江苏人民出版社，2011：2.

② 莱文森．思想无羁［M］．何道宽，译．南京：南京大学出版社，2003：66.

域，“文化大革命”期间处于主导地位的新闻传媒是“阶级斗争工具”的观念，比较迅速地被新闻传媒是大众化新闻媒介、是社会主义建设工具的观念取代，这显然是主义层面新闻观念价值取向的重大转移。又如，当改革开放事业进展到一定历史阶段，西方专业新闻主义观念作为新观念被引入，甚至形成一种思潮，试图用专业新闻主义观念取代宣传新闻主义观念时，这显然造成两种观念之间的博弈局面。然而，这次的情况与改革开放初期不同，专业新闻主义观念与宣传新闻主义观念之间在本质上就有冲突，前者的本质不只在于业务操作层面，更在于新闻传媒的自主性与独立性上，它要求新闻传媒独立于政府、政党和媒体以外的任何利益集团，而宣传新闻主义观念的本质在于新闻传媒要成为党和政府忠实的耳目喉舌，恰恰强调的不是独立性或自主性，而是归属性、顺从性、依附性。因此，这两种观念之间不可能在本质上合作统一，这样的新观念就难以成为中国的新闻主义或主导新闻观念。再如，在美国新闻史上，专业新闻主义观念正是在先后与党派新闻观念（实质上就是宣传新闻主义观念，兴盛于 18 世纪后期到 19 世纪末）、商业新闻主义观念（兴盛于 19 世纪 40 年代到 20 世纪二三十年代，并一直成为西方新闻领域的基本观念之一）的斗争过程中，使自身成为美国职业新闻群体的基本信念或专业主义意识形态的（兴盛于 20 世纪 40 年代到 60 年代末，美国新闻界普遍认为，专业新闻主义观念在这一时期的美国达到鼎盛）①。事实上，不管在什么意识形态、什么性质的社会，新闻主义或主导新闻观念的更新是最艰难的，也是最缓慢的。第二大类，主要属于认识论、方法论意义上的一些新闻观念，它们在直接性上并不显示过强的价值属性，而是更强调是否正确、是否先进，即建立于新的认识以及依据新认识的方法观念与以往相关观念之间的竞争。

---

① 韦斯特．美国传媒体制的兴衰［M］．董立，译．北京：北京大学出版社，2010.

比如，关于新闻本质的论争，中国新闻界在改革开放初期主要有三种认知观念（基本属于恢复“文化大革命”之前的认知观念）——有人认为是“事实”，有人认为是“报道”“传布”，有人认为是“舆论手段”；而当“信息”概念引入新闻学后，人们形成了一种新的认识观念，认为新闻本质上是一种特殊的“事实信息”。这种新的认知比起以往的认知更接近新闻本体，也更接近真理，于是成为新闻界能够普遍接受的关于新闻本质的新认识、新观念。又如，在新闻写作、报道观念上，中国新闻界曾经自觉不自觉地认可“合理想象”观念①，但随着新闻本位观念的恢复、新闻认识的深入，人们认为“客观理念”更符合新闻的特征和规律。于是，合理想象之类的观念逐步被历史淘汰，客观观念则成为新闻界普遍认可并积极实践的观念。

在观念更新过程中，有些全新的观念是基本不需要和既有观念论辩、斗争的，没有对应的或相关的旧观念、老观念与它们展开地位或领域的争夺，它们与以往观念并不冲突，而是一种对整体观念系统的增容或扩展，是一种充实或丰富。一些相对比较纯粹的认识论、技术论、方法论新观念就是如此。比如，目前人们已经相当熟悉的网络新闻、微博新闻、手机新闻、融合新闻、全媒体新闻、公共新闻、公民新闻等等观念，还有新闻用户、互动、超文本、海量、虚拟空间等等观念，都是对不同于传统传播现象、新闻现象的描述和反映，它们并不与传统新闻观念形成对立或替代的关系。但是，在这些新观念的认可采用上，通常会发生争议，会展开论辩，人们总是试图在多个概念中选用“最好的”概念形式（最准确的词语表达）表征一定的对象及其含义。还有，对一些新的以往没有的概念（观

---

① 一种关于新闻真实性的观念，认为在新闻报道中可以采用文艺创作的方法，借助主观推理的想象和虚构，使新闻报道更加生动和吸引读者。类似的观念还有，只要主要情节真实，其他细节可根据“生活真实”原则“笔下生花”。参见甘惜分．新闻学大辞典［M］．郑州：河南人民出版社，1993：13。

念、思想）是否需要引入，在多大程度上加以引入等问题，往往也会成为人们争论的话题。

3. 新观念的胜出

观念变革的最后一个环节，便是新观念的胜出，表现为新观念替代旧观念，成为学术领域或实践领域普遍使用或起实际支配作用的观念。当然，在现实中，新旧观念往往是长期共存的，只是各自的地位、影响发生了此消彼长的变化，并不是简单明确的替换。新观念胜出在形式上一般采用新的说法、新的概念形式，在内涵上则通常是传承与扬弃相结合的方式，那种与旧观念决裂的方式是较少被采用的。从旧观念被新观念代替的角度看，新观念胜出是旧观念生命过程的断裂；而从新观念是对旧观念生命的承继扬弃的角度来说，则是对旧观念的某种延续。因而，诚如有人所说，“思想变迁所产生的转变既是一种断裂，也是一种延续”①。观念演变更新在客观上是一个不停歇的历史过程，如我们在第一章讨论新闻观念属性时所说，所有的观念都具有不可超脱的历史性，新观念本身就是历史性的产物，就像“新媒体”总是历史之新一样。

为了较好说明观念演变更新的环节构成，我们在理论逻辑上还是可以“切断”历史的连续性（当然最好是按照历史本身形成的阶段性表现进行“切割”或划分），然后观察前后的新旧观念关系，描述新旧观念之间的传承、斗争、论辩结果。不管是某一种具体的新闻观念，还是整体的作为新闻观或新闻主义的新闻观念，在观念竞争中，总会形成相对稳定可辨的历史结果：一些观念成为主导的、人们普遍认可的观念，另一些则在观念竞争中淘汰出局。比如，在中国，“新闻是阶级斗争的工具”这样的“新闻观念”，在改革开放后就出局了，而“新闻是党、政府和人民的耳目喉

---

① 于奇智．从康德问题到福柯问题的变迁：以启蒙运动和人文科学考古学为视角［J］．中国社会科学，2011（5）：121－134．

舌”，是“监测环境、守望社会”的大众媒介，就成了主导新闻观念。又如，在20世纪90年代中期到21世纪初，中国新闻界关于新闻业的本质属性形成了新的“双重属性”（产业属性和意识形态属性）的认知观念，取代了以前单一意识形态属性的老观念。其实，当人们依据主导新闻潮流描述一定社会新闻历史的演变时，遵循的核心标准就是新旧主导新闻观念的变革史、更替史。比如，有学者将美国过去两百多年的新闻历史演变描述为党派性媒体（18世纪90年代到19世纪40年代）、商业性媒体（19世纪40年代到20世纪20年代）、客观性媒体（20世纪20年代到70年代）、解释性媒体（20世纪70年代到80年代）和分化性媒体（20世纪80年代至今）[①]，其实质正是以主导新闻观念作为参照而对新闻历史的一种观察。每当新旧观念更替的状态或局面完成时，我们就可以大致说观念更新的某一个周期结束了，观念更新的某一个过程相对结束了。当然，不用多说，人们都会明白，新观念的胜出并不意味着观念变化更新的结束，它只意味着一个新的稳定周期的出现，以及另一个变化更新周期的开始。一般说来，对于主义层面的新闻观念变革，这个周期通常是比较漫长的，常常依赖于整个社会的宏观变革或转型。但对新闻传播领域内的一些业务观念来说，则周期可能会短一些，变化革新可能会快一些。这是因为，业务领域的新闻观念对社会环境的变化，对传播技术的更新，比起主义层面的新闻观念来说，具有更强的敏感性。

更重要的是，观念更新会引发实践领域的变革。新观念的胜出，本质上并不仅仅是观念范围内的事情。现实中存在的新闻观念，都有其存在的现实根源。只要这样的根源还存在，一种观念无论多么错误、不合理、落后、虚假，它都会继续存在。比如，只要市场新闻业存在，作为商品的新

① 韦斯特．美国传媒体制的兴衰［M］．董立，译．北京：北京大学出版社，2010：6．

闻存在，要想消除商业新闻主义观念就是根本不可能的事情；同样，只要党派新闻业依然存在，作为政治、宣传手段的新闻存在，要想消除宣传新闻主义观念就是根本不可能的事情。要想消除一些错误的、不合理的、落后的、虚假的新闻观念，仅仅通过观念反思、观念批判是难以从根本上做到的，只有釜底抽薪，铲除这种观念得以存活的现实根源，它们才有可能逐步消失、退出历史舞台。当然，人们不会天真地以为胜出的新观念就一定是相对正确的、合理的和先进的观念，因为我们还必须明白，胜出的新观念到底是以怎样的方式胜出的。一般说来，尽管谁也不能保证经过理性论辩胜出的观念就是“好”观念，但通过非理性方式胜出的观念其“坏”的可能性要更大一些。一个社会，能否为不同新闻观念之间提供相对比较平等的论辩平台和机会，本身就是衡量这个社会文明程度、文明水平的重要尺度。

（二）新闻观念演变的基本方式

如前所说，像其他类型观念的演变更新一样，新闻观念的演变更新也总有一个过程。那么，新观念是如何孕育、生成的？旧观念又是如何式微、沉寂的（这是同一过程的两个侧面）？其中有哪些主要的演变更新方式？根据对实际的观察研究，我们可以主要从这样几个视角——渐变与突变、整体与局部、中心与边缘——审视新闻观念变化更新的基本方式。而关于这些不同方式之间的内在关系，我们将在本节的最后加以简要的说明。

1. 渐变与突变

事物的变化方式丰富多彩，但在区分意义上，最基本的方式是两类——渐变和突变，精神观念的变化也是如此。渐变与突变，主要是在时间意义上对事物变化方式的一种刻画和描述。渐变大致是说在长时间的过程中，慢慢发生的变化；突变是指在较短时间内，事物的性质突然发生变化，或者说老的、旧的事物在比较短的时间内被新事物替代。

稳定性是观念包括新闻观念的基本属性之一，因而，对思想、意识、观念来说，根据历史经验，一般情况下都主要是通过渐变的方式发生变化更新的，那种短时间内突然的变化更新是不多的，一夜之间就想更新以往的根本观念是不大可能的。事实告诉人们，不管是在整体的社会领域，还是在某个特定的社会活动范畴，观念更新大多是渐变展开的。观念特别是那些比较重要的观念一旦形成，总有一个比较长的历史持续过程、影响过程，观念的历史惯性总会持续地影响人们的思维和精神世界，一些基本文化价值观念甚至具有某种永恒性。这也就意味着，观念的变化更新其实是一个比较艰难的事情。思想解放、观念更新因而是一个持续不断的历史过程。几十年来，中国一直都在强调解放思想、创新观念，根源就在这里。在新闻领域，人们大都能够认识到新闻观念应该回归新闻本位，但要彻底更新改变根深蒂固的宣传新闻主义观念谈何容易，何况这并不仅仅是观念范围内的事情。

但我们不能否认，一些疾风骤雨式的革命性变革，也有可能在比较短的时期内造成观念的迅速变革和更新，至少在观念形式或话语方式上会有这样一些表现。比如，“文化大革命”的结束，改革开放的开启，在大的历史尺度上立即结束了“阶级斗争工具论”的新闻观念，比较迅速地确立了新的主导新闻意识——新闻传媒是党、政府和人民的耳目喉舌，是大众传播媒介。又如，一些重大的政治事件、社会事件甚至是自然灾难事件，往往会在短期内激发产生一些新的观念，对原有的相关观念提出疑问甚至发起挑战，或使以往某些潜在的、若隐若现的观念得到彰显的机会，这也是很多新观念产生的重要机制。比如，2008 年的汶川大地震、北京奥运会，使普通的社会大众更不要说专业的新闻工作者，都感到新闻公开性好像突然加强了，公开度好像突然放大了，公开观念似乎突然与以前有了某种质的变化，新闻的自由度似乎也突然增大了。还有一些小的比较特殊的事件，也会在各种机遇条件的作用下，促成一些新观念在相对比较短的时间内出现并产生实际影响。总之，人们看到，一些重大的事件、特殊的事件可能会促成既有观念的变革或更新。其实，事件与观念的互动，常常构成广阔的历史图画。① 尽管人们的任何观念都是在日复一日的各种经验中变化的，但那些非常态的事件更易于促成一些已有观念的改变或全新观念的生成，因为非常态的事件对人们的认知、情感常常会产生一些非常态的震动，引发一些非常态的反思。迈克尔·舒德森写道："具体事件在改变人们的观念方面所起到的作用，甚至可能要比最精彩的新闻评论和新闻阐释的作用还要大。众多事实、状况以及突发事件使我们的意识形态、理论认识和行为方式发生了改变——如果我们不戴有色眼镜来看待这个经验性世界的话，现实情况就是这样的。"②

2. 整体与局部

不管是对成体系的新闻观念系统（比如专业新闻主义观念或宣传新闻主义观念等）来说，还是对相对单一的具体新闻观念（比如新闻客观观念、真实观念等）而言，在观念结构上都有自身的整体与部分。这就意味着，在区别意义上，观念的变化更新也会存在两种基本方式——整体的或局部的。整体与局部，主要是在事物结构意义上对变化更新的描述。整体是指全局性的变化，整个观念系统的变化；局部则是指部分性的变化、整体系统中部分或局部观念的变化。自然，这两种变化是有内在关联的，整体变化要通过局部变化来体现，局部变化则或多或少会促成、引起整体变化。

---

① 金观涛，刘青峰．观念史研究：中国现代重要政治术语的形成［M］．北京：法律出版社，2009：419.

② 舒德森．为什么民主需要不可爱的新闻界［M］．贺文发，译．北京：华夏出版社，2010：5.

一个社会，一旦进入根本性的变革转型、革命性的动荡起伏之中，其社会观念系统（基本价值观念体系）以及各个社会领域的主导观念系统，往往在整体上难以保持原来的稳定结构体系，会发生整体性的变化更新，这种变化更新有短时间的突变，但大都是长时期的渐变。就新闻观念领域来看，在西方世界，在大的历史尺度上，当资产阶级推翻封建统治之后，专制主义的新闻观念、新闻制度就被自由主义的新闻观念和制度在整体上取代，这是一种全局性的变革，不是局部性的变换。又如，当1949年中华人民共和国成立后，伴随国家主导意识形态系统的变革，新闻领域的主导观念也发生了整体性、全局性的变革，中国共产党的马克思主义新闻观或党报观念彻底替代了国民党的党报观念；而在改革开放之后，中国也在比较短的时期内用新的主导新闻观念取代了“文化大革命”期间的阶级斗争工具论观念；在公民新闻或民众新闻蓬勃兴起的今天，人们关于职业新闻与非职业新闻之间关系的看法正在发生根本性的变化，以往那种职业新闻一统新闻整体图景的观念业已在结构上被冲破。这样一些观念变革更新从本质上看是整体性的，具有结构变革、观念生态变革的意义。对于一些具体的新闻观念来说，同样会在一定的条件下发生整体性的变革，比如，就新闻真实观念来说，在“文化大革命”期间，主导中国新闻界的真实观念是所谓的“本质真实论”，而在“文化大革命”结束后，这样的真实观念受到质疑和批判，现象真实观念得到了广泛认可①；又如，对于新闻领域最基本的“新闻”观念，中国新闻界在很长一段历史时期内主要是从功能论、手段论的角度加以理解，只是到了改革开放新的历史时期，人们才恢复和确立了“新闻”本位的观念，对新闻的本质有了相对独立的看法。

① 需要说明的是，此处我们不对两种观念之间谁对谁错或谁更合理进行评判，只是描述一种历史现象。对两种真实观念关系的辨析感兴趣的读者，可参见杨保军《新闻真实论》（中国人民大学出版社，2006年版）中的相关论述。

当然，一些具体观念的变革，很可能主要是由新闻领域内部的原因造成的，而主要不是由社会观念的变化造成的；但对新闻领域的整体观念变革，一定主要是由社会观念的某种巨大变化造成的。在社会大系统中，新闻领域主要是他律性系统而非自律性系统。

对于一个稳定的社会来说，在其常态发展中，社会整体的观念系统是比较稳定的，与此相应，各个领域的观念变革也是比较平稳的。在这种状态中，尽管观念系统和具体观念时刻都在变化，但大都是局部的变化和调整，甚至是细枝末节式的精雕细刻。比如，在中国共产党执政的60多年中，政权的稳定性从根本上决定了中国新闻领域的核心观念始终是中国共产党的党报观念或中国化的马克思主义新闻观，尽管这样的观念在一些历史时期、历史阶段实质上受到扭曲变形，但大的历史方向并没有脱轨，根本的历史面貌并没有更改。此外，人们也能看到，伴随社会的整体演进发展，国际国内形势的巨大变化，党报观念也在不断发生着调整和变化，这样的变化更新是从局部开始的，以渐变为主要方式展开的。比如，在新闻业的属性观念上，就发生了局部的甚至是结构上的观念变革，由单一的意识形态属性认定转化为双重属性（意识形态属性、产业属性）认定甚或可能是三重属性（意识形态属性、产业属性、公共属性）认定；在新闻业的党性与人民性关系问题上，不仅坚持二者相统一的观念，而且越来越倾向于人民性至上观念……这些局部观念的变革与更新，正是中国新闻改革、改进过程中观念演变的典型特征。事实上，社会观念以及各个社会领域观念变化更新的主导方式是局部的而非整体的。又如，在新闻业务层面上，改革开放这几十年来，党报观念实质上逐步接受和采纳了专业新闻主义的一些基本观念，诸如客观观念、平衡观念、公共观念等；同时，也在某种程度上接受了商业新闻主义的一些观念，诸如经济利益观念、公关新闻观念、娱乐新闻观念等。

就整体与局部的基本关系来看，如前所述，在社会发生比较剧烈的变革时期，整体的变化更新更容易出现，而在稳定的社会态势下，变化更新更多从局部开始。但就普遍情形来看，不管是在什么样的社会情势下，观念变革通常都是先从局部开始，然后慢慢演化推及整体的变革。差别在于，在有些情况下，是从核心观念这个局部开始的，这就更容易引起整体观念系统的变革，而在另一些情况下，则是从边缘所在的局部开始的，这就更多表现为仅仅是局部观念的变化。因此，我们很有必要就观念变化更新的中心与边缘展开专门的阐释。

3. 中心与边缘

一般来说，在相对意义上，任何事物在结构上都有中心与边缘的关系问题，中心（部分、要素）与边缘（部分、要素）的区分，不仅仅是一种物理性的结构表现，很多时候也是一种相对比较抽象的描述，是一种对构成事物（物质事物或精神事物）不同部分在整体结构中重要性地位或程度的定性说明；那些从根本上决定事物之所是的部分被定性为中心或核心，而相对中心存在的那些部分则被称为边缘或外围①。因此，通常情况下，对于一定的事物来说，中心的变化更易于引起整个事物的变化，而边缘的变化，往往改变不了事物的性质，也很难引起事物整体的变革。

就新闻观念的变化更新来说，同样存在着结构上和重要性上的上述情况。这样，依据新闻观念更新的主要构成部分，我们可以把观念更新的方式概括为中心方式和边缘方式。不管是什么样的新闻观念系统，都有其自身的中心观念和相对的边缘观念②。比如：对专业新闻主义观念来说，其核心观念是以新闻为本位的观念，是传媒自主独立的观念（实质上就是新

① 需要简单说明的是，中心与边缘是相对而言的，并不是说边缘就不重要，无边缘也就无中心，边缘是中心能够成为中心的背景和条件。另外，此处我们为了讨论的方便，对事物的结构做了中心与边缘的二元划分，在客观上，从中心到边缘，总是存在着过渡地带。

② 可参见第三章中的相关讨论。

闻自由观念），其他观念相对这一根本性的观念来说则都可看成是边缘观念；对宣传新闻主义观念来说，宣传至上，新闻只是宣传的手段，则是其中心观念，其他观念则是边缘观念；对商业新闻主义观念来说，商业利益至上，新闻只是赚钱的手段，是其中心观念，其他观念则是边缘观念。事实上，有什么样的中心观念，就会有什么样的边缘观念，它们是相互联系、相互配合的关系，边缘观念是由中心观念决定的，或者就是中心观念的派生物或衍生物。因此，在新闻观念变革更新中，中心观念一旦变化更改，也就意味着整个观念系统的变革更新，而边缘观念的变化只能使观念系统发生一些局部性的变化，能否引发整个观念系统的变革，则要看它与中心观念之间的具体关系。

从共时性角度看，在同一历史时期，可能存在着多种新闻观念，它们之间有联系、有区别，有相似、有差异，有一致、有冲突，形成一定历史时期丰富多彩的新闻观念图景。“如果仅仅注意纵向的演变历程，往往会忽视共时空间隐含的全部复杂性。共时地展开与历时地展开不同，共时地展开的是一个网络，历时地展开是线性的。”① 对于一定的社会来说，在共时性上往往存在着多种成体系的新闻观念系统（也许不同的系统成熟度有一定的差别），但多元系统观念之间的地位、作用、影响是不一样的，有些处于中心的、主导的统治地位，有些则处于相对边缘的、非主导的地位。换句话说，在一定社会新闻观念的系统构成中，客观上有些观念是核心的，有些观念是边缘的，或者说，有些观念处于系统的主导地位，有些观念则处于非主导的边缘地位。比如，在当下中国，事实上就存在着宣传新闻主义观念（表现为马克思主义性质的中国共产党党报新闻观念体系）、商业新闻主义观念和专业新闻主义观念。在这些观念体系中，显然，马克

---

① 南帆．文学的意义生产与接受：六个问题［J］．东南学术，2010（6）：4－14.

思主义的党报观念体系或宣传新闻主义的观念系统处于中心的、主导的统治地位，其他两种观念体系在总体上仍然处于非中心的边缘地位。进一步说，在马克思主义的党报观念体系或宣传新闻主义的观念体系中，有些具体观念处于中心的灵魂性地位，比如党性观念（耳目喉舌观念），而相对于党性观念的其他观念都可以说处于边缘的地位，都是党性观念的某种扩展和延伸。因此，在新闻改革过程中，只要党性观念不变，即新闻传媒作为党和政府的耳目喉舌这一核心观念没有发生根本性的变化，新闻观念系统就不可能发生革命性的变化；其他边缘观念的变化，有可能既有强化党性观念的，也有淡化甚至损害党性观念的，也会有不痛不痒的，但只要党性观念不动摇，党报观念体系就不会受到根本的威胁。当然，不可否认，不管是在观念系统之间还是在某一观念系统内部，其他新闻观念的边缘渗透都会“侵扰腐蚀”中心观念的稳定性，都有可能造成新闻观念系统的变革更新。

新闻观念的更新，有（些）时从边缘或外围开始，有（些）时则从主导性的核心观念开始。比如，改革开放以来的中国，其新闻观念的变化更新更多是从边缘开始，慢慢进入中心的；而在戈尔巴乔夫时代的苏联，其新闻观念的变革更新则是从主导性、中心性观念开始的。一般说来，从边缘开始的变革更新是渐变式的、逐步的，而从中心开始的变革更新往往是整体的、全局式的；从边缘开始的更新是稳健的、低风险的，而从中心开始的观念变革是激进的、高风险的。中国新时期的新闻观念变革更新，总体上走的是一条稳中求进的道路，采取的是从边缘到中心的方式。

4. 不同方式间的简要关系

在讨论了上面诸多观念演变更新的方式后，我们应该指出，上面的讨论是分析型的，目的是比较清晰地揭示观念变化的内在机制。但在现实的新闻观念变化更新过程中，并不像我们做的逻辑分析那样一清二楚，绝对地依照某种模式或方式进行，更多的情况是各种模式或方式的混合、综合，从而构成极其复杂的观念变化更新的图景和过程。

首先，在每一种二元对应式的方式中，观念更新并不会纯粹地从某一种单一向度出发，大都是两种或多种向度并进、并用的。也就是说，我们的分析是条分缕析的，但实际的观念变化更新是众多方式的综合，介乎多种方式之间。特别是突变的、整体的、中心的方式，常常需要渐变的、局部的和边缘的方式的累积与配合。发生在精神世界的观念变革，不像物理世界的那样，更多的时候是看不见、摸不着的，是各种复杂机制的共同产物。

其次，上述三对方式是从不同角度对同一对象的描述，即我们是从不同角度出发对新闻观念的变化更新做了说明和解释，在实际的新闻变化中，它们同样也是综合在一起展开的。比如，无论是渐变还是突变，既可以发生在整体也可以发生在局部，既可以发生在中心也可以发生在边缘；同样，无论是哪种方式的观念变化与更新，其方式的采用，都既可以是突变的，也可以是渐变的，还可以是突变与渐变相结合的。

再次，进一步说，在特定的情形下，观念变化更新会有某种或一些主导性的方式。但具体新闻观念的变革到底会以哪种方式为主展开，是由一系列条件决定的，需要具体问题具体分析。社会环境、历史机遇、主体追求、领域需要等等，特别是观念自身的地位与作用，都会以各自的特征与方式，影响和选择观念变革的基本方式。

最后，尽管新闻观念的变革与更新有着自发的特征，无法完全设计，但在主动型的观念更新中，观念变革的路径、方式等是可以设计的。在设计过程中，就可以将我们上面所分析的诸多方式按照不同的思路结合起来，从而形成更为多样化的观念更新路径和方式。

第六章　新闻观念的评判

> 人的和人类的实践是认识的客观性的验证、标准。
>
> ——列宁
>
> 我们必须承认，价值观的正确性并不仅仅依赖于历史的先例，还要用日常的实践去证明。
>
> ——彼得·李伯庚
>
> 没有哪一种价值观能够评价另一种价值观，没有哪一种价值观是其他价值观的规范和标准，没有哪一种价值观是最高权威，否则的话就变成精神独裁和思想专制了。检验价值观的标准必定落在价值观之外，必定落在话语之外……事实是检验价值的标准。
>
> ——赵汀阳

作为一种观念，新闻观念是对特定对象的意识、反映、态度、评价和想象，同时也是关于特定对象的情感、意愿、理想和信念。因此，新闻观念也像其他观念一样，存在着认识论意义上的正确与错误问题，也存在着价值论意义上的合理与不合理问题，同样还存在着其他意义上（综合意义上）的先进与落后的问题、真实与虚假的问题。如此等等，都向人们提出了一个既有理论价值又特别具有实践意义的重大问题：新闻观念正确性、合理性、先进性、真实性等问题的含义是什么？如何评判新闻观念的正确性、合理性、先进性、真实性呢？[①] 所有这些问题都是一些相当复杂的难题，但也是新闻观念论必须和应该讨论的问题。我们应该充分自觉到，在关于新闻观念本身的讨论中，可以说新闻观念的评判问题是最具挑战性的问题，因为它是真正属于新闻哲学层次的问题，它的根本要求是要人们给出新闻观念正确性、合理性、先进性、真实性等的根据和理由。

一、新闻观念的正确与错误

观念是对对象的认知和把握，其既是认识的工具又是认识的结果。在认识论视野中，在观念与对象之间，自然存在着观念是否符合对象的问题，也就是观念的正确与错误问题。只有在正确的观念指导下，主体的行为才可能遵循对象的特征和规律，从而奠定行为合理、正当、成功的基础。因此，弄清新闻观念正确与错误的内涵，确立评判观念正确性的标准，知道如何证明、证实观念正确与错误的方法，无论从理论上还是实践

① 这里当然有个重要的前提，就是新闻观念这些属性的可评判性问题。当今，在后现代思潮的影响下，一些绝对的相对主义者、建构主义者，不仅否认真理的存在，否认客观事实世界的存在，也否认价值客观性的可能性。如果不承认认识的真理性、价值的客观性，对新闻观念这些属性的评判就失去了基础。因此，有必要说明，在我看来，新闻观念的这些属性是可评价的。否认认知真理性、价值客观性的人，大都是相对主义者。相对主义者是狭隘的经验主义者，是极端的主观主义者，在一定意义上也是反常识主义者，他们在认识论上是错误的，在价值论上是有害的。诚如有学者指出的，“相对主义不仅是错误的，存在着关于自然界的客观真理和关于人类社会的道德真理，而且相对主义是有害的，它模糊了真与假、好与坏、正确与错误之间的界限”。参见姚大志．什么是启蒙：过去和现在［J］．新华文摘，2012（1）：35－38。

上都有着十分重要的意义。

（一）正确与错误的内涵

对观念作正确与错误的区分和评判，乃是以认识论方法对观念的一种基本把握。在认识论视野中，观念是关于对象的精神把握，是认识对象后的结果，新闻观念是关于新闻现象的认识结果。在一般意义上，在马克思主义真理论的符合论视野中，所谓正确，是指观念与对象相符合；所谓错误，是指观念与对象不符合。因而，在认识论意义上，新闻观念的正确性，是指主体对新闻现象、新闻活动以及它们与环境关系认识上的真理性或符合性。当然，一般来说，没有哪种认识结果仅仅处于绝对正确与绝对错误两个端点，大多是介乎两端之间，在认识的历史过程中不断获得更多真理性因素，减少错误性因素，新闻认识也是如此。

新闻现象是实在的社会现象，新闻活动是客观的社会活动，它们是属于人的现象和活动，具有主体实践活动的特征和规律。无论不同时代之间、不同社会之间有多大的不同和差异，一定的时代条件、一定的社会环境总是客观的，存在运行于其中的新闻现象、新闻活动同样是客观的，这就从根本上决定了在一定条件下，新闻现象、新闻活动总有自身的所是。正是这个客观存在的“是”，使人们能够讨论关于它的认识的正确性问题，如果不承认这种客观性，也就没有了讨论新闻观念正确性的前提。因此，新闻观念的正确与错误，是一个客观事实的问题，不是主观设定的问题。承认正确与错误的客观区分具有根本性的意义，要不然，将失去评判正确与错误的最后标准。

在认识论意义上形成正确的新闻观念，在现实社会中常常有着特殊的困难，这有诸多方面的原因：一是新闻现象、新闻活动本身的复杂性，特别是其伴随技术发展的快速变动性，使得人们很难对其本质、特征、规律形成比较稳定、准确的把握，人们的认知往往跟不上新闻领域的变化与发展的速度。这一点也充分说明，新闻认识是一个历史过程，新闻观念的正确性有其历史的相对性或有限性。列宁曾在一般意义上指出，“人的概念不是不动的，而是永恒运动的，相互过渡的，往返流动的；否则，它们就不能反映活生生的生活”①。新闻观念对相关对象的反映与把握同样存在着这样的景象，相关的观念内涵与外延都会在新闻现象、新闻活动的历史展开过程中不断变化。二是新闻现象、新闻活动与社会普遍而紧密的联系特征，特别是新闻领域与政治活动、商业活动的高度关联性，不仅使新闻认识变得更加艰难，也使得新闻认识更易受到各种社会力量的干扰和影响，从而也使新闻认识的自由性、独立性难以获得较好的保证。就历史和现实的经验事实看，权力的知识化在新闻认识领域表现得尤为明显，在很大程度上扭曲和遮蔽了新闻认识的纯洁性，使一些新闻观念成了纯粹的价值表达，而非对作为客观事实的新闻现象、新闻活动的反映和认知。三是在新闻学科领域存在的一种特有现象，即根深蒂固的“新闻无学”观念；这一观念造成了学术界包括新闻学界自身相当轻视新闻认识的科学意义与学术价值，导致学术界对新闻认识的严肃性或学术品质缺乏足够的认识和重视，也在整体上影响了人们对人类新闻现象、新闻活动全面、系统、深入的认识。

上述诸多原因说明，获取认识论意义上正确的新闻观念，其实是一件艰难的事情，并不比其他学科领域容易。列宁在《哲学笔记》中就曾这样写道：“思想和客体的一致是一个过程”，“认识是思维对客体的永远的、无止境的接近”②。事实上，正是由于上述原因，新闻认识可能更容易出现错误，这也意味着判断新闻观念的正确与错误同样是十分困难的事情。

---

① 列宁．哲学笔记［M］．2版．北京：人民出版社，1993：213.

② 同①164，165.

当然，出错并不可怕，诚如有人所说“错误观念是难免的”，但“它（指错误观念。——引者）常常是正确观念指向真理的先导”①。我们以为，随着社会媒介化或媒介社会化的不断演变发展，人们将会越来越意识到新闻学的重要性，自觉到新闻学术的价值和意义。

（二）正确与错误的评判②

观念评判，直接表现为用标准去衡量一定的观念对象，背后的实质则是要提供某种观念正确、合理、先进、真实等的理由和根据以及展现理由与根据的基本方法。评判标准与评判方法本质上是统一的，是一枚硬币的两面。一种观念是否正确不是主观认定的，而是需要论证、证明、证实和评判，其中关涉原则、程序、操作措施与方法等诸多问题。但我们这里提供的主要是评判的方法论观念，即从哪些原则出发进行论证，用什么样基本的方式展开论证，并不针对具体的新闻观念展开案例性的分析。可以说，我们提供的乃是从认识论角度评判新闻观念的观念。

首先，在马克思主义认识论视野中，新闻观念的正确性是可评判的。“新闻（广义）是什么”的观念属于事实问题，存在正确与错误的问题，我们可以通过真理的标准在一定的限度和范围内去解决。如果在认识论上或新闻认识论上持怀疑论或不可知论的立场，讨论观念正确与错误的评判问题就失去了前提。恩格斯说：“我们的主观思维和客观世界遵循同一些规律，因而两者的结果最终不能互相矛盾，而必须彼此一致，这个事实绝对地支配着我们的整个理论思维。这个事实是我们理论思维的不以意识为转移的和无条件的前提。”③ 在评判新闻观念正确性以及随后我们要讨论

---

① 赵鑫珊．观念改变世界：一唱雄鸡天下白［M］．南昌：江西人民出版社，2008：5.

② 仅就认识论向度来说，观念“评判”更准确的说法应该是观念正确性的“检验”；但考虑到对“正确性、合理性、先进性、真实性”使用“评判”一词更为合适，我便在本章统一使用了“观念评判”这一说法。

③ 马克思恩格斯选集：第3卷［M］．3版．北京：人民出版社，2012：977.

的其他属性（合理性、先进性、真实性等）问题上，还有一个前提，就是我们评判的对象属于新闻观念，而不是其他观念。一个或一种所谓的新闻观念是否是正确的，首先要看该观念是否是“新闻”观念。新闻观念针对的是新闻现象、新闻活动。如果连新闻观念都不是，那就失去了讨论的前提。比如，以往在政治宣传观念下讨论新闻观念的正确性，如今一些人在公关观念下讨论新闻观念的正确性，属于驴唇不对马嘴的事情，滑稽可笑。人们可以在不同的视野中评判新闻观念的合理性和正当性，但不能用其他领域的认知标准、实践方法评判或证实新闻观念的正确性。标准与对象的匹配是任何评判活动得以有效展开的根本。

其次，在新闻观念是否正确的评判标准上，最终的、唯一的标准是客观实际或客观事实，而非其他什么标准。人们强调要用符合一定社会实际的观念指导、改造、变革社会的实践行为，实质上强调的正是观念要与相应的客观实际、客观事实相符合。这也正是具体问题需要具体分析的基点，也是特殊环境需要特殊新闻观念最坚实的根据。一种新闻观念的正确性，关键在于它准确反映了作为观念对象的客观事实。观念的正确性不以持有人的多少、支持人的多少为标准，在真理论的意义上，观念的正确性不是民主决定的，而是由事实评判的；观念的正确性，不能简单以流行的程度去判断，时髦可能展现的是观念潮流，而非思想的正确；观念的正确性，不能仅仅通过观念的新老去判断，经过历史锤炼的老观念往往有着更为深厚的真理根基，而一些新观念不过是浮皮潦草、华而不实的应景之物；观念的正确性，不能简单以其是否能够产生实际效益或有用为标准；观念的正确性，也不能以某种权力、权威认定为标准，一些人有可能在权力面前屈服，但真理始终会以自己的客观力量回敬那些傲慢的无知之徒。需要注意的是，由于客观实际的变动性，尤其是当今时代新闻业的飞速发展，新闻观念的正确性具有更为强烈的历史属性、相对属性，而这从本质上要求人们不断认识新的新闻现象、新闻活动，充实、修正以往的新闻认识观念，及时发现并提出新的新闻认识观念。

再次，在新闻观念正确性的评判中，最终的、根本性的方法乃是新闻实践及相关实践活动。列宁说："人的和人类的实践是认识的客观性的验证、标准"[①]。观念的正确与否，尽管可以通过逻辑的方法加以分析和确证，但最终只能通过客观事实来评判，只能通过实践活动来评判。"有的观念乍一看十分正确，但人类往往只知其一，不知其二。在实践中，其他意想不到的问题经常冒出来。"[②] 也就是说，新闻实践会使新闻观念的抽象性、隐蔽性得到感性的显现，从而使人们对新闻观念的实质内涵看得更加清楚。实践检验或实践评判，并不是一个简单的直接的过程，而是与进一步的认识活动交织在一起的复杂过程；感性活动并不能以尺度的方式直接度量作为精神事物的观念，还需要诸多的中间环节，但这不是我们此处要讨论的问题。人们知道，自然科学中一种认识观念的正确性，往往要经过反复的长期的科学实验观察、评判、证明；对于社会科学领域认识观念正确性的评判，其实更为复杂，它不可能仅仅通过纯粹的实验室环境得到评判，而必须置于社会环境之中加以证实。对认识观念正确性的评判，实质上是一种历史性的检验和评判。观念是否正确，是否符合实际，最终是要通过实践事实证明、证实的，这是一个历史的过程，是需要一定历史时期整体事实去证明、证实的过程，不是一次事件、一个事实就能说明问题那么简单。中国在"文化大革命"期间采取的主导新闻观念——阶级斗争工具论——只有经过历史实践的检验才最终证明是错误的，是不符合当时中国实际的，人们是以"事后诸葛"的方式做出这种评判的。当下作为主导新闻观念的宣传新闻主义，是否就是符合我们这个时代的正确的新闻观

---

① 列宁．哲学笔记［M］．2版．北京：人民出版社，1993：181.

② 赵鑫珊．观念改变世界：一唱雄鸡天下白［M］．南昌：江西人民出版社，2008：3.

念，仅仅通过当下的新闻实践、社会事实还不能完全说明问题，它还需要历史的积淀、历史的评判。事实上，人类能力的有限性从根本上决定了人类只能在不断总结经验教训的过程中前进；一种观念是否正确，正确到什么程度、什么范围，往往需要经过长期的、反复的证明和评判。

二、新闻观念的合理与不合理

我们关于新闻观念的研究，说到底，理论上的目标无非是证明什么样的新闻观念是正确的、合理的新闻观念，什么样的新闻观念是应该追求的新闻观念，实践上的目标则是我们应该选择什么样的新闻观念去指导新闻传播业的发展，人们应该用什么样的新闻观念去对待新闻现象、新闻活动，并以什么样的新闻观念支配指导自身的新闻行为，这一点，在民众新闻蓬勃发展的今天显得尤为重要。显而易见，其中最重要的就是对观念的选择。选择的重要理论前提之一当然是弄清楚观念正确性与合理性的内涵。上面，我们揭示了新闻观念正确与错误的基本含义及其评判原则；本节，我们首先讨论新闻观念"合理与不合理"的实质内涵，然后对新闻观念合理性的评判展开专门的阐释。

（一）合理与不合理的含义

如果说"正确性"强调的是新闻观念的合实际性、合客体性或"合规律性"，那就可以说，"合理性"强调的乃是新闻观念的合主观性、合主体性或"合目的性"。前者侧重的是客观事实，后者的核心则是主体的新闻需要（不仅仅是直接的新闻需要，也包括通过新闻手段实现的其他可能需要）。因此，从大的原则上说，符合主体需要的、愿望的、目的的新闻观念才是一定主体认为合理的新闻观念，才是一定主体愿意采用的新闻观念，愿意用来实际指导新闻实践的观念。由于新闻观念的合理性与一定主体的利益需要密切相关，因而新闻观念合理性的具体内涵就会变得十分复杂，需要我们做出进一步的具体分析。

在前面讨论新闻观念的内容构成时，我们已经指出，“新闻应该是什么”是新闻观念的重要构成部分，甚至是新闻观念的核心和灵魂。应该如何，内含着重要的价值要素，关涉主体的需要与愿望，关系到观念的合理性问题。这里的核心是：对什么来说是合理的，对谁来说是合理的，也就是合理性的针对性或标准问题。在一定社会中，不同主体或不同的利益群体对这些问题可能会做出不同的甚至是对立的回答，因为不同主体的需要常常是有差异的，利益追求也是有所不同的。这里，我们将从一定社会主体的整体利益出发，来揭示新闻观念合理性的普遍内涵。同时，我们也会注意到主体差异对新闻观念合理性之理解带来的复杂性。

首先，在宏观层次上，或者说在一定社会层面上，某种新闻观念（主要是指一定社会的新闻主义或主导新闻观念）是合理的，是说某种新闻观念符合时代的要求，符合一定社会历史时代绝大多数人的利益需要，符合公共利益的需要。在这种新闻观念支配下的新闻实践，不仅有利于新闻业、新闻媒介、新闻传播自身的健康发展，也有利于新闻业、新闻媒介、新闻传播成为促进整个社会良性运行和正常发展的工具或手段。在当下中国，新闻主义或主导新闻观念，只有真正有利于社会公众知情权、表达权、参与权、监督权的实现，才可以说是比较好的、合理的新闻观念。一种能够不断扩大社会公众民主自由权利的新闻观念，提升公众公共精神的新闻观念，在整体上才是合理的新闻观念。显而易见，观念的合理性是有其历史向度的。一种意识、思想、观念或主义的出现与存在，总是有其历史的定位，有其实际的与观念的历史根源。把握观念的历史定位，是真实把握一种观念意义与实质内涵的基础。每一种新闻观念（原则上说不管层次高低、范围大小）都有其在不同历史环境中的根源与定位，其合理性的根据或缘由大概也只能在这种历史定位中得到解释。这也意味着，当历史定位发生位移，一种主义、一种观念的合理性也会发生变化。这些看起来都是一些抽象的原则，但它们都可以在社会实际生活中具体表现出来，成为人们可观察、可感受的现象和事实。

其次，从主体角度看，新闻观念的合理性，其核心是对主体合理新闻需要的准确反映。说到底，一种新闻观念，只有既能正确反映新闻实际，又能准确反映主体的合理新闻需要，同时还能准确反映新闻实践所在的环境状况，才能说它是合理的新闻观念。显然，新闻观念合理的关键，从理论上说，就是要把握好“合目的性”（主要是主体通过新闻手段试图实现的需要）与“合规律性”（主要强调的是符合新闻的特征和规律）的统一，把握好在一定历史环境中、一定历史条件下二者之间的恰当关系，即把握好新闻观念对这两大方面掌握的“度”。适度的观念才是合理的，不适度的观念就难以合理；超越社会需要（过度）、低于社会需要（低度）的观念是不可能合理的，适合社会需要（适度）的观念才是合理的。那么，“度”是什么？“‘度’就是‘掌握分寸，恰到好处’”①，“对天时、地利、人和等各种事物的性能、情境、状态的把握，便成为‘度’”②。合理的新闻观念，就是具有“适度”之品质的新闻观念，它对现实与未来都具有恰到好处的适应性。事实上，正确性或合规律性与合理性本身有着内在的关联、“正确之所是”是“合理之所应”的基础；一种观念若是不能正确反映现实之所是、人们之实际所需，也就失去了能够成为合理观念的资本。“人们通过对‘事实是什么’的认识与把握，可以更好地发现并确立‘应当是什么’。”③ 简言

① 李泽厚．哲学纲要［M］．北京：北京大学出版社，2011：129.

② 同①132.

③ 王泽应．论义利问题之为伦理学的基本问题［J］．华中科技大学学报（社会科学版），2011(4)：15－21.

之，所谓合理的新闻观念，实质上就是指那些能够反映一定环境中社会主体正当合理新闻需要的观念。[①] 但要形成这样的合理新闻观念并不是容易的事情，经验事实告诉人们，主体的需要（need）并不必然都是合理的、正当的，主体的有些“想要”（want）是超越现实的、超越时代的、超越环境条件的[②]，或者是背离时代精神、不利于社会和主体健康发展的。更为严重的是，在很多时候，由于各种条件的约束、限制和影响，主体并不知道自己的真实需要是什么，“一个人想要的，并不一定就是对自己好的、有益的，物质的东西如此，精神的东西也一样”[③]。因而，主体往往会形成一些虚假的需要观念，并以虚假的需要观念指导自己的行为。这样的景象不仅会发生在个体、小群体的主体层面上，也会发生在国家主体或社会（民族）主体的宏观层面上。主体一旦弄错了自身的真实需要，必将走向错误的道路。这正是一定社会或一定社会领域常常出现整体历史倒退或停滞的重要原因，也是历史演变曲折性的主要原因。当人们用革命时代、战争年代的新闻观念继续指导建设年代、和平时代的新闻实践时，这样的观念就是错位的，不能反映时代的真实需要，因而必然是不合理的，结果自然是悲哀的；当人们用传统媒体时代的新闻观念继续指导新媒体时代的新闻活动时，同样会发生时代错位的问题，这样的新闻观念也不可能是合理的新闻观念、有效的新闻观念，结果必然是事与愿违；当人们用非全球化时代的新闻观念继续指导已经全球化的国内国际新闻传播时，也同样会发生某种程度的错位，这样的新闻观念也不可能是合理的新闻观念，结果只能是事倍功半。这些正是我们在中国新闻史和现实中经历过或看到的一些景象。一言以蔽之，凡是与时代主题错位、时代精神错位、时代需要错位

---

① 正当的或合理的需要，首选是符合事物规律的需要，主体自身的生存、生活、发展也是有规律的，并不是纯粹主观愿望、主观选择的结果。

② 杨保军．需要与想要：受众需要标准解析［J］．当代传播，2007（5）：6－9.

③ 杨保军．新闻精神论［M］．北京：中国人民大学出版社，2007：144.

的新闻观念，就不大可能是优良的、合理的新闻观念。

再次，新闻观念的合理性，特别强调新闻观念对特定社会特殊情况、特殊环境、历史文化传统以及新闻文化特征的契合性，而不仅仅是理论上、逻辑上的自洽性或正确性。“人们只能在一定的范式或语言框架之内去判断特定语句、假说或理论的真或假、合理或不合理、可接受或不可接受，不存在超越语境的绝对客观的判断。”① 当人们用甲社会的新闻观念指导乙社会的新闻实践时，往往可能出现空间错位、性质错位和功能错位，“在此”合理的新闻观念并不必然“在彼”合理。这里的实质仍然是主体的需要问题，强调的是主体需要的特殊性问题，不同社会的特殊性决定了其对新闻需要的特殊性，新闻观念合理性很大程度上根源于新闻需要的特殊性或具体性。不同社会之间的政治、经济、文化等等差异、差距是客观事实，不同社会发展的时代、阶段、水平等等都以实际的或事实的客观力量影响着合理新闻观念的内涵以及认定和确立。当然，这并不是否认人类在新闻需要问题上有着基本的共同的取向，实际上，正是因为人类有着基本的新闻信息需求，对新闻的真实、客观、新鲜、及时等等属性有着共同的诉求，才会形成新闻传播的一些共同的基础性原则和要求，也正是它们，构成了合理新闻观念得以成立的规律性的普遍根基。

又次，在相对比较微观的层次上，主体的多样化、多元性、多层次性的存在事实，决定了人们对于新闻观念的合理性会有各自的理解和判断。比如，仅在新闻传媒组织主体层次上看，尽管所有的新闻传媒应该遵守普遍的新闻传播规律，承担基本的社会公共责任，满足社会公众的基本新闻需要；但在不同的新闻媒体之间，必定定位不同、媒体方针不同、具体的目标不同，因而，它们各有自己特殊的传播需要、利益追求，只要这些传

① 卢风．整体主义环境哲学对现代性的挑战［J］．中国社会科学，2012（9）：43－62．

播需要、利益追求不违背一定社会范围内的法律规范和公共道德，以其具体需要、利益为根源的新闻实践观念在原则上就是合理的。由此也看得出，新闻观念的合理性是分层次的。一般来说，宏观层面的合理性确定了合理性的原则和范围，而相对比较具体层面的合理性既是对宏观层面合理性的具体化，也是对特定主体需要的个性化体现。观念的合理性，在一定社会的一定领域是系统性的存在，有其内在的基本层级、要素结构；合乎社会观念结构的具体观念才有可能被当作合理的观念，而超越或游离在结构之外甚至是反结构的观念，就不大可能被看作合理的观念。

最后，新闻观念的合理性与其他社会观念的合理性一样，有其稳定性的一面，更有其变动性的一面。如上所说，即使处于同样的时代与社会环境，人们也会拥有不同的观念。在新闻观念论视野中，信息需要、新闻需要伴随历史演变的变动性，使得媒介观念、信息观念、新闻观念也会发生相应的或快或慢的变动。在这样的演变过程中，人类的新闻需要也像其他需要一样，其合理性必然是历史的和变动的，并不都是固定的、有效的、合理的，并不都是良善的。因而，在合理新闻观念不断产生的过程中，也一定会有一些不正确、不合理的新闻观念、新闻需要观念产生和存在。需要特别指出的是，在历史变革的关键时期，变革者拥有什么样的变革观念，即用什么样的观念指导变革，影响的绝不只是变革过程这一非常时期，更会影响变革之后的常态时期。由不同观念导致的不同制度安排，对一定领域的影响不是暂时的，而是长期的。因此，对作为制度逻辑前提的新闻观念本身的合理性或正当性与正确性或科学性，必须进行自觉的检视和反思，进行严格的检视与评判。

（二）合理性的评判

我们一再指出，新闻观念既是对新闻活动的认识和反映，也是对新闻活动应该是什么、应该如何的态度、信念和想象，列宁就曾说过：“（抽象的）概念的形成及其运用，已经包含着关于世界客观联系的规律性的看法、见解、意识。”[①] 这说明，对新闻观念的评判，既是认识论问题又是价值论问题，并且这二者在现实社会中总是“融合”“搅拌”在一起，我们只能在理论逻辑上加以分别讨论。这正是新闻观念正确性与合理性评判的复杂与难度所在。

比起正确性的检验评判，合理性的评判是更为艰难的事情，这不仅是因为价值要素常常更具灵魂的地位，更在于在合理性评判中有着更多的主观因素，有着更加强烈的主体倾向。几乎没有哪个主体会认为自己持有的新闻观念是不合理的，而且总会找到各种各样的理由为自己辩护，甚至会强词夺理、以势压人。但是，一套、一种或一个具体新闻观念是否合理，应该有其基本的客观标准。如果没有这样的标准，那合理与否就变成了纯粹的主观问题；纯粹的主观问题就意味着陷入相对主义的泥坑；在绝对相对主义的窠臼中，人们是无法评判一种事物的客观性内涵的。果真如此，我们的讨论也就变得毫无意义。因此，我们分析新闻观念的合理性问题，是以承认存在评判的客观标准为前提的，至少是在合理性评判标准中包含着客观的要素和成分。

对一种新闻观念的合理性进行评判，本质上就是对一种新闻观念的价值属性进行评判，即一种新闻观念到底能够为人们带来怎样的价值结果——正价值、零价值还是负价值？毫无疑问，只有能够产生或带来正价值的新闻观念才可能是合理的观念。那么，人们通过什么样的标准才能做出这样的评判呢？

依据上文对新闻观念合理性内涵的揭示，可以看到，合理性的评判不

---

① 列宁．哲学笔记［M］．2版．北京：人民出版社，1993：189.

是抽象的，而是具体的。主体拥有的具体新闻观念是否合理，从原则上必须接受三大尺度的衡量：一是认识尺度，它衡量的是观念是否正确反映了对象；二是合目的性尺度，它衡量的是观念是否体现了主体的正当需要；三是环境尺度或社会统一的规范尺度，它衡量的是观念是否合乎社会公共规范（如法律规范、道德规范等）的要求。只有符合三种尺度的统一要求，我们才能说一种新闻观念是合理的。[①] 在这三种尺度中，认识尺度是基础，合目的性尺度是核心，环境尺度或社会统一的规范尺度是条件，缺一不可。“合理性的评价标准只能在合规律性的外在尺度、合目的性的内在尺度与合规范性的共在尺度的统一中来确定。”[②] 合理性是以正确性为基础的，在认识论意义上不具有正确性的新闻观念，不可能成为价值论意义上合理的、应然的新闻观念，诚如我国价值哲学家李德顺先生所说：“任何价值观念，都一定是其主体头脑中‘应然’系统的主观表达，这是不成问题的；但是，任何‘应然’都必须以一定的‘实然’为根据，才能构成真实有效的价值观念，否则就是一套空想甚至幻觉。”[③]

上述关于新闻观念合理性的评判活动，即运用三大尺度的实际衡量活动，不仅要通过理论认识展开更要通过感性的新闻实践活动去检验。

首先，新闻观念的合理性需要通过理论认识活动来论证。在现实中，人们不可能对每一种新闻观念都进行实践性的评判，更多的时候是首先进行理论评判。只有经过理论评判的某些新闻观念，才有可能被有意识地、自觉地作为指导新闻实践的观念，之后再在新闻实践中进行进一步的评判

---

① 需要稍加说明的是，一定社会、一定历史时期的公共规范，本身还有一个合理性的问题，即规范的良恶问题，比如法有良法恶法之别，策有良策恶策之分，律有良律恶律之异；但这不是我们这里能够深入探讨的问题。当我们把社会规范作为衡量新闻观念的环境尺度时，是以规范本身的优良为假定前提的；正像我们把合目的性中的需要和利益的根源界定为正当需要和利益一样。

② 陈绍芳．以行为理性为视角重新审视合理性［J］．中国社会科学文摘，2011（10）：50-52.

③ 李德顺．社会主义核心价值与当代普世价值［J］．学术探索，2011（5）：1-7.

和检验，以做出观念调整、修正或者放弃。因此，如何首先在理论上对一种新闻观念的合理性做出预先的分析评判，其实是更为基本的事情。一种观念是否合理，不能通过断言、断论的方式认定，无论这种断言、断论背后有着怎样的权力和权威。合理或不合理，是需要理性论证的，是需要向人们提供充足的理由的，诚如有人所说，“一个思想，包括占统治地位的思想，要让人接受，必须提出让人接受的理由；必须让人觉得这种理由是站得住脚的”[①]。理论论证本质上是一种逻辑检验的方法，它主要依赖于既有的合理观念、既有的经验事实和理论逻辑的一致性。这也说明理论方法有着天然的局限性，它恰好对一些新观念中“新”的要素或“新”的方面的合理性难以充分检验和评判，因为所谓“新”，就是已经超越了既有理论和既有经验的范围；显然，单纯的理论评判有时难免扼杀一些合理的新闻观念。因而，“我们必须承认，价值观的正确性并不仅仅依赖于历史的先例，还要用日常的实践去证明”[②]。与前文关于合理性之“度”的观念结合起来，我们就可以说，有“度”的新闻观念，是很难仅仅通过理论论证获得的，最重要的是要通过新闻实践以及相关社会实践去探索；理论只能是总结、反思、提升的路径和方法，李泽厚先生说得很到位：“‘度’的建立是为了‘用’，也只有在‘用’中才能有‘度’的建立。”[③] 这虽然是在哲学认识论、实践论意义上的一般说明，但对我们理解新闻观念的合理性，建构和评判新闻观念的合理性也是适用的。因此，对于新闻观念合理性的评判，下面一点才是更为关键的。

其次，也是更为重要的一个方面，新闻观念的合理性需要通过感性的

---

① 潘维，廉思．中国社会价值观变迁 30 年：1978—2008［M］．北京：中国社会科学出版社，2008：34.

② 李伯庚．欧洲文化史：全球史视角下的文明通典：第 2 版：下［M］．赵复三，译．南京：江苏人民出版社，2012：548.

③ 李泽厚．哲学纲要［M］．北京：北京大学出版社，2011：132.

新闻实践活动及相关的实践活动来评判[①]，通过实践过程以及实践所产生的实际结果来评判，这是一个历史的过程。用一种新闻观念（或其他非新闻观念）评判另一种新闻观念的合理性，显然是行不通的，因为谁来保证作为评判标准的（新闻）观念的合理性呢？如果人们用一个其自身之合理性都无法确证的观念去评价其他观念的合理性，则显然是荒唐的。因此，从逻辑上说，我们不可能找到具有终极意义的、可以充当标准的观念。我们必须跳出观念范围，也就是在观念之外寻找评判新闻观念合理性的标准。观念之外的标准只能是非观念的事物，即只能是实践，只能是事实。我国当代哲学家赵汀阳指出："没有哪一种价值观能够评价另一种价值观，没有哪一种价值观是其他价值观的规范和标准，没有哪一种价值观是最高权威，否则的话就变成精神独裁和思想专制了。检验价值观的标准必定落在价值观之外，必定落在话语之外……事实是检验价值的标准。"[②] 实践评判，大致只能从微观到宏观的不同层次去检验和证实：一种新闻观念是否合理，最直接的是看在这种观念的支配指导下，新闻业自身是否得到了健康发展，新闻传媒是否得到了健康发展，新闻传播行为是否实现了自身的正当目标，所有这些原则性的评判标准并不是抽象的或空洞的，而是能够在一定程度上通过系统全面的实证化指标化体现的；而在社会层面上，则是要看在一定新闻观念支配指导下的新闻业、新闻传媒、新闻传收活动，是否促进了社会的良性发展与运行，是否实质性地提高了人们的知情权、表达权、监督权和参与权，是否在整体上促进了人们的利益，"任何

① 评判新闻观念合理性的实践不限于新闻实践，也需要其他社会领域的实践形式，其中最根本的原因在于新闻活动是与社会整体以及各个社会领域紧密联系的活动，新闻与它们的关系问题才是新闻领域应该关注的主要问题。事实上，顺便可以强调的是，与关于新闻本体论、新闻业态论相比，对这种关系的研究（新闻关系论），既是新闻学研究的传统主题，也是新闻学研究越来越重要的领域。参见杨保军．新闻理论研究引论［M］．北京：中国人民大学出版社，2009。

② 李彬．中国新闻社会史：插图本［M］．2版．北京：清华大学出版社，2009：536.

一种文化——无论是价值观和制度，还是生活方式——检验它的唯一标准就是能够提高人民的福祉”[①]。由新闻实践观念创造的客观事实（结果）作为检验新闻观念合理性的标准是具有相对终极意义的，即一种新闻观念到底是否合理，只有通过这种观念支配指导下的新闻传播实践表现，才能做出最具权威性的评判。当然，需要再次特别说明的是，新闻观念合理性的评判，不是简单的一时一事的证明，而是一个长期的历史过程。有些重要观念的合理性，“当代”的证实评判往往是有限的，“后代”才能以历史积淀的事实和历史塑造的眼光对其作出更为精准的评判。人类的能力是历史的，很难进行超历史的认知和评价。历史错误或失误往往难以避免，这可能是其中重要的原因。

再次，人们不难发现，在现实社会中，新闻观念特别是主导新闻观念合理性的评判与认定（其实其他社会领域的观念也一样），往往并不是像我们上面所论说的那样，是由理论论证或新闻实践为主的实践活动展开评判和检验的。相反，人们看到，一定社会以什么样的新闻观念作为主导观念、正确合理的观念，是通过各种权威力量特别是政治权威、政治统治权力做根本性判定的。不可否认，在现实社会中，合理性往往是由社会体系内部的权力结构规定的，有什么样的权力结构方式，就有什么样的合理性的认定方式，就有什么样的合理性的认定结果。不同的权力集团往往持有不同的新闻观念。一种权力认为正确的、合理的、先进的新闻观念，很可能在另一种权力看来是不正确的、不合理的、落后的。其中的问题十分复杂，需要进行专门的细致研究。但我们可以说明的是，某种新闻观念的合理性，必然受制于该观念与社会权力结构的关系，如果与社会的权力结构体系、方式是相匹配的，该观念就很容易被认定是合理的，相反，则很可

---

① 李伯庚．欧洲文化史：全球史视角下的文明通典：第2版：下［M］．赵复三，译．南京：江苏人民出版社，2012：548.

能被认定是不合理的。因此，新闻观念合理性的评判，总是与现实社会的权力结构有着不可分割的关系。这就意味着，合理性不仅是历史的，也是社会的和权力的。如果一定社会的权力结构、权力安排本身就是不合理的，则受其约束的新闻观念自然也是不合理的。合理性因而具有强烈的相对性，对合理性的权力评判很可能是对合理性的历史扭曲。

人们明白，在价值论视野中，新闻观念其实就是新闻观念拥有者的新闻意识形态。不同主体拥有不同的新闻观念，但到底什么样的新闻观念作为新闻意识形态是正当的、合理的，如何评判这种正当性和合理性，是新闻观念探讨中的重要问题；对任何一个社会来说，在如今这样的媒介化社会、传媒时代都有着特别重大的意义，不可轻易决断。比如，专业新闻主义观念为什么不能合理地成为当代中国新闻事业的主导新闻观念，而宣传新闻主义观念为什么又能够作为合理的、正当的主导中国当代新闻业、职业新闻工作者的新闻观念，其中的根据、理由是不能武断下定论的，而是需要系统深入论证。我们可以发现，无论是专业新闻主义观念的持有者，还是宣传新闻主义观念的赞同者，抑或是其他观念的提出者，都会把维护社会公共利益作为最高的、最终的、最后的价值目标。也就是说，把这一目标作为评判媒体新闻行为、职业新闻行为是否合理、正当的终极标准；但问题的关键在于，不仅要从理论上论证这些观念与这样的目标之间的现实匹配关系、可能关系，更要通过新闻实践证明、证实和检验它们之间的这些关系。因而，我们从理论上应该清楚，存在的并不必然是合理的，宣称的并不就是实际的。作为意识形态的新闻观念的合理性、正当性，并不是可以通过独断权威、统治权力或其他什么理想的宣称就能简单断定的，而是需要理性论辩的、实践检验的，需要提供根据和理由。我们应该明白，“一种思想的主导地位的合法性基础，并不是一经确立就已经完成，而是在不断地批判、分析、检验以及与其他思想的竞争中，才逐步确立的”[①]。“任何意识形态一方面在理论上不断地自我完善，提出更多更充分的理论依据，从而使人们认同它所提出的理由；另一方面，一个价值观体系还要尽量满足更多人的利益上的要求，促使他们从利益的角度来接受一定的价值观体系。”[②]

如我们在第一章所分析的，新闻观念不仅是理论观念，也是实践观念、方法论观念，一种观念如果达到了作为理论观念与作为实践观念的统一性，才是高质量的观念，也才可能是现实的、合理的观念。在理论与客观实践相结合的意义上说，一种观念对相关实践活动影响的范围和程度，是这种观念形成质量的决定性标志。一种观念如果对社会的实际生活没有什么影响和作用，那就只是空头观念。一种观念被接受的范围和程度，是衡量其实际形成质量的核心标志。对于一种新的新闻观念来说，其合理性的程度，自然要看新闻界对其认知的程度、认可的程度，以及用其实质性指导新闻实践的程度。一个得到普遍认知、认可的新闻观念与一个仅仅得到少数人认知、认可的观念，其形成的合理性程度、范围显然是不一样的。

三、新闻观念的先进与落后

观念的先进与落后，是观念讨论中的常见话题。尽管在现实社会中，先进观念与落后观念之间此消彼长，但在比较长的历史视野中，先进观念总会超越落后观念，成为引领人们前行的观念。因此，在一般意义上可以说，人们总是更多地赞扬、追求先进观念，批评、扬弃落后观念。但从学

---

① 樊志辉．问题意识与超越中西：关于中国现当代哲学与中国论述的断想［J］．求是学刊，2012（1）：11－15.

② 王晓升．“意识形态”概念辨析［J］．哲学动态，2010（3）：5－12.

理上说，到底什么是先进观念，什么是落后观念，并不是容易回答的问题，而关于先进与落后之间的比较评判就更是困难了。但人的观念特性，意味着分清观念的先进与落后、懂得评判观念的先进与落后，这对于人的活动的有效性、正当性都是十分重要的。因此，讨论新闻观念的先进与落后问题对于新闻观念研究十分有必要。

（一）先进与落后的含义

像其他观念一样，新闻观念也是具有历史流变性的观念，有其历史的起源和演变的过程。因此，在不同历史时代、历史时期便自然有了不同的新闻观念。在这些不同观念之间，从总的历史演进方向来看，新闻观念在总体上应该是发展的、进步的，这样就自然产生了新闻观念的先进与落后问题。有了先进与落后的关系，就有了评判先进与落后的根据和必需，因为从社会演进的整体意义上看，人们通常更愿意采用他们认为是先进的观念指导自己的实践活动。这就像有人在论及文化的历史进步性问题时一样，“肯定文化是进步的，对于文化的评价来说有重要意义，只有承认文化的流动与变化中存在着进步与否的问题，才能在逻辑上确立区分文化的先进与落后的可能”[①]。同样，在共时意义上，在任何一个历史时代或历史时期，针对同一对象往往也会产生多种不同的观念，它们之间也存在着先进与落后的关系问题，因而也是可以进行比较评判的。在展开关于如何评判新闻观念先进与落后的阐释之前，首先需要揭示新闻观念先进与落后的含义。

依据上面的一般性理解，新闻观念的先进与落后，通常是在两种意义上说的：一是以时间的流变为参照，把那些相对当下时间而言的新生观

---

① 林剑．文化的批判与批判的立场［J］．哲学动态，2012（1）：9－13.

念，或者新引入的先前没有的观念，看作具有先进性的观念，所谓“新的就是好的（先进的）”，而把那些相对当下而言过去的、传统的、老的观念看作落后观念，所谓“老的就是坏的（落后的）”。显然，这种意义上的先进与落后是纯粹时间形式的界分，缺少实质性的意义，往往是错误的。尽管在一般情况下，观念的先进与落后，与诞生时间的先后基本上是统一的，但从本质上说，观念的先进与落后，与诞生时间的迟早没有必然的关系。一些传统的观念，比如天人合一的观念、和而不同的观念等等，尽管经历了几千年，但依然光芒四射，成为启迪人们的恒久观念。当然这里需要注意，传统观念的复兴，是当下意义上的复兴，并不是简单的古典意义上的复兴。人类是因当代问题而重新理解古典观念，而不是简单拿来而已。因而，在历史视野中，一般来说，关于同一事物的观念，新近的往往比传统的、过往的观念要先进，但并不总是这样——历史事实本身证明，历史是会走弯路甚至是错误路线的，因为历史是主体实践的历史，也是主体观念不断客观化的历史，而作为主体的人只能在试错中不断前进。比如，改革开放以来，我们恢复了以往很多正确的观念，那就是说，曾经有过的一些观念也是正确的观念。另外，新观念并不一定就是好观念，就是先进的观念。英国传媒学者科林·斯巴克斯在谈及科研成果与时间的关系时说：“在社会科学领域，主观的解释占据主导，因此我们不能简单地把日期与价值等同起来。”[①] 其实，在观念与时间之间同样存在这样的关系。时间新近并不是判断观念先进性的实质性标准。二是从观念本身的性质或属性上说的，把那些适应现实情况且指向未来、代表事物未来发展方向的观念叫作先进观念，而把那些保守不变、可能将被历史淘汰的观念叫作落后观念。这种情况下，观念的先进与落后，并不是简单地以其诞生的时间

---

① 斯巴克斯．全球化、社会发展与大众媒体［M］．刘舸，常怡如，译．北京：社会科学文献出版社，2009：6.

先后为标准，而是以其是否反映了实际、代表了事物未来发展的客观趋势为标准。应该说，此种意义上先进与落后的界分，揭示了先进与落后的实质。因此，我们下面主要在这一意义上进一步分析新闻观念先进性与落后性的内涵。

在直接性上，一种新闻观念的先进与落后，是以既成其他新闻观念为参照，对被衡量新闻观念的一种性质认定；通常把那些比既成其他新闻观念更加科学、合理的新闻观念定性为先进观念，而将那些比既成其他新闻观念科学性、合理性程度低的观念定性为落后观念。显然，先进与落后是不同新闻观念间比较的产物。比如，与传统自由主义新闻观念相比，美国新闻自由委员会 20 世纪 40 年代提出的社会责任观念是更为先进的新闻自由观念，因为它既强调了新闻自由“消极性”的一面（消极自由），也强调了新闻自由“积极性”的一面（积极自由），应该说注意到了两个侧面之间的平衡关系，从而使新闻自由观念更为科学合理，也使新闻传媒和职业新闻工作者在新闻实践中更能恰当地运用自己的新闻自由权利。[①] 又如，中国改革开放后，人们很快发现曾经作为主导新闻意识形态的阶级斗争工具论观念是出现历史时代错位的观念，它是适合战争年代的新闻观念，但不适应社会主义建设时期的新闻事业。如果继续在新的时代采用以往时代的主导新闻观念，这样的新闻观念便是落后的观念，必须用适应新的时代要求的新闻观念取而代之。因此，观念的先进与落后是在比较中显现的，是在诸多观念的关系中确定的，具有一定的相对性。但是，人们应该清楚，在确定的条件下，观念的先进与落后是绝对的，不能没有原则地任意认定观念的先进性和落后性。新闻观念的先进与落后，同样遵循这一普遍的逻辑规则。

---

① 新闻自由委员会．一个自由而负责的新闻界［M］．展江，王征，王涛，译．北京：中国人民大学出版社，2004.

由于观念从根源上说是关于对象的观念，因此，观念的先进与落后，是相对观念对象的事态而言的。如果某种观念不能反映对象的新变化、新发展、新趋势，依然停留在对对象过往历史状态的反映水平上，这种观念就被看作是保守的、落后的，所谓跟不上时代的步伐；相反，如果某种观念能够反映对象的新变化、新发展、新趋势，能够预示对象未来的走向，这种观念就被看作是革命的、先进的，所谓跟上了时代的步伐。比如，关于当代中国新闻业基本属性的观念中，如果有人还坚持认为它的本质属性是阶级性，而不承认它的产业性和公共性，人们就会认为这样的观念是陈旧的、落后的，因为它不符合时代事实。又如，如果在新闻产品的属性上，有人至今还不承认它的商品性，人们就会认为这样的观念是落后于时代认识水平的，是不合时宜的、落后的观念。

但在事物的实际变动与观念变化之间，并不是单一的线性逻辑，即不是单一的谁先谁后的模式，而是可能出现各种情况：观念更新在先，实际变动在后，从而形成观念对实际的引导；实际变动在先，观念更新在后，从而形成观念追随实际发展的情况；而更多的情形可能是实际与观念之间互相作用、互相影响，很难说谁先谁后。在第一种情况下，人们说观念是先进的；在第二种情况下，人们说观念是落后的。比如，在中国，改革开放以来，人们几乎总是听到这样的说法——新闻理论研究跟不上新闻业实际变化的步伐，这首先是对新闻理论界一定程度上脱离新闻实际变革的批评；但从新闻观念论的角度看，这实质上是说，新闻理论界提出的新闻观念总是落后于新闻改革的实际进展，缺少先进性和召唤力，理论对实践没有发挥先导性的作用。相反，也有一些理论研究者认为，新闻理论研究实际上提出了很多先进的观念，比如关于传媒所有制改革的观念、进一步扩大新闻自由的观念、增强中国新闻传媒公共精神的观念等，只是因为各种原因，新闻传媒界缩手缩脚，没有进行真正的实践探索，以致我国新闻改革始终难以取得实质性或突破性的进展。这里，我们并不准备评判理论界与业界谁对谁错，谁说得更符合事实，只是想指出，观念与实际之间并不总是和谐同步的；有时观念变革更新在先，有时实践探索创新在前，有时则是二者互动激荡，共同前进。

如上论及，新闻观念的先进与落后，既存在于关于同一对象的不同历史观念比较之间，也存在于关于同一对象诸多共时观念的比照之中。比如，对于新闻业到底是什么属性的“事业”“产业”，不同历史时代人们的认识观念是不一样的，这些关于同一对象的不同历史观念之间具有一定的可比性，有些认识观念可能是比较先进的，而有些则是比较落后的（这里暂且不讨论历史认识的局限性）。又如，对于当下中国新闻业应该如何改革的问题，人们会有不同的观念，在这些共时存在的多种观念之间，其先进性与落后性是可以比较的、评判的。再如，在民众新闻现象如火如荼的新时代，人们关于职业新闻与民众新闻之间的关系，已经形成了各种各样的看法与观念，在不同观念之间同样存在着科学性、合理性的性质差异与程度差别，自然也会关涉观念的先进与落后问题。其实，人们通常所说的观念的先进性与落后性比较，更多的也是展开于共时观念之间。但我们也应该指出，关于同一对象共时存在的不同观念之间可能并不存在绝对的先进与落后的关系，存在的只是不同侧面或不同视野、不同角度的观念。有些观念注意到了对象的这一属性和特征，而另一些观念则注意到了对象的其他属性和特征，它们整合在一起才能更好地反映对象，形成正确、合理、先进的观念。比如，关于“新闻”之本质的认识观念、价值观念，在当代已经形成了各种各样的观点和看法，事实论的、信息论的、报道论的、工具论的或手段论的、权力论的等等[1]，这些观念之间

---

① 杨保军．新闻理论教程［M］．2版．北京：中国人民大学出版社，2010.

可能有时间上的先后，却是历史积累而成的共存，作为对新闻本质、属性、功能、作用等等的把握，很难说有什么先进与落后的差别；只有将它们统合起来，人们才能更全面、更系统地理解和把握现实中的新闻现象和新闻。

在历时维度上，谈论观念之间的先进与落后，首先是针对同一对象而言的，尽管时间性的差异本身已经造成了对象实质上的不同，使得“同一对象”的说法本身就有内在的矛盾性，但人们明白我们是针对同一事物的历时态而言的。事实上，也正是有了事物历时态的变化，我们才能谈论观念的先进与落后。在共时维度上，谈论观念之间的先进与落后，只能在同等环境条件下，针对同一对象的一组或几种观念而言。如果环境条件不一样，即使针对的对象在抽象意义上是同一的[①]，也无法比较不同观念之间的先进与落后，因为观念对于环境的适宜性本身就是观念先进性的重要内涵；如果针对的是关于不同对象的观念，即使环境条件是一样的，那也无法比较观念之间的先进与落后，因为此时已经失去了比较的基础，没有了共同的对象。

（二）先进与落后的评判

先进与落后是针对同一标准对比的结果，知道如何评判观念的先进，也就等于知道如何评判观念的落后，反之亦然。因此，为了分析、叙述的简洁方便，我们只针对如何评价新闻观念的先进性来展开讨论。如我们反复指出的那样，评判是通过一定标准、运用一定方法对对象展开的衡量行为。有什么样的标准，也就意味着什么样的方法。标准内在包含着方法要求。因此，任何评判的核心都是找到评价的标准。在逻辑上，对新闻观念

---

① 任何事物都是环境中的事物，如果环境不一样，也就意味着事物实质上不一样了，因此，这里的“同一”，只能是逻辑上的同一。

先进性的评价，就是要找到能够衡量先进性内涵的尺度。

如上文所说，新闻观念先进性的实质，一是指新闻观念与当下实际相适应，二是指新闻观念能够预示相应对象未来发展的方向，这种方向既是客观的趋势，也是主体应该的选择。可见，先进的观念既具有现实性，又具有理想性，是指导现实走向理想的观念；先进的观念具有一定的超越性，可以凝聚人心、振奋精神、引领未来，对相关活动主体具有强大的吸引力或召唤力。观念先进性的如此内涵以及功能作用，怎样才能得到恰当的评判，并不是“显而易见”的事情。这里的核心在于解决两大问题：一是用什么标准评判新闻观念与实际之间的适应性，二是用什么标准评判新闻观念对实际发展的预示性或指向性。我们试着做出以下的分析和阐释。

观念或新闻观念的先进性，首先是以其正确性为基础或前提的。观念对实际的适应性主要有两个方面：一是说观念反映了实际的客观情况，说明观念是正确的；二是说观念基本正确反映和把握了某种具体实际（比如新闻实际）与其环境氛围（主要是社会环境或某种观念反映的对象的特殊存在环境）的关系，从而使观念在指导相关实际领域的实践活动中，得到环境的支持，至少能被环境条件容忍或允许。

观念对现实的适应性，特别强调的是观念与现实的匹配性、契合性。一种观念是否正确反映了对象的客观情况，是否正确反映了对象存在的环境情况，是这种观念能否真实有效的关键所在。如果没有这样的适应性、匹配性、契合性，先进观念的先进性只能是空头支票，其只能是空洞的观念。因而，我们甚至可以有点极端地说，对于现实来说，往往并不在于观念先进还是落后，而在于观念对于现实的适应性、匹配性，也就是观念是否合乎实际。如果不合实际，我们的观念带来的就不是建设性，而是破坏性，诚如有人所说，“我们的思想可能有治疗功能，是有益的，也可能是破坏性的"[①]。

观念的先进性，如上所言，是基于现在而面向未来的特性。先进不仅是对现实的适应，也是对现实趋向正确合理的引导；先进的观念往往是对现实进行反思、批判的观念。因此，评判新闻观念的先进与落后，不只在于看它与当下实际的匹配契合关系，还在于看它与预期可能的关系，在于它改变现实、塑造新事物的潜能。"预示性"首先是以"适应性"为前提的，也就是说，一种新闻观念有无预示性，首先要有针对实际的适应性，如果缺乏这一前提，也就没有谈论观念预示性的前提。预示性的内涵包括两个大的方面：可能性与应该性（正当性或合理性）。可能性是说事物发展的客观趋势，应该性是指事物发展符合主体的正当目的。没有可能性、没有条件现实化的观念必然是虚幻的，也就难以作为真实的指导新闻实践的先进观念。

预期必定是一种可能，因此，这种评判原则上是观念范围内的评判，而不是通过实践尺度的评判。用未来的可能评判当下的观念，只能是一种观念对另一种观念的评判，其结论自然是理论的，缺乏客观的可靠性。正因为如此，人们关于未来的可能才会有多样化的观念论争。同时，任何主体理性认识能力的有限性，价值追求的选择性，以及对象、环境的复杂性，提醒人们关于一个领域、一种事业未来发展的观念，必须和应该在相关的人之间经过平等的对话、讨论、协商。只有以这样被称为自由的民主的方式，人们才有更大的可能建构出合理的、可行的包含更多先进性因素的新闻观念。

一种观念到底是否具有先进性，最终的、最权威的评判标准和方式只能是实践、只能是客观事实。没有经过实践证明、证实的先进性大都属于

---

① 奥顿奈尔．从神创到虚拟：观念的历史［M］．宋作艳，胡斌，译．北京：北京大学出版社，2004：29.

纸上谈兵。“想得很美”并不意味着“事实很好”。“美的观念”与“好的事实”能够统一的观念，才是合理的观念、先进的观念；一般说来，合理的观念就是先进的观念，但这要有条件限制，我们只能说合乎一定社会整体发展、新闻业良性发展的新闻观念，才是先进的新闻观念，而仅仅合乎一些主体需要的观念并不一定是先进的新闻观念。但是，我们也应该特别注意，得到充分实践的观念，并不一定是先进的观念、合理的观念，比如希特勒的种族观念在一定历史时期就曾得到了很好的实践，但这只是一个恶的观念的实践。又如，阶级斗争工具论的新闻意识形态观念在中国“文化大革命”时期得到了大规模的贯彻落实，但它并不是符合实际的先进观念，更不是引领中国新闻事业良性发展的先进观念。即使是当下的全媒体观念、融合媒体观念，被人们一味视作先进的观念，但这其实仍然主要是一种观念范围内的评判，其最终的合理性与先进性，只能由人类普遍的新闻实践做出评判和证实。

四、新闻观念的真实与虚假

像其他一般观念一样，新闻观念也有真实与虚假的问题；并且，比起正确与错误、合理与不合理、先进与落后这些观念特性来，真实性与虚假性无论在理论上还是在实践中，都显得更加令人迷惑，似乎让人难以厘清和把握，有着特殊的内涵，往往容易引起人们的更多争论。但真实与虚假又确实是新闻观念在理论上和实践中表现出来的属性或特征，是新闻观念论研究与新闻实践中绕不过去的问题。因此，深入理解、准确判断新闻观念的真实性与虚假性，在理论上和实践上都是必要的。

（一）真实与虚假的内涵

通过上面的阐释可以看出，在讨论新闻观念的正确与错误、合理与不合理、先进与落后时，我们总是在某种关系中来把握新闻观念的这些属性：正确性是相对新闻观念所反映的对象而言的；合理性是在正确性的基础上，主要相对主体的历史性需要而言的；先进与落后在直接性上是相对既有观念的性质而言的，在间接性上则是针对观念对新闻现实的适应性和预示性或预见性而言的。与把握这些属性的方法论一样，新闻观念的真实与虚假也只有在一定的关系中、在比较中才能显现出来。

新闻观念的真实与虚假，按照人们习惯性的理解，首先是针对观念所反映的对象而言的：如果一种新闻观念正确地反映了相关对象，就说观念是真实的；如果一种新闻观念没有正确反映相关对象的真实面目，就说观念是虚假的或错误的。看得出，在认识论意义上，新闻观念的真实与虚假，与我们前面讨论的正确与错误的内涵是一致的，本质上是一个问题。因此，不再赘言。

我们这里所论说的新闻观念的"真实"与"虚假"，关键是相对新闻活动主体、新闻实践、新闻行为而言的，即新闻观念的真实与虚假主要是在主体新闻观念与相应的新闻实践、新闻行为的关系中来确定的。[①] 用通俗的话说，观念的真实性与虚假性，实质上揭示的是主体"言（观念）行（实践）的一致性"问题。如果言行一致，就说"言"是真实的，如果言行不一，就说"言"是虚假的，或者说"言"只是一种宣称，甚至是一种谎言。这实际上是在价值论意义上（或者意识形态意义上）或伦理意义上对主体新闻观念的一种评判。因为作为意识形态的新闻观念，有其虚假、虚伪的一面。言行不一导致的直接结果便是主体的"虚伪"或"伪善"。这样的新闻现象在国内国际新闻活动中都是实际存在的。

---

① 需要注意的是，观念的"真""假"与观念的"虚""实"是有所区别的：真、假是相对观念对象的正确性以及与观念相对的实践行为来说的；虚、实是相对观念对象是否是实在而言的——如果观念指称对象是实在的，就说观念是"实观念"，如果观念指称对象是虚构的、想象的，就说观念是"虚观念"。我们主要是在前一种意义上运用真实与虚假这一对概念。

新闻观念是一定主体关于新闻活动的意识形态，尤其是系统的新闻观念或新闻观，总是一定主体新闻意识形态的直接表现。在意识形态意义上，新闻观念不仅有针对客观实际的正确与错误之分，也存在着主体价值追求的真诚与虚伪之别，即存在着真实与虚假的区分。“意识形态通常被感受为自然化和普遍化的过程。通过设置一套复杂的话语手段，意识形态把事实上是党派的、论争性的和特定历史阶段的价值，显现为任何时代和地点都确乎如此的东西，因而这些价值也就是自然的、不可避免的和不可改变的。”① 这种将特殊普遍化、相对绝对化、历史逻辑化的做法，难免产生观念的虚假；这种把自己的说成是大家的，党派的说成是社会的，部分的说成是全体的做法，也难免内含虚假。当有人把仅仅适应自身的观念说成是普世的观念时，当有人把自己的价值诉求说成是普世的价值目标时，就是态度上的虚伪和观念上的虚假。比如，当西方世界一些人任意玩弄双重甚至是多重新闻价值观念（价值标准）时，其新闻价值观念的真实性、真诚性就令人怀疑（对自己是一套标准，对他人是另一套标准；或是用自己的标准硬套在他人的身上）；当他们所宣称的言论自由、新闻自由观念“因国而异”“因人而异”时，其虚假性、虚伪性已是昭然若揭。又如，在市场经济环境中，当国内一些新闻传媒组织宣称以公共利益为宗旨，实则商业利益至上时，其新闻价值观念、社会责任观念的虚假性便也公然天下了。

“真实”的观念，近乎“真诚”的观念。这里的“真实”，主要指观念持有者“真诚”地相信自己的观念，并且愿意自觉地作为指导行动的实践观念。由此也可以看出，从逻辑上说，真实的观念从原则上既有可能是正确的、合理的、先进的，也有可能是错误的、不合理的、落后的。在实际

① 周宪．视觉文化的转向［M］．北京：北京大学出版社，2008：71.

生活生产活动中，人们真诚相信的观念、按其行动的观念并不一定是科学的观念、合理的观念、先进的观念。但人们通常把真实观念理解为或看作正确的、合理的、先进的观念，是在“正面”意义上使用真实观念这一概念的，就像尽管价值概念在逻辑上包含正价值、零价值、负价值多个向度，但人们通常是在正价值的意义上使用“价值”这一概念一样。人们经常说资本主义或资产阶级所宣称的普遍的新闻自由是虚假的、骗人的或不真实的。这里实质上是说，资产阶级所宣称的新闻自由（就是新闻自由观念）与其在社会生活、政治生活中实际践行的新闻自由是不一致的，说一套，做一套，说得好听，做得差劲。因此，其宣称的新闻自由观念是虚假的、不真实的。再比如，在中国语境中，我们经常听人说某个人是“假”马克思主义者。这可能有很多意指，但最基本的一条是说，此人满嘴说的是马克思主义的话语（观念），宣称自己信奉马克思主义，坚守马克思主义的立场、观点和方法，但其实际行动或所作所为却背离了一个马克思主义者的应当所为，这时，人们只能说他的马克思主义观念其实是虚假的，不是真实的，他并不真诚地相信马克思主义。在当今中外新闻实践中，没有什么人会公然宣称自己不坚持、不信任真实、客观、全面、公正、公开这样一些基本的新闻传播观念，他们大多也不会不认为这些观念是正确的、合理的；但当人们面对客观实际时，却不难发现很多人并没有很好地去遵守和践行这样的基本观念。此时，我们恐怕只能说这些人的新闻传播观念是不真实的、不真诚的或直接说是“虚假的”。

（二）真实与虚假的评判

上文关于新闻观念真实与虚假内涵的分析与基本界定，为我们进一步讨论真实与虚假的评判提供了基础。看得出，仅从标准上说，观念的真实与虚假似乎是比较容易鉴别评判的，因为它直接依赖实际行动来检验，依赖实际行为表现来说明，而实践行为的感性特征、实践结果的可实证性特点使人们能够比较容易地直接观察、直接感受，因而可以更好地直接判断和评价。

由于我们主要是在言行是否一致的意义上来揭示新闻观念真实与虚假内涵的，这也就从根本上意味着，尽管我们可以从逻辑上分析判断一种新闻观念的真实性，但新闻观念真实与虚假的上述内涵，说明了关于真实与虚假的评判用不着多少理论的论证、逻辑分析，而主要是一个实践检验、行为证实的问题，是“听其言、观其行”后的两相对照。当然，这既可以通过日常的经验进行，也可以通过更为科学的方法展开证明。但最根本的评判标准只能是实践行为，即人们只有通过观念宣称者的实际行为才能评判其观念的真实性，如果行为与观念一致，其观念就是真实的，如果行为与观念不一致，说明其观念是虚假的。

但是，在现实社会中，在实际的新闻活动中，新闻观念的真实与虚假，并不像我们这里在理论上或逻辑上的界分这样简单明了。大概不存在纯粹的真实观念，也不存在纯粹的虚假观念。也就是说，从观念论的角度看，有些观念真实的成分、比例高一些，有些观念虚假的成分、比例高一些。真实的观念中有虚假的成分，虚假的观念中又有真实的成分，真真假假、虚虚实实，使得关于观念的真实与虚假判断变得十分复杂。何况，观念存在的典型方式是心理的、精神的，人们难以看得那么清楚。对于职业组织主体来说，它们的新闻观念是明示的，是通过媒体方针或编辑方针向社会宣示的，从而为人们的评判提供了一定程度上的可能；但对于民众新闻中的民众个体新闻观念到底如何，无论从观念一端还是从行为一端，要想分清真假、辨明虚实就非常困难了。一个社会的民众普遍持有怎样的新闻观念，在今天这样的媒介化社会其实是一个相当重要的事情；媒介素养、新闻素养对生活在今天这样媒介环境中的人们来说，不再是可有可无的素养，比较准确地认知媒介、比较合理地使用媒介和比较恰当地评判媒介是人们应该具备的基本能力和素质。当然，要达到这样的理想状态，还需要广泛展开普遍的媒介素养教育活动。

就普遍意义而言，在观念与实践之间，在一致与不一致之间，有着模糊的难以简单划分和判断的“地带”存在。这就意味着，在现实中，我们要对某些主体新闻观念的真实与虚假做出评判认定，并不是一件容易的事情。事实上，做出这类评判，往往有着更大的风险，承担着更大的责任，因为它本质上是一种伦理的评判，并非仅仅是认识论的、方法论的评判。而在任何一种文化环境中，伦理上、道德上的评判，常常是最能打动人心、最能震撼心灵的评判。伦理道德评判常常具有终极性的意义和影响，一旦做出，更容易使人们对相关对象形成刻板看法。因此，关于新闻观念真实与虚假的评判，本身就具有强烈的伦理道德意义。

人们有时不能纯粹以行为的结果去推断、评判观念的真实性，有人确实真诚地按照自己的新闻观念指导了自己的新闻行为，而且其观念也是合理的，但没有取得预期的效果，甚至是相反的结果。如果直接依据新闻实践表现与结果评判观念的真实与虚假，很可能不是那么恰切。因为影响新闻实践行为的因素很多，并不只是指导行动的观念，也并不只是指导观念的真实与虚假问题。由此提醒人们，对新闻观念真实与虚假的评判不能是单向度的、单方面的，而应该是多向度、多侧面的系统评判。

问题更为纠结、缠绕的一面还在于，在现实的新闻活动中，由于各种可能的条件限制与约束，行动者的观念并不是行动者认可的观念、信服的观念，但他们又不得不按照自己并不信仰甚至是反对的观念行事。在这样的情况下，人们做出的观念评判，在伦理意义上很可能是错位的。“张三得病，李四吃药”的现象在现实社会中并不鲜见，它提醒人们，在对新闻观念真实与虚假的伦理道德评价中一定要慎重，任何简单的伦理道德评价都有可能伤害到无辜的心灵。如果一个组织没有按照它所宣称的美好的新闻观念展开实践，而是按照另一套它实际相信的观念指导实践，可以想象，组织成员的行为很可能表现为众多的精神分裂现象，真实与虚假将会颠三倒四地显现在他们的行为之中。

在新闻实践中，根据最普遍的经验事实看，如果出现“言行不一”的现象，大都是“说得漂亮，做得差劲”，相反的现象几乎没有。一些主体（组织、群体或个体）之所以故意这样做，使人能够看得出，实质上知道什么是正确的、合理的、先进的观念，能够从理智上将不同观念的性质、属性区分开来，属于“明知故犯”，因此导致观念虚假现象的根本原因主要不在认识论、方法论，而在价值论。“说一套，做一套”在直接表现上是新闻活动者自主、自觉、自愿的选择，但其背后很可能有各种复杂的被迫的根源。正因为这样，对新闻活动主体的这种言行错位行为，我们只能一般地说他们大都是为了自己的私利而放弃了自己宣称的观念，而其中更为深层、细致的原因，恐怕只能进行实事求是的、具体的分析。至于特殊环境中的观念与行为错位，则更是需要专门讨论。比如，一些新闻活动主体对外宣称的主导媒体行为的新闻观念是现实政治统治权力认可的，但实际用来支配自己行为的新闻观念却只是自己信仰的。这显然是在表面上屈服于现实生存法则的结果。由此看来，关于新闻观念的真实与虚假问题，内涵确实是相当丰富，而要一一讨论各种可能现象的评判问题就更是艰难了。

中篇　中介视野中的新闻观念

中篇，我将其称为“过渡篇”或“上下篇之间”。作为中介和桥梁，本篇直接而简短，内容只有第七章。

这是一个特别的设计，但却基于理论逻辑与实践逻辑的基本事实。

新闻观念的“功能”本质上属于新闻观念本体论的论题之一，因为功能属于事物本身的属性；新闻观念的“作用”本质上属于关系论视野中新闻观念的前提论题，实质上指向广义的新闻行为和新闻实践，因为“作用”是事物功能在一定对象物上的显现和效用。正是因为作用是功能的显现，是功能的效用，“功能”“作用”两个概念才常常被等同和连用，但它们并不完全一样。这意味着，将二者置于一起讨论，恰好可以架构起从新闻观念本体论（上篇）到新闻观念关系论（关系论视野中的新闻观念）（下篇）研究的中介和桥梁。

第七章 新闻观念的一般功能作用

我们国家最强大的武器，不是经济，不是军事，而是精神。

——艾森豪威尔

人与人之间需要凝合成的群体必须在个人和个人、群体和群体之间建立起价值观念上的认同。

——费孝通

一部人类文明史是由一连串的伟大观念穿纽起来的。拿掉这些观念，人类文明大厦便会散架，轰隆一声坍塌。

——赵鑫珊

“功能是事物本身固有的”[①]，属于事物自身的属性范畴；当事物确定后，其功能便是一定的[②]；事物功能的实现，表现或显现为事物的作用，

① 袁贵仁．价值观的理论与实践：价值观若干问题的思考［M］．北京：北京师范大学出版社，2009：21.

② 功能的一定，并不说明功能的有限。一般说来，事物的基本功能是相当有限的，就像事物的本质属性是相当有限的一样，但非基本的功能可能在逻辑上是无限的。这就意味着，对事物功能的认识其实是一个过程，只有认识到事物的某种属性，才能知道事物有某种可能的功能。因此，一个事物，不管它是物质的还是精神的，其功能的发挥（显现为作用）既可能是自发的，也可能是自觉的；功能认识的目的就在于以自觉的方式把握事物的功能属性，从而使功能开掘利用成为更加自觉的行为。

因而功能与作用是有联系但并不完全相同的两个概念①。功能作用的连用与等同，大都是习惯使然；也是因为一般说来，事物有什么样的功能，常常就会在原则上有什么样的作用。本章，作为新闻观念论之本体论与关系论之间的过渡或中介桥梁，我们将侧重从新闻活动主体的角度，对新闻观念的功能作用做出普遍意义上的分析和阐释。功能分析的核心是揭示新闻观念自身的性能或者潜在的作用，因此，它实质上是功能与作用的一并分析，很难将二者界分清楚；而作用分析，则是在区分功能与作用逻辑意义基础上的进一步清理，所以将重点阐释从功能到作用的基本过程与机制。

一、整合新闻共同体的观念工具

观念是团结的旗帜，也是团结的力量；共同的观念会使人们凝聚在一起，为共同的事业努力奋斗。一个共同体之所以是共同体，尽管依赖很多因素和条件，但在共同体的灵魂深处，首先是主导精神观念的统一性。统一的基本观念，既是一个共同体的标志，也是一个共同体能够延续发展的精神武器。正像“正是思想观念把一个民族凝聚在一起”② 一样，将一个职业群体凝聚在一起的也首先是这个群体中所有个体拥有的共同的职业观念或职业精神理念。当然，其他类型的组织、群体也大致相似。如果没有这样的观念，一个共同体既不能称之为共同体，也不可能成为真正有力量、有统一灵魂的共同体。

---

① 关于功能与作用两个概念，人们经常混用，但两个概念的实质含义是有差别的。功能是一定事物自身的属性，是事物固有的，作用则是一定事物在与他事物的关系中表现出来的影响或效用。因此，作用是对他事物而言的。功能与作用的基本关系是，功能是事物自身的属性，是潜在的作用，而作用则可以说是表现出来的功能。

② 克朗．文化地理学：修订版［M］．杨淑华，宋慧敏，译．2版．南京：南京大学出版社，2005：2.

（一）新闻观念是新闻共同体的标志

“我是谁?”“我们是谁?”这些看上去极为普通的问题，实际上一直困扰着人类，不断地被追问；类似“认识你自己”“人贵自知”也已成为人类几千年来的自省警语。事实上，返身自我的诸多问题，不仅需要哲学家们在普遍意义上进行反思和回答，同样需要我们每个人以具体生存、生活、工作领域的身份做出严肃的反思和回答。这样，我们作为人类的存在、作为某种社会角色和职业角色的存在才不是盲目的，而是自觉的、自明的、自愿的。正是自觉和对自觉的再觉知，将人类和人类之外的他者区分开来，使人类成为“观念动物”“精神贵族”，成为能够通过自己创造的、建构的实践观念来指导自己行为活动的主体。不自知的状态，是蒙昧的状态；不自知的生存，是野蛮的生存。其实，观念和能够不断生产观念本身就是人类成为人类的标志之一。因而，我们可以通过一个人、一群人乃至一个社会拥有的不同观念将其区隔标示出来；同样，我们也可以通过一群人、一个社会乃至整个人类拥有的共同观念将其看成不同空间、不同范围、不同领域等的统一体或共同体。

在新闻观念论视野中，尽管新闻意识、新闻观念从根本上说来源于新闻活动、新闻实践，来源于新闻活动者（包括新闻研究者）的互动过程，这种互动不只是物质的，还有精神的，不仅是物质交往，还有精神交往；但新闻观念更是在新闻活动者直接的对话过程中形成的。不同话语之间的对话可能是新闻观念形成的直接路径。查尔斯·泰勒（Charles Taylor）说：“只是因为掌握了人类丰富的语言表达方式，我们才成为人性的主体，才能够理解我们自己，从而建构我们的认同。”① 从理论上说，共同或相

① 胡泳．我们需要什么样的网络意见领袖？[J]．新闻记者，2012（9）：8－13.

似新闻意识的生成，标志着新闻活动有了相对独立的文化内核，新闻观念的出现则是区分新闻活动与其他活动的重要标志，说明人们有了自觉，对新闻有了界分与范畴化的可能。进一步说，那种符合新闻活动、新闻业规律性要求的活动观念是稳定的，这样的观念其实就是新闻共同体的观念基础、精神基础。有人在论述道德观念、道德意识的普遍性时这样写道："从共时性之维看，一定历史时期的共同体中，通常存在着对该共同体成员具有普遍制约作用的道德意识和道德观念；就历时性之维而言，某些道德意识和道德观念往往在不同的或较长的历史时期产生其影响和作用，而不限于某一特定的历史阶段。"① 这就是说，不管是在共时性上还是在历时性上，正是共同的道德观念使得一定的人群成为道德共同体，共同的道德观念是标识共同体的精神符号。如果对此略加推演，我们似乎就可以说，人们可以把观念特别是核心观念（主导观念）作为标准、作为符号标识，将不同主体的差异性或共同性显示出来，或者说可以将主体一体化或界分开来。

在一般意义上看，一个共同体能够成为共同体，拥有很多具体的标志或标准，而不只是一个观念标志，需要多样化的条件，而不仅仅是观念条件。但是，共同观念，特别是主体拥有的共同的价值观念，是共同体之所以能够成为共同体的精神根据、精神根源。在一定的共时阶段，一定的共同体总是拥有一些关于共同事业的共同的基本观念。曾担任过美国总统的艾森豪威尔认为，"我们国家最强大的武器，不是经济，不是军事，而是精神"②。其实，任何一种地域文明，任何一种民族文化，能够造就其自信的就是它的文明观念和优秀的文化观念内核，以及对象化的感性表现。

---

① 杨国荣．存在之维：后形而上学时代的形上学［M］．北京：人民出版社，2005：247.

② 里尔巴克．自由钟与美国精神［M］．黄剑波，高民贵，译．南昌：江西人民出版社，2010：169.

英美文化的政治文明，欧洲大陆文化的精神风采，中华文化的宽容大度、贵和尚美、天人合一，如此等等，都是以其特有的认知观念、价值观念标识于世的。如今，连普通人都能说上几句的“软实力”（soft power），说到底就是精神文化的力量、精神观念的力量。尽管“软实力”永远以“硬实力”（hard power）为基础，但我们更应该明白，“软实力”是产生“硬实力”的精神前提、观念前提：一个没有足够分量“软实力”的民族、国家是不大可能创造出像样的“硬实力”的；相反，一个拥有“软实力”的民族或国家，迟早都会以震撼世界的方式站立起来的，灵魂的强大迟早都会体现在身体的强大上。文化特征作为民族标识，社会制度作为国家的形象框架，都离不开一个民族、一个国家的文化核心理念和核心价值体系。美国学者费正清说：“他们（指构成群体或组织的成员。——引者）分享共同的信念态度，接受该群体的共同准则，并且他们至少分享一个共同的目标。”[①] 我国著名社会学家费孝通先生指出：“人与人之间需要凝合成的群体必须在个人和个人、群体和群体之间建立起价值观念上的认同。”[②] 观念认同是任何一种、一个共同体得以存在的深层的或内在的标志。“相同的观念（政治、宗教、人生、艺术、道德……）才把人聚合到一起——这是‘志同道合’的同义语。”[③] 即使在科学（包括自然科学和人文社会科学）领域，那种松散的学术共同体，之所以能够成为或被人们看作学术共同体，其核心就是因为拥有共同的或至少是相似的学术观念、学术范式。哪怕是那种临时性的群体，比如游行示威的群体，也是因为构成群体的个体之间有着大致相同的利益观念或价值观念，这样一来，他们才能走到一起，沿着共同的道路和方向，高举着共同的旗帜和标语，高呼着共同

---

① 费正清．观察中国［M］．傅光明，译．北京：世界知识出版社，2002：58.

② 叶隽．文明史、现代性与现时代问题：读《文明的进程》［J］．中国图书评论，2011（9）：76－85.

③ 赵鑫珊．观念改变世界：一唱雄鸡天下白［M］．南昌：江西人民出版社，2008：27.

的口号；那共同的旗帜、共同的口号，就是他们最直接的共同的观念标志，是他们内在精神的感性表现。网络时代，在虚拟而又真实的赛博空间中，存在着大量的社区群体以及各种各样丰富多彩、五花八门的小群体，其成员都是以某种共同的兴趣、共同的爱好、共同的信念、共同的利益勾连在一起的，而其中最核心的黏合剂实质上就是他们共同拥有和认同的基本观念，至少是在某一方面或某个领域中拥有和认同的基本观念；正是这些共同的观念，使他们成为“封闭”的一圈，对外则显现为相对统一的一族。网下网上的“迷”（fans）文化、“族”（group）文化，以及各种时髦的、新潮的、难以名状的所谓文化群体，之所以能够形成并被冠以各种平常的或怪诞的名称，也不管它们是适应社会主流观念的还是逆反社会主流观念的，主要是因为其成员实际上都拥有自己独特的基本文化观念。一言以蔽之：群体共同的、相似的基本观念使群体成为共同体；反过来说，这样的观念成为群体作为共同体的精神标志、观念标志。

在社会领域意义上，或是在社会分工或职业意义上，作为职业共同体，则更是具有明确的各种标志，从工作领域、工作内容、工作方式、工作目标到特殊的知识要求、技能要求、伦理道德要求等等，都有成套的准则或标准。在众多标志之中，有些是看得见、摸得着的直接性外在标志，有些则是看不见、摸不着只能通过工作态度、工作精神、工作过程、工作结果体现出来的内在标志。一个共同体特别是职业共同体那种共同的文化精神、共同的价值取向、共同的基本观念等，就是共同体成为共同体的典型的内在精神标志。医务工作者、律师、教师、建筑师等等，无不拥有自己的基本伦理信条、价值理念，这些理念大多是对外公开宣称的，成为话语符号上和精神观念上的典型性标志。

职业新闻工作者以新闻生产、新闻传播为直接职责而形成了自己的共同体[①]，作为职业共同体，它拥有自己随历史变化、随环境变迁的特殊工作内容、工作方式和工作目标，拥有相对比较特殊的专业知识要求和专业技能要求，但除了这些标示自身不同于他者的方方面面，新闻职业共同体还有自身特殊的精神标志、观念标志。职业新闻工作者拥有的共同的“新闻观念”，就是将他们与其他群体区分开来的标准或标志物。或者说，作为新闻职业共同体，不管是在哪个主体层次上或职业主体存在范围内，一些共同的职业观念、职业原则是职业共同体成为职业共同体的核心标志。下面，我们就分层次加以简要的分析和说明。

在全球范围内，能被人们称为“记者”的人群（“记者”是职业新闻人的典型性身份或代表性说法），或者说贴上了“记者”标签（the label “journalist”）的那个人群，其成员总是拥有相似的新闻观，忠诚于一些共同的新闻观念，诸如真实观念、社会责任观念、表达自由观念、客观观念等。[②] 人们看到，尽管这个世界利益矛盾纷繁复杂，意识形态斗争此起彼伏，“软实力”竞争、“话语权”争夺日益激烈，但各国新闻界、新闻工作者还是认可一些最基本的新闻观念[③]，在全球传播、国际新闻报道中还是遵守一些最基本的新闻原则。职业新闻工作者，作为一种特殊的职业群体，有其自身的一定程度的自主性和独立性。迈克尔·舒德森说：“新闻界应当具有某种价值忠诚度。这就是，忠于人和公民的尊严、平等、自由这一根本价值。”[④] 对于现代新闻业和现代职业新闻工作者来说，不管身

---

① 关于新闻职业是否够得上标准的职业问题，可以说已经争论了一个多世纪，直到现在仍然有人认为，新闻工作算不上可以与医生、律师、教师等职业相比的标准的职业。我认为，进入组织化、制度化、专业化新闻生产传播方式的新闻工作者，从事的是一种比较严格的职业工作，尽管新闻工作在知识、技能等要求上不像其他一些职业工作的要求那么严格。关于这一问题比较细致的讨论，可参阅杨保军《新闻精神论》（中国人民大学出版社，2007 年版）第一章有关内容。

② MUSA B，DOMATOB J. Who is a development journalist? Perspectives on media ethics and professionalism in post-colonial societies [J]. Journal of mass media ethics，2007 (4)：315 - 331.

③ 参见第四章关于全球新闻观念形成机制的相关内容。

④ 舒德森．为什么民主需要不可爱的新闻界 [M]．贺文发，译．北京：华夏出版社，2010：11.

居什么样的社会环境，这恐怕是应该持有的基本信念。美国著名新闻学者约翰·梅里尔指出："全球新闻工作者（除非他们对专制情有独钟，惧怕个人自由）都应对国家权力有所警醒，同时也应认识到传媒权力对百姓也会产生危害。"[①] 这从另一个维度指出了职业新闻工作者应该担当的责任和应该注意的问题，这样一些观念是普世的，不大会有职业新闻人否认或拒绝。其实，正是这些基本的观念和共识，才使世界人民有可能通过各国的新闻报道，了解世界范围内一些基本的真实变化。进一步说，正是因为这些共同的观念，才有可能使新闻媒介成为世界性的公共领域和公共平台；不管这样的领域、平台多么粗糙不平、沟壑纵横，但它们确实使人们能够对一些世界事务、人类共同关注的话题展开一定程度的交流与讨论，这一点在全球化的背景下表现得越来越容易，而非越来越艰难。

在一定社会范围内，不同社会拥有的各种特殊性自然会表现在新闻领域中，也会体现在职业新闻工作者身上，其中典型表现之一就是不同社会中职业新闻工作者在新闻观念上的差异。也正是这种观念差异，从"灵魂深处"将不同社会、不同国家的职业新闻工作者界分开来，显示出不同的国家色彩和特征。作为社会层面的新闻主义，也是社会整体意识形态的组构成分或单元，"意识形态是使每一社会成员获得社会化主体性规定的文化框架和理解前提，是人的内在主体性塑造的精神模具"[②]。与此相应，新闻意识形态实质上是塑造新闻主体的精神模具，它使不同层次的主体获得相应的身份特征，使不同层级的主体建构起最基本的新闻活动价值取向。新闻观念是主体身份新闻化的重要工具。比如，美国新闻工作者总是以专业新闻主义观念标识自我，以自主独立、自由负责的观念宣称自我，

① 戴比尔，梅里尔．全球新闻事业：重大议题与传媒体制：第5版［M］．郭之恩，译．北京：华夏出版社，2010：8.

② 胡潇．马克思恩格斯关于意识形态的多视角解释［J］．中国社会科学，2010（4）：4－20，220.

以客观中立、维护正义的信念确立自我；而在当下中国，从事新闻工作的群体，还远没有形成一个统一的具有高度共识的自称名分[①]，通常被政府和政党定性、定位为“新闻宣传工作者”或更为宽泛的“新闻从业人员”，普通社会大众也基本上是如此见识。这大致也说明，直到目前，中国的新闻从业者本质上并没有比较强的独立自主的地位，也还没有形成比较独立的自治自律体系或管理方式，他们在主体地位上，还是从属性的，从属于党和政府，这与中国新闻业作为党和政府事业的一部分，新闻传媒作为党和政府的耳目喉舌的性质是相一致的。因而，不管名义上如何称呼，在当下中国，新闻从业者确实不仅仅是“职业新闻工作者”，而是担当着诸多的不同角色，他们并不是简单的以新闻为本位的工作者。因而，可以说，中国的新闻工作者有着比较特殊的职业角色观念，这种职业角色观念中不仅包括新闻观念，同时还包括强烈的宣传观念，宣传观念甚至比新闻观念占据着更为核心的地位；人们至少可以用这样的观念将中国的新闻工作者与西方世界的新闻工作者区分开来，因为这是一个事实性的存在。因此，中国新闻从业者宣称的最高宗旨（观念）是：为人民服务，为社会主义服务；新闻业是上层建筑，是意识形态领域，是信息、文化、思想、舆论中心；新闻工作者是信息传播者、新闻报道者、舆论引导者、党和政府的观念（路线、方针、政策等）宣传者。

在新闻行业层面上，观念的标识性就更为明显了。不同行业（实际上也是职业）之间有很多工作内容、工作方式、工作方法、工作目的上的区分标志，但内在的区分标志乃是不同行业（不同职业）拥有自身特殊的行

---

① 身份意识、身份自觉、身份认同，对于中国新闻从业者来说，仍旧是一个困惑痛苦的问题，并没有一个统一的共识。有人认为自己是党和政府的新闻宣传工作者，奉行的是宣传新闻主义观念；有人认为自己是职业新闻工作者，奉行的是专业新闻主义观念；有人认为自己实质上是特殊商品的生产者，奉行的是商业新闻主义观念；还有人更像是市侩主义者，称什么都行，做新闻工作不过是养家糊口的一种手段而已。

业意识、行业文化、行业精神，实质上就是拥有不同的行业（价值）观念。正是不同的行业观念，将不同行业从精神层面区分开来。以生产和传播精神产品为特征的新闻行业，与以生产和销售物质产品为特征的一些行业在观念上会有很大的不同：前者关注的是人们的精神世界，后者更注重的是人们的物质消费。同样是生产和传播精神产品，新闻生产、新闻传播与其他的一些精神生产和传播亦有许多不同：前者要求按照新闻的特征、规律进行生产和传播，侧重的是事实观念、真实观念、客观观念、及时观念等等；后者则要求按照自身（比如文学、艺术等）的特征和规律展开生产和传播，侧重的是美的观念、审美的观念、创造创新的观念。总而言之，每个领域、每个行业都有自己的一套内容体系、方法体系和观念体系，每个行业的基本观念成为人们辨识它们之间联系与区别的基本标志。当然，在不同行业之间，也存在一些共同的观念，比如，在中国，每个行业都需要确立和塑造社会主义的核心价值体系，都需要确立以人为本、科学发展的观念，都需要树立自由、和谐、公平、正义等价值观念；而在西方大多数国家，它们的每个行业都会把自由、民主、平等、博爱等作为共同的价值理念。事实上，不管在哪个社会，它的每个行业都是以行业方式对这些社会整体价值观念的特殊化或具体化落实和体现。

在新闻传媒组织主体层面，传媒之间的区分同样存在着大量的标志（媒介形态、规模大小、标准定位、风格取向等等），但最为深刻的、内在的区分仍然是不同传媒组织之间的文化区分、观念区分、价值取向区分。正是这些内在的“精神气质”或“精神风格”区分，成为人们心目中评判不同传媒优劣高低、品质好坏的根本性标准（标准其实就是标志物）。在全球范围内，人们都有将新闻传媒分为高级（精英）媒体（严肃、质性媒体）与大众媒体（娱乐媒体、量性媒体）的习惯。前者大都宣称它们要影响那些有社会影响力的人群，并不过于在意发行量、收视（听）率、点击率的多寡，其坚信，只要影响了精英人群（政治的、经济的、文化的、社会的），也就等于占据了社会的高地和核心（顶层或高端）；后者则宣称它们要影响社会的大多数，他们才是社会的基础，因而特别关注发行量、收视（听）率和点击率，其坚信，高发行量、收视（听）率和点击率是影响力的基础，群众才是创造历史的英雄。这种各执一端的观念显然各有道理、各有不及。但显而易见的是，高级（精英）媒体与大众媒体的区分，其实就是观念的区分，人们可以用它们持有的不同观念（新闻观念）将它们界分开来。至于中国环境中传媒的常见区分，就更是以核心观念为辨识标准了。被人们称为“党媒”的新闻传媒，就是以党性观念、党性原则作为核心观念、原则的媒体，它们实际奉行的是宣传新闻主义的观念和原则，新闻不过是宣传的工具和手段；被人们叫作“市媒”的新闻传媒，就是以市场观念、商业观念作为核心原则、核心观念的传媒，它们实际奉行的是商业新闻主义的观念，新闻不过是赚钱的工具和手段；而那些极少数被人们称为“专业媒体”的新闻传媒，至少在形式上、外在表现上以专业新闻主义观念为标榜，也就是说这样的传媒奉行的是专业新闻主义的观念，它们以新闻为本位，以新闻传播作为实现知情权、表达权、参与权和监督权的平台和渠道。

在小群体甚至是个体层面上，由于构成分子本身的多样化（所谓百人百性、千人千面），职业个体之间的区别更加纷繁复杂。但是，如果用个体坚守的基本观念作为精神标志，做出一定的区分或分类也并不是太困难的事情。我们看到，人们把有些新闻人称之为理想主义者，把有些新闻人称之为现实批判主义者，把有些新闻人称之为商业主义者，把有些新闻人称之为政治宣传主义者，如此等等，五花八门的称呼、叫法或标定，除了以不同新闻人的不同实际行为作为标准外，更为内在的标志界分物就是新闻人所奉行的不同观念。被称为新闻理想主义者的新闻人，他们坚信新闻媒介应该成为公共平台，新闻传媒应该成为公共武器，新闻领域应该成为公共领域，新闻应该成为公共产品，新闻传播应该为社会的进步、公共利益的实现而展开；被称为现实批判主义者的新闻人，坚持认为新闻传媒、新闻传播应该成为揭露社会黑暗、消除各种社会不良行为特别是政治经济腐败丑闻的有力武器，新闻是清扫社会肮脏之处的扫帚，是冲洗污浊角落的水枪；被称为商业新闻主义者或市场新闻主义者的那些人，认为新闻业其实与其他行业没有什么本质的区别，新闻传媒本质上与其他企业实体一样，只是获取经济利益或盈利的手段不同而已，新闻就是用来赚钱的手段和工具，其他一切都是次要的事情；被称为政治宣传主义者的那些人，就是那些把新闻媒介、新闻传播当作政治宣传工具的人，他们认为新闻就是宣传，并且核心是政治宣传，在现实社会中，新闻传媒只能是统治阶级手中的宣传工具；被称为无灵魂的那些人，就是那些认为新闻怎么做都可以的人，他们可能是新闻机会主义者、新闻虚无主义者，也可能是新闻无政府无党派主义者，他们的观念是一块面团或一堆烂泥，怎么揉捏踩踏都行。如此等等，区分新闻群体内部众生百相的根本标准，实质上就是不同人所实际奉行的工作观念。进一步说，从事新闻工作的人，有些是真实的职业新闻工作者，有些则本质上不是，只是拥有一件职业新闻人的外套而已，有些人则游离于真实与虚假的新闻人之间。[①] 因而，我们必须指出，在这些观念中，有些是应该的，有些则是不应该的，有些则介乎应该与不应该之间。事实上，人们在现实状态中，既不可能奉行纯粹的某种观念，也不可能没有自己的基本观念，大多数情况是以某种观念为主体，兼备其他一些观念的要素。因而，我们应该严肃指出的是，作为个体的

---

① 在现实社会中，人们能够轻易发现，社会大众会把一些新闻组织、一些新闻人，称为虚假的新闻组织、冒牌的新闻人，从新闻观念论的角度看，就是人们认为一些组织、一些新闻从业人员所奉行的实际观念并不是应有的新闻观念，而是其他什么观念。“挂羊头、卖狗肉”就是这种评判最形象的表达。

新闻工作者，其职业认同（occupational identity or professional identity）的核心内容之一就是对新闻职业核心价值观念的认可与接受。① 只有认可、接受、遵从、践行新闻职业核心价值观念，才是“心灵”上自觉自愿的新闻工作者。②

在社会公众层面上，以及在新闻观念论的视野中，共同的新闻观念同样也是社会公众显现为新闻共同体的重要标志，当然不同小群体甚至个人的不同新闻观念（不管是自觉的还是自发的）也是显现其自身的基本标志。③ 今天，如果人类试图使无边的、深不可测的网络平台成为信息交流、意见交流的有效中介，最根本的就在于人类能够逐步形成共同的使用网络的合理观念，对此，已经有各种各样技术性、规范性的要求提出。④

---

① “认同”（identity）是一个庞大的体系，包括众多的类别和形式，诸如文化认同、民族认同、国家认同、群体认同、组织认同、政治认同等等。职业认同只是“认同”家族中的一员，而新闻职业认同只是职业认同中的一员。新闻职业认同，主要是指职业新闻个体对新闻职业的认同，即从业者是认同主体，职业是认同客体或对象。职业认同的主要内容：一是确认自己归属于新闻职业，比如，“我”是新闻工作者，这是职业身份形式或角色的认同；二是对新闻职业的要求、职业活动的规范持有认可、接受的肯定态度，也就是认可和接受职业价值观念，其中一定包含着情感上对新闻职业的认同；三是愿意自觉履行新闻职业所要求的职责，这是职业意愿的表达，也属于对职业观念、理想、信念的认同。简单说，职业认同，一个是对工作身份的认同，一个是对职业价值观念的认同。前者是身份归属，后者是心理、文化、精神归属。

② 在加入一个组织，比如加入中国共产党时，组织负责人总是反复强调，新入组织者，不仅要从组织形式上加入组织，更重要的是要从思想上、观念上加入组织。其中的道理，强调的正是价值观念作为灵魂的重要性，基本观念作为身份根本标识的重要性。

③ 一般社会公众的新闻观念，大都是自发生成的，是在自身接触、使用传媒及其新闻的过程中逐步依据经验体会形成的，而不是通过新闻教育或职业新闻实践经验自觉建构的。当然，在如今的媒介化社会中，人们也有越来越多的机会自主学习媒介知识、新闻知识，提升自己的媒介素养和新闻素养。关于新闻观念的形成问题，可参见第四章的相关论述。

④ 比如，美国加利福尼亚大学伯克利分校萧强教授对网络活动中的“代表性人物”或者发言人就提出了一些规范性的要求：(1) 拥有发言的平台，比如博客。(2) 其信号（言说）应当是非常基本的，可以形成“身份认同”的言说，不仅仅是就事论事，技术或者技巧层面的论理。(3) 其信号（言说）应当不仅仅是修辞的，而更是身体力行的。在很多情况下，是为之付出常人没有付出的“代价”，不管这个代价是时间、金钱，还是自由。(4) 最好有一技之长，是某种“专家”。现代社会人人都有分工，人们比较信“专家”的话。(5) 其私人品行也得经得住不仅是大众的八卦眼光，还包括政敌的攻击。网络时代私事容易公开化，所以公信力很容易被其他事情瓦解掉。参见胡泳．我们需要什么样的网络意见领袖？[J]. 新闻记者，2012 (9)：8-13。

如果要在网络上获取、传播新闻信息，就得有共同的、相似的新闻观念，遵守共同的基本新闻原则，缺少这些基本的东西，网络只能成为信息垃圾网，只能成为欺骗或被欺骗的肮脏诈骗天地。看来，如何养成全球化的媒介素养、网络素养，已经不再是单一的职业问题了，而是全球公民的课题。正如我在论及新闻道德与社会道德的关系时所说的那样，在“后新闻业时代”开启之后，新闻职业道德的很多内容会进一步泛化、社会化，成为社会大众新闻行为中应该遵守的道德规范，因为这些道德规范本质上与社会公共道德规范是一致的，并不存在实质性的冲突。①

人们已经深切地体验到，在新媒体时代到来后，或者说在“后新闻业时代”开启后，民众新闻传播的社会影响力越来越大，业已与职业新闻媒体形成了强烈的、有效的互动局面，打破了职业新闻传媒和职业新闻工作者的新闻信息垄断状况，成为共同建构新闻符号世界、信息符号世界、意见环境的重要力量，诚如有人针对中国的情况所说：“网络名人的批量涌现，在一定程度上改变了过去由政府和官方媒体主导新闻宣传和社会舆论的格局。”② 所有这些都意味着，社会大众的新闻行为（包括传收信息、传收意见等各种行为），在很大程度上已经超越了传统媒体时代的整体样态，不再完全处于被动的地位、处于被灌输的境地、处于被教育和被引导的地位。一句话，社会大众不再处于“被传播”的状态，他们在“后新闻业时代”的新闻活动中，正在成长为积极主动、自主自由的传收者，成为新闻活动的真正主人。社会大众每一个体的“微传播”或“微行为”（个体新闻行为），都有潜在引起“宏反应”“宏效应”或“宏效果”的可能性，他们已经成为信息生产、传播的“基元”。社会大众的新闻行为不再

---

① 杨保军．公共化或社会化：“后新闻业时代”新闻道德的一种走向［J］．编辑学刊，2010（3）：32-36；杨保军．“窄化”或专业化：“后新闻业时代”新闻道德的另一个走向［J］．新闻记者，2010（8）：17-19.

② 胡泳．我们需要什么样的网络意见领袖？［J］．新闻记者，2012（9）：8-13.

像传统新闻业时代那样，主要是一种私人圈子的行为，而是越来越成为社会化、公共化的行为，这也从根本上意味着，在如今这样以网络为核心的媒介生态结构中，每个信息行为主体不再是单一的孤立的个体，而是“网络关系网”中的“节点”，任何一个节点的震动起伏都存在引起整个网络振荡或发生“蝴蝶效应”的可能。关系链接已经成为“后新闻业时代”新闻传播、意见互动的典型性特征，它几乎使所有人在逻辑上处于共时共动的信息场域之中。因此，人们拥有大致相似的传播观念、新闻观念，认同一些最基本的信息行为道德底线，乃是维护和保持良性传收和社会整体信息秩序的基本精神条件。反过来说，至少在一定社会范围内或在一定的传收领域内，人们拥有一些基本的共同观念，是他们能够成为信息共同体的重要标志。

（二）新闻观念是新闻共同体延续的灵魂

如上所言，共同观念是共同体的内在精神标志。共同观念是构成共同体个体之间的“黏合剂”，正是它将不同的个体黏合在一起。但是，共同观念不仅是一个共同体的静态精神标志，更是一个共同体能够连绵延续的内在精神红线。一个共同体要想保持延续性存在，也许不需要外在严格的组织形式，但绝对不能没有自身内在的相对统一持续的精神观念。也就是说，共同观念是共同体持续演变和共同体成员身份认同的一贯精神红线。从新闻观念论的角度看，新闻观念是新闻共同体能够不断延续成长的重要精神中介或精神武器。

稳定的共同观念是新闻共同体稳定存在的基础；持续的共同观念是新闻共同体持续发展的精神条件。一种新闻观念是一个观念整体，同时又是由认知要素、价值要素和方法要素组成的（见第一章），与认知要素、方法要素相比，新闻观念中的价值要素是新闻观念整体中的灵魂。观念认同中最为重要的其实就是价值认同；共同体的延续核心就是共同体价值观念、价值理想、价值信念、价值追求的基本认同。只要一个群体能够维护并保持自身的价值观念稳定，这个群体在精神上就是稳定的，行动上也会是基本统一的。当一个群体自称是新闻共同体时，那就意味着其拥有共同的新闻观念体系；当一个共同体持续发展时，那就意味着其拥有的共同观念在时间的延续中始终保持着基本的统一。一旦一个共同体没有了统一的基本观念，这个共同体的共同命运也就结束了，共同体也就解体了。我们可以通过描述科学共同体的存在与延续现象来进一步理解这个问题。在自然科学研究中，人们发现，正是因为科学研究者奉行共同的科学观念、坚守共同的科学精神（客观、独立、自由等），他们才成为科学共同体。在大的共同体内部存在着小的共同体，他们各有自己的类似库恩所说的范式，这种范式显然是精神的，而非物质的。而一些小的科学研究共同体之所以能够成为相对独立的共同体（学派），就是因为这些小团体中的科学家、科学工作者奉行一套相同的或相似的观念系统或体系；同时，也正是因为他们坚守、相信并发展着这样的观念体系，不断培养坚守、相信并发展如此观念体系的后继者，一种科学范式才能延续下去，一个学术共同体才能延续下去。同样，在人文社科领域中，任何一个学术共同体、学术流派成员，甚至一种学术潮流中的组成分子，之所以能被人们认定为学术共同体，称之为学派，其中最重要的原因，就在于一个共同体内的不同个体认同相同或相似的学术观念（体系），有着大致相同的学术立场、学术价值取向（价值取向仍然是一种观念），甚至有着共同的利益追求。如果一个学术团体或一个学派，始终拥有自身基本的观念体系、价值追求，那就是说它拥有自身的学术灵魂；只要这个灵魂存在，这个学术团体、学派就是统一体；如果这样的观念体系能够不断得到充实和更新，它就能够获得持续的发展和成长。当然，我们更应该通过新闻领域内部的事实来理解新闻观念对于新闻共同体得以稳定与延续的功能作用。比如，党报[①]共同体的存在，自然有其政治上、组织上的基础和根源，但从精神层面上看，就是因为这个共同体有着统一的党报观念，其成员始终认为并坚守党报是党的事业的一部分、是党的耳目喉舌这样的核心信念，始终认为党报是党的思想中心、宣传中心、舆论中心，也是一定程度上的新闻中心与信息中心。就马克思主义的党报观念来看，以及在以中国为核心的视野中，我们沿着革命家、政治家们的线路看看党报观念的延续，从马克思、恩格斯开始，中经列宁、斯大林，再到毛泽东、邓小平、江泽民、胡锦涛等，始终延绵不断、核心稳固，始终强调党对党报的绝对领导，始终把党性原则置于核心地位。可以想象，一旦这一核心信念改变了，党报共同体——不管是在历时共同体意义上还是在共时共同体的某个界面上——就会消亡。因而，党报的持续存在与发展，与党报观念的持续存在与发展是同步共时的，如果没有了党报观念这个灵魂、这条精神导线，党报躯体就会变得不知所措、彷徨无助。同样，在历史视野中，我们不难发现，正是自由主义新闻观念在西方世界的持续演变与发展（从古典自由主义到新自由主义，“自由主义”这个核心观念没有根本性的变化），从而使得自由报刊、自由新闻传媒始终成为西方世界新闻实践的主导方式，也使新闻自由成为西方新闻界能够向世界标榜的核心观念。对于其他类型的新闻传媒，同样如此。如果没有专业新闻主义观念作为内在的精神持续存在与发展，专业新闻媒体的生存与发展就是难以想象的；要是没有“铁肩担道义，辣手著文章”的同人办报观念或同人传媒这个灵魂，同人报纸也就灰飞烟灭了；即使是对商业主义的传媒或市场主义的传媒来说，正是因为其坚信新闻传播不过是赚钱盈利的一种手段工具而已，并且有越来越多的人持续地相信这

① 从当下的媒介生态看，“党报”只是一个代表性的名词，并不限于报纸，包括各种可能形态的新闻传媒，可以统称为“党媒”。

一观念、实践这一观念，商业化媒体或媒体的商业化、市场化才能持续演变发展，相应的一批商业传媒人也才能坦然于世、呼风唤雨。事实上，任何一种相对比较有影响的新闻现象、新闻实践、新闻运动，不管它是复辟、返回历史，还是时髦、新潮、古怪，其背后都有相应的某种新闻观念发挥着精神支持的影响和作用；如果一种新闻观念疲软了、影响力消退了，相应的新闻实践也就很快偃旗息鼓了；没有精神力量、观念力量的持续和支持，相应实践活动者构成的共同体也就分崩离析了。

职业认同、观念认同，其实也是一种职业保全、职业延续发展的基本方式。新闻职业认同最初就是要把自身与公关、广告、宣传等区隔开来，以获得相对独立的地位。正是在这一过程中，人们现在非常熟悉的新闻客观观念诞生了，它当初既是促使新闻职业独立的一个手段，也是新闻职业逐步成形过程中的重要产物。[①] 由此可以看出，相对独立的具有个性化的观念出现，是新闻职业诞生的显著观念标志，而这一独立观念的持续“不死”[②] 或延绵不断，正是新闻职业得以延续的内在精神根源和精神表现。试想，如果新闻传播的客观观念没有了，那么新闻职业的独特意义和价值能在哪里？职业新闻活动独立存在的价值与意义又在哪里？事实上，一种文化，大到民族文化，小到职业文化，常常是在受到其他文化的挑战时，才会充分自觉到自身的认同问题、自我维护和保持的问题，诚如历史学家许倬云先生所说，“只有等到另一种文化来时，才会产生认同的观念”[③]。认同就是为了保全延续，为了发展兴旺，一种大的文化、文明如此，一种职业文化也不例外。新闻职业的产生，实体上是以职业组织、从业人员的

---

① SCHUDSON M. The objectivity norm in American journalism [J]. Journalism, 2001 (2): 149－170.

② 例如新闻领域的客观观念，一再受到攻击和批评，但它至今仍然是新闻观念中最核心的、最稳固的标志性观念之一，因此，也被人们说成是“不死的观念”“批而不臭的观念”“打而不倒的观念”。

③ 许倬云．中国文化与世界文化［M］．桂林：广西师范大学出版社，2006：55.

形成为基本标志，精神上（文化上或观念上）则以共同体的职业观念（以及从事职业相关的专业观念）的形成为基本标志。有形组织、从业人员的形成是容易的，但无形的、内在职业文化、职业观念的形成却是艰难的。如果这样的实体和观念形成了，它就不仅标志着共同体的存在，也为共同体的认同提供了归属的标准，因为“认同要有一个共同体，当共同体不很清楚时，就很难产生认同的问题”[①]。同样，新闻职业共同体一旦形成，特别是职业的核心理念一旦形成，也就意味着职业延续发展有了根本的基础，即使实体构成（行业组织机构、人员构成等）因为某种原因解体了，但只要职业共同观念这个灵魂在，它就能够成为召唤后继者再度集结的核心或旗帜。

如果进一步追问，一个共同体为什么能够成为共同体，这就需要做出更深层次的回答。从最终的根源上说当然不是观念范围内的事情，我们必须在观念之外寻求根据。共同观念的形成本身还有其更为根本的深层的原因，这就是共同利益。也就是说，共同体之所以拥有共同的观念，最根本的一条是他们拥有共同的利益，包括物质利益和精神利益；共同利益是将共同体中的个体、部分、单元、分子真正“黏合”在一起的“万能胶”。正是对共同利益的自觉和认同，才形成了共同观念。这也就是说，一旦共同利益的根基动摇了，共同体存在的根基也就松动了，一旦共同利益分裂了，共同体也就必然会分崩离析。共同利益永远是共同体得以存在发展的根本。从观念论角度看，共同利益会转变为共同需要观念、共同利益观念，成为共同体活动的利益目标。因此，简单说，利益目标（价值取向、价值理想的体现）的稳定，是共同体能够延续的根本。在新闻领域内，正是因为利益目标的差异，形成了不同的“主义”层面的新闻观念（宣传新

---

① 许倬云．中国文化与世界文化［M］．桂林：广西师范大学出版社，2006：55.

闻主义、商业新闻主义、专业新闻主义等），而在每一类型内部，之所以不同的个体能够结合在一起，又是因为他们有着相似的观念。

在中国，新闻职业共同体目前的发展实际上受到了严峻的挑战；挑战的主要方面不在实体领域，而在观念领域。这种挑战直接关涉今后中国新闻从业人员的价值认同、观念认同、身份认同问题（这几种认同不过是一个问题的不同说法而已）。以往（大致可以说是 20 世纪 90 年代之前）从事新闻工作的人，十分明确地认为自己就是党和政府的新闻宣传员、思想战线的工作者，坚守的观念就是新闻宣传观念。但是，改革开放以后，尽管党和政府依然坚持和倡导这样的新闻意识形态，但新时代中国社会整体转型的开启和推进，在新闻领域引发了新的不同于以往单一的新闻宣传观念的诞生。① 比如，商业新闻主义观念、发展新闻主义观念、专业新闻主义观念以及形形色色的各种具体观念（比如公共新闻观念、民生新闻观念、娱乐新闻观念等）等等，如今这些观念也都不是什么新鲜的东西。更为关键的问题是，在新闻从业队伍中，不同的人认可、接受和实际奉行的新闻观念出现了分化，还有一些人自己也不清楚应该坚持和奉行什么样的新闻观念。因此，无论是在宏观上还是在微观上，都出现了职业身份、职业角色内在紧张冲突或者说一定程度的混乱状况。② 这也正好说明中国新闻职业共同体确实进入了一个身份调整期。可以断言的是，什么时候有了比较一致的新闻观念，才有可能形成一个真实的职业共同体。我们在第二章新闻观念构成中已经指出，一定社会中的新闻观念是一个观念系统，拥

① 促成或引发新的新闻观念的诞生因素很多，但最基础的原因是社会主义市场经济的自然催生，社会主义政治民主的不断发展，传播技术的飞速提升与普及，等等；当然也有一些观念是从西方世界直接引入形成的。对此，可参见第四章有关讨论。

② 关于这方面的研究，近些年产生了大量的著述，但具有一定原创性和代表性的成果仍是陆晔、潘忠党《成名的想象：中国社会转型过程中新闻从业者的专业主义话语建构》（《新闻学研究》，2002 年第 71 卷）。

有不同地位、层次的观念，这些不同的新闻观念在现实社会中的功能差异是相当大的。只有那些占有社会主导地位的新闻观念才会充分发挥其塑造整个社会新闻观念的功能作用，才会塑造社会整体的新闻思维方式，这就像一定社会的主导性或主流意识形态总会塑造人们普遍的政治思维、价值思维方式一样。一定社会新闻共同体的延续，就是通过既有新闻观念对后来者的不断塑造实现的。如果这样的道理是令人信服的，那就进一步表明，尽快确立中国新闻职业共同体的共同观念，确实是当务之急。

最后还需适当解释的是，当我们说新闻观念是新闻共同体得以延续的灵魂，并不是说新闻观念一经产生，就不再变化更新，不再此消彼长，始终成为共同体不变的信念。事实上，如我们在前面相关章节所论（参见第五章），新闻观念与其他观念相比，变化更新此消彼长的速度常常更快。而一种新闻观念的延续，需要多种条件，内部得与其他新闻观念对话竞争、合作博弈，外部需要与政治、经济、文化等观念适应抗争。因而，当我们说新闻观念是新闻共同体延续成长的灵魂时，强调的乃是：新闻观念是新闻共同体存续的红线，红线不断，共同体就能延续绵长；而新闻观念的变化更新起伏替代，不是说共同体可以失去观念的支持，只是说其又获得了新的观念，共同体可能有了新的面貌。如果没有新的相对统一的共同观念，一个共同体也就消亡了；富有活力的共同体正是在观念的不断更新中塑造自身的。再者，有某种新闻观念，并不一定必有相应的新闻实体（群体）的出现。观念一旦诞生，就有它在精神世界、精神范围的相对独立性。一种观念能否现实化，能否召唤聚集一群人来，依赖多种条件，并不只在于观念的魅力。但从原则上可以说，存在的观念在逻辑上既有可能消亡，也有可能现实化，关键要看社会是否需要，机遇是否恰当。

二、确立新闻活动方向的精神指南

新闻观念总是主体的观念，总是内含着拥有者、认同者的认知观念、价值理想，反映着主体的利益与需要，是主体展开新闻活动的观念根源。因此，它们对主体的新闻实践、新闻行为具有引导和规范功能，是新闻活动者确立新闻实践、新闻行为方向的精神指南。本节中，我们主要在两个层面对新闻观念作为主体新闻活动精神指南的功能作用加以分析。首先阐释“主义”层面新闻观念对新闻活动主体宏观方向的约束指向功能，然后探讨具体新闻观念对活动主体相对微观新闻行为的制约与指导作用。

（一）“主义”观念决定新闻活动的宏观方向

“主义”层面的新闻观念，是新闻活动主体拥有的最高层次的新闻观念或新闻观，它属于一定主体的新闻世界观、新闻价值观和新闻方法论观念的总和；它是新闻活动主体展开新闻活动的总的指导方针与路线，在宏观层面上指引着新闻活动的总体追求和价值取向，约束和规定着主体新闻行为的根本态度和路径选择，使主体有了明确的大目标和大方向。

从大的原则上说，不同层次的新闻活动主体（尤其是职业活动主体，包括组织主体与个体）及其背后的实际控制者，都有各自层次的“新闻主义”，它们以自身主义观念的相对独立性，直接决定着各自层次新闻活动的总体方向与利益追求。也就是说，对任一层级的新闻主体（行业主体、传媒组织主体、职业个体）来说，其新闻观念的构成都包含着根本性的“主义”层面或“观”层面的“大原则”，其次才是体现大原则的具体观念或细小观念，从而构成比较完整的新闻观念体系。而大原则才是规定他们新闻活动的主要指南，正是这样的指南决定着他们在具体新闻活动中对具体的或相对细小的新闻观念的运用。一种主义之所以是一种主义，就是因为它与别的主义不同，主义相同的主体其活动的大方向是一致的，主义不同的主体其活动的大方向是不同的，主义对立的主体其活动的大方向必然是相悖的。现实社会中之所以存在党性媒体、市场化媒体、专业化媒体或其他什么性质的新闻传媒，在新闻观念论的视野中，就是因为它们各自奉行的新闻主义是不同的、有差异的。

但在确定的社会系统中，尽管不同层面的“新闻主义”具有一定的独立性，不同的新闻活动主体可能奉行着有差异的“新闻主义”，且所有这些观念之间可能是互动的、贯通的，相互作用的，但就现实的总体情况来看，大致总是一种“由高到低”的贯通、“由上到下”的贯穿，是相对“高层次”的主义决定相对“低层次”的主义的秩序结构。我们应该看到并承认，国家层面或社会层次的主导新闻观念，才是决定一定社会新闻传播总体局面、图景与走向的根本观念[①]；正是这一层面的新闻主义，规约着新闻活动的宏观价值取向。国家层面或社会层次的新闻主义是最高层面的新闻主义，在常态情况下，它具有统摄其他各种新闻主义的实际力量。它之所以拥有这样的力量，主要在于它根源于一定社会政治、经济、文化制度的设计，依赖于一定政治统治权力与社会权力运行的结构方式。如果一个社会在宏观层次上有多元新闻主义存在，并不简单表明这是新闻自由的状态，而是说明这个社会缺乏统一的主导意识形态体系，缺乏统一的主导社会价值理念，它不在相对稳定的秩序之中，不管这种秩序是良性的还

① 尽管这种情势已经受到“后新闻业时代”开启后民众新闻的冲击和挑战，但就目前和可见的未来来看，民众新闻还无法改变制度化新闻塑造的常态新闻景象。顺便可以指出的是，在相对比较成熟的现代民主社会，民众新闻也不会有当下中国社会中公民新闻这般繁盛。依我的判断，民众新闻在中国还会长期热度不减，这对改变中国制度化新闻的死板与以“单面”为主的局面是大有好处的，对促进和提升中国新闻自由建设是有历史意义的。但我也相信，民众新闻不可能盖过职业新闻的常态生产机制。

是恶性的。事实上，一定社会国家层面的主导新闻观念或新闻主义，正是制约和影响新闻业界活动总体方向的新闻主义、新闻观念。

具体而言，一种“观”层面上的“主义”观念一旦形成，不管它是正确的还是错误的，合理的还是不合理的，先进的还是落后的，真实的还是虚假的，都会发挥非常重要的功能，对于人们相关领域的活动具有十分重要的制约与指向作用。新闻主义或“观”层次的新闻观念，作为人们对一系列新闻（传播）基本问题的根本看法、信念、理想和想象，当然对于传播主体的新闻活动具有至关重要的意义。它指引着新闻活动者的行为方向，规定着新闻传播的目标和追求，凝聚着传播主体的力量，是传播主体从事新闻活动的重要精神资源。如果一个群体（大至一个国家、民族，小到一家新闻媒体）没有自己相对比较稳定的、成熟的新闻观，就很难建构稳定的新闻传播结构与秩序。“一个群体拥有的新闻价值观念，会成为引导其所有成员的精神旗帜，会成为凝聚其所有成员的精神力量，会成为调节其所有成员的精神杠杆。拥有一致价值观念的群体才会成为一个真正有战斗力的群体。一个新闻传播机构的竞争力如何，除了基本的物质力量之外，关键还要看其是否拥有统一的精神旗帜，即是否拥有统一的、正确的、合理的新闻价值追求、价值目标、价值规范和价值理想。”① 尽管这是针对新闻价值观念而言的，但对整体的新闻主义也是适用的。

其实，一定社会国家层面的主导新闻观念或新闻主义，不仅能够制约和影响新闻业界活动的总体方向，也会规约和影响新闻教育活动、新闻研究活动的宏观方向。从宏观层面上，我们看到，一定社会范围内新闻教育、新闻研究者的整体价值取向，主要体现为统一教材的编写、重点课题领域的设定，这些实质上都是由主导该社会的新闻观（新闻主义或新闻意识形态）确定的。教材大都要经过比较严格的统一规划与编写，甚至会采

---

① 杨保军．新闻价值论［M］．北京：中国人民大学出版社，2003：224.

取“工程主义”的方式整体建构①；研究活动则越来越趋向于“官智”结合，典型表现是“国家出钱，研究者出智”，几乎所有重要科研项目都是由国家的相关部门机构规划设计的；不仅在中国是如此，即使在号称社会、人身、新闻、学术研究最为自由的美国也同样如此②。个体研究者尽管拥有一定的自由度，但其自主的范围是相当有限的。社会的权力结构与知识生产有着内在的关系，对此，法国哲学家福柯早就有了细致的分析，我们无须在此多言。当然，在新闻教育尤其是新闻学术研究方面，我们不能否认学术的自主与自由，不能否认学者自身新闻观念对自身的重要影响，对此，我们将在下文有关微观观念与具体新闻活动的关系中再加论述。

“后新闻业时代”开启之后，在主义层面新闻观念对新闻活动指南功能的讨论中，无疑还有一个重要的问题，这就是一定社会主导新闻观念对民众新闻行为主体的功能作用。首先，可以肯定的是，每一个民众新闻活动者都有自己的新闻观念，它们可能大都不成体系，构不成系统的新闻主义，但每个人自己认可的新闻观念（哪怕不是新闻观念或者说是错误的新闻观念），对其新闻活动的方向性有着更为直接的功能作用；每个新闻活动者都有自己的新闻理想，而所有的理想都具有规范活动的指向功能，“理想具有‘当然’的性质，它在形成后，总是引导和制约着知与行的过程，从而呈现规范的功能”③，“价值取向为行为的选择、实践方向的确定提供了总体的范导”④。因此，不管环境中有多少新闻主义、新闻观念，

① 比如，在当代中国，大学各个学科的基本原理、基本理论教材，甚至包括应用层面的教材，都统摄在国家级的“马克思主义工程”建设中，这实质上就是按照国家意志、国家观念（体现在各个社会领域、学科领域）对各个领域主导观念的制度化统一。其实，在世界各国，基本教材的编写都采取了相关的统一方式，这是通过教育对社会主导观念最有力的一种基础性的统一方式。

② 张杨．官智合流：冷战时期美国“政治-学术复合体”初探［J］．社会科学战线，2012（6）：70－77．

③ 杨国荣．认识与价值［M］．上海：华东师范大学出版社，2009：121．

④ 杨国荣．论实践智慧［J］．中国社会科学，2012（4）：4－22．

主体自己拥有的、认可的对自己才是最重要的。其次，所有民众新闻主体，无论是精英，还是草根，都不可能不受到国家层面新闻主义观念的影响和约束，何况有很多人从内心可能就会认可赞同这样的主义观念。国家也会通过各种手段和方法，比如法律的、行政的、宣传教育的、道德的等等，限制和约束与主导新闻观念相背离的新闻传播行为。因此，任何民众新闻活动者的新闻观念总是与国家层面的新闻主义处于共在的环境中，处于某种或紧密或松散的关系之中。最后，就当前中国的实际情况来看，民众新闻与官方新闻有着明显的不同和差异（但不能否认共同的一面）。官方新闻看到更多的是社会的光明一面、乐观一面，这是“坚持正面宣传为主”方针的必然；而民众新闻更关注社会的阴暗面，更关注社会中的不平，更关注政府及其公务员队伍的行为，更关注与他们生存、生活、工作、学习、休闲、娱乐等等直接相关的事情。这种现象说明二者之间有着观念的矛盾和冲突。从政府或官方角度说，在当今这样的环境中，不可能强制民众接受和认可官方实行的新闻观念、新闻主义，应该做的是反思、反省，最重要的不是以政治统治权力的威权方式命令人们接受主导新闻观念，而是要向人们提供足够的理由和根据，证明并证实现有的新闻观念是正确的、合理的、先进的和真实的。只有获得人们内心的真诚认可与接受，一种观念才能在他们的精神世界和实践行为中真正产生功能作用。

（二）微观观念影响具体新闻活动的展开

新闻观念是新闻传媒、新闻记者同时也是民众新闻传播者用来选择新闻（事实）的标准，用来指导整个新闻行为的基本准则，这是新闻观念最普遍、最常用的、自觉的或不自觉的功能作用。新闻观念不是抽象的，而是具体的，除了主义层面的原则之外，还有体现原则的众多具体观念内容，离开了这些具体的观念，“主义”便是空洞的。在实际中，人们更多的是用那些具体的微观新闻观念指导新闻活动的展开。因此，越是在具体的层面，越是在特殊、个别的新闻活动中，那些具体的新闻观念才越显示出其意义和价值、功能与作用。

我们这里所说的微观观念，就是指体现主体新闻主义的具体观念，用“微观”一词不过是为了与宏观的主义层面相对应。不管是何种主义的新闻观念，总是包含着一系列能够反映和体现“主义”原则、“主义”精神的“小观念”；正是小观念、微观观念，支撑起了作为主义的大观念体系。比如，专业新闻主义观念，首先是由一些原则性的观念构成的，诸如传媒的独立性、自主性观念，传媒及新闻传播的社会责任观念，客观报道理念，以及自治自律观念，等等。所有这些原则性的观念又要通过大量的微观观念来支撑，以客观观念为例，它就是由将事实与意见分开的观念、注意报道对象之间的平衡的观念、多用直接引语少用间接引语的观念、多用动词和名词少用形容词和副词的观念等等“填充”起来的。缺少了这些微观观念，客观观念就落不到实处，也无法操作，因而也就发挥不了什么真实的功能作用。因而，客观观念对新闻活动的功能作用，除了在原则上的客观态度之外，主要是在这些可以直接影响具体行为操作的观念支配下实现的。又如，对宣传新闻主义观念来说，喉舌观念是总的原则，但要将喉舌原则贯彻到具体的新闻宣传活动中，就当下中国的新闻传播来说，最典型的就是坚持正面宣传、正面报道[①] 为

① 当然，正面宣传、正面报道并不是贯彻喉舌观念的唯一具体观念、具体方法，还有其他一系列的要求。参见杨保军．新闻理论教程［M］．2 版．北京：中国人民大学出版社，2010：134－146。而且，除了一些稳定的具体观念外，作为耳目喉舌的新闻传媒，还会紧跟党和政府的最新新闻政策、新闻方针甚至在新闻界开展的相关活动，提出各种微观观念和具体措施。比如为了充分发挥耳目喉舌的功能作用，中国新闻界近些年就先后开展了“三贴近”活动、“走转改”活动等，实际上都是寻求在新的媒介环境中、新的国际国内形势下，如何贯彻宣传新闻主义的总观念问题。

主，而正面（宣传）报道为主，最直接的、最明了的意义就是以坚持报道“正面事实”为主①，就是要在版面上、频道中、节目里、网页上尽可能多报好消息（针对正面事实的报道），少报坏消息（针对负面事实的报道）。这些具体观念显然对具体新闻活动的展开有着直接的指导功能与作用。

在新闻传媒层面与新闻活动者个体层面上，在大的主义方向确定之后②，在媒介框架、新闻框架等确定之后，日常的新闻生产、新闻传播活动，主要就是微观观念直接作用的结果。在媒体层面上，新闻如何采编（采编策划、人财物投入、采编报道规模等）、传播如何安排（版面、时段、页面、播出时序、空间编排等）都是由主义观念统摄下的微观观念指导的；在个体层面上，新闻怎样选择、篇章怎样结构、文字如何叙述，这些都与具体的新闻观念直接相关；一个人怎样具体看待新闻的本质，怎样对待新闻的客观性，怎样理解新闻的真实性、全面性，都会直接影响他的具体新闻写作行为、报道行为。因而，当我们从新闻观念的功能作用角度看问题时，自然就会得出这样的结论：微观层面的新闻观念在具体新闻活动的整个展开过程中，具有实实在在的功能与作用。

对于民众新闻传播者来说，也许他们所持有的某一具体新闻观念对其新闻行为有着更为直接的方向性设定功能与作用，因为对普通个体来说，他们大多不可能拥有系统的新闻观念体系，也不大关注或理解体系化的新闻主义、新闻观念，他们基本上是用“自以为是”的某种新闻观念支配自

---

① 关于正面宣传、正面报道的含义问题，自从1989年李瑞环提出之后，中国新闻界一致都有争论，我曾对其与其他概念的关系做过辨析。参见杨保军．正效新闻・负效新闻・零效新闻：为解决老问题而提出的一组新概念［J］．今传媒，2006（8）：12－13。

② 对于传媒和个体来说，确定或树立自己的新闻主义过程，也是处理不同新闻主义关系的过程，是各种主义博弈平衡的结果。对新闻媒体来说，它自身的新闻主义一定是在更高层次新闻主义——比如国家或执政党的新闻主义、新闻意识形态——的统摄下制定的；而对职业个体来说，其新闻主义或新闻观，是在国家、传媒组织等多个层次的新闻主义统摄下确立的。在这样的过程中，自然不同的新闻媒体、不同的个人会有不同的表现和选择，但总体上难以超越国家层面的新闻主义。这是现实生存原则所决定的。

己的新闻行为的。但是，我们也不能低估社会大众对新闻传媒、新闻传播和新闻的理解水平，尤其是在如今这样的媒介生态环境中，加之社会文明程度的整体进步，大众文化素质的整体提升，人们实际上时时刻刻都在接触、认识、使用和评判各种各样的传媒，他们从环境信息、个人经验中会逐步建构起自己的新闻观念框架，也会形成一些具体的新闻观念。因此，我们不能简单说社会大众的新闻传播行为是盲目的、偶然的、零碎的。其实，在今天这样一个时代，人们的各种传播行为，包括新闻信息、新闻意见的传播行为大都是自觉的，是在自己的观念支配下的合目的性的行为，人们拥有的或成熟或幼稚或似是而非的新闻观念对他们的新闻传收活动有着不可否认的功能作用。

我们如果把新闻教育活动、新闻研究活动也宽泛地看作广义新闻活动的一部分[①]，同样可以发现，新闻教育者、研究者自己拥有的新闻观念，特别是“观”层次的新闻观念，对其新闻教育、新闻研究活动有着极为重要的导向性作用。无论是个体研究者还是一定的学术共同体，一旦形成了自身的基本新闻观，一般来说对其后续相当长一段时间新闻研究的致思方向、问题选择、方法选择，都有着不可低估的导向功能与作用。而研究者持有的一些具体新闻观念对其研究更具直接的指导功能与作用。比如，研究者对新闻的根本性看法、具体观点，实质上划定了研究者认为新闻研究应该研究的核心对象和范围。这就像一个逻辑学研究者，如果仅仅把“必然地得出”这种推理形式看作逻辑学研究的真正对象，那他就不会把归纳逻辑、辩证逻辑等作为研究的内容。一个新闻学者如果认定新闻的本质是事实信息，新闻的基本呈现方式是对事实信息的陈述，那就不会把宣传、公关、广告信息当作核心内容去研究。因而，完全可以认定，新闻观念是

---

① 关于新闻活动的广义与狭义的具体分析，可参见杨保军．新闻活动论［M］．北京：中国人民大学出版社，2006：46－100。

确定研究者基本方向的精神指南。研究者总是特别关注自己认为重要的领域、重要的问题，甚至会觉得自己的研究才是价值较大的研究。一定领域特立独行的学者或者“另类学者”，其精神深处的原因主要是他们和主流学者的学术观念不太一样，就是他们对研究对象的态度（观念）不太一样。

三、维护新闻活动合理性的论辩工具①

新闻观念也像其他社会观念一样，有正确与错误、合理与不合理、先进与落后、真实与虚假等等的区别。一种新闻观或一个具体的新闻观念，到底是什么性质或属性的观念，是需要理性论辩的；同样，一种具体的新闻行为以至一定社会宏观的新闻制度的合理性、新闻实践的合理性和正当性等，也是需要理性论辩的，需要向人们提供理由和根据、说明和解释、结果和事实。而要做出这样的论辩，最直接的工具就是论辩者持有的新闻观念。因而，无论在理论上还是在现实中，新闻活动者持有的新闻观念也成为他们用来展开论辩的基本观念武器，这成为新闻观念在普遍意义上的重要功能与作用。除此之外，无论是严肃的学术化的还是相对比较松散自由的非学术化的媒介（新闻）批评，本质上也是批评者运用自身媒介观念、新闻观念展开的一种论辩活动，其中的核心工具仅从新闻批评角度看，依然是新闻观念，当然可以采用不同的理论和具体方法展开。

（一）维护新闻观念本身合理性的论辩武器

我们在第一章和第三章的相关分析中已经说明，新闻观念既包含着主

① 关于新闻观念诸多属性，诸如正确性、合理性、先进性、真实性等品质或属性的评判问题，我们已经在上篇的最后一章做过详细的阐释；这里是对新闻观念论辩功能的阐释，自然与观念的这些属性有着内在的关联，因而这里的论述也可以看作对新闻观念评判的章节内容的一种有益补充。

体关于新闻现象的认知要素，又包含着主体关于新闻应该如何的价值理想，同时也包含着相应的方法论观念。在一般意义上说，当人们拥有一种或一套自己的相关观念时，往往会把这样的观念认定为最好的、最合理的，至少是反映、体现了自己认知水平、价值理想的观念，并会以此作为理论（精神）工具评说其他相关观念、评点相关事实现象，诚如有人所说，“有了理想型作为尺度，必然会对不完美的现实世界提出批评与指责”①。只要略做反思，几乎所有人都会发现，我们总是用自己的或自己赞同的观念去评判其他观念和现实事物。因此，主体持有一种或一套新闻观念，就等于既拥有一种或一套论辩的标准又拥有一种或一套论辩的方法，主体就可以用自己的观念去衡量其他观念、去评说批评现实。

如果要把一种或一套新闻观念作为与其他观念展开论辩的工具，该新闻观念就需要首先为自身展开辩护，即任何一种具体的新闻观念，或者是根本的、成体系的新闻观、新闻主义，如果试图形成广泛的社会影响，在不同观念的竞争中“击败”或“战胜”其他相关观念，使自身能够成为公认的衡量其他观念诸多特性的标准，发挥准则的功能作用，就不得不首先为自己的正确性、合理性、先进性、真实性等品质或属性展开辩护。从原则上说，任何观念都不可能在自身范围内论证自己的正当性（即自己论证自己）——正确性、合理性、先进性、真实性；在自身范围内，最多只是逻辑上自洽性的说明。因而，一种新闻主义或新闻观念，为了论辩自身的正当性、优越性，就不得不超越自身，在自己的历史根源性上、实践效应性上以及与其他观念的比较上展开论辩。考虑到所有这些方面，可以说，新闻观念为自身辩护的基本方式通常有以下几个基本向度。

一是上行辩护，这是一种追本溯源式的辩护方式。为了论辩自身的正

① 许倬云．中国文化与世界文化［M］．桂林：广西师范大学出版社，2006：177.

确性、合理性、先进性等，新闻观念总要上溯到更高一级的观念，实质上是寻找更大的前提或根据。这几乎是所有新闻观念，特别是主义层次的新闻观念或新闻意识形态为自身辩护的首选路径和方法。[①] 比如，专业新闻主义观念，为了论证自身的正当性，会上溯到自由主义新闻观念，因为专业新闻主义观念认为自身是自由主义新闻观念的必然要求，而自由主义新闻观念为了论辩自身的正当性，又会上溯到自由主义观念（政治自由、经济自由、社会自由等），自由主义观念为了论辩自身的正当性，还会追溯到人的本性观念——人生来就是自由的、平等的。又如，发展新闻主义观念，为了论证自身的正当性，会上溯到社会发展主义观念——社会发展需要各种各样的手段，新闻应该成为社会发展的重要手段之一，应该成为帮助政府或政府手中的发展工具，发展主义还会上溯到社会发展阶段（不平衡）观念——发展中国家与发达国家处于不同的社会发展阶段，因此，无论是在政治观念、经济观念还是其他具体社会领域的观念上，都不能简单采取发达国家的相关观念。这样的观念继续追溯，就是人们熟悉的特殊（特色）根据观念，即个别差异性观念——不同社会、不同国家都有自己的传统、自己的现实，因而应该采用不同的观念。看得出，这样的论辩方法，实际上是在新闻与社会的关系中，寻求新闻观念正当性的根据。这也就从根本上意味着，新闻观念在社会观念系统中，属于依附性较强的观念（参见第一章关于新闻观念个性特征的论述），对此，我们还将在后面的相关章节中专门论述。总而言之，一种观念为了论辩自己的正当性、合理性，总会寻求上一级的观念支持，往往会用还原主义的思维方式，为自己寻找正当性、合理性的大前提和原始根据。

---

① 对于一定主义层面观念内部的具体观念或微观层次的观念来说，它们的正确性、合理性等只要与主义原则一致即可，因而它们在理论上的论证是比较简单的；论辩它们诸多特性的难度从逻辑上说，最后总是会归结为关于主义层面观念本身合理性、正确性等属性的论证。因此，我们这里主要讨论主义层面新闻观念各种属性的论证方式问题，并不讨论其他一般层面观念的论证。

上行辩护的另一种具体方法是为当下的观念寻求历史根据，包括观念史的根据与历史经验事实的根据。人们为了说明某种观念的合理性，往往要说明它深厚的历史根源，说明某种观念的演变过程，以其说明当下坚持或奉行如此观念的历史合理性与必然性。而更为有力的一种历史辩护方式，是用历史经验事实证明、证实坚持某种观念的正当性与唯一性。比如，党报的喉舌观念、党性观念在中国的论辩，人们经常从马克思主义党报思想的历史演变出发，说明这种观念的历史悠久，解释中国选择如此观念的必然性；人们从中国近代以来的历史演变事实出发，说明中国共产党是历史选择的结果，社会主义道路是历史选择的必然，从而为党报观念、喉舌观念的选择奠定历史经验事实的基础。这样的辩护以事实为根据，具有直接性和强制性的特征，任何反驳只具有假设的意义。要证明某种历史实践的错误是个极为漫长而艰难的过程，何况这种证明从本性上说也是假设性的①；大概正是因为如此，这样的上行辩护方法，往往是最具证实力量和说服力的论辩方式，因而成为论辩观念合理性、先进性与真实性等的常态路径。

二是下行辩护，即通过新闻观念支配影响产生的相关实践结果的优良性、有效性为自己辩护，这本质上属于一种实践辩护、事实性辩护，通常也是最有说服力的辩护，但也常常是一种比较模糊的辩护，“公说公有理，婆说婆有理”的辩护。因为在观念与结果之间，有时难以测定二者的直接关联性；更为困难的是，另一种观念也许能够产生更为美好的、优良的结果，这就有可能陷入假设性的难题。在宏观上说，一定社会自身历史的不可重复性，以及不同社会横向比较的差异性，都很难证明到底什么样的新

---

① 对于历史来说，其自身客观上的唯一性或不可共存性、重复性，使得“要是当初如何”的论证只能是假设性的、想象性的；对于那些具有明显历史实践错误历史灾难结果的历史事实，人们还比较容易在假设的意义上论证当初历史选择的错误与荒谬，但对并不具有明显历史灾难结果的历史选择，往往难以对其性质做出恰当的评判。这也是历史研究中的一个难题。

闻观念是更为合理的观念。事实上，人们往往是以“事后诸葛亮”的方式来评判新闻观念的正当性的。但是，一定社会在一定历史时代、历史时期应该确立什么样的新闻观念，并不是人们可以随心所欲的事情。也许人们难以确立合理正当的新闻观念，但无论在客观逻辑上还是在理论逻辑上，总是存在着比较合理的观念。这就像在一定社会条件下，针对一定的社会行为，逻辑上总是存在着比较合理的道德规范一样，而且，合理的规范是有限的，而恶的规范是无限的。顺便可以说明的是，找到并论证合理的、正当的新闻观念是十分艰难的，这也正是新闻观念研究的困难所在。

三是综合式的竞争式辩护，就是不同新闻观念之间展开论证，可以是理论的方法，可以是历史的方法、比较的方法，也可以是实践的方法或其他什么方法，比如诉诸情感等等方法，但不管如何，实际中运用得更多的是理论、情感、实践、历史、比较等等相结合的方法，而非某种单一的方式方法。在一个（相对）自由民主的社会中，尽管一定存在着主导新闻观念，但也总是存在着多元的、多样的、多层次的不同新闻观念；这些新闻观念之间也总会形成不同程度的竞争关系。竞争的过程，就是每一种新闻观念采取各种方式为自己的合理性进行辩护的过程。任何一个具体新闻观念的原始产生一定是个体化的（尽管观念产生的动力来自外界），但新闻观念的扩散传播一定是人际性的或主体间性的，正因为扩散传播要以主体间的方式进行，关于观念正确性、合理性、先进性、真实性等才是可交流的、可论辩的。

当一种新闻观念通过上述路径获得了竞争的胜利，它就可以作为衡量其他新闻观念的标准，发挥衡量的功能作用。因而，从理论的理想性上说，或者从“应该”如何的角度看，在一定社会范围内，当涉及新闻观念尤其是主义层面新闻观念的选择时，每一种参与观念竞争的新闻观念都应该经过上述的论辩过程。这在本质上也可以看作公共论辩、民主讨论和协商的过程。尽管真理不是民主的结果，但作为指导新闻活动的新闻观念、新闻主义，其并不是纯粹的认知观念，而是一种包含着价值观念与方法观念的实践观念，反映和体现着社会公众的需要和利益。因而，公共协商、民主讨论具有极为重要的基础价值与意义。

（二）新闻实践合理性的论辩工具

新闻观念要为自身支配影响下的新闻现象、新闻行为辩护，这是新闻观念最重要的辩护功能。如前所说，这里实质上无疑也是对新闻观念自身的辩护；如果能够证明、证实观念支配的行为的正当性和有效性，从一般逻辑上说，也就等于证明、证实了观念的正当性和合理性。[①] 但我们应该注意，行为或事实的具体性从原则上说是不能必然证明、证实观念的一般性的。但在现实中，人们常常是用个别的事例来为自己的观念进行论辩的。这就使得观念的合理性总是具有一定意义的有限性甚或虚假性，这也是所有意识形态存在不可避免的特性之一。何况这里还存在着循环论辩[②]的可能，使得论辩的说服力受到一定的影响。但是，我们应该注意到，新闻观念与新闻实践之间的互相论证，从一个侧面恰好说明二者之间的互动是二者共同更新变革的基本机制；观念变革是实际革新的前提，而实践变化是观念变革的基本根源；在本体论之外，并不存在谁比谁更先、谁比谁

---

① 这里暗含了这样一个推理：观念的合理性是观念指导下的活动的合理性的前提；如果一种观念不合理，在其指导下的活动也就不可能合理。但法国社会学家莫斯的一段话值得玩味，更提醒人们在观念（原则）与行为之间有着复杂的关系和中介环节。他说："人类是一种出于不理性的原则而做出理性的事情的动物，是一种从合理的原则出发做出荒谬事情的动物。"参见施郎格．论技术、技艺与文明［M］．蒙养山人，译．北京：世界图书出版公司北京公司，2010：139。

② 这里所说的循环论证，是指用自己新闻观念指导的新闻实践，反过来说明自己新闻观念的正确和合理；或者，自己的新闻实践是合理的，是因为它与自身的新闻观念是一致的。这样的论辩，本质上是自身范围内的论辩，是缺乏力量的论辩。可信的、有力的论辩是超越自身观念范围的、实践范围的，是需要通过新闻观念之外的观念、新闻实践之外的实践来进一步论辩的。比如，我们在上文所说的上行论辩，就是这样的论辩方式之一。而我们在第六章关于新闻观念的评判，则是更为全面、系统的关于新闻观念本身诸多属性论证的方式方法。

更重要的简单逻辑排序。

在现实社会中，人们都在极力为自己新闻活动的合理性进行辩护，辩护的理论工具就是自己持有的新闻观念，当然还有其他的理论工具和观念手段。人们看到，拥有某种新闻观念的人，总是用自己的观念为自己的行为提供理由和根据，用自己拥有的或赞同的新闻观念说明、解释各种新闻现象。最典型的表现，莫过于不同主义类型新闻观念对于同一新闻现象不同的甚至是对立性的解释。比如，在中国与美国以至整个西方世界之间，针对关于中国的新闻报道，西方新闻界会攻击批评中国新闻界关于中国自身的报道，没有按照新闻传播的普遍要求、专业观念去报道事实，而是用喉舌观念、政党观念、宣传观念遮蔽了事实的本来面目，欺骗了世界也蒙蔽了中国自己的社会大众，因而是不正当的、不公正的，背离了新闻的公共精神、自由精神和民主精神，损害了社会公众的知情权，进而所谓的表达权、参与权与监督权也都失去了起码的信息基础，因而是虚假虚伪的；而中国新闻界则谴责西方新闻界关于中国的报道，实际上是客观主义、专业主义幌子下的“乌鸦主义”[①]，无视中国客观实际面目的全面性，不尊重中国的社会实际和历史传统，“妖魔化”了中国的国家形象、民族形象和大众形象，他们实际奉行的是双重的新闻价值标准、报道标准，对中国的观察与报道是抱持偏见的，是根深蒂固的西方中心主义的表现。在直接性上，双方互相指责的是新闻报道的不真实、不客观、不全面、不公正，但实质上则是互相指责对方所坚持的主导新闻观念（以及背后更为深层的不同文化价值观念），各自认为对方的新闻观念、新闻主义要么是不合理的、要么是虚伪的。进一步分析，就可发现，双方实际上都是用自己的观念作为标准来衡量对方的新闻实践行为，毫无疑问，这样的衡量结果只能

① 特指西方新闻传媒对中国的报道，通常是只报坏事、不报好事的观念与方式，像乌鸦的叫声一样难听。

是牛头不对马嘴，不可能得出一致性的结论或判断。而双方对自己新闻实践合理性的评判，用的又是自己的新闻观念，结论自然认为自己是正确的合理的。显然，这样的“新闻对话”不是实质性的，根本不在一个基础之上，双方缺乏基本的相互尊重和理解。当然，作为研究者，我们不会对这种现象中的当事者各打五十大板，谁对谁错，谁更合理或更接近真理，还是有一个客观准则的。人类的行为是以客观事实为基础的，事实根据不一样，人类的观念、实践选择就理所应当有所差别，用西方观念评价中国事实显然是错位的，至于中国人是否运用了更为合理的新闻观念那是需要进一步探讨的问题，但中国人从中国的实际出发，从中国的经验事实出发，这从大的原则上、方向上是没有错误的，符合理性的科学精神，也符合常识精神。

即使是在一定社会范围内，我们同样可以看到类似的情形。同样一个新闻事实或事件，不同的媒介可以做出不同的报道，或是重点不一样，或是角度不一样。比如对一场人为的灾难事故，有些媒体侧重事故本身的报道——事故的实际结果、事故的过程、事故的原因、事故的处理与善后；有些媒体则侧重事故发生后的官方行为——领导如何重视，组织如何关注，如何尽快消除或降低事故的影响（如抢救等）；当然，还有很多媒体既关注事故本身的报道，也注重事故处置的报道。不同的媒体都会为自己新闻报道方式的合理性、正当性进行辩护，我们暂且不管各种辩护的有理有力程度，但我们能够看到，他们实际上都是用自己坚持的某种新闻理念为自己的行为进行辩护的，也就是说，新闻观念在其中发挥了为新闻实践行为进行辩护的重要功能与作用。

（三）新闻（媒介）批评的核心工具

新闻学视野中的媒介批评活动或批评行为也是广义新闻活动、新闻行为的有机构成部分，它是批评者凭借和运用一定的新闻观念及其相关理论和方法，对新闻作品、新闻现象特别是传媒及其从业人员媒介行为、新闻行为等展开的评价与评论活动。从应然性上说，媒介批评、新闻批评的主要目的是“引导记者把握新闻的质量，指导受众正确理解新闻、认识媒体，从而启发人们正确认识社会生活”①。从观念论的角度看，媒介批评特别是新闻批评的深层目的是建构更为合理、科学的适应一定社会发展、新闻发展的新闻观念。当然，这是一个不断展开的过程。

新闻批评②是一种典型的新闻评价活动，实质上就是批评者通过一定的理论与方法、用一套自己赞成的新闻观念对新闻现象、新闻行为及其结果展开的分析和评判。“新闻观念无疑是新闻批评的意识母体，构成媒介批评观念的基础。”③ 看得出，新闻观念也是实质性的批评论辩工具。④ 如前文所说，一种新闻观念实际上提供了一种新闻活动的指南或标准。新闻批评者就是把自己赞成的观念作为原则和尺度，去衡量传媒及他人的新闻行为，背后的实质是不同观念之间的比照和论辩，即用批评者的观念与行为者的观念展开论辩，现象、行为、作品不过是观念论辩中的中介物而已。因此，新闻批评在直接表现上是对新闻现象、新闻行为、新闻作品等的批评，背后则是不同新闻观念（包括相关的其他观念）之间的交流与对话、矛盾与斗争。因此，面对同样的或相似的新闻现象、新闻行为、新闻

---

① 刘建明．媒介批评通论［M］．北京：中国人民大学出版社，2001：10.

② 新闻批评是一个具有多义性的概念，一般是指通过新闻报道方式对相关不良社会现象、不良行为、不良人物的批评，在这一意义上，类似于批评报道；在批评学的意义上，新闻批评则是指对新闻现象和新闻行为的评价与评判活动，类似于“文学批评”这样的概念逻辑。

③ 同①4.

④ 人们在对媒介现象、新闻行为等展开批评时，并不只是运用批评者以为的“好”的新闻观念进行的，也会运用其他的政治、经济、社会观念等等展开批评活动。媒介批评指向的不仅仅是职业范围内的媒介行为与现象，也可以把作为社会现象、社会领域构成部分的媒介现象、新闻现象作为批评对象，可以说从媒介观念、媒介制度直至普通社会大众的媒介行为、新闻行为都可以成为媒介批评、新闻批评的对象。

作品，持有不同新闻观念的主体常常会做出差异性的甚至是对立性的批评。相反，当人们能够对同样的新闻现象、新闻行为、新闻作品做出大致相同的批评，从一个侧面说明，他们拥有一些共同的新闻观念要素。进而言之，新闻观念的变化，意味着新闻批评性质与方向的变化。在宣传新闻主义观念指导下产生的新闻作品，很难在专业新闻主义观念的框架内获得正面的评价。新闻观念变革了，新闻批评的核心观念工具也就变化了，新闻批评的风景自然就变换了。

新闻批评的层次、范围大致决定着批评者所运用新闻观念的层次与范围。比如，如果批评的直接对象是新闻作品，批评者可以在业务层面对作品背后的采写编制等观念进行评点；也可以在新闻作者的新闻框架、新闻图式，新闻传媒的媒介框架层面，透视新闻生产的内在主体机制与传媒机制，从而发现职业主体与传媒组织之间的关系，以及其新闻观念之间的纠葛；也可以将新闻作品的生产、传播置于整体的社会语境中，展开各方面的考量分析，诸如政治经济学的分析、传播权力结构的分析等等，从而进一步深入揭示新闻生产传播中的社会机制及其背后社会层面的新闻观念与新闻制度。这些不同层次新闻观念之间是贯通的，但就新闻批评而言，运用的新闻观念层次范围是有区别的；但不管如何，在我们此处的论题中，它们都是批评论辩的观念工具。

对于普通的社会大众来说，他们在日常的媒介与新闻接触中，从原则上说都有各自的认知与评判，他们不会以经院方式进行新闻批评，而是会以自己的感觉、经验、体会与成熟的或不成熟的新闻观念（还有其他观念），对新闻传媒的新闻行为、新闻报道进行评说，也会对社会意义上的新闻现象表达自己的见解和看法。在“后新闻业时代”开启后的今天，这已经变得易如反掌。大众不仅可以通过媒介渠道直接表达自己的个人意见与看法，而且可以通过网络平台以及其他电子终端方式展开交流和辩论，常常能够形成规模化的媒介批评和新闻批评效应，以“大众的力量”促使新闻传媒改进它们的新闻报道，甚至改变新闻观念，可以说发挥了实实在在的新闻批评效应，起到了所谓“监督新闻”的功能作用。但这些并非我们这里想深入讨论的问题，我们只想指出，社会大众用来评判新闻的基本的和主要的精神工具同样是他们“自以为是”的新闻观念。也就是说，新闻观念发挥了批评评判新闻现象的功能与作用。

就像新闻实践与新闻观念之间的互动互生关系一样，在新闻批评与新闻观念之间也存在着类似的关系。新闻批评是运用一定的新闻观念（包括其他可能的观念）进行的，而批评活动本身又会生成新的新闻观念。诚如刘建明先生所说：“分析媒介现象，反思新闻报道的得失，评价记者的作品，从而（会）形成相应的新闻观念。”① 通过媒介批评、新闻批评生成的新的媒介观念、新闻观念又可以作为批评的观念工具。这样的互动循环，是新闻观念更新、新闻实践改良的一种重要的常态机制。

四、从观念功能到实际作用的路径

功能是事物的属性，作用（影响）是功能的外化。要将一种观念的功能转换成现实的作用，其间有着复杂的中介环节，需要一定的主客观及环境条件。② 人们看到，在一定社会中，在共时性上，存在着很多不同的新闻观念，但只有某些新闻观念能够在新闻实践中或人们的新闻活动中产生比较大的实际作用，其中的机制到底是什么？一种新闻观念的功能属性若

① 刘建明．媒介批评通论［M］．北京：中国人民大学出版社，2001：1.

② 人们通常对功能作用不加区分，这也就等于说事物有什么样的功能，就有什么样的作用，这从理论原则上说并没有什么错误，但就实际来看，从功能到作用，并非自然而然，而是需要一定的条件。一个人有治国理政的才能（属性），但其才能能否转化成实际的治国理政作用，并不单纯以其意志为转移，而是依赖各种主客观及环境条件，甚至包括时代机遇和命运的安排等等。

要转换成实际的作用，到底需要经历怎样的路径？在此，我们暂时抛却各种实际因素复杂的、偶然性的影响，对这一路径做出一般性的逻辑描述。

（一）认知是功能到作用的前提

观念是人的发明，只有通过人的精神、人的实践才能产生现实的作用。观念是精神性的事物，只有首先得到精神的认知与把握，才能发挥它的潜能。“思想不能通过耳目感观，而是必须通过头脑才能理解。”[①] 因而，讨论新闻观念功能属性向实际作用的转化，显然是以新闻观念的既在为条件的。[②] 新闻观念一旦产生，就可以看作精神实体，也就具有了自身的功能属性。而新闻观念的功能属性要对主体、社会产生作用，前提是主体必须对新闻观念有所认知，即首先必须知道新闻观念是什么或有什么样的新闻观念存在。只有新闻观念为一定的主体所把握，成为主体用来指导实际行动的观念，它才有机会和可能使潜在的功能属性转化为现实的作用。当然，我们不能否认，一些观念的作用也会在人们未自觉的情形下产生；但就常态而言，观念认知是观念发挥作用的前提。

在现实世界中，新闻观念与社会主体的存在都是多元多样多层次的，这就意味着主体的新闻观念认知具有十分丰富的内容和相当复杂的关系。什么主体能够认知什么样的观念，或什么样的观念得到什么样主体的把握，对新闻观念未来的实际命运都有着举足轻重的影响。得不到主体认知的新闻观念，其功能属性将从源头上失去转化为作用的可能；得到不同主

---

① 路德维希．德国人：一个民族的双重历史［M］．杨成绪，潘琪，译．北京：东方出版社，2006：352－353.

② 这里只是逻辑上的在先性，并不是说进入认识视野的新闻观念都是先前的或他人的创造，也可以是当下活动主体自己既有的或新生的新闻观念；但无论哪种情况，运用是以认知为前提的。即使是那种不自觉的运用，也是要以观念在主体精神世界的存在或预先的认知为前提的，人们不可能用自己大脑中从来没有存在过、自己从来没有任何觉知的观念指导或影响自己的行为。

体认知的新闻观念，其功能属性就在原则上获得了转化为现实作用的机会；得到主体认知的新闻观念，则会在主体与观念的不同机缘中，产生出不同的结果。一般说来，观念认知的主体层次、社会范围，将是新闻观念能够在怎样的层次、什么样的范围产生作用的基本前提。比如，只有在世界范围内得到普遍认知的新闻观念，才有可能成为在全球普遍产生作用的新闻观念；只有在国家层面得到认知的新闻观念，才有可能进一步得到认可，从而成为能够在国家层面发挥作用的新闻观念。一个政府认可的新闻主义、新闻意识形态，首先自然是以其认知这样的主义或意识形态为前提。同样，对于传媒业、新闻传媒组织与职业新闻个体，其中的逻辑是相似的，即只有得到其认知的观念，才有可能被采纳，成为能够产生作用的观念。当然，获得认知的并不一定得到认可和运用，其中尚需不少条件和诸多环节，但要得到认可必须以认知为条件。懂得这一看似常识性的前提非常重要，如今在世界范围内存在着并不断产生着各种各样的新闻观念，对于我们来说，哪些新闻观念是可以借鉴吸纳的，哪些是需要批判拒绝的，首先需要我们以开放的心态去积极认知。认清了不同观念的真实面目，才能根据环境条件、主体需要进一步选择运用。

在阐释了观念认知是从功能到作用的前提的一般内涵后，我们重点分析一下个体新闻观念认知的基本情况。就个体来说，认知新闻观念的方式多种多样，并且在不同历史时代有着不同的主导认知方式。在专门的新闻教育诞生之前，进入新闻行业的工作者，恐怕只能通过自己的自学和对实践的经验总结与反思来认知基本的新闻观念。至于社会大众，在普遍意义上，则只能通过媒介接触、新闻收受与交流行为，朦朦胧胧地感受和体验一些新闻意识和新闻观念。伴随新闻业的蓬勃发展，新闻教育的兴旺发达，新闻观念的认知方式、认知渠道越来越多。如今，在新媒体环境下，在“后新闻业时代”开启之后，在媒介社会的形成中，在媒介环境的塑造中，新闻观念认知可能是所有社会观念（比如政治观念、经济观念、技术观念等）认知中最普通、最容易、最直接的事情。为了阐释的方便，我们在新闻专业视野中，将社会主体一分为二——职业新闻主体和其他社会主体，分别说明新闻观念认知的主要方式。

就职业新闻主体来说，认知或获得新闻观念最重要的方式是两大类：一是专业化的新闻教育；二是直接的新闻实践。自从新闻教育进入高等教育系统之后，越来越多的未来新闻从业者，首先是通过专门的新闻教育，以知识方式认知、获取新闻观念的①，并且能够建构起相对比较系统的新闻主义系统或意识形态系统，主义或意识形态的性质特征依赖于一定社会的整体性质与属性。从广义上说，新闻教育、新闻研究，既是创造新闻观念的重要方式和手段，也是诸多新闻观念知识化、社会化的手段。新闻观念一旦转化成了知识体系，便成为学习者、受教育者认知、获取新闻观念的主要来源。因而，在当代社会，人们不难发现，新闻教育事实上已经成为最为稳定的、系统的、持续的新闻观念传播、传承方式和手段。未来可能从事新闻职业的人（并不是全部），正是通过接受系统新闻教育的方式，建构起自身新闻观念认知图式的，也正是通过接受新闻教育的方式，建构起自身新闻框架的基础、涂抹了自身新闻观念的底色。除了各种形式的新闻教育外，直接的、专业化的、职业化的新闻实践活动，是职业新闻活动者认知、获取新闻观念的另一极为重要的渠道和方式。一个人一旦进入新闻行业工作，直接的、感性的新闻实践便往往成为其认识、获取新闻观念的第一通道。其中包含许多具体的方式方法，最基本的大概有这么几种：一是自身的直接实践；二是同行的新闻实践，特别是前辈们的新闻行为，

---

① 就全球范围看，不同国家新闻教育有着不同的传统和表现，有些侧重专门的新闻技能训练（职业教育、职业培训），有些则将新闻教育作为专门的社会科学学科，进行全面系统的教育，包括学术训练与职业技能两大方面。但有一个趋势，新闻教育越来越广泛地进入高等教育体系，并且越来越成为高等教育的热门学科。

对新进入者新闻观念的认识与获取有着特别的影响；三是各种新闻职业典型（模范）人物，新闻奖项的评比，各种纪念活动的举行、仪式的举办等，都是传播新闻观念重要的直接认知、获取方式。[①] 对有些观念的认知和获取，并不完全依赖纯粹的理性认识渠道，还有赖于情感的开启，“信仰、价值、思想的转变常常从感动开始”[②]。当然，被人们称为新闻观念的观念，在其形成与主体认知的结果中表现得并不是那么纯粹，可能内在包含着各种其他社会观念的因素：一是因为新闻与社会本就有着十分紧密的联系；二是任何人都是在整体的社会观念环境中成长起来的，在形成某一领域的观念时，不可能不受到其他观念因素的影响。

就职业新闻主体之外的社会大众来说，他们认识和获得新闻观念的途径同样丰富多彩。首先，就如今的媒介环境来说，通过常态的媒介接触行为、使用行为、评价活动等，是社会大众直接感受、认知和获取新闻观念的最为普遍的方式。其次，越来越广泛开展的社会化的、公众化的媒介素养教育（其中包括新闻素养教育），成为人们认知新闻观念的有效渠道与方法。再次，新媒体时代创造的、不同以往的民众新闻实践机会与参与方式，是人们直接学习、认知、体验新闻观念的新近方式。如今的很多传播方式，在潜移默化或不知不觉中，不仅塑造了人们的新闻传播观念，甚至直接训练了人们的新闻写作思维和写作技能。比如，微博写作，每条最多只有 140 字，如要将一件事情讲明白、说清楚、写准确，也就近乎以新闻观念、新闻结构、新闻语言写作了；要是评论一个新近发生的事实，也就近乎直入主题、一针见血，简明扼要的新闻评论了。视野再开阔一点看，在今天这样的信息环境中，一种新闻观念要想产生广泛的社会作用，就要

---

① 对这些方式的详细讨论，有兴趣的读者可参见杨保军《新闻精神论》《新闻道德论》中的相关论述。这两部著作皆由中国人民大学出版社出版，出版日期分别为 2007 年和 2010 年。

② 陈嬿如．心传：传播学理论的新探索［M］．厦门：厦门大学出版社，2010：33.

获得广泛的社会认知。社会大众认知、获取、认可怎样的新闻观念，对于一定社会整体新闻图景的建构，已经是非同小可、不能轻视的大问题了。民众新闻在整个社会新闻图景的建构塑造中，恐怕不只是半壁江山的问题了，而是正在成为基础性的力量，社会大众在新闻传播领域的“微观念”，积聚在一起，已经能够发挥现实的规模化的“宏效果”“宏效应”了。他们的新闻观念对专业新闻观念、一定社会政府主张的主导新闻意识形态，产生着越来越大甚至越来越强烈的影响和作用。这种作用和影响，有建设性的、建构性的，也有破坏性的、解构性的。

最后，还需要说明的是，群体（组织）层面（包括从政府、政党组织到传媒行业组织以及民间组织、群体）的新闻观念认知，更多的是通过比较正式的程序化的、组织化的方式进行的；越是严格的群体（组织），越是会通过专门的程序、人员、方式、措施、方法，做专门的调查研究、全面把握、比较分析，从而对各种新闻观念及其相互关系做出比较准确的认知，为自身的观念选择与建构奠定科学合理的基础。群体认知之所以更加严肃认真、周到系统，是因为群体的观念认知代表了群体中的所有个体，在结果上对个体的认知具有统摄的功能；如果群体主体是社会整体层次的政府或是代表人民的执政党，那它的观念认知将直接影响整个社会的观念选择。观念认知作为观念选择的前提，对于群体、组织因而具有了特别的意义，任何仅凭威权意志、权力偏好做出的观念认知与选择，都有可能给相关事业以及社会大众带来误导甚或灾难。

（二）中介化是功能到作用的中心环节

认知新闻观念仍然是对新闻观念的精神把握，属于知识范围、观念范围内的事情。知道新闻观念是什么，并不意味着新闻观念能够对主体产生作用。仅仅停留在知识化的层面，观念也就只能是一种知识。新闻观念的功能怎样才能转化成实际的作用，在认知之后，还有一些重要的中介环节。应该说，不管在哪个主体层次上，一种观念要产生稳定的作用，总要通过一定的机制和中介方式来保障。为了讨论的方便，我们依然按照上一节的结构与逻辑，主要在宏观的社会层面和微观的个体层面分析功能到作用的中介化环节。

第一，从社会层面看，从认知了的新闻观念中选定社会统治权力认可的新闻观念①（当然不仅仅是简单的选定，还有一个改造、创新、建构的过程），进而将其确立为新闻领域的实践观念（在社会工作层面上表现为新闻领域的宗旨、路线、方针等），有些则可能进一步转化为相关的硬性或软性规范（诸多法律、政策、纪律、道德等），乃是新闻观念由功能到作用的重要中介环节。有了这样的中介化过程，一种新闻观念、新闻主义、新闻意识形态，才获得了从功能到作用的现实保障，开辟了从功能到作用的可行渠道。具体一点说，将认可的新闻观念“实践观念化”或政策化（转化为指导实际工作的路线、方针、政策），是观念从功能到作用的内在中介，即它仍然主要属于观念范围内的事情，解决的核心问题是让选择出的观念转换成、改造为能够符合选择者需要和满足一定社会条件的观念；而将相关观念进一步制度化是从功能到作用的外在中介，即观念已经转化为可以约束人们新闻行为的外在规范，解决的核心问题是使选择出来的合适观念具有规范保障，以保持观念功能转换为作用的稳定性和持久性。一般说来，在社会层面、国家层面，新闻观念（尤其是主义层面的新

① 一般说来，一个真正的民主政府，其主义层面的观念选择（宽泛的意义上就是执政理念与执政策略的选择）是与人民的意愿相一致的，但政治统治权力也常常会做出与人民的意愿不一致的选择，这就会造成政府与人民的紧张；新闻传播的现实景象中，也会出现相互背离的两幅画面。通过政府控制的新闻传播渠道，人们看到的主要是到处莺歌燕舞的美好景象，而通过民众传播渠道看到的很可能主要是到处怨声载道的局面。这两幅画面可能都不全面，都有扭曲失实的地方。因而，在社会层面选择什么样的新闻观念，对于政府与人民能否齐心协力，共建美好社会，营造良好的信息环境，有着根本性的作用和影响。

闻意识形态）发挥作用的方式，不会简单停留在观念范围，它会转换成相关的法律、政策、纪律、道德等等制度化的规范存在，使其在不同程度与范围具有强制性的约束、限制与引导作用。需要说明的是，从一般观念到实践观念，从一般观念到制度规范，其间存在着十分繁杂的转换程序与环节，并不像我们这里说的如此简单。能否转化、如何转化，需要全面的论证，需要提供理由和根据、途径和方法、策略和措施，但这不是这里能够完成的任务，需要专门研究。①

第二，从主体层面上说，观念从功能到作用转换的核心机制，就是要使新闻观念转化为主体从内心自觉认可和接受的观念，转化为主体能够用来影响和指导自身新闻活动的观念。也就是说，观念的主体化或内化是从功能到作用的主体中介或内在中介。观念制度化了，只能说无形的观念转换成了有形的规则或规范，具有了对主体的某种强制性约束作用，但并不必然意味着主体对观念的内心认可和接受，也并不必然意味着观念能够产生实际的作用。② 因此，对于制度及其背后的观念，仍然存在着主体内化的问题。

如上所言，认知不等于内化，不等于接受。知道某种观念是什么，不等于就认可和接受某种观念。观念认知使观念首先成为认知者“头脑里的知识”（head knowledge），观念内化则进一步使观念成为认知者“心灵的感受”（heart knowledge）。③ 只有到了这一层面，新闻观念才会成为新闻活动者在自觉与不自觉中运用的“精神武器”，我们才可以说，观念掌握

① 关于新闻观念与新闻制度之间的关系，我们在后文会列专章论述。

② 在现实社会中，一些制度的设立是领导者主观意志的产物，是想当然的建构，有些制度不过是权力拥有者为了保护自我集团利益的创设，不能反映社会公众的意愿，也维护不了社会公众的利益。这样的制度属于恶的制度、不合理的制度，社会公众不可能从内心认可它，也不会自觉自愿地执行它。从观念论的角度看，就是公众从内心并不认可制度制定者、设立者的“主观意志”（观念）。

③ 陈嫦如．心传：传播学理论的新探索［M］．厦门：厦门大学出版社，2010：33.

了主体，主体也掌握了观念。一种观念只有改变了主体的观念态度、行为态度，才能使自身的功能真正转化成作用。没有得到人们内心认可（心悦诚服地接受）的新闻观念，不仅难以以主体自觉自愿的方式发挥作用，很多时候还可能受到主体采用各种方式的消极抵制。因此，一种观念的功能属性，到底能在多大程度上发挥它的社会作用和影响，关键在于相关主体的接受程度、内心认可（内化）程度。马克思在《〈黑格尔法哲学批判〉导言》中就说过这样的话，“批判的武器当然不能代替武器的批判，物质力量只能用物质力量来摧毁；但是理论一经掌握群众，也会变成物质力量”①。一个社会个体，要想成为特定的职业个体，比如成为职业新闻个体，重要的首先不是“身入”新闻传播机构、新闻职业队伍，而是“心入”专业新闻观念、新闻精神领地。在实际中，也许“身入”与“心入”是同步的，但对于一个真正想成为职业新闻人的个体来说，最重要的乃是“心入”。因此，正如我们前文所论，新闻观念是建构、塑造职业新闻人的重要精神武器，它具有使一个人成为职业新闻人的潜在功能。再换一个角度说，将一个人塑造成为职业新闻人，实际上就是要其在心灵上接受认可专业新闻观念、领会专业新闻主义的意识形态实质，使其精神世界成为职业新闻人的精神世界。观念的内化，并不仅仅是通过观念方式实现的，还有一种更为重要的根本性的方式，就是实践方式。通过新闻实践形成新闻观念，对新闻学这门应用性、实践性很强的学科来说，既是自然的也是必要的，直接体验或经验是人们认可一种事物最有效的渠道和方式。日本新闻学鼻祖小野秀雄就说：“当构成一种新的学术观点时，自己的实践经验就会胜读万卷书。”② 这里尽管说的是学术与实践经验之间的关系，但我以为用在新闻观念的内化上更为合适。

---

① 马克思恩格斯全集：第1卷［M］．北京：人民出版社，1956：460.

② 张昆．中外新闻传播思想史导论［M］．上海：复旦大学出版社，2006：157.

第三，上述两个层面的中介化机制，有着内在的密切关系。在一定的现实社会中，一种新闻观念一旦被社会统治权力确立为总体化的实践观念（新闻主义、新闻意识形态或一定时期总的指导路线、方针），并转化成相关的新闻制度、新闻政策，就会对该社会中所有的其他新闻观念构成某种约束和限制，也就等于划定了合理新闻观念的范围、规定了合理新闻行为的边界，这是一种宏观的方向性限制。但与此同时，只有得到主体的普遍认可与接受，宏观观念的功能才能有效或高效地转化为实际的作用；如果得不到新闻实践者的普遍认可与接受，造成的新闻图景很可能是虚假的景象，很可能形成一种悖谬的情境，主体塑造的新闻符号世界连塑造者自己都不相信，这恐怕是典型的新闻扭曲、新闻异化现象。因此，追求宏观层面与微观层面的内在统一，是观念功能能够转化为作用的重要机制。如前所论，宏观与微观之间的对话、协商、争议、论辩是达成如此状态、境界的基本方式，这也是任何一个民主社会选择治国（包括各个具体的社会领域）理念的应有方式。我们应该明白，老观念不一定是坏观念，新观念不一定是好观念，关键要看一种观念对社会需要的适应性，与时代发展大方向的契合性。观念的好坏需要论辩，需要提供根据或理由。一些重要的新闻观念，特别是新出现、新引进的新闻观念，要使其功能产生正当的影响和作用，不能只当作政治口号摇旗呐喊、激发社会，还需要学理上的溯本求源、解释阐发，以免思想变形、行动扭曲，危害相关的事业和社会。观念本身正确性、合理性、先进性等等的论证不是观念内部的事情，而是需要提供事实根据，依赖实践检验。对此，我们在上一章已经做了比较充分的阐释，此处不再多言。

（三）实践是功能到作用的最终实现方式

任何实践都是主体的实践，都是一定意识、观念指导下的实践；新闻实践、新闻活动也是在新闻意识、新闻观念支配下、指导下、影响下的结果。[①] 这就从根本上意味着，观念的功能只有在实践过程中、实践结果中，展现出自身最终的作用。功能是潜在的，只有在一定的对象物上，才会显现为作用，显现为功能的效应。

如上所言，对任何主体[②]来说，如果想采用自身之外的新闻观念，首先需要认知、内化，随后观念的潜能才有可能以自觉的方式产生作用。这种作用在逻辑上包括（在客观上则表现为）两个方面或两个相互关联的层次：一是在主观上使主体获得新的观念，或改变主体的既有观念，或使主体在既有观念与新观念的互动中生成新的观念，总体上可以描述为改变主体观念的作用；二是用这些观念指导实践行为，产生实际的感性结果，总体上可以描述为影响实践的作用。这两个方面也可以看作新闻观念从功能到作用的两大基本落实方式。

由观念认知、观念内化导致的观念变化，是精神范围内观念功能产生作用的最常见的现象。在主体的观念世界中，新来的、新进入的观念改变了或形成了新的观念，说明新来的、新进入的观念产生了作用，它的功能发生了转化。比如，一个认知了专业新闻主义观念的人，一个认可了专业新闻主义观念的人，完全有可能改变（假设是）原有的宣传新闻主义观念、商业新闻主义观念，从而确立自己新的新闻观念。在这样一个过程中，可以说是专业新闻主义观念的功能发挥了作用，使得主体原来的新闻观念发生了变化。又如，一个认知并接受了客观新闻报道观念的人，完全

---

① 当然，这只是从“应该”角度的原则说法，因为在社会实际中，在很多时候，新闻实践并不是按照新闻观念展开的，而是在其他观念为主的观念主导支配下进行的，这自然会扭曲新闻实践的应有面目。

② 我们可以对群体主体、组织主体做拟人化的理解，事实上，群体主体的观念认知、选择等也是通过代表或构成群体的个人主体实现的，因此，群体主体、组织主体的拟人化把握在理论上是成立的。

有可能抛弃原有的事实与意见不分、倾向与平衡不顾的新闻结构观念、新闻写作观念，确立自己新的新闻观念；同样，在这一过程中，可以说是客观新闻报道观念发挥了功能作用，使得主体改变了自己原来的新闻报道观念。一言以蔽之，主体认识和内化了的新闻观念，产生了改变既有观念、确立新观念的作用，从而使观念实现了由功能到作用的转化。但这样的作用，必定还停留在观念范围内，而新闻观念的功能只有转化成为感性的新闻行为，转化为对象化的结果，我们才能说它对实际发挥了作用、产生了实实在在的效果。图纸的作用是直接指导建筑的过程，而图纸功能的作用最终体现在建筑物的落成上。新闻实践是新闻观念功能转化为作用的最终实现方式，一种新闻观念对实际新闻活动影响的性质如何、程度如何，最终还是要通过新闻实践的结果进行检验的。如我们在“新闻观念的评判”一章中已经指出的，新闻观念的正确性、合理性、先进性、真实性等，在终极意义上，只能通过新闻实践做出最有力的、最终的评判。

当然，从新闻观念到新闻行为、新闻实践并不是一个简单的过程，它还依赖于新闻实践环境的特征，依赖于具体的新闻活动主体的特征，依赖于具体新闻活动方式、活动内容的特征。一种新闻观念在一定的历史情境和社会语境中到底能够产生多大的影响和作用，取决于多种条件的共同作用，并不必然地以观念的持有者、宣传者、拥护者的意愿为转移，也不会单纯以观念主体的文化素质为转移。观念的功能能否转化成实际的影响作用，能够转化成多大程度的影响作用，特别需要一定的历史机遇和社会境遇。好观念没有遇上好机会，也就只能是闲置的好观念。“一种思想对时代的影响大小，并不总是与阐述这种思想的知识多少、水平高低、理解深浅成正比，它常常取决于某种思想的契机。”[①] 当然，观念、思想发挥作

① 葛兆光．西潮又东风：晚清民初思想、宗教与学术十讲［M］．上海：上海古籍出版社，2006：112.

用影响的“契机”不是纯粹偶然的，而是需要一定的历史积淀。因而，具体新闻观念的功能作用，在具体环境的具体新闻活动中，到底是如何在不同新闻活动主体身上体现的，还是一个很大的课题，不是这里三言两语可以说周全的、说清楚的，我们将在下篇的首章“新闻观念与新闻行为”中展开专门的分析讨论。

下篇　关系论视野中的新闻观念

考察新闻观念的基本学术目的、理论目标有两个方面：其一，把握新闻观念本身的内涵、实质、内容构成和新闻观念的个性特征，新闻观念的形成机制与演变更新的基本规律，以及新闻观念之正确性、合理性、先进性、真实性等等的判断评价。这正是我们在上篇所做的基本工作。其二，也是更为重要的，是在关系论的视野与框架中，把握新闻观念与相关事物的关系，特别是在各种主要关系中新闻观念的地位与作用，诸如新闻观念与新闻行为、新闻观念与新闻制度、新闻观念与新闻业以及新闻观念与其他社会观念的关系。而讨论这一切的现实关怀或真正的落脚点乃是：中国需要怎样的新闻观念，我们应该如何探索寻求这样的观念。这正是我们在下篇将要努力完成的任务。

第八章　新闻观念与新闻行为

在社会历史领域内进行活动的，是具有意识的、经过思虑或凭激情行动的、追求某种目的的人；任何事情的发生都不是没有自觉的意图，没有预期的目的的。

——恩格斯

行为的阐释必须注意到这个极为重要的事实：那些属于日常的思维或法律的（或其他专业的）思维的机构，是现实的人（不仅法官和官员，而且包括“观众”）的头脑里的观念，部分是现实存在的观念，部分是应当适用的观念，他们的行为以此为取向，而且它们本身对于现实的人的行为过程的方式具有十分重大的、往往是至高无上的因果意义。

——马克斯·韦伯

思想是在行动之前，像闪电走在雷鸣前一样。

——海涅

“思想就是力量。科学的思想在照亮人们精神世界的同时，也改造着人们生活的物质世界。”① 人是观念动物，思想是行为的先声。人的行为从本质上是受自身观念支配的。在一定意义上，主体拥有什么样的观念，才可能有什么样的行为。“有了先进的知识，必然会有先进的行动。”② 新闻观念最直接的功能作用，就是它能够支配、指导、影响新闻主体的新闻行为。当然，新闻行为并不是新闻观念简单感性化的表现。新闻观念的不足与欠缺，往往只能在新闻行为过程中暴露和发现；新闻观念正确与否、合理与否、有效与否，从根本上说也需要通过新闻行为来检验和证实。但在新闻观念论的视野中，我们主要从新闻观念的角度，分析它对新闻行为的作用和影响，而对新闻行为对新闻观念的“反作用”只在一般关系的层面上加以简要阐释。③

一、新闻观念与新闻行为间的一般关系

新闻观念与新闻行为，总是归属于一定的新闻活动主体。新闻活动主体是一个整体的、抽象的统一概念，难以反映新闻活动主体实际上具体的、有差异的构成情况。现实中，不同新闻活动主体拥有内容侧重偏向不同的新闻观念，具有不同的新闻行为方式和活动内容，因此，要想比较细致地阐释清楚新闻观念对新闻行为的作用和影响，需要“分门别类”地在不同的具体关系中加以讨论。但是，从理论上说，新闻观念与新闻行为之间总是存在一些普遍关系。因此，这里，我们先在“无主体”或在超越所有具体新闻活动主体的意义上，揭示二者的一般关系，后文再讨论新闻观

① 中共中央文献研究室．中国道路：中国共产党的思想历程［J］．党的文献，2012（4）：23－36.

② 周有光．拾贝集［M］．北京：世界图书出版公司北京公司，2011：39.

③ 事实上，我们在讨论新闻意识的起源，新闻观念的生成、演变以及评判等重要问题时，已经从多个方面讨论了新闻行为、新闻实践与新闻意识、新闻观念之间的关系。

念与具体新闻行为类别间的关系。

（一）新闻观念对于新闻行为的先导作用

在新闻观念与新闻行为之间，我们首先可以做出这样总的判断：观念与行为之间是一种互动的关系。不同新闻行为主体之间的观念是互动的，不同行为主体之间的新闻行为也是互动的。这种互动有两种基本逻辑：一是既有的新闻观念对新闻行为有着较为直接的支配影响作用；二是在先前新闻观念（或其他观念）支配指导影响下的新闻行为，也会不断产生出新的新闻观念，对先前新闻观念产生反作用，修正、调整或革新。我们这里的讨论，主要是在设定既有观念存在的前提下，讨论它对新闻行为的作用和影响。

理解人的行为的前提是理解支配行为的意识、心理和观念。“在对人的行为的理解上，主要的问题是要理解他们如何思考——他们的大脑是如何工作的。”① 人的行为是受自身观念支配的，新闻行为也不例外。新闻观念是主体对新闻（新闻在此是代表性概念，参见第一章相关内容）事实认知与价值认知形成的统一观念结果，其中也包含着主体关于新闻活动的方法论观念。一般意义上说，人的行为，就是指发之于内表现于外的、能够直接观察到的活动。新闻行为，广义上指人们与新闻活动相关的一切感性活动，狭义上主要是指新闻活动者以新闻传收活动为主的行为，也可以说就是新闻实践活动②。在新闻活动中，新闻观念对于主体的新闻行为来说，不管是在一般意义上还是在具体的新闻活动中，都具有先导作用，或者说新闻观念对新闻行为具有支配性、指导性或预先设计性的作用。因

---

① 菲吕博顿，瑞切特．新制度经济学［M］．孙经纬，译．上海：上海财经大学出版社，1998：69.

② 新闻实践活动是人类的一种特殊实践活动，本质上属于认识实践活动，不管是新闻传播活动还是新闻收受活动，在性质上都可以归属于认识范围。因此，新闻实践与人们通常所说的生产实践还是有所不同的。

而，在非本源的新闻活动现象层面，人们看到的基本事实是：新闻观念在先，新闻行为在后。[①]

一般说来，人与世界的基本关系包括认识关系、价值关系和实践关系（或行为关系），在这些不同的关系中，人表现出侧重不同的理性向度——认知理性、价值理性和实践理性或行为理性。所谓行为理性，是指人在具体行为展开之前就能设想行为过程、行为方法、行为结果的一种观念能力。恩格斯说："在社会历史领域内进行活动的，是具有意识的、经过思虑或凭激情行动的、追求某种目的的人；任何事情的发生都不是没有自觉的意图，没有预期的目的的。"[②] 行为理性实质上就是说人的行为是有计划性的、有预先设想的，不是盲目的。主体人的高明之处，重要表现之一，就是人的理性行为是预先"过脑子"的行为，即人的行为并不是在精神上毫无准备的情况下直接与对象相互作用，而是行为前要经过人的观念或心理这一中介。"根据预先构想的规格有意识地去改变事物（就我们所知），却是人类得天独厚的特性。"[③] "我们对人的看法、对社会的看法，我们处理问题的方式，乃至日常的为人处世等等，都是在自己的一套观念系统的指导下进行的。"[④] 观念相对行为的预先性设计，是人的行为理性的典型表现。马克思对此有着更为明确而形象的论述，他说："蜘蛛的活动与织工的活动相似，蜜蜂建筑蜂房的本领使人间的许多建筑师感到惭愧。但是，最蹩脚的建筑师从一开始就比最灵巧的蜜

---

① 这里需要注意，新闻观念的形成与新闻观念的功能作用实现，是两个不同的但具有一定内在关系的问题。在观念发生学的意义上，实践行为在先，观念产生在后；人们往往根据客观实践、行为的表现，探求背后的精神、观念根源，然后才概括出某种观念，进一步使观念成为一种自觉的、明确的观念。而在观念功能论的意义上，一定是观念在先，实践行为在后；在观念自觉指导下的实践，是另一种意义的实践方式，它与自发的或自觉观念指导较弱的实践行为是有所区别的。

② 马克思恩格斯选集：第 4 卷［M］. 3 版 . 北京：人民出版社，2012：253.

③ 莱文森 . 思想无羁［M］. 何道宽，译 . 南京：南京大学出版社，2003：14.

④ 赵汀阳 . 思维迷宫［M］. 北京：中国人民大学出版社，2012：2.

蜂高明的地方，是他在用蜂蜡建筑蜂房以前，已经在自己的头脑中把它建成了。”① 可见，人作为独特的观念动物、理性动物，其生存过程便是自身观念的显现过程，对象化、客体化或外化的过程，这种逻辑上观念的优先性足以说明观念对于人的行为的重要性。主体拥有什么样的观念，对其行为过程与行为结果来说，都有着极为重要的先导规划作用。在这一意义上说，观念比行为更重要。因而，有人才说：“观念是头等重要的。因为它在各个领域是支配、统率的力量。它小可支配人的一生，规定其命运；大则可改变、塑造世界，决定人类文明之旅的格局和轨迹。”② 在新闻活动中，不管在哪个行为主体层面，新闻观念，特别是那些被确立为指导新闻实践的观念（可称之为新闻实践观念），对新闻活动能够形成的实际局面具有直接的影响。

从原则上说，新闻活动主体都是按照自己对活动结果的预期来设计、安排当下的新闻行为的，“设计各种可能性，原本就是主体性的内涵”③。新闻生产行为、传播行为、收受行为、控制行为等，都是具有自觉目的的行为，具有预先的规划性或设置性，生产、传播、控制行为尤其如此。对于传播主体来说，不管是组织化的职业传播者，还是独立自主的民众传播者个体，或其他非新闻专业的群体或组织，传播什么、怎样传播、为谁传播，都受其“表现为”传播观念的观念支配④；同样，对于新闻收受者来说，接触什么样的媒介，收受什么样的内容，以怎样的态度方式收受新闻、评价新闻，也是受其收受观念支配的、影响的；对于新闻控制者来

① 马克思恩格斯全集：第23卷［M］. 北京：人民出版社，1972：202.

② 赵鑫珊. 观念改变世界：一唱雄鸡天下白［M］. 南昌：江西人民出版社，2008：5.

③ 李斯曼. 克尔凯郭尔［M］. 王彤，译. 北京：中国人民大学出版社，2010：158.

④ 当然，在新闻专业组织、职业主体的新闻传播与民众个体的新闻传播之间，还是有很大的区别的。专业组织、职业工作者的新闻行为明确受到组织新闻观念、专业新闻观念的先导作用，而对民众新闻传播者来说，既有自觉按照自身新闻观念或其他观念指导的新闻传播，也有“心血来潮”式的新闻传播。关于新闻观念与新闻行为之间的具体关系特征，我们将在后文专门论述。

说，什么是可以传播的，什么是不能传播的，什么需要多传播，什么不能多报道，以及可以（或不可以）用什么样的方式传播等新闻控制问题，更是受制于预先确立的新闻控制观念，所采取的新闻控制行为都是在高度自觉的新闻控制观念支配指导下进行的。但我们应该注意的是，尽管可以笼统地说，新闻观念在整体上对新闻行为的展开具有前提性的影响或指导作用，但在新闻观念系统中，不同层级的新闻观念、不同的具体新闻观念，对新闻行为的影响作用方式、大小都是有所不同的。一般说来，一定主体自身“观”层次的新闻观念，把握的是主体整体新闻行为的方向，它将对新闻行为的整体指向范围、价值设定形成一定的指导作用。比如，对于一个国家或一个执政党来说，它拥有自己的新闻主义或新闻意识形态，这样层级的新闻观念就对整个国家的新闻实践具有先导作用，规定着整个国家层面的新闻实践性质与方向。而那些操作层面上的新闻观念，比如具体的新闻传播原则和要求、新闻业务观念、技术观念等等，它们对具体的新闻行为往往会形成直接的导向作用；而在某次具体新闻活动中，新闻活动者的一些临时性的观念，更是会对具体的新闻行为构成直接的先导作用。当然，对于相同的新闻活动主体来说，在大观念与小观念之间，总观念与分观念之间，不同层级的新闻观念之间，是相互贯通的、内在统一的。在通常情况下，大观念统摄小观念，小观念是对大观念的具体落实和体现。

如上所说，在逻辑上，观念是行为的前提，但只有观念被人接受，才能成为前提，成为一种真实的精神力量，成为行为的先导，成为发挥社会作用和社会影响力的观念。也就是说，观念只有掌握了人，才能成为现实的力量。尽管新闻观念具有相对新闻行为的先导性，但主体可以选择建构先导自己新闻行为的观念。对具有主体性的人来说，用什么样的新闻观念支配、指导自己的新闻行为，这主要是一个主体自觉的过程，而非一个无意识的自在过程。在现实社会中，存在着各种各样的新闻观念，到底选择怎样的新闻观念指导自己的新闻行为，主要取决于主体自身的需要和追求。进一步说，由于新闻观念是不断变化的，先导新闻行为的观念也会发生变化，而新闻观念的改变意味着新闻行为的改变。“改变了的观念系统通常又会影响人做出新的社会行动。”① 常态情况下，观念改变是行为改变的前奏。因此，观念对行为的先导性，是一个动态的历史过程，并不是说，观念一经选定，便长久不变。事实上，观念在不断更新，行为在不断变化。每当在实践中遇到困境时，人们就会探索出路，寻求好的有效的观念。“人陷进了迷茫、焦虑、不安，一个好观念，会使人心生欢乐，眼前凸现出一片美丽和光明，豁然开朗而得救。”②

观念对于行为的先导性、支配性，并不意味着人们总会用正确的、合理的、先进的、真实的观念先导自己的行为，但这样的基本关系却可以表明：拥有正确的新闻观念，对于新闻活动主体来说至关重要。我国新闻教育家吴灌声就曾指出，对一宗学说或一宗事业，均必须先具有正确的观念，然后才能产生合理的见解。新闻记者号称“社会批评家”“社会教育者”……若本身缺乏正确观念，则其影响贻害社会者至重且大。③ 因此，用什么样的观念先导自己的新闻行为，是一个需要主体充分发挥主观能动性的过程，而不是一个被动的过程。“任何一种指导性的思想，它本身都有可能是错误的，所以，我们不能盲目地相信某一种思想观念。”④ 人虽是理性动物，但不可能总是按照理性办事，因为人还有非理性的一面，理性并不必然总是能够控制非理性；相反，理性有时会成为非理性的工具。除此之外，理性本身也会犯错误，因为人之理性能力是有限度的。因此，

---

① 金观涛，刘青峰．观念史研究：中国现代重要政治术语的形成［M］．北京：法律出版社，2009：464-465.

② 赵鑫珊．观念改变世界：一唱雄鸡天下白［M］．南昌：江西人民出版社，2008：4.

③ 徐培汀．中国新闻传播学说史：1949—2005［M］．重庆：重庆出版社，2006：383.

④ 赵汀阳．思维迷宫［M］．北京：中国人民大学出版社，2012：6.

理性观念支配下的新闻行为并不就是正确的行为，没有什么新闻观念可以绝对保证新闻行为的正当性和合理性，尽管任何观念都可以作为行为的先导。这就提醒人们，观念的先导性不可随意发挥，用什么样的观念先导新闻行为、指导新闻实践，首先需要对观念进行反思批判，进行试验和检验。先导观念本身需要不断调整、修正甚至是更换。

人是依据一定观念施行行为、展开活动的，但并不是所有的人都是按照自己的观念或自己认为正确合理的观念进行活动的。也就是说，尽管观念对行为具有先导作用，但对有些主体来说是主动的，对有些主体来说是被动的；先导人们行为的观念并不都是人们自己认可接受的观念。主动情形中的观念是内在认可的，被动局面下的观念则是外在强迫的。这种现象在现实社会中并不鲜见。不少人在现实社会中的新闻行为，并不是按照自己的新闻意志、新闻观念、新闻理想实行的，而是迫于各种压力并不情愿地进行的。因此，如何建构普遍同意或认同的基本新闻观念（主要表现为一定社会范围内的新闻主义或主导新闻意识形态）始终是一定社会新闻行业、新闻职业领域的重大问题。事实上，在一定社会范围内，只有拥有比较一致的新闻主义、新闻意识形态，并且是社会公众尤其是新闻领域的职业主体高度认同的观念，它的新闻业才会以比较统一的意志与精神真正成为能够促进社会良性发展的新闻业。比如，中国的新闻改革，其核心问题之一，就是要探索并建构起能够得到社会真正普遍认同、符合中国实际的新闻主义、新闻意识形态。

还需要特别说明的是，从原则上说，人无论是在观念活动中还是在实践活动中，总是以整体的人来活动的，即他总是以知情意之统一体的主体形式展开活动的，以作为社会关系之总和的主体本质展开活动的，而不是以什么纯粹的经济人、政治人、科学人、新闻人等等主体形式进行活动的，也可以说人不是以纯粹的认知主体、价值主体、审美主体的形式展开活动的，这是一个不容否认的客观事实。人们可以在观念上将一个人设想为某种纯粹的活动主体，但在实际活动中主体自身很难以纯粹的某种主体形式活动，尽管他可以自觉努力地以“应该”有的身份或角色去做。因此，我们讨论主体新闻观念与新闻行为之间的关系时，首先要有整体的主体观念，否则，我们关于二者之间的关系的讨论就很可能是单薄的、抽象的甚至是不大真实的。我们只是在新闻观念论的视野中从理论上将二者关系分割出来了，在实际中，很难存在纯粹的新闻行为，也不存在指导、支配和影响新闻行为的纯粹的新闻观念；真实存在的只是以新闻观念、新闻行为为主导、为显现方式的新闻观念和新闻行为。

（二）新闻观念与新闻行为的统一与错位

尽管新闻观念是新闻行为的先导，但这并不能够保证在新闻实践中，新闻行为总是与预先的观念设想相一致。事实上，在观念与行为之间，同样在新闻观念与新闻行为之间，有两种总体的基本现实关系：一是观念与行为基本一致；二是观念与行为之间出现错位甚至背反。观念与行为之间的统一与错位，背后有着复杂的原因，需要细致分析。

第一，新闻观念与新闻行为的一致或统一。我们这里所说的一致，是指行为真实地贯彻落实了观念的要求，使先在的、主观的观念转化成了感性的行为过程和预期的感性结果。新闻观念设定了主体新闻行为的基本方向，设定了主体的行为边界和范围；在观念与行为相一致的前提下，“一个卓越的观念就是一条光明的出路”[①]。在正常情况下，应该说有什么样的新闻观念，就有什么样的新闻行为。一种真正良性的新闻主义，一个真正良好的新闻观念，包括一般性的原则观念和具体的新闻实践观念，应该

---

① 赵鑫珊．观念改变世界：一唱雄鸡天下白［M］．南昌：江西人民出版社，2008：4.

能够产生良性的新闻行为过程和结果。

在宏观层面上，一种新闻主义，其实就是关于新闻行为的一种总体观念，它为一定社会范围内的新闻实践设定了总的规范——路线、方针以及新闻传播的总体原则和要求。这时，所谓行为与观念的统一或一致，就是指一定社会范围的新闻传媒，其整体的新闻生产、新闻传播活动，事实上遵循了这些基本原则和要求。比如，在当下中国，新闻传媒在行为上就比较好地贯彻了政府和执政党的新闻主义——“喉舌论”的新闻意识形态，最明显的事实就是新闻业是党和政府事业的一部分，执政党和政府随时可以根据需要提出阶段性甚至临时性的新闻工作方针或工作任务[①]；所有新闻传媒实际上都是党和政府的耳目喉舌，在日常的新闻生产与传播活动中，也是按照党的宣传纪律与政府的新闻传播政策选择内容与方式的；这种观念与行为的一致，在另一形式上的直接表现就是，新闻传媒的新闻实践经常受到党和政府的高度肯定与赞扬，或者受到不同程度的批评与警告[②]。在微观层面，关于一个具体新闻事件的报道，传媒可以进行周全的设计，提出详细的报道“策划方案”（方案其实就是报道观念的具体体现）。在策划方案中，可以对报道什么（重点内容的选择）、如何报道（人力、物力、财力的组织与投入，版面、时段的安排，各种具体报道手段的运用与配合等）、预期效果（产生怎样的社会影响，带来什么样的社会效益，以及对传媒本身经济效益、社会形象等等带来的效应等）等等进行设

① 比如，喉舌论的宗旨是为人民服务，为社会主义服务，但在不同历史时期、历史阶段，党和政府会根据当前的具体情况提出一些具体工作方针，如“三贴近”“三善”“走转改”之类的。

② 人们也会看到，党和政府会通过一些组织或渠道（比如党委组织中的宣传部门、政治机构中的新闻办，以及带有明显官方色彩的民间组织——新闻评议组等），对新闻传媒组织的新闻生产特别是传播活动进行监督和评议，它们会对新闻传媒的传播行为（主要通过对新闻报道、新闻作品的评价）进行不间断的审读和评议，对与党和政府意志（观念）相一致的做得特别好的报道提出肯定和表扬，而对那些违背党和政府意志（观念）的新闻报道，以及违背社会公共规范的新闻报道，提出批评和不同程度的警告。

计和设想。如果观念与行为是一致的，那就意味着新闻报道的实际展开过程与最终的报道结果，能够基本达到甚至在正向意义上超过预先的设计和设想。应该说，追求新闻行为与新闻观念的一致，是新闻活动者（包括专业的与非专业的）的基本活动目标，也是新闻实际活动中的常态现象。

需要特别注意的是，行为与观念的一致或统一，仅仅是观念与行为之间的一种匹配关系，它们本身并不能说明观念的正确性和行为的正当性（实践的合理性或正确性）。实际经验告诉人们，坏观念也能得到实践，也能落实到行为之中。有些坏观念有可能在权力的不当运用下，横行很长的历史时期。观念与行为的一致，只能说明观念是可行的、可操作的，而一种观念的正确性、合理性不能通过一次性的行为就可证明证实的，它需要历史的检验，需要反复的经验事实来证明。因此，一种新闻观念能够落实到实践中，并不一定是好观念；与观念一致的行为也不一定是好行为。这就再次提醒人们，当一种重要的观念、新闻观念要成为指导新闻实践的观念，其正确性、合理性、先进性、真实性是要进行论证的、论辩的，要有实践的试验和检验，不能仅仅通过权力意志、主观意志去决定。

第二，新闻观念与新闻行为的不一致或错位。新闻观念与新闻行为之间并不总是一致或统一的关系，也常常会出现错位甚至背反的情况。甚至可以说，绝对的统一是不可能的，而绝对的错位总是事实，只是错位比较小的时候，我们可以将二者的关系定性和描述为统一。不一致或错位的主要表现有以下几种样式。

一是，能说到，但做不到或做得不到位，这是观念与行为错位的最普遍的现象。所谓说得好听，做得差劲。观念优良，行为低劣，往往是社会中存在的一种普遍现象，新闻领域也不例外。人们不难发现，不管在哪个层次上，新闻界常常宣称一些很具有理想性、迷惑性的观念，什么“报道一切可以报道的新闻”“不能讲真话的时候，绝不讲假话”“满足受众的一切需要”“读者（观众、听众）是上帝”等等。先不要说这些观念本身就有一定的问题，即使说这些观念是合理的、正确的，可一到新闻实践中，行为离宣称的观念距离就大了。通常情况下，不管是专业新闻主义、宣传新闻主义还是商业新闻主义，都会宣称新闻媒介、新闻传播要为人民大众服务，要为社会公共利益服务，但在实际的新闻行为中，就不会完全像所宣称的那样。

二是，“口”是“行”非型的观念与行为背离现象，即“说”（观念）的是一套，“做”的是另一套。现实中，人们常常看到，一些传媒或个体宣称的新闻观念并不是用来支配、指导自身行为的观念，实际用作行为指导的往往是与宣称的新闻观念有着内在精神背离的观念。[①] 即在观念范围内，新闻活动主体宣称的新闻观念与实际持有的、认可的、实行的新闻观念（也许就不是新闻观念）之间是有差别的，甚至是对立的。比如：一些媒体宣称坚持新闻本位观念，实际上则贯彻的是宣传本位、商业本位、公关本位的观念；一些媒体宣称坚守新闻传播的客观理念，实际中则大行主观主义的报道行为；一些人宣称坚持新闻真实的原则，实际中则失实造假捏造新闻；一些传媒、个体宣称坚守新闻报道的公正性，实际中则围绕权力、金钱、人情等等而旋转。如此等等，既是“口是心非”（口头宣称的新闻观念与心中实际拥有的新闻观念是不一样的），也是“言行不一”，属于观念与行为的严重背离现象。这里需要注意的是，在个别特殊的历史情境中，也有可能出现“口非行是”的情况，即表面上的说辞是错误的，但实际上的行为是合理的、正当的，是用“假”说隐蔽、掩护“真”做。这

① 在这种情形中，我们也可以说新闻活动者宣称的观念是假观念，而其认可的、实际持有的、实行的观念是真观念。真实的观念是指与行为一致的观念；虚假的观念是指与行为不一致的观念。虚假的观念只存在于意识中，但不在行为中；虚假的观念只是纯粹的观念意识，而不是支配行为的实践观念。可参见“新闻观念的评判”一章的相关内容。

是历史的悲哀，但历史免不了悲哀，历史有时只能在扭曲的状态中前行。

（三）新闻行为对新闻观念的检验与校正

观念是观念范围内的存在，观念无法对自身的认识正确性、实践合理性做出检验和判断，只有通过自身对象化的过程与结果才可能做到这一点。因此，新闻行为、新闻实践是新闻观念种种对象化属性的检验手段，也是自身能够得到可能的校正更新的根本途径与方法。相对观念对行为的先导作用，这也可以看作行为对观念的根本性的反作用。① 下面，我们将从几个主要的角度对行为的这种作用加以阐释。

首先，新闻观念的可行性、实践合理性如何，原则上只能通过新闻行为、新闻实践得到说明。不管是主义层面的新闻观念还是某个具体业务层面的新闻观念，能否在一定的社会环境中有效实行，其无法在自身的逻辑范围内做出证明，只能依赖于新闻行为、新闻实践的"客观解释"。新闻实践行为具有将新闻实践观念客观化的机制和力量，能使人们直接观察到、经验到事实性的过程，使抽象的观念落实为具象的结果，具体表现为新闻传播的效率与效果，或效应与社会影响，即人们通常所说的社会效应与经济效益的表现，这些东西都是可以实证检验的，从而以一目了然的方式将观念的实质与成效呈现在人们面前。比如，专业新闻主义观念到底是什么样子，能否适合一定的社会环境以及适应到什么样的程度，这些当然可以通过理论解释得到一定程度的说明，但最根本的说明方式只能是新闻行为、新闻实践；又如，新闻的商品性观念，毫无疑问，人们可以在理论上论证新闻是否具有商品性，可以从理论上解释、预测与强调新闻商品性观念的落实会带来怎样的后果，但将新闻商品性观念落实到行动中到底会

① 注意，这里并不讨论新闻行为、新闻实践与新闻观念之间的本源关系，而是以新闻观念的先在为设定的。在本源意义上，行为、实践先于观念，观念只能是关于行为、实践的观念。

带来怎样的新闻传播效果，对新闻业、对社会产生怎样的影响，只在观念逻辑之内讨论是很难说明问题的，必须通过新闻行为、新闻实践去呈现各种可能性，才能最终说明这样的观念对一定环境中的新闻活动带来的实际影响。实践是发现问题的核心机制、根本方式，也是检验观念可行性与实践合理性的根本路径。

其次，新闻观念的正确性、合理性、先进性、真实性如何，原则上只能通过新闻行为、新闻实践得到说明、检验。对此，我们已经在第六章“新闻观念的评判”中进行了专门的讨论，此处不再赘言。

再次，新闻观念需要做怎样的内容调整修正、变革更新，原则上只能通过新闻行为、新闻实践得到切实的显现与说明。面对一种新闻观念，人们自然可以依据一定的实际环境和条件，从理论上分析该观念作为新闻实践观念、行为观念的问题与不足，需要做出的修正和调整，而且如前所说，这也是必需的，是显示人作为观念动物、理性动物之能动性、创造性的重要方式。但是，能够使观念中隐藏的问题得到暴露的根本机制是实践。实践或行为乃是观念得以感性展开的过程，只有将一种观念落实到具体的新闻行为、新闻实践过程中，观念存在的潜在问题、漏洞、缺陷与不足，才会有更多的可能与机会直接暴露出来。这就像一个科学实验方案，理论设计上再精致、再完美，也无法预料它在实验过程中会碰到或出现怎样的意外问题。只有通过实验过程与结果，才能发现真实的问题，从而对方案、设计做出调整和修正，甚至推倒重来。新闻观念的内容革新、修正、调整其实也是一样的道理和机制。一种重要的新观念的采用，比如在一定历史时期、历史阶段实行新的新闻路线、方针、政策甚至是开展某种新闻活动或运动（背后都有一定的观念支配或指导），原则上是应该通过小范围先行试验或实践检验的，这样才能使大范围以至全领域的实践取得预期效果。

在做过上述阐释之后，需要我们立即说明的是，新闻行为、新闻实践对新闻观念的上述诸多作用，需要在一定历史过程中做出说明，并不是通过一次或几次新闻行为、新闻实践就能得出决断性结论的。在人类社会实践中，可能并不存在自然科学研究中的那种判决性实验。观念的正确性、合理性、先进性、真实性以及可操作性、对一定环境的适应性和切合性等，都是需要通过一定历史时期新闻实践的反复检验和证明的。新闻观念的这些属性，只能是事后说明的、证实的，在实践结果产生之前，人们只能在观念范围内、逻辑范围内、一定的条件下，做出理论的说明。而且，有些新闻观念到底是怎样的观念，如果没有足够的历史跨度，人们仍然难以做出比较准确的判断。但有一条是明确的，理论终归是理论，观念终归是观念，永远不能代替事实的说明和实践行为的检验。可以看出，尽管新闻观念一旦形成，具有一定的稳定性，但在既有观念指导下，一些新闻行为不能顺利和有效展开时，新闻行为就会对既有观念形成或强或弱的反作用。新闻行为以新闻实践的物质性力量，构成新闻观念更新改变的根本动力。新闻实践中碰到的新环境、新问题将迫使既有观念发生调整改变或革新。

二、新闻观念与新闻传播行为

在新闻观念与新闻行为关系的讨论中，不言自明的也是最为重要的一对关系当然是新闻观念与新闻传播行为之间的关系。我们关于新闻观念的所有研究，最直接的一个理论目标，就是探索说明二者之间的关系。在实践逻辑中，传播行为在先，收受行为在后，“在先的”行为对“在后的”行为形成了自然的前导性影响。因此，新闻观念与新闻传播行为之间的关系，在整个新闻观念论中都有着核心的地位。另外，在当前的传媒生态结构与社会传播环境中，能够展开社会化、公众化新闻传播的主体结构已经发生了巨大的变化。从原则上说，在职业新闻传播组织和职业个体之外，所有其他政府、政党、社会组织、群体和个人都能够向社会大众传播其想传播的新闻信息以及其他各种信息和意见。如此一来，新闻观念与新闻传播行为之间的关系系统就变得非常庞大而复杂。因此，我们将分两个大的方面对二者的关系展开分析。一方面是“新闻观念与职业新闻传播行为”的关系，另一方面是“新闻观念与非职业新闻传播行为”的关系。我们将重点讨论第一种关系，适度阐释第二种关系。

（一）新闻观念与职业新闻传播行为

在新闻观念与职业新闻传播行为之间，最基本的构成是两个层面：一是新闻观念与新闻媒体组织新闻传播行为之间的关系，另一个是新闻观念与职业新闻个体新闻传播行为之间的关系。而在组织观念与个体观念之间、组织行为与个体行为之间又有着相当复杂的关系，只有将它们一一尽力厘清，才能较好把握新闻观念与新闻传播行为之间具体而真实的关系。

1. 新闻观念与传媒组织的新闻传播行为

狭义上，组织指的是“人们为实现共同目标而各自承担不同的角色分工，在统一的意志之下从事协作行为的持续性体系”[①]。仅就观念与行为之间的核心关系来说，任何组织的行为都是为了实现组织的观念或组织的信念与理想。而就实际来看，任何组织，都是有信念、有理想的组织，都是拥有行动、行为观念的组织。人类社会是群体化的、组织化的存在，在一定意义上，是组织间的关系结构体；每一个体都在各种可能的组织之

---

① 从广义上说，任何由若干不同功能的要素按照一定的原理或秩序相组合而形成的统一整体，都可以称为组织，如细胞组织、肌肉组织、人体组织等。参见郭庆光．传播学教程［M］．2版．北京：中国人民大学出版社，2011：89。

中，并以组织成员的身份展开各种活动、实施各种行为。因此，组织观念与组织行为会关涉每一组织成员的利益与命运。这就意味着我们在新闻观念论视野中，讨论新闻观念与新闻组织（机构）新闻传播行为之间的关系，有着特别重要的价值和意义。需要稍许说明的是，我们这里的重点不是在组织内部传播的意义上讨论新闻观念与传播行为的关系，而重点关注的是传媒组织的新闻观念与其对外（新闻组织机构之外）新闻传播行为之间的关系。

传播主体拥有什么样主导新闻观念，就会以什么样的方式展开新闻活动。“新闻毕竟是特定的‘人’遵循着特定的‘理念’，为了一定的目的生产出来的。”[①] 在新闻传媒组织或机构层面上，在理想类型的区分意义上，我们可以说，与三种典型性新闻观念即宣传新闻主义、商业新闻主义、专业新闻主义相对应，存在着三种典型性的新闻组织机构和三种典型性的新闻传播行为。

其一，如果新闻组织机构信奉的核心观念是宣传新闻主义，“宣传”就会成为传媒组织的出发点与归宿，新闻则会成为宣传的工具或手段。当然，这并不否认在具体的新闻报道中，传媒组织会按照新闻传播的基本要求选择传播内容，并按照新闻传播的基本原则展开新闻生产与传播活动，因为，对于一个以宣传新闻主义观念为核心观念的新闻传媒组织来说，这样的观念只是它的总观念，这样的总观念是可以通过新闻方式得以实现的。何况，很多新闻传播组织，即使是以宣传新闻主义观念为实际的主义，也往往会宣称或在形式上表现出坚持专业新闻主义观念的姿态和样子。但不管怎样表现，对坚守宣传新闻主义观念的传媒组织来说，其实施宣传的最终用心是不会根本改变的。也就是说，传播和张扬传媒组织以及

① 周宪，刘康．中国当代传媒文化研究［M］．北京：北京大学出版社，2011：212.

传媒组织所代表的利益群体的观念这一条是不会发生变化的。那些在传播者眼中有害于宣传的新闻内容及其传播方式，通常都会被拒绝或放弃；对那些不得不报的新闻事件，无法遮蔽的新闻事实，也常常会转换新闻报道角度或方式，力求将不利于宣传意图的因素或影响降低到最低限度。

从当今世界新闻传播范围看，有些新闻传媒组织公开宣示自己奉行的总体观念就是宣传新闻主义，比如社会主义国家的新闻传媒，其所属新闻业的属性决定了其新闻传播行为就是要充当党和政府的耳目喉舌，为党和国家以及人民的事业鸣锣开道、摇旗呐喊，为社会主义的发展服务。而在资本主义世界，尤其是在比较发达的资本主义国家，有些新闻传媒即使实际奉行的主要观念是宣传新闻主义，比如一些有着比较明显党派色彩的媒体，但它们大多仍会在宣传问题上遮遮掩掩、羞羞答答，总是要显示出一副客观公正的新闻传媒面目，不愿意披上“宣传”这件在其环境中名声不大好的外衣。

其二，如果新闻组织机构信奉的主导观念是商业新闻主义，“商业利益”就将成为新闻传播行为的本位要求，经济利益会成为出发点和归宿，新闻就将成为实现商业利益的基本工具和手段，新闻活动也将成为市场导向的新闻活动（market-driven journalism）。因而，新闻是否有价值、是否值得报道，不再以新闻价值为核心标准进行判断，而是以是否可能赢得市场为主要标准进行选择；新闻传播的方式是否合适恰当，也可能主要不是按照新闻事件自身的内容特征来决定，而主要是按照是否有利于传媒商业利益的实现来选择。在这样的状态中，新闻媒体实质上变成了比较纯粹的商业机构，在传媒组织的主观愿望上传播媒介也并不是什么公共领域或公共平台、社会公器，只是在商业利益的实现过程中可能在某种程度上充当了这样的领域和中介。在这样的观念支配下，新闻业在整体上也就变成了市场新闻业，成了一种与其他产业没有实质区别的产业。

现实新闻领域中，在商业新闻主义观念的支配影响下，滋生演化出了各种各样的新闻传播行为，有些行为在原则上是合乎法律规范和社会基本道德规范的，但也有很多所谓的新闻传播行为已经超越了法律边界、道德限度，成为失范的行为。这类行为，真是花样繁多、面目丑恶，也可以看作利用新闻方式赚钱的各种具体手段，最典型的表现是三大方面：一是五花八门的“有偿新闻”[①]“广告新闻”“软文”，近乎赤裸裸的商业交易。二是为了赢得市场、获得商业利益的各种近乎卑鄙无耻的（不合伦理原则、不合道德规范、违法甚至犯罪）采写手段（包括录音、摄像、制作等等），诸如不正当的偷拍、偷录、窃听（如已经关门的前英国《世界新闻报》的做法），“狗仔队”式的过度追踪、偷窥等。三是最为常用的、最为典型的套路和方法——“新闻娱乐化”[②]，造成“娱乐至死”的局面。娱乐化常常不仅扭曲新闻事实的整体面目，放大或夸张事实中的娱乐成分和要素，甚至会捏造事实、制造策划新闻。凡此种种以商业利益为核心的新闻传播行为，使得新闻传媒不再以满足社会公众的知情权为“本”，而是以吸引社会大众的眼球为“术”，对“注意力经济原理”极尽滥用之能事，有损于新闻传播的基本社会职责，有损于新闻自由的尊严。

在世界范围看，人们看到的现实景象是，商业新闻主义观念影响越来越大，新闻传播行为的商业味道也越来越浓厚，对新闻传媒、新闻传播、新闻产品公共性的负面影响越来越大。如今，在全球经济普遍不景气的大

---

① “有偿新闻”在中国主要是指传媒“卖传播权”的现象，即传媒或个体为了得到经济利益，将传播权出卖给他人；但在西方，有偿新闻主要是指“买新闻”的现象，即传媒或个体为了获得传播的独断权，进而获得更大的市场效应，从相关信息拥有者那里“买”到独家的新闻报道机会。

② 新闻娱乐化包括两个主要方面：一是软新闻、娱乐新闻——针对娱乐圈或具有娱乐性事实、事件、现象等的新闻报道——规模化，成为整体新闻报道中的主打内容；二是严肃新闻、硬新闻的软化，即将严肃的新闻趣味化、故事化，甚至文学化。

背景下，商业新闻主义观念也变得越来越强烈。商业逻辑对新闻行为的影响越来越具有根本性的作用，越来越多的新闻传媒组织正在失去自己的独立性和自主性，越来越多的传媒组织失去自身的纯粹性，成为跨界（跨行业）集团、公司、企业的有机组成部分，成为总公司的“子子孙孙”，它们的观念、行为毫无例外不可能不受制于整个商业利益。有些新闻传媒甚至公开宣称，自己就是商业组织机构，与其他一般商业机构没有什么本质区别，目的只有一个——最大限度地盈利赚钱，那些新闻信念、新闻理想早就灰飞烟灭了。

其三，如果新闻组织机构主要信奉的是专业新闻主义，那么，从理想性上说，报道新闻、传播信息，满足社会公众的知情权，让社会公众尽快获知环境的最新变化情况，就将成为新闻行为的出发点。按照理想的专业新闻主义的意识形态，新闻传媒、新闻将成为实现和维护公共利益的一种特殊工具，新闻媒介将成为真实的公众信息、意见交流平台，成为真实的公共领域，新闻媒体将成为真实的社会公共平台，新闻业也将成为社会的公共事业。在这种情形下，新闻传媒的新闻传播将以新闻为本位，尊重新闻传播的特征和规律，新闻传媒成为社会环境的守望者。

2. 观念的融合与行为的复杂

我们上面所说的三种典型新闻观念与三种典型新闻行为，在现实中往往不会以如此纯粹的、单一的方式表现。[①] 在新闻传媒组织的新闻实践中，特别是在当今这样的政治、经济、文化、技术环境中，更多的情形是，传媒组织以某种新闻观念为主，统摄其他两种类型的观念，进而形成自身实际指导支配组织化新闻传播行为的观念。当然，总有一些新闻媒体

---

① 但在特殊情境中，以单一观念作为比较纯粹的主导新闻传播观念的新闻传媒组织在现实中也是存在的。比如，二战期间的德国新闻传媒，大概只能说有新闻传媒的名，没有新闻传媒的实，基本上属于政治喧嚣的工具，落实的乃是比较极端的政治宣传新闻主义的观念。那些唯利是图的新闻传媒，实际贯彻的也是比较纯粹的商业新闻主义观念。

会始终探索、求取三种基本观念之间的平衡，在政治逻辑（宣传逻辑）、商业逻辑和新闻逻辑之间寻找较好的平衡点，寻求有效的出路。

在现实环境中，并不存在无任何价值取向、无任何传播立场、无任何新闻倾向的新闻传媒，不同新闻传媒之间的差别恐怕只在于站在谁的立场上传播、以谁的利益为重选择新闻和选择新闻传播方式而已。在这一意义上，我们可以说所有的新闻传媒组织都是宣传组织、宣传机构，都是自己价值观念的宣传者和捍卫者，作为传媒组织，也都得以新闻传播行为为核心方式去实现自身的价值追求；因而，任何新闻传媒组织不可能没有自身的宣传意向和宣传观念。任何传媒组织，如果要生存，要发展，就必须有经济命脉，不管其经济血液来自哪里；如果新闻传媒处于市场化生存的环境与法则中，它就必须自己赚钱，必须争取足够的经济利益或商业利益，如果没有经济基础的基本保证，其他一切都是纸上谈兵、画饼充饥。在这一意义上，我们当然可以说所有新闻传媒都是经济实体，都必须按照市场逻辑、经济逻辑运作来生存和发展，它把新闻行为在整体上作为获取商业利益的手段是自然而然的，也是正当合理的。任何新闻传媒组织，之所以在性质上、名义上是新闻组织机构，就在于它以报道新闻、传播信息为基本职责，以满足社会大众的新闻需要为基本目的，因此，以新闻为本位，以满足公众的知情权为基本指向，这是新闻传媒组织的天职。因而，按照新闻逻辑展开自身的活动和行为乃是天经地义的。由此不难看出，在如今这样的现实环境中，将三种类型化的基本新闻观念有机结合起来，从中寻求恰当的前进道路，是绝大多数新闻传媒的必然和必需的选择，而不是主观上愿意不愿意的事情。进一步说，无论新闻传媒对外做怎样的观念宣称，它们在实际中不得不寻求三种观念之间的平衡关系。它们可以为了自己的信念和理想（可以是宣传新闻主义的、商业新闻主义的，也可以是专业新闻主义的）置某一种新闻观念于核心位置，但要现实地生存和发展，就不能彻底拒绝其他观念的影响。

在全球视野中，面对当今社会，除了个别新闻媒体组织会公然宣称自己是赤裸裸的商业新闻主义观念的奉行者，或公然宣称自己是纯粹的宣传新闻主义观念的信奉者，绝大多数新闻传媒组织，不管生存发展于什么样的社会环境之中，都会宣称自己是专业新闻主义观念的实践者，是公共利益的维护者，是环境监测者、社会守望者。但人们应该注意的是，宣称是一回事，真实的面目是另一回事。挂羊头卖狗肉在现实世界中并不是什么新奇的事情。更细致一点说，不同新闻传媒不仅在似乎一样的观念下做着不同的事情，而且，即使做事的价值方向大致相同，其行为的质量也有着很大的差别。

在新闻观念与新闻行为之间，在传媒组织层次上，人们关注最多的依然是新闻观念与商业行为或商业观念与新闻行为之间的关系。我们以为，在对待这一问题上，首先要从事实出发，尊重事实，做实事求是的分析。现实地看，由于新闻传媒的正常运行离不开经济命脉、离不开商业逻辑，因此，问题的关键不是要不要商业观念、要不要商业行为，关键是如何使新闻传媒的商业逻辑对新闻逻辑的正常展开不造成伤害。这就首先需要处理好商业观念与新闻观念的关系。但怎样处理好二者的关系，恐怕不只是观念设计的问题、职业理想的问题，还关系到新闻制度（法律、道德等等规范）的建设问题，以及大量的环境建设问题。这里我们显然只能提出思想方向，难以提出具体的策略。在中国，政治逻辑对新闻逻辑有着特别的决定性的影响，因此，如何处理好政治观念与新闻观念之间的关系、政治行为与新闻行为之间的关系，始终是中国所有新闻传媒组织面临的问题。这关涉中国的实际、中国的传统、中国新闻业的性质、中国社会发展的模式等等重大问题，关涉我们到底应该如何合理恰当地站在时代平台上处理宣传主义新闻观念与其他两种典型性新闻观念的关系。由于问题重大而复杂，我们将在后面有关章节进行专门的深入的探讨，它也是本书的核心之一。

新闻领域自身的客观复杂性，必然导致新闻观念的复杂性，从而又必然导致新闻行为的复杂性，这是一种现实的循环往复逻辑：实践，认识，再实践，再认识，以至无穷，这几乎是人类生存发展的基本模式和逻辑，没有多少例外。但就新闻观念与新闻行为之间的阶段性关系来看，良好的新闻观念，总是良好新闻行为的前提；而新闻观念的混乱，必然导致新闻行为的混乱。因此，对于一个传媒组织来说，要想有比较稳定的行为方式，就得有相对比较稳定的新闻观念、行为观念，要想有比较合理的新闻实践、新闻行为，首先就得建构起合理的、符合实际的新闻观念。人们所说的传媒定位（诸如内容定位、受众定位、广告定位、风格定位等等），在新闻观念论视野中，就是观念定位，就是在观念上如何设计新闻传媒的行为和实践，这其实是艰难的探索过程，并不是想一想就能解决好的问题。如果我们延伸、延展或提升到国家层面、社会层面加以思考，那就意味着一个国家、一个社会，如果缺乏统一的、有效的主导新闻意识形态或新闻主义（观念），其新闻领域的总体实践行为必然是混乱的，也就难以维护社会应有的信息秩序、新闻秩序；因此，探求建构合理新闻观念、恰当新闻观念是新闻领域永恒性的任务。

3. 新闻观念与职业个体新闻传播行为

在普遍意义上说，“人的行为总要受思想观念的支配”①，“我们每个人都受到观念和感情的支配。没有感情和观念的人是没有的”②。对于职业人而言，尤其会受到职业观念（专业观念）的支配和影响，因为这是职

---

① 袁贵仁．价值观的理论与实践：价值观若干问题的思考［M］．北京：北京师范大学出版社，2009：144.

② 赵鑫珊．观念改变世界：一唱雄鸡天下白［M］．南昌：江西人民出版社，2008：136.

业工作者始终具有的一种基本自觉。他们知道自己是职业人，知道自己应该按照职业观念去指导职业行为。有中国学者说："作为新闻传播事业主体的新闻从业者，都是有思想、有意识、有情感的人，他们对新闻传播的看法，他们的使命观、责任感和专业意识，时时在支配着他们的职业活动，规范着媒介的传播行为。"① 美国学者舒德森也指出："毫无疑问，媒体工作者具有某种自主性和权威，他们可以根据自己的理念来描绘世界。"② 因此，对于职业新闻工作者来说，他们所持有的新闻观念（一定还有其他观念），对其新闻行为有着不可低估的前提性的影响和作用。

在每一个职业新闻人的新闻观念系统中，起码包含有两大方面的基本内容：一是普遍的新闻观念，包括社会的、行业的、传媒组织的（这些不同层次的新闻观念之间存在着各种可能关系，我们在新闻观念构成中已有讨论）；二是富有个性的新闻观念，体现个性风格和个体理想特征的新闻观念。这两方面有时是统一的，有时可能是错位的、矛盾的、分裂的甚至是对立的。拥有普遍的新闻观念，使个体能够获得群体或组织的归属感与安全感，有一种"我们"的"共同体"式的感觉、想象与认同；而拥有特殊的新闻观念，则使个体获得相对独立性和自主性，有一种"我"的"个体"式的感觉、自信和自我认同。观念上的这种构成，才使人们看到：每个记者都是记者，同时每个记者都是不一样的记者（编辑也一样）。作为职业新闻人，一方面有着基本的观念图式，另一方面又有着个性化的不同的观念图式。仅就观念与行为之间的关系而言，行为差异正是观念不同的感性表征。就一般情况而言，在普遍观念与个性观念之间，普遍观念是个性观念的前提，拥有普遍观念是能够成为一定社会中职业新闻人的精神条件、观念条件，个性观念则是普遍观念的个性化表现，其中包含的

---

① 张昆．中外新闻传播思想史导论［M］．上海：复旦大学出版社，2006：1.

② 舒德森．新闻社会学［M］．徐桂权，译．北京：华夏出版社，2010：22.

不仅是对普遍观念的认可和接受，也有对普遍观念的怀疑、反思、批判与抵制。它们之间的互动是新闻观念得以形成、变化、更新、变革的重要机制。

从总的原则上看，职业人的新闻观念，支配和影响着他们整体的新闻行为动机、过程及结果。这里的新闻观念实在是一个笼统甚至模糊的概念或说法，是一个庞大的系统或体系，包含着传播者的新闻事实观念、新闻价值观念、新闻自由观念、新闻伦理道德观念等等具体内容。对于一个人来说，拥有一种观念，就是拥有一种看待世界、看待事物的视野、图式、框架，就是心里有一种格局，一种评判选择对象的标准。职业新闻人的观念也可以说是一种总体性的新闻框架或新闻图式。对职业个体来说，新闻观念构成了其整体的职业精神结构和心理框架，是其所有新闻行为的观念前设，其新闻观念实际上就是他们的具有根本性的新闻选择框架、图式或标准。其新闻观念就像他们手里的追光灯，照到哪里哪里就亮，照不到哪里哪里就暗。说极端点，记者报道的往往就是其观念里有意向的东西，观念意向里没有的东西，很难成为关注的对象；“我们观看事物的方式受到我们所知或我们所信仰之物的影响”[①]。因此，既有的新闻观念不仅是选择新闻的框架和标准，也很可能成为遮蔽新闻事实的幕布或眼罩。拥有一种观念，就可能忽视另一种观念，就像坚持一种视角就有可能忽视另一种视角一样。

在个体观念构成中，“价值观念是支配个体行为的最直接的力量”[②]。新闻应该是什么的观念，应该发挥什么功能的观念，应该为谁服务的观念，对一个新闻人的行为来说，有着更大的、更为深层的影响和作用。比如，记者的新闻价值观念，在很大程度上决定着什么样的事实能够成为报

---

① 周宪．视觉文化的转向［M］．北京：北京大学出版社，2008：77.

② 兰久富．社会转型时期的价值观念［M］．北京：北京师范大学出版社，1999：287.

道对象，什么样的事实部分能够进入新闻的导语，他们的价值观念甚至会直接影响对具体新闻结构方式、叙述方式的安排与建构。同样，编辑用来编选新闻的标准其实就是他们的新闻观念，编辑的新闻价值观念在很大程度上决定着他们把哪条新闻置于版面最重要的位置或最突出的时段。当年美国学者怀特（David White）及随后的吉尔伯（Walter Gieber）提出或改进的“把关人”理论，其实探索的正是这种观念与新闻选择之间的关系。再具体一点讲，职业新闻工作者的新闻观念，不仅支配他们对新闻事实的选择，也支配他们对新闻叙事方式、结构方式的选择，对新闻语言、修辞方式、写作技巧等等的选择。① 事实上，在实际工作中，职业人的新闻观念支配和影响着自身整体的新闻行为。在过程与结果形态上，传播者的新闻观念，会表现或外显于新闻生产和新闻传播的具体行为之中，也总会通过新闻作品呈现出来或隐蔽其中。也就是说，传播者的观念会以对象化的成果形式，凝结和积淀在作品之中。新闻媒介以及传媒工作者的新闻观念，最终都会呈现在新闻文本之中，呈现在新闻的结构、叙述之中，呈现在新闻话语之中。人们不难发现，不同的新闻报道观念，不管是针对一个领域的报道，还是针对一个具体现象、事件、事实的报道，会选择不同的结构方式、叙述方式、话语方式，建构出不同的事实图景。因而，进一步说，新闻很难成为纯粹的认识论意义上的再现，而是必然充满价值论意义的建构；最为理想的、专业的新闻报道也只能是再现与建构的混搭或某种程度的统一。报道者的报道观念很难是纯正或纯粹的专业新闻主义理念，而是各种观念混合而成的某种观念。报道战争新闻的本方记者能以专

① 美国小说评论家韦恩·布斯（Wayne Booth）谈到小说写作中的技巧问题时说，技巧问题，说到底，无非是一个“技巧的伦理观”问题。参见李建军．小说伦理与“去作者化”问题［J］．中国社会科学，2012（8）：179-202。我认为，布斯的见解同样适用于一般的新闻写作。一个新闻作者在新闻作品中运用怎样的方式方法、技能技巧陈述事实，并不是纯粹客观的再现，总是或强或弱、或明或隐地表达了自己的伦理取向。至于这样的做法是否合理，那是另一个问题。

业新闻主义的观念报道双方战事吗？恐怕只有傻瓜才会相信这种可能。没有价值取向的新闻观念恐怕不是真实的新闻观念。

在做过上述一般性的阐释后，我们应该进一步指出，在新闻观念与新闻行为之间，并不是职业新闻人有了什么样的观念，就会有什么样的行为。事实上，一个人到底会用什么样的观念支配、指导自己的行为，是一个十分复杂的事情。在观念与行为之间，并不是简单的一一对应的关系。在现实社会中，人们观念上认可的并不一定会体现或践行于行动之中，它还依赖多种主客观因素。尽管有些观念对人们行为的影响是习惯性的、自然而然的，但在多数情况下，特别是在人们有意从事某种活动的时候，一种观念能否对一个人产生实质性的作用，是以主体对观念的自觉把握为前提的。在一般意义上说，没有观念自觉的人，是盲目的存在；对某种具体观念没有自觉的人，不可能用这种观念自觉指导自己的行为。如果一个人"对道德责任感全无观念，那么，当他受道德责任的激励干扰时，也很少会屈从于良心的谴责。如果没有情感，他就不会被悲伤所打动"①。但即使人们对一些观念有了明确的自觉，且高度认可，他们也并不一定按照观念的要求去做。从观念到行为是有一段艰难路程的。一个人知道什么是正确的、什么是错误的，不等于他们一定会按照正确的观念去做；一个人知道什么是应该的、什么是不应该的，不等于他们一定会按照应该的观念去做。比如，几乎没有人不知道违背社会道德规范、职业道德规范是不对的，但仍然有人、有职业新闻人会一再背离和违反社会公共道德与职业道德。可见，心怀某种观念，并真诚地愿意以相应的情感意志去努力地践行它，才是观念转化为行为的关键所在，怎样铺就从观念到行为的桥梁才是真正的难题所在。因而，对一种观念的坚守与实现（不管是合理的观念还

① 洛夫乔伊．观念史论文集［M］．吴相，译．南京：江苏教育出版社，2005：18．

是不合理的观念），不仅需要理性的认知，更需要情感和意志的支持，“观念同感情的关系恰如钢筋和混凝土的关系”①。一个真正拥有专业新闻主义观念的人，还需要始终以饱满的热情去实践专业新闻主义的要求和理想。只有这样，新闻观念与新闻行为之间才能实现真实的统一。

对于个体从业者来说，职业观念一旦形成，就会保持基本的稳定，这对从业者坚守职业理想、职业信念无疑具有正面作用。但是，从大的历史尺度上观察，人所拥有的观念是会不断变化更新的，职业观念也是如此。事实上，在普遍意义上说，“思想观念上的更新对人的素质的提高和社会的发展进步起着不可估量的积极作用”②。就新闻观念与新闻行为之间的关系而言，新闻观念的更新变革在个体层次上具有更为重要的意义，这是由职业新闻工作特有的工作方式决定的。尽管离不开团队合作，但新闻工作的个体特征还是比较突出的，在新媒体特别是全媒体、融合媒介工作环境下，与传统时代相比，职业新闻工作的个体特征反倒更加强化了，一线单兵作战的机会不是减少了，而是越来越多了；个体记者的素质如何、观念怎样，对新闻传播有着更为直接、更为全面、更为深刻的影响。③ 因此，职业新闻人能否根据新的社会变化、新的时代要求，及时更新观念、转变工作方式（行为），具有特别的基础意义。对于改革开放和社会转型中的中国新闻从业者，这一点更是异常突出。个体新闻观念的转变不仅是整体新闻观念转变的重要动力，也是整体新闻观念转变的广泛基础。中国新闻领域能否确立以新闻为本位的基本观念，最重要的还是要看上百万的

---

① 赵鑫珊．观念改变世界：一唱雄鸡天下白［M］．南昌：江西人民出版社，2008：136.

② 袁贵仁．价值观的理论与实践：价值观若干问题的思考［M］．北京：北京师范大学出版社，2009：144.

③ 比如，在全媒体和融合媒介环境下，背包记者（package journalist）已经成为相当常态的记者身份特征，这不仅仅是工作方式的变革，更是工作观念的更新，从而对记者各方面的素质、工作能力，特别是新闻观念水平等，提出了更高的要求。

新闻从业者是否能够真正确立起这样的基本新闻意识、新闻观念。任何正确的、合理的、先进的新闻观念只有成为职业新闻工作者的工作观念时，才能产生真实的影响，才能落实在新闻行为之中。

职业新闻人的观念，尽管是职业的，但任何职业首先是存在于具体社会之中的，这也就意味着个体职业新闻观念不可能超越社会语境。一定社会给予新闻领域、新闻业、新闻传媒、新闻从业者的定位与期望，往往比职业在一般意义上的观念要求更具现实性，职业新闻人的新闻行为首先需要适应所在社会的整体要求，职业行为的个性化特征恐怕只能在与社会语境的基本相适性前提下存在并发挥作用。与社会环境、社会实际差异太大的新闻观念往往会被社会忽视或抹去。因此，诚如英国新闻传媒学者所言："我们应当关注身处不同语境下的记者们所追求的不同新闻观念。"[①]同样都会表现出爱国主义、民族主义的倾向，同样都是为社会公众服务、为公共利益服务，但怎样服务以及采取什么样的具体方式服务，不同环境中的不同记者可能拥有不同的理解，拥有不同的观念，也自然会用不同的行为方式去实现。作为个体记者，更乐于（易于）关注那些与自己兴趣、观念、身份、利益切近的新闻事实。农村背景出身的记者，在一般情况下总是比一个城市背景出身的记者更关注农村发生的事情。"同情地理解""同情地报道"是源于人自身的历史经验，也是人之本性的表现。这里有他们对职业理想的想象、对所供职的新闻媒体组织传播目标的把握，有他们对业务惯例、新闻政策的遵循，当然也有他们对各种人际关系特别是组织内部上下左右关系的考虑与平衡，更有他们所处社会环境、社会观念的影响。

还需要多说几句的是，即使是职业新闻工作者，影响或决定其新闻行

---

① 卡伦．媒体与权力［M］．史安斌，董关鹏，译．北京：清华大学出版社，2006：199.

为的观念也并不是纯粹的新闻观念。也就是说，新闻不仅是由职业观念决定的，也是由新闻传收环境或其他因素决定的。即使在职业个体层面上，支配其新闻行为的观念，也不可能仅仅是单一的、纯粹的新闻观念，而是以新闻观念为主同时包括其他社会观念的观念系统，是以新闻观念为主的各种观念的统一物，也可能是“混杂物”。这就是说，在过程上、结果上表现为新闻行为的东西，也不一定是在新闻观念的支配下产生的。即使对职业新闻行为来说，我们也不可能从整体的社会环境、社会观念环境中将其隔离出来，真实的新闻观念、新闻行为以及二者的关系都是存在和发生在社会之中，因此，只有理解和把握住新闻观念、新闻行为与整个社会观念、环境之间的关系，才能更为真实全面地理解和把握它们在职业范围内的关系。对此，我们将在后面辟专章加以讨论。

（二）新闻观念与非职业新闻传播行为

社会的整体进步，特别是传播技术的革命性变化，使得新闻传播开始进入“后新闻业时代”，其中典型表现之一就是新闻传播主体的全民化、社会化和公众化。① 在此情形下，讨论新闻观念与新闻传播行为之间的关系，就不能忽视职业新闻组织和职业新闻个体之外的其他组织、群体与个体的新闻传播行为，因为他们也是整个社会新闻图景的再现者和建构者，诚如有学者所说，“在有组织的新闻事业之外，还有一个新的信息世界。它由博主与互联网上的个人组成，对信息的质量贡献良多”②。因此，我们将用一定的篇幅对

---

① 这里需要说明一点：在“前新闻业时代”和“新闻业时代”，所有社会组织、群体、个人像在“后新闻业时代”开启后一样［关于人类新闻活动的历史时代划分，可参见杨保军《新闻理论教程》（中国人民大学出版社，2010 年第 2 版）第二章的相关论述］，同样都是新闻传播者；但前两个时代与现在不同的是，由于传播技术以及社会整体发展水平的限制，他们难以像当下这样成为面向整个社会大众的传播主体。现在的非职业新闻传播主体，可以越过传媒组织的把关，通过网络将自己的传播内容公之于众。

② 戴比尔，梅里尔．全球新闻事业：重大议题与传媒体制：第 5 版［M］．郭之恩，译．北京：华夏出版社，2010：19.

“新闻观念与非职业新闻传播行为”之间的关系展开简要的论述。

1. 新闻观念与非职业新闻组织（群体）传播行为之间的关系

尽管职业新闻组织之外的组织、群体不是专门的新闻机构，但在今天这样的传媒环境、传媒生态结构中，没有人能够限制它们传播自己的和别人的新闻，发表自己的和别人的意见。“大部分新闻内容的主角，比如政府部门、经济实体、利益集团等等，已经不再需要报纸作为中介和公众进行沟通，他们可以选择、编辑和发表自己认为合适的内容，直接与公众进行沟通，与新闻记者对他们的报道分庭抗礼。以前，他们常常被传统的新闻价值观所束缚，信奉所谓的‘压力冲突’理论，认为对自身活动的报道应该尽可能地简洁，并且通过与少数集团或者反对集团的意见互动，共同影响事件的发展框架，而如今他们的做法则截然不同。”① 人们看到，大大小小的组织和群体，不管是什么性质的、什么类型的，很多都拥有自己相对独立的报纸、广播、电视、杂志，更不要说网站了。这些传播媒介，每时每刻都把大量的各种各样的信息，包括新闻信息，传向整个社会甚至整个世界。如此一来，就意味着，在客观上，这些非职业新闻传播组织和群体成为建构一定社会新闻图景的重要力量。②

在以往的新闻研究中，人们更多的是把这些群体或组织作为新闻源主体、新闻控制主体、新闻报道对象主体或影响性主体来对待的，而对它们作为新闻传播主体的角色重视不够；但事实上，在如今的媒介生态环境中，在新闻活动视野中，它们已经成为一类相对独立的新闻传播主体。因此，这些群体或组织机构持有什么样的新闻观念，应该坚守什么样的新闻

① 库兰，古尔维奇．大众媒介与社会［M］．杨击，译．北京：华夏出版社，2006：272.

② 如何界定非职业新闻组织和群体，在实际中其实是一个不大不小的难题。比如，有政府组织、非政府组织、企业组织等等，我们这里只能作一般性的理解，即职业新闻组织之外的所有其他组织都包括在内。我们把在新闻传播中有着重要影响的一些非新闻网站看作介乎职业组织与非职业组织之间，比如新浪、搜狐之类。

观念，应该如何对待专业新闻观念，不仅对它们作为新闻传播者的行为有着重要的影响，也对整个社会新闻图景的塑造形成了越来越大的作用。因而，从学术角度说，这一问题应该成为新闻观念研究以至整个新闻学研究中的重要课题。实际上，人们早已看到，网络媒体特别是新兴的微博、微信传收方式，已经成为各种社会组织、群体展开工作的基本手段，传收信息仅仅是非常基础的一部分。关于网络给整个社会运行观念、运行方式、运行机制、运行方法等带来的巨大的、具有结构性变革的影响，显然不是我们这里能够展开讨论的问题。我们仅是从新闻观念与新闻传播行为关系的向度上进行一些观察和分析。

就现实来看，非职业新闻群体或组织（为了叙述方便，这里简称为“非新闻组织”）的传播内容非常丰富，诸如组织文化信息、产品信息（包括广告信息）、服务信息、文娱信息、交往信息等等，但对这些信息的传播我们不做过多关注；这里主要关注它们向社会大众传播的新闻信息，关注它们在向社会大众传播新闻信息时如何处理观念与行为之间的关系。

这些组织向社会传播的新闻，主要是关于本组织的新闻，有时也会自然关涉其他社会主体。社会中的任何组织主体都是一定的利益主体，都有自己的信念理想、目标追求，这就从根本上决定了组织的任何传播观念、传播行为都会把实现和维护自身的利益和形象作为根本出发点和落脚处；其新闻观念、新闻行为自然也不会例外。实事求是地看，这些组织不可能按照专业新闻主义观念传播自己的新闻，原则上也不承担这样的职责和义务。作为非新闻组织，它们的新闻传播行为本质上是公关行为①、宣传行

① 在公关与新闻之间，尽管新闻传播与公共传播有着明显的区别，但也并不存在绝对的界限；并且越是在宏观层面观察它们的关系，就越是如此。就当前的情况来说，从宏观层面看，新闻传播其实是最重要的一种公关行为、公关传播。比如一个国家的新闻传播特别是对外传播，其实是极为重要的与人类沟通、与世界沟通的方式，是极为重要的塑造本国形象的方式；对于一个新闻媒体组织或非新闻组织也是一样，它们的新闻传播行为在整体上就是一种反映和塑造其自身形象的方式和手段。

为甚或是广告行为，新闻信息的传播不过是它们实现公关、宣传、广告的一种基本手段，甚至只是它们选择的一种工作路径或方式而已。这就是说，在现实性上，仅仅在信息传播视野中看，公共关系观念和宣传观念是支配影响其新闻传播行为的主要观念。因而，如果从深层传播动机以及传播目的上看，这些组织传播的即使是具有新闻价值的信息，它们的传播也并不属于严格的新闻传播行为，它们的根本意愿并不在于传播新闻。

公关传播本质上是公关主体从自身利益出发与相关公众展开的对话行为，主要是一种语言或符号实践行为；为了使公关主体与相关公众达致良好的关系状态，公关主体可能会采取五花八门的手段，但最终目的是获取公众对其观念、行为的认可和认同①，以维护和实现自己的根本利益。宣传是宣传主体通过一定手段向目标受众呈现自身观念的行为，目的在于使目标受众认可和接受宣传者的观念，从而形成思想上、观念上、情感上甚至是行为上的共同体。显然，宣传的核心在于观念的传播；宣传是十分明显地以宣传主体为本位的信息传播行为。从自身利益出发的公关与宣传传播行为，并无什么不正当，只要其传播行为符合社会的基本规范要求（道德的、政策的、法律的、相关职业伦理的）。但对新闻传播来说，它的"应该"首先是公共利益的维护。新闻是对事实真相的陈述或再现，它关注的是事实的本来面目；新闻最基本的目的是反映和呈现环境中最新的有意义的变动，满足的是社会大众的知情权，为他们提供思考和行为的事实信息基础。显而易见，公关、宣传的出发点与新闻在本质上是有所不同的，它们的理想目标并不完全相同。因而，用公关观念和宣传观念支配和指导的新闻传播行为，把公关当新闻，把宣传当新闻，必然会造成观念与

① 对公关本质的理解，公关学界有着多样化的看法，可参见胡百精．公共关系学［M］．北京：中国人民大学出版社，2008：25－50。

行为之间的错位，这就很难避免对社会大众的误导[①]，如果不能很好地遵循社会传播的基本道德规范、伦理原则，最终也难免对传播者自身造成某种伤害。

因此，对于非新闻组织来说，如果它们向社会提供的是事实信息，是关于自身的新闻事实信息，那就“应该”按照新闻传播的基本原则办事，这样才不至于造成信息秩序的混乱。新闻传播有自身的特征和规律，从应然的角度看，新闻应该是关于客观事实全面的、客观的、准确的、及时的、真实的再现或陈述。如果背离这一基本要求，将会扭曲新闻传播的面目，对社会公众构成某种误导甚至欺骗，也就必然会直接或间接损害公共利益。因此，非新闻组织也应该具备基本的新闻素养。

“后新闻业时代”的开启，为非新闻组织的新闻传播开辟了相对独立的渠道，使得它们不仅可以根据自己的意愿传播新闻，冲破新闻传媒组织的新闻垄断，而且在很多情况下可以与专业新闻媒体进行博弈，这也为新闻自由的实现开辟了新的通道和方式。当然，就目前的情况来看，这些组织的新闻传播力量与影响，在整体上还无法与专业新闻传媒展开竞争，非职业组织更多时候仍然寻求与职业新闻传媒的合作，更多的时候是通过各种渠道、各种办法使自己的信息传播得到专业新闻传媒的关注。

2. 新闻观念与非职业个体新闻传播行为之间的关系

“后新闻业时代”的开启，已经使人类的新闻传播景象发生了翻天覆地的革命性变化。从传播主体向度上说，就是所谓“人人手里都有麦克风，个个都是传播者”的公民（民众）传播时代到来了，一个真实的传播主体多元化结构景象已经成为现实。非职业新闻传播者可以直接面对社会

---

① 公关传播、宣传传播、新闻传播都属于规模化、大范围的社会传播行为，不属于小范围的私人传播或人际传播。

大众，面对他们的目标受众传播，可以在一定程度上实现“去媒介中介”(disintermediation)[①] 化的传播方式，就是不再完全依赖传统的新闻组织中介进行传播。尽管在客观上这样的说法仍旧具有一定的乌托邦色彩，但从原则上确实可以说，如今，人人都能够像大众传媒组织那样向整个社会、向所有大众进行信息传播、意见表达。这样一个时代，在人类意义上尽管尚未达成，但的确正在来临，至少这是一个迅速的、不断的扩展过程。

人们不可能不注意到，随着互联网的兴盛与普及，特别是传播“技术丛”（网络技术、数字技术、大数据技术、云计算技术、物联网技术、卫星技术等等）的整体膨胀式发展，一种接一种的新的具体传收方式（BBS、电子邮件、跟帖、博客、微博、微信、搜索技术等等）得以创造发明，改变了以往的传播主体结构方式，从而使定义“谁是记者”越来越成为一个难题。人们发现，一些没有记者证的民众个体，他们所做的新闻报道可能比一些职业记者更及时、更有价值、更具相关领域的专业水平，更有社会影响力；信息领袖、意见领袖不断在民众新闻传播过程中成长起来、爆发出来，有些领袖成长于偶然的事件中，有些领袖（尤其是意见领袖）则具有长久性的特征。也就是说，“后新闻业时代”之前普通社会大众那种基本上限于人与人之间的新闻交流、意见交流，以及只能收受大众传播媒介新闻报道的那种状况，在传播技术的支持下，终于获得了革命性的解放：任何个人原则上终于可以面向社会、面向大众、面向世界传播了；他们的私人身份可以公共化了、社会化了、大众化了，个人可以实实在在地进入公共领域了；社会大众终于可以在互动中讨论他们共同关注的公共问题了。这样的一个过程，正在改变着人类新闻活动传统的结构方

---

① 库兰，古尔维奇．大众媒介与社会［M］．杨击，译．北京：华夏出版社，2006：273.

式。它给未来的新闻现象、新闻活动将会带来怎样的影响，尽管人们已经做出了各种各样的探讨，但在整体上看似乎还是隐隐约约感觉到，真要确切地说出来，恐怕还需要耐心的研究和实践的进一步展开。

从新闻传播的角度说，对于非职业个体①来说，他们的新闻传播行为主要是两种模式：一种是网络之外的面对面的传统人际传播方式，以及通过一定的传播中介（主要是由网络技术、数字技术、移动技术等支持的电子渠道）进行的人际交流方式；这两种方式的总体特征是信息交流的规模小，限于私人领域。另一种是通过大众传播媒介渠道②向社会或众人进行的新闻传播。我们这里主要关注后一种传播行为与新闻观念之间的关系。前一种传播可以看作私人之间的信息交流，并不直接对社会大众的公共利益造成影响。但在实际的社会生活中，这两种模式事实上是融合在一起的。人们既可以通过新媒介渠道向整个社会传播信息，也可以通过它实现小范围的人际交流，诚如有学者所说，“借助高科技的互动，新闻重新向日常交谈回归，就像四百多年前在小酒馆里产生的原始新闻一样”③。但是，这样的回归已经有了不同以往的价值和意义，在它背后乃是巨大的信息网络的支持，人们是在共有的信息平台上展开私下的交流，而不局限于一个酒馆式的狭小物理空间。每一个体原则上都已成为网络关系中的一个纽结或节点，每一信息震动都有可能引发幅度、强度不同的某种共振。这是一个互动的时代，这是一个在移动中互动、共动的时代。正是这样一个

① 非职业个体是指社会大众或公民，我们可以将非职业新闻传播者称为公民新闻传播者或民间新闻传播者、民众新闻传播者，我在本书中也是在同等意义上使用这些概念的。

② 民众主要是以新媒体作为主渠道向他人传播信息的，这些媒介渠道既可以看成是大众化的，也可以看成是小众化的，关键要看怎样运用，众多的社会媒介（social media）形式就属于这样的媒介形式。就目前的实际情况来看，普通社会大众依然难以通过传统媒介形态（印刷媒介、广播电视媒介）进行信息传播与交流，在传统媒介形态面前，仍然是被动性比较强的收受角色。

③ 科瓦齐，罗森斯蒂尔．新闻的十大原则：新闻从业者须知和公众的期待［M］．刘海龙，连晓东，译．北京：北京大学出版社，2011：17.

宏大的信息时代背景，使得我们不得不高度关注民众传播者的新闻传播行为，不得不关注他们的传播观念、新闻观念，不得不特别关注他们的观念与行为之间的基本关系。

民众新闻（公民新闻或民间新闻）传播者的新闻观念，总体上说是自主的、独立的，并不在规范上受制于职业新闻观念；也就是说，民众新闻传播者是以其自身的知识、智慧、经验、素养、价值取向、兴趣、偏好甚至是直觉选择新闻、传播新闻的。他们所选择传播的新闻的质量如何，是由他们自身的整体素质、精神状态、利益诉求包括其中的新闻素质、媒介素养决定的，甚至是由他们一时的情绪、兴致、冲动等决定的。一言以蔽之，在新闻观念论的视野中，“纯粹的民众新闻传播者”①，是在自己新闻观念支配下传播新闻的。也许他们的新闻观念并不能称为新闻观念，但我们把支配他们进行新闻传播的观念界定为新闻观念。观念的自主性、独立性表明，“后新闻业时代”的开启，不仅意味着传播的解放和自由，同时意味着对人们提出了媒介时代的新要求，诚如有人所说，“了解和熟悉媒介的特点和需求，使自己的心理与行为与其吻合和匹配，就成了当代人的必修课；拥有媒介与传播知识也成了当代人进入信息社会的护照和通行证”②。这样的时代开启，意味着“人类的生存竞争日益演变为传播生存与媒介生存”③的竞争，至少是竞争的重要方式和领域。这就意味着，民众新闻传播者的新闻观念与其传播行为之间有着重要的关系。我们以为，

---

① 所谓“纯粹的民众新闻传播者”，是说传播者并不代表任何明确的组织或团体，只是以实质性的个人名义进行传播。其实，要将“纯粹”二字的内涵、外延规定得十分清楚，也不是一件容易的事情。当专业新闻工作者以个人名义发表以职业身份获取的信息时，“纯粹”二字就很难纯粹了（就像在微博运用中，一个公职人员以个人名义发表的关于主管领域的看法，就很难与其身份隔离开来一样），理论逻辑能够分清的东西实践逻辑有时是难以分得那么清晰的。这是专门的问题，需要专门的研究。

② 邵培仁．传媒学科的今天与明天［J］．当代传播，2011（4）：1.

③ 同②.

一个比较理性的民众新闻传播者，最起码应该确立以下基本观念（这里不讨论大众作为其他角色传播者应该确立的观念）。

一是对新闻要有基本的认知，对新闻传播、新闻传媒的功能作用或意义价值要有一定的认知。能否认识新闻、新闻传播、新闻媒介、新闻业等等的属性与功能，对非职业新闻传播者的新闻传播行为有着不小的意义。人们可以设想，一个对新闻没有基本观念的人，就不大可能自觉地按照新闻的基本要求传播新闻；而一个对新闻有比较准确认识的人，在传播新闻信息时就会谨慎得多，传播出去的新闻信息也可靠得多。就当下的现实来说，确实有一些人以"无知者无畏"的姿态（观念）传播新闻，把自己的想象、编造的故事甚至一些流言蜚语，信誓旦旦地当作事实信息传播，这自然会给社会正常的信息秩序、新闻秩序造成混乱；严重的，还可能给人们的正常生活、社会实际运行的秩序带来负面效应。因此，对生活在媒介化社会中的人们来说，具有基本的媒介素养、新闻素养已经不再是过分的要求。新闻传媒，特别是民众新闻传播中主要运用的网络媒介，如今同国家政治、经济、文化、军事、外交、体育等等活动以至整体的国家形象、民族形象，对整个社会生活、社会观念以及每一个体的日常学习、工作、生活等，都有着日益密切的联系，并发挥着影响；网络传播，特别是以新闻名义的传播，都会以媒介渠道特有的力量、真实信息的事实力量、及时性的力量、公开性的力量，形成难以预料的作用和影响（有可能是正面的，也可能是负面的）。因此，作为一个个体新闻传播者，不管是怎样的身份，都需要理解媒介，不可任意妄为，不仅要对自己负责，更要对他人和社会负责。

二是在上述认知的基础上，确立基本的媒介伦理道德观念特别是网络道德观念（核心其实依然是公共道德观念）。首先，需要充分认识到，新闻领域本质上就是一种社会公共领域，在这样的领域活动自然应该遵守公共道德，要有公共精神和公共观念，网络空间不是个人随意撒泼耍赖的地方。人们已经认识到，当今时代是一个媒介化时代，社会也是媒介化社会。这样的时代，这样的社会，确实为人们提供了越来越广泛的言论自由、表达自由和新闻自由的空间与机会。但这些自由又要求人们承担相应的法律责任和道德责任；没有责任的自由不会是真实的自由。任何主体只要是有意识地、明确地向社会大众传播新闻，就都应该按照新闻传播的基本原则去做。因此，要求民众新闻传播者具有基本的新闻素养、新闻观念和网络道德观念，这是时代提出的基本要求。通过网络媒介的民众新闻传播，本质上已经不是私人领域的传播，而是公共性、社会化、大众化的传播。在以公民身份实现的公民新闻传播中，公民自然应该遵守公民伦理规范，应该自然接受公民伦理规范的约束和限制。网络空间是一个新兴的公共空间，网络平台是一个公共平台、公共媒介。这就意味着一旦登上这个平台报告事实和"说话"，一个人就是在对社会公众传播信息，向社会公众表达意见，也就意味着一个人自己的身份不再仅仅是简单的自我，而是一个同时被社会化了、公共化了的"自我"，这样的"自我"必须承担也应该承担进行公共传播的公共责任①，原因也是你是公民，你在使用自己的自由权利时必须承担义务。"公民作为自主的个人，它是以公民权利与义务相互完备作为存在的基础。"② 承担社会责任必然意味着一个进入公共空间、登上公共平台的人，必须和应该守法地和道德地使用平台，守法地和道德地在平台上"表演"。只有这样，才能既尊重他人的自由，也从根本上维护自己的自由，从而实现整体的社会自由。"自由只有在真正的善中，才能展现它的本质规定。"③ 在一个民主社会中，公民参与政治、

① 杨保军．简论网络语境下的民间新闻［J］．新闻记者，2008（3）：20－23．

② 周国文．公民伦理观的历史源流［M］．北京：中央编译出版社，2008：6．

③ 龚群．社会伦理十讲［M］．北京：中国人民大学出版社，2008：43．

参与社会公共事务的重要平台之一就是新闻媒介。作为公民，在参与政治、参与公共事务的过程中，尤其是目前的网络公共空间/领域中，应该有一种意识和观念，在传播信息、参与讨论中，应该把公共利益放在心上；只有将公共利益放在心上，才能自觉地遵守公共道德、网络道德。其次，网络新闻传播中的道德不良状况，客观上强烈呼吁公民新闻或民众新闻传播者能够遵守基本的社会（公共）道德、新闻道德。"每一个人都可以连通互联网，这可是非常棒的新闻平民化。但是，另一方面，每个人都可以在互联网上倾倒垃圾。"[①] 网络时代的到来，不仅开启了一个新的传播时代，也给自由与道德之间，特别是新闻自由与社会公德、新闻道德之间带来了大量的新的问题。人们看到，虚拟空间中的信息传播、新闻信息传播，具有强烈的无政府主义、机会主义表现，网络空间的自由性、弥漫性（无明确的边界）、匿名性等特征使一些传播成了放纵的传播、放任撒野的传播、非理性的传播，很多情形下成了一种滥用自由特别是滥用新闻自由的传播。一些人只是在利用网络提供的自由传播收受的平台和机会，却没有承担应有的道德责任，"一些人希望获得自主的权利，却没有学会争取自主权利的现代方式，更不具有行使自主权利应该承担的责任与义务的现代观念"[②]。因此，如何确立正确的自由观念，塑造良好的道德观念，已经成为新时代新闻传播健康发展的重大课题。网络自由，如果要想成为真实的自由、健康成长的自由、不被异化的自由，就需要自觉的道德约束，"无政府主义并不会自动抵达民主和自由"，"理性、严肃不仅是一种社会责任，同时也是对自己的保护"[③]。"社会要生存下去，就必须具备一种对个人意志与爱好的控制力量，内在约束越松，外在约束则越紧。万物

---

① 贝特朗．媒体职业道德规范与责任体系［M］．宋建新，译．北京：商务印书馆，2006：8.

② 韩庆祥．社会层级结构理论：面向"中国问题"的政治哲学［J］．中国社会科学，2009（1）：31－43，204－205.

③ 南帆．虚拟的意义：社会与文化［J］．东南学术，2009（1）：4－11.

构造的永恒法则是：随意任性的人是不自由的，他们的情绪铸就了自身的枷锁。”① 如果网络空间变成了非理性的空间，每个人的传播自由都会受到实质性的伤害，整个社会的民主、自由发展当然也会受到伤害。尽管我们相信理性传播、理性表达的形成过程中，不可能没有非理性的传播、非理性的表达，我们甚至可以说理性传播一定是在与非理性传播的博弈中逐步成长的、成熟的，但放任非理性的传播、非理性的表达必定是不道德的，是不利于真实的言论自由、新闻自由健康成长的。如果自由被自由的使用伤害，实在是莫大的悲哀和讽刺，而现实在很大程度上正在上演这样的悲剧。有人只是图自己一时之快，却伤害了他人的自由，其实结果是没有谁能够真正地自由。每个公民都应该懂得，网络空间尽管是虚拟的，但又是实实在在的社会空间、公共空间，在如此空间活动的主体乃是社会主体，乃是公民，应该讲公德，应该遵守公民伦理规则，“不允许我行我素为所欲为，而必须考虑到我想有什么样的行为，别人也同样想有这样的行为；自己有怎样的期待，别人也有同样的期待；每个人都处于同我一样的处境，我的不顾后果的行为一定会损害别人，别人不顾后果的行为也一定会损害我。这样，把对他人的考量纳入自己的决策之中并以这种考量作为自己行为的约束，那么我们的行为自然便会呈现出适度、内敛、期待对等合作等特点”②。因此，道德地使用网络，道德地传播信息，道德地表达意见，应该成为每个人的责任，成为每个人的自觉。

总而言之，对生活在新媒体时代的人们来说，具有媒介道德、新闻道德是时代提出的基本要求，“责任范围不断扩大”是新技术革命时代一个重大的“理论主题”③。“后新闻业时代”的开启，实质上意味着“我们正

---

① 周国文．公民伦理观的历史源流［M］．北京：中央编译出版社，2008：36.

② 甘绍平．伦理智慧［M］．北京：中国发展出版社，2000：50.

③ 郭金鸿．道德责任论［M］．北京：人民出版社，2008：88.

处在一种与以往不同的新地位，负有各种前所未有的责任：如果我们无知、疏忽、目光短浅和愚蠢，那么我们将会造成一个灾难性的未来”①。因此，在新的传播环境下，公民新闻或者民众新闻传播者最起码在新闻传播中要讲公共道德，应该追求新闻道德，这当然也是人们的道德愿望；这种愿望不是凭空想象的，而是基于新闻传播活动的实际变化和发展趋势。

民众新闻传播主体的新闻观念，尽管是独立的、自主的，但并不是纯粹自生的，它来源于个体的学习、生活、工作经验，来自个体对媒体的接触、认知与反思，来自社会的教育与宣传，来自人们的相互交往与交流。我们需要强调的乃是，在如今这样的媒介生态环境中，普通社会大众应该通过更多的渠道、更多的机会、更多的方式提高自身的媒介素养、新闻素养，一定社会及其政府也应该采取各种方式培养和加强社会大众适应媒介化生存、媒介化发展的素养和能力。当社会大众能够相对比较普遍地遵循新闻特征与规律传播新闻、发表新闻评论时，社会的新闻符号世界、信息世界就会更加真实可靠。

还须指出的一点是，尽管在“后新闻业时代”开启之后，民众新闻具有越来越大的影响，但我们也不能过分夸大它对常态新闻图景的塑造能力。就目前情况来看，特别是在普遍意义上看，职业新闻工作者在总体上还是更能够以专业的方式向社会大众提供新闻，传媒组织和职业工作者更能按照新闻原则向社会提供新闻信息。人们不应该轻易低估专业新闻传播的影响。诚如舒德森所说：“虽然我们拥有能让每个人都成为平等的信息发送者与接收者的技术，但是如果没有专业化的新闻机构，现代世界仍是难以描述的。”② 因此，将职业新闻工作者与非职业新闻工作者的新闻行

---

① 郭金鸿．道德责任论［M］．北京：人民出版社，2008：87.
② 舒德森．新闻的力量［M］．刘艺娉，译．北京：华夏出版社，2011：2.

为加以区别至少在目前来说还是有必要的、有意义的。“人人成为记者、新闻事业民主化的理念确实诱人，但存在悖论。如果人人皆能从事新闻事业，那么新闻学教育（院系）便显多余，甚至记者这个称谓也嫌碍事，就是这一称谓把人们区分开来了。”① 因此，只有在区分有意义这样的前提下，我们这里的讨论才是有价值的。最重要的是，就当下的客观事实来看，组织化或制度化的职业新闻传播在总体上的社会影响力，还是民众新闻（公民新闻）传播无法企及的，我们不能把民众新闻传播在一些偶发事件报道上显示出的力量和影响过度放大；真正能够为整个社会大众展开常态环境监测的仍然是专业化的传媒组织和职业新闻群体。我们相信，至少在最近的将来，专业新闻传播的重要性只能加强，不能弱化，民众新闻传播的观念，只能越来越靠近而不是越来越偏离专业新闻传播观念；民众新闻传播行为应该越来越具有专业特性，而不是越来越偏离专业新闻行为的特征。只有如此，对整个人类特别是一定的社会来说，才会真正再现社会的真实景象，使人们拥有一个变形不至太大的信息环境。

三、新闻观念与新闻收受行为

传与收构成了所有信息交流活动中的基本关系或基本矛盾，而信息需求、信息收受在传收关系中具有更为深层的动力作用。② 因此，在新闻观念论的视域中，新闻收受者以怎样的态度、观念、方式对待新闻、收受新闻，在态度、观念、方式与行为之间又是一种怎样的基本关系，就是十分重要的问题。就目前人们已经达到的认识成果看，新闻收受行为既不可能

① 戴比尔，梅里尔．全球新闻事业：重大议题与传媒体制：第 5 版［M］．郭之恩，译．北京：华夏出版社，2010：14.

② 杨保军．新闻活动论［M］．北京：中国人民大学出版社，2006：46－100.

是完全被动的，也不可能是完全主动的，而是主动与被动在某种程度上的统一[①]，但也确实是一个主动性不断上升被动性相对降低的过程[②]。作为主动性不断得到强化提升的新闻收受者，其主动性的典型表现就是，收受者是按照自己的需要、根据自己的观念（包括新闻观念）甚至是自己的偏好，以自己的方式接触媒介、选择新闻、理解接受新闻信息的。在新闻观念论视野中，我们准备回答这样几个问题：一是新闻收受行为的实质是什么？二是新闻收受者普遍的选择收受对象（新闻）的标准（观念）是什么？三是哪些关于“新闻”的主要观念影响着收受者的新闻收受行为？在阐释这些问题的过程中，我们也像在讨论新闻观念与传播行为之间的关系一样，主要进行一些规范性的分析。

（一）新闻收受行为的实质

分析新闻收受行为的实质，就是要说明收受行为到底是一种什么样的行为。在直接性上看，新闻收受就是收受者选择、接收、解读、理解、接受新闻文本（主要指新闻作品、新闻报道）的活动；这样的活动本质上属于认识活动、理解活动或解释活动；是新闻收受者在一定历史语境中、社会语境中运用自己的“先见”或“前见”选择、阅读、分析、理解、解释新闻文本的过程。可见，收受行为属于精神活动范围，与收受者的精神状态、知识储备、价值观念、需要诉求等有着内在的紧密关系。[③]

---

① 以美国实证主义（经验主义）为主的传播学研究，长期关注收受者（受众）问题，聚焦于传播效果领域，其得出的宏观结论认为，历史地看，收受行为是收受主体主动性与被动性的统一；欧洲大陆的批判反思研究、英国的文化研究等，在收受主体的能动性方面，得出的宏观结论与美国的经验主义研究也没有什么本质的区别，受众既有被动的一面，更有主动的属性，说到底也是主动与被动的某种统一。

② 早在20世纪70年代，施拉姆就说过：“在过去40年中传播理论上最富戏剧性的变化就是逐步抛弃了被动的受众观念，并被一个相当积极的、非常具有选择性的而非被信息操控的受众概念取代。”转引自周葆华．效果研究：人类传受观念与行为的变迁［M］．上海：复旦大学出版社，2008：187。

③ 杨保军．新闻事实论［M］．北京：新华出版社，2001：116-141.

新闻收受者到底会用什么样的态度、什么样的观念、什么样的方式解读新闻，这可能是新闻收受行为的核心和实质，而这三者是紧密结合在一起的，所以我们可以将其放在一起讨论。人们在解读任何新闻之前，都有自己的心理或精神准备，或者说有自己的观念准备，人们不可能用一颗空白的大脑面对新闻；他们预先的知识储备、观念构成、价值模式、情感状态等等，都会直接或间接影响他们的新闻解读过程与解读结果。在态度上，新闻收受者可能以积极的、主动的、信任的方式解读新闻，也可能以消极的、被动的、不信任的方式解读新闻。观念上收受者可能以比较纯粹的新闻观念解读新闻，也可能以其他观念，比如政治观念、经济观念、文化观念解读新闻，还有可能以常识观念以及各种观念的组合或混合构成的复合观念解读新闻。在解读新闻的方式上，有可能是随意地、休闲式地、不带什么专门目标和目的地，也可能是专门地、仔细地，甚至是认真地、研究式地对待新闻。解读结果上，可能与新闻作品的价值取向一致，认可新闻文本的价值内涵和信息的真实性，也可能与文本价值取向不完全一致甚至出现价值倾向上的对立。[①] 在信息量获取上，与新闻文本所含的基本信息量相比，有可能是比较完全的，也可能是部分的，甚至仅仅是大而化之的略知一二。

尽管新闻收受行为有可能受到一定社会环境中各种因素的强制性要求，但就当前的整体情况来看，收受新闻的行为主要是一种自主的认识行为、精神行为、休闲行为，因此，我们可以将其简化为或视为在收受者观念支配下、影响下的行为。我们就在这样的前提认定下讨论以下两个

---

① 英国文化研究学派代表人物斯图亚特·霍尔在其《编码/解码》一书中指出，受众的知识结构、社会地位、解码语境以及与传播主体的关系等因素，使得受众对传播内容会做出不同的解码，通常会有三种不同的解码方式：统治-霸权立场（dominant-hegemonic position）、协商立场（negotiated position）、对立立场（oppositional position）。参见罗刚，刘象愚．文化研究读本［M］．北京：中国社会科学出版社，2000。

问题。

（二）新闻收受的普遍标准（观念）

新闻活动是人类的本体性活动，信息需要、新闻需要是人类的基本需要；而信息时代、知识社会、媒介化社会的到来，使人类的这一基本需要变得越来越重要、越来越突出，可以说媒介人、信息人[①]的时代已经到来。尽管新闻媒介不计其数，新闻信息滚滚如潮，但众多研究一再表明，作为新闻收受者的社会大众，其选择新闻媒介、选择新闻信息的基本标准（观念）还是比较稳定的[②]；即使是在今天民众新闻传播蓬勃而起的情境中，面对蜂拥而来的民众新闻，人们选择新闻的基本原则、基本观念并没有出现大的变化。在新闻收受活动中，最突出的一个问题，就是收受者是用什么标准（不管是自觉的还是不自觉的标准）来选择收受新闻的。正是选择标准，集中反映和体现着收受者的收受观念，支配和影响着收受行为。不同的主体有着差异性的新闻收受标准、收受观念，但在抽象的意义上，又有统一性、一致性的一面；在区分意义上，具体的新闻收受标准、收受观念可以在不同前提下做出多样性的划分和描述，但这对并不准备做专门性选择标准的研究来说，也无十分必要。[③] 因此，我们如果以个体收受者为基本考察对象，可以将新闻收受选择标准概括为两大类别：有用性标准和有趣性标准。也就是说，新闻收受者是按照新闻是否对自己有用以及是否能够满足和引发自己的兴趣来选择性收受新闻的，而有用与有趣之

---

① 在思想史上，哲学家或思想家往往根据人的某一特殊属性将人类描述或定性为不同的“动物”，如人是政治动物、符号动物、语言动物、理性动物、德性动物等等，按照这样的逻辑范式，根据当代人类生存环境的特征，我们似乎可以将人类进一步描述为媒介动物、信息动物。

② 这里，我们只讨论收受者选择新闻内容的标准，不讨论选择新闻媒介的标准。一般来说，收受行为的宏观逻辑过程是：选择媒介—选择新闻报道领域—选择具体新闻。

③ 对收受者选择新闻之标准问题有兴趣的读者，可参见杨保军．新闻价值论［M］．北京：中国人民大学出版社，2003：256－294。

间有着内在的关联。

1. 有用性标准

人是需要的动物。从原则上说，人的一切行为，最深层的动力来自需要，来自对需要的观念自觉。收受者选择新闻，往往把能够满足需要的有用性作为首要标准。因而，所谓有用性标准，实际上就是以收受者自己的新闻需要为标准来选择新闻，以自己的新闻需要来衡量新闻的价值有无与意义大小；能够满足自己需要的新闻，就被认为是有用的新闻。因此，有用性标准也可以说是需要性标准。人作为需要的动物，正是通过需要的性质与层次显示出人的特征；有什么样的需要，就有什么样的人；收受者的新闻需要指向，能够比较好地直接表明收受者的新闻旨趣与价值取向。

收受者通常会从自己学习、生活、生存与发展的需求出发，从自身所处的社会角色、环境状态、情境出发，选择信息、选择新闻、评判新闻的好坏优劣与价值大小。一定环境（包括自然环境和社会环境）中的人群，由于存在着一些大致相同的共同生存、生活经验，有着一些相对比较一致的共同生存、生活目标，因而也往往有一些共同的新闻需要（大众化或普遍化的新闻需要）。比如，生活在当下中国环境中的人们大都想了解中国改革开放、中国社会转型中的最新变动情况，生活在北京的人们大都想了解北京的一些最新变动情况，而生活在北京更小范围的人们对自己小环境中的最新变动情况更是充满了解的渴望。一般来说，越是靠近自己生活的环境变动对自己的生存、生活影响越直接、越大。这就是说，在共同宏观环境中生存、生活的人们，会有一些大致相同的新闻需要，大概正是因为这样根本性的原因，一定环境中的所有新闻媒介上总是传播大量相同的新闻信息（另一客观原因则是目标报道对象领域的一致性）。但是，我们也看到，更为突出的另一面是，由于人们具体生存、生活、工作、学习环境的差异，以及人们具体社会角色、地位、职业、个性、心理、素养、信念、理想、追求等等或大或小的不同，不同收受者的具体新闻需要不会完全一样，会表现出更为丰富的多元化和多样性，并且在多元化和多样性范围内进一步表现出不同的层次性（分众化、小众化及个性化的新闻需要）。因而，面对现实的新闻收受情况，人们选择新闻、评价新闻的具体标准其实是不一样的。但从抽象的意义上看，收受者都是用“需要标准”选择新闻、评价新闻的价值的；因而，我们可以在理论上将收受者选择新闻的标准或观念统一概括为有用性标准或需要性标准。

追求有用，是信息交流过程的基本规律，季羡林先生在谈到文化交流时就说过：“从文化交流的规律来看，给予者所给予的东西必须对接受者有用，然后才能被接受。没有用的东西，即使是暂时被接受，也迟早会被扬弃的。”[①] 新闻的有用性，对收受者来说，通常表现在以下几个方面。或者说，如果新闻在这几个方面能够满足收受者的需要，就会成为他们潜在的选择收受的对象。其一，知情需要。这几乎是所有新闻收受者收受新闻首先的需要和目的。如果新闻能够满足收受者及时了解环境（自然、社会）最新变化的需要，有利于收受者准确把握自身周围环境变化，调整自己的言行，新闻就是有用的新闻。知情所预设的新闻有用性是指，新闻信息是思考的条件、设想的资料、参与的参考、行为的基础。在现代信息社会，知情才有可能双眼明亮，不知情则眼前一片灰暗。一个人，不管在怎样的社会范围、社会层次，以怎样的社会角色、社会职能进行活动，保证其行为有效成功的基础就是预先必要的知情；新闻正是人们在现代民主社会（自由、民主、平等、正义是现代民主社会的显著特征）知大情、知近情、知世情的直接的、公开的途径。因此，可以说，知情观念是支配近乎所有人新闻收受行为最朴素也是最重要的观念。其二，认识需要。这是收

① 季羡林．季羡林读书与做人［M］．北京：国际文化出版公司，2009：241.

受者在知情基础上的自然追求。认识需要主要表现在两个方面：第一，通过新闻报道，收受者不仅希望知道发生了什么样的事情，有了什么样的最新变化，而且想知道这些变化事件背后的原因、根据是什么；同时，收受者还想知道这些事情、变化等有什么样的价值和意义，会给世界、国家、社会特别是给他们自己的生存、生活、工作、发展等带来什么样的影响和作用。如果新闻报道、新闻分析等能够发挥和产生这样的认识作用，往往会受到普通收受者的青睐，他们会真正觉得收受新闻是必要的、值得的，对他们认识世界、把握世界是有用的。第二，新闻在反映、报道一些最新变化情况时，本身就内含有新现象、新问题、新成果、新人物、新知识、新思想、新观念等，本身就在传播知识、传承文化，自然而然地产生了一定的认识作用，能够部分满足收受者的认识需要。因此，不少新闻收受行为是以获取有用知识为动机、为目的的。其三，交往交流的需要。人是社会动物，本质乃是社会关系的总和。社会关系的生产与再生产，核心机制是交往与交流（包括实践交往和精神交往两个不可分割的领域与方式），前提则是信息的交流。新闻信息本身就是环境变化的最新反映，环境中最重要的存在当然是人，因此，通过新闻收受行为，人们实现的不仅是知情和认知，更重要的是可以在一定范围、一定程度上实现人与人之间的信息交流、精神交流和文化交流[①]；正是这些交往与交流，使人们比较充分地感受到、想象到他们是共同的存在、一体化的存在；人们总想知道别人怎样活着，实质上是想知道和想让自己怎样活着。因此，对新闻的需要，是一种知彼知己的需要，交流交往的需要，新闻能够为人与人之间实现这样的需要搭建起一座有效、有用的桥梁。其四，休闲需要。休闲是人类生活

① 其实，在宏观层面上看，人类新闻活动直接表现为信息传播活动、信息交流活动，而通过信息交流达致精神交流，进而实现文化交流，并为感性的实践交往提供机会、开辟道路。参见杨保军《新闻活动论》（中国人民大学出版社，2006 年版）第一章相关内容。

的一部分。在很多情况下，人们收受新闻并没有专门的、明确的目的，收受新闻不过是日常生活、工作中的一部分内容，似乎是一种习惯，度过时光的一种方式；媒介扮演着类似“伴侣”“朋友”“闲聊者”等等角色，新闻（还有其他信息）则发挥着提供谈资、话题等的作用。因而，越是容易成为人们谈资的新闻，就越是容易被人们收受。

当然，有用的新闻，并不一定都是能够发挥和产生良好作用的新闻，这不仅因新闻而异，更会因收受者而异。实际中，除了“需要”标准，一些收受者还会按照“想要”标准去主动获取自己感兴趣的新闻。煽情的、黄色的、稀奇古怪的新闻，屡见不鲜，有人会专门寻找这样的新闻，他们对那些严肃的、正儿八经的新闻并无多大兴趣，也觉得无多大的用处。这是一个价值多元化、观念多样化的社会，人们总会按照自己的观念去寻找新闻、收受新闻，从原则上说，只要不危害社会、不损害他人，就像新闻传播自由一样，新闻收受行为也应该是自由自主的。

2. 有趣性标准

追求兴趣的满足，是人们进行各种活动的重要动力；能够激发人们兴趣的事物，才会引起人们的足够关注。因此，收受者的兴趣，是他们选择新闻的重要标准。只有那些能够激发收受者求真、求善、求美、求新、求异等兴趣的新闻，才能成为收受的内容对象。① 这样的对象，在总体上可以称为兴趣对象。因此，人们的兴趣观念对新闻收受行为有着相当重要的影响，“真正普及的兴趣始终是活跃的”②；一般而言，可以说，一个人有怎样的兴趣，就会关注怎样的新闻。

兴趣观念的指向，或者说有趣性标准，主要包括以下两个大的方面：

---

① 童兵．理论新闻传播学导论［M］．2版．北京：中国人民大学出版社，2011：137－153.

② 德国哲学家本雅明语，参见克拉默．本雅明［M］．鲁路，译．北京：中国人民大学出版社，2008：110。

一是指收受者容易选择那些自己“感兴趣”的新闻。“感兴趣”主要是从收受者角度来说的。兴趣的动力源于天性、源于人们的需要。正因为需要是兴趣的重要根源，因而在“感兴趣”的意义上，兴趣标准与有用性标准之间有着内在的相似性。从主体间关系来看，人们之间的兴趣差异，使得不同收受者感兴趣的对象领域会有或大或小的差别。有些新闻，几乎是所有人都感兴趣的新闻，属于“大众”性新闻。这样的新闻，可以说满足了“普遍兴趣”。一般来说，具有“普遍兴趣”的新闻有两大类：第一是与普遍利益相关的新闻，人的兴趣与人的需要是分不开的，是由需要、利益来决定的（在这样的兴趣意义上，与上述讨论的有用性更为接近）；第二是“有趣味”的事情（见下文），诸如那些具有充足娱乐要素的新闻，容易激发人们好奇心的新闻，具有丰富人情味的新闻等。与“普遍兴趣”相对应，有些新闻只是小部分人感兴趣，这样的新闻，可以说满足的是“特殊兴趣”，比如有些专业新闻、行业新闻等，属于“小众”性新闻。

二是指收受者容易选择那些本身“有趣味”的新闻。“有趣味”主要是从客体角度而言的，是对客体属性的一种描述。人们“感兴趣”的新闻与“有趣味”的新闻不能完全等同，前者包括后者，但后者不能容纳前者。因而，支配影响收受行为的观念只能叫作“兴趣观念”，不能称为“趣味观念”。尽管不同的主体有不同的兴趣（即兴趣对象不一样），但是，“有趣味”的对象容易激发几乎所有人的兴趣。“有趣味”的新闻，通常是指那些“软新闻”，与相对比较严肃的政治新闻、时事新闻、经济新闻等相比，它们与社会公共领域、社会公共利益关注的问题，没有多少实质性关系，也没有起到什么实质性影响，在总体上属于娱乐、消遣类的新闻。

人的兴趣是可变化、可培养的，但收受者的新闻兴趣一旦形成，就具有相对的稳定性，会对以后的新闻选择产生影响，成为重要的选择尺度。收受者对新闻媒介、新闻的选择，常常受兴趣的左右。兴趣虽然是重要的新闻选择标准，但具有很强的主观色彩。有些人专注于政治新闻、经济新闻或文化新闻，有些人却迷恋于体育新闻、社会新闻或娱乐新闻，大都是兴趣使然。兴趣发展到一定程度就会转化成爱好，当爱好发展到极端，便成了偏爱。人们更易于把偏爱的东西看得价值非凡。体育爱好者把体育新闻看得更重要，而歌迷更乐于搜寻歌星新闻。我们承认爱好、偏爱的尺度作用，并不意味着承认所有的爱好特别是偏爱都是合理的、正当的。有趣味的新闻并不一定就是好新闻，人们的兴趣有高雅与低俗之分，新闻的趣味素质也有不同的激发作用，对收受者可能产生性质完全相反的价值效应。有人爱好黄色新闻，有人偏爱花边绯闻，传播者自然不能因为他们有这样的爱好和偏爱而无限制地刊播它们。

在有用与有趣之间，显然有着紧密的内在联系，但二者并不完全相同。有用观念与兴趣观念同样也是两种有联系但又不同的支配和影响新闻收受行为的观念。有用，主要是指实际的功用，是指新闻能够满足主体实际需要、客观需要的直接功利性，比如，通过知情可以参与公共话题的讨论，通过新闻提供的科技信息能够获得新知、增加知识储备，通过获知相关信息可以直接为自己是否采取某种感性行为提供信息依据，并与社会或他人展开交往互动。有趣，主要是指对于主体精神需求尤其是心理需要的满足或抚慰作用，主要不在实际的功利作用，而在一种精神与心理的愉悦感觉，比如，收受那些稀奇古怪的新闻就能满足新奇感，阅读收听收看那些趣味横生的新闻使人能够哈哈一笑、感觉好玩、自然放松。当然，在这些新奇的、轻松的、快乐的心理感受中，收受者自然也能在收受行为中获得一些趣味知识。因而，有用与有趣之间并非泾渭分明。

（三）影响新闻收受的主要观念

上面的论述只是说明，收受者通常是按照自己的需要、兴趣和趣味观念（这些观念是对自身需要、兴趣和趣味的自觉）选择新闻内容的，但并没有回答到底是什么样的原因引导他们选择新闻去满足自己的需要和兴趣的。在一般意义上，人们只有对一定的对象有了认知（包括是什么和有什么用）才会去选择使用、消费它。因此，在逻辑上说，只有收受者对“新闻”有了一定的认知、形成一定的意识或观念，他们才会选择它去满足自己的需要。这就意味着，人们在收受新闻之前，一定对新闻有一些基本的理解，对新闻媒体、职业新闻传播者有自己的理解和想象；而在新媒体环境下，人们对民众新闻传播者也有自己的理解和想象。就整体情况来说，如今的社会大众在一般意义上已经预先知道（通过直接经验、间接经验渠道）新闻是一种什么样的信息，新闻能够为自己提供一些什么样的内容，也预先大致在普遍意义上知道新闻有一些什么样的基本功能，因而对新闻总是有一种预期。那么，到底是关于新闻的哪些基本观念支配和影响着新闻收受者的收受行为呢？这正是我们下面需要回答的问题。

需要预先说明的是，影响人们新闻收受行为的观念，不只是由他们自觉到的或没有自觉到的新闻观念支配或影响的，还有其他众多非新闻观念的观念在影响着他们的收受行为，还有诸多社会因素、环境因素、个体因素、主体间关系因素等在影响着他们的收受行为。[①] 收受新闻的行为，也是主体整体观念影响的结果，不大可能是某种单一观念支配的结果，这与人们其他的行为与观念之间的关系在逻辑上是基本相似的，并没有什么特别的地方。受众不只是面对新闻的“公民”，也是社会环境中的一般“俗民”，不是单向度的人，而是立体化、全面化的人，他们会以作为人的各

① 媒介学者格雷厄姆·默多克就说：“如果我们想要公正地对待日常媒介实践的复杂性，我们需要揭示它们是如何由个人的经历构成的，同时也要揭示它们又是如何由社会地位和公共话语构成的。”参见库兰，古尔维奇．大众媒介与社会［M］．杨击，译．北京：华夏出版社，2006：19。另外，关于影响收受行为的因素分析，可参见杨保军．新闻事实论［M］．北京：新华出版社，2001：128－132。

种观念和需求支配自己的新闻收受行为，并不仅仅用狭义的新闻观念去支配自身的新闻收受活动。但在这里，我们只对收受者新闻观念与收受行为之间的关系加以原则的和一般意义的分析。并且，我们这里的讨论与阐释，已经把新闻收受者设想或假定为自觉的新闻收受者。关于自在的、非自觉的一面，我们在后文只作简要说明。

第一，对新闻的认识观念。对于“新闻”的不同认识，往往可能导致人们会以完全不同的方式对待新闻。比如：如果新闻收受者认为新闻是对环境的监测和守望，是对客观事实的反映和报道（陈述或再现），那收受者就可能把新闻当作自我行为选择的可靠信息参考；如果新闻收受者认为新闻不过是新闻媒介掌控者的宣传手段、权力驾驭的宣传信息，那收受者就很可能抱着怀疑的态度对待新闻报道；如果新闻收受者认为，新闻不过是传播者用来吸引受众眼球并以此为手段谋利的工具，那收受者就更不会以认真严肃的态度对待新闻报道。我们的这些分析并不是纯粹的理论推断，相关的新闻现象、实证研究已证明了这些判断。其实，作为新闻收受者的大部分人，仅仅凭借反思自己的收受经验就可以发现这些现象。比如，当我们认定一家媒体、一个记者是不诚实的，那么，即使其报道了真实的新闻，我们依然会表示怀疑。如果我们认识到新闻不过是各种社会力量合作、斗争、博弈的结果呈现，我们在收受新闻时就会以我们自己的知识经验推测想象新闻背后的可能故事，而不是简单地百分之百地相信媒介所呈现出来的新闻文本。总之，一个比较自觉的新闻收受者，他对媒介载体中传播的新闻的性质、属性、功能等等的一般认知（不管是正确的还是错误的），构成了支配和影响其新闻收受行为的基本观念，左右着他对具体新闻的认知与评判。

第二，对新闻传媒组织的评价观念。收受者往往会以自己的偏好、观念（包括政治倾向等）选择新闻媒介。那些他们认为可信、可亲的新闻媒介更易于成为他们选择的对象，那些与他们的生活、工作周期、节奏更为合拍的媒介、节目更易于成为他们选择的对象，那些与他们观念契合度比较高的媒介、媒介内容才有更大的机会成为接触和收受的对象。仅从观念论的角度说，显然只有得到他们内心认可的、得到肯定评价的新闻传媒，才能有更多的机会成为他们接触的对象，获取新闻的渠道。当然，我们不能忽视或忘记，偶然接触、方便接触、不得不接触（只有一种媒介）[①] 的媒介选择行为，在传媒整体不发达的时代或相对不发达的地域是存在的，还有不少人因为自身主体能力的限制，也只能接触某一类大众传播媒介。但在今天这样新闻传媒越来越发达的情况下，人们整体文化素质不断提高的情况下，作为新闻收受者的社会大众越来越能够成为比较自主、自由的大众，能按照自己对媒介的评价观念去选择媒介、选择新闻的大众。

第三，对不同媒介形态优劣的认识观念、心理偏好。当传媒生态变得越来越多样、越来越复杂时，选择什么样的媒介形态、媒介渠道获取新闻也往往成为收受行为中一个实际而重要的问题。那些钟情传统新闻媒介的收受者可能并不羡慕新媒介的收受者，反之亦然；有人悠然自得地读报纸、听广播、看电视，有人则坐在电脑前或通过手机便一网打尽。不管是什么样的媒介偏爱，什么样的新闻收受偏向方式，其中总是包含着收受者广义新闻观念的影响。不同的人，由于其生活经验、习惯、认知能力的影响，由于其在社会结构中所处地位或社会处境、社会角色等的影响，由于其先前媒介接触行为形成的前见影响等等，都会造成其对不同的媒介形态有着不同的认知观念，这样的观念对其媒介接触行为、新闻选择行为又会造成不同的选择偏向和偏爱。当然，既有的观念会变化，习惯、偏好也会

① 在一定的时代条件或社会环境、自然环境以及主体能力条件的约束下，有人只能接触一种大众传媒，因而也就不得不只收受某一传媒组织的新闻报道。这种情况在传媒技术与社会整体进步中，正在迅速改变，但在人类意义上，估计还需要很长时间。

变化，新生的观念、习惯照样还会变化，但我们要表明的是，人们的媒介形态观念会影响他们的新闻收受行为。

第四，在许多情况下，收受新闻的行为并不受自觉的某种观念的支配或指导，只是收受者的一种习惯性行为，甚至是随意性的、偶然的行为。收受新闻（不管是读报、听广播、看电视还是浏览网页、阅读博客、接收微博等）的行为也像收看其他娱乐材料一样，只是生活的习惯、日常生活的一部分，并没有特殊的动机、目的或观念，近乎“无聊”的行为、随机性的行为。这可以说是新闻收受行为中的“无观念行为”。我们应该注意到，社会大众，作为新闻收受者，尽管伴随时代进步以及人类整体文明、文化水平的提高，越来越自觉、自主，但面对新闻传媒的传播，还有不少人是自在的、盲目的、顺从的，也无所谓主动或被动，他们只是把外在的信息当作信息，并没有明确的新闻范畴意识，没有不同信息之间的区分意识。不管是传媒中严肃报道的还是娱乐传播的，都是那么回事，以类似无明确目的方式收受媒介信息者从经验上看不在少数。新闻收受观念的非专一性，其实是相当普遍的现象。在常态的现实生活中，人们并不特别关注新闻传媒在做什么，只是遇到特别的事件、有了特别的事情，人们才会有意关注新闻、收受新闻。

四、新闻观念与新闻控制行为

这里所说的新闻控制[①]，是指社会控制者或管理者对新闻传播的控制，即主要是指国家或政党对新闻传播的控制。因此，这里所说的新闻观

---

① 新闻控制，可以在两个主要意义上理解：一是指对新闻活动特别是职业新闻传播的控制；二是指利用新闻传播对社会进行控制，即新闻控制是诸多社会控制手段中的一种。一定社会的统治阶层通常是通过后一种意义上的新闻控制来实现社会控制。参见杨保军．试论作为社会控制手段的新闻控制［J］．当代传播，2008（3）：8－12。

念，实际是指国家或政党（主要是政府中的执政党）拥有的新闻观念，主要表现为“主义”层面的新闻观念或主导新闻意识形态，它也是政府或政党整个意识形态系统的有机构成部分。从原则上说，有什么样的新闻主义、新闻观念，就会以什么样的方式控制管理新闻活动。因而，我们在此处所使用的新闻控制观念，与传播学中将传播者当作内容控制主体（传播内容的直接把关者）显然是不完全一样的。

（一）对新闻控制的一般理解

在具体讨论新闻观念与新闻控制的关系之前，我们先对新闻控制加以简要的说明。[①] 从一般意义上说，控制具有支配、调节、抑制、管理等含义，“从其本意上讲是指人类对客观事物的运动过程及运动结果进行调节、引导和管理的行为过程”[②]。控制主要是以约束方式进行的一种管理和监督，目的在于维护和确保控制主体期望的某种秩序的形成和延续，“限制各种偏差的累积，防止形成系统误差”[③]，以实现控制主体对控制对象预期的运转方式和目标指向。因此，控制是一种高度自觉的行为，是在观念支配与影响下的行为。

相对一个目标系统来说，控制通常来自内外两个方面：来自外部的控制叫外部控制（他控或他律），来自内部的控制叫内部控制（自控或自律），人们通常所说的控制主要是指来自外部的控制。我们这里所说的新闻控制主要是指相对新闻活动（主要是职业活动者的新闻活动）系统的外部控制。依据以上这些基本理解，新闻控制就可以简单界定为：控制主体按照自身愿望对新闻活动实施的管理、监督和约束。

---

① 关于新闻控制的系统理解，可参见杨保军．新闻理论教程［M］．北京：中国人民大学出版社，2005：358－388。

② 郑杭生．社会学概论新修［M］．3版．北京：中国人民大学出版社，2003：400.

③ 张中华．管理学通论［M］．北京：北京大学出版社，2005：139.

新闻控制主体，是指那些通过一定方式，限制、约束新闻传播内容、新闻传播方式的主体。在一个社会中，新闻控制的严格主体就是国家或政府。法国传媒学者埃里克·麦格雷（Éric Maigret）指出："国家，常常假'教化民众'或'公共利益'之名，对主要传媒工具行监视甚至掌控之实，这种现象在法国尤为突出。"① 在中国，由于媒体的政党耳目喉舌性质或属性，新闻控制还会表现为党的纪律控制或约束。控制主体可以通过法律、行政、经济、道德等方式或手段实施新闻控制。政府会将控制新闻传播活动的权力赋予一定的机构和部门，让它们充当直接控制新闻报道内容和报道方式的控制者。

新闻控制具有一定的层次性，包括对整个新闻传播业的宏观控制，对新闻传播媒体的控制，对新闻传播者新闻报道活动的控制。新闻控制最终必须落实到第三个层次的控制上，才能真正起到新闻控制的作用。"新闻事业中的社会控制，实际上就是对新闻事业所传播的内容的限制和防范，以免对社会产生不良影响。这种控制既可以是宏观上的一些规定、限制，也可以是对某条具体新闻的制裁。"② 因而，控制的直接对象是新闻传播主体，控制的主要活动是新闻传播者的新闻报道活动。新闻控制的实质就是限制新闻自由的范围和程度，将新闻活动限制或约束在控制主体可以承受和认可的范围内。由于新闻传播主体是新闻源主体与新闻收受主体之间的重要桥梁，因此，控制主体对新闻传播主体新闻报道活动的直接控制，也就间接控制了新闻源主体和新闻收受主体的有关新闻行为。因此，新闻控制也是一种系统的社会控制行为。

以上我们关于新闻控制内涵与实质的解释，针对的主要对象是制度化的或建制化的新闻传播活动。但如今，在"后新闻业时代"已经开启的大背景

---

① 麦格雷．传播理论史：一种社会学的视角［M］．刘芳，译．北京：中国传媒大学出版社，2009：5.

② 黄旦．新闻传播学［M］．杭州：杭州大学出版社，1997：85.

下，新闻传播主体的多元化格局业已形成，民众个体传播者与非新闻专业组织、群体传播者，都可以利用传统媒介以及以网络为代表的新媒介进行新闻传播，他们与它们已经是现实的新闻传播主体，生产和传播着大量的新闻信息和新闻意见，对现实社会的媒介环境、新闻信息图景的建构有着重大的不可低估的影响，对现实社会信息秩序、社会实际生活的运行等都有着重要的影响和作用。因此，一定社会的控制主体，用什么样的观念、什么样的方式管理控制这部分新闻生产、传播活动，已成为新时代的真正难题。事实上，人们看到，世界各国都在探索网络管理的方式，都在建设网络法规、伦理规范，都在提倡人们应该遵守基本的社会公共道德、网络道德。但怎样才能实现科学、合理、有效的网络信息管理与控制，仍是整个人类面对的新课题。

（二）新闻观念与新闻控制间的基本关系

在阐明新闻控制的一些基本问题之后，我们再来重点讨论新闻观念与新闻控制之间的基本关系。从总体上看，控制主体拥有的新闻观念是新闻控制行为的指导思想或前提，新闻控制行为是新闻观念的实际落实；同时，控制主体的新闻观念也会在控制行为的实施过程中，不断得到控制实践的调整和修正，使得新闻观念变得更加切合适应实际。下面，我们分而论之。

其一，“新闻控制”在直接意义上是“控制新闻”的手段，但在间接或最终意义上，乃是控制者管理控制社会的手段或方式之一。因此，从社会管理的角度看，新闻观念甚至可以看作社会控制观念的重要组成要素。越来越多的执政者将“新闻能力”当作重要的执政能力看待就是明证。[①] 媒介

① 在中国，运用新闻（媒体、媒介、新闻传播）的能力，近些年来越来越被当作重要的执政能力，有中共领导人在传统的“两杆子”（枪杆子、笔杆子）理论基础上，提出了针对传媒的“三善”理念（善待媒体、善用媒体、善管媒体）；有研究者甚至提出了“新闻执政”这样的概念。对这些观念如何评价，有待进一步研究，但这种现象本身说明，“新闻能力”的塑造建设已经成为媒介时代的重要课题。

政治化、政治媒介化则是造成这样景象的深层根源。关于媒介变迁、媒介生态变化引发的媒介观念、新闻观念变化与社会变迁、社会观念变化的关系问题，我们将在最后一章从新闻观念论的角度展开专门的分析与论述。

在媒介化社会初步形成的大背景下，新闻手段成为一定社会基本的控制手段之一，是自然而然的事情。因此，一定社会统治阶级、阶层的媒介观念、新闻观念对新闻控制的运用与实施有着越来越重要的作用。在历史长河中，传播媒介、新闻传播发挥过不同的作用和影响，曾被当作商业的手段、革命的手段、社会改革的手段、社会建设的手段，当然它也曾成为制造灾难的手段；但无论如何，有一点显现得越来越清晰，这就是，与以往相比，在社会越来越媒介化的时代景象中，以传媒为手段，进行一定方式的社会管理和社会控制日显必要和重要。“尽管在表面上看大众传媒也具有扯淡、消遣和分享的功能，但它主要行使的功能就是通过信息传递进行社会控制。这种信息控制既可以体现为议程的设定，也可以体现为观念的灌输，还可以体现为注意力的转移和消耗。”[①] 对新闻传播内容、传播方式的控制，是实现社会整体控制的一部分，是通过领域控制、微观控制而实现的宏观控制。诚如有学者所说，在当今的社会现实中，宏观的政治控制，如国家制度控制和国家权力运作，以及各种中心化的权力结构和控制机制，越来越多地借用技术的、文化的手段采取微观控制机构而渗透到社会生活和个体生存的各个层面。在社会统治权力的构成系统中，不仅有经济权力、政治权力，也有文化权力、意识形态权力[②]，其中自然包含新

① 胡翼青．大众传播的批判性解读：以日常交流为参照［J］．中国地质大学学报（社会科学版），2012（4）：104－109．

② 著名的西方马克思主义者葛兰西就说过，在现代资本主义国家中，权力绝不仅仅体现在经济维度；为了保证社会的正常运转，减少社会动荡的可能，国家需要一系列意识形态体系的支撑。参见李钧鹏．何谓权力：从统治到互动［J］．华中科技大学学报（社会科学版），2011（3）：61－67。

闻权力。因此，任何国家，不管是资本主义性质的，还是社会主义性质的，在运用经济、政治权力的同时，都会运用文化权力和意识形态权力。新闻是意识形态领域的重要组成部分，因此新闻权力也会以新闻方式被运用到社会控制手段之中。而新闻方式一旦成为社会控制的手段之一，控制者拥有什么样的新闻观念，对整个社会以及社会大众来说，就是影响甚大的事情。比如，控制者的新闻观念将对人们各种新闻权利的多少大小都会带来直接的影响，到底能有多少纸面上的、宪法与法律中的“新闻权利”转换成现实的、可行的“新闻权利”，与控制主体的新闻观念都是息息相关的，尤其是在民主化程度相对比较低的国家，这种关系会更加明显。

其二，控制主体实质上信奉什么样的新闻观念，就有什么样实质性[①]的新闻控制方式。一定社会控制者的新闻观念，是该社会“主义”层面的新闻观念，即居于主导甚或统治地位的新闻观念，对如何管理新闻活动具有全局性的作用和影响。控制者把新闻、新闻传播、新闻传媒、新闻业当作什么和用作什么，就会以什么方式去管理控制新闻活动。任何政府、政党都拥有自己的新闻观念；政党、政府对新闻、新闻传播、新闻传媒、新闻业在整个社会系统中属性、功能、作用的认识和价值认定，将决定其会以怎样的方式对待新闻、管理新闻。控制管理新闻活动自然会关系到方方面面，诸如从最根本的媒介所有权一直到具体的新闻业务操作层面。这里，我们仅以新闻控制中最核心的媒介所有制出发来加以简要说明。当新闻、新闻媒介被看作革命的工具、阶级斗争和无产阶级专政的工具时，新闻控制的核心一定是牢牢掌握新闻媒介的所有权，使它成为革命主体、斗

① 我这里之所以特别强调“实质性”这一限定，是因为在现实中，很多新闻控制主体宣称的是一套新闻观念，真实信奉的、运用的则是另一套新闻观念，口是心非、说一套做一套的政治现象在现实社会中司空见惯。

争主体和专政主体手中的工具；当新闻媒介被认定为党和政府的耳目喉舌时，新闻控制最核心的内容就是要使新闻媒介完全归党和政府所有；如果新闻媒介被看作实现民主社会、民主政治、民主文化的工具，那么新闻控制就会转换成为相对开放自由的积极的新闻管理，在所有权制度上也就可能采取某种多元化的方式，使得各种社会主体都在一定程度上获得最为实质的新闻自由权利。

其三，在新闻业视野中，控制者的新闻观念，将直接影响新闻业自身的演变与发展。新闻控制最基本的目的，是让新闻、新闻传播、新闻传媒、新闻业产生和发挥控制者预期的、希望的功能作用，控制主体认为新闻是什么、应该是什么，就自然会用与此相应的观念指导新闻业自身的发展，这将对新闻、新闻传播、新闻传媒、新闻业能够发挥怎样的社会功能作用，以及新闻、新闻传播、新闻传媒、新闻业本身的发展带来极其重要的影响。如果将新闻业视为产业，控制行为就会让新闻业向产业方向发展；如果将新闻业视为上层建筑意识形态领域的一种形式，控制行为就会将新闻业向意识形态宣传、传播与控制阵地的方向发展；如果将新闻业视为社会公共事业，将新闻传播媒介视为社会公共领域、社会公器，控制行为就会将新闻业塑造成为公共性占据核心地位的社会事业；如果将新闻业视为多种属性的统一体，控制行为就会努力将新闻业建构成能够显现多种功能属性、多元功能作用相对平衡的社会领域。总而言之，一定社会“主义”层面的新闻观念，对新闻业自身的形象、功能、作用控制具有举足轻重的影响。

其四，尽管控制主体总是希望新闻业按照自己的意志、愿望发展，成为自己想要的新闻业，但实际的新闻活动并不一定会完全以控制者的新闻观念、意愿或想象呈现。也就是说，新闻、新闻传播、新闻传媒、新闻业并不一定会按照控制者的新闻观念预期地发挥功能作用，甚至可能适得其反。人类的行为常常会产生非目的论的后果，控制观念往往得不到观念预期的效果。这里深层的原因很可能是，事物总有自身的内在联系和规律，控制主体的新闻观念及控制行为很可能只是合目的的，但并不是合规律的。这种不统一，迟早都会导致预期与结果的错位，观念与行为的分离甚至对立。

控制者的观念可能难以控制它不希望看到的新闻现象，就像依据一定观念制定的有些制度，不仅难以管理一定的领域，反而带来了更大的混乱和无序。在当前的新闻领域，有关部门机构制定了很多治理虚假新闻、有偿新闻等等的制度、政策，但人们却看到一种奇怪的现象——制度、政策越来越多，虚假新闻、有偿新闻不仅没有减少，反而倒是越来越多、越来越猖狂。为什么会出现这样的现象？可能是管理方法有问题，管理方法背后的管理观念有问题，也可能是管理背后的新闻观念有问题。而新闻观念为什么会有问题，又是什么问题，只有这样溯本求源，也许才能真正知道问题之所在。

（三）新闻控制观念的应当追求

在社会网络化、信息化、媒介化程度越来越高的时代背景下，新闻传播活动（包括职业的和非职业的）对整个社会的影响日益增大。因而，任何一个社会的执政者、管理者，都会高度重视对新闻传播的控制，甚至会把新闻控制能力（实际上也是运用新闻手段调整管理社会的能力）作为重要的执政能力来对待。毫无疑问，这是合理的、应该的。但是，怎样的新闻控制观念、控制行为才是正当的、合理的、科学的，却是一个并没有完全解决的问题，当然也只能是在历史的不断演进中不断解决的问题。这里，我们主要从观念论的角度，在原则层面上讨论一下新闻控制观念的应然选择。

第一，新闻控制观念首先应该尊重新闻活动的特点和规律，按照新闻本位的基本观念控制管理新闻活动。人们知道，作为人类相对独立的一个活动领域，新闻活动有自身的特点和规律。马克思有一段名言，经常被人们引用，他说："要使报刊完成自己的使命，首先必须不从外部为它规定任何使命，必须承认它具有连植物也具有的那种通常为人们所承认的东西，即承认它具有自己的**内在规律**，这些规律是它所不应该而且也不可能任意摆脱的"①。法国社会学家布尔迪厄说，"新闻场"是一个"具有自身规律的微观世界"②，"规律是事物本身固有的本质的、必然的联系，是事物运动变化的基本秩序和必然趋势"③。新闻传播规律揭示的就是传播主体如何通过传递新闻满足收受主体新闻需求的内在关系，这种内在关系就是存在于、作用于新闻传播过程的不以主体主观意志为转移的客观法则。因此，规律的第一特征就是客观性。面对规律的客观性，不管是谁，正当的做法首先应该是尊重。任何一个领域的所谓科学发展，首先强调的恐怕也是这一前提。

尊重新闻规律的新闻控制观念，实质上就是要求控制者首先按照"新闻"观念而不是其他观念控制新闻活动。也就是说，控制新闻活动的观念，首先应该是合规律的观念，新闻领域特别是新闻业的科学发展，前提就是尊重新闻活动自身的特征；合理正当的管理控制活动，目的是实现新闻业的良性健康发展。如果只是从控制主体的主观愿望出发，不顾及合规律这个前提和基础，不注重合规律与合目的的统一，控制活动很可能就会变成扭曲新闻业正常发展的行为。在这一点上，中国的新闻管理与控制有过十分沉痛的教训。因而，中国的政治家们其实已经有了明确的认识和高

① 马克思恩格斯全集：第1卷［M］．2版．北京：人民出版社，1995：397.
② 艾伦．新闻文化［M］．方洁，陈亦南，牟玉涵，等译．北京：北京大学出版社，2008：238.
③ 陶富源．实践主导论：哲学的前沿探索［M］．合肥：安徽人民出版社，2001：222.

度的自觉，曾任中共中央总书记的胡锦涛就在多次讲话中反复强调新闻传播、舆论引导以及新闻教育、教学要充分尊重新闻活动的特征和规律[①]。

第二，新闻控制应该是“适度”控制的控制。英国传媒学者卡伦指出：“国家有限度的介入媒体（不是政府全权控制）对于媒体而言是较好的；而与此相反的，完全不受制约的媒体看上去却并不美。”[②] 尊重新闻活动规律的新闻控制，本身就内在要求控制者必须树立适度控制的观念。对于一个社会系统的正常运转来说，新闻控制是必要的也是必然的，因为作为一个社会子系统的新闻系统，不可能具有超越整个社会正常运行秩序的特权，不可能超脱社会各种基本规范的约束和限制，它同样必须遵守国家法律、社会公共道德规范和其他可能的新闻政策、纪律要求。何况，在现实社会中，“任何政治体制如果要想有效运作，都必须想方设法使其居民内化某些官方认可的观念，从而减少在行为上制造麻烦的可能性”[③]。这就意味着，国家会“运用社会所提供的文化资源或其自身所创造的文化要素，如意识形态、核心价值、文化宣传等，来进一步整合和治理社会、培育现代公民、巩固政权”[④]，而在一个媒介化社会已经成为现实的时代，通过传媒、新闻控制达成这些目的是自然而然的同时也是不得不进行的选择。但我们也应该清楚，并不是所有的新闻控制都是天然合理的、正当的和应该的，有些控制本身可能就是不正当的、不应该的，有些规范、政策、纪律本身可能就是不合理的。新闻控制主要表现为对新闻传播内容和新闻传播方式的控制，实质上则是对“新闻自由”的一种约束和限制。因

---

① 2002 年，胡锦涛指出：“要尊重舆论宣传的规律”。2008 年，他再次提出要求：“按照新闻传播规律办事”。

② 卡瑞，辛顿．英国新闻史：第 6 版［M］．栾轶玫，译．北京：清华大学出版社，2005：8.

③ 潘维，廉思．中国社会价值观变迁 30 年：1978—2008［M］．北京：中国社会科学出版社，2008：76.

④ 任勇．国家治理视野中的核心价值：基于文化资本的考察［J］．社会科学，2010（3）：9－15.

此，所谓适度控制，就是将新闻自由控制在适度的范围内。新闻控制的内在精神是保护新闻自由的实现，而不是要缩小新闻自由的正当范围。对新闻自由、言论自由、表达自由之类的基本人权来说，在现代文明社会里，国家权力实施管理控制过程的应有观念是："保护是常态，限制是例外"，限制是为了更好地保护和实现新闻自由。而且，构筑新闻自由边界范围的"篱笆"，是具有权威性的法律规范，任何与法律相抵触的约束、限制、干涉都是不合理的控制，这就是现实的新闻控制限度的根本含义。

再具体一点说，适度控制，也就是要防止控制的"欠度"与"过度"。当限度是不合理的就有可能出现"欠度控制"或"过度控制"的现象，低于合理限度的控制属于欠度控制，高于合理限度的控制属于过度控制，它们都是不适度的控制。从原则上或从约束限制的精神上说，"限制规范所要实现目标的价值必须高于限制自由的价值"①，不适度的新闻控制都有可能损害正当的新闻自由，导致新闻传播业的畸形发展，社会功能的非正常发挥。比如：政治控制的不适度，可能直接损害新闻自由的正常实现，要么滥用新闻自由，要么缺乏应有的新闻自由；经济控制的不适度，可能使新闻传播活动成为赚钱的工具，成为经济逻辑的奴隶，也可能使新闻业失去生命之水或运行的血液。欠度控制容易导致混乱、缺失秩序；过度控制容易导致铁板一块、死水一潭。所以，两种现象都是应该极力避免的。就目前新闻控制的现实看，两种现象在全球各地都有，但过度控制在世界各国可能表现得更突出一些，人们在现实中看到的更多情形是，控制者特别是控制者中的控制者——政府，对新闻自由的限制往往超出了应当限制的界限或范围。对这种现象我们要特别注意，诚如有社会学者所说："过度控制即使有可能带来社会稳定的局面，但也只能是一种'万马齐喑究可

① 王志华．解读西方传统法律文化［J］．中国政法大学学报，2012（1）：53-66，159.

哀’的局面，这种稳定局面只能是表面的、暂时的，稳定的背后必然蕴藏着深刻的社会危机。”① 这里讲的尽管是一般的社会控制，但道理完全适用于新闻控制现象。“历史经验已经表明，过度控制并不能带来长久的社会稳定、繁荣发展的社会运行，反而会引起巨大的社会动荡，陷入社会恶性运行状态。”②

第三，追求新闻控制合规律性与合目的性的统一。之所以进行新闻控制，就是为了实现控制者的目的，实现控制主体的正当需要，当然也是为了实现社会的正当需要，以确保一定社会信息秩序、新闻秩序的良性运行；而要控制适度，说到底，就是要尊重新闻活动的内在特征和规律。因此，确立合规律与合目的相统一的新闻控制观念，是控制主体应该追求的一种良好境界。

如前所说，一定的社会统治权力或社会管理控制主体（阶级、阶层），之所以要控制新闻，其根本目的在于运用“新闻手段”来管理和控制社会，即把新闻传播作为控制社会的一种基本手段。但事实并非如此，新闻领域、新闻传播、新闻传媒、新闻业都有自身的特征，控制行为，只有遵守其内在运行规律时，才有可能达成自己的目标，否则会适得其反。

“大众传媒这一社会‘公器’从来就是各种社会力量角逐的目标”③，而在当今这样的媒介时代，就更是如此了；一定社会的控制主体，因其得天独厚的地位与权力，自然会充分利用自身的特殊优势，同时也是履行自身的职责，管理控制新闻传媒的传播活动。其中最为困难的事情就是如何适度管控，即如何处理好合规律与合目的的关系。这里关涉诸多重要的方面：其一，充分认识新闻活动自身的普遍特征和规律，充分掌握一定社会

① 郑杭生．社会学概论新修［M］．3版．北京：中国人民大学出版社，2003：411．

② 同①．

③ 蒯正明．国外主要政党关于意识形态资源建设的经验启示［J］．理论与改革，2010（1）：35－39．

中新闻业、新闻现象的特殊性，充分把握一定时代新闻活动的新特征、新变化。其二，准确认识、反思控制主体及其所代表的社会的合理新闻需要以及通过新闻传播才能更好实现的其他需要。其三，准确认识甚至试验可能采用的新闻控制方式、方法、手段、措施等的合理性、正当性与可行性。原则上说，只有处理好对象、主体、手段三个大的方面的关系，才有可能使新闻控制行为处于合规律与合目的相统一的范围或限度之内。

最后，我们应该指出的是，尽管世界各国各地区都会采用一定的方式管理控制新闻活动，但它们用来管理控制新闻行为的观念是各有特色各有差异的，必须根据具体的社会环境做出具体的阐释。一个社会、一个国家到底会采用怎样的方式管理控制传媒的新闻行为，最重要的就看它们如何认识处理政府（政党）、传媒与社会之间的关系。

第九章　新闻观念与新闻制度

制度是为人类设计的、构造的政治、经济和社会相互关系的一系列约束，是人类设计出来的形塑人们互相行动的一系列约束。

——道格拉斯·C. 诺思（Douglass C. North）

制度的作用取决于产生制度的观念和维持制度的精神。

——阿克顿（John Acton）

思想和文化风格并不改变历史——至少不会在一夜之间改变历史。但是它们是变革的必然序幕，因为意识上的变革——价值观和道德伦理上的变革——会推动人们去改变他们的社会安排和体制。

——丹尼尔·贝尔（Daniel Bell）

制度本质上是一种规范或规则，是某种观念特别是价值观念的形式化、规则化、符号化表现。新闻制度是约束和管理新闻活动主体新闻行为的规范或规则体系。新闻观念是新闻制度内在的灵魂和精神，新闻观念也是新闻制度变革的精神力量；新闻制度是新闻观念的形式化、规则化和符号化，是固化和维护新闻观念最有力的方式。仅就新闻观念与新闻制度最基本的关系而言，在逻辑上，有什么样的新闻观念就会有什么样的新闻制度，而新闻制度的变革又总是依赖新闻观念的创新；同时，新闻制度一旦建立，便会在一定程度上以自身的稳定性或刚性约束新闻观念的存在方式与演变走向。本章中，我们将就新闻观念与新闻制度之间这种最基本的关系展开分析与阐释，并且更多侧重新闻观念对于新闻制度建构与确立的作用和影响。

一、新闻观念：创设新闻制度的逻辑前提

在一般意义上说，任何制度的形成大概有两条基本路径：一条是自在自发性的，即在相关人类活动的历史经验过程中逐步积淀形成的；另一条则是自觉自为性的，有着比较强烈的主观建构特性，即制度是根据主体的某种需要有意创设的。但就现实的制度创设来看，其路径或方式大都是这两种路径的综合，即某种制度，总是在人类相关活动积累到一定程度并已经形成某种习惯或不言自明的规则时，人们再根据现实需要和预期情况，按照一定的观念预想创设的。但不管通过哪条路径，制度创设都离不开一定的、先在的关于一定制度的意识和观念。因此，我们可以在总体上说，观念是制度创设的逻辑前提，在新闻观念论的视域中，一定的新闻观念则是一定新闻制度创设的逻辑前提。

（一）制度与新闻制度简说

在讨论新闻观念与新闻制度间的基本关系之前，需要对新闻制度的内涵加以简要说明。而理解新闻制度的前提是理解一般制度。

制度是一套规则或规范（体系），是人们在实际生存、生活、生产中形成的为范导或约束自己的行为而制定的规范或规则（体系）。制度有广

义与狭义之分：广义的制度可以指所有约束人们行为的准则或规则，包括成文的或不成文的、政府的或民间的；狭义的制度是指政府或一定的组织机构（群体）根据特定的需要或目的、通过专门的程序、采用一定的方式方法自觉建构设立的约束和规范人们行为的各种明文准则，比如法律规范、政策规范、社会公共道德规范、纪律规则等。因而，自觉建构的规范通常总是以明确的语言方式表达或宣示于世。① 我们主要是在狭义上讨论理解制度与新闻制度的基本含义。制度经济学家道格拉斯·诺思指出："制度是被制定出来保障和约束人们的行为以求价值最大化的准则、规则体系。把人类行为规范化、有序化、确定化，这就是制度的本质。"② 他还在制度经济学的视野中对制度做出界定，"制度是为约束在谋求财富或本人效用最大化中个人行为而制定的一组规章、依据程序和伦理道德行为准则"③。同时，他在更为一般的意义上对制度的内涵与实质做出了描述和界定："制度是为人类设计的、构造的政治、经济和社会相互关系的一系列约束，是人类设计出来的形塑人们互相行动的一系列约束。"④ 看得出，制度就是一套行为准则、行为规范体系。在自觉自为的向度上看，制度是活动主体根据自己活动目的、活动需要的发明和创造。制度建立的过程是一个自发和自觉相统一的过程，是一个从自发到自觉的过程，是一个最终自觉制定、建构的过程。⑤ 因此，任何制度的建立都有自己的逻辑过程或程序。

---

① 杨国荣指出："一般而言，以自觉的方式制定的规范，如法律、法规，不同形式的规定（prescription），技术的规程（如操作性说明）等，往往较为直接地以语言形式加以表示，事实上，表现为规定的规范，常常同时被视为所谓语言行动（speech act）。"参见陈嘉映．教化道德观念研究［M］．上海：华东师范大学出版社，2009：3-25。

② 晏辉．现代性语境下的价值与价值观［M］．北京：北京师范大学出版社，2009：111.

③ 诺思．经济史上的结构和变革［M］．厉以平，译．北京：商务印书馆，1992：195-196.

④ 诺思．制度、制度变迁与经济绩效［M］．刘守英，译．上海：上海三联书店，1994：64.

⑤ 我国著名文字学家周有光先生讲过一个当下几乎人人知道的故事，很好地说明了制度形成中自发与自觉相统一的过程。他在回忆自己的圣约翰大学学习生活时，讲过这样一件事："在两座楼房之间，学生抄近路不顾规定，践踏草坪来去。校方因势利导，在这踏坏的一条草坪上铺上石板，使不合法的过道变成了合法的过道，而且显得更加优美。"参见周有光．拾贝集［M］．北京：世界图书出版公司北京公司，2011：8。我们可以把这样的制度形成方式，称之为"草坪生路法"或"草坪生路原理"。

一定的社会总是拥有一套庞大而繁杂的制度体系，以保持和维护社会的正常运行。为了理解与把握的方便，我们依据马克思历史唯物主义关于社会基本结构的基本理解，将一定社会的制度系统分为两大宏观类型：一类是属于社会经济基础的经济制度，它也是整个社会的制度基础；另一类是属于社会上层建筑领域的制度，这些制度建设于经济制度基础之上，在应然性上应该与经济制度基础相统一。在上层建筑制度领域内，由于上层建筑可以再分为政治上层建筑和思想意识形态上层建筑，因此，上层建筑内可再分为两类基本制度——政治制度和意识形态制度。政治制度规定着一个国家、一个社会根本的权力配置方式或政权运行方式（具体主要体现为政治制度和法律制度，它们在总体上反映着一个社会的政治文明形态和水平）；而意识形态领域属于狭义的文化（精神）领域，因而意识形态制度又可名之为文化制度（它反映和标示着一定社会精神文明的制度质量与水平），它以形式化的各种准则、规范规定了一定社会、国家精神生产、传播与交流的基本取向和大致范围。按照一般的理解，新闻领域属于上层建筑的思想文化范畴，是思想意识形态的一种形式，新闻制度可以归属于意识形态领域之具体制度的一种。至于新闻传媒业作为整个传媒产业的有机构成部分，也有自身经济基础化的一面，因此有其作为产业而须建立产业制度的一面，对此，本书不做讨论。我们主要是把新闻传媒看作生产与传播新闻信息为主的精神领域，看作意识形态的一种重要形式，并在此基础上，讨论新闻观念与新闻制度的关系。

新闻制度是一个总的名称，作为一种制度，是由一系列具体的制度构成的，因而是一个制度系统。像我们在前面讨论新闻观念形成问题时一样，新闻制度，既有人们自觉设计、建构、制定的，也有自发自在形成的。但不管是以哪种机制方式形成的，新闻制度都因人类新闻活动的实际需要而产生。那些由长期新闻实践活动形成的习惯规则、基本原则、方法等可以说是自发形成的新闻制度，可称之为非正式的新闻制度。而那些由人们依据新闻实践需要、经过认真分析研究、按照一定规则程序建立的新闻制度（比如新闻法律规范、新闻政策、道德规范等），就是自觉形成的新闻制度，可称之为正式的新闻制度。正式的或非正式的新闻制度，对新闻活动都会发挥重要的约束、规范、指导作用。但人们一般所说的制度，主要是指后一种意义上的制度，因为纯粹自发形成的规则几乎没有，凡是规则、规范总是要经过人们的一番自觉与反思，通过一定的形式成为约束和引导人们行为的东西。

《新闻学大辞典》是这样界定新闻体制（体制是制度的表现形式，实质上是一回事）的：新闻体制是“新闻事业的组织制度，它包括新闻事业的行政隶属关系、内部结构、组织体系、干部制度等”[①]。可见，新闻传播体制实质上讲的就是新闻传播的制度问题，主要包括新闻资产的所有制、新闻业的组织结构、人事制度等问题。在这些具体的体制内容中，新闻资产的所有制是新闻体制的核心，它决定着其他体制内容的具体安排方式。“与国家基本的政治制度和经济制度、文化制度相比，它是亚层次的制度实体，是整个社会制度体系中的一个构成‘要素’”[②]，因此，它必然受制于一个国家的基本经济制度和政治制度。比如，在公有制经济（为主）的国家，新闻资产所有制的主导形式必然是公有（国有或全民所有）制，而在基本经济制度为私有制的国家，新闻资产所有制的主导形式必然是私有制。按照上面对制度的一般理解，新闻制度其实就是人们设计制定出来的为了约束新闻行为的规则体系。从大的类型上说，新闻制度应该有法律的、政策的、道德的、纪律的等等，而在每一个类别范围内，又有一系列比较细致的分类。我们只在统一的意义上使用新闻制度这一概念，并

---

① 甘惜分．新闻学大辞典［M］．郑州：河南人民出版社，1993：5.

② 郎劲松．中国新闻政策体系研究［M］．北京：新华出版社，2003：148.

不限于某一类具体的制度。但我们下面关于新闻观念与新闻制度关系的讨论，侧重的对象主要是社会层面二者之间的基本关系。

（二）作为新闻制度创设前提的新闻观念

如上所言，制度是准则、规范的一种，而“任何规范都可以追溯到某种基本的社会价值观念”① （当然不限于价值观念）；“任何制度都包容、象征、实现着文化观念及其所体现的人内心感悟的生存世界和意义，其中包括发展目标”②。这就是说，在观念与制度之间，观念是制度的精神之源。在新闻观念与新闻制度之间，同样存在着这样的基本关系。“如何建构适应社会需求的新闻传播制度，设定新闻传媒及从业人员的活动空间，划清公共权力系统与新闻传媒系统彼此领域的界限，规制新闻传播工作者的职业行为等，都是在一定的新闻传播观念的影响下实现的。”③ “制度作为一种准则、规则体系是以一定的符号形式存在的。因此，制度就是一定价值观念的符号化。”④ “人们依据观念的蓝图建构制度，制度则强化这作为意识形态的观念，并因其所承袭的文化传统的不同而使自己具有不同的特色。发展目标首先以观念的形式表现出来，却只有通过制度才能在现实的层面上得到落实。”⑤ 新闻制度其实就是新闻观念的形式化、规则化、符号化。在新闻观念与新闻制度之间，最基本的逻辑关系是：观念在先，制度在后；新闻观念指导着一定新闻制度的建构，新闻制度是一定新闻观念的显现。

---

① 袁贵仁．价值观的理论与实践：价值观若干问题的思考［M］．北京：北京师范大学出版社，2009：81.

② 江必新．“把制度建设摆在突出位置”的若干思考［J］．中国社会科学，2013（1）：17－19.

③ 张昆．中外新闻传播思想史导论［M］．上海：复旦大学出版社，2006：5.

④ 晏辉．现代性语境下的价值与价值观［M］．北京：北京师范大学出版社，2009：113.

⑤ 同②.

但是，在我们展开相关论述之前，需要立即说明的是：在新闻观念论视野中，我们说新闻观念是新闻制度形成、建立的逻辑前提时，只是从新闻制度形成的完整过程中截出一段后对二者关系的描述，并不是说新闻观念是新闻制度形成的最后根源或最终根据，更不是说新闻制度的设计建构甚至变迁的根本动力只是新闻观念，当然也不是说新闻观念是新闻制度形成、建立的唯一根据或前提。事实上，建立什么样的新闻制度，能够形成什么样的新闻观念，最终根据恐怕只能在社会存在、社会利益的变化中去寻找，在社会大环境中，诸如政治、经济、文化、技术等整体情况中去寻找，在新闻实践、新闻传播业的实际发展状况中去寻找，在一定社会的历史脉络、文化传统中去寻找。实际需要永远是最终根据，“从普遍的层面看，规范根源于成己与成物的历史需要”①。在这一意义上，新闻观念不过是新闻制度形成的直接前提之一，或者说它只是新闻制度形成的一个必要的逻辑环节，并且是处于中介地位的一个环节。但这一环节非常重要，它是新闻制度符号化、规则化的“精神准备”。因此，在新闻观念论视野中，我们应该讨论它们之间这种基本的逻辑关系。

对于一定社会的新闻系统来说，其基本结构大概可以划分为三个层次：一是新闻活动现象，以及支持新闻活动能够正常运行起来的各种物质系统；二是新闻制度，规制或约束新闻活动的各种规则体系；三是新闻观念，它处在新闻现象的背后，构成新闻活动的精神灵魂。在这三个层次之间，始终是一种相互影响、相互作用的互动关系。但基本的逻辑关系可能是：新闻观念根源于新闻活动实际，依据某些社会认可的新闻观念建立新闻制度，新闻制度又规约新闻活动的展开、新闻观念的演变与更新。它们之间的这种循环互动关系是一种没有闭合的一直向前延伸（向前延伸，并

---

① 陈嘉映．教化道德观念研究［M］．上海：华东师范大学出版社，2009：3－25.

不必然总是历史的进步）的螺旋曲线。我们现在就是将第二个环节从这种连续不断的宏观链条中抽取出来，加以专门讨论。

坏制度是可以随意制定的，但要制定好的、比较好的制度就没有那么容易了；因而，现实中才会有恶法与良法、恶策与良策、恶律与良律、恶德（此处的德指规范，不是指德性）与良德之分，在良与恶之间，有着客观的区分。① 在观念论视野中，好制度的前提是好观念，因此，良好的新闻观念也就是真实的、合理的、正确的、先进的新闻观念（参见第六章）是创设建构良性新闻制度的前提。“什么观念成为主导比什么人成为领导更重要，因为观念是行为、生活和制度的最终支配者。”② 作为建立新闻制度的新闻观念，并不是纯粹的理论观念，而是更具有实践观念的意义，如我们在第七章所阐释的，它的内涵十分丰富，但大致可以分为两个主要方面：一是对新闻实际的反映；二是一定社会对新闻活动合目的性的诉求。这就是说，从原则上说，只有那些既合乎新闻实际又合乎社会需要的新闻观念才能称之为好观念，只有以如此观念为基础、为前提的新闻制度才有可能成为好的新闻制度。因此，好制度的基础或前提是对制度规范约束的对象情况有一个真实准确的认知。新闻观念的正确性是制定良好新闻制度的根本性条件。“制度设计不能凭空想象或照搬，乃至于‘为制度而制度’的理念，而是基于现实的呼唤，在充分认识和掌握制度的内在本质及其发展规律，并能够自觉按照客观世界的本来面目及其发展规律去设计。只有这样才有可能设计出好制度。”③ 好制度要有利于新闻业的健康

---

① 比如，良法，在一定意义上就是具有“真、善、美”品格的法。法律之“真”是指法的内容的合规律性；法律之“善”是指法的价值的合目的性；法律之“美”是指法的形式的合科学性。其中，法律之“善”是良法的关键。参见赵迅．我国法治转型的公平正义取向［J］．政府法制，2012（35）：11。

② 赵汀阳．坏世界研究：作为第一哲学的政治哲学［M］．北京：中国人民大学出版社，2009：39.

③ 赵泉民，井世洁．从“断裂”走向“互构”：转型社会中制度与人的协同构建论［J］．人文杂志，2011（5）：173-181.

发展，有利于调动新闻主体的积极性，有利于提升新闻工作者的职业品质，说到底，好制度能使新闻活动成为有益于一定社会良性运行和发展的制度。因此，作为制度前提的新闻观念，要能反映新闻业健康发展的诉求，充分反映职业新闻人的合理正当的需要，特别是能够比较真实、准确反映一定社会发展对新闻传播的真实需要，能够反映社会大众对新闻传播的真实的、合理的需要。

就现代文明社会而言，任何一个社会领域的制度建设，都是一个需要努力自觉的过程，都需要专门、深入、系统的调查研究，这样才有可能制定出良好的制度。诚如有学者所言，“由于人的理性的发展，人类社会与文明的进步，人类社会制度与组织的完善不能不主要依靠人的‘理性设计’而尽可能地远离人的率性而为”[①]。制度是观念的规则化呈现，正式的制度更是依赖于观念主体的创造和设计。当然，如上所说，制度建设的条件并不只是创设者的观念呈现，它还依赖各种各样的背景或环境条件、因素。比如，新制度的创立，总是离不开对原有制度的继承、扬弃和批判，总会受到各种社会逻辑的制约和影响。对于飞速发展的传媒领域而言，制度设计与建设不仅变得越来越必要和重要，也变得越来越紧迫和艰难，有更多的事实问题需要探索，有更多的价值问题等待评判，而在事实与价值之间架起怎样的桥梁，则是更为考验人们智慧的问题。

（三）可能制度化的新闻观念

将什么样的新闻观念转换成为新闻制度，这才是新闻观念论视野中观念与制度关系研究面对的真正的核心问题，当然也是真正的难题。如前所述，尽管在一般意义上可以说，新闻观念是新闻制度建设的逻辑前提，但

① 姚建宗．法学研究及其思维方式的思想变革［J］．中国社会科学，2012（1）：119－139．

是，谁都知道，并不是所有的新闻观念都能转化成新闻制度（这既不可能也无必要）。在现实性上，只有某些新闻观念能够转化成新闻制度，或者更为准确地说，只有某些新闻观念才能成为制定新闻制度的指导性观念或思想。这就关涉一个十分重要的问题：什么样的新闻观念有条件、有资格、有机会转化成新闻制度（广义上的新闻行为准则或规则），或者说能够成为新闻制度设计的直接前提观念。同时，还有另一个十分重要的问题，就是什么样的新闻观念应该转化成新闻制度。前者强调的是事实问题，后者侧重的是应当问题。“应当”始终为“事实”设定着制度应该追求的合理方向。

我们先来分析第一个问题。凭借基本的社会经验人们也都知道，并不是随意一种新闻观念都可以作为新闻制度设计建构的前提，只有那些在制度设计建构主体心目中认为“好的”或“合适的”观念，才有可能成为制度设计建构的前提性观念。在现实中，能够转化为新闻制度的观念，具备以下一些基本特征。

首先，在直接性上，只有那些能够满足制度设计者需求特别是现实需要的新闻观念，才有可能被选择为设计建构新闻制度的观念。新闻制度的设计建构是一种典型的“工程思维”方式，它是从设计主体的价值偏好、理想目标或预期社会效用出发，依据设计者认为正确的、合理的、真实的、先进的新闻观念设计建构出来的。这里的核心标准是制度设计者、建构者的标准，是他们所代表的利益群体的标准，这样的利益群体有可能是整个社会群体，也有可能仅仅是社会中的某些利益集团，因此，并不一定或必然与一定社会客观实际需要相符合。也就是说，依据一定新闻观念设计建构起来的新闻制度，并不必然是优良的或良性的新闻制度，保障的、维护的并不一定是社会的公共利益或社会大众的共同利益。因而，当人们对一定社会中建制性新闻行为不满或批评时，往往会追溯到导致这种行为的新闻制度上去，会还原追击到制度背后或作为制度前提的新闻观念上去；这样，我们也就能够理解人们为什么会说，新闻改革的核心和关键在于新闻观念的变革、新闻制度的调整和变革。

当然，这里我们应该注意到，任何制度的设计建构，包括新闻制度的设计建构，不可能仅仅以某种单一的领域观念为唯一的前提或条件，它还必须考虑其他相关条件，因为社会是一个相互联系、相互作用的有机系统。就新闻制度的设计建构而言，由于新闻领域在社会整体结构上的上层建筑地位，本性上的意识形态特性，从根本上决定了其相对较弱的独立性和自主性，因而，新闻制度的设计建构，不仅会受到社会整体的主流价值观念的作用和影响，也易于受到其他社会领域观念的作用和影响。这就意味着，在任何现实社会中，新闻制度的直接设计者、建构者，每当选择设计建构新闻制度的观念时，都必须认真仔细考量诸多的社会环境条件，必须同时认真分析和仔细考量与新闻制度设计直接或间接相关的可资利用的其他科学资源特别是人文社会科学提供的各种理论资源或思想资源。正是在所有相关条件的系统考量中，才能比较准确地选择出可行的新闻观念作为新闻制度设计的前提观念。一句话，制度设计是一个复杂庞大的系统工程，理应考虑到一种制度与其他各种相关观念、相关条件、相关制度的关系协调问题。

其次，在现实中，前提观念的选择确立，通常会有多种渠道和方式，到底会以哪种或哪几种方式确定作为制度设计建构前提的新闻观念，在不同的社会中有着不同的方式和表现，这主要依赖于一个国家的政治权力结构方式、社会权力运行方式，依赖于新闻传媒业在一定社会中的性质、特征、地位、功能和作用。并且，不同属性、层级的新闻制度，其设计建构的方式也是相当不同的。作为制度之一部分的新闻法律（制度），国家层面的行政管理制度、政策等与作为行业规范、职业准则的诸多制度建立，自然在制度层级上、管辖范围上有很大的不同，至于传媒层级或以民间团体方式设计建构的一些带有自律性的新闻制度，就更是与法律层面、国家行政层面的制度不能相比了。但不管哪个层级的新闻制度设计建构，在作为前提观念的选择上，就现代社会而言，大致包括这样两类典型样式：一是民主方式，即通过对话协商机制选出普遍认可的新闻观念，作为制定相关准则、规范的指导思想或前提。只有那些能够得到普遍认可的观念转化成制度，制度才会有效，才有可能得到人们的普遍尊重和遵守。而普遍认可的达成，应该有一个普遍对话协商的过程，有一个自由论辩、理性论证的过程，要通过一定的程序、环节、措施和方法来保障。① 民主协商的过程，实质上也可以看成是各种利益群体不同新闻观念对话博弈的过程。在如今这样的媒介化社会中，对媒介的依赖以及对媒介的运用，已经成为人们日常生活、工作、学习须臾不可离的事情，因而如何设计建构信息传播制度、新闻传播制度，会深切地关系到所有人的利益。因此，民主方式应该是选择确立相关观念较好的路径和方式。但民主协商方式，只能在真正民主的社会中运行和实现。二是权威方式，表现为权威认定、认可的新闻观念才有可能成为新闻制度设计建构的前提观念。在现实社会中，通常突出表现为政治权威的认定和同意，这种方式的选择大都出现在专制社会或威权社会之中。当然，权威认定并不一定就是纯粹的主观决断，政治威权也会依据历史经验、现实情况、发展需要去选择观念，但这种方式选择的观念，其合理性是偶然的，合法性是受质疑的，依赖于统治者偶然的智慧程度和开明程度，将合理科学的新闻制度寄望于专制或威权方式其结果大多是令人失望的。但不管是什么样的观念可以制度化，总有一些观念要被制度化，这恰好说明观念是制度形成的必然前提，也深刻地说明了观念选择的基础性和重要性。

我们再来分析第二个问题。在制度设计建构的问题上，有一点是显而

① 在方法论意义上理解以民主方式设计建构新闻制度的过程，可参见杨保军．建构新闻道德规范的逻辑环节与内在要求 [J]. 中国人民大学学报，2010（2）：144－150。

易见的，如果一种制度不科学、不合理，与现实要求不具有恰当的适应性，不具有一定历史承继性和面向未来的前瞻性，这种制度的实施过程就会遇到很多障碍和问题，甚至会制造滋生出非制度化的生存①或行为来。由上面的分析可以看出，在现实中，能够制度化的新闻观念并不必然是合理的、科学的新闻观念，有时可能是背离现实需要、违背历史潮流的新闻观念，是名义上的新闻观念，实际上的其他观念，名实不符是现实世界中常有的现象。因此，在设计建构新闻制度时，能够找到"恰当的"新闻观念并不是一件容易的事情。尽管任何制度都不可能一次性地完美建构起来，需要认识过程、实践过程的不断修正和完善，但尽可能使制度设计建构在最初的环节上就比较到位，应该是制度建设的基本要求。尤其是国家层面的正式制度，一旦建立就相对比较稳定，不可能朝令夕改、过度灵活。那么，作为前提的新闻观念到底具有怎样的属性或特征，才是"恰当的"观念，才是应该的前提观念呢?

回答这一问题，原则上似乎并不困难，从理论逻辑与实践逻辑相统一的理想意义上，应该转化为制度的"应该"性观念，它自然应该是正确的、合理的、先进的、真实的观念。这样的观念具备的原则性特征就是我们反复强调的：合规律性与合目的性的统一（参见第七章）。就实际情况来看，具备这种统一性的观念，有的已经过了历史实践的检验，可以直接选择为制度建设的前提观念。人们不难发现，在历史的流变中，一些观念

① 所谓非制度化的生存是指，一个人，一个企业，甚至一个行业，如果完全遵守规则就不能生存，而只能靠违反或破坏规则才能生存。过去的公路运输业就是一个典型的例子。在公路运输业中，如果不违规、不超载，就只能赔钱。为了有所盈利，破坏规则就成为唯一的选择。参见孙立平．走向积极的社会管理［J］．社会学研究，2011（4）：22－32，242－243。我们可以举一个新闻界的例子对此加以说明。比如，一些新闻机构规定在一定的时间内，记者必须完成一定数额的广告任务，否则将受到一定的惩罚。为了生存和不丢饭碗，很多记者不得不背弃新闻职业道德的基本要求，搞有偿新闻，甚至会主动设置新闻陷阱让一些人上套搞"有偿不闻"。可见，新闻组织这样的规则制度，无异于"逼良为娼"，但从另一个角度看，记者只好以非制度化（指违反职业道德规则）的方式生存。

形成后，往往会有自然而然的流布传播过程，一旦某种观念与环境切合、与人心契合，就有可能以某种近乎自然而然的方式转化为人们认可和遵守的制度，诚如有人所言，“观念一旦因其显而易见的效用和力量流布开来之后，就完全可能在它的旅行过程中被简化，被编码，被制度化”①。当然，这样的观念同样还要经受新的实践的考验和检验，需要根据新的事实经验做出必要的修正和调整。有些观念是新生的，还有一个从理论观念向实践观念转化的过程，因而其合规律性与合目的性的统一还需要经过历史实践的检验。作为制度建设前提的新闻观念，大都是这两大类观念的混合物或有机统一物，这也决定了我们一再说明的，制度建设不可能一劳永逸，而是一个历史的过程，是一个不断调整完善的过程。

如上所言，在制度建设中，找到恰当的、合适的观念前提是最重要的，恰当的或合适的观念就是诸多特性（正确性、合理性、先进性、真实性等）相互协调、平衡与统一的观念。但问题的难度在于：在一定社会中，人们对什么样的观念是正确的、合理的、先进的、真实的看法常常并不一致。具体一点说，人们对应该以什么样的新闻观念作为主导新闻观念（新闻主义），并以此为基础设计建构新闻制度的看法往往并不一致。这种现象典型地表现在两个大的方面：第一，尽管面对的社会事实一样，但人们对事实的认知不同，特别是评价不同。比如，同样是当下中国的新闻现实，有人看到的、强调的是这一面，有人看到的、强调的是那一面；有人认为这样的现实“好得很”，有人则可能认为这样的现实并不怎么好。这种认知与评价的差异，必然导致观念选择的不同。第二，即使人们的理想目标一样②，但人们对实现目标的道路选择、方法选择也会不一样。方法观念的差异性必然导致制度设想、制度建设路径的差异性。显而易见，以什么样的观念

① 伍静．中美传播学早期的建制史与反思［M］．济南：山东人民出版社，2011：147.

② 在理想目标不一致的情况下，自然不可能选择同样的新闻观念作为制度建设的前提。

作为指导建设新闻制度的前提观念、主导观念在现实中是一个十分艰难的课题，并不像理论逻辑的阐释那么简单。哪一种认识更接近事实的本来面目，哪一种价值取向更符合社会大众的意愿、更有利于新闻业的健康发展及社会的良性运行，往往不是当下能够做出准确判断的，必须经过历史经验事实的检验、实践的检验。在这一意义上，我们可以说，任何制度设计建构只能是一个探索和试错的过程，只能是一个选择较好观念和较好规则的过程。

看来，对于应该以什么样的新闻观念作为设计建构新闻制度的前提观念，在理论研究的视野中，我们只能做出原则性的回答，即这样的观念应该是达到合规律性与合目的性相统一的观念，也即应该是符合正确性、合理性、先进性、真实性等等基本要求的观念。

二、新闻观念：新闻制度的内在精神

如上所述，设计建构制度的逻辑前提是相关制度意识、制度观念的产生，新闻制度的设计建构当然也不例外。观念与制度之间的这种基本关系，也从源头上决定了观念不仅是制度设计建构的逻辑前提，同时也是制度的灵魂，是制度的内在精神。从新闻观念论的角度看，新闻观念是新闻制度的内在精神，新闻制度不过是新闻观念的另一种存在形式或呈现方式，制度是身躯、外壳，观念才是灵魂。这就意味着，制度的功能作用如何，很大程度上依赖于观念的品质，正如有人所言："制度的作用取决于产生制度的观念和维持制度的精神。"① 那么，我们应该如何具体理解作为新闻制度之内在精神的新闻观念呢？

在讨论新闻观念的系统结构及其内在要素构成时，我们曾经指出，一

---

① 阿克顿．自由的历史［M］．王天成，林猛，罗会钧，译．贵阳：贵州人民出版社，2001：4.

种系统的新闻观念是由认知要素、价值要素和方法要素有机统一构成的（参见第二、第三章）。这意味着，这三种要素的品质及其相互关系的质量，将从根本上决定和影响相应新闻制度的品质（如果我们暂时不考虑新闻观念以外的其他要素）。因此，我们下面主要从新闻观念内在要素构成的角度，具体分析新闻观念作为新闻制度内在精神的作用与影响。

第一，构成新闻观念的认知要素，将从基础上决定和影响新闻制度与新闻实践、新闻实际的匹配性、适应性。任何良好的制度都是为了保障相关领域良好行为的实现，因而制度的直接目的就是形成对相关行为的良好引导或对不当行为的限制与约束。这样的制度只能根源于相关领域的实际情况，人们只能根据实际及其演变趋势、发展特征与规律，制定出既能规范现实又能引导未来的规则；若是对规范的实际情况认识不清楚，缺乏比较准确的理解和把握，那就意味着制定出来的行为准则只能是凭空设想，这就有很大的风险，很可能造成规范与实际错位甚或脱离，难以形成良性的引导和约束。因此，如果从正面看，只有比较准确地认识了制度设计建构关涉领域的实际状态、事实情况，只有比较准确地把握了制度设计建构关涉领域的演变发展特征与主要趋势，才能为设计建构良好的制度提供坚实的事实基础。一言以蔽之，正确的理论观念是制度设计建构的认识根据，认识的真实程度与正确水平是制度质量的基础性保证。自觉建构的制度，其自觉性的典型体现，就在于制度建构主体能以自觉的方式认识把握制度关涉领域的实际情况与演变趋势。

第二，构成新闻观念的价值要素，主要是对观念主体需要和利益的反映与体现，也特别关注主体需要、利益与新闻实际及相关环境条件之间的匹配关系（价值关系）；观念主体会在价值论意义上特别关注通过新闻（广义）能够满足自身怎样的需要、实现自身怎样的利益。因此，价值要素将从根本上决定和影响新闻制度准则、规范等的性质、属性与取向，即在根本上决定新闻制度主要是为了谁的需要而设计建构。正因为如此，人们才会说，在新闻观念的要素构成中，价值要素不仅是观念的灵魂，而且是灵魂中的灵魂。因而，当一定的新闻观念被制度化后，其中的价值要素也就成为相应新闻制度的灵魂或核心。由于制度是主体设计建构的，往往很难超越主体自身的局限性，特别是难以超脱主体自身利益的羁绊，因而，观念中的价值要素对制度设计建构有着更为直接和深刻的现实影响。制度说到底是为了保证一定秩序的稳定运行，一定价值的实现与追求。观念主体的价值观念只有获得了制度保障，其价值诉求才能得到正式的维护，也才有可能得到普遍的实现。

第三，新闻观念所包含的方法要素，将在很大程度上决定和影响新闻制度的可行性以及可操作性的质量与水平。新闻观念在本性上是实践性的，它的内在趋势、动力就是感性化、现实化；新闻观念所包含的理论要素或事实要素是对相关新闻现象的反映和认知，价值要素则是对观念主体价值诉求、价值取向和实际利益追求的反映，而要在尊重事实基础上实现观念主体的价值目标，必须拥有与它们相匹配的方法论观念，并且在实践意义上能够转化为实际可行的、可操作的方法和措施。任何制度都不可能仅仅是纯粹的原则观念，而是要让原则性的精神能够体现为具体可行的、可操作的准则或规范，唯有如此，制度才能实际地对人们的行为形成指导、限制和约束。比如，一套新闻职业道德规范（制度），如果仅仅是一些理想性的原则规定，没有具体的行为指南性的规则，它便是空洞的、抽象的，难以对新闻行为形成实际的指导作用。[①] 事实上，在明确能做什

① 我在《新闻道德论》中阐释“建构良性新闻道德规范的基本原则”之“抽象与操作相结合的原则”时指出：“任何一套比较完整的新闻职业道德规范，不管是什么层次的、什么范围的规范，总是由一些相对比较抽象的原则和与原则相应的、相对比较具体的规定构成的；抽象原则通常表达的是规范的总的价值取向，具体规定则是一些为实现价值取向的可操作的规定。可以说，道德规范是一般原则与具体规定的统一物。”参见杨保军．新闻道德论［M］．北京：中国人民大学出版社，2010：193。事实上，在广义的制度设计建构中，都应遵循这样的基本原则。

么、应该做什么之后，最关键的问题往往落实在如何做上，而且如何做常常也是最难的事情。制度的实质在很大程度上其实就是对“如何做”的条分缕析的规定。一种制度，只有在方法论上贯彻到底，它才是真正能够发挥和产生实际效用的制度。

总而言之，如前所说，新闻制度的品质有赖于新闻观念的品质。而新闻观念的品质或质量如何，不仅取决于构成新闻观念的每一要素的品质，也取决于三类要素之间的关系。合规律性与合目的性的统一，事实与价值的统一，是优良新闻观念的基本要求，也是寻求实现二者统一方法的基础；而能将合规律性与合目的性、事实与价值统一起来的方法要素，更是新闻观念转换成新闻制度后是否可行、有无操作可能性的基础。因此，只有三类要素具有良好的匹配关系、内在关联，新闻观念才能作为有效的新闻实践指导观念，也只有这样的新闻观念，才能真正成为相应新闻制度真实的灵魂或内在的精神。

三、新闻观念：变革新闻制度的精神动力

任何制度，一旦建构起来，一般说来总是有其历史的稳定性和持续性；但任何制度也都不可能一经确立便一劳永逸，适应一切环境。一项好的制度，应该是能够不断自我调整、修正、改善的制度，是具有与时俱进品格和完善机制的制度。还有一些制度，可能随着社会的变迁，环境的变化，时代的发展，需要彻底改革、抛弃或废除。在制度演变发展与更新变革的过程中，相关的观念演变发展与观念变革更新是其内在的或背后的重要精神动力。新闻制度的变革，同样遵循这样的基本逻辑。本节中，我们将在作为制度变革更新精神动力这一意义上，讨论新闻观念与新闻制度之间的关系。

我们说过，人类社会以及构成人类社会的各个领域，有着类似自然世界的自然演化过程，有着自发自在的演变更新机制；但作为主要由主体实践活动构成的社会领域，其更为典型的特征在于人类的自觉自为。人类总会自主、自觉地按照自己的认知、愿望和意志，在尊重事实的基础上，促进和促成社会向着有利于自身生存发展的方向演变（当然并不总能如愿以偿）。因而，在自觉自为的意义上，观念的变革更新，如前所述，可以说在逻辑上永远是实际变革更新的前提。也就是说，社会变革的前奏是观念变革。因而人们才会说：没有伟大的思想就没有伟大的革命；没有伟大的观念，就没有伟大的行动。“一个社会的变革，仅有诗意的冲动还远远不够，思想的准备也是不可或缺的部分。”[①] “历史变革不是简单的物质形态的流转，也不是工具主义意义上的客体的技术结构及其原理体系的改变，更不是大自然计划的‘天意’显现，而是卢梭所言说的人类有着不断‘追求完美’禀性所导致的‘精神不安分’的结果，也是尼采所言说的精神有着不断‘否定自我、超越自我’的意志趋向，更是马克思所说的‘现实本身应当力求趋向思想’的澄明。”[②] 改革或改进并不是一个简单的自发过程，而是一种复杂的自觉的运作过程。这就意味着改革者需要根据既有的资源，不断进行观念创新，适时进行制度设计与安排。诚如有人所说：“当人类进入文明大量堆积的‘复杂社会’后，社会发展中的很多东西就不能靠‘被动适应’来产生，而需要靠自觉的理性来生成。”[③] 人类，在客观世界绝对运动的机制作用下，在自我更新机制的作用下，总会不断产生新的认知观念、新的价值观念、新的变革世界的方法观念，从而不断更新整体的思想观念系统，并按照新的思想观念改造变革既有的所有存在。

---

① 孙郁．鲁迅忧思录［M］．北京：中国人民大学出版社，2012：233.

② 张雄，颜景高．社会发展的重要视域：历史转折的文化动因探析［J］．哲学研究，2009（12）：21－26.

③ 秦德君．渐进的修补：政治设计的社会运用［J］．探索与争鸣，2010（3）：34－37.

社会范围内的变革更新，自然包括作为规定和维护社会秩序、社会活动准则的各种正式的和非正式的制度。根据人类已有的历史经验，可以说，从社会整体到任何一个具体的社会活动领域，制度更新与变革，是最具根本意义的变革与更新，因而也是最难变革更新的对象。但这些一般意义的问题并不是我们讨论的核心，我们这里关注的主要问题是：作为新闻制度变革更新重要精神动力的新闻观念，在新闻制度变革更新过程中到底发挥着怎样的作用和影响。下面，我们分而述之。

首先，没有新闻观念的革新，就不可能有新闻制度变革的意识和设想。我们在前文已经论述过，任何社会领域的变革，首先表现为观念的变革。“制度的革故鼎新必然伴随着精神的吐故纳新”[①]；美国未来学家、社会学家丹尼尔·贝尔指出，“思想和文化风格并不改变历史——至少不会在一夜之间改变历史。但是它们是变革的必然序幕，因为意识上的变革——价值观和道德伦理上的变革——会推动人们去改变他们的社会安排和体制”[②]。观念变革是建立新制度的思想前提；新闻观念是新闻制度设计建构的前提。因而，从逻辑上说，如果没有新的新闻观念的生成和出现，就没有审视既存新闻制度的精神武器，也就不可能产生对既有新闻制度革新或变革的设想，不大可能对既有新闻制度做出审查、反思和批判。这里也从一个侧面再次说明：新闻制度的变革更新，实质上就是新闻观念变革更新的规范化、形式化表现。

社会系统与新闻领域演变发展的客观性，总会造成新现象与旧制度的某种不相适应或相互矛盾和冲突，从而以事实的力量促使人们对既有的新闻制度做出反思和批判，对新的新闻现象、新闻实践做出认知和评判；正

---

① 张雄，颜景高．社会发展的重要视域：历史转折的文化动因探析［J］．哲学研究，2009（12）：21－26．

② 贝尔．后工业社会的来临：对社会预测的一项探索［M］．高铦，王宏周，魏章玲，译．北京：商务印书馆，1984：530．

是在这一过程中，一些新的新闻观念有可能不断地产生和出现，或从更大的环境（比如国际环境或其他领域）中被引入和吸纳，人们会对新闻领域的变革与发展形成新的愿望、新的设想和目标。如果既有的新闻制度对主体的愿望、设想和目标造成阻力和障碍，人们就会产生改变或革新新闻制度的想法和观念，进而或是调整、完善既有的新闻制度，或是确立和建构新的新闻制度。比如，在中国新闻领域过去 30 多年的改进、改革过程中，最大的具有根本性的客观变化，就是把曾经单一意识形态领域的新闻传媒领域变革为既是意识形态领域又是产业领域的新闻领域，从而使中华人民共和国成立以来的中国新闻界对新闻业有了全新的认识，形成了具有变革意义的新观念——新闻业既有意识形态属性，又具有产业属性；正是认识上、观念上的这一根本性变化，促使新闻传媒领域改变了以往单一的意识形态机制体制，并初步建构起了作为产业的新闻传媒制度，从而使整个中国新闻业的运作逻辑与改革开放前相比发生了革命性的变化，展现出一幅变革的景象。我们相信，随着改革开放的不断深入，社会主义市场经济制度的不断完善，特别是政治民主化改革的进一步推进，以及人们对新闻业公共属性的进一步认知和公共属性观念的逐步确立，中国的新闻、新闻传播、新闻传媒、新闻业会更进一步回归它们的本性，显现它们的特征和规律，从而促使中国的新闻制度进一步调整、革新和完善。

新观念，之所以新，就在于它对既有的存在具有批判性和超越性；尽管新观念不一定是好观念（正确的、合理的、先进的），但它总是为人们提供了观察、审视既有存在的新视野、新眼光，为人们发现、思考既有存在的问题提供了新角度、新思路。新的新闻观念，为人们设想新的制度方式、新的制度规范创造了想象的空间，更为人们提供了直接的设想新制度的思维工具。如果人们对新闻制度变革连新的意识、想法（观念）都没有，那么，谈论新闻制度的创新便是无稽之谈。因而，新闻观念是新闻制度变革最基本的精神动力。

其次，新闻观念变革的程度，在新闻观念论视野中，可以说决定着新闻制度革新的程度。人们知道，对于社会整体或一定的社会领域，变革更新最艰难的领域就是制度变革更新，它是任何改革甚或革命的最后一个堡垒。制度的变革，如前所说，本质上是价值观念的变革，而价值观念作为制度灵魂中的灵魂，是最为坚固的、稳定的。因此，可以说，一个领域观念更新变革的程度与水平，从精神层面决定着其领域制度变革更新的可能范围与程度。

观念产生、更新有自身的历史过程、客观逻辑，有一个观念能量、精神动力的积淀凝聚过程；并不是所有的观念更新都能引发新闻制度的变革，只有观念更新达到一定的程度和水平，才有可能积聚形成一种比较强大的观念力量或精神动力，进而促成新闻制度的变革或更新；而新的新闻观念的性质、内容，将影响新闻制度更新变革的方向和具体内容。一般说来，观念能够设想的范围，实质性地划定了制度调整、完善、变革的可能边界。同样，针对一个社会领域如何变革发展的观念不可能是单一的，而是多元的、多样的、多层次的。各种观念都想为自己赢得生存发展的机会，都试图通过制度化的方式确保自身的稳定地位与功能的发挥。因而，观念之间的斗争与博弈是必然的，并不是每一种新生的观念都有机会转化为制度性的存在、固化为规范性的形式；事实上，只有那些能够在观念博弈竞争中胜出的观念，才有可能最终体现在制度设计与建构之中。当然，其他观念的精华在合理的竞争中也有可能为胜出的观念所吸取。①

通常情况下，新闻观念的更新基本上属于改进性的更新，对新闻制度

① 在现实社会的一定领域中，不同观念之间的竞争，并不是纯粹观念范围、精神范围的事情，必然会关涉不同主体间的利益关系、权力（权利）关系以及其他各种可能的环境因素。因此，相对更为正确的、合理的、先进的观念在竞争中尽管有更大的概率胜出，但并不具有当下的必然性，至多具有历史的必然性。这样，我们才能理解为什么一些观念比较合理，而一些制度却不合理。

的作用与影响也大都属于提供一些修补、调整、完善的观念动力。实际上，仅仅新闻领域内部的观念变革，很难形成从根本上变革既有新闻制度或建立全新新闻制度的动力。新闻制度的根本性变革有赖于一定社会整体政治制度、经济体制的变革，有赖于一定社会文化观念的总体更新。在常态情况下，新闻领域内的观念变革若是能够促成新闻制度的改进或变革，也基本上属于既有制度的调整或完善范围。有些新闻观念可能主要关涉的是新闻业务领域的事情，即使能够最终形成新闻制度变革，那也只能是业务领域的革新。比如，改革开放以来，客观报道理念、职业新闻理念逐步被中国新闻界认可和采纳，进而逐步成为新闻传媒机构报道新闻的基本准则和规范（制度），但客观理念、职业理念在中国新闻界主要限于业务领域和业务层次，并没有从根本上成为与专业新闻主义观念相应的制度层次的有机构成部分；因而，新闻传媒的相对独立性以及新闻职业领域的自治性在中国还只是刚刚起步。当然，我们也会注意到新闻领域变革的自主性，更不会否认新闻领域的自主性，因为诚如有人所说："考察历史，我们发现，新闻媒体的生命力不单纯由一个社会的制度状况所决定。新闻界虽然被制度所约束，但社会领域中的制度不是自然界铁的规律。人完全可以突破制度，新闻界完全可以突破制度。换言之，新闻界可以创造历史。"① 但新闻界单独创造历史的可能性实在太小，在常态情况下，它更多的是受制于社会制度的约束，新闻对社会发展的整体依赖是基本事实。

一般说来，在新观念与既有观念、观念与现实关系的处理中，遵循着这样的基本逻辑："人们在思维中建构起关于理想世界的预设，以此作为标准审视现实存在的不合理性，或对既定思维加以扬弃，或对现实社会进行批判和拷问；另一方面，根据理想的价值尺度和原则，人们通

① 舒德森．为什么民主需要不可爱的新闻界［M］．贺文发，译．北京：华夏出版社，2010：10.

过理论与实践相结合，在实践中对现实社会加以改造，使之达成预设的价值目标。”[①] 因而，新观念变革的程度将在很大程度上决定和影响主体的各种行为，包括制度行为（可以把制度行为看作从观念到直接实践的一种中介行为）以及直接的实践行为。仅就观念与制度二者之间来说，只有革命性的观念变革，才有可能引发革命性的制度变革。比如在社会层面上，只有具备了资产阶级的革命观念，才有可能发生资产阶级革命，才有可能逐步消灭封建主义的制度，建立资本主义制度。只有具备了无产阶级的革命观念，才有可能发生无产阶级革命，才有可能逐步消灭资本主义制度，建立社会主义制度。对于一个具体的社会领域也是如此。在新闻领域，如果没有宣传新闻主义的观念，就不可能建构确立与其相适应的新闻制度；如果没有专业新闻主义观念的确立，同样很难建立与其相适应的新闻制度。事实上，在一定的社会范围内，只有某种新闻观念被确定为“主义”层面的主导观念，才会有相应的新闻制度被建立起来。

需要特别注意的是，观念变革与制度变革并不是简单的前后相继，更不是如前所说，有了新观念，就会有新制度。不要说很多观念很难产生对既有制度的影响与作用，即使那些能够形成作用与影响的，与新制度的产生、既有制度的变革也不是简单的线性逻辑关系——有了什么样的观念更新，就会有什么样的制度变革。在现实中，那些对制度调整、完善、变革真正产生动力作用的观念，也是在与既有制度复杂的相互作用中发挥动力作用的，是在相互矛盾、斗争、调适中发挥作用的。这是一个长期的、反复的纠缠过程，需要考量方方面面的因素，不只是我们在新闻观念论视野中讨论的新闻观念与新闻制度之间的单线关系，这只是制度变革中的一条必要的主线而已。

---

① 张晓萌．论哲学的批判本质［J］．理论视野，2012（11）：24－26.

观念领域作为精神世界的一部分，有其自身的相对自主性和独立性。从原则上讲，观念既可能先进于实际，也可能落后于实际，因此，以观念为前提的制度设计与更新在历史演化的尺度或眼光里，并不总是进步的。历史的曲折性、社会的复杂性、人的认识能力的有限性等等，都有可能造成观念与制度之间的错位与差异。一般说来，制度变革应该以比较成熟的观念为前提，以比较成熟的观念为内容，这样建构起来的制度才比较稳定和有效。而且，既有制度的惯性，总要维护其合法存在，对新生观念具有某种天然的抵制作用（对此我们将在下文专节讨论）。因此，尽管在一般意义上，我们可以说，新闻观念的变革更新是新闻制度变革更新的前提和精神动力，但就具体的新闻观念来说，能不能成为新闻制度更新变革的直接动力，还需要具体问题具体分析。

再次，新闻观念的变革方向，决定和影响着新闻制度的价值取向。新闻观念的灵魂要素是价值要素，正是价值要素决定着一种实践观念的方向性。[①] 作为新闻制度产生或更新之观念动力的新闻观念，其价值指向性毫无疑问会直接地或间接地影响新闻制度的价值取向。即有怎样的新闻价值观念，新闻制度就会追求怎样的价值目标。因此，新的新闻观念与既有新闻制度内含新闻观念在价值性质上的异同，将直接决定新闻制度的变化是属于调整完善还是属于性质的变革。因而，从原则上说，如果新的新闻观念在性质上（主要是指价值取向上）与既有新闻制度内含的新闻观念相一致，那么，由其作为动力促成的制度变化就只能是具体内容或多或少的变化，属于制度性质范围内的事情；如果新的新闻观念在性质上与既有新闻制度内含的新闻观念不一致，那对新闻制度的改变可能就属于性质更新性的变革。

---

① 与认知要素、方法要素相对中立客观的属性相比，价值要素有着明确的指向性，其典型特点就在于说明什么是应该的、什么是不应该的。

新闻观念的方向性，指的是一旦制度设计主体选择一种全新的新闻观念，也就意味着新闻制度的根本性变革。因而，可以说，摧毁一种旧观念，也是摧毁一种旧制度的前提。“可以毫不夸张地说，摧毁一种意识形态，也就意味着推翻一个制度。”[①] 马克思这样说：“如果从观念上来考察，那么一定的意识形式的解体足以使整个时代覆灭。”[②] 这里足以看出观念与制度特别是观念之方向性与制度变革属性之间的深切关系，因此，以怎样的观念作为制度变革的指导思想，是具有根本意义的事情。“新制度诞生需要改变人脑的舆论工具，需要传播信仰的文字、图像、声音及叙事，需要价值观的‘移情’，需要刺激变革精神的视觉景观、文化生态、思想读物等。总之，需要精神力量对物质变革力量的推动。”[③] 制度创新的前提是观念创新，观念的先进性决定着制度的创新性，观念的科学性、合理性、先进性决定着制度的科学性、合理性、先进性。好的观念、好的价值观念，才能产生好的制度。因而，用好观念的标准选择制度设计与建构的指导观念，始终都是制定出好制度的关键。

同样的制度，在不同时期会产生不同的效果，制度在时间的延续推移中总是要碰到不同的实施者、贯彻者。这实质上等于提醒人们，要时刻拥有制度更新的意识和观念。既要保持制度的稳定性，也要注意一些制度要素的灵活性，使其能够依据环境条件的变化、制度实施条件的变化而不断得到改善。我们在前面说过，观念是制度的灵魂，因此，新闻观念若不更新变革，新闻制度调整革新不过像是同一模特穿戴不同衣饰表演一样，这就如有人在论及政治价值体系变革与相关制度性框架调整的关系时所说：

---

① 潘维，廉思．中国社会价值观变迁 30 年：1978—2008［M］．北京：中国社会科学出版社，2008：79.

② 马克思恩格斯全集：第 30 卷［M］．2 版．北京：人民出版社，1995：539.

③ 张雄，颜景高．社会发展的重要视域：历史转折的文化动因探析［J］．哲学研究，2009（12）：21－26.

“政治价值体系没有根本性变革，制度性框架的调整充其量也只具有形式变换的意义。”① 一句话，只有新闻观念出现革命性的更新，新闻制度才有可能出现革命性的变革。

最后，需要特别说明的实质上也是我们多次重复过的是，新闻制度的更新变革动力并不只是来源于新闻领域内部，并不仅仅以新闻观念的更新为前提、为灵魂、为动力，甚至可能主要不是由于新闻观念自身的更新与变革，而是来自新闻领域所依托的一定社会政治、经济、文化、技术领域的变革或转型，受制于整个世界发展大气候的影响和作用。我们理应明白，一种制度变革特别是根本性制度的更新，总是需要多重力量、多种因素、多种条件、多重机制的共同作用。诚如有学者所言：“大规模制度变迁涉及多重过程和机制。”② 社会整体的制度变迁如此，任何一个社会领域既有制度的变革更新也是如此，它们大致遵循相似的逻辑，只是具体领域特别是那些附属性比较强的领域更多地受制于社会整体的变革。如果没有中国社会的整体转型，没有经济领域的市场化改革，没有政治领域的民主化改进，没有社会领域的结构变革、观念变革，没有技术领域的飞速发展、全面提升，传媒领域的诸多制度变革是无法想象的，也是不可能发生的。因而，关于新闻制度创立、变革、更新、完善的研究，是一个重大的课题，需要进行全面系统的分析考察，不是我们在新闻观念论意义上可以完成的。

四、新闻制度对新闻观念的制约作用

观念一经转化为形式化、规则性、规范性的制度、政策，便具有了自

① 张铭，刘洋．市场经济时代与政治价值体系之调整．东岳论丛，2011 (2)：109-116.

② 周雪光，艾云．多重逻辑下的制度变迁：一个分析框架 [J]. 中国社会科学，2010 (4)：132-150，223.

身的刚性特征，“制度的根本特征就在于它的刚性”[①]。刚性就是稳定性和不变性，刚性制度必然限定新闻活动者的可能空间。这种制度空间的缩小或者扩展，只有遇到新的问题时才可能发生，而发生的前奏曲又是依赖新的观念的产生。因而，观念在制度面前既是制度建立的前提，又是反思、批判、冲击制度的精神力量。先前的一些观念转换成了制度，后继的一些观念又将成为制度更新的精神动力。制度以其刚性的特点既固化着先前观念的成果，又防护着新观念的冲击，这便是观念与制度普遍的互动关系。上面的讨论，主要阐释的是新闻观念对新闻制度的前提性作用、变革更新的精神动力作用，下面，我们重点讨论新闻制度对新闻观念的制约作用和影响。

（一）新闻制度对既成新闻观念的固化

如上所说，在特定的历史条件和一定的社会环境中，新闻观念也一定会像其他社会观念一样，是一种多元性、多样化、多层次的存在，但只有某种或某些新闻观念会被社会主体（主要以社会的统治阶级、阶层或群体为代表）选择出来，作为一定社会的主导新闻观念，进而将这样的观念制度化、规范化，使其成为约束、管理社会新闻活动的基本原则。而新闻观念一旦被制度化，就有了刚性特征，就获得了一定历史时期的稳定性，就有了形式化、规范化的固化外壳，就获得了新的符号化表现形式。新闻制度对新闻观念的这种固化，使新闻观念以新的形式获得了以下一些突出特征，并能够形成一些特殊的影响和作用。

第一，新闻观念的制度化，使被制度化的新闻观念在固化之后获得了特有的地位与作用。如前所述，能被制度化的新闻观念，可以说就是众多观念竞争中的胜出者（可能并不是最优的或较优的观念）。而胜出的新闻观

---

① 戴焰军．制度建设的根本出路［J］．理论视野，2012（7）：1.

念一旦获得了制度化的存在形式，在现实社会中，也就同时获得了比其他新闻观念在形式上、内容上更为重要的地位和影响，从而也就具有了更大的权威性。尽管制度性准则与规范在不同社会中的权威性是有所差异的，但一般来说，在一个讲法治、讲规则的社会中，制度性权威应该是最高权威。

新闻制度的权威性，主要表现在这样几点上：其一，新闻观念一旦转化成了规则化或规范化的制度，就成为一定社会环境中相关活动主体必须（如法律和政策）或应该（如道德）遵守的规范，而凡是与制度相冲突的其他观念，都必须或应该受到限制和约束；任何社会，都不会轻易允许反制度的观念自由传播。其二，这种权威性最典型的表现是，它为一定社会中的新闻活动特别是建制性的新闻活动，以硬性方式设定了行动范围、行为规则，设定了行为目标。其三，这种权威性的另一突出表现是，它为新闻活动主体（组织主体和个体）建立了明确的衡量新闻行为是非对错的现实标准；并且，这些标准不仅是原则性的，而且常常具有相对比较明确的可操作性，特别是对那些层级比较低的准则与规范来说，尤其如此。对这几点，我们还将在下文中展开更为具体的专门讨论。

第二，新闻制度对有关新闻观念的固化，既使相关观念获得了特有的权威性，同时也使被制度化的观念可能失去随时而变、不断更新的灵活性，或者说使相应新闻观念更容易趋于保守、不易变革更新。

一般来说，根据新观念确立的新制度，总是具有一定的前瞻性，总要在一些地方打破人们以往的习惯行为和既有观念。因此，根据某些新观念创设的制度，有可能在实行过程中受到人们的习惯抵制、受到老观念的抵制，恩格斯就曾说过："在一切意识形态领域内传统都是一种巨大的保守力量。"[①] 这是因为任何习惯与既成的观念都有其历史惯性，人

① 马克思恩格斯选集：第 4 卷［M］. 3 版. 北京：人民出版社，2012：263.

们相应的行为、观念、心理也都有一些历史惯性；一旦新制度与老习惯、新制度中的观念与老观念发生冲突、矛盾，新制度的施行往往会遇到老习惯的阻碍、老观念的抵抗。诚如有人所说，“如果制度所规定的各种约束和人们的既成观念有冲突，那么即使采用很大的强制力也不能使制度的目标深入人心，人们对制度的态度只能是貌合神离”[①]。因此，将什么样的新闻观念转化为新闻制度，必须顾及新闻观念的历史沿革、历史惯性，必须注意到制度自身的历史依赖性或惯性，或者进一步说，必须注意到新闻观念的历史合理性问题、历史承继性问题。但我们这里要说的是事情的另一面，即一些新的新闻观念一旦被主体制度化，它便同时失去了自身作为观念文化的某种独立性和自主性、自由性和灵活性，可能会逐渐趋于保守，使自己逐步变成不适应社会环境变化和落后于时代的观念。

其实，得到制度化的观念在其施行过程中逐步趋于保守具有一定的历史必然性。制度一旦制定，其内在的稳定性就会要求相应的观念也应该保持一定的稳定性，不能轻易变动；一种观念一旦被制度化，就自然会以各种方式维护自身的权威性，很难与其他观念再展开平等的对话与交流，也就不易吸纳其他观念特别是那些与自己具有一定冲突性、矛盾性的观念的精华；这就是说，制度易于使内在的观念趋于保守而不是更新。相反，如上所说，被制度化了的观念，倒是往往会以“主导观念”的面目展现在其他观念面前，为其他观念的正确与错误、合理与不合理设定直接的权威性的标准。这种“自以为是”“故步自封”的特征，同样会使新闻制度不易得到及时的修正、调整和完善，最终必然导致新闻制度的退化。当制度退化到难以适应新的环境变化、新的新闻活动实际时，其就会受到新的观念

① 李景鹏．论制度与机制［J］．天津社会科学，2010（3）：49-53．

的冲击，就会出现新一个周期的制度变革或更新。事实上，在大的历史尺度上看，新闻观念的变化轨迹与新闻制度的变革轨迹是基本吻合的，在整个历史演变进程中，其实也大致如此。

第三，与第二点可能相反相成的是，被制度化、形式上、规则化了的新闻观念，尽管获得了特有的地位与作用，但也可能成为人们相对能够有机会集中关注、审视、批评、反思的观念对象。可以说，新闻观念在成为新闻制度的那一时刻起，一方面获得了权威性的存在，另一方面也成为人们特别关注的观念对象，成为人们更易直接观察和反思批评的新闻观念。这就像人们更易关注舞台中心的演员一样。得到制度化的观念，获得了主导观念的地位，于是，人们的眼光就会更多地聚焦于它，或是赞扬肯定，或是挑刺批评。

在现实中，大家很容易发现，面对既有的新闻制度，人们既可以站在肯定的立场上从其内讲话，维护制度所固化了的新闻观念，也可以站在批评的立场上从其外讲话，批评制度所固化了的新闻观念。人们用来肯定制度的观念，自然是与新闻制度内含的观念在本质上相一致；相反，人们用来批评制度的观念，自然是与新闻制度内含的观念存在一定的差异。但不管是哪种情况，都说明人们既可以用某种观念维护一种制度，也可以用某种观念批评一种制度，而不管是维护还是批评，又都说明观念是制度延续和变革的力量或动力要素。观念与制度之间的互动关系，才是它们之间的基本关系状态。正是在这样的互动中，观念与制度都会在历史的演变中，在新闻实践活动的演变中得到不断的更新和变革。

（二）新闻制度对新生新闻观念的约束

某种新闻制度一旦建立，就会对新闻观念的变化、更新形成一定的约束限制作用。同时，新闻制度一旦建立，就成了既定的刚性存在，它与既往的观念、既在的观念和未来的可能观念，都会形成新的关系。从新闻制度角度看，既有制度会以规则的方式对各种可能的新闻观念做出性质划界，或者说合理性划定。符合既有制度的观念，会被认定是合理的；不符合既有制度的观念，就会被认定是不合理的。因此，新闻制度一旦建立，就等于为制度之外的其他观念设定了一种权威性的参照准则，为合理性观念的运行划定了某种轨道，就会对新的新闻观念的孕育、成长、传播和流行构成某种限制约束。这样的限制约束主要表现为以下几种情况。

第一，维护、支持与新闻制度相一致的新闻观念。新闻制度首先是维护自身合法性、正当性的工具，往往会表现出比较强烈的保守性。任何一种新闻制度，都会用构成新闻制度的内在新闻观念为自己的合理性、合法性进行辩护，并把这种观念作为与其他新闻观念展开论辩最基本的观念工具。这种自我论证、论辩当然不会限于新闻领域范围，而是会在新闻领域所依托的社会经济、政治、文化、技术等共同塑造的环境中寻求最后的根据。

既有新闻制度在面对新观念时，通常会以自身为标准，判断新观念的合理性和正当性。这就像既有的社会道德规范，往往会成为人们直接用来评判新生道德观念是否合理的标准一样。常态情况下，一种新的观念如果与制度精神相一致，就会得到制度的支持，如果与制度精神不一致，就会受到制度的约束和限制、批评或反对。现行新闻制度会通过各种具体方式维护、支持与自身精神相一致的新闻观念：首先，制度主体会通过一定的程序与方法将与制度精神相一致的观念转化为不同的制度形式，这是最高规格的支持。其次，制度主体会通过开展各种具体的新闻活动（运动）方式，支持贯彻落实与新闻制度精神相一致的新闻观念，比如，中国新闻界在最近这些年来，通过不断开展“三贴近”“走转改”等新闻实践活动，维护中国新闻制度的最高宗旨、内在精神——“二为”方针，以求最大限度实现中国新闻制度追求的直接价值目标，即实现以正确的舆论（正确舆论在实践上就是与中央政府和执政党希望的舆论相一致）引导人。再次，制度主体会通过开展持续不断的各种形式的学习活动、教育活动，使新闻制度的基本精神真正进入新闻活动者的心灵之中、实践行为之中。比如，中国新闻界这些年来一直开展的“三项学习教育”活动[①]，实质上就是对中国新闻制度内在核心精神、核心观念的落实活动。最后，制度主体会通过树立那些比较完美实践现行制度精神的典型人物、优秀新闻作品等方式，使制度精神、制度观念以感性的形式展现在社会面前，从而吸引或赢得人们对现行新闻制度的认可、赞扬和肯定，同时也等于大力宣传张扬了与制度相一致的新闻观念、新闻精神。总而言之，那些与现行新闻制度精神相一致的新闻观念，会以各种方式方法得到制度的支持，获得更好的成长、传播机会。

一定社会的任何领域，其核心价值观都是一元的。这种一元化的核心价值观与社会的整体核心价值观或价值观念体系也一定是一致的，是得到制度化或制度认可的，“有什么样的社会制度，有什么样的大众媒介，就会有什么样的新闻理念”[②]。因而，在制度层面上，一个社会是绝对不会允许多元主导观念存在的，一种制度化的观念不会允许其他非制度化的观念与自己平起平坐，不会允许非制度化的观念挑战自身的权威性。比如，在当下中国，新闻业是党、政府和人民的事业，新闻传媒是党、政府和人民的耳目喉舌，新闻业、新闻传媒要绝对服从党的领导，坚持为社会主义

---

① “三项学习教育”活动的实质内容就是：“三个代表”重要思想的学习教育，马克思主义新闻观的学习教育，职业精神职业道德的学习教育。参见中共中央宣传部．“三项学习教育”活动新闻媒体负责人培训班材料汇编［M］．北京：学习出版社，2004。

② 林溪声，童兵．市场与责任：西方核心新闻理念的演化及价值［J］．当代传播，2010（1）：4-8.

服务、为人民服务的最高宗旨，坚持宣传党的路线、方针、政策，新闻宣传要毫不动摇地坚持党性原则。所有这些基本观念，都是中国新闻领域的基本观念、核心观念，中国新闻领域各个范围、不同层级的新闻制度（广义）都是以这些核心观念为内在精神或制度精神的，任何与如此制度精神相冲突、相背离的观念，无论多么新潮、多么流行、多么打动人心，都不可能得到这些观念的肯定性评价；除非基本观念自身愿意做出调整的时候，新观念才有可能被吸纳到制度观念的内涵之中。而在美国，就其从19世纪末到21世纪初的新闻观念演变来看，一切在本质上与自由主义新闻观念相冲突、相矛盾的新闻观念，即使能够流行一时，甚至能够形成某种新闻运动，最终都难以成为主导新闻观念，因为它们在本质上是与美国自由主义的新闻制度不相一致的。[①] 因此，在一定的历史时期内，任何与现行新闻制度相抵触的新闻观念，都会被现行新闻制度判定为不合理、不正确的新闻观念。事实上，新闻制度就是维护其内在精神观念的最好方法，新闻制度外壳是新闻观念内瓤最佳的保护衣。这也意味着，任何新的新闻观念，要想改变既有主导新闻观念的“主义”地位或主导作用，就得冲破既有新闻制度的限制与约束。

第二，抵制、压制与新闻制度相抵触的甚至是试图反抗新闻制度的各种新闻观念，这是新闻制度保护自身及其内在观念的又一重要类型。如果从新闻文化角度看，新闻观念与新闻制度有着内在的关系，新闻观念与新闻制度不过是新闻文化的两个层面或两个基本维度。但是，它们不只是具有内在的一致性，也有一定的张力或紧张关系。既成制度，对新观念往往首先是抵制的，而不是宽容的或开放的。“当制度的制定者要建立某种制

① 比如，建立在消极自由基础上的新闻专业主义，面对积极自由框架内的社会责任理论、公共新闻事业等理念的冲击，虽屡受质疑却始终不倒，其原因就在于整个美国社会及其民主政体对消极自由理念的笃信。参见卞冬磊．“自由”的抗争：从新闻专业主义到公共新闻业［J］．国际新闻界，2012（5）：21－25。

度的时候，其目的就是要对现实生活的某个领域进行规制。而规制的实质就是对人们的相关行为进行调控、约束和限制。”① 其实，一种制度限制约束的不只是相关活动主体的外在行为，它同时也会对与制度内在精神、内在观念不一致的其他观念进行抵制甚至是限制和压制，使其不能得到正常的孕育和成长、传播和流行。实际上，与对外在行为的约束限制相比，对与制度精神相悖的观念的约束限制更为艰难。行为是感性的、可见的，但观念却常常是无形的、飘忽不定的，深藏于人们的观念世界和精神世界之中。

既成新闻制度面对的新生观念，除过肯定的、赞成的之外，大致可以分为两类：一类是对现行新闻制度提出批评建议、修改完善甚至是部分变革的观念，这类观念可以统一概括为“批评（建议）性观念”；另一类是对现行新闻制度持反对、批判的看法，认为应该以新的观念取代旧的观念，彻底改变革新现行新闻制度，即根据新观念设计建立新的新闻制度，这类观念可以统一概括为“批判性观念”。下面我们根据既成新闻制度面对的这两类新生观念，分析一下在现实社会中，通常对待这些观念的方法。

其一，对那些本质上属于“批评（建议）性的观念”，由于其本意并不在于彻底改变现行新闻制度，因而也不属于对现行制度构成威胁的观念。对这类观念，制度主体通常会采取公开的理性论辩方式、民主协商方式与其展开讨论，既维护现行制度及其观念的权威性，又会根据新的情况和新观念的合理程度对现有制度做出某些修改和完善。由于批评（建议）性观念属于并不攻击反对既成新闻制度合理性、合法性的观念，因而，制度主体会允许其相对比较自由地传播。

其二，对那些直接反对攻击现行新闻制度的“批判性观念”，由于其本

---

① 李景鹏．论制度与机制［J］．天津社会科学，2010（3）：49－53.

意已经不是修正和完善现行制度，而是企图彻底改变既成制度的属性，因而，制度主体一般不会仅仅以理性论辩方式、民主协商方式与其展开交流对话，倒是更多会采取直接的针锋相对的批判方式，驳斥“批判性观念”的错误所在，甚至会充分利用现行制度的权威性、合法性，以直接约束、抵制甚至是压制的方式，限制一些观念的传播和流行。任何一个社会，都不会轻易允许那些与现行制度精神直接背离的观念自由传播和流行；在有些社会中，就连一些新观念的学术研究自由、表达自由等也会受到某种约束和限制，以防止造成观念混乱，对现行制度的正常运转和合理存在造成威胁。制度一旦建立，就等于在一定程度上设定了正当新闻活动的框架范围、价值取向和基本追求。因此，每每遇到对既有新闻制度构成冲击挑战的新的新闻观念时，既有新闻制度首先表现出来的往往是抵制或守成。比如，当西方专业新闻主义观念在改革开放大背景下重新进入中国后，它内在要求的传媒自主性、独立性（比如独立于政党、政府或其他经济利益集团、社会团体等）观念，就会受到中国新闻业属性观念的强烈抵抗，集中体现为受到新闻资产制度（新闻所有制）的抵抗，具体表现就是党和政府会以各种方式说明、论证甚至断言中国现行新闻资产所有制（国家所有制）的必要性、重要性、合理性和正确性，会反复论证中国的特殊性与特色之所在，会明确指出私有制对中国新闻领域是不合时宜的资产制度。

第三，新闻制度对新生观念的约束与限制，还有一种特殊的机制，实质上也是一种深层次的潜移默化的长效机制，这就是通过可以称之为“制度内化”的方式，使新闻活动主体特别是职业新闻传播者将外在的新闻制度规则主体化或内在化，转化为活动主体的自觉观念。我们在前文说过，新闻观念是新闻制度的逻辑前提，就是说，新闻制度其实是对一定新闻观念的规范化或规则化。这里我们要强调的是另一个方向的转化，即新闻制度反过来也可以成为主体新闻观念形成的前提条件。新闻主体在遵守、贯彻、落实新闻制度规范要求的过程中，经过长期的新闻实践，也会把新闻制度内在的精神——新闻观念——内化为自己的观念和精神。这就是说，在新闻活动领域，新闻制度一旦建立，它本身不仅是直接的行为约束规范，指明新闻活动者的行为方向，同时制度也会成为教化、塑造、引导行动者行为观念的重要工具。经验事实告诉人们，新闻制度在长期的实行过程中，可以内化为行为主体的制度观念，内化为行为主体的实践观念。比如，新闻职业道德规范就可以在长期的道德实践中，逐步内化为职业新闻主体自觉的行为观念，从而使职业新闻主体对其他不道德的观念形成一种精神“防火墙”，达到自觉维护新闻职业道德规范（制度）的作用。实际上，这在现实中是一种普遍的现象，刚入行的新闻工作者正是在一定的新闻制度下展开新闻活动的，正是在一定的制度框架下逐步形成相对稳定的新闻工作观念的。诚如有人所说：“制度的稳定性、强制性使其规定的内容发挥对人的品质、德行、思想情操及其他精神状态的反复作用，从而使制度自身内涵的意识形态、文化价值体系内化为个人的思想和个性。”①

当然，在说明新闻制度可以内化为活动主体的行为观念时，我们还应注意事情的另一方面，即作为能动的主体，新闻活动者不仅会内化制度规则、接受制度所包含的新闻观念，同时也会在与制度规则的相互作用过程中，产生出新的新闻观念，这也正是新闻制度与新闻观念相互作用的基本主体机制。新闻制度一旦建立，就成了新闻活动者的制度背景，成了支配、约束新闻行动者的力量、规范。但是，新闻制度并不是新闻活动者的唯一参照，并不是新闻活动者依赖的唯一规则，也并不是新闻活动者新闻行为的唯一动力。也就是说，既定的新闻制度只是新闻活动者新闻行为的

① 赵泉民，井世洁．从“断裂”走向“互构”：转型社会中制度与人的协同构建论［J］．人文杂志，2011（5）：173－181.

一种条件，新闻行为总体背景中的一种色彩。当新闻活动者试图以不同于现行新闻制度所确立的观念行动时，尽管会遇到阻力和障碍，但这也可能同时意味着新的观念开始孕育，新的可能对既有制度构成变革动力的观念开始出现；制度确实具有刚性的特征，但制度同时也具有可变性或灵活性，正是这后一特性的存在才使制度变革更新成为可能。正如有研究者所言："既定的制度规则对行动者的思想、言语和行动构成一种制度约束。但同时，制度也是权变的。因为，制度也是行动者的思想、言语和行动，尤其是行动者之间互动的一个结果。"①

（三）新闻制度规范制约行为方向

观念一旦获得正式的制度化的存在方式，也就成了可以进行制度化整合、约束相关行为的规范。最关键的是，制度一旦建立，它与制度所依托的观念的约束力就具有了质的差别。观念对主体（群体和个体）的约束或规范本质上说是软性的，首先属于精神范围、观念范围的事情，可一旦观念转化成了具有刚性的或强制性的制度，它对主体行为的约束与限制便是硬性的，是主体必须遵守的。行为主体的行为方式、行为方向受制度规范的制约，一旦背离就会被校正，就有可能通过制度规范的处置或惩罚方式被"拉回"到规范规定的"合理"范围。新闻制度对相关主体的新闻行为就有这样的规范作用，主要表现为以下具体几点。

其一，新闻制度对新闻行为具有硬约束的作用和影响。未被制度化的新闻观念可以看作"软制度"，它存在于人们的内心，主体是否按照一定的新闻观念展开自己的新闻行为，主要依赖于主体对相关新闻观念的认知与信念，不具有强迫性。但是，被制度化了的新闻观念可以说是"硬观

① 肖晞．政治学中新制度主义的新流派：话语性制度主义［J］．华中师范大学学报（人文社会科学版），2010（2）：23－28．

念”，它已转化成了硬准则，表现为符号化、形式化的规范，原则上必须遵守，不许违背，因而已经不属于新闻活动主体愿意不愿意执行的事情了。如果活动主体真是不愿意遵守、没有遵守，就必然要受到相应制度规范或轻或重的制裁和惩罚。

如前所说，广义新闻制度包含所有规范，如正式的非正式的，成文的未成文的，官方的民间的，传媒产业的、新闻专业的、法律的、道德的、习惯的，等等；但狭义的新闻制度，主要是指政府为新闻行业、新闻从业者制定的各种类型、不同层级的正式成文制度（有些新闻制度规范可能包含在针对其他领域或针对社会整体领域的一些制度之中），在新闻行业、职业（专业）之内则主要是指行业（专业）自治、职业自治的一些规范和伦理道德制度。我们这里所说的“硬制度”，主要是指政府方面制定的制度规范，它本质上是对一定社会、国家的新闻主义或主导新闻意识形态、主导新闻观念规则化的表现，主要包括法律制度、新闻政策。这样的主义、观念，一经符号化、形式化，就具有了最为广泛的制度权威性，对整个社会领域的新闻行为就具有了硬性规范约束作用。

与世界上其他一些国家相比，在中国的新闻制度体系中，还有一类特殊的制度规则，这就是中国共产党的新闻宣传纪律。① 新闻宣传纪律在中国新闻领域有着特殊的地位、作用与影响，这从根本上说是由中国新闻业的性质与核心功能定位决定的。中国新闻业是党的事业的一部分，其功能的核心定位是“新闻宣传”。与国家的法律、新闻政策之类的制度相比，新闻宣传纪律具有更大的机动性和灵活性，它会伴随社会环境、实际情况的变化而随时调整、随时做出，有些可能成文，有些甚至只是临时性的口头通知；新闻宣传纪律一般是由负责宣传工作的部门制定的，并且不同层次

① 杨保军．新闻理论教程［M］．北京：中国人民大学出版社，2005：127－128.

的负责宣传工作的部门可以根据当地的情况做出具体的有关规定和指示，并不完全依赖中共中央宣传部的统一要求。新闻宣传纪律有时比法律、政策规范宽松一些，不过这样的时候很少；在更多的时候，新闻宣传纪律要比法律、政策制度更为严格。其中的道理主要在于两个方面：一是，党要在宪法、法律范围内展开活动，因而它只能在法律前提下、在法律范围内提出更为严格的要求（当然这种严格程度不能背离法律精神）。二是，法律、政策建立起来之后，是稳定的、刚性的，有时很难应对新出现的新闻现象或特殊性的新闻事件，这时，新闻宣传纪律就以它的灵活性使党能够及时处理一些棘手的事情。新闻宣传纪律，作为一种规范，尽管在中国环境中原则上适用于所有新闻传媒和新闻从业者，但就近年的实际来看，其更多地直接指向“党媒”的新闻宣传工作，重点在于指导约束“党媒”新闻报道内容与报道方式的选择。还需要特别说明的是，新闻宣传纪律在中国的新闻制度体系中是一种特殊的硬制度、硬规则，新闻传媒及其从业者必须严格遵守，它是新闻工作党性观念、党性原则的体现；在某种意义上，新闻宣传纪律是“党媒”日常运行中更为重视、更为关注的活动规则。[①]

制度对主体行为的硬性规范作用，特别表现在它的强制性上，它会以自身权威性天然带有的威慑性迫使活动主体即使内心不认可、不情愿但也得按照制度规范行事，不然就会受到一定的惩罚。诚如有学者指出的那样：“制度是一种外在的强制性的规章制度和法律法规，它对人们的思想行为具有震慑作用，可以有效地约束和规范人们的行为；制度可以提供一

① 对于新闻宣传纪律这种硬性规则或指导新闻工作的方式，人们有一些不同的看法，认为它干扰或影响了新闻传媒机构新闻工作的相对独立性和自主性，使得新闻机构难以放开手脚展开工作；另外，新闻宣传纪律这种规则，在实际中确实给行政上比新闻传媒高级的部门及其一些领导或负责人，提供了“插手”“过问”“指点”“责难”新闻传媒的机会，往往影响到新闻传播工作的正常进行。这些现象在当前新闻工作中是存在的，但中国新闻业的耳目喉舌性质决定了新闻宣传纪律不可能取消，因此，当前能够探索改进的只能是如何更好地、规范地运用新闻宣传纪律，约束和限制那些对新闻机构正常工作的不当干涉和影响。

定的伦理程序，造就良好的道德秩序，形成固定的道德框架，将人们的行为限定在特定的伦理范围内，使好人充分做好事，坏人无法做坏事，避免非道德行为的发生。”[①] 我们知道，新闻活动主体的新闻行为，能否为社会公共利益服务，能否维护社会公平正义，能否遵守普遍的或一定环境特殊的新闻（宣传）传播规则，不能单一寄望于新闻活动者的良善或品德高尚，而应建基于良好的新闻观念和合理的新闻制度。合理的新闻制度，以其外在的强制性，不仅能够约束限制不良的新闻行为，也会在天长日久的运行中使新闻活动主体逐步养成良好的新闻行为习惯，对制度形成某种依赖，从而习惯于按照制度规则展开新闻活动。制度规范的主体化或内在化，是制度进入良性运行状态的典型表现。

其二，新闻制度对新闻行为的（价值）方向性有着明确的规定和指示，成为新闻活动主体的行为准则。新闻制度作为规范，不仅具有硬性特征，并且具有明确的行为指向、价值指向；也就是说，制度的刚性或硬性，最显著的体现就是它对主体行为的方向做出了直接的、明晰的规定，等于为活动主体设定了宏观的行为轨道。当然，作为规范，总有一些内容具有一定的弹性范围，但在范围之内和之外的正确与错误、合理与不合理、应该与不应该是不能模糊的，而必须是明确的。制度建立之后，便具有了刚性或稳定性，对制度规范的对象领域的各种变化发展形成约束和限制，这也是一种制度路径依赖[②] 现象的典型表现。

有了观念，人就会依赖观念行动；同样，有了制度，人就会依赖制度展开行动。在这样的意义上，人不只是观念性的动物，也是制度性的动

---

① 安云凤，朱慧玲．现代社会对制度与道德的双重诉求［J］．哲学动态，2012（11）：52－56.

② 按照历史制度主义的研究，路径依赖有广义和狭义之分：广义上的路径依赖是指前一阶段中的事件可能会对后一阶段中的事件产生某种影响和制约作用；狭义上的路径依赖是指回报递减，即一旦进入某种制度模式之后，沿着同一条路深入下去的可能性会增大。参见杨光斌，高卫民．历史唯物主义与历史制度主义：范式比较［J］．马克思主义与现实，2011（2）：142－148。

物。“制度构建旨归在于有效规范和约束人们行为，并对人们行为选择产生强大的激励和导向性。”① 有学者在一般意义上讲过，作为每一时代文化之集中体现的精神性文化，不仅以各种精神形态和价值观念影响和规范个体的生活活动和生存方式，而且通过制度性维度以内在机理和价值内涵而影响着社会各个领域的运行。事实确实如此，与精神观念相比，制度对人们行为的作用更为直接明确。观念，“这种符号一旦作为人类意识对象化的结果而存在以后，就成了一种客观化了的价值尺度，它成了人们用以约束、范导和评价多种行为的价值标准”②。新闻制度对新闻行为具有明确的约束作用、明确的范导指向作用；规范会成为行为的标准，成为可以直接用来衡量人们行为的尺度。

前面，我们阐释了新闻观念与新闻制度的基本关系，但就总体来看，特别是在新闻实践层面上，新闻观念与新闻制度对新闻活动的功能作用是共时的，只是它们对活动主体作用影响的方式、机制有所不同而已。前者更多指向主体的精神世界、心理世界，后者更多指向主体的外在行为；前者更“软”一些，特别依赖于主体的自觉，后者更“硬”一些，特别依赖于制度自身的刚性力量。正是这种差异性的存在，使它们有了真实而明显的区别。正是作用指向与作用软硬机制的不同，提醒人们，新闻观念如果不能转换为制度化方式（制度安排、制度运行、制度实施等），那就很可能无效地漂浮在精神空间。因此，新闻观念的制度化是必须的。但任何制度的有效性都不是一劳永逸的，总是需要不断的修正、调整、完善、变革、革新，因此，总是需要新的观念不断孕育、产生、成长，成为新的新闻制度设计建构的前提和精神动力，推动更为优良的新闻制度出现。

---

① 赵泉民，井世洁．从“断裂”走向“互构”：转型社会中制度与人的协同构建论［J］．人文杂志，2011（5）：173－181．

② 晏辉．现代性语境下的价值与价值观［M］．北京：北京师范大学出版社，2009：113．

第十章　新闻观念与当代中国新闻业

理念所创造出来的世界形象，往往像铁路的转辙手一样，决定了利益的动力所推动的行动之轨道。

——韦伯

巨大的变革不是由观念单独引起的，但是没有观念就不会发生变革。

——霍布豪斯

主流价值也会随时间变化，每个社会都经历过这种价值的变迁。

——阿马蒂亚·森

在整体的新闻文化系统中，我们可以说，有形的媒介产业或事业及其实践活动，媒体组织及其实践活动，是"形而下"的存在，新闻制度、新闻道德规范等则属于"形而中"的存在，而新闻观念属于"形而上"的存在，它既源于形而下，又展现或体现为形而中，同时又作用于形而下。在最普遍的意义上，新闻业的演变发展超越不了新闻观念的引导和影响，当然，新闻观念的演进也总是从根本上受制于新闻业的整体发展状况和水平；它们二者之间的关系始终处于互动的过程之中。不过，我们这里的讨论，更多的是从新闻观念论的视角，讨论新闻观念对新闻业的意义、作用和影响，并且特别关注的是中国社会中的新闻观念与中国新闻业之间的关系。新闻改革首先指向的就是新闻观念，业务改革首先改变的是新闻业务观念，体制改革首先改变的是新闻体制观念，按照这样的理论逻辑、实践逻辑，我们如果要改革现有的新闻图景，寻找走向未来的道路，就得在“新闻主义”层面上寻找新的观念、新的出路。

一、主导当前中国新闻业的新闻主义

“主义”层面的新闻观念，也即一定社会的主导新闻意识形态，它决定着一定社会新闻业总体的价值定位与价值取向。可以毫不夸张地说，一个国家的“新闻主义”，是一个国家新闻业的灵魂。尽管经过 30 多年的改革开放，中国的新闻业与中国社会一起发生了巨大的转型与变化，但主导中国新闻业的核心新闻观念体系（主导新闻意识形态）并没有发生根本性的变化，仍然是宣传新闻主义。这样的“主义”在未来发展中应该如何变革，乃是新闻观念研究中的重大理论问题和实践课题。

（一）中国宣传新闻主义的实质内容

如我们在第二章中所说，“新闻主义”就是相对比较系统的一套新闻观念体系，它是对新闻（广义）是什么、应该是什么的反思性回答，主要包括关于新闻（狭义）、新闻传播、新闻传媒和新闻业之本质、属性、功能、价值等的基本观念，以及新闻、新闻传播、新闻传媒、新闻业与社会环境关系的基本观念①，包含着对这些对象的认知观念、方法观念，而核

① 杨保军．“新闻观念”论纲［J］．国际新闻界，2011（3）：6－13.

心则是价值观念。简单点说，一种新闻主义，就是一种关于新闻的本质观（事实观）、价值观，也就是一种新闻意识形态。从原则上说，任何新闻活动主体，都有自己的新闻主义或新闻意识形态，不同主体、不同层次的新闻意识形态或新闻观念，构成了一定社会整体的、庞杂的新闻意识形态系统。[①] 但一般而言，在特定的社会中，总是存在着主导新闻观念，构成该社会的主导新闻观，或者说是主导新闻意识形态；而主导新闻意识形态引导着新闻业、新闻传媒、新闻传播的总体价值取向。

那么，我们对改革开放 30 多年来中国的主导新闻意识形态（新闻观念、新闻主义）应该做出怎样的描述和概括呢？在做出这样的描述概括之前，我们应该明白：一定社会的新闻主义或主导新闻意识形态，必然是该社会整体主导意识形态的有机构成部分；也就是说，一个具体社会领域的主导价值观念，是社会整体价值体系的落实和体现（对此，我们将在下章专论）。按照我国新闻理论研究者和历史研究者的普遍看法，尽管我们的改革开放事业已经走过了 30 多年的历程，取得了举世瞩目的伟大成就，但"中国 30 年的新闻改革（这里指 1978 年到 2008 年。——引者），严格地说，只是'改良'，或者说'改造'——在既有体制内的改良或改造。现行新闻体制的基本原则不变，缺乏目标体制的完整设计，新闻改革也只能是'摸着石头过河'"[②]。在新闻观念上，尽管也有一些前所未有的变化和更新，但最基本的、最核心的观念没有发生什么根本性的变化。因而，我们以为，根据中国新闻业的现实——实践情况和观念实际，当代中国的新闻主义或新闻意识形态可以概括为"宣传新闻主义"；我们甚至依然可

---

① 作为意识形态的新闻观念，也像一般意识形态一样，可以依据不同主体存在，分为不同类型或层次，比如，人类的、社会的、媒体的和个体的。参见刘少杰．意识形态层次类型的生成及其变迁[J]．学术月刊，2011（2）：5－12；杨保军．"新闻观念"论纲[J]．国际新闻界，2011（3）：6－13。

② 吴廷俊．中国新闻传播史：1978—2008[M]．上海：复旦大学出版社，2011：7－8.

以在理论上用贯通中共历史的方式、中华人民共和国历史的方式，至少是改革开放30多年历史的方式，将中国社会“主义”层面的新闻观念概括为“宣传新闻主义”。其实，我们的这一概括，除了是一种新的概括性说法外，并没有什么实质的原创性，是人所共见的事实，是整个中国社会甚至是世界范围常识化了的共识。

所谓“宣传新闻主义”，最根本的内涵就是：宣传是新闻工作的本位；宣传既是新闻工作的出发点，也是新闻工作的直接归宿；在新闻与宣传的基本关系上，新闻是宣传的工具和手段，宣传是新闻的追求和目的。① 因而，即使在名称选择上，中国的新闻工作，在社会层面上特别是在政府主导的国家层面上，并不被单纯地界定为新闻专业或职业新闻工作，而是称之为“新闻宣传”工作，或干脆就叫“宣传工作”。与此相应，中国的新闻工作者（从业者）也没有形成统一的专业或职业新闻工作者的名称，而是被称为“新闻宣传工作者”或“宣传工作者”。② 针对当前中国新闻业的实际情况，我们认为，宣传新闻主义观念主要有以下一些突出特点。

第一，宣传新闻主义最大的特点，实质上就是新闻传媒的政治化、党派化观念，即在新闻业的众多重要属性，诸如产业属性、公共属性、文化属性、意识形态属性等等之中，把政治意识形态属性认定为新闻业最根本的属性，把具有诸多属性的新闻传媒实体（信息生产传播实体、文化生产传播实体、舆论实体等）实际上看作一种政治实体性的存在（思想中心、宣传中心、舆论中心等都是对这种政治实体存在的典型的

① 中国中央电视台名牌栏目《焦点访谈》的标志性口号“用事实说话”，典型反映了宣传新闻主义的精髓，“事实”其实就是新闻（本源），“说话”就是宣传，结合在一起，意指新闻是宣传的基本手段。

② “新闻宣传”是从1989年开始使用的一个概念，是曾任中共中央总书记的江泽民以政治家身份提出的一个概念，“新闻宣传”不是指新闻传播与宣传，而是指通过新闻传播媒体进行的宣传工作。参见陈力丹．马克思主义新闻观教程［M］．北京：中国人民大学出版社，2011：147。

描述），把具有诸多基本功能的新闻传播（告知信息、传播知识、提供休闲资料等）实际上看作一种以政治宣传功能为核心的传播。这一点是所有以“宣传新闻主义观念”观察、对待新闻活动的共同特点，可以说是前提性的特点。这一点在具体社会环境中、不同历史时代里，又会表现出不同的特征。

第二，基于上述前提，在中国，党和政府公开声明并一贯坚持这样的主张：新闻事业是党和政府的事业，新闻传媒是党、政府和人民的耳目喉舌，是党和政府极其重要的意识形态阵地、思想宣传中心、舆论中心；新闻传媒要绝对服从党的领导，坚持政治家办报（台、站等）；新闻工作必须绝对坚持党性原则、坚持新闻工作的基本规律，新闻业、新闻媒体、新闻工作者要为社会主义服务、为人民服务，承担必要的社会责任。作为党和政府（包括各级机构与组织的负责人）则要“善待媒体、善用媒体、善管媒体”[①]，不仅使新闻传媒成为党的整个事业的有机组成部分，而且使其能够成为其他事业取得胜利的重要工具，管理控制新闻的能力成为党和政府执政能力的重要方面。这样的主张和做法，事实上就是中国宣传新闻主义最根本的特征，也是最重要的基础性观念和基本新闻实践方式。

第三，宣传新闻主义观念，坚持把新闻传播与新闻作为极为重要的舆论引导手段，并把“新闻舆论”[②] 特别是通过新闻传播实现的舆论与舆论引导提高到至高无上的地位；新闻、新闻传播，在宣传新闻主义观念的视

---

① 李长春在全国宣传部长会议上指出：切实做到善待媒体、善用媒体、善管媒体［J］. 中国广播，2010（1）：25.

② “新闻舆论”是从1996年开始在我国使用的一个概念，也是由时任中共中央总书记的江泽民提出的，“新闻舆论”不是指新闻传播与舆论，而是指新闻传播媒体表达的思想、刊载的言论。江泽民把新闻看作一种宣传形式，而且是一种舆论形式，因而有这样的表述：“新闻……作为宣传、教育、动员人民群众的一种舆论形式。”参见陈力丹．马克思主义新闻观教程［M］. 北京：中国人民大学出版社，2011：147－148。

野中，本质上都被看作舆论及其舆论实现的形式，而非新闻工作的本位。中国党和政府对新闻传播、新闻作为舆论形式、舆论实现方式的重视程度，可以透过中共中央最高领导人的讲话一目了然。比如，江泽民在1994年1月全国宣传思想工作会议上发表的讲话中说："舆论导向正确，是党和人民之福；舆论导向错误，是党和人民之祸。"[①] 进入21世纪，以胡锦涛同志为总书记的党中央更加重视新闻宣传工作，重视舆论导向、舆论引导问题，强调要把提高舆论引导能力放在突出位置。胡锦涛在2008年6月20日视察《人民日报》时明确指出："舆论引导正确，利党利国利民；舆论引导错误，误党误国误民"[②]。而所谓舆论引导或舆论导向正确，最基本的标准或根本的要求，就是与党中央保持一致，与党和政府的大政方针、路线、政策等保持一致；就是要求新闻传媒所宣传倡导的观念，传播的看法、意见，与党高度一致，与政府高度一致，要帮忙而不能添乱。

第四，宣传新闻主义观念，在中国新闻工作实际中，有着更为明确的可操作性的要求，这就是：新闻宣传要坚持正面宣传（报道）为主的方针，坚持正面宣传（报道）为主的观念和方法。在1989年11月召开的全国新闻工作研讨班上，李瑞环做了题为《坚持正面宣传为主的方针》的讲话，对这一方针做了权威性的解释，他说，"我们所说的'正面'，所说的'为主'，就是要着力去宣传报道鼓舞和启迪人们发展社会生产力的东西，鼓舞和启迪人们坚持四项基本原则、坚持改革开放的东西，鼓舞和启迪人们加强社会主义民主和法制建设的东西，鼓舞和启迪人们推进社会主义精神文明建设的东西，鼓舞和启迪人们热爱伟大祖国和弘扬民族文化的东西，鼓舞和启迪人们维护国家统一和民族团结的东西，鼓舞和启迪人们为

---

① 金炳华．新闻工作者必读［M］．2版．北京：文汇出版社，2001：65.

② 唱响奋进凯歌 弘扬民族精神：记胡锦涛总书记在人民日报社考察工作［N］．人民日报，2008-06-21（1）.

推动世界和平与发展而斗争的东西。总之，一切鼓舞和启迪人们为国家的富强、人民的幸福和社会的进步而奋斗的新闻舆论，都是我们所说的正面，都应当努力加以报道。”① “坚持这个方针，就是要准确、及时地宣传党的路线、方针、政策，实事求是地反映社会现实生活的主流，让人民群众用创造新生活的业绩教育自己，形成鼓舞人们前进的巨大精神力量，在当前就是要造成一个有利于稳定局面的舆论环境。”② 这一解释与要求直到目前并没有新的或大的变化。但是，随着时代的进步，新闻宣传、新闻报道的正面内容会不断发生变化。比如，仅从理论宣传方面看，曾经的核心是邓小平理论，之后是江泽民时代的“三个代表”重要思想，胡锦涛时代的“科学发展观”。至于具体领域的宣传重点、主要方面，更是依据社会发展的不同阶段有了重大的变化。

第五，宣传新闻主义观念，也是与时俱进的一种宣传观念（新闻观念），其集中表现就是，观念主体会根据社会发展、国家战略、环境变化、党的要求以及新闻领域自身的实际情况，不断开展各种新闻活动，促进新闻宣传工作水平的提升、新闻宣传效果的扩大。比如，进入 21 世纪，中国新闻界就一直开展“三贴近”活动，“三项学习教育”活动，要求新闻媒体、新闻宣传人员要积极贯彻落实“三贴近”即“贴近实际、贴近生活、贴近群众”的理念和方法③，获取良好的新闻传播效果；而从 2011 年后半年开始的、目前在全国新闻界仍然如火如荼开展的“走转改”活动，同样是想通过新闻界“走基层、转作风、改文风”的方式，反映基层真实情况，体现和宣传党和政府以人为本、关注民生的执政理念。

总而言之，就过去几十年的实际情况来说，中国的新闻改革，始终是

---

① 新华社新闻研究所．新闻工作文献选编［M］. 北京：新华出版社，1990：206.

② 同①202.

③ 石平．坚持“三贴近”关键在落实［J］. 求是，2007（20）：61.

在宣传新闻主义核心观念指导下的改革和改进；在新闻改革的政治理念上，始终坚持稳中求进的原则。人们看到，在新闻改革、改进过程中，专业新闻主义的观念和做法、商业新闻主义的观念和做法被不断批判性地接收和吸纳。但无论这两种基本观念的力量怎样强劲，占主导地位的新闻主义或新闻意识形态仍然是宣传新闻主义，中国坚持的仍然是发展新闻学的基本理念。可以说，“新观念的出现并不意味着旧观念的终结，在当下中国，新旧传播观更大程度上表现为一种共存状态，并且在新闻实践过程中时有反复和迂回”①。但观念主线是清晰的，也未发生过根本的动摇，这就是宣传新闻主义。

（二）宣传新闻主义面临的主要挑战

在宣传新闻主义观念的指导下，中国的新闻业不仅为国家的改革开放事业、社会主义现代化建设事业或者说社会的整体转型进步做出了巨大贡献，而且新闻业自身也得到了快速的前所未有的壮大和发展。②“从 1978 年到今天，在社会转型和改革开放的历史进程的每一个关键点上，新闻传媒总是‘在场’”③，成为影响国家政治、经济、文化以及社会生活等各个领域变化发展的重要的“硬实力”和“软实力”④。但是，伴随改革开放的深入发展，特别是在中国已经实实在在成为世界结构中的中国、成为全球化中的中国的时代大背景下，在新闻业的整体结构发生巨大变革的情境

① 吴廷俊．中国新闻传播史：1978—2008［M］．上海：复旦大学出版社，2011：9.

② 关于中国新闻业、传媒业的整体发展状况，可参见很多重要的传媒发展年度报告，诸如喻国明主编的《中国传媒发展指数报告》，国家广播电视总局发展研究中心等主编的《中国视听新媒体发展报告》等。这些报告由人民日报出版社、社会科学文献出版社出版。

③ 罗以澄，吕尚彬．中国社会转型下的传媒环境与传媒发展［M］．武汉：武汉大学出版社，2010：23.

④ 喻国明，焦中栋．中国传媒软实力发展报告：传媒软实力的构建与评测方法［M］．北京：同心出版社，2009.

下，宣传新闻主义观念也显露出了不少弊端，暴露出不少问题，已经受到其他“主义”层面新闻观念甚至一般性新闻观念的强烈冲击和影响，这就需要我们认真反思并不断更新“主义”层面的新闻观念，以适应新的时代要求，适应中国新闻传播业的未来发展。从理论与实践两个大的向度上看，中国现行宣传新闻主义观念至少在以下一些方面需要做出新的思考。

第一，“宣传新闻主义”本质上是“宣传”本位主义。[①] 宣传本位观念使新闻活动本质上变成了宣传活动，这就使得新闻活动有可能失去自身的自主性、独立性和特殊性，也使人们难以辨清新闻活动的真实面目。我们的新闻传媒常常把新闻传播不是首先当作新闻做，而是首先当作宣传做。当收受者特别是国际收受者把我们的新闻传播认定为宣传甚至仅仅认定为狭隘的官方宣传、政治意识形态宣传时，他们在心理上就开始抵触我们的新闻传播了。

这些年来，人们已经看到“主义”层面新闻观念的变革更新，一些重要的新闻本体观念目前其实已经成为中共中央的重要新闻理念。比如：早在 2002 年，胡锦涛就讲过要“尊重舆论宣传的规律”；2008 年在视察人民日报社时，他更是明确要求“按照新闻传播规律办事”[②]；在 2009 年北京召开的世界媒体峰会上，胡锦涛在致辞中说，媒体（人）“要切实承担社会责任，促进新闻信息真实、准确、全面、客观传播”，“应该遵守新闻从业基本准则”[③]。这些观念，实质上就是新闻本位的观念，就是把新闻

---

① 需要注意的是，由于是宣传“新闻”主义观念，因而观念主体不可能不顾及新闻的地位、功能与作用，也不可能不理解新闻活动应该以新闻为本位这样的基本逻辑。因此，在当前的实际中，纯粹的宣传本位观念、一以贯之的宣传本位观念，只是理论上的存在或实践中的主导存在。

② 在《人民日报》创刊 60 周年之际，中共中央总书记胡锦涛于 2008 年 6 月 20 日前往人民日报社看望《人民日报》工作人员，并针对新闻宣传工作发表了重要讲话，他特别强调：“要坚持用时代要求审视新闻宣传工作，按照新闻传播规律办事”。参见唱响奋进凯歌 弘扬民族精神：记胡锦涛总书记在人民日报社考察工作［N］. 人民日报，2008－06－21（1）。

③ 世界媒体峰会于 2009 年 10 月 8 日至 10 日在北京召开。胡锦涛发表致辞，具体内容参见胡锦涛. 在世界媒体峰会开幕式上的致辞［J］. 中国记者，2009（11）：4－5。

首先当作新闻而非当作宣传的观念。正因为如此，有学者指出，“对比以往党的主要领导人关于新闻、宣传的论述就会发现，胡锦涛的表述在结构上发生了重大变化，他使用的是新闻、宣传工作的职业话语而非完全的政治话语”[①]。尊重新闻自身的特征与规律，也可以说是科学发展观总的思想体系的有机构成部分。[②] 尊重对象（一定社会领域）自身的特征，永远都是科学发展的基本前提；科学发展过程中所有“应该”的追求，都需要把客观实际的“是”作为第一前提。

第二，宣传新闻主义观念易于导致新闻传媒、新闻从业者只把自己当作社会大众的教育者和引导者，易于形成媒体“对上负责”“对下不负责”的境况，忘却自己更为重要的“环境监测者、社会守望者、大众服务者”的角色担当。

通常情况下，那些需要大肆宣传的观念大都来自“上面”，来自新闻传媒背后的新闻管理主体、控制主体，而那些特别需要报道的事实、反映的呼声、关注的疾苦，则大都来自社会基层，需要新闻传媒及其从业者俯下身心去观察、分析、认知和反映。宣传新闻主义观念支配影响下的“向上”必然与习惯，在新闻实践中的典型表现就是：传媒高度重视“上面”的议题设置，高度重视对“下面”的舆论引导，这在中国环境中并没有什么错误或不应该；即使在新闻价值观念的视野中，也都具有一定的正当性。但问题在于，过多甚或一味“向上”负责，使得新闻传媒及其从业者缺少了对“下面”议题的足够关注和与基层社会的有效互动交流，这就难免使本应以公共利益为主的新闻传媒在新闻图景的塑造中失去应有的平衡。但这些问题，即使在宣传新闻主义观念范围内，也是可以找到一些有效解决途径的，比如中国新闻界这些年来通过开展“三贴近”“走转改”

① 陈力丹．马克思主义新闻观教程［M］．北京：中国人民大学出版社，2011：156.
② 杨保军．尊重新闻传播规律是科学发展观的必然要求［J］．国际新闻界，2010（10）：8.

等大规模的活动，在很大程度上扭转了新闻传媒“眼睛向上多向下少”的问题。然而，人们也不难看到，宣传新闻主义观念支配影响下的“向上”关注习惯，往往主要不是对公共权力运行的监测和监督，更多的是对权力的屈从和赞美，与权力的合谋甚至是沆瀣一气，这就大大减损了新闻传媒作为社会守望者、监督者的重要功能。不可否认，传媒与权力间的如此关系，在宣传新闻主义观念范围内是不好甚至是无法彻底解决的；没有以新闻为本位的，相对自主、独立、自由的新闻界、新闻传播、新闻专业工作者，就难以在社会结构上形成新闻传媒对社会公共权力运行的有效监督。不可否认，中国社会目前的各种腐败现象，特别是政治腐败（集中表现为公共权力的腐败），包括新闻领域自身的一些腐败现象，与主导中国新闻业的宣传新闻主义观念不无关系，与此观念相对应的新闻制度不无关系。这是我们面对宣传新闻主义观念必须深刻反思的问题。当然，大家也都明白，这并非仅仅属于宣传新闻主义观念的问题，也不仅仅是新闻业内部的问题，更不是新闻业自身能够独立解决的问题，而是中国社会整体权力结构的问题，属于如何处理政治-传媒-社会（公众与社会组织、群体）关系的问题。即使我们把所有这些问题都比较好地解决了，仍然会有新的问题出现，但这只能在历史的进程中一步一步向前走。

宣传新闻主义内在的“宣传”本位观念，塑造出来的也必然是“传者（宣传者）本位”主义的观念；宣传新闻主义观念，很难树立“传收共同本位”的新闻传播理念，更不可能从根本上实践“收者本位”的观念了。[①] 由于宣传新闻主义以宣传为本位，其宣传观念“是出于宣传者自身需要”的观念[②]，因而导致媒体及其从业人员注重自己及其代表的利益群

---

① 杨保军．新闻活动论［M］．北京：中国人民大学出版社，2006：154－176.

② 李良荣．艰难的转身：从宣传本位到新闻本位：共和国60年新闻媒体［J］．国际新闻界，2009（9）：6－12.

体的“传播权”而忽视收受者的“知情权”“表达权”，看重自己的“传播自由”而轻视收受者的“传收自由”。这就极易造成传收双方的矛盾和裂隙，近些年来社会大众对传媒新闻传播的不满意、不信任程度之所以不断上升就与此有关。宣传新闻主义观念支配下的新闻传播，其传播内容、传播方式、传播指向的定位选择，不管做出怎样的设计与探索，都不可能从根本上冲破传播主体自身利益的局限，传播者不大可能做出有利大众而有害自己的传播选择，因此，传者本位观念必然会影响到对社会大众正常新闻需要的满足。

显然，要从根本上改变上述现象，就必须对产生这种现象的宣传新闻主义观念进行深刻的反思，就必须探索走出宣传新闻主义观念的有效路径。事实上，人们已经看到，中国共产党的十六届六中全会首次提出要“保障公民的知情权、参与权、表达权、监督权”，而且这在近些年来“一直为高层领导人在各种重要文件和讲话中反复申述和强调”①。从新闻观念视角看，这实质上等于提出了具有时代特征与未来前进方向意义的新闻改革理念，即我们的新闻业、新闻传媒、新闻传播、新闻要成为人民实现“四权”特别是“知情权”与“表达权”的重要平台或载体，从而使我们的新闻业、新闻传媒、新闻传播、新闻等真正进入“以人为本”或“人民本位”的状态与境界。② 也许正因为如此，有人指出，“‘四权’的提出真正揭开了中国新闻体制改革的序幕，或者说，中国新闻改革从此进入了正题”③。从新闻观念论的角度考量，“四权”的本质就是要实现新闻本位，实现新闻自由，有了以新闻为本位的自由的新闻传播与收受，公共利益的实现也就有了最基本的信息保障，有了最基础的言论、思想、观念自由的

① 郭道晖．论表达权与言论自由［J］．炎黄春秋，2011（1）：43－47.

② 童兵．试析新闻事业人民属性六十年认知历程［J］．国际新闻界，2009（9）：13－17，23.

③ 李良荣．艰难的转身：从宣传本位到新闻本位：共和国60年新闻媒体［J］．国际新闻界，2009（9）：6－12.

保障。那么，从“主义”层面更新新闻观念，应该追求什么样的方向？从根本上回归新闻本位观念、按照新闻传播规律展开新闻活动的新闻主义，到底在当下中国应该是什么样的新闻主义？保障“四权”、实现“四权”，也即实现传播自由、收受自由、表达自由（实际上就是新闻自由）的新闻观念到底是什么样的新闻观念？我们能否确立一种新的、适应中国语境的“主义”层面的新闻理念？所有这些问题，都是我们在新闻改革、改进过程中面临的重大而急迫的问题，但又是需要理性、冷静而长期艰苦探索的问题。尽管我们现在还很难清晰描述出未来中国新闻业应该确立的“主义”层面的新闻理念（新闻意识形态），但在新的时代背景下，我们应该以怎样的姿态、精神、方法去探究这一重大问题还是明确的，这就是中国根基、世界眼光、人类胸怀、时代特色、学科融合、原创精神。[①]我们也将在这样的基本方法论观念指导下，探索中国新闻业可能的观念选择。

第三，与上述第二点密切相关，宣传新闻主义观念在观念逻辑上、新闻实践中的突出表现，或者说是一种重要偏向就是，它把新闻活动几乎当成了舆论引导活动，把新闻理解为报道事实、评述事实以影响社会舆论的特殊手段[②]，而相对轻视了事实报道、信息传播的本体地位。实事求是地看，宣传新闻主义观念支配下的新闻活动并不是不重视新闻事实的信息传播，问题是它不把事实信息传播作为出发点，作为满足社会大众知情权的

---

① 杨保军．我国新闻理论研究的宏观走向［J］．当代传播，2011（2）：4-9.

② 将新闻的本质认定为报道事实、评论事实以引导社会舆论的手段，是我国著名新闻学者、新闻教育家甘惜分先生早在20世纪80年代初就提出的观念。他的原话是：“新闻是报道或评述最新的重要事实以影响舆论的特殊手段。”参见甘惜分．新闻理论基础［M］．北京：中国人民大学出版社，1982：50。甘先生的这一看法，应该说比较充分、准确地反映、揭示了中国新闻业、新闻传播的实际情况，但这一带有强烈功能论、工具论、手段论（侧重新闻舆论功能）色彩的新闻定义，偏离了对新闻本体——事实或事实信息——内涵的揭示，不利于新闻本位观念的确立，对建构科学合理的新闻观亦有一定的负面影响。

基本目标，而是把宣传标准作为选择事实的过滤器，把宣传意图作为传播活动的核心目的；因而，只有那些符合传播主体宣传观念的事实才能得到更大的重视，只有那些能够较好阐释宣传观念的事实部分才能得到更为充分的报道。其实，新闻本位观念，也并不否认新闻的宣传功能，也否认不了，因为具有宣传功能是新闻传播中的一种事实性现象，并不是主观的设定。也就是说，新闻与宣传其实有着天然的内在关系，如果站在任何一家新闻传媒的旁边观察，只要人们实事求是，就不难看出，每一家新闻传媒都是有立场、有倾向甚至有偏爱、有偏好的传媒，它们的整体新闻传播活动实际上总是形成对某种观念的传扬。[①] 但是，新闻本位观念的直接诉求与宣传本位观念的直接诉求是不一样的，前者是报道事实、揭示真相，后者是传扬观念，说服受众，并且把新闻传播、新闻仅仅当作手段。因而，两种不同观念支配下的新闻活动本质上还是不同的；宣传新闻观念支配下的新闻报道，从根本上难以超越宣传，难以一以贯之地按照新闻的特征与内在要求展开新闻活动。

更值得注意的是，由于在宣传新闻主义观念的价值视野中，宣传重于新闻，舆论、意见重于事实、信息，因而，宣传新闻主义观念贯彻落实在新闻实践中，就很有可能依据宣传意图改变事实的本来面目，甚至会制造、捏造出虚假的事实信息进行传播，以有利于或证明某种观念的正确性。这种现象无论在历史上还是在现实中确实屡见不鲜，中外皆有。人们看到，为了宣传某种观念，有些新闻事实的真实面目被主观地扭曲了，一些应该得到报道的事实得不到报道，或得不到及时的报道；一些应该重视的新闻得不到充分的重视，一些并不重要的“新闻”却被反反复复地变换

① 有人说，所有的新闻都是宣传，大概也只能在这一意义上加以理解。不管是在宏观的还是具体的层面上，新闻观念注重的是事实信息，宣传观念注重的是观念本身，这是二者最基本的差别。若是无视这一基本差别，新闻与宣传也就混为一谈了，新闻的特殊功能与价值也就失去了讨论的基础。

方式进行报道（这本身就背离了新闻传播的规律，是典型的宣传手段）；一些应该及时传播的新闻，却被搞成旧闻甚或不闻[①]……凡此种种现象，可以说，都是宣传观念对新闻观念的扭曲和变形，都是对新闻观念、新闻精神某种程度的损害。在反思宣传新闻主义观念的弊端时，我们应该充分自觉到：只要按照宣传本位观念支配新闻活动，就必然会产生“牛头不对马嘴”的现象，必然会产生（宣传）本质与（新闻）现象不相统一的状况。

第四，宣传新闻主义观念，在“后新闻业时代”开启之后，业已受到了民众新闻现象、民众新闻观念的巨大挑战。民众传播（公民传播）的勃兴，对建制性新闻传媒的宣传新闻观念、宣传新闻传播形成了不可小视的解构作用和影响。人们发现，尽管新闻传媒组织的新闻报道依然是普通社会大众重要的信息获取通道，人们也为不少宣传性新闻报道鼓掌喝彩，但我们也要看到，一些专业新闻传媒的宣传报道常常成为民众（尤其是网民）嘲笑挖苦讽刺甚至是恶搞的对象。人们对不同媒介形态中的传播内容展开对比（比如对传统媒体内容与网络传播内容的对比），认为其往往是两幅不同的景象。这种对比一定存在着偏颇甚至是极端化的现象。但它也说明，一些建制性新闻传媒确实未能真实全面客观地反映和呈现中国的现实，从人们的普通经验上看，“坚持正面宣传（报道）为主”的宣传新闻主义观念，并没有获取预期的良好的宣传效果。

我们应该明白，人们对一些建制性新闻传播景象的嘲讽与解构，直接指向的是新闻传媒的新闻宣传报道。像我们在前面有关章节分析阐释过的

---

① 应该指出，尽管新闻以新为贵、以快为特征，但新闻的及时性要求并不是绝对的，还要有时机、时效的考虑，特别是要慎重对待“快”与“真”之间的关系。但是，为了宣传目的，把新闻搞成旧闻或不闻，显然是有悖新闻精神的，“新闻、旧闻、不闻”观念，本质上并不是新闻观念，而是宣传观念；这样的观念是从传播者利益出发的观念，它是否与社会大众的利益相一致，只具有偶然性，并不具有必然性。

那样，作为社会大众，他们确实没有统一的新闻观念，甚至并不明确知道新闻是什么、新闻应该是什么，但他们可以把建制性新闻传媒的新闻报道与现实本身（通过他们的亲眼观察亲身经验）进行比照，可以通过网络平台展开互动交流，这样他们至少可以了解和明白职业新闻传播在做什么、在如何做。何况，随着传收技术的普及化、自由化，随着媒介化社会的逐步形成，媒介时代的整体到来，社会大众在媒介环境的濡染、畅游中培养起越来越高的媒介素养、新闻素养，他们越来越具有认知、使用、评判媒介现象、新闻现象的能力与机会。应该相信，社会大众对新闻传媒的看法越来越准确，而不是越来越偏差。因此，如何面对新的媒介生态环境，已经成为宣传新闻主义观念面临的重大课题。有些问题显然可能不是修修补补就可以解决的，而是需要进行观念变革更新的大问题。

二、选择“新闻主义”的方法与根据

在过去 30 多年的新闻改革改进中，新闻观念的更新占据核心地位。有学者指出，以新闻观念的不断更新来引领中国新闻改革的日益深化，成为改革开放之后中国新闻改革一条清晰的发展轨迹，一个不同于其他领域改革的鲜明特点。[①] 这与新闻业作为上层建筑领域中的意识形态定位、新闻体制属于政治体制之一部分是相适应的，与新闻领域往往处于社会变革前沿阵地的地位是相适应的。在观念论视野中，未来的新闻改革改进仍然是这样，仍然依赖于观念的更新，依赖于观念的解放。然而，描绘未来，看似容易，其实艰难。未来是以过去和今天为根基的，但未来之所以是未来，总是有其自身的色彩，人们不可能预知一切。我们只能在自己有限认

① 童兵．正确的抉择 重大的胜利：纪念中国新闻改革 30 年［J］．新闻记者，2008（6）：4-11.

知范围内对未来进行设想。此外，需要充分自觉到，对未来的设想又对今天有着至关重要的作用，今天的行为与实践，在很大程度上，常常是由我们对未来的设想决定的。因此，在新闻观念论视野中，以怎样的方法设想未来的新闻主义，从怎样的根据出发进行这种谋划和设想，都是极其重要的前提性问题，可以说，属于人们所说的新闻领域内的“顶层设计”[①] 的有机构成部分。

（一）选择新闻主义的方法论观念

在国家或社会整体层面上，中国的新闻业在未来发展中应该选择什么样的新闻主义，这无疑是一个重大的问题。留给历史去自然选择，这是近乎懒汉式的也可以说是不负责任的方法，尽管其中可能包含着哈耶克式的自发秩序主义的道理。人类历史不同于自然历史的最大之处就在于，人类历史既是一个自然自发的历史过程，同时也是人类自觉自主主动创造的过程。自觉自主的创造活动并不是抽象的，而是发生并体现于人类所有的活动领域。应该明白，尊重历史的客观性是我们展开自觉自主创造的前提。其实，学术研究，特别是关于人类各种社会活动的学术研究，在很大程度上就是为未来谋划、为未来着想，学者们的重要任务和职责之一就是为一定事情的未来走向、发展寻求更好的路径和方法，在历史的运行过程中设定更加合理美好的目标，这是人类自主自觉意识的高度体现。当然，这样的工作一定存在挑战和风险，也一定会出现各种各样的错误，但这不是我们裹足不前的理由。

中国新闻业应该选择什么样的新闻主义？对如此重大问题的回答当然

---

① “顶层设计”原来是网络工程学的概念，指建设一个大系统前必须进行“从顶层开始、从上至下的设计”（top-down design），以保证各个子系统之间的兼容、互通和联动。参见吴敬琏．中国的发展方式转型与改革的顶层设计［J］．北京师范大学学报（社会科学版），2012（5）：5－13。

不能是情感主义的断言、直觉主义的断论、经验主义的揣测、机会主义的投机，而必须是有根有据的理性学术论证，必须提出能够说明问题、说明选择的论辩理由。这就需要我们首先确立思考这一重大问题的方法论观念或方法论姿态。我曾经在多部论著中阐释过自己的看法，我以为，在新的时代背景下，研究中国问题，研究中国的新闻业问题，总体上应该坚持这样的基本姿态：中国根基、世界眼光、时代特色、人类胸怀、学科融合、原创（创新）精神。① 下面，在以往论述的基础上，我再对这样的姿态加以简要说明。

1. 中国根基

尽管人类世界有其不可否认的统一性，但现实世界更是一个具有差异性的多元文化世界，这是一种不可否认的客观的文化事实。任何科学研究，不管它是什么性质、什么领域的研究，都必须从事实出发、实际出发，从研究对象的个性特征出发，社会科学、人文学科尤其如此。因而，在中国做新闻学研究，也像做其他研究一样，必须把中国实际、中国经验作为重要的出发根基。中国的新闻学研究，特别是关于中国新闻现象、新闻活动的研究，就不可能脱离中国宏观的社会背景，更不可能脱离中国新闻传播业的历史与现实，也很难彻底超脱（可以超越）中国新闻思想的基本传统。早在 120 多年前，恩格斯就讲过这样的话："必须重新研究全部历史，必须详细研究各种社会形态的存在条件，然后设法从这些条件中找出相应的政治、私法、美学、哲学、宗教等等的观点。"② 这对我们今天的研究者来说，仍然具有重要的方法论意义。我们关于中国任何领域、

---

① 这些基本态度或基本方法论观念的确立，本身也不是想当然的结果，而是基于中国革命、建设和改革开放历史的启示与总结，同时也是整体学术研究的启示与总结。关于这些基本姿态或方法论观念的详细阐释，可参见杨保军《新闻活动论》（中国人民大学出版社，2006 年版）和《新闻理论研究引论》（中国人民大学出版社，2009 年版）两书的"导论"部分。

② 马克思恩格斯选集：第 4 卷［M］. 3 版．北京：人民出版社，2012：599.

任何问题的思考与研究，原则上首先要从中国社会存在、社会观念、社会心理的实际出发，这是我们得出任何观点、看法，形成任何原理、理论、主义最重要的根基。邓小平就讲过这样的话："把马克思主义的普遍真理同我国的具体实际结合起来，走自己的道路，建设有中国特色的社会主义，这就是我们总结长期历史经验得出的基本结论。"①

科学的根本原则与精神，就是实事求是。因而，离开中国这个"实事"，离开中国事实，即使我们能够构建出一套完整的新闻理论体系，那也可能仅仅是理论体系而已，它对解释、影响、指导、变革、改造当前中国新闻传播业的实际不会有什么真正的作用和影响。"思想不接地气是不行的"②，理论离开实际是难以起飞的；对我们来说，最大的"地气"首先就是中国实际、中国事实。经济学家纲纳・缪达尔（Gunnar Myrdal）说过一句很有意味的话："我们的理论之箱之所以是空的，基本原因在于它们不是以能够支持实在的方式构建的。"③ 没有关于具体实在的切实观照，理论只能悬空。对于中国的新闻研究来说，所面对的直接的、最大的实际自然就是中国新闻传播业的最新状态、中国新闻现象和新闻活动的最新变化，这是我们观察、分析、思考、研究的基地。

中国经验、中国根基，自然包括中国历史传统、文化传统；在新闻观念论视野中，则需要特别关注中国新闻文化传统。这种传统不仅是指古老的历史文化传统，还包括近代以来的新文化传统，特别要重视中国共产党的革命传统。不管是什么样的传统，它们都是活在当下的过去，既有物质领域的历史积淀，制度领域的些许轨迹依赖，更有各种观念、意识、习惯等等的深层延伸与变化，它们无时不在影响今日人们的观念和行为。当代

---

① 邓小平文选：第3卷［M］. 北京：人民出版社，1993：3.

② 赵汀阳. 天下体系：世界制度哲学导论［M］. 南京：江苏教育出版社，2005：7.

③ 沃勒斯坦. 否思社会科学：19世纪范式的局限［M］. 刘琦岩，叶萌芽，译. 北京：生活・读书・新知三联书店，2008：121.

中国著名思想史家、哲学家、美学家李泽厚先生这样说："传统既然是活的现实存在，而不只是某种表层的思想衣装，它便不是你想扔掉就能扔掉、想保存就能保存的身外之物。"① 因而，理性对待各种传统，永远都是当下人们从实际出发需要认真解决的大问题。以中国经验为根基，其中极为重要的一条，就是不能斩断中国历史的延绵轨迹，不能无视新闻活动特别是近代以来新闻活动在中国的特殊历史道路；人们必须清楚，今天的新闻景象也是中国历史画笔描摹的结果，沉淀着浓厚的传统色彩；任何历史虚无主义的态度都会造成迟早都得弥补的历史缺失。因而，尊重传统、超越传统是我们研究当今中国社会新闻传播现象应该有的基本态度。

还有一点需要特别指出，作为研究中国问题的中国学者，以中国经验为根基，还有不可否认的自然而然的价值根基。这就是说，我们之所以要以中国实际为根基，还在于这样一个基本事实：我们是中国人，我们应该首先观察中国社会，发现中国问题，解决中国问题，做好中国的事情，这并不是某种民族主义、爱国主义的狭隘，而是我们的基本学术责任。中国新闻学术界，有责任从中国实际出发，探索研究中国新闻业应该追求的观念、制度和道路。中国在改革开放的伟大历史实践过程中，在社会整体的历史演变进程中，已经形成了中国特色社会主义理论，建立了中国特色社会主义制度，开辟了中国特色社会主义道路。但具体到新闻业领域，实事求是地说，我们到底应该确立什么样的观念、建立什么样的制度、开辟什么样的道路，还不是十分明确，亟待我们的研究与探索。而且，这并不是一个容易的问题，我国著名法学家孙国华先生讲过一段话，很有启示意义，他说："人们对自己真正的需要和利益的认识是不容易的。一个人、

① 李泽厚．中国现代思想史论［M］．北京：东方出版社，1987：43．

一个政党、一个国家，对自己真正利益的认识是很不容易的。这既需要科学的探索论证，又必须有民主的体制、民主的环境、民主的精神和作风，还需要经受实践的检验、不断的校正。”① 如果我们能够认准自己的合理需要和真实利益，如果我们把中国的事情做好了，不仅是对中国社会良性发展的贡献，本身也是对人类大家庭的贡献，我们可以向人类提供中国经验、中国视野、中国智慧、中国的世界观、中国的新闻观。所有这一切，都依赖中国根基。

2. 世界眼光

今天的世界已经进入全球化的时代，全球化带来的世界一体化趋势不可阻挡；地球已经被看作人类共同居住、活动的小村庄。“全球化在本质上是一个新情况，是一个意义深远的历史转向。”② 因而，诚如沃勒斯坦所说：“人如果不知道世界是如何运作的，那么让他建议应该如何去做才能使世界运作得更好是困难的。”③ 这对我们在今天这样的环境中思考中国新闻业的未来发展具有重要的方法论启示。我们不仅要以中国经验、事实为根基，还要有世界眼光。任何一个国家、民族，如果总是仅以自己的眼光审视自己的事情，缺乏人类的、世界的视野，迟早是会被人类淘汰出局的。不管是赞成还是反对、顺应还是抵抗、紧抓机遇还是散漫退避，全球化已经是一个巨大的世界事实。因此，“当今世界没有哪个社会有望在文化和政治隔绝中生活超过一二十年”④，每个国家、社会中的人们，都必须或不得不以开放的胸怀睁眼看世界，因为看不清世界，也就看不清自

---

① 孙国华．法的正义逻辑［J］．江淮论坛，2012（5）：5－7.

② 哈特，奈格里．帝国：全球化的政治秩序［M］．杨建国，范一亭，译．南京：江苏人民出版社，2005：8.

③ 沃勒斯坦．否思社会科学：19世纪范式的局限［M］．刘琦岩，叶萌芽，译．北京：生活·读书·新知三联书店，2008：16.

④ 邓恩，傅乾．政治理论史［J］．政治思想史，2011（2）：151－175.

已。而一旦迷失了，承担悲剧与苦难后果的也只能是自己。因而，以世界的眼光审视、研究每一个领域的发展变化，是时代的一种要求，“要了解全球大变革（global transformation），便需要尽可能采取全球性的视角”[①]，世界性的眼光。

以世界眼光为境界，就是要求每个民族都要吸收人类的共同文明成果，吸收和借鉴其他民族的优秀文化成果，站在整个人类发展的高度，思考问题，解决问题。“无论西方或东方，长期历史经验都表明：任何民族，愈是思想上谦逊、政策上开放，能吸收不同文化，自身的文化就愈兴旺；如果反过来，思想上自大，或政策上闭关锁国，排斥外来文化，自身的文化就萎缩。”[②] 英国哲学家罗素曾说：“不同文明之间的交流过去已经多次证明是人类文明发展的里程碑。”[③] 而全球化的展开，已经使中国越来越成为世界结构中的中国，成为离不开世界的中国；“信息的增长和变异终于使中国矗立在现代性和全球化叙事的交叉点上”[④]。因此，“要真正地抓住中国问题，在全球化背景下我们又不能无视世界历史的进程”[⑤]，不能不具备世界眼光。以世界眼光对待中国的新闻传播观念、对待中国未来新闻传播业的总体走向，并不是赶时髦的观念，而是一种客观性的要求。“只有当我们清楚明白今天的世界是如何运作的，才能最大限度地知道我们该采取怎样的行动，让这个世界变得有所不同并且更加美好。”[⑥]

对于中国新闻业来说，所谓世界眼光，就是要认知全球新闻传播业演

① 卡斯特．网络社会的崛起［M］．夏铸九，王志弘，等译．北京：社会科学文献出版社，2006：4.

② 李伯庚．欧洲文化史：全球史视角下的文明通典：第2版：上［M］．赵复三，译．南京：江苏人民出版社，2012：3.

③ 汤一介．启蒙在中国的艰难历程［J］．北京大学学报（哲学社会科学版），2012（2）：5-11.

④ 舒德森．为什么民主需要不可爱的新闻界［M］．贺文发，译．北京：华夏出版社，2010：3.

⑤ 仰海峰．国外马克思主义研究的理论构图［J］．国外社会科学，2012（1）：14-24.

⑥ 斯巴克斯．全球化、社会发展与大众媒体［M］．刘舸，常怡如，译．北京：社会科学文献出版社，2009：21.

变发展的大势，把握全球信息秩序、新闻传播秩序的调整变化，具体掌握媒介生态结构的整体变化趋势、传播理念的变革方向、传收关系的深刻变化、传媒制度的变革等等，所有这些都是我们观察思考中国问题的宏大背景。世界眼光，不只是看到西方世界，不只是看到发达的资本主义世界，更不只是看到欧美国家，它们很可能只代表一种未来的可能，并不代表未来的全部可能，因而世界眼光并不等于欧美眼光，更不是简单地遵循欧美道路，用它们的新闻理论、新闻观念、新闻制度、新闻传播方式“套解”中国的新闻问题；世界眼光，是一种全面的眼光，要看到走在我们前面的，也要左顾右盼与我们大致并排前行的，还要回头看看跟在我们后面的。世界是人类的世界，不只是西方人的世界，也不只是我们的世界。世界眼光，要求我们不只是学习他人的经验，还要充分重视别人的教训，教训有时比经验更令人警醒。世界眼光，要求我们自觉冲破一些常态化的思维模式，比如，我们习惯说民族的才是世界的，但不要忘记，世界的才是民族的，全球普遍认可的基本观念、基本价值我们必须尊重。我们应该冲破盲目的“普世价值”崇拜，但我们似乎也应该冲破盲目的“特色价值”“特色思维”神话。

尽管我们在探索新闻观念特别是主义层次的新闻观念时，应该有世界眼光，要开阔眼界，向他人学习，但这绝不等于可以把某一国外的新闻主义或新闻业模式（核心是制度模式）直接照搬，应用到中国现实中来，因为任何一种整体性的观念系统、模式体系都有其产生的社会根基。美国学者约翰·梅里尔说：“一方水土养一方传媒文化，两地之间的传媒文化千差万别。”[①] 另一位美国学者舒德森十分明确地指出，“美国模式不能嫁接到任何其他社会制度中去。这一模式产生于特定的历史背景，在其发展过

① 戴比尔，梅里尔．全球新闻事业：重大议题与传媒体制：第5版［M］．郭之恩，译．北京：华夏出版社，2010：8.

程中又受到一种与众不同的政治结构以及政治文化的影响”[①]。其他国家不会也不应当接受美国风格的新闻业。他认为，美国新闻业最值得称道的地方就是其在最好发展时期展现的那种专业主义精神，人们可以从美国新闻业模式的方方面面汲取一些经验和教训。

因而，在中国经验与世界眼光之间，中国经验是我们思考中国问题的根基，也是我们思考相关全球问题的出发点，“思想总是环境的产物，它对人类总体处境的触及，也总是从思想家所处环境、所遭遇到的问题切入的，而不是从一个抽象存在着的人类总体状态出发而申述出来的”[②]。我们思想的有效程度，关键在我们对中国实际把握的透彻、全面程度，但中国已经成为世界结构中的中国这一新的重要事实，使我们必须同时具备开阔的世界眼光。

3. 时代特色

在世界眼光中，我们处在一个以和平与发展为主题的全球化时代；在中国眼光中，我们处于改革开放、社会转型的大时代；在历史眼光中，我们已经进入一个知识社会、信息时代（很大程度上表现为传媒时代）或“后工业时代”（这是西方人对自身发展演变阶段的描述）；在新闻与传播学科眼光中，我们正在进入以新媒体为轴心的“后新闻业时代”（人们习惯称之为新媒体时代）。我们当然还可以从其他诸多视野描述我们所处时代的特征，但这些已经足以让人感受到我们所处时代与以往的不同，也足以使我们能够在宏观层面上理解我们所处的时代特色。我们所面对的事实都可以看作时代事实，因而，站在时代的平台上，可以说，所有思想都是时代的思想，所有思维都是时代的思维，任何人不可能超越更不可能超脱

---

① 舒德森．为什么民主需要不可爱的新闻界［M］．贺文发，译．北京：华夏出版社，2010：79－80.

② 任剑涛．汉语政治学界的德国魅惑［J］．天涯，2011（3）：181－195.

时代为我们创造的思考基础与起点。

历史是延绵的，但历史在其复杂的演化前进过程中，也会表现出自身的阶段性、时期性甚至是间断或断裂性的特征，因而历史长河在不同的节点或转弯之间，总会形成不同的时代；每个时代都有自身的时代特色、时代风貌、时代精神，都有自身的时代需要、时代追求、时代理想，也都有自身的时代问题。我们的新闻学术研究，也如其他研究一样，只有立足时代平台，发现时代问题，满足时代需要，追求时代理想，才能具有时代精神，展现时代风采，为时代发展做出应有的贡献。因而，关注时代特色特别是中国当代的时代特色，是我们探讨、设想中国新闻主义建构问题极为重要的出发点或方法论观念。

对中国新闻学者来说，最为关键的是要关注和研究中国的时代变化，关注和研究中国当下的时代特色。我以为，中国当代最大的时代特色，就是胡锦涛在中共十八大报告中所指出的三大根本特色："中国特色社会主义道路，中国特色社会主义理论体系，中国特色社会主义制度"，它"是党和人民九十多年奋斗、创造、积累的根本成就"；这三大根本特色的形成，是长期探索奋斗的结果，更是"在改革开放三十多年一以贯之的接力探索中，我们坚定不移高举中国特色社会主义伟大旗帜，既不走封闭僵化的老路、也不走改旗易帜的邪路"的伟大成就，因而"必须倍加珍惜、始终坚持、不断发展"[①]。这尽管是政治家们对当代中国时代特色的表述，但确实比较准确地揭示了当前中国的现实。学者们在探求中国未来新闻主义的选择问题时，应该以这样的时代特色为基础；若是离开时代特征去做所谓的学术或理论观念设想，很可能是纯粹的学术式的自娱自乐。当然，如何认识当代中国的时代特色，并非

① 胡锦涛．坚定不移沿着中国特色社会主义道路前进 为全面建成小康社会而奋斗：在中国共产党第十八次全国代表大会上的报告 [M]．北京：人民出版社，2012：12.

只有一条政治路线。学者们完全可以有自己分析阐释的学术自由，完全可以从学术角度进行探索，并以自己的认知为出发点，做出自己的观念选择。事实上，只有在多元的理论对话中，才能比较全面深刻地把握时代特色的真实内容，才能从各个角度、侧面、层次认识和理解时代特色的多样化表现，才有可能形成更为系统、合理、可行的新闻观念。

关注时代特色，还要特别关注由中国景象变化所引起的世界图景变动，这一时代特色可以说超过了以往任何一个时代，它不仅是全球化的结果，更是中国改革开放的伟大结果；因而，这理应成为我们今天思考中国问题必须具有的时代意识，这一点与上述侧重从世界出发观照中国问题的世界眼光角度还是有所不同的。正如有学者所说，“今天的中国问题开始重新成为世界问题”[①]，那就意味着，中国的时代特色其实就是人类时代特色的重要表现，我们必须在中国问题越来越成为全球问题、世界问题的宏大背景下，以长远的战略眼光审视我国新闻传播业的走向，思考中国新闻观念的变革，探求中国新闻制度的创新。也就是说，在今日的中国问题单中，新闻问题不仅是当务之急，而且在媒介化社会已经形成的环境中，成为越来越重要的前沿问题。而所有这些问题都具有强烈的时代色彩。一句话，我们需要在新的时代环境中以符合时代特色的方式生产创造中国新闻思想、中国新闻观念，因为“在当下中国，真正富有生命力的‘思想’，毋庸置疑要以切入当下社会现实为立论方向，以揭示当下社会现实为内容主旨，以服务和引领当下社会现实为基本归宿”。这就是马克思早就告诫人们的，“理论在一个国家实现的程度，总是决定于理论满足这个国家的需要的程度”[②]。理解了中国在当今世界环境中的定位，理解了中国的时

---

① 赵汀阳．天下体系：世界制度哲学导论［M］．南京：江苏教育出版社，2005：1.

② 陈立新，俞娜．向“现实”本身去寻求“思想”［J］．学习与探索，2012（3）：14-20.

代特色，我们才能在社会整体以及新闻业的自发演进基础上设计出更好的发展观念。

还有一点需要说明，在关注中国特色的时候，不能忘记特色与普遍之间的基本关系。原则上，既不能陷入“普世价值”的谜团之中，也不能陷入“特色思维”的陷阱之中，而是将“普世”与“特色”有机地统一起来。我们知道，中国革命的胜利，就是在普遍与特殊的结合中实现的；中国的现代化建设，同样需要坚持这样的基本方法论观念，至于每一具体社会领域的问题，当然也不能离开这一总的思维观念和思维原则。特色是比较中的显现，也是蕴含着普遍精神的特色，总是具有向外扩散的冲动。特色是典型的、个别的，但它的魅力在于能够普遍化，最少是拥有可普遍化的要素。如果我们设想的、创新的新闻观念，我们所建构的新闻制度，不仅能够比较好地解决我们自己的问题，而且能够为更多的人提供有益的借鉴，为更多的人所运用，赢得更多人的信赖与接受，那才是真正有价值的特色、有魅力的特色，才能真正形成中国经验、中国模式、中国风格和中国气派。

4. 人类胸怀

全球化开启了人类新的类意识，人类已经在新的层次上认识到自己作为同类的一体性和一体化生存发展的现实，认识到人类不同群体间的高度相互依赖性①，认识到作为同类所面对的一系列共同问题。如果说我们一直强调“民族的才是世界的”观念，那么，在今天这样一个全球化时代，“人类的才是民族的”观念也应该得到同样的重视。人类胸怀、民族胸怀、国家胸怀是我们都应该拥有的胸怀；个别、特殊、一般有矛

① 著名社会学家安东尼·吉登斯（Anthony Giddens）说：“全球化最简单的意思就是互相依赖。”参见兰塔能．吉登斯和“全球化”一词：对安东尼·吉登斯的访谈［J］．传播与社会学刊，2008，5：1-15。

盾也有统一，特殊价值与普世价值能够也应该统一。在今天这样的环境中，国家问题、民族问题得不到很好的解决，人类整体就难以安然；同样，人类面对的共同问题不解决，各个国家、民族也难以获得良好的生存发展环境。

具体一点说，“人类胸怀”的最大根据如下：一是我们都是地球人，本就是同类，并且大家仅仅拥有一个共同的地球家园，一个共同的人类社会；二是人类演变发展到今天，面临的共同问题越来越多，并且这些问题的解决必须依赖人类的共同合作努力才有可能比较好地解决。一言以蔽之，人类自身生存与发展的需要，人类生存与发展的基本事实，将人类的命运牢牢地捆绑在了一起，并且这种趋势越来越强、越来越明显。因而，每个民族、每个国家对于人类整体来说，原则上都应该成为负责任的民族和负责任的国家，当然世界大国理应担当更多的责任、履行更多的义务。对于处在人类相互沟通交流重要前沿阵地的新闻活动，在这样一个时代、这样一种状态中具有任何其他社会力量、其他人类活动方式都不可替代的作用与影响。从实践角度看，对于任何一个国家、地区的新闻传播来说，都不仅要从民族利益、国家利益、地区利益出发，还应该拥有人类共同利益的意识和观念，从人类的公共利益出发；不仅要关注和报道本民族、本国、本地区生存发展中面临的特殊问题，也应该关注和反映人类发展过程中面对的共同困难与问题，促进人类大家庭内部的相互了解、沟通和理解。这样的客观诉求，意味着对于今日的新闻研究来说，同样要有全球眼光、人类胸怀，要以本学科特有的观念和方式、视野和方法，关注人类共同的前途和命运。也就是说，新闻传播研究要积极探索人类新闻活动与人类政治、经济、文化、技术、社会的关系，要积极探索人类新闻活动与人类整体生存、生活、发展的关系，要特别探索新闻传播在建构人类不同群体之间关系（从小的利益群体直到民族、国家群体之间）的特殊作用与影响。人类胸怀，应该成为我们建构国家层面、社会层面主导新闻观念应有的姿态。

因此，对于中国学者来说，当我们探求主导中国新闻业的未来观念时，在以中国经验为根基、世界眼光为境界、时代特色为关键的同时，还应该放眼全球、倾心人类，关注、探索世界新闻传播的新秩序、新态势、新景象，能够从人类的共同利益、长远利益出发，使我们所设想、建构的主导新闻观念，既能充分保证我们的特殊需要，也能维护人类的整体利益。顺便说一句，对世界各国的新闻研究者来说，应该立足人类共同利益，加强交流和相互学习，关注、探索新闻为增进人类友谊、促进人类和平进步的新路径、新方法。法国著名历史学家布罗代尔说过："未来从不沿着一条路走。线性发展的说法应予放弃。同样还不能认为，每个文明因为各具特色就是一个封闭的、独立的世界，如同大海中的一个孤岛；文明之间的会面和对话毕竟是基本现象，它们正逐渐汇集成为人类的共同财富。"① 文明会汇集，人类的利益也会汇集，人类以人类胸怀考虑自身的生存发展问题，实在是天底下再也朴素不过的道理。

5. 学科融合

我们一再指出，关于一定社会或一个国家新闻业主导新闻观念、新闻主义的探索、设想与建构，并不仅仅是新闻领域、新闻学科范围内的事情，而是关涉一个社会整体核心价值观念体系的建设问题，关涉社会不同领域之间的关系问题，关涉不同学科的互动与协作问题。可以说，设想与建构新闻主义的方法论观念，应该是超领域的、超学科的或者说是跨领域、跨学科的，实质上就是要走学科融合的道路，确立学科融合的方法论观念。这既是由新闻领域、新闻业在整个社会系统结构中所处的地位、具

---

① 布罗代尔．资本主义论丛［M］．顾良，张慧君，译．北京：中央编译出版社，1997：151.

有的性质、能够发挥的功能作用决定的，也是由社会演变发展重新进入整体化、系统化、网络化之趋势内在要求的。[①]

新闻实践是一种与社会联系最为广泛的人类活动，它是一种贯通整个社会神经系统、信息脉络的活动，这也就从根源上意味着新闻研究必然会涉及、关联社会的各个方面，需要各个领域之间、学科之间的互动配合。因此，确立融合性（超学科、跨学科）的学术观念已经势在必行。新闻学与其他人文社会科学相比，是一个比较年轻的学科，更需要积极学习借鉴其他学科的最新研究成果，包括观念、知识与方法，这是新闻学研究应该具有的一种基本姿态。尽管新闻学始终都有自己独立的研究领域、问题领域，但以多学科融合的知识和方法研究新闻问题，将是一种必然的学术走向。何况，“新闻传播学的起源及本质上是跨学科的，狭窄的取向无疑为学科发展的空间和可能性设置了人为的障碍”[②]。因而，作为新闻研究者，我们只有敞开胸怀，虚心学习，才有可能尽快取得进步，在学科大融合的时代做出本学科的独特贡献。在主导新闻观念的实际探索与设计建构问题上，更是应该高瞻远瞩、开阔眼界，关注其他领域与新闻领域的相互关系，在跨学科、超学科的视野中寻求科学合理的新闻观念。

即使仅从学术研究的角度看，“当代学术发展，正面临着两个基本现实：一是没有哪一个学科，仅仅依靠自己的力量，能够解决任何一个重大社会理论和实践问题；二是实现学科进步，越来越多地需要借鉴其他学科的理论、方法和成果。也就是说，不同学科之间相互依存度在加

---

① 就人类既有的认识历史过程来看，人类对对象世界（包括自然与社会）的认识与把握，是一个从整体到部分又到整体的过程，下一个周期可能要从新的整体到新的部分再到新的整体，也许这是一个螺旋上升的无限过程；每做一次循环，都意味着人类对对象世界的认识与把握提高到一个新的水平、进入一种新的境界。

② 陈韬文．中国传播研究的发展困局：为什么与怎么办［J］．新闻大学，2008（1）：1－8．

强。正是这两个现实，使学科之间的对话、交流不但成为可能，而且成为必需”[①]。人们不难看到，对一定社会事实、社会事件、社会现象的学术观察和研究，从本质上必须是跨学科的或者是学科融合性的，“现实本身内在地就是跨学科的”[②]，社会并没有按照学科划分自然成形，因而只有以跨学科的姿态与方法，才能真实地解决一定的现实问题。季羡林先生就说过这样的话：“今天学术发展的总趋势是，学科界限越来越混同起来，边缘学科和交叉学科越来越多。再像过去那样，死守学科阵地，鸡犬之声相闻，老死不相往来，已经完全不合时宜了。”[③] 因此，我们要想建构起比较符合时代要求的新闻观念，仅仅依赖本学科的研究、本学科的视野、本学科的力量是远远不够的，既需要我们进一步“走入”新闻学科，真正弄清新闻活动自身的特征与规律，同时也特别需要我们“走出”新闻学科，用新的视野、知识、观念和方法探索新闻领域与其他领域的关系，用其他学科可行的观念与方法观照新闻领域。只有在这种“走出”与“走入”的互动协作中，才有可能真正找寻到比较科学合理的新闻观念。[④]

6. 原创（创新）精神

原创精神，就是敢于和能够创造出过去没有的观念和事物，以解决当下和未来一些难以解决的问题。创造、创新的要旨在于，冲破既有的惯性思维、习惯行为、环境限制，探索寻求到更好的能够解决现实问题的观念和方法。原创精神对于整个社会的良性转型、任何一个社会领域的实质进步、任何一门学科的持续发展、任何一个重大问题的探讨与解

---

① 编者按［J］. 中国社会科学，2008（1）：1.

② 陶东风. 文化研究精粹读本［M］. 北京：中国人民大学出版社，2006：12.

③ 季羡林. 季羡林读书与做人［M］. 北京：国际文化出版公司，2009：12-13.

④ 杨保军，涂凌波. “走出”新闻学与“走入”新闻学：提升当前新闻学研究水平的两种必须路径［J］. 国际新闻界，2012（5）：6-13.

决都是极为重要的事情、关键的环节。原创精神是时代的需要，也是时代精神的体现。在新闻观念论的视野中，我们要敢于也应该在深入研究实际的基础之上改造老观念，提出新观念，创建符合新的实际的观念体系。

创新需要智慧和勇气，创新精神突出地表现为质疑精神、反思精神、批判精神、否定精神，但创新不仅需要对既有一切进行反思和批判的勇气，更需要批判和反思的智慧和能力；缺乏智慧和能力的批判与反思，只能是“愤青”式的空洞激昂，于事无补、无益。因而，任何新的创造都要以既有的成果为基础，既要把握实践的命脉，也要贯通学术观念的脉络，提倡原创精神，并不是要主张历史虚无主义，并不是要彻底放弃传统，并不是要无视既有的现实成就，否定一切。历史是割不断的血脉，历史是继续前进的基础，既有的一切都是向前的背景。反思、批判的目的不只在于推翻或者摧毁现存的事物，更在于建设和创造美好的未来。事实上，在我们这样一个时代，“建设性的思想比以往任何时候都显得更加重要”[①]。我们面对的和需要解决的主要是前进中的问题，而不是需要彻底重建的问题；批判是手段，建设才是目的。创新的目的在于提出更好的思想、更好的观念、更切合实际的方法和措施。新闻观念创新的核心在于，以现实为基础，以中国特色（中国特色社会主义道路、中国特色社会主义理论体系、中国特色社会主义制度）为根据，探索、设想、建构出更为符合时代特色、社会发展、人民需要、人类胸怀的主导新闻观念。

对于科学研究（自然、社科、人文）来说，学术有自身的内在精神，学人有自己的风格与人格，原创的基本前提是学术的独立和自主。一般意义上说，一门学科要发展、进步，当然离不开实践和理论的创新，这就要

---

① 赵汀阳．天下体系：世界制度哲学导论［M］．南京：江苏教育出版社，2005：11.

求必须有一种创新的精神，敢于和善于发现新问题、提出新看法、创造新成果。学术研究有自身的特征与规律，学术进步有自身的路线与逻辑，创新并不是纯粹主观愿望的东西。尽管在现实社会中，学术研究、进步的特征、逻辑不是纯粹的、孤立的，会受到各种社会逻辑的冲击和影响（有些还是正当的），但保持学术逻辑的相对独立性，永远都是学术创新、获取真理的基本要求。在新闻观念论视野中，探索、设想和建构一定社会、国家主导新闻观念、新闻主义的过程，并不是一个简单的主观设计过程，而是一个尊重社会自然进化、新闻领域自发演进基础上的艰苦的学术探讨、学术研究过程。只有真正地、真实地认识了中国社会的实际，中国新闻领域、新闻业的实际，才有可能充分发挥主观能动性，发挥学术研究的创新精神，设想和建构起比较科学合理的新闻观念。而且，我们应该充分自觉到，一定社会“主义”层面或主导新闻观念的创新，是甚为严肃的大事，不仅仅是一个具有创新精神的问题，而且是一个牵一发有可能动全身的系统工程、系统创新问题。我们面对的是一个新的时代，面对的是新的事实、新的景象，需要的是不同于往常的原创性思维。因而，这个创新过程一定是艰难的，是一个曲折的历史过程，而不是某个或某几个天才人物可以单一解决的，不可能一蹴而就。

（二）选择新闻主义的基本根据

上述的方法论观念已经为我们的这一思考提供了方向，现在的关键是找到具体的根据。中国新闻业既建基于中国历史、中国传统之中，也建基于中国政治、经济、文化、社会的现实之中；既建基于全球化的宏大背景之中，也建基于后新闻业开启的时代特色之中，建基于我们对中国新闻业的未来期望之中。因此，从大的原则上说，主导新闻观念或新闻主义的寻求探索，应该以这些具体的同时又是宏大的背景为基础，正是这些基础，构成了我们选择新闻主义的基本根据。

第一，如前所述，中国实际、中国事实特别是中国的新闻业实际是中国选择自身主导新闻观念或新闻主义最根本的依据。英国著名新闻史家詹姆斯·卡伦说："所有社会都有选择媒介发展的权力，这种选择，不管是好是坏，都将对媒介机构、媒介内容以及媒介的社会角色起到持续且深刻的影响。"① 经过 30 多年的改革开放，中国新闻业也像其他事业一样，形成了中国模式②，确立了中国经验。我们以为，中国实际、中国事实中蕴含的中国模式、中国经验，同样应该是探索、设想、选择中国主导新闻观念的重要根据。

近现代新闻业在中国大地上经过一百多年的演变发展，积淀起、形塑出当代中国新闻业的基本形象。经过 30 多年的改革开放，可以说，当代中国新闻业的发展越来越重视和遵循新闻业运作的一般规律。但我们更应该看到，中国新闻业与整个当代中国社会一样，处于一种渐变的却是巨大的转型状态。中国特色社会主义市场经济体制已经把新闻业带入一个新的境地、新的时代，而新闻业与政治权力系统的接近性甚至一体化使得中国当代新闻业的转型方式更为独特、复杂，这就使当代中国新闻业表现出独有的一些特征。这些特征正是我们探索、设想和建构主导新闻观念的核心根据。

其一，新闻资产单一国家所有，仍然是没有动摇的基本事实。新闻媒体属国家所有，在实行中主要有两种情况：一是任何非公有资本不得投资新闻媒体。这方面已经有明确的规定，2005 年国务院公布了《关于非公有资本进入文化产业的若干决定》，其中明确规定了非公有资本不得投资

---

① 卡瑞，辛顿．英国新闻史：第 6 版［M］．栾轶玫，译．北京：清华大学出版社，2005：8.

② 关于新闻领域的中国模式内涵，可参见杨保军．新闻领域的中国模式：描述、概括与反思：上［J］．新闻界，2011（4）：3－7；杨保军．新闻领域的中国模式：描述、概括与反思：下［J］．新闻界，2011（5）：3－8。

设立和经营的范围，具体包括通讯社、报刊社、出版社、广播电台、电视台、新闻网站等。二是新闻媒体要么直接隶属于国家机关（自然国有），要么必须有国家认定的主办单位和必要的上级主管部门，而这些上级主管部门也是国家机关或者党的组织部门。新闻资产所有制是新闻业作为事业和产业的根本，谁掌握了这个基础或根本，谁就掌握了新闻话语权。而新闻话语权当然不是简单的新闻信息传播，而是关系到一个国家主导意识形态体系、社会核心价值观念体系的宣传与建构问题。因此，不难理解，新闻资产所有制一定是新闻体制改革中的根本，也是最难之所在。经济权力和政治权力之间是可以转换的，一旦把经济权力（资产所有制就是最大的经济权力）放开，也就意味着放开了政治权力。因此，资产所有权不放手，就是政治权力不放手，就是要把政治权力牢牢掌握在党和政府的手里，而不是任何其他个人或者利益集团的手里。可以想象，一旦新闻资产可以私有，或者以其他形式所有，这就意味着在社会常态或非常态下，有不同于党和政府的声音出现，甚至有可能对党和政府发起某种政治挑战。而这在当前中国环境下还是很难接受的事情，也是对国家、民族有害无利的事情。如何从中国实际出发，设计新闻改革的未来方向，建构新闻体制改革的目标，关键问题其实就是新闻资产的所有制问题。

其二，直到目前，中国新闻业定性为“双重基本属性”。所谓双重基本属性，是指新闻业既有意识形态属性、事业属性，又有一般产业属性。前一种属性意味着新闻媒体是舆论机构，是事业单位，是思想宣传中心，是教育引导人民跟党走、跟政府走的工具，因而它必须坚守社会主义意识形态原则，坚守马克思主义的指导地位、统率作用，以追求社会效益为至上目标，不能屈服于市场压力；后一种属性意味着新闻媒体是信息生产企业，是文化企业，因而它必须按照社会主义市场经济的逻辑，像其他企业一样在法律和道德允许的范围内追求最大经济效益。构成当代中国新闻业主体的绝大多数新闻媒体，就是在这种既有事业性质又有企业性质的双重属性中运行的。因而，政治逻辑、意识形态运作的诸多规则与经济逻辑、市场经济运作的诸多机制相互作用，共同支配着当代中国新闻业的实际运行状态。当代中国新闻业必须在双重基本属性中运行，必须在产业与事业中求得平衡，必须在社会效益与经济效益的追求中谋求统一。因此，新闻媒体既要遵守作为意识形态机构的诸多政治规范，按照意识形态领域的工作方式进行传播，又要以企业角色适应市场经济的逻辑规则，按照市场经济的要求实行经营管理。双重基本属性定位、运行中的新闻业，如果想求得顺利的发展，必须求得各种社会力量的满意，任何一种力量对于媒体的生存发展都是至关重要的。因而，新闻媒体不得不在各种力量的作用和约束中保持清醒的头脑，建构自己的发展战略，寻求具体的运作策略和措施。除了这两种属性之外，尽管人们近些年来对新闻业的公共属性越来越重视，但直到目前还没有形成比较统一的观念。对此，我们将在后文再作讨论。

其三，就目前的实际来看，在传播功用向度上，中国新闻业的核心功能取向，首先是宣传功能，其次是新闻功能，并且在新闻传播中实现宣传功能。作为党、政府和人民耳目喉舌的中国新闻业，其宣传功能一直占据着核心地位。进入新时期以来（指 1978 年以来），新闻业的功能开始多元化、多样化、多层次化，新闻本位功能得到了前所未有的强化和提升。但不管功能怎样变化，宣传功能并没有被弱化或淡化，而是在新的传播环境中得到了进一步强化。

其四，中国新闻业是在多元力量、多元逻辑的支配制约下运行发展的。中国新闻业的特有性质、地位与作用，以及它在改革开放中所处的市场经济体制的新境遇、新环境，使它必须面对多种社会力量，在多重力量的约束中求得生存和发展。除了政治逻辑、经济逻辑的支配与影响，技术逻辑、大众文化逻辑等都是作用影响新闻业运行的重要力量。

总而言之，当代中国新闻业的双重基本属性，两种主要功能，加上新闻业与社会各个领域天然的密切关系，使它成为一个具有多重角色的社会系统。与此相应，它必然要受到多种规范、多种规律、多种力量的共同制约，“共同制约的结果是呈现出相当的复杂性，诸种力量最后形成了合力，由这股合力推动着传媒的发展”①。

第二，整个人类社会发展水平、发展方向，特别是人类新闻传播业发展的未来趋势是中国设计、建构新闻主义的宏大背景，也是重要的基本依据。在中国结构了世界和世界结构了中国的大背景下，在中国新闻业与世界新闻业已经交融在一起的情况下，设计、建构、选择中国新闻业的主导新闻观念，就不得不以整个人类新闻业发展的大势为背景、为参照、为依据，这是世界眼光、时代特色、人类胸怀观念要求的必然，我们应该进一步明白，中国的新闻传播面对的不只是中国，同时也是世界，而且后者会越来越重要。因此，认知与把握世界或人类新闻业的整体发展状况不仅必要而且重要。根据世界新闻业的历史演变与当下的基本实际来看，具有这样一些重大的基本特征。②

其一，资产所有制决定新闻传播的整体价值取向。这是世界新闻业运作中一个最为明显的特征。可以说，有什么样的新闻资产所有制形式，就有什么样的新闻传播价值取向。在宏观层面上，新闻资产所有制形式决定了新闻传播在整体上必然要维护某种所有制形式所依赖的社会经济制度和政治制度，要维护新闻传播赖以存在发展的文化环境和社会主流价值理念；在微观层面上，新闻资产所有制形式决定具体媒体的新闻传播价值取

① 丁柏铨．中国当代理论新闻学［M］．上海：复旦大学出版社，2002：123.

② 关于世界新闻业的整体特征分析，可参见杨保军．当代世界新闻业与中国新闻业总体特征分析［J］．浙江工商大学学报，2009（1）：37-45。

向，谁掌握着钱袋谁就掌握着媒体发展的方向。用美国学者阿特休尔的话说就是，在所有的新闻体系中，新闻媒介都是掌握政治和经济权力者的代言人。① 尽管在世界各地存在着各种各样专业新闻主义的独立追求与理想，但新闻资产所有制决定新闻传播价值取向这一根本关系依然是比较稳定的。因此，当我们依据中国实际确立自己的新闻主义时，必须牢牢抓住新闻资产所有制这个关键。

其二，市场手段维系新闻媒体的经济命脉。通过市场手段获取经济保障，维护媒体的正常运转，这是当代世界新闻业的另一普遍特征。新闻业是产业，新闻产品是商品。由市场经济规模化信息需求催生的近代新闻业在当代已经获得了世界范围的本性回归，使市场手段成为大多数新闻媒体主导型的生存与发展方式。新闻媒体通过新闻传播或其他信息传播吸引社会公众的注意力，塑造广泛的社会影响力，从而赢得发行费、视听费，特别是赢得广告商的青睐，使自己从社会环境中不断汲取营养，维系运作的经济命脉。尽管人们对市场新闻业有着各种各样的担心和批评，但现实是，依赖市场经济机制依然是当代新闻业生存发展的主要模式，人类还没有找到更好的传媒发展路径。

其三，世界范围来看，新闻业的社会功能不断增加，社会影响全面扩展，新闻与各个社会领域的互动作用日益增强。人们看到，新闻业的功能走向多样化、立体化，走向泛化；构成新闻业的实体机构不再是单一的传播“新闻”的机构，它们的身份也在多角色化，也在泛化。在关系论视野中，新闻业的社会影响渗透到社会的各个领域，深入到人们日常社会生活的方方面面。作为实体的新闻机构已经发展为重要的经济实体，新闻业（媒介产业的内涵）也成为重要的产业，新闻业的经济基础化已经是基本

① 阿特休尔．权力的媒介［M］．黄煜，裘志康，译．北京：华夏出版社，1989：315－335.

事实，在整个国家的经济构成中比例不断提高。作为社会舆论体系、意识形态子系统的新闻业，在世界各国的政治活动中作用日益增强，以至一些人认为以美国为代表的西方世界开始进入媒体政治的时代。尽管这有些夸张，但新闻传播对政治的影响确实不可低估。其实，媒体的政治化或政治的媒体化，确实成了全球化的普遍现象。作为文化事业的新闻业，其作用更是不可小视，大众文化的勃发、文化传播与交流的兴盛，在一定程度上说明了新闻业在整个文化发展中的影响越来越大。而传媒对普通社会大众的影响，人们对传媒的依赖程度，是以往任何一个时代都无法比拟的。中国著名新闻学者童兵先生认为，人们“对大众传媒的使用，从来没有像今天这样广泛、及时、须臾不可或缺，人们难以逃脱无处不在、无时不有的大众传媒的深刻影响”[①]。社会已经媒介化了，社会大众的生存、生活、学习、工作等等都已经进入媒介化的状态，其中自然少不了新闻业、新闻媒介、新闻传播这些重要力量和角色的作用与影响。

其四，在全球意义上看，技术特别是传播技术的飞速发展更新成为新闻业发展的核心动力。以传播技术为核心形成的“技术丛”，已经和正在改变着世界新闻业的媒介生态结构，跨媒体、融合媒体、全媒体业已成为世界潮流，成为新闻业、传媒业发展的基本大势。我们完全可以说，世界新闻业已经进入一个重新结构自身的新时代，传统媒介生态正在为新的媒介生态结构所替代。因而，面对未来新闻业的发展，我们必须站在人类新闻业演变发展的前沿平台，从宏观战略层面进行顶层设计，设想和建构主导新闻观念。

第三，前述两点，关注的是确立新闻观念的中国事实与世界事实，是我们设想、建构新闻观念的客观根据。在理论视野中，我们应该以马克思

---

① 童兵．比较新闻传播学［M］．北京：中国人民大学出版社，2002：2.

主义为武器，以中国特色社会主义理论为核心指导，确立科学合理的发展观念，承认和尊重新闻活动自身的特征和规律。也就是说，承认和尊重新闻活动自身的特征和规律，始终都应该成为我们选择确立新闻主义的基本理论信念或观念根据。因此，正如我们反复强调的，认清新闻活动的特征和规律，始终都是设想、建构主导新闻观念的基础性任务，因为诚如有学者所说的，“科学的新闻传播观念来自对新闻传播活动及其规律的正确认识”①。当然，一种观念是否正确合理，还须经过长期社会变革和新闻实践的反复检验。

对于今天的中国来说，从执政党、政府到新闻业界、学界对新闻活动应该尊重新闻的特征与规律已经有了比较清醒的自觉。如今的关键问题是：什么样的新闻主义、新闻观念才算是在中国语境中符合新闻特征、新闻规律的主义或观念。同样一个实际，人们可以做出大致相似的事实认知，但人们对未来的演变发展的观念选择、制度选择、道路选择却往往有着很大的差别。到底能够和应该做出怎样的选择，我们将在下节专门讨论。这里只阐释尊重新闻特征与规律的基本内涵。我们以为，这主要有两个层面：一是我们设计的新闻观念，应该符合人类已经形成的关于新闻、新闻传播、新闻传媒、新闻业的一些普遍一致的看法，这些看法有着相似的客观基础；二是我们设计的新闻观念应该符合中国社会的特殊环境、特殊条件、特殊需要，即所谓特殊规律问题。我们在上文中关于世界新闻业、中国新闻业基本事实的分析，用意也正在这里。

就普遍规律来看，新闻业、新闻传媒、新闻传播应该以新闻为本位，这是新闻活动的根本方向；新闻传播坚守真实、客观、公正、全面、及时、公开等基本要求，可以说是新闻活动的原则底线；而将新闻传媒建构

---

① 童兵．比较新闻传播学［M］．北京：中国人民大学出版社，2002：67．

为社会公共平台，为社会大众服务、维护公共利益，这是新闻活动的基本目标。这些最基本的东西，至少在观念上、理论上已经具有了人类共识的意义，中国新闻业在建构自身的主导新闻观念时应该予以尊重，并应努力体现，包容在自身的观念体系之中。就特殊规律而言，人们首先应该在认识上清楚，具体实际作为事实性存在永远是相关具体观念产生的最重要的根源，因而中国的实际为中国选择主义层面的新闻观念提供了最坚实的基础，也设定了科学合理新闻观念的基本边界。偏离基础、超越边界的选择当然也是一种选择，但那是错位的甚至是错误的选择。

第四，需要在前述基础上特别强调的是，“后新闻业时代”的开启，或新媒体时代的到来，已经使媒介生态产生了前所未有的革命性变革，使人类新闻活动方式、新闻图景、新闻观念等正在发生着整体性的变革，中国同样处在这样的变革之中。因此，这些最新的革命性变革，都应该特别成为我们探索、设想和建构主导新闻观念的重要根据。只有抓住这样的根据，我们的主导新闻观念、新闻主义才能真正适应时代需要，引领符合时代精神、时代潮流的新闻业未来发展。

如今的新闻图景，不再是传统媒介时代的图景。当我们回望传播媒介的发展历程，去触摸那一个个划时代的媒介里程碑时，就会发现：传播媒介的发展历史，是一个更新换代、加速提升的历史过程。从前口语传播时代到口语传播时代，大约用了 140 万年；从口语传播时代进入文字传播时代，大约用了 10 万年的时间；从文字传播时代发展到印刷传播时代，大约用了4 000 年的时间。而当人类进入新闻传播业时代之后，媒介发展的速度更加惊人，从单一的印刷传播时代到广播电视为主的电子时代，只有几百年的间隔；而从广播电视时代到网络传播时代只有几十年的时间。①

① 邵培仁．传播学［M］．北京：高等教育出版社，2000：41．

网络媒介自身的演进以及与其他媒介的整合速度更是日新月异，带来了前所未有的变革，迅速使新闻业进入全媒体、跨媒体或融合媒体的时代。威廉·哈森（William Hachten）在谈及变革时代的美国新闻业时指出，“未来岁月中，如何适应互联网的变革和新的融合媒介文化有可能成为新闻业的最大挑战”[①]。我们看到，“后新闻业时代”的开启，已经和正在改变着新闻领域的整体结构，其中最为典型的变化是：已经将传统媒介时代被动的收受者变为了能动的消费者、传播者，传播收受一体化了[②]，能够向社会进行大众化传播的主体已经多元化了[③]。从中国的新闻实践来看，新媒体传播（特别是 Web2.0 时代）带来的改变不仅是加强了传播者与收受者互动，而且是开始从根本上消解传播者与收受者分离的状态，两者间的关系模糊了，传播者与收受者的角色开始重叠化了，因此我们所追求的自由、

---

① 哈森．变革时代的美国新闻业［J］．付玉辉，编译．国际新闻界，2006（3）：56－60.

② 杨保军．简论“后新闻传播时代”的开启［J］．现代传播，2008（6）：33－36.

③ 当我们回溯 30 多年来中国新闻的变革时可以发现，前 20 年大体是职业新闻传播主体的明确期，后 10 多年则随着互联网为代表的新媒介的崛起，民众新闻传播主体的影响逐渐凸显。1994 年中国接入互联网，2000 年之后互联网开始加速普及，仅 10 多年的时间，中国网民已超过 5 亿，手机网民接近 4 亿。这期间，从 Web1.0 时代的个人网站、BBS 论坛到 Web2.0 时代的博客、播客、维基、微博客、SNS，民众个体作为新闻信息的传播主体已经参与到信息生产中，通过原创、新闻的整合、评论等，成为互联网新闻传播结构中三要素之一。有研究者把“商业网站”“传统媒体网站”和“网民”当作中国互联网新闻传播的三极力量（要素），三者之间已经形成稳定的信息能量交换关系。参见彭兰，高钢．中国互联网新闻传播结构、功能、效果研究［M］．北京：高等教育出版社，2011：12－22。事实上，除了职业新闻传播主体和民众个体传播主体外，随着新媒体兴起的还有政府机构、企业组织、非政府组织等非职业新闻组织、非民众个体的传播主体。这一事实尽管容易被研究者忽略，但它的确是传播主体要素中相当重要的组成部分。有研究者就发现，网络新闻传播中由中央新闻单位网站和各省区市的新闻网站，以及中央国家机关各部门的新闻网站和综合性非新闻单位网站共同构成了网络新闻格局。参见彭兰．中国网络媒体的第一个十年［M］．北京：清华大学出版社，2005：156－163。这还只是 Web1.0 时代的网络新闻格局，大量的政府部门网站、企业网站、非政府组织网站在这一时期建立起来，而到了 Web2.0 时代，这些社会组织则迅速在博客、SNS、微博客上抢占传播主动权，发布信息并与网民互动。仅以微博为例，有研究发现，截至 2011 年 3 月 20 日，全国范围共有实名认证的政务机构微博 1 708 个，政府官员微博 720 个，涉及 32 个省（市）、自治区。政府部门通过微博获取社情民意、公开政务信息、加强网络问政、构建政府形象，其中一些微博有相当的影响力。参见张志安，贾佳．中国政务微博研究报告［J］．新闻记者，2011（6）：34－39；黄河，刘琳琳．试析政府微博的内容主题与发布方式：基于“广东省公安厅”与“平安北京”微博的内容分析［J］．现代传播，2012（3）：122－126。

平等、互动的传播模式初现端倪。互联网的本质是自由精神，互联网上的参与是人与人的交流、人与社会的互动，传播者与收受者之间的地位是平等的，这就是通常所说的互联网的“去中心化”特征。① 传播者和收受者关系的变化可以在实践中去观察：一是网民在互联网上对信息的自由收受和传播，特别是在社会化媒体上的参与和互动，能够通过自媒体传播重要的新闻（其中很大部分是由网民自发发掘的），营造舆论热点事件。传播者、收受者的一体化日趋常态。民众新闻与职业新闻之间不仅互动互补，也往往互相解构、消解，形成一种博弈、矛盾、对立的局面，使社会新闻图景的塑造出现了新的态势。二是传统媒体的应对与改变，除了推进“媒介融合”外，一些传统媒体也主动在新媒体传播中与收受者建立新的关系。

总而言之，新媒体塑造的新的新闻传播景象，提醒我们不能再简单地以传统的思维方式建构新闻观念，而是要以新的事实为依据，以新的发展趋势为依据，创造性地探求、建构新媒介生态环境下的新闻观念。

---

① 值得注意的是，互联网所引发的传收关系、传收模式的变化并不是绝对的。一方面，互联网在“去中心化”的同时又可能“再中心化”；另一方面，当前的新闻图景是由传统媒体和新媒体共同建构的，构成方式包括职业新闻和民间新闻，职业新闻传播模式仍然主导着现实的新闻图景。但是新型的传播模式、传收关系、传收理念的影响的确愈来愈大，传播者和收受者的关系一体化既能在现实的传播中找到对应，又是收受者追求的目标。

第十一章　新闻观念与社会观念系统

我们对每一个观念的思考，必然会涉及其他观念。

——莫提默·J. 艾德勒（Mortimer J. Adler）

没有一个信息能够脱离社会结构，或者脱离信息传播者和信息接收者共处的具体环境。

——迈克尔·舒德森

媒体形象帮助我们塑造了世界观和更深层次的价值观：什么是好的或坏的，哪些是积极的或消极的，怎么做才是道德的或邪恶的。媒体故事提供了象征、神话和资源，借此我们建构起共同的文化，并通过实践而使自己融入这种文化当中。

——道格拉斯·凯尔纳（Douglas Kellner）

人类大致生活在具有某种统一性的三重世界之中：客观世界、符号世界和心理世界。符号世界和心理世界可以说是精神世界，包含着观念世界。每个社会都有自身的观念世界，观念世界是由各种观念系统建构的。

在观念世界的各种观念子系统之间，有着丰富多彩、千丝万缕的纷繁关系，每一类观念的特征、功能价值、影响意义正是在这样的关系中呈现的。美国哲学家莫提默·J. 艾德勒说："我们对每一个观念的思考，必然会涉及其他观念。"① 对不同社会领域观念间的关系来说，就更是这样。因此，进一步考察和厘清新闻观念与其他主要社会观念系统的关系，有利于我们更准确地认识和把握新闻观念在整个社会观念系统中的地位、功能和作用。本章中，我们先在宏观层面上分析一下新闻观念与社会观念系统的关系，然后再就新闻观念与其他一些主要社会观念系统的关系展开分析和阐释。

一、社会观念系统或体系

从宏观结构上看，人类活动系统可以分为两个大的方面：一是物质系统，一是精神系统，也就是观念系统。这两大系统之间的相互联系、相互作用构成了人类的基本存在方式。人类正是在这两大系统的生产与再生产的过程中演进的，也是在这两大系统的对立统一中生存发展的。在观念论视野中，各种社会观念是社会运行的精神要素、精神动力、精神支柱。尽管社会观念看上去丰富多彩、五花八门，但一定的社会总是拥有比较稳定的主导观念结构，不同观念之间也总是有着相对比较稳定的关系。观念世界的变革与震荡，总会在物质世界、感性世界的运行中表现出来。因而，我们完全可以说，正是精神世界、观念世界一定的统一性和稳定性，或者说，正是一定社会中人们对一些基本观念的认同、恪守和共同拥有，才保证了一定社会的统一性和稳定性。

---

① 艾德勒．大观念：如何思考西方思想的基本主题［M］．安佳，李业慧，译．广州：花城出版社，2008：11.

（一）社会观念系统的结构

一个相对确定的社会系统，总是拥有其自身相对独立的观念系统。“一个系统是一个包括各个对象和这些对象与它们自身属性关系的整体”[①]，因而在一定社会的观念系统中，存在着各种各样的观念单元或观念要素；这些观念单元或要素之间的相互关系建构起观念系统的基本结构。也就是说，在一定社会的观念系统中，尽管存在着大量的各种各样的观念，但不同观念之间并不是混沌的、杂乱无章的关系，而是有其自身相对比较稳定的关系或基本结构。一个稳定有序的社会，其不同观念之间的构成也是稳定有序的；一个混乱无序的社会，其不同观念之间的构成也一定是混乱无序的。这里，我们主要以相对稳定有序的社会为对象，分析其社会观念系统的可能结构情况。

“社会观念”是一个很复杂的概念。我们这里所说的社会观念，是关于“社会整体”的观念，包括关于社会经济基础、上层建筑及其相互关系的观念，或者说，包含着社会各个领域观念的观念，即它指向的是整个社会观念构成，而不只是“社会学”意义上与“政府”或“国家”相对的狭义的“社会”观念。也就是说，这里所说的社会观念是一个内涵丰富、外延松散的概念，但又具有内在的统一性，针对的是一定的社会。因而，一定的社会观念往往不仅体现着一定社会的观念构成，也体现着一定社会的整体价值观，甚至可以说是一定社会在一定时代的时代精神，民族-国家精神，一定社会在一定历史时期的整体观念图景，反映和体现着该社会的精神面貌，反映和体现着其精神生产的基本状况。

在具体阐释社会观念的这种结构之前，很有必要以“宏大叙事”的方

---

① 陈卫星．传播的观念［M］．北京：人民出版社，2004：55.

式，简要说明一下“社会观念系统”与“社会物质系统”之间的基本关系，以使我们关于社会观念结构的解释有一个基本前提（基础或根基）。在马克思主义哲学视野中，更准确地说，在其历史观视野中，社会存在决定社会意识，经济基础决定上层建筑，也就是说，社会的物质系统从根本上决定着社会的意识系统、观念系统，但这只是在最根本的或本原意义上讲的。一旦社会展开其实际的运行过程，两个系统之间便始终处于相互作用的状态，并不是简单的谁先谁后、谁决定谁的关系。整个历史的宏大运演过程，是在物质系统与观念系统相互作用的交融中进行的，这里并不存在谁始终绝对决定谁的关系。恩格斯说：“政治、法、哲学、宗教、文学、艺术等等的发展是以经济发展为基础的。但是，它们又都互相作用并对经济基础发生作用。这并不是说，只有经济状况才是原因，才是积极的，而其余一切都不过是消极的结果”[①]。因此，尽管社会物质系统对于社会观念系统的产生具有本原性的、前提性的意义，但我们不能对这样的关系进行简单的形而上学理解，从而泯灭观念系统的独立性以及它对社会运行发展的巨大的能动作用、创造作用。事实上，社会在其自然的演进过程中，始终受到历史实践主体——人的主动塑造与建构。对社会观念系统有了这样一个宏大的粗略了解之后，我们再来分析一定社会观念系统自身的基本构成情况。

首先，在共时结构上，存在着关于社会的总体观念，同时也存在着关于不同社会领域的基本观念[②]，以及关于总体观念与各个领域观念之间关系的观念；这些观念一起构成社会的观念系统，或者说它们共同构成了社会的观念生态结构。一个社会是什么样的社会，人们不仅可以观察、认知

---

① 马克思恩格斯选集：第4卷［M］. 3版. 北京：人民出版社，2012：649.

② 当然，这是以人类能够认知和自觉社会存在为前提的，在人类还没有形成这样的认知与自觉能力之前，是无法言说社会观念的。

并做出描述和判断，也可以进行自觉反思、做出价值评判。比如关于社会形态、社会性质等的定性，关于一定社会总体发展水平、发展方式的描述，等等，就是认知性的、反思性的关于社会总体的认识观念；而关于一定“社会总体”的价值评价观念，比如一定社会的好坏善恶、关于一定社会应该如何的总体性观念等等，则构成了关于社会的总体性价值认知和价值期望。比如，当下中国人对当前中国社会就可以做出自己的认知判断和价值评价；当然，外国人也可以做出判断和评价。显然，针对同一社会，不管是现实的还是历史的甚至是设想的，不同主体的认识特别是价值评价是有差别的，甚至可能出现对立，这是人们都能观察到的显见现象。① 这里的具体认知与评价不是我们要讨论的问题，我们只是想说明，在一定历史时期，在共时性上，人们对一定社会整体总有一定的观念，这是社会观念系统的重要组成部分，甚至具有全局的统领意义。这样的社会整体观念，对人们关于具体社会领域的认知与评价以及如何看待整体观念与具体领域观念之间的关系都有前提性的重要影响。

在整体认知把握社会的同时，人们通常将社会整体或总体在结构上分为政治、经济、文化、社会（狭义）、军事、技术、思想意识形态等等具体领域，当然还可以用各种各样的标准对社会整体进行不同的划分，从而形成更为细致的领域；与这些划分相应，也可以将社会观念系统分为不同的子系统或小领域，政治观念、经济观念、文化观念、社会观念（狭义）、技术观念、宗教观念、哲学观念、历史观念、道德观念、文学观念、艺术观念等等就是这样区分开来的。事实上，人们更多的时候，是在领域范围内或领域层次上展开社会观念讨论的。当然，在任何一个领域范围内，又

---

① 针对同一对象、同一领域，存在着不同的观念。这些观念在形式上似乎是并列性的存在，并且各有自己的特征或追求，但它们实质性的社会地位与社会影响是不同的。这就像针对同一学术研究对象，有不同的学派观念和看法，但它们的学术影响大小是不一样的。对此，我们将在后文再论。

有自身的领域整体观念和领域范围内的一些具体观念，比如，本书就是对新闻领域各个层次观念及其关系的认识和把握。

有了社会整体观念与领域观念，自然就会存在关于它们之间的关系观念，这当然是建基于整体与部分之间的客观联系。同样，有了不同领域的观念，也就自然会产生不同领域观念之间的关系观念，这同样是建基于不同社会领域之间的客观联系。实际上，关系观念，也即对整体与部分之间、部分与部分之间关系的认识与评价，在观念论视野中是更为复杂的问题，也是不同领域观念在观念生态结构中更为真实的存在运行状态。我们之所以在此先要厘清社会观念系统的基本结构，目的就是为我们关于新闻观念与社会整体观念的关系、新闻观念与不同社会领域观念之间的关系讨论奠定一定的基础、确立一定的前提。

其次，在历时结构上，一定社会的观念系统其实是一种延续性或绵延性的存在①；但要注意，一旦一个社会的观念系统与先前相比发生了重要变革，这个社会也就进入了一种新的状态，甚至在一定意义上说，是另一个新的社会②。通常情况下，只要一个社会基本的价值观念发生了改变，我们就可以在观念论视野中将这个社会定性为新的社会；同理，某一地域范围内的社会，之所以能够以贯通古今的方式或至少是在相当长的历史时期内被名为或定性为同一社会，在很大程度上，不是因为它拥有统一的物质生产系统，而主要是因为它拥有贯通性的比较统一的精神文化或观念系统，即有着相对比较统一的基本观念。因而，人们可以把从古到今演进在华夏这块土地上的人群生存方式一概称之为“中国社会”，并进而可以在“中国社会”这一统一的名称下，分段讨论不同时代、不同时期的具体的

---

① 只有当一个社会本身因为某种原因消失或彻底断裂，其观念系统才有可能消失或断裂，比如，在人类历史上，有些文明的消失与断裂，是以相关社会人群“莫名其妙”的消失为前提。

② 比如，中国人习惯于把1949年之前的中国社会称之为“旧社会”，之后的中国社会则称之为“新社会”，从观念论的视野看，就是后一社会建构了与前一社会有着质的不同的观念体系。

中国社会。同样，人们之所以有“西方社会”的统一名称，除了地理结构上的原因之外，最根本的理由恐怕是，被称为“西方社会”的社会在历史性和现实性上有着一些共同的基本的价值观念。可以说，在观念论视野中，人们正是用文化观念或基本价值观念作为标准去定性和描述一定的社会及其演变的。

从原则上说，就一定历史时代、历史时期的观念来说，有些观念是历史长期积淀演变的结果，是由传统延续而来的观念；有些观念是相对较为新近的观念，是基于当下现实而新生的观念；有些观念则是基于历史、基于现实而针对未来可能创设的观念。但在所有的社会观念中，没有哪一个观念没有自身的历史来源，没有哪一个观念没有自身的历史路径，差别只在于其历史的长短、路径的清晰或模糊。因此，在这一意义上，我们完全可以说，每一个社会观念都是历史的，从历史中来，在历史中演变，也在历史中消亡。任何观念只能在历史的长河中结构，也只能在历史的长河中演变和解构。

如前所言，一定社会历史时代、历史时期的区分，在观念论视野中，就是以观念的差异性来标志的。“每一个具有转型特点的历史时期，都存在着凝聚那个时期丰富的历史信息、反映和塑造那个时代社会历史特征的重要的政治和文化概念。”① 因而，人们不难看到，每一历史时代、历史时期，都会形成自身特有的话语系统、话语方式、概念方式，来体现和表达相应时代、时期的社会观念。简单来说，每一个时代、每一个时期，都会拥有自身的关键词、关键概念和核心观念。不管是关于社会整体的观念，还是关于一定社会各个构成领域的观念，以及整体观念与领域观念、领域观念之间的关系观念，都有一个历史的演化过程，都会形成自身的历

---

① 黄兴涛．概念史方法与中国近代史研究［J］．史学月刊，2012（9）：11－14．

史面目。比如，人们今天关于全球社会的观念与冷战之前的观念会有天壤之别，人们关于中国社会的观念与30多年前不可同日而语。社会观念会在社会历史的客观演化过程中变换自身的结构方式与具体内容，也许抽象的结构是稳定的，但具体的内容及其相互关系在不同时代、不同时期之间是不可能相同的。人们只有以历史的眼光审视社会观念的结构与内涵，才能真正抓住和理解每一层次观念、每一具体观念的真实意义。同样，在新闻观念论视野中，我们只有在历史性的审视中，才能理解作为领域观念的新闻观念与社会整体观念以及其他领域观念之间的真实关系。

再次，也是更为重要的一点，这就是：一方面，对于一定社会的观念系统来说，如前所言，可能存在着多种不同的“整体观念体系”①，一旦存在这种情形，人们应该注意，不同整体观念系统或体系之间的性质、地位是不一样的，对一定社会的作用影响当然也是很不一样的。另一方面，在一定社会的主导整体观念体系已经确立的前提下，不同具体社会领域观念在社会整体观念体系中的地位、层级、作用、影响力也是不一样的；也就是说，不同领域观念与整体观念的关系以及不同领域观念之间的关系，都会从根本上受制于一定社会的整体观念体系；当然，整体观念系统或体系也总是以领域观念为基础、为基本构成要素的。为了对此有一个比较清晰的理解，我们分以下几个要点加以具体说明。

第一，如前文已经提及的，在现实性上，人们关于一定社会的性质、属性、形态、历史定位（地位、阶段）、发展水平、发展战略、发展方向的整体观念（系统或体系），其实并不是唯一的；面对同样一个现实社会，不同的社会主体可能会形成不同的看法和评价。因此，人们才会看到，几

---

① 这里所说的“整体观念体系”，是指一定社会对自身整体性质定位、发展方向的价值设定和选择。比如，社会主义核心价值体系的设定，就是当前中国社会定位的整体观念，被称为“兴国之魂”。

乎在所有现实社会中，总是存在着关于社会发展、国家发展的不同设想、不同理念，表现为不同的社会主体有着不同的社会理论设想、制度设想和道路设想。因此，在社会观念系统内部，最大的、最根本的、最能影响全局的观念争论，就是关于一定社会举什么样的旗、走什么样的路、追求什么样的目标的争论；而且，每到一定社会演变发展的历史转折点上或重要时期，这样的整体观念争论往往决定着一定社会的前途和命运。近代以来，中国社会的每一次重大变革、转型无不说明这一点。历史的、现实的经验事实以及理论逻辑上可以推断的是，在一个现实社会中，如果占主导地位的整体观念不是唯一的，而是多元的，那么，这个社会就不可能稳定，甚至会出现分裂的状态。经验事实一再告诉人们，当一定社会、一个国家处于混乱、无序、分裂、内战等等极端的非正常状态时，其主导社会的整体观念一定不是统一的。当然，一个表面上稳定的社会，不一定是一个良序的社会、正义公平的社会，其社会整体观念也不一定是人们普遍认可的观念，但这是另外的问题，不是我们这里要讨论的。

如果关于社会的整体观念，存在着多元化的情况，人们通常会发现，在众多有差别、有差异的认识与评价中，有可能（并不总是）存在某种主导性的认知和评价。例如，对中国当代社会，人们会普遍认为：这是一个由中国共产党领导（执政）的社会主义国家，它采取改革开放的发展战略，建立的是社会主义市场经济体制，高举的是马克思主义旗帜，坚持的是社会主义制度，走的是社会主义道路，坚持的是社会主义的价值理念……人们也会对当下这样一个具有中国特色的社会主义国家、社会做出自己的价值评判。比如，大多数人会觉得，这是中国在整个社会主义现代化建设道路上发展最好的时期，甚至是整个中国发展历史上最好的时代，选择这样的制度、理论、道路，一定能够使中华民族赢得伟大的复兴。当然，不可否认，一定存在着与这些主导看法不一致的意见和观点、评判和评价，从而形成各种各样的政治思潮或社会思潮，其核心用意大都在于塑造一套一定社会主体倾心的社会改造或社会发展观念。[①] 主导性（主流性）观念的存在，是社会稳定的精神力量、观念核心。因而，每个社会，都会以各种途径、方法，建构主导性的社会整体观念系统。它就是人们通常所说的一定社会、国家精神世界的主心骨，属于一定社会、国家的主导意识形态系统或体系。

在一套整体观念体系内部，处于中心的是核心价值观念，围绕核心价值观念有一系列的具体观念。核心价值观念主导着社会的前进方向。比如，自由、人权、民主、平等、正义、博爱是西方资本主义社会宣称的总的核心价值观念，正是这些基本观念从精神层面维系着西方社会作为西方（主要指欧美）的统一性。又如，中国特色社会主义，有自身的核心价值观念，这些核心价值观念构成了社会主义的核心价值体系，这样的价值体系"是指一个民族的价值观念体系，是指一个国家的立国价值，是确保一个国家和民族有序发展的思想条件，它向世人昭示的是中国发展理念"[②]。可见，这样的观念体系在社会、国家发展中有着灵魂性的地位与作用；因此，关于一定社会、国家的核心价值体系本身，就构成了社会观念研究中极为重大的课题。

第二，社会整体观念系统是由众多领域观念构成的。对不同领域观念之间的基本关系，应该从以下几个向度进行把握。一是，在社会观念系统中，不同领域观念之间的地位是有主次之分的，重要性是有差别的，作用

---

① 比如，关于中国社会的整体发展观念选择，就有各种各样的思潮和观念，有所谓的自由主义、新左派、文化保守主义等。有学者甚至总结概括出八种之多：邓小平思潮、老左派思潮、新左派思潮、自由主义思潮、民主社会主义思潮、民族主义思潮、新儒家思潮、民粹主义思潮。参见马立诚．当代中国八种社会思潮［M］．北京：社会科学文献出版社，2012。这些众多的思潮直接表现为各种各样的政治思潮，但它们的用心都在于中国社会发展整体核心观念的选择。

② 李景源．核心价值体系与中国发展道路［J］．理论视野，2011（12）：17-19.

与影响大小也是不一样的。比如，一定社会的经济观念对其政治观念往往具有根基性的影响，这与经济对政治具有根基性影响是相应的。如果用市场经济观念支配一定社会的经济运行，也就意味着在政治上要坚持民主政治观念。“当人类选择了市场社会这种经济组织方式的同时，也就选定了民主这种政治运行模式。”[①] 二是，不同领域观念系统都有自己的相对独立性，有自身相对独立的对象领域，有自身相对独立的观念体系、理论体系和表达方式（包括物理的、话语的、行为的等等）。三是，不同领域观念系统之间也是有机联系的，它们互相作用、互相渗透、互相影响，诚如有人所说，“政治观念可以影响经济观念，文化观念可以影响日常观念，可是这不等于说政治观念或文化观念可以直接解释经济领域或日常领域的价值，它们的影响只能通过经济观念和日常观念来实现，解释经济行为和日常行为价值的仍然是经济价值观念和日常价值观念。”[②] 总之，是各种社会观念共同塑造着一定社会的整体观念结构和生态。关于领域观念与整体观念之间以及不同领域观念之间的具体基本关系，我们在下文还将专述，此处不做细论。

第三，就每一具体领域观念而言，比如就政治观念、经济观念、文化观念、社会观念、技术观念等等具体观念来说，它们都有自身内部的基本结构，也都是自身相对独立的观念系统，比如，本书“上篇”，就是对作为领域观念之一的新闻观念系统的分析和阐释。在领域观念系统内部，也像整体社会观念系统一样，有可能存在着多元的、多样的不同观念，在这些不同观念之间同样有着或简单或复杂的各种可能关系，它们共同反映和呈现着一定领域观念的基本面貌。但一般说来，在相对确定的历史条件下或历史阶段内，每一观念领域都有自身的核心观念、主导观念以及反映和

① 晏辉．论政治观念［J］．南京社会科学，2011（6）：8－15.

② 兰久富．社会转型时期的价值观念［M］．北京：北京师范大学出版社，1999：138.

体现主导观念的各种具体观念。领域范围的主导观念，不仅构成了一定社会领域的观念标志，也是该领域演变发展的精神动力和精神指南。当然，在任何一个领域，除了主导观念之外，还存在着其他观念，有些甚至是与主导观念完全相反的观念，即反对主导观念的观念。

像整体观念系统一样，任何一个具体领域的观念也是历史的、流变的。以中国的政治观念和经济观念系统为例，在“文化大革命”时期，主导性的政治观念就是阶级斗争观念、无产阶级专政下继续革命的观念，主导性的经济观念就是纯而又纯的计划经济观念。在改革开放的今天，主导性的政治观念就是社会主义民主政治观念，主导性的经济观念就是社会主义市场经济观念。

（二）社会主要观念间的一般关系

根据以上解析，我们可以在两个层面上把握社会观念系统或体系的构成：一是社会整体观念，二是领域性的社会观念。而要比较透彻理解和把握社会观念系统，最关键的自然是这两个层面之间的关系。与这两个观念层面相对应，关于社会观念之间的关系也可以集中在两个主要问题上：一是整体观念与领域观念之间的关系；二是在整体观念系统中，不同领域观念之间的关系。我们之所以要在宏观层面上理解这样的关系，目的在于确立“新闻观念”在整个社会观念系统、观念生态环境中的地位，为我们后面从新闻观念论视野出发的相关讨论奠定基础、设定前提。

首先，针对一个确定的社会，在整体观念与领域观念之间，总体上自然是一种整体与部分的关系。[①] 尽管整体观念是由领域观念构成的，可一

---

① 这里需要注意，我们是以假定整体观念已经形成为前提进行讨论的。对于一个社会来说，社会整体观念的形成是需要一定历史过程的。社会整体观念到底是怎样形成的，其中的机制是什么，都是非常专门性的问题，不是我们这里能够说清楚的。

旦整体观念形成，它就对任何领域观念的变动更新都会形成约束和限制。同样，从大的原则上说，领域观念的变动总会引起整体观念系统或大或小的变化；事实上，一定社会整体观念系统的更新大都是从一定社会领域发端的。比如，改革开放初期，中国社会观念系统的变革至少在表现方式上开端于意识形态领域的一种具体意识形式——哲学，一篇《实践是检验真理的唯一标准》开启了整个社会时代观念的大变革，起到了破除迷信、解放思想的巨大作用，充分反映了哲学乃是时代精神之体现的真理性认知，从而使整个社会领域观念逐步从“文化大革命”期间的极左思潮（观念）中走出来。即使在一个具体的社会领域，其观念更新变革也大都是从构成该社会领域的更小领域或范围开始的。比如，在改革开放过程中，经济领域的观念更新就是从农业、农村（家庭联产承包责任制）开始的，然后一步一步根据不同具体经济领域的特点，形成经济领域范围内的诸多具体观念，最终形成了具有划时代意义的社会主义市场经济的整体经济观念，实际上也为中国的改革开放确立了基础性的重要观念。又如，在新闻领域，观念更新首先开始于新闻业务层面，然后慢慢深入到新闻业的性质、属性层面，经过几十年的探索，最终形成了关于新闻事业双重属性的整体观念，而现在又开始探索新闻业的公共属性问题，相信在不久的将来，会形成关于中国新闻业属性的更为丰富全面的整体性认知观念。

根据马克思主义关于社会基本结构方式的理论，我们可以分析一定社会相应的观念结构方式，可以分为两个向度讨论不同领域观念之间的关系。第一，整体观念与政治上层建筑观念之间的关系。一般说来，政治观念与社会整体观念（或称为社会整体价值观）是相统一的，特别是统治阶级（阶层）持有的政治观念往往会贯穿在社会整体价值观念体系之中，也可能是社会整体价值观的体现或代表，从而促使人们对统治阶级（阶层）

的政治观念形成认同。实际上，一定社会在一定历史时代、历史时期的整体观念系统，除了社会按照自身自发自生的观念形成机制之外，就是在统治阶级（阶层）主导下自觉自主塑造建构推广张扬的。但是，统治阶级（阶层）的政治观念，有时也会与社会整体价值观出现矛盾冲突或不完全一致的现象。一定时代的社会整体价值观是时代的产物，但也是历史的产物、传统的产物，是一定社会长期演变发展的文化积淀，具有相当强的稳定性和延伸性。一定历史时期的统治者一旦逆历史潮流而动或“过度超前”，滞后或超越社会变迁的时代需求，其政治观念就有可能与社会整体价值观或价值向往出现背离或分裂，从而不仅会导致社会观念的落后，甚至会引起整个社会的倒退。第二，整体观念与思想上层建筑观念（即意识形态领域观念）之间的关系。其实，一定社会的文化（狭义的文化，主要指意识形态的各种具体形式）观念系统，构成了整个社会观念系统的基础。每一社会一些最基本的价值观念，大都深深植根于一定社会的文化观念之中。即使一定社会发生历史革命，产生前后社会形态、社会现象上的扭曲或断裂，其文化根脉、文化神经仍然是持续延绵的，并且往往在一定的历史时机生成时，会一次又一次地出现“回光返照”现象。

其次，我们简要分析一下整体观念系统内部不同领域观念之间的基本关系。依据社会的基本结构方式及其相应的观念结构方式，我们像上面一样，也分为两个向度讨论不同领域观念之间的关系。第一，政治上层建筑观念与思想上层建筑观念之间的关系，即政治观念、法律观念与狭义的文化观念（诸多具体意识形态形式）之间的关系。[①] 就现实社会的实际运作

① 人们通常所说的政治文明与精神文明及其之间的关系，狭义上看，指的就是政治、法律观念与诸多意识形态形式构成的精神文明之间的关系。其实，在文明与文化的区分中，就有一种观点认为，文明主要是指政治法律文化，而文化主要是指宗教、哲学、道德、文学艺术之类。

来看，处于社会统治（或管控）地位的政治观念[1]，往往是主导社会观念系统的观念，一定社会通常是按照这样的政治观念进行组织治理的。因此，主导政治观念从总体上决定着其他观念的可能性，影响和决定着其他观念的建构方式与实质内容。但从另一个角度看，一定社会在一定历史时代、历史时期能够形成怎样的主导政治观念，并不是有关政治主体的随意选择，总是有其历史的必然性，这种必然性的根基就是这个社会的历史需要、现实需要，以及这个社会的文化根基。也就是说，无论哪个时代，主导政治观念的塑造与建构都不可能割裂与该社会宗教、哲学、伦理、道德等等基本观念之间的关系，不可能彻底抛却与这些奠定一个社会文化根基的基本观念之间的关系。第二，也是更为纷繁复杂的具体关系，即政治上层建筑观念内部、思想意识形态内部不同观念之间的关系，以及这两个小系统之间不同具体领域观念或观念形式之间的关系。在政治上层建筑观念内部，法律观念是政治观念的核心体现，它们在本质上是一致的；对一定的社会来说，有什么样的政治观念，就会有什么样的法律观念。在意识形态诸多具体意识形态形式或观念类型之间，实在是太过复杂了，我们不可能在此展开来进行具体的研究，但从总体上说，一个时代、时期的哲学观念对其他观念更具有统领性的作用和影响，而每一具体意识形态形式、具体领域观念也都具有各自的相对独立性，都有自身观念领域、观念形式运行的基本特征和规律。在政治观念、法律观念与意识形态诸多观念各自构成的两个子系统之间，关系同样是十分复杂的，需要进行专门的研究。就一般情况来说，不同领域观念之间是互动的关系，但就现实社会看，上层建筑领域的政治观念系统在直接性上对意识形态领域的

---

① 每一社会中，即使在社会或国家统治、管理或治理层面上，也存在着众多的政治观念，这些多元多样的政治观念，无论在现实政治领域还是学术领域，其地位、作用和影响都是有差别的，有些处于主导的、中心的地位，有些则处于从属的、边缘的地位。事实上，每个观念领域的多元、多样观念之间大致都是这样的关系。

诸多观念有着更大的作用和影响，意识形态诸多观念对政治观念的影响则是长期的、底蕴性的，它们可能为政治观念的变革更新提供更为深厚的观念基础。

二、新闻观念与社会整体观念的一般关系

在广义上看，社会的观念系统，包括事实观念系统和价值观念系统，是人们关于社会（包括整体与具体领域及其关系）认知观念与价值观念的某种统一体系。新闻观念系统如我们在上篇所分析的那样，在宏观构成上也是如此。因而，新闻观念与社会整体观念以及其他具体社会领域观念，既是针对各自对象的知识体系，同时也是针对各自对象的价值认知，所以在知识与价值一般性上，它们是相同的。下面，我们在上节关于社会观念系统基本结构分析的基础上，以新闻观念为核心对象，考察说明它在整个社会观念系统中的位置，以及它与社会观念系统在宏观层面的主要关系。也就是说，在观念论视野中讨论新闻观念与其他社会观念间的关系，可以分为两个层次：一是新闻观念与社会观念总体（或社会整体观念）之间的一般关系；二是新闻观念与社会具体观念系统之间的关系。此处，我们先考察总体上的一般关系，而第二层次的具体关系在下一节专门进行讨论。

（一）新闻观念在社会观念系统中的基本位置

在马克思主义的历史唯物论视野中，仅从根源意义上说，不同社会领域观念之间的基本关系，取决于不同社会领域间的客观实际关系。因此，很有必要先说明一下新闻领域与社会整体系统及其具体社会领域的客观结构关系，然后再来说明观念范围内的基本关系，最终说明新闻观念在整个

社会观念生态系统中的大致位置。

在总体意义的关系论视野中，考察新闻系统与社会系统的关系，核心是把新闻活动置于大的社会环境之中，置于与其他社会子系统的关系之中，分析新闻、新闻传播、新闻传媒、新闻业与社会整体及其他社会子系统之间的关系。中国马克思主义新闻学，主要是从经济基础与上层建筑的相互关系中理解新闻业本质的，认为新闻业属于上层建筑的一个子系统，是对一定社会经济基础通过新闻手段的反映。[①] 其中有两个质的判断：第一，新闻业属于上层建筑，但上层建筑是由政治上层建筑（指由政治制度决定的政府、法庭、议会、警察、军队等带有一定国家权力的机构和组织，即国家机器）和思想上层建筑（指哲学、文学、艺术、道德、宗教、政治学说、法律学说等意识形态的东西，它们都是对客观社会生活的不同观念反映形式）构成的。因而，第二，进一步将新闻业归属于思想上层建筑，即思想意识形态领域。新闻业本质上属于意识形态的东西，不属于国家权力机关，因而不属于政治上层建筑，一旦分不清这一基本界限，就有可能把新闻业作为思想专政的工具，这“不仅在理论上是极其荒谬的，对社会生活的破坏也是十分严重的”[②]。

但是，新闻业的发展历史表明，就新闻系统与社会整体系统的客观关系来看，尽管新闻系统属于社会上层建筑的意识形态领域，但它像许多意识形态领域的具体形式一样，出现了越来越明显的经济基础化表现；作为文化产业、传媒产业的有机构成部分，现代新闻业越来越成为一定国家、社会经济领域的重要组成部分。但这只是说明作为精神生产、观念生产之

---

① 比如，毛泽东就认为，报刊是运用新闻手段反映社会经济的产物。他在 1957 年 6 月 14 日写的《人民日报》社论《〈文汇报〉在一个时间内的资产阶级方向》中说：“在社会主义国家，报纸是社会主义经济即在公有制基础上的计划经济通过新闻手段的反映，和资本主义国家报纸是无政府状态的和集团竞争的经济通过新闻手段的反映不相同。”他还说过，“报纸，这是属于意识形态范围的”。

② 童兵．理论新闻传播学导论［M］．北京：中国人民大学出版社，2000：124.

一种形式的新闻业，在经济系统中获得了越来越重要的地位和作用，并没有改变它作为精神生产、观念生产的根本属性，并且这种精神生产、观念生产仍然从根本上受制于整个社会的经济制度或基本生产方式。也就是说，这并没有从根本上改变上层建筑作为经济基础反映的总体性质。人们看到的客观事实仍然是，一定社会有怎样的主导经济生产方式，原则上就有怎样的主导精神生产方式。马克思当年提出的上层建筑与经济基础之间的基本关系并没有发生根本性改变。

因此，新闻观念，作为社会观念系统中的一种，不仅直接反映呈现着一定社会中新闻业的面目及其追求，也间接反映呈现着一定社会整体的特别是主导观念图景。这从宏观上说明，新闻观念不仅是社会整体观念系统中的一种，而且具有社会中介观念的特殊位置，这样的位置正是通过新闻业自身新闻传播特有的中介功能定位、确立的。这也就意味着，新闻观念与社会整体观念以及各个社会领域观念有着特别的普遍联系性。关于新闻观念与各个主要社会领域观念之间的关系我们将在下文专门细致讨论。

为了对新闻观念的中介性位置有比较准确细致的理解，我们进一步对新闻业的特征加以分析，然后再从观念论角度做出相应说明。首先，新闻业在社会整体结构中的意识形态定位，决定了它影响社会生活的非强制性，它属于马克思所说的“批判的武器”。这是所有意识形态子系统与政治上层建筑相区别的共同特征，当然也是新闻业与政治上层建筑相区别的一个重要特征。新闻业是信息传播业、大众文化事业，新闻机构是信息机构、社会舆论机构、文化机构，不是政治权力实体；新闻从业者是新闻作品、产品的创制者，并非政府公职人员。新闻业只能依靠报道新闻、评论新闻、传播其他信息的方式，在社会赋予的新闻传播自由权利范围内监督社会、向导人民。它不具有指令社会、强制公众的权力。如果构成新闻业的实体机构新闻媒体，自以为是与立法、司法、行政相平行的权力实体、管理机构，就会陷入滥用新闻权力、滥用新闻自由的泥潭。其次，作为信息产业的一种，新闻业最突出、最明显的活动就是传播新闻。与其他社会意识形态系统相比，新闻业最大的特点就是通过新闻手段[①]为社会服务、为人民服务。这就是说，新闻业是通过报道新闻事实、评论新闻事实的方式来展开其主要活动的。再次，与社会权力系统的接近性。与其他意识形态系统相比，新闻业与社会权力系统靠得最近，在一定的历史条件下，它甚至与权力系统一体化，蜕变为权力系统的思想武器、舆论工具，遮蔽自身的新闻功能，凸显政治功能、宣传功能。最后，与社会生活联系的紧密性和全面性，对社会生活影响的及时性和普遍性。与其他任何一个意识形态子系统相比，新闻业与社会生活联系的紧密性和全面性，对社会生活影响的及时性和普遍性，都是绝无仅有的。新闻业以全天候的方式关注着自然、社会中一切与人们利益相关的重要的新近变动，它的眼光投向社会运行的每一个领域，它的触角伸向社会人群的每一个角落，它以最为及时快捷的方式，将环境变动的最新状况告知社会、告知每一个人，它以无时不在的信息传播影响着社会的运行，它以丰富多彩的功能属性作用于人们的思想和行为。

具有如此属性、特征的新闻业，决定了其自身的观念系统必然会与一定社会的整体观念系统以及其他社会领域的观念子系统，始终处于比较紧密的相互联系、相互作用之中。这一方面说明其他社会领域观念会更容易、更随时地影响新闻观念，另一方面也说明新闻观念会对社会整体观念以及其他社会领域观念产生比较广泛的作用和影响。因此，顺便可以指出

① 关于“新闻手段”，在我国新闻界有三种基本理解：一是指新闻媒介，诸如报纸、广播、电视、网络等；二是指具体报道新闻、评论新闻、编发新闻的形式总和，诸如消息、通讯、评论、新闻图片等等；三是指“用事实说话”的写作报道方式。此处所说的新闻手段，主要指新闻报道和新闻评论。

的是，无论在实际领域还是在观念领域，“新闻关系论”都将是新闻传播研究的重要领域。①

（二）新闻观念根源于社会观念系统

如在本章一开始所言，我们所说的“社会观念”，是关于社会整体的观念或者说是社会整体观念，包括关于社会经济基础、上层建筑及其相互关系的观念，不只是狭义的社会学意义上的“社会”观念。社会整体观念，实质上就是一个社会整体的核心价值观或核心价值体系。比如，当代中国社会的整体价值体系或价值观就是社会主义核心价值体系，它由一些核心价值观念构成，同时会体现在社会的各个领域以及社会生活的各个方面；又如，在资本主义世界，像欧美国家，普遍将民主、自由、正义、博爱等宣称为社会的核心价值观念，在此普遍价值观念的基础上，不同国家又有根据自己历史传统、文化特征而形成的特殊的社会价值观念或核心价值体系。当然，我们应该明白，社会观念整体是一个非常庞大而复杂的观念系统，不仅仅是由社会核心价值观念或价值体系构成的，它还包括人们关于一系列社会现象、社会问题、社会活动、社会人生等的态度和看法。并且，这些观念总是与传统文化观念以及外来文化观念交织在一起，构成极为复杂的社会精神、观念、心理体系，所有这些东西都会以整体或

---

① 关于物质或实体意义上的关系考察，有兴趣的读者可参见杨保军．新闻理论研究引论[M]．北京：中国人民大学出版社，2009：171－278。我们注意到，西方发达国家的新闻研究，始终特别关注的正是“新闻关系论”的领域或内容。新闻传播与社会的关系，新闻图景与事实世界的关系，是新闻理论研究中最为重要的领域。因此，在最为一般的层面上，要研究新闻符号世界与整个事实世界、生活世界的关系，要研究新闻、新闻传播、新闻传媒、新闻业与社会整体的关系。中国的新闻理论研究者，应该特别关注新闻关系论相关内容在中国环境中的特殊表现。我在多篇论文和多本著作中呼吁，中国的新闻理论研究者，还有其他人文社科领域的学者，要具体研究中国环境、中国语境中的新闻关系，尽快使我们的新闻理论和相关理论研究能够提升到一个新的层次，为搞清、设计和实践这些关系的良性结构和良性演变提供支持，真正从新闻学角度为中国社会发展做出智力贡献。

部分的方式在现代媒介社会中与传媒观念、新闻观念发生相互影响、相互作用。因此，仅仅是在新闻观念论视野中，新闻观念与社会观念之间的关系也是相当复杂的研究对象，宏观叙事与经验实证都有着很大难度。为了简化问题，这里所谓社会观念对新闻观念的根源性影响，就只在一定社会核心价值观念或价值体系对新闻观念的影响意义上加以经验反思性的论述。

就总体社会观念系统对新闻观念来说，可能首先是一种因果关系。社会观念系统是“因”，新闻观念是“果”。也就是说，新闻观念的存在、演变与更新，更多的是以社会观念系统的存在、演变与更新为基础、为基本前提条件的；如果把新闻观念作为对象物，那么，由其他社会观念造成的观念环境乃是新闻观念获得演变更新的母体。我们知道，客观的社会环境是新闻传播生存和发展的母体；在社会大系统中，尽管新闻系统有自己相对独立自主的地位，但是，从总体上看，新闻传播的主要目的不是自律性的，而是他律性的[①]，“撇开社会结构的其他要素不谈，不了解国家性质、政党体制、经济和政治利益集团之间的关系类型……就不能理解新闻媒介”[②]。新闻传媒的总体目标，应在于促进社会的良性运行和发展，增加人们的快乐和幸福。新闻领域在总体上受制于社会大系统的约束，新闻传播是在社会环境中运作的行为，是整体社会结构中的行为，不可能只遵从专业新闻主义观念和原则，它还必须遵从超越新闻职业范围的诸多社会准则（观念），社会观念实质上高于新闻观念的要求，诚如布

---

① 《中国传媒发展指数报告：2008》指出：“媒介产业（包括新闻产业。——引者）是服务业，具有明显的‘他动’性质，换言之，它对于环境因素的变化具有极强的敏感性，与社会经济、政治、文化的发展及大众心理、流行文化的潮流紧密相关。”参见喻国明．中国传媒发展指数报告：2008［M］．北京：社会科学文献出版社，2008：13－14。

② 哈林，曼奇尼．比较媒介体制：媒介与政治的三种模式［M］．陈娟，展江，等译．北京：中国人民大学出版社，2012：8.

尔迪厄从他的场域理论出发所描述的，“新闻界是一个场，但却是一个被经济场通过收视率加以控制的场”，是一个与其他场比起来“更受外部力量的钳制”[①] 的场。丹尼尔·哈林和保罗·曼奇尼也这样说过：“媒介体制是由政治史、结构和文化的较为宽广的语境所塑造的”[②]，“欧洲的政治性公共机构是从植根于主要社会转型的一系列冲突中发展起来的：新教改革、工业革命、民主改革和民族-国家的形成。媒介体制也是伴随着这些转型，以及转型所带来的冲突和鸿沟发展的”[③]。这就从根本上决定了在观念领域内，新闻观念也受制于社会整体的观念系统，新闻观念在整体的性质上、价值取向上更多的可能是与社会的主导观念体系相一致，而不是相反。或者说，新闻观念对社会整体观念的依赖性，最为普遍而突出的表现是，一定社会主导新闻观念与社会主流思想观念（或价值观念体系）基本是一致的，而这种一致性的核心在于新闻观念与主导社会价值观念体系的一致。比如，就当下的现实来说，这种一致性在中国是明摆着的事实，用不着去做多少说明和论证，其中最根本的原因是新闻传媒是党和政府事业的一部分，并且直接由国家所有。在英国，相关研究也表明，“宰制性群体塑造了社会的主流思想，媒体工作者从他们所处的社会环境中不自觉地吸取了这些思想。这种霸权式的影响有时被视为一种宰制性的意识形态；有时被视为一种占主导地位的社会形象；有时则被视为一种包含相互联系的主题松散的话语网络。虽然这些取向之间有着相当大的差异，但是它们的核心论点是同一个：媒体受到了时代‘主旋律’的影响”[④]。英国

① 布尔迪厄．关于电视［M］．许钧，译．沈阳：辽宁教育出版社，2000：61－62.

② 哈林，曼奇尼．比较媒介体制：媒介与政治的三种模式［M］．陈娟，展江，等译．北京：中国人民大学出版社，2012：45.

③ 同②61.

④ 卡伦．媒体与权力［M］．史安斌，董关鹏，译．北京：清华大学出版社，2006：49.

著名媒介史家詹姆斯·卡伦指出："民主社会的价值观也必然会渗透到媒体所遵循的价值观当中。"[①] 其实，其他性质的国家也是如此。

如果从动态角度看，社会观念系统中的政治观念、经济观念变化，对新闻观念变化具有主导性的意义和作用。之所以有这样的基本关系，是因为新闻业在整个社会系统中作为上层建筑由经济基础决定，作为第三产业受第一、第二产业左右，诚如有学者所说，"社会环境不仅决定传媒制度、传媒发展水平，甚至决定传媒的行业规范、职业理念和运作方式"[②]，"如果我们将新闻媒体从其运作的社会、经济和政治背景下分离出来，我们就有可能夸大媒体的权力和影响力"[③]。社会的整体变迁会造成社会观念的变化，而社会观念的变化又会引发新闻观念的变化。比如，在宏观方面，在社会整体价值取向上，如果从特别关注政治领域转移到特别关注经济领域，社会观念的主导方面便会也从政治领域转向经济领域，而新闻领域就会自然地从重点关注政治新闻转向重点关注经济新闻；又如，在一般社会领域，社会变迁导致人们从热爱劳动英雄、崇拜科技先进人物等转向追求文体影视明星，新闻也就自然将目光的重心转向了文艺体育娱乐人物。社会价值观念的变化必然会引发新闻价值观念的变化，这是一个十分明显的社会事实。实际上，"社会转型时期的重要概念和基本概念，既是对社会的历史现实之语言反映，可以充当认知变化中的社会结构的'指示器'，也参与了对社会的建构和影响，即成为历史发展的'推助器'"[④]。而在当今这样的媒介社会，这种社会观念的"推助器"作用与影响往往要转化成为具有中介功能的媒介观念、新闻观念。当然，我们必须明白，社会观念

① 卡伦．媒体与权力［M］．史安斌，董关鹏，译．北京：清华大学出版社，2006：196.

② 罗以澄，吕尚彬．中国社会转型下的传媒环境与传媒发展［M］．武汉：武汉大学出版社，2010：54.

③ 艾伦．新闻文化［M］．方洁，陈亦南，牟玉涵，等译．北京：北京大学出版社，2008：27.

④ 黄兴涛．概念史方法与中国近代史研究［J］．史学月刊，2012（9）：11－14.

对新闻观念的作用与影响、二者之间全面的真实关系，并不是单纯的线性因果关系[①]，因而，我们在下文中还将从新闻观念对社会观念的作用角度论述二者的关系。

另外，我们恐怕也应该注意到，尽管存在着上述所说的一般性因果关系，但在一定社会的不同历史时代，到底哪一种或哪几种观念对新闻观念的产生、变化、更新有着更为主导性的作用，还要以历史的眼光具体问题具体分析。因为“社会生活的不断变化使主宰社会的领域不断转换，有些时候政治主宰社会，有些时候经济主宰社会，而另外一些时候文化引导社会，当社会生活的重点发生变化时，价值观念自然而然也要发生变迁”[②]。按照这样的逻辑，作为“果”的新闻观念也会因“因”的变化而成为不同“因”的果。这也正是我们能够经常看到的历史现象，比如，以中华人民共和国成立以来 60 多年的宏观社会演变史来说，当在政治斗争处于异常激烈的时期，在整个社会“以阶级斗争为纲”的时候，新闻观念也充满了政治斗争的火药味，新闻不过是阶级斗争的工具之一；当整个社会转入以经济建设为中心的历史时代，新闻观念很快就孕育出十足的经济气息或商业气息，经济新闻也成了新闻传播的核心内容；当市场经济、消费社会、大众文化蜂拥而至，整个社会文化沉浸在娱乐文化的浓郁氛围中时，新闻观念便也迅速沾染上了娱乐至死的色彩，娱乐新闻和新闻娱乐便也成了新闻界集体狂欢的手段和把戏；而当社会之政治、经济、文化等等观念进入全面互动的时代，新闻观念便成为政治逻辑、商业逻辑、文化逻辑、技术

---

① 美国学者列奥·洛文塔尔（Leo Lowenthal）经过研究美国的相关情况得出了类似的结论，他对美国 20 世纪上半叶的相关公开出版物进行研究，发现受众的注意力逐步从商界领袖转移到文体明星。据此，他认为这体现了传统的“美国梦”的核心由“生产型偶像”向“消费型偶像”的转变。持相似观点的一些分析者把媒体内容的变化归因为更为广泛的社会和政治变迁。参见卡伦．媒体与权力［M］．史安斌，董关鹏，译．北京：清华大学出版社，2006：165－166。而在我看来，这种内容变化的背后实质上是观念的变化，观念变化则是由社会的实际变迁引起的。

② 兰久富．社会转型时期的价值观念［M］．北京：北京师范大学出版社，1999：139.

逻辑与新闻逻辑等共同影响作用下的产物。但不管怎么说，新闻观念总是伴随着社会观念环境的变化而变化。

还需注意的是，新闻观念与社会整体观念特别是主导性的政治观念、意识形态之间的关系，在不同社会中是有差异性的。事实上，即使在资本主义世界内部，不同社会、不同国家的不同情况决定了政治、经济等与新闻传媒有着不同的关系，在观念范围内自然有着不同的看法和判断。比如，同样是资本主义国家，南欧国家与北欧国家之间，欧洲国家与北美国家之间，就有不同的新闻媒介制度体系，对新闻传媒与社会系统的关系就有着不同的认知与观念。① 其实，在社会主义国家，情况也是如此，中国与朝鲜、古巴、越南不可能完全一样，新闻观念与主导社会观念之间的关系都会打上不同社会的个性色彩。

如果在更为微观的层面上观察，人们可以看到，新闻传媒组织主体以及职业新闻个体的新闻观念并不只是简单地与政党、政府或社会精英人群的相关观念一致，也会与社会普通大众的相关观念与愿望一致。他们的新闻观念不仅会受到社会主导价值观念、强势人群观念的影响，同样也会受到来自社会大众不同人群各种观念的影响，这是一个很难简化的问题。我们只能说，根据既有的研究成果以及人们的社会经验，新闻传媒、职业新闻传播个体所持的社会观念、政治观念通常与社会主导人群的这些观念基本一致。

（三）新闻观念对社会观念的建构与消解

新闻观念源于社会观念，在现实性上则特别依赖于一定社会的政治观念、经济观念，但这仅仅是它与社会整体观念关系的一个方面，而且是更

---

① 哈林，曼奇尼．比较媒介体制：媒介与政治的三种模式［M］．陈娟，展江，等译．北京：中国人民大学出版社，2012.

具本原性的一面。在真实的历史活动、现实社会中，特别是在今天这样的媒介化社会中，新闻观念支配下的新闻传播，对社会整体观念以及各个领域观念有着越来越明显的主动作用和影响，甚至形成了一种重要的建构或消解作用。以下我们将对新闻观念相对社会整体观念的主动作用加以分析。

从新闻观念角度看，在新闻观念与社会观念之间可能最为重要的一种关系就建立在这样一个事实上：这就是一定社会中的新闻传媒特别是主流传媒（需要强调说明的是包括诸多重要的网络传媒），对于该社会主流价值观念、核心价值体系或处于主导地位的意识形态建构、宣传、传承，具有极为重要的任何其他方式不可替代的作用，尤其在当今这样的媒介化社会中，新闻传媒是塑造建构社会文化共识、价值共识、观念共识的重要手段，任何一种社会力量特别是统治力量都会充分运用新闻传媒实现对社会整体意识形态的管理与控制；新闻传媒既是塑造一定社会“文化软实力”[①] 的工具手段，又是这种实力实际如何的重要标志。可以说，自从新闻业时代开启之后，不管什么样性质的社会，都会把传播媒介特别是新闻传媒，当作建构社会核心观念、宣传社会核心观念的重要手段，因而，支配和影响新闻活动的新闻观念，始终都是建构宣传社会观念的重要力量。

与此同时，人们也应该看到，受一定新闻观念支配的新闻传播活动，也会以自己的方式抵制、批判、消解一些社会观念，这种消解不限于具体的社会领域观念或一般的社会生活观念，也会涉及主导一定社会的“主义”层面的观念。人们在新闻史以及当下现实中都可以发现，一些新闻传媒坚守的新闻观念与社会统治力量要求或希望坚守的新闻观念并不完全一致，甚至存在内在的根本性的冲突；更进一步，一些传媒会运用自己坚守的新

---

① 文化软实力，既指一种文化的国际吸引力，同时也指一种文化的内部凝聚力，是吸引力与凝聚力的统一。参见骆郁廷．文化软实力：基于中国实践的话语创新［J］．中国社会科学，2013（1）：20－24。文化软实力，核心是指一种文化价值观念的魅力与力量。

闻观念指导自身的新闻传播活动，并通过这样的新闻传播行为（内容与方式）直接地或间接地对主导一定社会的核心观念进行批评，甚至是反对和攻击，从而形成或强或弱的消解一定社会主导观念的作用和影响。对处于内部动荡冲突中的社会来说，支配和影响传媒的新闻观念本身就不是统一的，因而新闻观念与社会主导观念之间的具体关系就会表现得更为纷繁复杂。

当然，介乎建构与消解之间的现象是更为常见的，就是说，新闻观念对社会整体观念、领域观念的作用和影响，可能同时具有建构性与消解性，即对某些观念因素的成长可能是建构性的作用，而对另一些观念因素的存在则是消解性的影响。这种介乎其间的关系是它们共存、互动、共动的常态，也正是在这样的常规状态中，新闻观念与社会整体观念及其他具体社会观念不断获得变化更新的动力。

做过上述原则性阐释之后，我们再从新闻视野中做一点具体的分析。新闻传播是一种典型的话语实践，无论新闻传播是信息核心取向（information oriented communication）的还是意见核心取向（opinion oriented communication）的，实际上都是充满意识形态意味的话语实践，它都会以自己特有的方式日复一日地影响人们的思想内容和思维方式，是人们形成或建构社会整体观念以及各种社会领域观念的重要渠道。这一点，不仅为常识所知，也已为一些严肃的理论研究所论证，如西方马克思主义创始人之一葛兰西的“文化领导权”（又称文化霸权）理论、法兰克福学派的意识形态批判理论、后现代主义代表人物福柯的话语（权力）理论以及传播理论中的议程设置理论等等，它们从不同层面、角度证明了传媒行为及其背后的观念对社会整体及其具体领域的实质作用与影响。“新闻记者不仅报道现实，而且创造现实”①；新闻不仅记录历史，也在创造历史。香

① 舒德森．新闻社会学［M］．徐桂权，译．北京：华夏出版社，2010：3.

港著名独立记者张翠容非常朴素而真诚地说："我写的这些报道，里面有我的血、我的汗，还有我的钱"，"我们是记者，在社会中有一个很特别的位置，你讲什么、写什么、报道什么，真的会影响其他人"①。因而，不管是从整体新闻业的层次还是从传媒层次，抑或是从个体层次看，用怎样的新闻观念支配新闻传播，其实对社会整体观念的形成与变化以及各种社会观念的实际形成与变化都有着不可低估的影响。从原则上说，传媒作品及其背后的观念（包括新闻观念），都会直接或间接影响各种社会观念的建构或消解。美国传媒文化学者道格拉斯·凯尔纳说："媒体形象帮助我们塑造了世界观和更深层次的价值观：什么是好的或坏的，哪些是积极的或消极的，怎么做才是道德的或邪恶的。媒体故事提供了象征、神话和资源，借此我们建构起共同的文化，并通过实践而使自己融入这种文化当中。"②

具体说，在一定新闻观念支配、指导、影响下的新闻报道（包括新闻评论），可以直接或间接反映、呈现其他领域的观念状态与变化。道格拉斯·凯尔纳说："媒体文化是社会运动和政治的再现。"③ 人们看到，新闻报道既可以倡导、宣传、张扬一些社会观念，也可以贬抑、批评一些社会观念；新闻报道能够激发整个社会讨论其他领域以至关涉整个社会生活的一些观念，发挥所谓的舆论引导、观念引导作用和影响。人们看到，新闻传媒或者民间（民众）新闻传播者通过新闻报道，即通过新闻这种特殊的话语方式，可以凸显或遮蔽、强化或弱化、放大或缩小某些现象、事实、观念、意见等等的作用和影响，从而直接地或间接地对各种社会观念的产生、演变、更新造成或大或小、或明或暗、或长或短的作用和影响。一言

---

① 邓瑜．我对这个世界太好奇：张翠容访谈录［J］．新闻战线，2012（7）：56－59．

② 凯尔纳．文化研究、多元主义与媒体文化［J］．赵士发，译．国外社会科学，2011（5）：66－74．

③ 凯尔纳．关于批判性媒体或文化研究［J］．吴学琴，杨婷婷，译．武汉科技大学学报（社会科学版），2012（2）：117－126．

以蔽之，新闻报道对各种观念的产生、演变、更新甚至创造都有着特殊的作用和影响。有人这样写道："日常生活的特征是由媒体书写的。社会的道德水平、公共生活秩序和成员的生活观、价值观都是由媒体呈现并建构起来的。"① 尽管这样的说法未免有点媒介决定主义的味道，有点言过其实，但它说明新闻报道、新闻媒介的传播行为对社会大众拥有的各种观念的形成有着重要的影响和作用。这样的作用和影响（不管什么性质、什么程度）看上去是由新闻报道直接引发的，但是人们都知道，新闻报道总是在一定的新闻观念支配下进行的，新闻报道是由新闻观念框架的、建构的，新闻报道不过是新闻观念影响社会观念的中介工具和手段。不同的新闻观念会对新闻报道对象、报道方式、报道指向做出不同的选择，从而可能产生不同的报道结果，对各种社会观念的产生与传播发挥不同的影响。因此，我们可以毫不夸张地说，如何对待既有的社会观念和新生的各种社会观念，与新闻传播主体（包括职业传播者和非职业传播者）持有的新闻观念有着重要的关系。甚至可以说，正是支配、指导、影响新闻传播的新闻观念在塑造、建构和影响着普通社会大众的生活观念和价值观念。早在19世纪末20世纪初，人们就已比较充分地认识到，"现代化的过程则与大众媒介的成长息息相关，它增加了人们使用传播媒介的机会，提高了识字率，进而影响了政治观念与参与。传播媒介提供了有关政治、经济、宗教、教育的重要信息，成为现代社会依赖的'中介'，不仅改变着人们的生活方式，也改变了人们的家庭、两性、生存价值等观念"②。

（四）新闻观念与社会观念的共存与互动

上述诸方面的阐释与论述实际上已经说明，尽管社会整体观念对新闻

① 范红霞．大众传媒与公共道德的重建［J］．当代传播，2011（6）：1.

② 周葆华．效果研究：人类传受观念与行为的变迁［M］．上海：复旦大学出版社，2008：28.

观念具有本原性的意义，而新闻观念对社会观念也有建构与消解的作用和影响，但若在总体图景中观察，就不难发现，不同观念系统之间其实是一种共在共生的关系、共存互动的关系。就是说，社会观念环境及其背后的社会物质结构系统影响新闻观念及其新闻的话语实践方式；但反过来，新闻观念及其支配下的新闻话语同样也会影响社会观念的生成、演变与更新。这种宏观的互动关系是众多研究①和人们的直接经验可以证明的。

新闻观念本身就是社会整体观念系统的有机构成要素，离开这个整体的观念系统，新闻观念是不可能独立存在的；在社会整体观念这个系统中，新闻观念不仅与整体处于互动的关系中，也与其他观念子系统处于互动中；正是在共存互动的基本关系状态中，一定社会展现出其自身的观念图景。

我们如果更多地从新闻角度考量，就可以发现，现实社会中人们传收的新闻，并不是单一新闻观念支配下生产出来的新闻，也不是单一纯粹新闻认识论意义上的产物，而是社会整体再现、建构的结果，即在各种社会力量、社会观念共同作用、共同影响下的产物。同样，也是在这种共存互动中，新闻观念以自身的方式对社会整体观念、其他社会领域观念发挥着自己的塑造、建构、批判与消解作用。这样的客观事实是我们在新闻观念论中讨论新闻观念与社会观念之间关系的基础，也是我们真实理解现实新闻现象的基础。

在通常意义上，我们可以说，指导影响新闻传播的观念是新闻观念，或至少是表现为新闻观念。但事实上，支配影响新闻传播的观念并不是单纯的新闻观念，而是各种社会观念相互作用生成的某种观念。全球观念、人类观念、民族（种族）观念、国家观念、地域（地区）观念、阶层观

---

① 议程设置理论、政治经济批判理论、文化研究理论、新闻话语修辞理论等，都从不同角度证明了这种互动关系的存在。

念、人群观念、性别（性）观念等等，更不要说各种各样的需要观念、利益观念、价值观念、文化观念等等，都会在相关的新闻报道中成为支配性或影响性的观念。即使是职业新闻传播者，他们大脑中的新闻观念也是由各种社会观念相互作用生成的，他们的新闻行为不可能是单一的新闻价值观念支配的。英国著名传播学者霍尔认为，“决定媒体发挥什么作用的是一系列复杂的、常常相互矛盾的社会关系；而不是组织成员个人的倾向”①。新闻观念，本质上并不是单纯的“新闻”观念，而是各种社会观念的混合物、杂交物、统一物。新闻观念，总是以各种方式与社会观念处于共存、互动、共动的关系之中。因而，我们要确立一种最基本的宏观理念——在整个社会观念系统中，不同观念，各有各的特色、各有各的价值、各有各的用处和影响，在一个社会中不同观念支配影响着不同的行为，支配影响着不同的主体。“任何社会价值观念都是有所分工，在不同领域有不同的价值观念指导人们的活动”②，但不同观念之间又有着或紧密或松散的关系，在总体状态中则是相互作用、相互影响，共同塑造和呈现着社会的观念图景。

当然，如前所言，一定社会在一定时期总是有主宰性的社会领域，主宰性社会领域的观念对其他观念的影响自然要更大一些。我们不能因为社会观念在总体上处于互动关系之中，就不分主次地平列各种观念的地位和影响。

三、新闻观念与社会系统主要领域观念的具体关系

社会环境是由诸多环境子系统和环境要素构成的“弥漫性”存在。新

① 艾伦．新闻文化［M］．方洁，陈亦南，牟玉涵，等译．北京：北京大学出版社，2008：171.
② 兰久富．社会转型时期的价值观念［M］．北京：北京师范大学出版社，1999：138.

闻传播与其活动环境之间，需要处理的主要关系是新闻与政治、新闻与经济、新闻与文化、新闻与技术的关系。如上所说，每个社会都有自己的精神系统、观念体系，这样的系统或体系是由各种具体社会领域观念共同构成的，诸如政治观念、经济观念、文化观念、技术观念等等。因而，观念间的关系便是自然而然的问题。新闻观念在整个社会观念系统中，尽管具有相对的独立性，但基本上处于从属地位，是跟随政治观念、经济观念、文化观念、技术观念转移变化的观念。为了更为细致深入地把握新闻观念与社会观念系统的基本关系，我们将具体讨论新闻观念与其他领域观念之间的关系。由于社会观念系统庞大而复杂，领域观念多样而丰富，因此，我们只讨论新闻观念与几种主要社会观念的关系。

（一）新闻观念与政治观念

在新闻与一般社会系统之间，其中最重要的一对关系就是新闻系统与政治系统之间的关系。政治观念是关于"什么是政治""什么是应有的政治"的观念，"政治是有关公民之根本利益的所有方面"，而如何对待公民利益之所有方面的观念就是政治观念；不同主体拥有不同的政治观念，比如政治精英、社会公众以及作为研究者的人们，都各有自己的政治观念，而把主体（谁）政治观念与社会形态结合起来考虑，就会有两种典型的政治观念——专制社会形态下和民主社会形态下的政治观念。[①] 关于新闻观念，我们已经在前文中做了比较详细的论述。这里关于新闻观念与政治观念之间关系的分析，是在总体意义上展开的，但侧重的是处于社会统治地位的政治观念与新闻观念的关系。根据历史经验事实，什么样的政治观念诉求什么样的新闻观念，民主政治诉求的一定是自由主

---

① 晏辉．论政治观念［J］．南京社会科学，2011（6）：8-15.

义的新闻观念，而专制政治只能诉求其他形式的新闻观念，不可能诉求自由主义的新闻观念。在一个稳定的社会中，一个基本事实是：政治观念与新闻观念之间具有高度的统一性。这二者的最基本关系表现为以下几个方面。

1. 政治观念对新闻观念的制导作用

“政治观是政治主体对整个政治世界的集中表述，以对政治本质、内容及其规律的理解为核心。”① 所谓政治观念对新闻观念的制导作用，是说政治观念决定了新闻观念的方向性，指引着新闻观念的价值取向；形象一点说，政治观念是新闻观念的方向盘。任何一种政治权力都会充分运用自身的力量和手段，驾驭不同媒介形态，掌控新闻传媒，利用新闻传播，为自己的政治观念、政治意图、政治行为服务。这是人们能够看到的明显的客观事实。在普遍意义上，政治观念对新闻观念的制导作用，主要体现在如下方面。

其一，一定社会的主导政治意识形态、政治观念，决定着该社会的主导新闻观念或新闻意识形态。甚至可以说，主导新闻观念就是主导政治观念的某种延伸。其实，一定社会中的每一种政治主体、政治观念，不管处于何种地位、有多大的社会影响，一般情况下都有其相应的媒介观念、新闻观念。尤其在现代社会，一种政治力量不可能没有自己的新闻传媒（直接控制或间接控制）、新闻观念，不可能没有自己的媒介观念，新闻传媒始终都是政治活动中重要的渠道和手段，在一些特殊的历史时代，传媒机构往往就是直接的政治机关（政治组织）。在现代社会发展过程中，人们可以看到，无论是资产阶级还是无产阶级，无论是在资本主义社会还是在社会主义社会，把新闻媒介、新闻传播当作革命或建设（或是反革命和破

---

① 韩冬雪．政治观革新：理论解构与自主建构［J］．人民论坛，2012（31）：14－16.

坏）的工具甚或武器，是一种普遍的现象。因而，完全可以说，新闻观念是政治观念必然关涉的重要观念。

在普遍意义上说，一定社会的主导意识形态，就是统治阶级、统治集团、统治阶层的意识形态。一定社会的统治者，不仅是物质生产的统治者，同时也是精神生产的统治者。对此，马克思、恩格斯早已做过明确的论证和表达，他们指出："一个阶级是社会上占统治地位的物质力量，同时也是社会上占统治地位的精神力量。支配着物质生产资料的阶级，同时也支配着精神生产的资料，……占统治地位的思想不过是占统治地位的物质关系在观念上的表现，不过是表现为思想的占统治地位的物质关系"①。一定社会的主导政治观念，总是试图通过各种渠道使其成为社会化产物，即成为社会大众普遍同意和接受的观念。"知识的社会分布是倾斜的……统治思想圈确实积聚了替其他人规划或划分世界的符号力量……它的一切变成理所当然的。统治思想可以通过限定哪些看来是理性的、合理的和可信的，来控制社会中的其他观念……对知识生产工具的垄断……当然与长期获得符号统治权不无关系。"② 在现代媒介化社会中，持续实现这一目标的最佳手段、通道之一便是大众传媒，而新闻传播则是首屈一指的具体方法。为了使这一方法变得稳定而有效，处于社会主导地位的政治观念就需要用政治观念主导一定社会的新闻业，统领一定社会中的新闻传媒，武装职业新闻工作者的头脑；或者说，就要使各种新闻观念接受主导政治观念的洗礼，实现新闻观念的政治化、统一化，使政治观念渗透进新闻观念之中。

在现实性上，一定社会中的主导新闻观念与主导政治意识形态总是一

① 马克思恩格斯全集：第3卷［M］. 北京：人民出版社，1960：52.

② 拉伦. 意识形态与文化身份：现代性和第三世界的在场［M］. 上海：上海教育出版社，2005：113.

致的，或者说，主导新闻观念不过是主导政治意识形态的一部分。马克斯·韦伯就将新闻事业称为世界政治的一部分。① 美国学者阿特休尔说："在所有的新闻体系中，新闻界都是掌握政治和经济权力者的代言人。因此，报刊和广播电视并不是独立的媒介，它们只是潜在地发挥独立作用。"② 因此，诚如汪晖所说："媒体是各种社会力量斗争的场域，从认识论的角度说，透明性、自由等概念无法概括和分析媒体实践，恰恰相反，只有建立一种政治的视野才能理解媒体实践——无论是媒体的公共性，还是媒体的遮蔽性。"③ 可见，没有透彻的政治眼光，很难透彻地理解新闻传媒、新闻现象；没有对一个社会主导政治观念的透彻理解，就很难从根本上把握该社会主导新闻观念的精神实质。

在一个社会中，原则上说，所有主体（个人、组织、群体等）的政治观念都会对新闻观念有影响，但只有那些实际上占有和行使政治权力的政治主体④的政治观念，才会对该社会的主导新闻观念形成主导性的影响。丹尼尔·哈林和保罗·曼奇尼指出："凡是国家在社会中扮演重大角色的地方，政党就可能根深蒂固并具有强大的影响……在政党强大的地方，借助于国家的集体行动也许是解决社会问题的一个优选手段。凡是政治居于社会生活中心、政党在共同体决策过程中扮演中心角色的地方，用布迪厄的术语说，政治场域对媒介的影响力就应该是强大的。"⑤ 处于社会核心地位的政治主体，其政治观念必然会贯彻到该社会的整个核心观念系统

① 哈林，曼奇尼．比较媒介体制：媒介与政治的三种模式［M］．陈娟，展江，等译．北京：中国人民大学出版社，2012：192.

② 阿特休尔．权力的媒介［M］．黄煜，裘志康，译．北京：华夏出版社，1989：336-367.

③ 李彬．中国新闻社会史：插图本［M］．2版．北京：清华大学出版社，2009：517.

④ 所谓政治主体，即政治行为主体，就是政治权力的占有者和行使者，政治活动的参与者。一般而言，政治主体既可以是一个具有政治意识和独立政治人格的个体，也可以是以共同的政治理想、政治纪律而组成的政治组织，也可以是基于共同利益而形成的政治群体，同时还可以是以一定的强制力为后盾的政治实体。参见杨海蛟，等．政治主体论［M］．太原：山西教育出版社，2001：1-14。

⑤ 同①297.

中，而其他政治主体的政治观念大多只能对新闻观念构成边缘的作用和影响。民主社会如此，非民主社会就更是如此了。因而，人们看到的不同新闻观念之间的博弈，其实很可能是不同政治观念之间的矛盾和游戏。政治观念是新闻观念背后的“老板”，新闻观念不过是舞台上的“演员”。

政治对新闻的塑造是全球性的普遍现象，不限于某种政治体制，也不限于某种性质的国家。“新闻研究者一直认为：新闻业不能站在政治之外往里看，新闻业本身是政治的一部分。”① 事实上，国际传播包括新闻传播，表面上看只是信息传播，但实际上都包含着或强或弱的政治意味，“在国际关系领域，所有的叙述活动都是政治活动。叙述为人们提供理解和认识上的框架和视角……由此引导和影响人们对外部/内在世界的理解和认识”②。因而，各国的政治观念，都在时时刻刻塑造着国内国际新闻的形象，而在这些新闻现象的背后，塑造的乃是指导新闻传播的新闻观念。世界各国之间的新闻交流、新闻观念交流，也就在某种程度上体现着政治交流、政治观念交流的水平与状况。因此，不同的政治文化、政治观念与政治制度，到底是如何塑造和建构不同的新闻文化、新闻观念和新闻制度的，始终是全球各国新闻研究中的重要课题。

其二，一定社会政治观念的变革更新，必然会引发新闻观念的变革更新；这是从动态角度对政治观念对新闻观念制导作用的描述。舒德森关于19世纪90年代美国政治选择观念、选举方式的“澳大利亚式选票”变革引发新闻观念变革的论述③，非常典型地说明了这一点。他说：“伴随美

---

① 舒德森．新闻社会学［M］．徐桂权，译．北京：华夏出版社，2010：198.

② 刘永涛．语言与国际关系：拓展政治分析的新视角［J］．世界经济与政治，2011（7）：44－56，156－157.

③ 舒德森．为什么民主需要不可爱的新闻界［M］．贺文发，译．北京：华夏出版社，2010：63－64.

国政治文化这一重要转型的是一种在美国新闻业中对炽热的专业主义精神的诉求”，“对政治的新的理解有助于使原先曾身陷激烈纷争的具有党派性的新闻业转换为区别于各党派的社会公共机构”[①]，“越来越多的报纸宣布脱离政治党派，追求独立。越来越多的新闻记者开始以忠于事实而不是忠于党派为荣耀。并且也有越来越多的新闻记者开始追求独立于政治雄心的职业理念”[②]。如果看看当代欧美地区新自由主义政治观念对新闻领域造成的“解禁”图景，就更是不难理解政治观念对新闻观念的宏观性制导作用了。如果看看中华人民共和国走过的60多年的曲折历程，人们更是能够清晰地观察到：只要那个时代、时期的政治观念发生了重要变化（不管是好的方向还是坏的可能），这个时代、时期的新闻观念就必然会发生与主导政治观念保持一致的变化。事实上，就普遍情况来看，一定社会主导新闻观念随主导政治观念而变，近乎成了政治观念对新闻观念制导作用的基本规律。只是在特殊的动荡的社会中，或者处于转型变革的社会中，才会显现出政治观念多元性与新闻观念多样化之间的复杂互动关系；在当下转型中的中国社会，其实就有这样的表现，那些典型的政治观念[③]都试图使自己趋向的新闻观念能够获得更大的新闻领域影响或社会影响。

进一步说，政治观念对新闻观念的制导作用与影响，非常典型地表现在政治观念支配下的新闻观念，会进一步通过新闻手段成为政治观念传播实施的中介工具，即在政治观念的变革过程中，新闻媒介会成为观念变革的手段。人们很容易就能看到，每当一种重要的政治观念准备宣传张扬、

① 舒德森．为什么民主需要不可爱的新闻界［M］．贺文发，译．北京：华夏出版社，2010：65.

② 同①162.

③ 时下至少有三种类型的政治观念对当代中国人产生着深刻的影响，即拥有话语权优势而又处于反思变革中的西方现代政治观，附着于包括“革命思维”和文化保守主义之上的中国传统政治观，以及主要在确立政治信仰、影响政治价值、维系政治制度方面发挥作用的马克思主义政治观。参见韩冬雪．政治观革新：理论解构与自主建构［J］．人民论坛，2012（31）：14-16。

推广实施时，它就会通过制导新闻观念的方式来制导新闻传播的内容和新闻传播的方式。在所谓的民主国家，政治观念对新闻观念的这种制导方式更间接甚至会更隐蔽一些；而在所谓的非民主国家，政治观念对新闻观念以至新闻行为的制导方式更直接甚至会直接操纵。

其三，与上一点密切相关，政治观念对新闻观念的制导作用，还典型地表现在政治活动内容（主要表现为政治新闻）始终是主流媒体新闻传播的核心构成部分。[①] 媒介体制（media system）比较研究专家丹尼尔·哈林和保罗·曼奇尼指出："大量研究显示，在自由主义体制下的新闻工作者与政府官员之间有强大的制度化联系"，"根据一些估计，超过半数的白宫工作人员涉入公关活动，其中很大比例是参与处理媒介关系"，"由于这些关系，新闻内容受到源自国家各机构内部信息、议程和诠释的强烈形塑"[②]。舒德森说："政治新闻的主要焦点必然是政府。"[③] 其实，美国如此，世界各国也如此。中国著名新闻人梁衡这样说："政治是国家大事，是民心的集中，是人人关心的事"[④]，具有最高的新闻性。"在大众传媒报道的内容上，政治是大众传媒重要的消息来源和报道内容，由于会对人们的生活和社会发展带来巨大影响，大众传媒特别是综合性的有影响的大众传媒必须对政治领域的状况进行报道。"[⑤] 关于政治事件、政治人物的新闻报道总是成为新闻选择的首要性内容，看看世界各国新闻报道的媒介安排（版面、节目、时段、页面等）便会一目了然，有学者指出，"无可争

---

① 这里需要注意，国外的一些研究一再表明：人们对政治新闻的关注度在不断下降，媒体的政治新闻业在不断减少。在消费主义、媒介商业主义气息越来越浓的氛围中，人们越来越关注娱乐新闻或新闻娱乐化的信息传播。

② 哈林，曼奇尼．比较媒介体制：媒介与政治的三种模式［M］．陈娟，展江，等译．北京：中国人民大学出版社，2012：231.

③ 舒德森．新闻的力量［M］．刘艺娉，译．北京：华夏出版社，2011：194.

④ 徐培汀．中国新闻传播学说史：1949—2005［M］．重庆：重庆出版社，2006：149.

⑤ 刘华蓉．大众传媒与政治［M］．北京：北京大学出版社，2001：41.

辩的是，新闻媒体的报道偏重于强调重要的政治人物以及其他政府高级官员们所表达的观点和采取的行动。同样毋庸置疑的是，新闻媒体也由此限制了普通公众可能面对的多样化观点”[①]。“在美国，几乎所有有影响的媒介机构都归营利的大公司所有和运作，它们都依赖于政府官员和其他体制内当权的社会机构的代表作为新闻来源。这个局面是无法改变的。”[②] 事实上，一些重要新闻媒介的重要版面、时段几乎成为重要政治人物的“起居录”和“工作日记”。所有这些现象或表现，最根本的原因是在现实社会中，政治与新闻是不可分离的，正如中国新闻学家、新闻教育家甘惜分先生所说：“新闻与政治是分离不了的，新闻与政治紧密相连，虽然不能说报纸上每一角落都与政治有关（例如有些娱乐性的版面、关于自然界的版面以及广告之类），但就一张报纸的整体来说，很难说与政治无关。问题是什么样的政治，是资产阶级的政治，还是马克思主义的政治，是先进的政治，还是保守落后的政治，报纸总是与某一政治立场相联系。不为这种政治服务就为另一种政治服务。如果他们说自己只是编辑，不懂政治，那他们不是装蒜，就是傻瓜。”[③]

政治性内容之所以能够成为新闻媒介的重要内容，原因来自两个方面：一是政治权力本身的诉求，政治权力面对的总是一定的社会人群和组织，它需要社会能够看到自己的形象，听到自己的声音，了解自己的意志，理解自己的观念，反过来讲，社会大众对政治权力、政治权威的政治行为也比较关心，因为这关系到他们的利益和命运。任何宏观层面的、主导性的政治权力，都会想方设法通过各种方式贯穿渗透到各个文化领域和角落，转变成某种文化权力，形成对社会文化的调整与控制，新闻作为总

---

① 舒德森．为什么民主需要不可爱的新闻界［M］．贺文发，译．北京：华夏出版社，2010：110.

② 舒德森．新闻社会学［M］．徐桂权，译．北京：华夏出版社，2010：51.

③ 甘惜分．一个新闻学者的自白［M］．香港：香港未名出版社，2005：21.

体文化中的一种文化形式，往往会首先成为“落实”宏观政治权力的工具与渠道。二是，正是由于政治权力在社会运行中的特殊地位与作用，以重要性、显著性为核心价值标准的新闻媒体不得不关注它的一举一动。因而，新闻媒体对政府消息源的依赖是司空见惯的事情。越是重大的新闻，越是事关社会大众利益的事情，越是具有重大新闻价值的事情，政府实际拥有的新闻资源、新闻控制权力越大。因为政治本质上是权力活动，而与公共利益相关的公共权力主要掌握在政府手里，所以具有代表公共利益发言功能的新闻传媒自然会把更多的新闻注意力投向政府。通常，不管在哪种社会制度下，不管在哪个国家，新闻媒体与政府之间是合作关系，它们会在国家利益、人民利益的名义下、招牌下，共同塑造它们想让人民看到的“实际景象”，它们会把新闻媒介当作共同的塑造社会秩序的中介工具。政治逻辑有时会与媒介逻辑十分巧妙地合拍运转。在西方社会，政治逻辑需要与媒介逻辑协商，以求得实质上的和谐一致；在中国，政治逻辑与媒介逻辑本身就是一个贯通性的逻辑。综合言之，在操作层面上，媒介逻辑同样必须服从政治逻辑，新闻观念对政治观念的服膺，正是通过日复一日的新闻内容政治化（主要是把政治标准作为重要的新闻内容选择标准）实现的。

2. 新闻观念对政治观念的能动作用

新闻领域必定是一个独立的社会领域，因而，相对政治领域、政治观念来说，新闻观念有其自身的独立性。尽管政治观念对新闻观念有制导性的作用和影响，但在社会系统中，尤其在当今媒介化社会中，新闻业必定是相对独立的存在，有着自身独特的地位和功能，对整个社会生活有着全面系统的能动作用和影响，政治系统也不例外。实际上，诚如舒德森所言：“政治机构和媒体机构深深地交织在一起，难以区分彼此，在公共生活的宏观生态中，媒介对政治的影响并不弱于政治结构对新闻的支配作用。”[①] 因此，新闻领域并不是政治领域的简单“傀儡”，新闻观念并不是政治观念的纯粹“婢女”，也并不是在什么情况下都始终处于从属地位；在一定的社会环境中，新闻观念对政治观念的孕育、成长特别是宣扬、传播，对政治观念的变革更新都有着重要的能动作用和影响，也可以说是塑造和建构政治观念的重要方式。下面，我们就对这种能动作用加以简要的分析。

首先，新闻领域、新闻业、新闻传媒、新闻传播、新闻有自身的独立性，特别是作为一种职业存在，新闻行为拥有自身独立的专业精神和专业追求。仅就新闻与政治的关系来说，“新闻有政治性，但新闻不是政治；新闻人必须有政治意识，但新闻人不是直接参与政治的政治活动家”[②]。有学者深沉而又充满激情地写道：“对于新闻事业，必须坚持如下信条：新闻事业是社会大系统中的一个子系统，尽管这个子系统中具有权力和金钱植入的机制，但决不能使其变成权力和金钱支配的奴仆，绝不能只讲政治宣传纪律，也不能只讲营利的市场规律，必须讲新闻事业自身的内在规律。”[③] 这些慷慨激昂的言辞，都在强调新闻的独立性，强调新闻与政治的间隔性。但我们不要忘记，正是新闻自身在历史演进过程中逐步获得的这种相对独立性与自主性，以及新闻所具有的广泛的社会联系性与强烈的社会渗透性，才使新闻有资本、有能力、有机会对所有社会领域包括政治领域、政治行为产生能动的作用和影响，正是这种相对独立性塑造的新闻

① 舒德森．新闻社会学［M］．徐桂权，译．北京：华夏出版社，2010：183．

② 吴廷俊．中国新闻传播史：1978—2008［M］．上海：复旦大学出版社，2011：4．但这可能只是研究者们期望的应该，是职业新闻工作者的应当。在历史与现实中，很多人实际上是“两栖”或“多栖”的社会活动者，他们活动、奔忙于不同的社会领域；身兼新闻与政治两种身份的人并不少见。新闻工作，在世界各国的历史上，曾经不过是成为政治活动者、作家等社会角色的跳板。只是在新闻工作逐步获得专业属性之后，人们才对新闻工作有了独立的意识和特定社会功能、职责等等的诉求。

③ 吴廷俊．中国新闻传播史：1978—2008［M］．上海：复旦大学出版社，2011：4．

所具有的特殊社会功能或"新闻力量"，从根本上决定了新闻能够对任何一个社会领域或社会系统包括政治领域产生能动的作用和影响。这也就从根本上意味着，指导和影响新闻行为的新闻观念对政治观念有着必然的能动作用与影响。

如果新闻的相对自主性与独立性，使新闻对政治领域、政治观念构成了相当大的能动作用和影响，人们也就可以在一定意义上这样说："新闻就是政治，而且是天大的政治。"[①] 前任欧盟驻华大使赛日・安博说："在欧洲，如同在所有先进的民主国家，报刊和其他媒介通过影响公众舆论，在政治生活中发挥着举足轻重的作用，并通过这种方式来影响其他权力机构，如行政机构、立法机构甚至司法机构。"[②] 曾经主持中国记协工作的翟惠生讲过一句耐人寻味的话，"新闻是业务性很强的政治和政治性很强的业务"[③]，直白点说就是，新闻业务与政治是不可能分家的，二者具有相互的交融性和渗透性。这从另一方面说明，支配和影响新闻行为的新闻观念，总会对既有政治观念的落实或新生政治观念的诞生具有能动的作用和影响。

其次，就实际情况来看，在历史视野中，尽管新闻对政治的影响方式不断发生变化，但总体来看，传媒领域、新闻领域对政治领域的影响不是越来越小，而是越来越大；并且，在"后新闻业时代"开启之后，新闻影响政治的方式以及影响的实质内容与以往相比，也已出现了一些前所未有的变化。从观念论角度看，新闻观念的变化更新，对政治观念的变化更新形成了新的动力因素。这主要表现在以下方面。

第一，今天的传播媒介、新闻媒介在政治动员能力上，是以往任何一

---

① 李彬．中国新闻社会史：插图本［M］．2版．北京：清华大学出版社，2009：532.

② 麦格雷．传播理论史：一种社会学的视角［M］．刘芳，译．北京：中国传媒大学出版社，2009：1.

③ 同①.

个时代都无法比拟的。从动员的广度、动员的速度、动员的强度、动员的深度等诸多方面看，都是如此。今日任何一个带有政治色彩的社会事件，一旦引起新闻传媒关注，夸张点说，真是会以“迅雷不及掩耳之势”的“蝴蝶效应”方式传遍全球；有时会迅速形成广泛的甚至是强大的社会舆论（有时是国际与国内双重舆论），对不同层次的政治力量、政治人物形成或大或小的社会压力。这样一种政治媒介化现象迫使当今的任何一种政治势力、政治组织、政治群体以及政治家、政治活动者不得不高度关注新闻领域抱持的新闻观念与政治观念之间的关系，不得不关注一些活跃的新闻人以新闻名义持有的新闻观念对政治场域、政治观念的作用和影响。新闻传媒运用新闻天然具有的告知能力、激发能力、鼓舞（鼓动）引导能力、批判能力等①，促使各种政治势力不得不及时调整自己的政治战略、政治路线、政治决策、政治策略。一句话，任何政治势力不得不高度重视新闻观念对政治观念造成的影响与作用。

第二，今天的传媒领域，本身已经成为重要的政治参与、政治协商平台，几乎重要的政治问题都会呈现在这个平台上，成为人们关注、讨论的对象；媒介空间一定意义上也是政治活动、政治对话的空间。一些政治问题的解决，常常受到媒介舆论、新闻舆论的重大影响。就现实中的新闻运作来看，恰当的新闻观念，不仅可以校正偏离公正或正义的政治行为，同时也可以纠正至少是提醒政治社会纠正偏离合理性和正当性的政治观念。新闻领域的专业观念，社会责任观念，监督社会、向导国民的观念，都可以对政治行为形成监督，可以在一定程度上不断校正政治行为和政治观念。“人类社会所构建的任何制度如果缺失对自身的监督、批评与修正的

① 新闻传播、新闻具有的所有这些能力或力量可以统称为“新闻力量”。在当今媒介化社会，新闻力量处于一种勃兴的势头，在世界各国、各地区的政治活动以及其他社会活动中，显示出越来越大的影响。当然，新闻力量并不是纯粹的“新闻”力量，支撑这种力量的还有其他社会力量或社会大众的力量，只是它以新闻方式表现出来。对此，需要专门研究。

话，那这样的制度就不值得我们对之忠贞不贰。反之，那些能够真正对自身进行监督、批评与修正的制度则值得我们赞成与拥护。”[①] 在一定社会中，新闻系统正是社会自身进行自我监督、自我清洁的有机器官。因而，我们可以顺便指出的是，新闻界应该强化这样的观念，在一个民主社会中，新闻业和新闻是监督、批评与修正社会制度的重要力量，是促使民主政治观念健康成长的重要力量。即使在一个民主化程度相对比较低的社会中，新闻也要努力实现这样的功能，发挥自己不仅反映现实也能够在一定意义上改变现实、创造历史的功能。新闻业不仅可以维护民主观念，也可以宣传和培养社会大众的民主观念、民主素养。其实，新闻业在民主社会中的角色说起来并不复杂，最基本的就是通过监测环境、守望社会的新闻方式，满足社会大众的知情权，最核心的就是将政府的所作所为告知民众，让人们（公民）在知情的基础上能够参与政治、能够越来越多地自己决定自己的命运。当然，要做到这一点，是一个极其复杂和艰难的长期历史过程，要依赖许许多多经济的、政治的、文化的、技术的、社会的条件。其中，在具备基本的经济条件的前提下，最重要的是政治条件。民主政治是自由新闻存在的条件，反过来，自由新闻也是民主政治得以存在、运行、成长的必要条件。新闻领域应该努力以自己的专业观念、专业方式促进民主观念的进步和发展。

因而，从观念论的角度看，以什么样的媒介观念、新闻观念塑造媒介空间，对于诸多政治问题的解决（包括国内政治与国际政治），特别是对于社会大众政治参与的实际程度，对于社会大众能够形成怎样的政治观念，无疑都会有重要的作用影响。显然，稍微延伸一点说，这对一定社会范围某种政治观念的培养和成长，对于一定政治观念的塑造和建构，无疑

---

① 舒德森．为什么民主需要不可爱的新闻界［M］．贺文发，译．北京：华夏出版社，2010：7.

具有不可低估的、或潜移默化或直接的作用和影响。其实，新闻传媒，在其现实性上，就像亚里士多德的“人”一样，是一种政治动物（political animal）[①]。道格拉斯·凯尔纳指出，媒体是推动、使用和控制政治权力的重要工具，它为政治斗争提供战场，为政治操纵和控制提供工具。[②] 人们看到，伴随媒介的迅猛发展，整个社会都在媒介化、网络化，构成社会大系统的政治、经济、文化等诸子系统也在媒介化。历史学家哈维（David Harvey）就说，“政治的媒介化现在已经变得非常普遍”[③]。人们看到，进入现代社会，特别是进入网络社会，正是通过“媒介空间”或者说媒介创造的公共领域（空间），社会大众才有了广泛参与政治的机会。可以说，正是新的媒介，以它的简便性、互动性、及时性、匿名性，特别是它的民主性或自由自主性，在一定程度上激发了人们政治参与的热情。因此，有人这样说，“与其说媒介‘控制’了政治，不如说它们造就了一个空间，在这个所谓‘先进的’社会中，对大多数人来说，政治主要是发生在这个空间之中的……不管愿意与否，想要参与政治辩论，人们必须通过媒介才能实现”[④]。如果我们仅仅从观念论的角度看，在政治如此媒介化的过程中，政治观念不可能不受到新闻观念的作用和影响；新闻观念必然成为一种塑造培养一定社会大众政治观念的中介手段。

我们也注意到，有人认为在今天这样一个媒介化时代，传统主流媒体的社会影响力、政治影响力不是增大了，而是减小了，以网络媒体为代表

---

① KAPLAN R. The news about new institutionalism：journalism's ethic of objectivity and its political origins [J]. Political communication，2006（2）：173-185.

② 凯尔纳．关于批判性媒体或文化研究［J］．吴学琴，杨婷婷，译．武汉科技大学学报（社会科学版），2012（2）：117-126.

③ 周宪．视觉文化的转向［M］．北京：北京大学出版社，2008：5.

④ 库兰，古尔维奇．大众媒介与社会［M］．杨击，译．北京：华夏出版社，2006：156.

的各种新媒体、新新媒体或媒介（new new media）[①] 以及各种新式传播的兴盛，“改变了媒体的中心与边缘之间的关系，降低了新闻呈现的总体专业化程度，并最终削弱了媒体的影响力”，“主流的媒体体制已经失去了对于新闻的控制权”[②]。如果这一判断是正确的，那也只是说传统媒体的影响力减弱了，而并不意味着整个传媒世界政治影响力的降低；也就是说，此消彼长的事实并不能证明新闻对政治影响力的降低，也并不能说明新闻观念对政治观念能动作用与影响的减弱。事实上，正是“后新闻业时代”的开启，正是新媒体、新新媒体改变了传统媒介生态的结构，从而使更多的人（社会大众）有了更多的机会和可能参与社会公共讨论、参与政治活动，从而使更多的人有了培养、塑造和形成自己作为一个独立个体（公民）的政治观念，这无疑对一定社会整体政治观念的建构具有总体上的积极影响和作用。

第三，如果再深入一步，我们发现，在制度层面上，也不只是政治体制对媒介体制的主动约束，也有相反的情况。有人对欧美一些国家新闻体制与政治体制关系进行研究后就得出了这样的看法：“媒介体制对政治体制以及政治体制对媒介体制的相对影响也许是随历史发展而变化的，一些时期政治力量主宰媒介体制，其他时期媒介体制则较为独立（或更多地受到经济力量的决定），并且可能对政治世界施加较大的自主性影响。”[③] 其实，改革开放以来中国的新闻实践也是如此。尽管谁都可以清清楚楚地看到，中国新闻体制的改革受到政治体制比较严格的约束和限制，但明眼人

---

① 美国学者莱文森从媒介演化角度，将媒介三分：旧媒介、新媒介和新新媒介。旧媒介指互联网之前的所有媒介；新媒介主要指 Web1.0 时代的网络媒介，如电子邮件、纸媒的网络版、留言板、聊天室等；而新新媒介主要指 Web2.0 时代以来的各种媒介形式，如博客、微博、社交网站等。参见莱文森．新新媒介［M］．何道宽，译．上海：复旦大学出版社，2011：3－4。

② 韦斯特．美国传媒体制的兴衰［M］．董立，译．北京：北京大学出版社，2010：8.

③ 哈林，曼奇尼．比较媒介体制：媒介与政治的三种模式［M］．陈娟，展江，等译．北京：中国人民大学出版社，2012：46.

谁也不会否认另一番景象，这就是由于新闻观念的更新与变革，一些曾经的报道禁区（这些禁区通常都属于政治领域）被一个又一个冲破了，而冲破后的报道又对相关的政治限制造成了进一步的冲击。正是在这种循环递进中，一些传统的政治观念被改变了，仅仅从宏观上说，关涉国家、社会政治生活的一些根本性观念，诸如法治观念、民主观念、自由观念、正义观念、以人为本的观念等等，尽管不能简单归属于新闻传播的成绩，但新闻领域发挥的功能作用是任何人都难以否认的。正是新闻这些年来以更为专业化的理念、更为专业化的方式展开新闻报道、新闻监督，才促使不少执政理念、“官”念得到变化更新。当“后新闻业时代”开启后，社会的新闻结构、新闻体制实际上已经发生了巨大的客观变化，社会再现、塑造、建构新闻图景的观念与方式都已发生了前所未有的变革。这些观念和实际的变化促使政治领域不得不全面应对新的传媒格局的变化，不得不适应新媒体时代诉求的政治运行方式。人们发现网络政治、微博政治等等已经成为政治领域的常态观念、话语和操作方式。因而，在新的媒介时代，媒介观念、新闻观念的变革必然会对政治实践、政治观念产生一定的能动作用和影响。

再次，其实也是最重要的一点，在当今这样的媒介生态和媒介化社会中，新闻传媒是建构一定社会主流价值体系不可替代的核心力量，特别是建构一定社会主导政治价值观念的重要渠道和方法，同样其重要性是任何其他渠道与方法都难以比拟替代的。由于一般情况下一定社会的主流价值观念总是由占主导地位的政治观念确认的，因而完全可以说，新闻传播对社会主导价值观念的建构实质上就是对主导政治观念的支持。因此，从新闻角度看，支配影响新闻领域的主导观念对一定社会的政治观念来说有着举足轻重的作用和影响。试想一下，如果中国社会中的新闻传媒奉行西方式自由主义观念或西方式专业新闻主义观念，那就必然与当下主导政治观念形成冲突，就会对当下的主导政治观念形成强烈的解构或消解作用。人们在现实中已经不止一次看到，一些媒体试图以其理想的新闻观念指导新闻传播，结果造成了媒体与相关政府部门或宣传部门的一些矛盾。这显然只是外在的表面现象，在其背后其实是相关新闻观念所蕴含的政治观念与当下主导政治观念间的错位或不一致。

因此，新闻传播、新闻工作者奉持什么样的新闻观念，不是简单的新闻领域内部的事情，而是关涉社会的政治系统以及其他领域，诚如有人所说："在当代社会里，不掌握传媒的思想，几乎等于不存在；同样，主流媒体如果拒绝思想领域的论战，自己就会失去活力和公众影响力，从而丧失对主流价值观战场的主导权。"① 因而，毫无疑问，从大的原则上说，新闻传媒坚持的新闻观念，对一定社会的政治观念不是建构性的、建设性的，就有可能是解构性的、消解性的，那种纯粹的在政治上价值中立的新闻观念可以说是不存在的。

（二）新闻观念与经济观念

在物质层面上，经济是整个社会系统运行的基础，因此，无论是作为社会上层建筑意识形态系统的新闻业，还是如今已作为经济基础有机组成部分之第三产业的新闻产业，都与经济有着紧密的内在关系。如果我们把新闻领域主要看作一个特殊的意识形态系统，并在这一前提下讨论新闻观念与经济观念之间的关系，那就可以说，一定社会实际贯彻的主导经济观念对新闻观念具有基础性的作用和影响；与此同时，新闻观念对一定社会主导经济观念的形成，特别是对主导经济观念的传播普及、扩散影响，以及各种经济观念之间的对话交流、博弈论辩具有一定的能动作

① 潘维，廉思．中国社会价值观变迁 30 年：1978—2008［M］．北京：中国社会科学出版社，2008：73.

用与影响。

1. 经济观念对新闻观念的基础作用

历史与现实为人们呈现的事实是：对于一定的社会来说，只要到达一定的历史阶段、进入一定的历史时期，其经济运行方式不仅仅是由社会运行的自发性决定的，也是由社会主体按照历史演变的内在要求主动选择的。其实，正是在自发与自觉之间才能充分展示和证明主体的积极性和创造性。因此，一定社会采取怎样的经济制度或体制、怎样的经济发展方式，与社会主体对自身经济现实的认知水平高度相关，与社会主体关于经济发展的观念高度相关。而一定社会主体关于经济发展方式的主导观念，对其他社会系统观念的形成包括主导新闻观念的形成都有着重要的基础作用。

在一定社会中，经济观念与经济形式具有一定的对应性，同时，一定经济形式对社会意识形态也有一定的诉求。马克思主义是通过经济基础决定上层建筑这一基本认知表达自身这一观念的，现在看来，这一基本认知的正确性还是牢靠的。英国学者安东尼·史密斯说："一种特定的社会经济形式需要一种特定的文化和意识形态，反之亦然。"① 为了维护一定社会的经济形式，其意识形态机构就会不断宣传相应经济形式、经济观念的正确性和合理性。这正是我们在当今全球社会看到的景象。资本主义世界的传媒在总体上拼命鼓吹资本主义市场经济（新自由主义）的必然性，一些思想家甚至把自由市场经济形式宣布为人类经济运作的终结形式，把资产阶级（或资本主义）意识形态说成是人类社会终结式的意识形态，把资产阶级的价值观念说成是终结式的、普遍的、具有永恒意味的人类价值观念。相反，在社会主义国家，以中国为例，其新闻传媒与

---

① 史密斯．民族主义：理论，意识形态，历史［M］．叶江，译．上海：上海人民出版社，2006：67.

整个社科理论界一起在整体上、主导潮流上则是极力宣传社会主义市场经济的正确性和合理性，并且要在这一基础上确立“道路自信、理论自信、制度自信”[①]，其灵魂就是坚信社会主义的价值追求才是人类的发展方向，中国特色社会主义则是中华民族能够真正复兴的道路。这两方面都恰好说明，经济生产方式这个基础，确实决定着上层建筑的核心内容及其根本方式。

仅就一定社会经济观念与新闻观念之间的关系而言，经济观念对新闻观念的基础作用主要表现在以下几点。[②]

其一，与主导经济形式相一致的主导经济观念，不仅是作为经济领域重要构成部分的传媒产业的主导观念，也会从新闻业的根本属性层次上决定和影响新闻观念的确立。在宏观的历史尺度上看，在农业经济（观念）时代，一个社会不可能拥有工业时代的新闻观念；在计划经济（观念）时代，不可能拥有市场经济（观念）时代的新闻观念。在资本主义市场经济体制（观念）主导的社会中，不可能形成社会主义性质主导的新闻观念；而在社会主义市场经济体制（观念）主导的社会中，也不可能形成资本主义性质主导的新闻观念。当然，我们也必须明白，由于新闻业自身的属性是非单一的，而是多元的，因而，一定社会的主导新闻观念（新闻主义），并不是由主导经济观念单一决定的，它至多是一种影响新闻观念形成及如何发挥作用的重要的基础性影响因素。

其二，一定社会主导经济观念的变革，或迟或早会引起主导新闻观念的变化。第一点已经说明，只要对新闻观念形成具有基础作用的经济观念

---

① 胡锦涛．坚定不移沿着中国特色社会主义道路前进 为全面建成小康社会而奋斗：在中国共产党第十八次全国代表大会上的报告［M］．北京：人民出版社，2012：16.

② 注意，我们这里讨论的主要问题是一定社会中经济观念与新闻观念之间的关系，并不特别讨论新闻传媒组织内部新闻与经济之间的关系，即我们的重点不是讨论新闻业务观念（新闻逻辑）与新闻传媒经营观念（经济逻辑）之间的关系。

发生变革更新，新闻观念原则上就会产生相应的变化与更新。若是视野缩小一点，人们就会发现，在一定社会中，当主导经济形式（观念）处于转型过程时，主导新闻观念也处在转型之中。比如，中国在计划经济（观念）时代，新闻业被认定为仅仅具有意识形态属性的观念居于绝对性的主导地位；但是，在改革开放30多年的过程中，当中国逐步确立了社会主义市场经济体制（观念）后，新闻业的产业属性观念也逐渐得到确认。这就是说，一定社会主导新闻观念的演化趋势，总是与主导经济观念在大方向上是相一致的，而不是相反的。因而，可以在总体上说，经济观念对新闻观念的形成不仅具有基础性的作用和影响，而且，一旦经济观念变化，新闻观念也必然会发生变化。事实上，对于一个社会的发展来说，经济观念的变革及其相应的经济生产方式的变革，常常对一定社会观念系统的变化具有革命性的影响。试想一下，如果中国到今天仍然把市场经济认定为资本主义社会特有的经济体制，仍然坚持比较纯粹的社会主义计划经济，坚守传统的计划经济发展观念，我们确实很难想象中国现在是一个什么样子，同样，我们也难以想象中国新闻业会是什么模样。

就中国这一个案而言，正是经济领域市场经济观念的确立与实践，从客观逻辑与理论逻辑两个方面引发了人们对新闻传媒业属性的新认知，形成了关于新闻业的新观念。即使是在传媒经济领域内部，人们也能直接观察到经济观念对新闻观念的影响和作用，这种影响与作用直接延伸到新闻业务的“神经末梢”。当传媒经济的本质被认定为“注意力经济”或通俗地称为“眼球经济”时，新闻追求视觉冲击（直接的或隐喻意义上的）便是必然的。人们发现，新闻传媒通过各种新闻手段（采编制播等）试图在几秒钟内就抓住受众的眼球、抓住受众的心灵；新闻的选择观念、写作观念、编排观念都会围绕可以吸引注意力、吸引眼球而旋转。极端点说，在现实中，很多传媒组织的经济观念甚至左右了新闻观念，新闻观念在相当程度上已经成了经济观念的“奴婢”。关于经济观念对新闻观念的过度影响引起的副作用，我们将在下文专列一点进行阐释。

其三，有不同的经济观念，就会有不同的新闻观念。不只是主导经济观念影响主导新闻观念，实际上，任何一种经济观念都要求有与自身相匹配的新闻观念。有欧美权威学者指出，欧美的历史事实说明，“（新闻）专业化首先在基于市场的媒介的语境中发展起来，并在其中融入了这种语境中的许多东西。在自由主义社会中，新闻事业的专业常规融入了对植根于市场的可近用性和受众兴趣的高度侧重”[①]。这就是说，专业新闻主义观念首先基于市场经济（观念）这个基本根源。因而，如果在同一社会经济结构中，存在着不同的经济成分，那么它们在新闻领域就会诉求不同的新闻观念，它们都会基于自身的利益期望并以自己的方式通过新闻传媒传播信息、发表意见、引导舆论。诚如有人所言：“市场社会不但培育了‘公意’而且激发了公民强烈表达其意志的愿望。当这种强烈表达其意志的愿望变成一种理性化的集体行动时，一种只让其劳动而不闻其心声的体制也就不可能了。”[②] 国有经济形式与私有经济或其他经济形式相比，其具体的经济观念自然是有差别的，有差别的经济观念不可能诉求同样的新闻观念、同样的新闻体制。因此，对于实行以公有制经济为主体、多种所有制经济共同发展的中国来说，由经济观念多元化导致的新闻观念多元化现象已经是当前新闻领域的基本事实；因而，如何使不同经济力量（背后的经济主体）都能够通过新闻传媒表达自己的意愿，并且能够在不同新闻观念之间达成动态的平衡，维护社会的公共利益，已经成为我们必须认真对待、认真研究的重大问题。

---

① 哈林，曼奇尼．比较媒介体制：媒介与政治的三种模式［M］．陈娟，展江，等译．北京：中国人民大学出版社，2012：224.

② 晏辉．论政治观念［J］．南京社会科学，2011（6）：8－15.

其四，我们还应该特别注意从价值论的角度关注经济观念与新闻观念之间的关系。经济观念一旦落实到具体的传媒运作上，便表现为传媒的商业观念与新闻观念之间的关系，或表现为人们常说的商业逻辑与新闻逻辑之间的关系。

不管是在全球范围内还是在中国范围内，人们不难看到，传媒商业化的价值取向（观念），使新闻传媒越来越不像服务公共利益的新闻媒介，而是变成了传媒集团（或控制媒体集团的其他集团）获取经济利益的工具。有人不无过激地指出："在资本主义、消费主义的社会里，一切都商业化，信息、知识、文化和传讯事业不标榜任何价值观念，只问能不能赚钱。赢利是唯一的法则。当然，在赢利法则的背后还是有一种价值体系，那就是资本主义社会的刺激消费的规律。"① 实事求是地说，商业新闻主义观念确实可以说到了泛滥的程度。英国 BBC 的一位著名记者这样说："我们的媒介本应使我们获知信息，现在却反而纷纷掩盖真相、脱离事实，不顾廉耻地拼命追逐商业利益。"② 面对这种全球化的景象，传媒经济专家皮卡特（Robert Picard）甚至发出了这样的呼吁："要确保社会发展的延续，21 世纪的媒体环境面临着巨大的挑战。对媒体感兴趣的每一个人——受众、广告商、媒体人士、所有者及投资者、社会团体和政策决策者——有责任帮助培育一个超越狭隘自身利益的媒体环境，以确保实现更为广阔的社会利益。"③ 因此，确立合理的、适度的传媒商业理念/经济观念，对新闻观念有着直接的甚至是至关紧要的作用，"如果社会要从一个公正、民主和健康发展的传媒体制中获益，就必须在公共与商业利益之间

---

① 李伯庚．欧洲文化史：全球史视角下的文明通典：第 2 版：下［M］．赵复三，译．南京：江苏人民出版社，2012：522.

② 艾伦．新闻文化［M］．方洁，陈亦南，牟玉涵，等译．北京：北京大学出版社，2008：234.

③ 杭敏，皮卡特．西方传媒的公共利益与商业利益冲突及影响［J］．新闻记者，2011（11）：46－50.

取得良好的平衡”[①]。而这需要首先解决观念上的问题，如果对商业利益观念对新闻观念的负面影响认识不足，就很难在行动上采取恰当的措施阻止这种影响。“资本的本性是无限制地追逐和获取最大的利润”[②]，资本的运行逻辑即是增殖逻辑，它不可能尊重新闻专业逻辑，不可能尊重新闻的特征和规律，寄望资本的仁慈是不可能的。有学者指出，“要创建一个独立自主的媒介环境，就需要通过立法和司法手段，保障新闻行业在获得足够利润时制作出具有吸引力的节目，而不是像奴隶般地服从市场规律”[③]。因此，在经济逻辑与新闻逻辑之间，在经济观念与新闻观念之间，如何求得平衡，是整个世界新闻业面对的重大课题。

一些现实现象应该引起人们的高度重视。比如：新闻媒体与商业机构、经济组织常常主动合谋，损害社会公共利益，为自己牟取不正当的利益；新闻媒体凭借自身特有的公共性以及新闻报道特有的社会影响力，诱使或迫使一些公司、企业向媒体提供各种赞助或提供广告资源；更有甚者，则通过有偿新闻、有偿不闻、公关新闻、广告新闻等诸多不正当方式获取不正当利益，实际上也给企业造成了负面影响。这些现象都可以看作新闻传媒组织用不当的经济观念扭曲了应有的新闻观念。[④] 新闻与经济之

---

① 杭敏，皮卡特．西方传媒的公共利益与商业利益冲突及影响［J］．新闻记者，2011（11）：46－50．

② 侯才．当代中国哲学的境遇、自我理解和任务［J］．哲学动态，2012（11）：5－10．

③ 艾伦．新闻文化［M］．方洁，陈亦南，牟玉涵，等译．北京：北京大学出版社，2008：262．

④ 以上诸多具体现象在发达资本主义社会已不多见，因为它们已经建立起比较完善的相关制度，新闻媒体的活动也受到行业规范、职业规范比较严格的约束。然而不可否认的事实是，尽管有各种各样严格的规范，有已经比较成熟的专业新闻主义理念和操作方法，上述那些背离新闻行业规范、新闻职业精神、新闻道德规范从而对社会经济生活和公众其他生活形成负面影响的新闻现象仍时有出现；而更为严重的是，市场化新闻业已经成为西方世界的主导形式，它正在侵蚀着新闻业理想的公共性。在我国，新闻媒体实际上拥有某种有形的、直接的政治权力（这样的权力来源于新闻媒体作为党和政府耳目喉舌的地位和性质），新闻工作者实质上并不是相对比较纯粹的职业新闻工作者，上述那些背离新闻行业规范、新闻职业精神、新闻道德规范的行为仍然处于高发期，已经成为我国新闻传播业健康发展的严重障碍。因而，如何在新闻领域塑造并建构起合理的新闻观念与经济观念之间的关系，也是十分紧迫的课题。

间的这种不良互动，已经严重损害了新闻媒体的公共形象，自然也严重损害了新闻本身的社会公信度。其背后的深层原因是过度追求新闻的商品化，新闻成了可以用来进行各种交换（与金钱、与权力）的特殊精神产品、意识形态产品，这是还不完善的市场经济环境中的典型表现，也可以说是市场经济的局限。

2. 新闻观念对经济观念的能动影响①

就像新闻观念能够影响政治观念一样，它同样可以通过新闻报道、信息传播这一重要中介手段影响经济观念。而且，在今天这样的媒介化社会，特别是在今天这样的经济社会（经济信息化、经济数字化、经济网络化）中，新闻传媒高度关注世界经济、地区经济、国别经济及它们之间的相互关系，高度关注人们各种各样的经济活动；因而，新闻领域以怎样的新闻观念关注经济领域中的新闻现象、新闻事实、新闻事件等（经济领域中的变动、变革与趋势及其各种错综复杂的经济关系，以及经济领域与自然领域、其他社会领域千丝万缕的关系），对整个世界、各个社会以及各种层次、类型经济活动者经济观念的样式、状态（形成、变化、更新等）都有着或大或小的作用和影响。就目前来看，最重要的表现在以下几个方面。

第一，一定社会主流新闻传媒对主导经济观念的形成特别是对主导经济观念的宣传有着十分重要的作用和影响。新闻传媒用什么样的新闻观念指导自身的经济报道内容与方式，对经济观念的成长、建构、传播就不是简单的小事，而是严肃的大事。比如，在资本主义世界，其新闻传媒始终都把自由资本主义的经济观念作为最基本的经济观念加以宣传，而且不限于资本主义世界内部，而是张扬于整个世界。新闻传媒在这一过程中，是用自由主义新闻观念来观察经济现象、经济行为和选择新闻事实、新闻方式的。

---

① 至于新闻领域与经济系统的基本关系，可参见杨保军．新闻理论研究引论［M］．北京：中国人民大学出版社，2009：199-224。

同样，在当下中国，其主流新闻传媒，在总体上极力把社会主义市场经济观念作为最适合中国经济发展的观念加以宣传，在新闻业务上最典型的表现就是，选择那些与主导经济观念相一致的事实加以比较充分的报道和评论。

与此同时，对于一些新生的经济现象、经济行为、经济观念，新闻传媒能否将其作为新闻事实报道与评论，能否引发社会的广泛关注，这对一些经济观念的传扬、经济行为的成长，有着任何其他社会力量难以代替的作用和影响。比如，在中国30多年的改革开放历程中，最大的、最深刻的改革就发生在经济领域，最大的、最深刻的观念变革也发生在经济领域，而在这一过程中，新闻传媒几乎在每一历史关节点上都发挥了重要的作用和影响，其中最典型的一种表现就是不断宣传一些新生的经济观念。又如，当今在世界范围内，普通社会大众对一些经济生产方式的了解、经济转型的知晓，特别是对一些新的基本经济观念的理解，大都是新闻传媒宣传的结果，像如今人们耳熟能详的低碳经济、绿色经济、生态经济、休闲经济、体验经济等观念，可以说都是通过新闻传媒首先获知的。一旦新闻传媒在新闻观念中把这些经济生产方式、经济观念作为新的事物对待，它们就会在世界范围内迅速传遍角角落落，成为社会普遍能够认识的经济观念。

第二，与第一点紧密相连，新闻传媒通过新闻报道和其他各种信息的传播活动，可以对社会公众进行普遍的经济教育①，可以激发和引导社会公众作为经济主体的经济思维、经济观念和经济开创行为。应该说，在新闻与经济之间，新闻报道首先影响的是人们的经济心理与经济观念。因

---

① 列宁曾经把报刊作为对人民进行经济教育的工具，使其成为实现“伟大过渡”——从政治斗争为主向建设社会主义经济基础过渡——的工具。可参见童兵．马克思主义新闻思想史稿［M］．北京：中国人民大学出版社，1989：279－290。新中国成立初期和改革开放以来的中国，将经济报道作为新闻业活动的核心，对社会经济发展起到了巨大作用。对普通社会大众来说，他们正是通过日复一日的新闻报道与其他信息（当然这不是唯一的渠道和方式），建构了自己对整个世界、整个国家宏观经济的理解图式，并在潜移默化之中积淀了常识层次的经济知识。甚至一些专业性的经济知识，也是通过媒介的经济报道和相关信息获得的。

而，新闻传媒用什么样的新闻观念指导它们的相关经济报道，对社会大众普遍经济观念的形成有着不可低估的作用和影响。

任何层次、任何形式的经济主体，其经济行为表面上看仅仅是自律的、自我决定的，但实质上是他律的，高度依赖环境变化，依赖环境信息的获取。新闻信息，特别是其中与经济活动相关的信息（自然不限于直接的经济活动信息），都是具有一定价值甚或重要意义的经济情报；不少新闻报道，其中蕴含着或者透露着重要的经济开发契机或者难得的商机。在时间、空间不再成为新闻传播障碍的当今社会，一条相关的新闻可能会激起全球化的经济关注，引起巨大范围的金融波动、市场起伏、价格升降，甚至会促成相关经济体既有经济政策的调整和新的经济政策的出台。由新闻报道引发的不同经济体之间的经济矛盾，也是司空见惯、不足为奇的。新闻报道、信息传播，已经对各种经济主体的经济活动形成了实际的影响和作用，不管是正面的还是负面的，它们的存在是不可否认的。作为意识形态的新闻信息，已经深深嵌入到整个社会的经济生活之中。应该说，如何处理与新闻媒体的关系，在普遍意义上说，已经成为经济主体，特别是组织化经济主体日常事务中的重要工作；在某种可能的公关危机事件面前，经济主体与新闻媒体之间则更会形成一种特别的关系。我们甚至可以说，在今天的信息环境中，不会与新闻媒体、新闻打交道的经济组织、经济主体，很难在市场经济的海洋中自由徜徉。因而，各种经济主体的经济决策、经济行为，总是依赖自身获取的相关信息以及对各种信息价值的分析和判断。总而言之，新闻传播及其背后的新闻观念，不仅能在一般意义上影响经济活动者的经济观念、经济思维、经济心理、经济行为，而且能够对一些特殊的经济决策、战略选择、经济实践观念形成直接的作用和影响。

在社会大众经济生活、经济观念层面上，新闻报道，特别是与社会大众日常经济生活、经济行为相关的新闻报道，往往会引起人们的高度关注。一条关于物价的新闻，可能会在某种情境中，引发非常态的生活经济行为；对某些具有一定大众影响力经济学家经济观点的报道，都有可能引起人们对相关经济问题、经济现象的热议或争论。这其实是市场经济环境下的必然。在这样的社会中，整个社会的生活方式都已经市场经济化了，每个人可以说都是独立的经济主体。因而，每个人都会关注自己的经济生活、自己的经济命运，这是建构所有其他生活的基础。这种现象充分说明，新闻报道与整个社会日常经济生活的运行也是高度相关的；同时也提醒我们，新闻报道以及相关信息的传播，实际上能够对人们的经济观念、经济思维、经济心理、经济行为等产生作用和影响。因而，运用新闻媒体对人们进行经济生活指导、经济教育是可行的和必需的，通过新闻媒体的信息传播引导和激发人们的经济开创行为同样是可行的和重要的。

我们如果再加以扩展，不限于新闻内容，就可以说，新闻、广告以及其他各种经济信息①，共同编织着整个社会经济活动的信息网络，也在一定意义上塑造着社会经济环境的整体形象。这种整体塑造，正是人们形成对一定社会经济状况整体感觉、做出整体判断的基本信息根据。这样的感

---

① 广告信息，特别是新闻媒体刊播的广告信息，对经济活动有着特别的影响和作用。可以说，所有商业广告，不管它们是以什么样的媒介形态呈现，不管它们是以什么样的媒介符号塑造，不管它们是以什么样的信息类别展示，最终包装的乃是经济信息、经济价值这个核心；至于广告在其他方面的价值诉求，即使有也是延伸性的、派生性的。广告信息的所有用心就是围绕经济活动主体的利益而旋转。在一般意义上说，广告主、广告传播者、广告信息收受者，都是一定意义上的经济活动主体。广告不仅是绝大多数新闻媒体的经济命脉，也是广告主建构自身经济命脉的重要渠道，同时还是社会大众日常经济生活的重要参考信息。扩展开来看，新闻，特别是经济新闻，在告知人们事实是什么的时候，同时也是最朴素、最真切的广告。它以本质上非艺术化的方式，根据新闻的本质属性，把一定经济主体的本来面目比较真实地呈现在人们面前。大概正因为这样，总有人试图把广告做得像新闻一样，以使人们更加信任。广告是广告主的自我编码和塑造，新闻则是专业新闻工作者对事实形象的真实再现和一定意义上建构的结果，这种差异使广告看上去很美，听起来很妙，但真实性却往往受到无法避免的怀疑；而新闻看上去似乎过于平实，缺少广告的绚丽多彩，但新闻的原汁原味有着天然的美丽、自然的可信。因而，如果经济活动主体的经济行为与结果，成了新闻媒体主动关注的新闻报道的对象，也就等于经济活动主体创造了世界上最经济、最有效的广告。因此，以新闻观念做广告，以广告观念做新闻，是新闻界与广告界常有的观念。参见杨保军．新闻理论研究引论［M］．北京：中国人民大学出版社，2009：195。

觉、判断尽管是大致的、模糊的，但却以无形的信息力量影响着人们对社会经济的信心，直至影响到人们的经济观念（对经济形势的认知及价值评判）、经济行为，从而对社会经济运行构成实质性的影响。普通民众的经济信心一方面是由一定社会经济运行的实际状况建立的，另一方面也是通过各种媒介信息建立的。在经验事实上，我们知道，人们对一定社会经济运行的整体心理感觉和信心，对一定社会经济运行情况的心理预期，确实都会对实际的经济运行构成真实的作用和影响。因而，经济学不只是关注人与物之间的关系，更关注人与人之间的关系，还关注一定社会文化心理的特点，一定社会中人们日常生活行为的特点。其中所谓精神性、心理性、文化性的东西，实质上可以说就是观念性的东西，都会对人们的经济行为构成实际的作用。因此，新闻传媒、职业新闻工作者报道新闻、传播广告以及其他信息的观念与方式，对社会大众的经济认知、经济行为都有或大或小、或强或弱的作用和影响。

从总体上说，新闻的经济化才是市场经济背景下新闻显示的普遍本性，新闻的经济化功能才是新闻在市场经济下的普遍功能。人们看到的新闻的娱乐化、平民化、草根化，或者相反，新闻的精英化、贵族化、个人化，以及各种新闻传播收受模式的变化和整合，在一定意义上说，都是新闻经济化在市场经济体制下、在新技术时代下五花八门的现象样式。新闻本身并不能决定经济的命运，也不能决定人们的经济行为和经济生活。新闻首先是对经济事实的反映和报道，是对环境变动的最新反映和报道；在经济面前，新闻主要是摇旗呐喊的拉拉队，“加油”或者“嘘声”，只能在一定程度上影响经济主体的情绪和行为，并不能从根本上改变经济主体的实力和能力，也难以改变经济实际运行的宏观结果。但我们无论如何都无法忽视新闻传播及其他信息传播对经济领域的实在影响，因而，也无法否认新闻观念对社会大众经济观念的作用和影响。

第三，新闻观念对经济观念的能动作用，除了我们上面阐释的通过新闻报道及其他信息传播这个中介可以宣传经济观念、普及经济观念、对社会大众进行经济教育之外，还有一种相当重要的能动作用，这就是良好新闻观念指导下的新闻行为，可以对一些不当的经济行为进行监督，对一些不合理、不正确的经济观念展开批评，同时，新闻媒体还可以为不同经济观念之间的对话交流提供最大的公共平台，从而为适合一定社会经济发展的经济观念成长创造更为广泛的大众基础。换个说法，新闻内在具有的宣传功能与监督功能，可以在两个不同向度上促进社会经济的健康发展，可以帮助一定社会塑造良好的经济环境，可以在一定程度上促进经济活动主体塑造良好的组织（企业）精神和文化，可以用新闻的方式引导经济活动主体社会责任感的形成，可以促进良好经济观念的成长，从而彰显出新闻对经济活动领域的特殊作用和影响。

新闻报道特别是经济新闻报道，不仅可以反映建构经济报道对象的事实形象，还可以建构经济报道对象的观念形象。监测环境、发现问题、揭露丑恶是新闻媒体的基本职责，也是新闻报道能够发挥的重要监督功能。新闻媒体通过对经济领域中存在的各种不正常现象、腐败事件等的揭露和批评，引发全社会对相关问题的关注，形成普遍的社会舆论，从而以社会民众的力量促进经济的健康发展。对经济领域的正当新闻监督，更为重要而长久的意义在于，它能促进人们对经济现象、经济行为的正确认识，有利于正确的、合理的经济观念的形成与成长。

（三）新闻观念与文化观念①

讨论新闻观念与文化观念之间的关系，首先需要说明文化观念的基本

---

① 文化观念，其实是个叠加性的概念（就像公众舆论概念一样，舆论本身就是公众的），因为文化特别是狭义的精神文化，本质上就是一种思想观念和价值观念。

内涵。顾名思义，文化观念，就是关于文化的观念，因而这里实质上是要说明什么是文化。关于文化的理解或界定，实在是太丰富也太繁杂了，真不知道人们已经提出了多少文化定义。但在我们看来，广义上的文化其实是与自然相对的概念，实际所指就是“人化”（人化了的所有事物都是广义上的文化），即指人类创造的所有物质文化和精神文化；狭义上的文化，则仅指人类的精神文化，属于人类精神性、观念性的创造物。①“简单地说，文化是指一个社会普遍接受的、代代相传的态度、价值和知识体系。”② 我们关于新闻观念与文化观念的关系讨论，是在狭义的文化层面上展开，这也可以说是新闻观念论的自然选择。在精神文化意义上，文化观念与文化本质上是一回事。因此，讨论新闻观念与文化观念之间的关系，实质上也就是在讨论新闻观念与一定社会整体的精神文化之间的关系，讨论新闻观念与一定社会整体的精神气质或价值理念的关系，也是在讨论新闻文化③与一般社会文化之间的关系。

---

① 我国学者刘梦溪说：“文化，宽泛一点的定义，是指一个民族的整体生活方式和价值系统。狭窄一点的定义，应包括知识、宗教、信仰、艺术、哲学等。”参见刘梦溪．信仰与中国文化的特性：上［N］．中国纪检监察报，2012－02－17（4）。也有学者把我们这里所说的狭义文化称为“外在性”文化，它主要用文化指称文学、艺术、宗教等独立的精神领域，把这一精神领域视作外在于政治、经济等领域，并与之相互作用的独立的存在；而把我们这里的广义文化称为“内在性”文化，它否认文化对于政治、经济等领域的外在独立性，强调文化的非独立性和内在性，强调文化内在于社会运动和人的活动所有领域的无所不包和无所不在的特征。从文化概念的渊源上看，狭义的文化概念，类似德语语境中文化概念的核心含义，有学者经过考察认为：“德语中的‘文化’概念，就其核心来说，是指思想、艺术、宗教，其所表达的一种强烈的意向就是把这一类事物与政治、经济和社会现实区别开来。”参见赵立彬．“文化”的“译”与“释”：思想史背景下的概念引进和学科建构［J］．史学月刊，2012（6）：73－79。

② 王绍光．民主四讲［M］．北京：生活•读书•新知三联书店，2008：97.

③ 新闻文化的精髓就体现在新闻观念之中。因此，新闻观念研究，在一定意义上就是关于新闻文化之核心构成的研究。当然，广义的新闻文化研究，是更为复杂艰难的任务。依我之见，新闻文化研究，除了研究新闻文化的感性表现与制度层面，最关键的是要研究人类新闻活动的内在精神和基本价值，这样才大致可以揭示新闻文化的真实面目与特征。新闻文化研究，至少有两条大的路径：一是着重于新闻文化本身，二是在关系论视野中研究新闻文化与其他文化样态的互动。后者内容复杂、体系庞大，要求知识磅礴、境界高远，能够四通八达、左右逢源。只有具备文化研究的“长城”素养，方可驾驭。国内新闻界目前尚无这般气候的学者。新闻学界的学者如能把新闻文化本身诸多主要问题理出个眉目，就是莫大的贡献。

一定社会的文化灵魂体现在它的核心价值理念之中，表现在其各种具体的文化形式或具体的意识形态形式之中，即表现在宗教、哲学、科学、文学、历史、道德、各种艺术形式等等之中，它们属于人类自觉的精神和价值观念体系。因此，从逻辑上说，讨论新闻观念与文化观念之间的关系，就应该包括两个基本方面或两个基本层次：一是新闻观念与整体文化之间的关系；二是新闻观念与文化领域各种具体观念——宗教观念、哲学观念、历史观念、道德观念、文学观念、艺术观念等等——之间的关系。这显然是一个十分庞大而繁杂的工作，我们很难在这里详细展开深入阐释。因此，对第一层面的关系，我们仍然以宏观叙述的方式加以简要阐释。对第二类型的关系，我们将在原则层次上主要讨论新闻观念与哲学观念、道德观念、文学观念之间的关系，并侧重它们与新闻活动、新闻观念有较为相近的或矛盾的方面加以分析论述。

1. 文化观念与新闻观念的一般关系

第一层面的关系，按照我们的理解，讨论的就是新闻观念与一定社会整体文化观念之间的关系。总体上看，它们之间的关系是一种互动关系，其中主要包括两大方面：一是整体文化观念对新闻观念的作用与影响；二是新闻观念对作为整体的文化观念的作用与影响。① 对这两个问题，我们在前文新闻观念与社会观念关系的阐释中已有论述，因此这里仅从新闻观念与狭义文化观念关系角度做一些适当的补充。

在新闻观念与文化观念之间，最基本的关系是，社会文化的整体风格、属性，社会文化观念的整体志趣与取向，从宏观上决定并影响着作为大众文化重要组成部分的媒介文化和新闻文化，决定和影响着新闻观念尤

① 如果在广义上理解文化观念，它与我们前文所说的社会观念实质上也就没有什么区别。因此，前面我们是在新闻观念与社会整体观念（广义文化观念）的意义上讨论二者的关系，这里我们实质上重点讨论的是新闻观念与社会精神观念之间的关系，即新闻观念与哲学观念、道德观念、文学艺术观念等之间的关系。

其是其核心的新闻价值观念的基本取向。尽管文化作为历史地凝结成的人之稳定的生存方式和社会运行的内在机理，总是具体地表现为每一时代、每一地域、每一民族、每一种族、每一群体的不同的文化模式或文化精神，表现为丰富多彩的文化观念和文化价值，但对处于一定时期的社会来说，总有其主导性的文化精神、文化风格、文化趣味、文化发展指向，正是这些主导性的“潮流”既呈现着一个社会的整体精神风貌，也影响着社会生活的各个层次、各个领域。“一个国家、民族、地区的主流文化是由这个国家、民族、地区的人群共同分享和信奉的一种文化精神。这种文化精神是人们在长期生产、生活、交往过程中形成的一种文化信念、价值准则、效用偏好、行为范式和思维习惯；并且经耳濡目染、口口相传、世代承袭流传下来。”① 因而，整体文化观念对新闻观念的影响首先就表现为整体性的影响。从社会层面到传媒层面直到个体层面，所有的新闻观念都是一定社会文化观念生态中的产物，都是经过文化观念中介化的产物；在所有层面的新闻观念中，不可能不体现、不渗透社会文化观念的因素和影响。在一定意义上说，新闻观念是整体文化观念的表现物。比如，当前中国的主导新闻观念就是中国特色社会主义价值观念体系的体现，而各种非主导新闻观念也有它们各自的文化观念根源。

一定文化观念系统，在历史的长期演变过程中，尽管会不断发生演变与扬弃，但就人类现有的文化事实看，几乎在所有具有历史延续性的文化系统中总会形成一些比较坚实的、稳定的、核心的观念，构成一定文化观念系统的基本内核（人们通常称之为价值观念内核，但并不限于价值观念，也包括一些认知观念和方法观念）。文化系统中这些内核式的观念，具有更为长久的生命力，往往成为一定文化存在及其文化观念系统的标

---

① 李永刚．文化如何成为经济学研究的对象［J］．经济学家，2012（2）：5-12.

志；同时，它们也构成了一定社会中所有具体领域观念的基础或根基，它们总会以直接的或间接的方式并以一定的历史性表现形式影响甚至左右不同社会领域观念系统的生成、塑造、选择与建构。具体一点说，一个民族的整体文化观念特点、传统对其新闻文化、新闻观念有着根深蒂固的影响，完全可以说，新闻观念的主要内容与特征深深根植于一定社会的文化观念、价值偏好之中，根源于一定社会文化观念系统（诸如人性观念、自然观念、社会观念、权力观念以及人与自然、社会、他人的关系观念等）对一些最基本事物的认知与评判。新闻观念的核心不可能超脱一定社会文化观念系统的核心而独立存在和演化。我们举一个极为常见的说法为例：人们把以美国为代表的西方新闻文化称之为“乌鸦文化”，而把中国新闻文化称之为“喜鹊文化”，这与中西关于人性善恶的假设或认定其实都是息息相关的。至少我们可以这样说，正因为西方世界在整体上认为人性是恶的，需要时时警惕、监督，所以新闻应该特别关注的主要是人所做的“坏事”或不好的事，而不是好事。“好消息不是新闻。坏消息才是新闻”（《时代》杂志亨利·卢斯语）；正常的（常态的）不是新闻，异常的、反常的（非常态的）才是新闻。以色列的一位媒介学者对西方新闻就做过这样的描述：“西方新闻业是一个社会预警系统，它暴露例外、越轨、失序、不和，而非惯例、模范、秩序与和谐。”① 而在中国文化传统中，人性善的观念一直占据主导地位，“榜样的力量是无穷的”，这样的文化观念对新闻观念有着深刻的影响，使得中国新闻价值观念倾向于对“好事”或“正面事实”的选择，特别注重典型宣传、正面报道，今日“坚持正面宣传为主”“坚持以正确的舆论引导人”已经成为新闻领域的主导观念。

文化观念对新闻观念的作用与影响是具体的而非抽象的，文化观念会

---

① 舒德森．新闻社会学［M］．徐桂权，译．北京：华夏出版社，2010：62.

通过各种渠道、以各种方式渗透、贯穿到新闻业、新闻传媒机构、职业新闻工作者以及其他新闻活动主体的新闻观念和日常新闻行为中，以“看不见、摸不着”的方式时时刻刻影响着整个社会的新闻活动。新闻人用什么样的观念观察世界、选择新闻、传播新闻，新闻收受者用什么样的观念解读收受新闻、评价判断新闻，新闻控制者用什么样的观念调控管理新闻活动，都与一定社会整体的文化价值观念有着深刻的、千丝万缕的关系，与一定社会（特别在西方）的宗教观念、哲学观念、道德观念等等有着直接或间接的关系。对于非职业的民众新闻活动来说，更是直接受到各种文化观念的影响。在民众新闻传播活动中，人们并没有将新闻观念与其他文化观念加以明确区分的意识。一句话，整体文化观念是新闻观念特征的重要文化根源。当然，一定社会整体文化观念的转型或变革，必然会引起包括新闻观念在内的所有其他领域文化观念的变化。因此，人们可以在历史长河包括新闻史中清晰地看到，只要一定社会发生了时代性的整体文化观念变动（哪怕是临时性的），它的新闻观念的核心价值取向也就一定会伴随文化观念的变动而转向。对此，我们在前文已经有过较为详细的论述，这里不再赘述。

前文我们已经从宏观层面说过，一定社会的新闻观念，或者说在新闻观念指导下的新闻传播及其他信息传播活动，对一定社会中的各种观念系统及具体观念都有一定的反映、呈现、塑造、建构作用，同时也会有批评、批判、反对、抵制、消解的影响。同样，依据这里的核心论题，我们也可以说，一定新闻观念支配下的新闻传播活动及其他信息传播活动，对狭义文化观念（主要指意识形态的各种具体形式）也有这两方面的作用和影响。

当今社会正在被整体上媒介化，媒介化生存正在成为人的基本生存方式，而新闻是媒介化社会、媒介化时代最重要的一种存在和表现。新闻世界是人类所处多重精神（符号）世界中的重要一重，新闻活动是人类的本体性活动，新闻需要是人类的基本需要，新闻文化因而是文化系统中的基本构成部分，新闻观念是文化观念生态中的基本“观念生态”。进一步看，新闻文化是文化中的文化，是通过反映、传播各种文化（广义）而创制展现自身的文化，有着特殊的地位与功能，在整个文化系统中具有特殊的影响和作用；它既在所有具体文化样式的外面，观察反映，又渗透进每一种文化样式的肌体，共在互动。

作为一种文化形式以及重要的文化中介者、承载者、传播者，新闻观念通过新闻传播，对一些文化观念有着必然的呈现、塑造、建构作用，同时，又不可避免地对另一些文化观念构成遮蔽、解构、消解作用。正是在这两种基本影响与作用中，新闻观念产生和发挥了它对其他文化观念的能动作用和影响。仅从前一方面看，凯尔纳就曾指出，传媒文化为我们提供了生活价值观、意识形态、身份认同、政治观点以及日常生活方式和休闲娱乐方式等，是新的全球化文化形式[①]，“新闻媒体对于社会主要的日常贡献是它们扮演着文化的行为者，即作为意义、符号与消息的制造者与报信者”[②]。在全球范围内，人们都能看到，世界各国特别是发达国家，其主流新闻传媒不仅是新闻信息的传播者，同时也是相应文化的传播者。以色列学者艾森斯塔特（Shmuel N. Eisenstadt）就说：“在文化领域内，全球化过程与西方尤其是美国整齐划一的、霸权式的——世界很多地方的人们都持这种看法——文化方案或观念的扩张紧密联系在一起，这种扩张尤其借重主流媒体。”[③] 因此，新闻传播主体奉行怎样的新闻观念，就不仅

① 凯尔纳．媒体文化：介于现代与后现代之间的文化研究、认同性与政治［M］．丁宁，译．北京：商务印书馆，2004：9－11.

② 舒德森．新闻的力量［M］．刘艺娉，译．北京：华夏出版社，2011：18.

③ 艾森斯塔特．文化对话抑或现代性文化诠释之间的对话：当代情景下的多元现代性［J］．鲍磊，译．南京大学学报（哲学·人文科学·社会科学），2012（1）：62－69.

仅是关涉新闻自身的面目问题，也必然会关系到其他文化观念的表现与成长问题。“文化是靠传播而分享的，是通过继承、学习、创新、回忆等得以延续的。没有千古固定不变的、绝对封闭的文化，文化只能在交流、借鉴和嫁接中得以发展和延续。”① 传播、分享、交流、借鉴……什么样的文化观念，宣传、张扬、凸显、遮蔽……什么样的文化观念，在现代媒介化社会，毫无疑问与传媒的文化观念、新闻观念有着直接的关系，传媒的新闻眼光投向哪里，对于相关文化观念的传播效应都有着直接的影响，这是明显的经验事实。因而才有人说，“很少有东西比新闻的发明及其每天的更新对现代文化更有典型和启发意义”②。反过来说，“如果我们能够认识到媒体制造的新闻是文化的一种形式，那么我们就将更好地理解新闻媒体”③。

2. 新闻观念与几种主要意识形态观念的关系

一种社会形态是由其经济形态、政治形态与意识形态共同构筑的；而在意识形态内部，包括各种具体的意识形态形式或意识形态观念，在这些观念之间有着各种各样的关系。如果从新闻观念论的视野分析，我们就能看到新闻观念作为一种意识形态形式与其他意识形态观念或形式之间的关系。下面，我们选择几种与新闻观念关系比较密切的意识形态形式，并从它们对新闻观念与新闻观念对它们构成主要作用与影响的侧面，简要分析一下它们之间的大致关系。

（1）新闻观念与哲学观念。

哲学作为系统化、理论化的世界观和方法论，是一个时代、一定社会整体性的观念，“描绘或提供一定的时代所能形成的某种世界图景，

---

① 陈树林．启蒙的文化哲学沉思［J］．哲学动态，2012（1）：18－23．

② 舒德森．新闻的力量［M］．刘艺娉，译．北京：华夏出版社，2011：48．

③ 同②3．

这是与科学的、政治的、经济的、宗教的、艺术的等等领域描绘的图景有关联而又不同的世界图景”[①]。每个时代的哲学，“归根到底是‘思想中所把握到的时代’，是‘自己时代精神的精华’”[②]。哲学观念尽管是一种整体性的观念，但对我们理解把握具体领域图景具有宏观的、方向性的指导意义，影响着社会各个领域观念的宏观走向。我们只有理解了一个时代、一定社会的哲学精神、哲学观念，才能从根本上理解一定时代、一定社会新闻观念的价值取向，或者说才能真正把握新闻观念的内在灵魂。

比如，在中国改革开放 30 多年的历程中，时代精神的灵魂就是：实事求是，解放思想，改革开放，大胆创新，振兴中华。人们可以清晰地看到，在这样一个时代，每一历史阶段都有哲学观念的指导：“20 世纪 70 年代末关于真理标准的讨论和实践标准的确立，冲破了‘两个凡是’的束缚，开创了中国改革开放的新时期；20 世纪 90 年代初关于改革得失成败标准的讨论和生产力标准的确立，摆脱了‘姓社姓资’的思想禁锢，开辟了社会主义条件下市场经济发展的新道路；早在 80 年代初以来就持续开展的关于主体性、异化和人道主义以及价值论等问题的讨论，破除了‘以物为本’的传统发展模式，为‘以人为本’的发展理念的确立和科学发展观的提出奠定了重要的思想基础，推动了中国社会发展方式的根本转变”[③]。实事求是、解放思想的时代观念，构成了贯穿时代文化观念的红线，为所有其他社会领域观念确定了主旋律。在新闻领域，人们始终能够看到的事实是：它总是站在时代的前沿阵地，为时代精神、时代灵魂高呼呐喊，成为宣传、张扬时代观念的先锋；人们不会忘记，关于真理标准问

---

① 郭湛．哲学是什么与做什么？[J]．哲学研究，2011（11）：32－37，129.

② 孙正聿．马克思主义辩证法研究的当代课题［J]．社会科学辑刊，2012（4）：5－10.

③ 侯才．当代中国哲学的境遇、自我理解和任务［J]．哲学动态，2012（11）：7－8.

题的讨论、关于“姓社姓资”问题的讨论等等，新闻界就是时代的排头兵。哲学观念以时代精神之精华的方式，渗透进新闻观念之中，呈现在整个时代的新闻报道之中。

当然，不可否认，任何一个时代的哲学观念不可能是单一的，而是多元的，不同哲学观念之间也总是要展开观念竞争，都期望成为时代精神的主导观念，它们都会争夺新闻领域这个最大的公共平台、公共空间，以展现自身的面目，宣扬自己的精神。人们看到，在改革开放过程中，表现为不同社会思潮的一些主要思想观念，实质上就是不同的社会哲学观念、政治哲学观念，诸如自由主义、新左派、文化保守主义[①]，在新闻媒介乃至各种媒介上都在或明或暗地较劲和竞争，都在以各种方式影响支配新闻传播或其他信息传播的观念。反过来讲，新闻领域以什么样的新闻观念支配自己的新闻报道，无疑对这些不同思想观念、哲学观念的传播、成长有着不可忽视的作用和影响。

从学理角度看，很多哲学观念都是新闻观念相对而言的最终观念根源，其在方法论上的典型表现便是“一般是个别的方法”。我们如果在哲学观念层面上没有关于活动、需要、交往、事实、信息、传播、真实、客观、公正、道德、自由、控制、环境等等的一般性理解，也就无法对新闻活动、新闻需要、新闻交往、新闻事实、新闻信息、新闻传播、新闻真实、新闻客观、新闻正义、新闻道德、新闻自由、新闻控制、新闻环境等等做出一定视角或立场范围内的相对终极性解释。在这一意义上，我们完全可以说，新闻领域的主要观念仅仅是中层理论意义上的观念，它总要依据宏观层面的相关哲学观念对自身做出说明。也就是说，在每一重要的新闻观念背后都深藏着相应的哲学观念，某种特定的新闻观念不过是某种特

① 陈明．国家建构与国族建构：儒家视角的观照与反思［J］．社会科学，2013（1）：140－148.

定哲学观念在新闻领域的体现。新闻观念论一定意义上就是新闻哲学论。当人们无法在哲学观念层次对新闻现象、新闻活动做出解释时，新闻观念对自身的解释就难以达到透彻明了的程度。

（2）新闻观念与道德观念。

作为狭义文化观念中的道德观念，实际是指一定社会中的基本道德哲学观念或社会道德观念。因此，阐释新闻观念与道德观念之间的基本关系，其核心就是讨论新闻（职业）道德观念[①]与一般社会道德观念（公德观念、家庭道德观念、官德观念等）之间的关系。当然，我们应该清楚，新闻观念与社会道德观念之间的关系不限于这一范围。也就是说，社会道德观念影响的不只是新闻道德观念，也会影响新闻领域的其他观念（比如新闻认知观念、新闻方法论观念）；同样，新闻观念影响的也不只是社会道德观念，还会影响其他社会观念（对这些内容我们都已讨论或将在下文继续讨论）。但此处，我们仅以新闻职业道德观念与社会道德观念间的关系为核心展开简要阐释。还需要预先说明的是，广义上，社会道德观念是个观念系统，包括社会公德观念、家庭道德观念、官德观念以及职业道德观念；狭义的社会道德观念仅指社会公共道德观念。在新闻观念论视野中，我们主要关注狭义的社会道德观念，即只重点讨论社会公共道德观念与新闻职业道德观念之间的关系。这两种观念之间的关系，集中表现为以下几点。

首先，社会道德观念对新闻职业道德观念具有客观上的优先性。这主要表现在三个方面：一是在历时性上，社会道德观念先于新闻职业道德观

---

① 新闻道德与新闻职业道德这两个概念可以通用，但我在《新闻道德论》一书中，对它们之间的差别还是做了一定的区分。新闻职业道德专指职业新闻工作者的道德，新闻道德则不限于职业新闻工作者，凡是参与新闻活动的人，都应该讲新闻道德，比如民众或公民新闻传播者若是以新闻的名义传播相关信息时，就应该遵循新闻传播的基本规范。参见杨保军．新闻道德论［M］．北京：中国人民大学出版社，2010。

念，这是明显的历史事实，不需要做什么解释；二是，社会道德观念是新闻职业道德观念重要的根源性观念，这既是由历史根源决定的——社会先于具体职业而存在，也是由社会系统与新闻系统之间的基本关系决定的——职业领域只能存在于社会环境之中；三是，社会道德观念是一定社会系统中最普遍的、最基本的道德观念，具有底线道德观念的意义，这也就意味着，任何其他领域性道德观念的要求，只能比社会道德观念严格，不能比它宽松，除非在特殊条件（例外情况）下规定个别性的“道德特权”①。

社会公共道德，是指一定社会特有的关于社会公众行为正确与否的标准，通常表现为成文的或不成文的道德观念或者道德规范。社会公德包含非常丰富的内容，关涉社会公共生活的各个方面。② 社会公德的重要特点就是面向所有社会公众。也正因为如此，它是一个社会最基本的道德要求，属于底线性的道德观念。这同时意味着，如果一个社会中的公众不能普遍履行社会公德义务，这个社会就将失去基本的道德秩序，陷入道德混乱。在这一意义上，社会道德是所有道德的出发平台。职业道德，一般说来，就是通过将普遍的道德理论与道德原则直接应用到具体的社会实践领域中去，从而形成的与不同的职业之独特的任务相适应的特殊的责任、义务及行为规范。因而，“职业道德除社会道德中共通的要求之外，还包括

---

① 每一种类型的道德都有其自身的特殊性，可以简单形象（但未必准确）地称为“道德特权”。这些“道德特权”表现为只有在一定的职业领域、一定的主体间关系中，一些行为才是允许的，并且被认为是正当的、必要的，是人们能够进行“道德容忍”的。如果没有这样的道德特殊性或者道德特权，也就无须对社会道德做出进一步的分类了。但是，任何“道德特权”都是有限度的，有边界的，一旦超越限度、边界，道德就会成为不道德。“道德特权”本身也应该是社会普遍道德意志授予的或同意的。一些特殊职业的特殊行为（比如警察、军人等的一些侦察行为、“欺骗”行为等），之所以在道德上是可接受的，就是因为这样的行为符合社会共同的道德意志，是一定社会维护公共利益不得已的道德让步。参见杨保军．新闻道德论［M］．北京：中国人民大学出版社，2010：1-56。

② 比如我国《宪法》中写道，国家提倡爱祖国、爱人民、爱劳动、爱科学、爱社会主义的公德，而这“五爱”的内容是极其丰富的。

基于职业专门逻辑的特殊道德要求，因而区别于大众的生活逻辑，具有鲜明的职业特点，有着许多大众道德不能涵盖的内容”①。也就是说，“职业道德总是鲜明地表达了职业行为及其角色行为的道德规范与准则。职业道德及其角色道德不是一般地反映社会道德的要求，而是反映一定的社会共同体、一定的社会行业的特殊利益及其要求，并通过这种对特殊行业利益的要求来与社会或阶级的利益相关联”②。因此也可以说，“职业道德不是在一般社会实践的意义上形成的，而是在特定的职业实践、角色实践的基础上形成的；因而，它往往表现为处于某一职业、某一角色的人们所特有的道德心理和道德习惯”③。

但是，任何职业都是社会系统中的职业，其职业道德观念的产生不可能脱离所在社会环境的公共道德观念，社会道德实际上规定了道德与不道德的最基本的划界标准，以特定职业实践为基础的职业道德观念不能随意僭越公共道德观念。因此，从原则上说，任何冲破一定时代、一定时期社会道德的行为，都会被社会认定为不道德的行为，不管这种行为发生在哪个社会实践领域、社会生活领域。在一般社会道德与职业道德之间，社会道德占有优先的地位，也就是说，职业道德不能与社会道德冲突。任何一种专业目的不仅是专业的，也是社会的，并且最终是为了社会的，为了人们的美好生活，为了人们的快乐幸福，“没有哪个专业能够让自己订立的伦理守则大大践踏社会一般的伦理标准”④。美国的学者这样说道：“新闻道德，即将生活中的道德应用到新闻报道的实践中去。”“没有什么道德仅仅适用于记者，而工人农民等就用不上了？……我相信只有一种道德——

---

① 黄瑚．新闻法规与职业道德教程［M］．上海：复旦大学出版社，2003：217．

② 龚群．社会伦理十讲［M］．北京：中国人民大学出版社，2008：164．

③ 同②．

④ 多戈夫，洛温伯格，哈林顿．社会工作伦理：实务工作指南：第7版［M］．隋玉杰，译．北京：中国人民大学出版社，2005：22．

无论你来自中国、美国、泰国，任何 6 岁的小孩都知道：不要伤害别人，不要偷窃，不要说谎，尊敬他人……”[①] 专业或者职业道德水平只能比一般社会道德要求更高，而不是更低。职业名义下的丑恶行径是不可饶恕的罪恶。职业没有赋予一个人可以背离社会道德的权利。为了公共利益，为了启示别人，为了警告社会，不能成为蔑视社会道德的借口。道德困境中的抉择是可以理解的，但必须有能够让人们理解的理由和根据，而不是行为者自己的解释或者辩解。在社会道德与职业道德之间，本质上是一致的，并没有根本的矛盾。“一定的职业道德是一定的社会道德的构成部分，而职业道德在根本上则是从属于一定的社会道德的。”[②] 对于职业道德来说，“它的应用范围不是普遍的、无边的，而是特定的和受到限制的”[③]。

当然，人们必须注意到，一定时期社会道德观念对新闻职业道德观念的约束限制作用，并不都是必然有益于新闻职业道德提升的，甚至可能不利于相对独立的新闻职业道德观念的形成。[④] 比起其他职业道德领域（比如医疗卫生工作者、教师、律师等），新闻职业道德观念与一定社会现实的道德观念联系更加紧密，更易受到主导社会道德观念的作用和影响，其职业的自主性、独立性要求更容易受到压抑，因此，新闻职业道德观念与社会道德观念也常常处于矛盾博弈的关系之中。对此，我们下文还将论及。

总而言之，社会道德观念是职业道德观念的重要源泉，职业道德观念是社会道德观念的延伸和提升，是职业化、领域化的表现。同时社会道德

---

① 陈力丹．新闻理论十讲［M］．上海：复旦大学出版社，2008：237.

② 龚群．社会伦理十讲［M］．北京：中国人民大学出版社，2008：164.

③ 同②.

④ 比如，改革开放前的中国是一个典型的政治化社会，一切社会道德观念都受到了政治化的影响，在这样的社会道德观念影响（实质上是政治观念主导）下，不可能产生相对独立的新闻职业道德观念。

观念也为职业道德观念划定了“道德范围”；这也就意味着，社会道德观念的更新变化必然会引发新闻职业道德观念的变革更新。

其次，新闻观念，特别是一定新闻观念支配下的新闻传播，对社会道德观念、道德风气、道德行为有着不可低估的作用和影响。在如今这样的媒介化社会中，传媒行为包括新闻行为对社会道德的影响更是明显的事实，新闻传播活动对整个社会道德风貌、道德环境的巨大影响也是不争的事实。有学者说：“媒体具有公民示范和公共引导的重要作用，其对道德问题的放大效应十分值得关注。它歌颂什么，激励什么，倡导什么，从而创造什么样的公民典范，对公民道德的影响至关重要，对公民道德意识和社会公共道德观念的引导十分关键。因此，公共媒体的新闻报道和重大媒体行为应该有一个基本的正义立场和社会责任承诺，而不是简单、低俗的报道或‘戏说’。”[①] 因此，新闻观念与道德观念之间有着紧密的关系。关于一定新闻观念支配下的新闻传播对社会道德状况的实际效应，学者们做过大量的实证研究，但并没有统一的结论。仅从总体的和一般的经验上看，无非以下几种情况。

第一，有些新闻观念支配的新闻行为对社会道德建设产生的作用是正面的，有利于社会道德水平的提高，有利于整个社会道德观念的加强，有益于社会道德环境的净化，有益于社会道德共同体的形成。如果新闻传媒、职业新闻工作者坚持真实、客观、公正的报道理念，以正直、诚实、平等的态度报道新闻，以为社会负责、为公众服务为新闻报道的目标，敢于坚持正义、倡导真善美，勇于揭露黑暗、批评假恶丑，那无疑对良好社会道德观念的形成起到建构促进的作用和影响。第二，有些可能恰好与“第一条”所说的相反。试想，如果新闻传媒把自身的商业利益作为至上

① 万俊人，尚伟．我国社会转型中的道德文化建设问题［J］．新华文摘，2013（7）：34－39.

目标，把隐私、色情、丑闻当作重要的新闻，新闻以通俗特别是庸俗、低俗当作选择内容与方式的重要目标，这样的新闻观念能给社会道德带来什么样的影响？诚如有人所言，“随着对偶像隐私的无度曝光，对偶像丑闻的肆意炒作，对偶像‘色情’的大力聚焦，偶像的道德完满性和美好的声誉被掏空，偶像的精神号召力成为空谈，导致社会道德和价值体系巨大危机，也导致粉丝们的偶像崇拜遭遇前所未有的去精英化、解神秘化和虚无化、无聊化趋势”[①]，“当大众媒介铺天盖地地提供低俗的娱乐偶像新闻以供大众把玩窥视时，也让大众掉入了类似话题的旋涡，隐私、色情、丑闻等信息将组成一种霸权话语，将人们对现实的社会问题、精英文化等的关注热情和批判意识逐渐吞没，也将人们对善、终极价值、道德法则的追求和向往阻隔”[②]。第三，还有一些新闻观念支配下的新闻传播，很难判断它们对社会道德的实际效应到底如何。何况，同样的新闻报道对不同的收受者其道德影响是有差别的；我们只能在一般意义上做出这样一些分类，具体的道德效应只能通过长期的社会观察、实证研究以及人们的实际经验才能得到说明。

再次，在新闻道德观念与社会公共道德观念之间，除了我们上面所说的两大方面之外，它们之间还存在着可以互相转换的关系，以它们为前提的行为之间则可以形成互相监督的关系。社会道德与职业道德之间是可以相互转换的。如上所说，职业道德在原则上不过是一般社会道德的职业化表现，而有些职业道德在一定的社会条件下也会社会化为普遍的道德规范。不同实践领域、生活领域的道德是同质的，并不存在根本属性上的冲突。社会道德向职业道德转换是易于理解的，但职业道德怎么会转换为社

① 尹金凤．现代偶像“祛魅”的道德困境与道德矫正［J］．湖南师范大学社会科学学报，2012（1）：40－43．

② 同①．

会道德呢？特殊向一般的转化，就是因为特殊在自身的发展过程中出现了越来越一般化的事实表现，奠定了向一般转化的客观根基。这很可能是一定职业失去特殊性的过程，是一定职业社会化的过程，即某些职业在技术层面、专业层面逐步失去垄断地位的过程（但也可能是对一定职业的专业水平、职业道德要求越来越高的过程）。在道德层面上说，这也就是一个职业道德普遍化、社会化的过程，即既然一般社会成员能够担当职业工作者的某种角色，在道义上他们也就应该按照职业要求约束自己的相关行为。比如，当新闻传播进入“后新闻业时代”，每个社会成员从原则上都能够向整个社会传播新闻信息，使传播变成了公共化的、大众化的传播，在这种情况下，以新闻规则传播新闻在道义上就是应该的。这也就在一定程度上意味着，在新的传播时代，有些新闻道德规范很有必要转换为整个社会的道德诉求。这一过程，也许就是新闻职业道德进一步社会化和专业化的过程。①

公众用社会道德标准评价传媒行为或新闻传媒通过新闻报道批评那些不道德的社会行为，是常见的现象；这种双向的互相监督，可以说是社会道德观念与新闻职业道德观念之间的一种典型互动方式。新闻监督，监督的重点是社会权力的运行，当然还有社会各个领域、各个层面的不良现象，这无疑会关涉社会道德的方方面面，关涉社会道德在不同社会领域的表现。通过新闻监督（舆论监督），能够使一些不良的道德行为、道德观念暴露在光天化日之下，受到社会舆论的谴责，从而对一定社会宣传、建设良好的公共道德、家庭美德、优良的官德发挥其他力量难以发挥的作用，它与新闻传媒以正面手段树立道德典型、传扬优良

① 杨保军．公共化或社会化：“后新闻业时代”新闻道德的一种走向［J］．编辑学刊，2010（3）：32－36；杨保军．“窄化”或专业化：“后新闻业时代”新闻道德的另一个走向［J］．新闻记者，2010（8）：17－19．

道德观念有着同样的建设社会道德观念的作用。监督新闻，监督的是新闻传媒、职业新闻主体的新闻行为，特别是传媒与主体在职业行为中的道德表现，直接指向的就是新闻道德观念的正确性与合理性问题。尽管新闻传媒主体（包括组织主体和个体）可以自律、传媒间也可以相互监督，但能对新闻传媒主体形成广泛而有效监督的最大力量来自社会公众，人们相信“群众的眼睛是雪亮的”，新闻传媒的大多言行都要通过其传播行为表现在社会公众面前，人们完全有根据、有机会对其言行展开社会道德评价。任何虚假新闻现象、有偿新闻或有偿不闻现象、广告新闻或公关新闻现象等等，都会受到社会公众的批评和谴责，从而促进优良新闻道德观念的建设。

最后，从学理角度看，人们在道德哲学层面持有的道德观念，对人们在新闻领域确立什么样的新闻道德观念有着前提性的影响。在道德哲学范围内，存在着多元性的道德理论（观念）体系，诸如功利主义理论、义务论、美德理论等。如果新闻传媒或职业新闻工作者认同不同的道德哲学观念，那就在一定程度上意味着他们可能坚持与其相应的职业道德观念，并指导或支配相应的新闻行为。但我们只想着重指出，每一种新闻观念、新闻职业道德观念背后都有其相应的道德哲学观念。也就是说，一般的道德哲学观念、社会道德哲学观念对新闻观念、职业新闻道德观念都会产生基础性的建构作用和影响。

（3）新闻观念与文学观念。

在讨论新闻观念与文化观念之间的关系时，人们经常将文学观念与新闻观念作为一对概念加以讨论，重点问题则是新闻真实观念与文学真实观念之间的关系。当然，在新闻观念论的视野中，新闻观念与文学观念之间的关系并不限于真实问题，但其他问题主要是围绕真实观念展开的，因而，我们也将主要以真实观念为核心，对两种观念间的关系加以简要阐释。

首先，新闻观念与文学观念中的真实性是有差异的。[①] 新闻真实与文学真实尽管都是与客观对象相符合的真实，但它们必定是两类不同样式的真实。新闻真实是“实有其事”的真实，属于事实性真实，因而新闻从原则上排除对反映对象的一切虚构和想象。文学艺术的真实，也是与客观对象相符合的真实，在真实性上，与其他真实性，包括与新闻真实性是相同的，艺术的真实就是“表现的事物与被表现的事物一致”[②]。但这种真实性不像新闻真实性那样，必须与具体的事实对象严格符合，而是一种文学艺术视野中的真实，它不仅仅以文学方式认知事实世界，记述、再现事实世界，它还以非认知的方式表现或展示人类的生活世界、梦想世界。文学艺术所反映的对象只是在现实中具有一定的原型，但它并不以与现实的、具体的原型高度符合为目标，因而它的真实不是与某个具体对象相符合的真实。它的高妙在于以艺术的手法，超越原型的直接面目，反映自然、反映生命、反映生活，是虚构、想象与现实的一种融合，“文学文本是虚构与现实的混合物，它是既定事物与想象事物之间相互纠缠、彼此渗透的结果”[③]。可以说，没有想象，就没有文学艺术。想象的实质就是对以往存储在头脑中的各种表象进行重构，以创造和形成新的表象。[④] “想象是艺术中极其重要的心理活动，也可以说想象是艺术创作和欣赏中的最重要的

---

① 关于新闻真实与其他各种真实（比如文学真实、历史真实、科学真实等）的关系，可参见杨保军．新闻真实论［M］．北京：中国人民大学出版社，2006：1-42。事实上，我们这里关于新闻真实观念与文学真实观念之间关系的阐释也是在该书基础上的进一步提炼与升华。

② 艾布拉姆斯．镜与灯：浪漫主义文论及批评传统［M］．郦稚牛，张照进，童庆生，译．北京：北京大学出版社，1989：425.

③ 伊瑟尔．虚构与想象：文学人类学疆界［M］．陈定家，汪正龙，等译．长春：吉林人民出版社，2003：14.

④ 人们通常把想象分为两种基本方式：一种是根据对客体的描述或象征性描绘，构造曾经感知过的客体表象。这被称作再现性想象或复现性想象。另一种则是构造未曾感知过的客体的表象，即创造尚未存在的客体的表象，这被称为创造性想象。参见孙正聿．超越意识［M］．长春：吉林教育出版社，2001：28。

方法。”[①] 而文学的特殊之处正在于，“它是虚构与想象两者水乳交融的产物，文学作为媒介的多变性也正是虚构与想象造成的”[②]。文学，特别是优秀的现实主义文学作品，往往能够比较真切地反映社会实际面貌，具有某种类似新闻报道、历史记述而又比它们深刻得多、意蕴丰富得多的价值。文学艺术的想象不是纯粹的“虚幻的想象”，而是通过“真实的想象”去实现“想象的真实”。[③] 新闻真实针对的对象本质上是直接实存的，而文学艺术真实针对的直接对象本质上是想象的、虚构的，它与实存的事物之间是一种间接的关系，这也许就是新闻真实与文学艺术真实的最根本区别。

其次，新闻的文学化虚构观念，其实一直都在影响着新闻的事实真实观念。早在19世纪商业化报纸起步阶段，一些新闻写作与文学写作就混淆交融在一起；到了20世纪60年代，在美国甚至出现了一种“新新闻主义”，其首倡者托马斯·沃尔夫认为，传统的真实报道新闻事实的原则是墨守成规、原始主义，应该用写小说的方法报道新闻，可以虚构，主观想象的东西才是真实的，用艺术手法创造出来的新闻才是高于真实的作品。这种主张受到了美国严肃的新闻工作者的反对，但“新新闻主义”思潮对西方新闻学仍有一定影响。在中国，人们不会忘记，20世纪50年代，曾有人认为新闻写作可以“合理想象”，可以把客观世界

---

① 郭继海．真理符合论的困难及其解决［M］．北京：中国社会科学出版社，2003：186．其实，在新闻的收受中，特别是对以文字、声音为载体的新闻收受中，也要凭借收受者对新闻事实的想象来完成。关于想象，我国已故著名美学家、翻译家朱光潜先生有着十分精要的论述。他把想象分为分想和联想：分想，“就是把某意象和与它相关的意象分裂开，把它单独提出”；联想，“就是由甲意象而联想到乙意象”。参见朱光潜．朱光潜美学文集：第1卷［M］．上海：上海文艺出版社，1982：193－194。

② 伊瑟尔．虚构与想象：文学人类学疆界［M］．陈定家，汪正龙，等译．长春：吉林人民出版社，2003：6．

③ 马克思说：“它（指人的意识。——引者）不用想象某种现实的东西就能现实地想象某种东西。”参见马克思恩格斯选集：第1卷［M］．3版．北京：人民出版社，2012：162。这足以说明人的意识的超越性和创造性，文学艺术正是依赖于人的意识的这种超越性和创造性才成为可能的。

中没有发生过的东西“合情合理”地加到事实上去；如果不考虑其他原因，这种“合理想象”的所谓新闻写作观念，其实是文学写作观念对新闻写作观念转弯抹角的影响。20 世纪 80 年代，一些人把报告文学当作一种新闻写作的新形式，同样是混淆了新闻真实观念与文学真实观念之间的区别。进入 20 世纪 90 年代，有人把新闻写作说成是讲故事，这在观念上其实是有问题的。故事原则上是文学的，童话、小说、民间流传的口头文学等都属于故事的范围，“新闻与它们之间的最大的不同之处在于，新闻报道是真实的”[①]，而故事是可以虚构的。新闻写作可以运用讲故事的手法，正像新闻写作也可以用散文式的手法一样（但新闻绝对不是散文），这是一种叙事方式上的相似，新闻本质上是事实信息，既不能进行故事化的虚构，也不能包含散文化的抒情。新闻真实，更多的是在科学精神支配下的真实；文学真实，更多的是在审美态度支配下的真实。新闻真实与文学艺术真实实现的方法既有相似之处，亦有差别和不同。新闻要实现真实，主要依赖采访手段（现场观察、考察、寻找各种资料、证据，进行各种形式的访谈等）来获取关于新闻对象——新闻事实——本身的具体信息；文学艺术真实的实现也需要这种类似新闻采访的方法（所谓采风、体验生活之类），但它更需要在此基础上虚构、想象，凭借非理性的认知方法，诸如直觉、顿悟、灵感等来构造文学艺术形象。

再次，如果以文学真实观念支配下的文学文本为参照，人们可以发现，新闻真实观念支配下的文本结构方式有着鲜明的个性特点[②]，与文学文本有着很大的不同，可以说从文本结构角度明示了新闻观念与文学观念

---

① 施瓦茨．如何成为顶级记者：美联社新闻报道手册［M］．曹俊，王蕊，译．北京：中央编译出版社，2003：20.

② 关于新闻文本个性特征的详细分析，可参见杨保军．新闻文本的个性特征［J］．当代传播，2004（2）：10－11。

的差异。第一，与文学文本相比，新闻文本结构简单。文本结构的核心问题是怎么说，而非说什么，但怎么说的形式与说什么往往是密切相关的，内容对形式总会有一定的约束。文学内容要求以文学的形式塑造，新闻内容则要求以新闻的形式再现。如果超越文本规范的这种基本限制，文学和新闻都将失去独立存在的意义。新闻文本结构的简单性主要表现为：新闻文本的结构形式类型相对单一，不像文学文本的具体结构形式可以千变万化。新闻文本的倒金字塔结构形式仍然占据着核心地位，即使在“后新闻业时代”开启之后，新潮的网络新闻写作方式并没有摧毁倒金字塔的基本结构方式，尤其是在消息写作方面。新闻文本的结构要素（主要是5W和1H）稳定明确，内在要求上缺一不可，它们支撑起新闻文本相对稳定的模式。新闻文本的叙事结构也是比较简单的，大多数新闻文本的主体内容采用与新闻事实客观结构（时空结构、因果逻辑等）相一致的方式展开。但文学文本常常会有意超越生活世界、事实世界的客观结构和逻辑，它“将日常生活中的东西强化、凝聚、扭曲、缩短、拉长、颠倒”[①]，文学文本的结构往往“离奇古怪”，出神入化，有时让人感到绝妙，有时令人迷惑，与新闻文本结构上的简单性形成鲜明的对比。第二，新闻文本语境“低度”。语境是由文本结构、文本编码方式所营造的理解文本内容的氛围。低语境（low context）是相对高语境（high context）而言的。在高语境传播中，绝大部分信息或存于物质语境中，或内化在个人身上，极少存在于编码清晰的被传递的信息中；但在低语境传播中，大量的信息被置于清晰的编码中。[②] 新闻的目的在于为人们传播明确的事实信息，因而要求信息要置于明晰的编码之中，文本的意义不能过于依赖语境，依赖言外

① 陈力丹．舆论学：舆论导向研究［M］．北京：中国广播电视出版社，1999：154.

② 莫滕森．跨文化传播学：东方的视角［M］．关世杰，胡兴，译．北京：中国社会科学出版社，1999：36.

之意或字里行间的表达，以避免理解的多义和歧义，因此新闻文本是一种低语境的文本。但对于文学文本来说，它的“一些内容被有意地‘悬置’或‘隐去’，为阅听者留下‘空白’和‘不确定性’，是一种‘开放’的文本，‘高语境’的文本，它的‘含义’更多地依赖于上下文所构建的语境，而不在于直接的编码”[①]。第三，新闻文本语义相对封闭。新闻文本在意义解释上基本属于封闭性系统。新闻文本是由一系列明确的事实判断语句构成的，从原则上排除意见和情感的主观表达，对开放性的理解形成了语义上的限制。文学文本从本质上说是开放性的文本，“文学作品是一种虚构性的文本，是与现实世界不同的想象性作品，正是这种虚构性和想象性为阅读和接受提供了一种开放性的结构”[②]。因此，“一个文学文本的‘意义’可以说是由该文本所处的语境决定的，读者将文本置于不同的阐释语境，文本的‘意义’也就随之变化”[③]。对新闻文本来说，它的天职是提供完整的、真实的事实信息。它不给收受者在事实信息上留下“合理想象”或“弥补空白”的余地，在事实信息方面，传播者要力求构建一个封闭的系统，并且事实信息的正确性是唯一的，不允许收受者作自由的理解和想象。当然，这不等于说传播者可以控制收受者的理解和想象。因此，一切有扰于新闻事实信息明晰、准确陈述的其他信息，都是新闻文本本质上要求剔除的“噪声”，“任何形式的新闻传播都对这一部分（事实信息。——引者）尽可能地保真”[④]。第四，新闻文本语言具有明确性。新闻语言的突出特征是准确，在语言表达上，新闻描写要“准确、准确、再准确”，“人们希望写新闻的人写得清楚准确；至于他

① 杨保军．新闻事实论［M］．北京：新华出版社，2001：119.

② 李建盛．理解事件与文本意义：文学诠释学［M］．上海：上海译文出版社，2002：134.

③ 盛宁．人文困惑与反思：西方后现代主义思潮批判［M］．北京：生活·读书·新知三联书店，1997：100-101.

④ 刘晓红，卜卫．大众传播心理研究［M］．北京：中国广播电视出版社，2001：5.

们采取什么形式，是写或讲，是次要的要求”[①]。构成新闻文本的语言本质上是传真性的、写真性的、再现性的、记录性的。新闻报道语言有自身的诸多特点[②]，但最基本的要求是用简短、明晰、准确的陈述句叙说事实，这样，“可以减少传播时语言的阻滞”[③]。新闻文本的本质在于为收受主体提供明白清晰的事实信息，因而要尽量避免因文本语言不明确导致的误解或曲解。

（4）新闻观念与其他几种观念关系简说。

除了新闻观念与哲学观念、道德观念、文学观念之间的关系外，近些年来，学术界也对新闻观念与历史观念、法律观念、信息观念，还有科学观念（广义精神文化观念包括科学观念，不只是人文观念）等等之间的关系有所研究和探讨。这里，我们就新闻观念与历史观念、信息观念关系简要阐释一下。限于篇幅，我们对新闻观念与法律观念、科学观念之间的具体关系不再一一专门展开讨论了。[④]

在与历史观念的关系中，人们特别强调历史真实与新闻真实的相似性[⑤]，特别强调历史精神与新闻精神的内在统一性，认为今天的新闻就是明天的历史，认为新闻不仅能够记录历史，也会创造历史。

---

① 施拉姆，波特．传播学概论［M］．陈亮，周立方，李启，译．北京：新华出版社，1984：51.

② 有人将新闻语言的特点概括为具体性、通俗性、简洁性和时代性，参见郑兴东．报纸编辑［M］．武汉：武汉大学出版社，2000：124。

③ 汤书昆．表意学原理［M］．北京：中国科学技术大学出版社，1992：110.

④ 人们关于新闻观念与法律观念、科学观念关系的讨论，也主要集中在真实观念的比较上。法律真实注重的核心是证据，任何没有证据的事实在法律观念中是不能认定为事实的；但新闻报道中有些事实在没有得到证据证明前也是可以报道的，只要遵循新闻传播的基本原则即可。科学真实，一是强调科学是从经验事实出发的研究，二是强调任何科学认知结果的真理性（真实性），最终要以事实检验为标准，得不到事实检验的科学认识只能是假设；新闻真实观念的内在精神与科学真实精神是一致的，是以求实、求真为基本目的的。

⑤ 我们对新闻真实与历史真实的比较，是在相当狭小范围内的比较，是在事实层面的比较，是对新闻报道的真实性与历史研究中历史事实的真实性的比较，不是新闻学本身的真理性与历史学本身的真理性之间的全面比较，即不是两个学科之间的完全比较。作为学科，新闻学和历史学都要探究它们各自对象的特征及其运动规律。

在真实观念上，新闻真实与历史真实都是事实性真实，但新闻真实属于新闻认识的范畴，历史真实则属于历史认识的范畴。新闻真实讲的是新闻与新闻事实的符合，历史则以历史事实为准则来判断真假。法国史学家莫诺（Gabriel Monod）曾不无慷慨激昂地说："要事实、事实、事实"，"要真相，全部的真相，除了真相其他一概不要"[①]。在事实真实性上，新闻真实与历史真实的主要区别在于，它们针对的事实对象有所不同。新闻真实指向的对象主要是新近、正在发生（发现）的具有新闻价值的事实，而历史真实指向的对象主要是相对久远的、曾在的具有历史研究价值的事实；新闻真实追求的是"现实态"[②] 事实的真实，历史真实追求的是"历史态"事实的真实。

在社会角色观念上，记者与史家的关系本质上是极为接近的，因而，新闻精神与史学精神有着高度的统一性。中国著名新闻学者甘惜分先生说："事实，已经发生的事实，是新闻学的出发点，也是历史的出发点。"[③] 法国学者贝尔纳·瓦耶纳在他的《当代新闻学》中写道："有人说记者是当代的历史学家。如果一个人能写下一切不断变化的事件的历史，这句话是很正确的。至少新闻和研究历史共用一种材料，因为现在发生的事件马上就会进入历史档案，让位于更新的事件。"[④] 英国著名报人约翰·德莱恩（John Delane）说："新闻记者的职责与史家相同，就是不顾一切地寻找事实真相，所以他所贡献给读者的，不是政策、国策之类，而只是尽他们力量所能得到的事实真相。"[⑤] 可见，"新闻实际上是关于现实的历史。它

---

① 阿普尔比，亨特，雅各布．历史的真相［M］．刘北成，薛绚，译．北京：中央编译出版社，1999：60.

② 我曾对"现实态"的含义，从"现时""现在""现识"等角度进行了解释，有兴趣的读者可参见杨保军．新闻事实论［M］．北京：新华出版社，2001：13－15。

③ 甘惜分．新闻论争三十年［M］．北京：新华出版社，1988：296.

④ 瓦耶纳．当代新闻学［M］．丁雪英，连燕堂，译．北京：新华出版社，1986：25.

⑤ 童兵．比较新闻传播学［M］．北京：中国人民大学出版社，2002：86.

是及时写就的历史”[①]。一言以蔽之，发现真相，向社会告知事实真相，是新闻工作者和历史学家的共同责任。因而，完全可以说：“真实的新闻留给后代的是真实的记载，不真实的新闻留下的将是一部歪曲的历史。”[②]

在新闻观念与信息观念的关系中，人们特别关注新闻信息与一般信息的关系，主要集中在两个问题上。

一是，在学理范围内，一直关注信息论对整个新闻传播学的影响。在新闻学范围内，就当前形成的基本观念来看，已经达成了这样的基本共识：信息是事物的信息，或者说事物总是通过一定的信息表征自身的存在与属性。因而，在一般的本源论意义上，“信息不能是某种超越物质的东西，它归根结底还是一种物质的属性”[③]；而在新闻观念论视野中，“客观存在的新闻事实是新闻信息所依附并赖以生发出的物质原体”[④]，“任何信息总是产生、传达在事实之后……从本质上说，（信息）是附丽于事实的，离开了事实，信息就失去了意义”[⑤]。正是基于这样的信息观念，学术界形成了关于“新闻”的信息论定义，比如，新闻就是“经报道（或传播）的新近事实信息”，新闻就是“及时公开传播的新近事实的信息”，新闻就是“被及时、公开传播的新近发生的重要的事实信息”[⑥]。而且，在我们看来，信息论定义是从新闻本位出发关于新闻本质比较准确科学的认知，而其他关于新闻的界定，诸如报道说、事实说、手段说[⑦]，还有权力说[⑧]

---

① 门彻．新闻报道与写作：第9版［M］．展江，主译．北京：华夏出版社，2003：76.

② 蒋亚平，官健文，林荣强．新闻失实论：上册［M］．北京：中国新闻出版社，1986：15.

③ 苗东升．系统科学辩证法［M］．济南：山东教育出版社，1998：64.

④ 李元授．新闻信息概论［M］．武汉：武汉大学出版社，1994：25.

⑤ 张国良．传播学原理［M］．上海：复旦大学出版社，1995：85.

⑥ 关于这些定义的具体阐释，可参见郑旷．当代新闻学［M］．北京：长征出版社，1987；黄旦．新闻传播学［M］．杭州：杭州大学出版社，1997；项德生，郑保卫．新闻学概论［M］．武汉：武汉大学出版社，2000。

⑦ 杨保军．新闻理论教程［M］．2版．北京：中国人民大学出版社，2010：71－85.

⑧ 权力说运用福柯的权力理论，认为新闻是各种社会权力（政治权力、经济权力等）互动博弈的产物。但这只是揭示了新闻生产过程中的部分实质，并没有揭示新闻本身的属性到底是什么。

等，都在某种意义上偏离了新闻自身的本性，并没有从新闻本身出发去定义新闻，而是在一定传播环境中对新闻某种属性的揭示。因而，信息论意义上的新闻定义，可以说是信息观念对新闻观念最为根本性的影响，它促成了学术界普遍认可的“新闻”观念。

二是，在“后新闻业时代”开启后，由于整个新闻传播生态的变化，特别是民众新闻或公民新闻传播的普遍形成，新闻信息与一般信息之间的界限越来越模糊，新闻传播与一般资讯传播之间的界限越来越不清楚。在这样的背景下，如何界分一般信息与新闻信息便成为新闻观念研究中的一个基本问题。在我们看来，新闻信息与一般信息就像新闻事实与一般事实之间的关系一样，即使在新的传播环境下，它们的基本关系并没有实质性的变化，其核心仍然是新闻价值要素学说所描述的，即具有时新性、重要性、显著性、接近性、兴趣性的事实或具有相关性、有用性、趣味性的事实才是典型的新闻事实或新闻信息①，而其他信息相对来说都属于一般性事实或一般性信息。

但是，在新的传播环境中，人们关于新闻信息与一般信息间关系的观念确实出现了一些新的变化。典型的有这样几点：第一，新闻信息的扁平化趋势越来越强，即新闻信息与一般信息的重合度越来越高，重合范围越来越大。也就是说，典型性新闻信息与非新闻信息的范围在缩小，而非典型性新闻信息的范围在不断扩大。② 第二，新闻信息的相对性越来越强，这是由全球化、地区化新闻传播以及由大众化、小众化（分众化的结果）、

① 参见杨保军．新闻理论教程［M］．2版．北京：中国人民大学出版社，2010：86－108。亦可参见 The Missouri Group. News reporting and writing ［M］. 8th ed. Boston，New York：Bedford/St. Martin's，2005：Chapter 1 “The Nature of News”。

② 所谓典型性新闻事实或新闻信息，是指那些具有比较明确的新闻价值要素或属性特征的事实或信息；所谓非典型性新闻事实或新闻信息，是指那些新闻价值要素或属性特征不是十分突出的事实或信息；所谓非新闻事实或非新闻信息，是指那些不具备新闻价值要素或属性特征的事实或信息。

个性化传播与收受导致的必然结果，使得信息在不同传收环境中显现出不同的新闻价值，从而使一般信息与新闻信息之间具有了越来越强的时空相对性，但这显然不是新闻信息个性的消失，而是相对性凸显的结果，即一般信息与新闻信息在特定条件下其区别仍然是清楚的。第三，一般信息更容易转化为新闻信息，这一特点与新的媒介生态和传收互动环境有着十分密切的关系。可以说，在今天的传播技术与环境下，人们更容易把一般信息塑造成新闻信息。这种现象的普遍性，使得人们越来越觉得新闻信息与一般信息之间没有了区别。如此等等新的特点，也向人们提出了一个严肃的问题：到底什么样的信息才是新闻信息，即一般信息观念与新闻信息观念之间到底应该是一种什么样的关系。这是一个只能以历史眼光做出历史性回答的问题，不存在一个一劳永逸的绝对答案。我们既不能用今天的新闻信息标准衡量昨天信息的新闻价值高低，也不能用今天的标准衡量明天信息的新闻价值大小。

（四）新闻观念与技术观念

在新闻观念与技术观念之间，如何认知和评价技术特别是传播技术在人类新闻活动中的地位与作用，构成了新闻观念论视野中技术观念的核心内容。在新闻观念与技术观念之间最根本的关系是：技术观念是自变量，新闻观念是因变量。技术是新闻观念变化与更新的核心动力之一。下文我们从技术决定论、技术民主论、技术自由论、技术平等论、技术忧患论等几种典型技术观念出发，进一步讨论新闻观念与技术观念之间的关系，而我们侧重的是技术、技术观念对新闻传播实践活动及新闻观念的作用和影响。

1. 技术决定论与新闻观念

在新闻观念论视野中，传播技术激发的一个基本观念是，新闻观念以及新闻传播实践的每一次革命性变革在根本上都是由技术决定的，其他因素都是次要因素，这就是技术决定论的通常含义。

当人类进入现代社会时，工业文明逐步勃兴，对科学理性与技术的崇拜也逐渐成为相当普遍的现象。人类似乎相信没有科学认知不了的问题，没有技术解决不了的问题。技术是人类发展的根本动力，科学技术是第一生产力。这样的技术理念在 20 世纪的传媒领域表现得尤为突出，形成了传播技术决定论的基本观念。技术决定论[①]认为，正是技术这个核心因素，特别是传播技术，决定着新闻传播的整体性历史进程和历史图景。有学者指出，技术决定论者“把媒介作为社会发展和社会形态变化的决定因素来看待，认为每产生一种新的媒介，人类感知和认知世界的方式就得到拓展和改变，人类的感觉因而改变，引起人与人之间的关系变化，创造出新的社会行为类型”[②]。麦克卢汉“媒介即信息”是此类经典观念。

每当一种新技术出现时，特别是那些可以以规模化方式进入社会领域（日常的社会生活和社会工作领域）的技术出现时，人们几乎总是以为它会改变整个世界、整个时代，甚至终结以往的历史，改变历史发展的进程；艾森斯坦（Elizabeth Eisenstein）认为，“每一种技术革命最终都会导致个人和社会公共机构的大范围改造”[③]。比如，当年电报、广播、电视出现时，人们就曾展开像今天对待网络一样的想象，但回过头来看，它们不过是改变历史发展、改变生活、改变工作方式、改变社会观念等等的一种力量、一种要素，并不是所有因素，也不是决定所有其他因素的那个因

① 技术决定论是 20 世纪 70 年代以前关于技术发展理论中最具影响力的一种观念，其核心思想之一是认为技术变迁导致社会变迁。代表人物怀特认为，人类生存环境包括技术系统、社会系统和观念系统三个层次。技术系统是基本的和首要的，社会系统是技术的功能，而哲学则在表达技术力量的同时反映社会系统。参见谢新洲．网络政治：理论与现实［J］．新闻与写作，2013（2）：40－43。

② 陈嬿如．心传：传播学理论的新探索［M］．厦门：厦门大学出版社，2010：78.

③ 哈林，曼奇尼．比较媒介体制：媒介与政治的三种模式［M］．陈娟，展江，等译．北京：中国人民大学出版社，2012：257.

素。因此，我们一旦将技术神话化，就会进入技术的“迷思”（myth）状态，进入乌托邦般的幻想。技术决定论者自然是技术乐观主义者，以为先前技术产生的问题（负面效应）后续的技术总能解决；就传播领域来说，技术乐观主义者充满了对传播技术的浪漫想象，以为只要有了网络技术，民主就自然实现了，平等就自然来临了，公开就自然而然了。然而，我们只要稍做冷静思考，立即就会发现，仅仅依赖一个技术因素，这一切都是不可能的。技术创造了新的空间，不管是实在的还是虚拟的，都只是另一个社会空间；在这样的空间能够发生什么，人们能够做什么，不是技术本身单独说了算的。技术，不管是什么样的技术，它本身是社会化的产物，一定意义上说是社会建构的结果，是人的产物，掌握在人的手里。因此，从根本上说，技术到底能够发挥怎样的作用和影响，是由人决定的，不是由技术决定的，技术并不能单一决定人与人之间的现实关系。

当一项传播技术普遍地、平淡无奇地嵌入社会领域中，成为社会整体结构中的基本要素时，它的巨大能量才真正开始广泛地发挥作用，诚如莫斯可（Vincent Mosco）所说：“只有当诸多电话和电脑这样的技术不再是神话般的崇高偶像，而是迈入平淡无奇的寻常世界，即当它们不再扮演着乌托邦想象之源的角色之时，它们才会成为社会和经济变迁的动力。”[①] 确实，一项技术总有一个从光芒四射到平淡无奇的演变过程，这本身就是我们应该确立的一种技术观念。一项技术可以在一定程度上甚至彻底改变我们的生活、工作、娱乐方式，可以改变我们的成见、思维和观念；但是，它并不能单独地做到这些。我们的新闻观念或者其他什么观念，并不是仅仅因为某一项技术的发明和运用而改变的。更进一步，我们应该明

---

① 莫斯可．数字化崇拜：迷思、权力与赛博空间［M］．黄典林，译．北京：北京大学出版社，2010：5-6.

白，技术可以改变政治观念、经济观念、各种社会意识形态观念，但我们不要忘记，这些观念也在改变和建构技术观念，"我们必须认识到，电脑传播同时构成了技术和政治、迷思和文化实践两个方面，反过来这两个方面又都构造了电脑传播本身。更明确地说，赛博空间是由文化与政治经济、彼此关联的迷思和社会制度现实相互构造而成的"[①]。

技术决定论观念，往往夸大了传播技术对新闻传播的独立作用。其实，尽管我们可以断定在大的历史尺度上，科学技术作为社会生产力的内在力量是不可阻挡的；但在现实社会中，传播技术在一定历史条件下、一定社会环境中的作用是有限的，传播技术能够产生什么样的作用、怎样发挥作用，常常首先是由相关政治制度、管理制度、经济结构运行方式等等决定的，"认为传播技术可以独立于管理制度和市场结构是不明智的——正是后者统辖着对生产资源和分配资源的享用和控制。比如，虽然急剧增加不同的节目频道在技术上是行得通的，但是在经济上或政治上就不一定行得通"[②]。事实上，人类的历史发展已经告诉我们，历史、社会不是由某些人决定的，也不是由人创造的某些事物决定的，而是由历史系统、社会系统中的所有因素共同决定的，尽管不同的人、不同的事物有着不同的作用和影响，但将历史和社会的演变发展原因归结为某种单一事物是绝对错误的。即使对一个社会领域来说，事实与道理同样都是如此。

一代又一代的技术决定论者，也大都是历史健忘症患者，诚如莫斯可所言："关于技术的确存在着一种引人注目的、几乎是有意的历史健忘症，尤其与传播和信息技术相关的时候更是如此。"[③] 技术决定论者面对每一

① 莫斯可．数字化崇拜：迷思、权力与赛博空间［M］．黄典林，译．北京：北京大学出版社，2010：10.

② 库兰，古尔维奇．大众媒介与社会［M］．杨击，译．北京：华夏出版社，2006：49.

③ 同①109.

次技术中具有历史意义的发明、创造或进步，都会做出无限的迷思般的遐想；每遇此种情形，他们都会做出新技术将终结旧历史、开辟新历史的想当然的判断。这样的技术观念对新闻观念影响尤甚。新闻界往往会做出最先的反应，一次又一次宣称传统技术支持的传统媒介将消亡，但事实总不如技术决定论者所愿。传统技术支持下的传统媒介总是以新的姿态与方式继续存在，继续发挥它们独特的作用。融合媒介是可能的，但并不能代替单一媒介的特征，就像一个团结一体的群体是可能的，但并不能代替单一个体的个性一样。一种媒介可能会消亡，但决定它消亡与否的因素不只是技术，而是多种可能的因素。莫斯可指出："只有我们认识到赛博空间是由创造意义的文化和赋予其力量的政治经济所共同组成的，我们才能完全理解为什么人们一次又一次地遇到并且相信一种真正的现实的终结。"①这大概是恰当的媒介观念、新闻观念。

需要注意的是，我们批评技术决定论，但并不否认技术越来越重要的作用。人们都能看到，技术在人类社会生活的整体领域中功用越来越大，影响越来越广，这是不可否认的普遍事实。李泽厚先生这样说："21 世纪的科技工艺-生产力，我以为，将把整个人类，从生活而特别是心理，提到一个更为崭新的水平。不能以科技所带来的负面作用和危险因素来否认这一基本事实和前景展望。"② 技术决定论这样的技术观念，有可能把人类社会发展过程的动力系统简单化，把人类新闻活动演变的动力机制、因素简单化；但从根源意义上看，技术的作用与影响是不可低估的，因为人不同于动物的根本所在，最为重要的一面就表现在人是能够使用和制造工

---

① 莫斯可．数字化崇拜：迷思、权力与赛博空间［M］．黄典林，译．北京：北京大学出版社，2010：110.

② 李泽厚．哲学纲要［M］．北京：北京大学出版社，2011：236.

具（技术表现）的动物，社会发展往往就表现为人类器官的延伸的发展，而在传播领域、新闻传播领域就更是如此了，媒介不仅是身体的延伸，也是人类神经系统的延伸。因此，人们在反思技术决定论的片面性时，不能走向否定技术作用的另一极端。

2. 技术自由论、民主论、平等论与新闻观念

首先，我们来看技术自由观念与新闻观念的基本关系。以网络技术、数字技术、卫星技术、大数据（big data）[①] 整合运用技术等组成的技术丛、技术束或技术簇，开启了“后新闻业时代”，塑造了前所未有的“民众新闻”景象，形成了新闻媒介的新生态、新闻传播的新结构、新闻图景的新局面。在新闻传播视野中，由这样的技术丛或技术束带来的变化是全方位的、立体化的，也是革命性的，但内在的、根本性的、灵魂性的或旗帜性的变化，在我们看来，就是新闻自由的全面扩展和提升，特别表现在传统新闻自由所包括的新闻传播自由（主要包括传播信息、表达意见的自由）和新闻收受自由的新变化——传收自由度得到了前所未有的提高；特别体现在新闻自由的新表现——传播自由与收受自由结构的互动自由（包括信息互动与意见互动），这种可称之为“新闻互动自由”的自由，是传统时代不充分的或严重缺乏的，它可以说是新闻自由在新技术时代的典型标志，也可以说是新闻观念系统最为重要的新扩展。在传统新闻业时代，由于传收主体间互动的机制效率有限，导致传播自由与收受自由间的某种分离，但在“后新闻业时代”开启之后，传收自由之间的互动得到了强

① 一般意义上，大数据是指无法在可容许的时间内用传统IT技术和软硬件工具对其进行感知、获取、管理处理和服务的数据集合。大数据的特点可以总结为4个V，即体量浩大（volume）、模态繁多（variety）、生成快速（velocity）、价值巨大但密度很低（value）。大数据隐含着巨大的社会、经济、科研价值，已经引起了各行各业的高度重视。参见李国杰，程学旗．大数据研究：未来科技及经济社会发展的重大战略领域：大数据的研究现状与科学思考［J］．中国科学院院刊，2012（6）：647－657。

化，从而使传收自由具有了更为真实的意义，使新闻自由有了更高的价值。

新的传播技术使新闻传媒组织、职业新闻人与传统时代相比，获得了更广更大的新闻传播自由，也使普通人成为可以面向社会大众的传播者，同样使任何组织、群体成为可以面向社会传播的群体主体。这样一个新时代，确实如互联网趋势研究者谢尔·以色列（Shel Israel）在其著作《微博力》中所言："我们正处在一个转换的时代——一个全新的交流时代正在代替老朽的、运转不灵的传播时代。"① 在新闻业时代，传播的主导模式是单向的。在互联网发展初期，传收的主导模式进入简单互动结构，而在 Web2.0 时代开启之后，互联网传收进入了高级互动的结构模式。如今，移动中的传收互动、传收共动已经成为常态模式。如此自由自主的传收景象，是人们在传统技术时代、传统媒体时代无法想象的。因而，完全可以说，新的传收技术进一步解放了人类的信息天地，人类越来越成为信息领域中的自由活动者。可见，技术自由与新闻自由在客观上具有总体的一致性，技术自由观念与新闻自由观念更是具有高度的统一性。事实上，人们看到，新闻传播也在不遗余力地宣传这样的观念，这也可以看作新闻观念（以新闻传播为中介）对技术自由观念的塑造与建构。这对整个社会形成普遍的技术乐观观念、技术进步有益新闻传播的观念无疑有着巨大的作用和影响。

很多人对网络空间中的新闻自由、言论自由的想象已经达到了无法想象的程度，近乎乌托邦景象；对此，我们需要警醒，当自由变得已经无法想象时，也就不那么自由了，不那么美好了。因为很多人已经真的不知道什么是真实的自由了，他们在互联网上的言论不再是自由有度的表现，而

① 喻国明．传媒业：方向比速度更重要［J］．新闻与写作，2011（12）：1.

是无所顾忌的疯狂或撒野。因而，就当前来看，虽然传播技术为人类开辟了新的自由时空，使人类有可能进入一个新的新闻自由时代（当然不限于新闻自由），但各种社会主体成为可能的社会化、大众化或公共化传播者并不意味着在现实性上所有主体就是这样的传播者；而且，即使总有一天可以成为这样的传播者，也并不意味着真的可以实现完美的新闻自由了。就像上文所说，新闻领域作为社会整体系统中的存在，不可能由某个单一因素决定，新闻自由从观念到实际都不可能由单一的传播技术或技术观念决定，而是取决于社会整体系统的运行。

其次，我们来分析技术民主观念与新闻观念的基本关系。技术民主论的基本观念是：技术特别是最近几十年突飞猛进的网络技术，不仅开辟了一个新的完全不同于传统媒介时代的新闻民主时代，使得传统的职业新闻垄断受到冲击甚至被打破，普通社会大众正在成为新闻图景的塑造者和建构者，而且开辟了一个完全不同于以往民主生态的民主时代，开辟了完全不同于以往的公共领域、民主空间，普通社会大众在新技术的支持下有了更多机会更多可能直接参与各种民主事务；同时，不仅在特定的社会中，即使在全球范围内，全球化公共领域也因传播技术的革命性变革，提升到了一个新的水平。“互联网为重返‘直接参与’提供了平台。网络这种‘新媒体’使公民的直接参与成为可能，已经并将进一步深刻地改变政治生态，进而成为现时代政体的重要变量。”① 日裔美国学者福山是一个典型的技术民主论者。在他看来，“自由民主只有在数字化崇拜的过程中才能实现”②；他认为，技术将创造自由、民主、平等等等一切美好的东西，

① 杨光斌．政体理论的回归与超越：建构一种超越“左”右的民主观［J］．中国人民大学学报，2011（4）：2－15．

② 莫斯可．数字化崇拜：迷思、权力与赛博空间［M］．黄典林，译．北京：北京大学出版社，2010：57．

技术将使意识形态终结于现行资本主义状态[①]。他说："围绕信息建立起来的社会，在现代民主制度下，倾向于产生出人们最为珍视的两种事物——自由和平等。选择的自由在每个方面都爆发了出来，从有线电视频道到廉价购物商店，再到朋友在互联网上碰面。各种等级制度，无论是政治性的还是法人团体性的，都受到了压力，并开始崩溃。"[②] 中国政治学研究者杨光斌指出："互联网的兴起为各国的民主化和再民主化提供了新的契机和平台，从而使传统的权力关系和硬性的制度间都发生了革命性的变化。"[③]

技术民主观念最易直接作用于新闻传媒、职业新闻工作者，因为技术民主观念，首先要借用或通过媒介平台、新闻空间来实现自身的影响，它要依赖媒介特别是新闻媒介提供比较充分的、真实而准确的使民主得以实现的信息（知情是民主参与的基础），它要把媒介领域、新闻空间当作必需的公众意见对话交流中介和平台。通过互联网向普通公民发布的信息，能赋予公众更多的政治权力，增加公众的影响力。[④] 因此，技术民主观念能对新闻领域造成怎样的影响，或者说对新闻观念能够造成怎样的实质影响，能否渗透进新闻观念的有机构成中，对技术民主观念本身的消长传播都有着直接的作用和影响。就目前的情势来看，网络技术带来的民主影响确实是全面的、多层面的。在现实社会中，在媒介空间特别是网络空间中，大大小小的人群，大大小小的社区，围绕大大小小的公共议

① 这显然是福山的一厢情愿。事实上，在经历了全球狂乱膜拜新自由主义和资本主义的 20 年后，曾经宣布美国胜利即历史将以资本主义为终结的福山，调门变为美国将"跌下神坛"，整个资本主义神坛将崩毁。参见卫建林．世界正在发生深刻复杂变化［J］．中国社会科学，2013（1）：4－8。

② 莫斯可．数字化崇拜：迷思、权力与赛博空间［M］．黄典林，译．北京：北京大学出版社，2010：56.

③ 杨光斌．政体理论的回归与超越：建构一种超越"左"右的民主观［J］．中国人民大学学报，2011（4）：2－15.

④ 戴比尔，梅里尔．全球新闻事业：重大议题与传媒体制：第 5 版［M］．郭之恩，译．北京：华夏出版社，2010：13.

题，会形成多样化的大大小小的公共领域，有宏观的、中观的、微观的公共领域[①]。尤其是网络空间，既为规模化的大型公共领域开辟了天地，也为多样的小型公共领域提供了平台。至于通过网络空间展开的各种类型的民主监督，其效果、效应更是有目共睹。无疑，所有这些，确实首先依赖于技术提供的民主便利与可能。正是因为有这样的现实表现，新闻界对技术民主观念在整体上持一种肯定的态度，并且以不同于传统媒介时代的媒介观念、新闻观念与民众传播展开有效的互动，共同创造期望的民主景象。

用历史的眼光看，历史上每次传播技术的革新，都给人们创造了更多了解实际的机会，提供了更多自主决定命运的可能。技术革命对于民主进步的促进确实是事实，并且为未来的民主视野开辟了光明的前景。但是，技术的民主化，以及由技术民主化带来的新闻活动的民主化，社会生活的民主化，特别是政治生活的民主化，至今其实仍然是一个带有想象和乌托邦色彩的观念。不要说那些贫穷国家的人民，即使在发达国家，依然存在无能力接触现代传媒的人，“在世界上的许多地方，也包括一些世界上最富裕的国家里，由于物质或接触这类技术的社会手段的限制，人们仍无法接触到新媒体”[②]。即使这里所说的问题解决了，民主化的新闻业、新闻传播也并不必然实现；因为新闻业的民主化并不仅仅取决于技术的民主化，还需诸多的其他政治、经济、文化条件。可能不仅不是现实，也不一定能够转化成现实。因此，“虽有套套说辞，技术的进步，未来却不容乐观”[③]。

---

① 微观公共领域是与宏观公共领域相对的概念，是由罗伯特·达尔（Robert Dahl）于 1989 年首先提出的。微观公共领域指参与者有限且自愿的公共领域，讨论议题的机制是协商和对话，目的是合作解决公共事务的问题。参见张菊枝，夏建中．微观公共领域与中国社区自治实践［J］．学术交流，2011（7）：130－135。

② 戴比尔，梅里尔．全球新闻事业：重大议题与传媒体制：第 5 版［M］．郭之恩，译．北京：华夏出版社，2010：21－22.

③ 同②13.

至于社会民主、政治民主与技术的关系，就更为复杂了。民主发展的动力不是单一的，不是仅仅依靠某种技术的发明、运用、推广就可以推进民主进步的。技术民主论只是提供了民主发展、运行动力机制的一个维度，而非所有维度。民主的广度、深度与范围的推广、深化、扩大依赖社会的整体进步，依赖现代社会诸多的条件，诸如需要经济这个最为基础的动力，现代政党的动力，精神文化动力，需要社会先进分子的发动和引导，有时还需要政治改革甚至是政治革命。网络技术，只是在直接意义上为民主的工具理性实现开辟了新的道路与方式，并没有为民主的价值理性提供必然的保障。因此，盲目为网络等技术的民主价值欢呼是缺乏足够理性的表现。澳大利亚媒介文化学者格雷姆·特纳（Graeme Turner）说："我们并不能妄下结论，认为媒介进路的扩大必然会带来一种民主的政治。"① 民主的实现仅仅依赖工具理性是不大可能的，必须有价值理性作为目标来引导。民主仅仅依赖通过技术方式的参与、协商、论辩也是不完整的，必须有民选政府的回应与责任担当。没有能使公民参与政治的渠道与方式，没有对公民政治诉求能够做出恰当回应并负起应当责任的政府或国家，民主说到底仍然是空洞的说辞。

再次，与自由、民主观念密切相关的是技术平等观念。技术平等观念的内涵比较丰富，但最主要的有这样几点：一是，在技术平等观念持有者的观念里，人们在技术面前是平等的。比如，人们一再听到"人人都是传播者""人人手里都有麦克风""人人都是记者"这样的说法。显然，这样的平等只是愿望，并不是完全的现实，各种范围层次的"知识沟""技术沟"不仅远未消除填平，而且越来越宽、越来越深。二是，由传收技术带来的传收关系的平等。从历史向度上观察，传播技术的每一次进步，都是

---

① 特纳．普通人与媒介：民众化转向［M］．许静，译．北京：北京大学出版社，2011：2.

传收关系平等的一次提升，这确实是事实。但是，传收主体间的平等关系，似乎还是人们的一种理想。在新技术支持下的互动传播观念与互动传收方式中，灌注渗透着传播主体与收受主体的平等观念。互动就是平等的交往①，而“一个时代的交往的性质和水平，不在于交往什么，而在于怎样交往，用什么中介手段交往”②。新的划时代的传播手段带来了划时代的交往方式，也就带来了划时代的交往主体之间的关系。如果传收主体间没有实质性的平等关系，也就很难形成实质性的传收互动，不平等主体间的“互动”，必然是一方主动一方被动的“互动”，本质上是没有互动的。在人们理想的新闻传收关系中，传播主体与收受主体是共同的新闻主体，他们之间的关系是互相尊重、互为目的的平等的主体间的关系。他们面对的共同客体是新闻事实、新闻传播内容，而不是对方。他们共同驾驭和运用新闻传播工具，在主体间的和谐关系中，以统一新闻主体的方式共同完成新闻传播活动，共同分享关于新闻事实的信息，以达到共同的完善和发展。当这种理想成为整个人类新闻传播的美景时，全球化的新闻传播将变成真正的现实，人类也就真正成了共同的主体，一起运用他们创造的神奇传播媒介，去交流共享所有的信息。然而，技术观念的乐观畅想仍然充满畅想的味道，现实景象离这样的美景还比较遥远。

综上所述，从新闻观念论的角度看，技术观念所诉求的或期望的平等新闻观念、民主新闻观念、自由新闻观念本质上应该是统一的。它的理想实质上就是实现传收共同本位、传收实质平等互动的理想境界，就是传收

---

① 人类新闻传播的历史经验事实说明，掌控新闻传播媒体的人群（阶级、阶层），主要是一定社会中的强势人群（或者说新闻媒体大都实质性掌握在社会统治集团、统治阶层的手中）。因此，当一个社会真正建立起平等的传播方式，确立了平等的传播理念，也就意味着这是一个相对比较平等的现实社会。然而，目前的事实告诉人们，这种平等还主要是一种理念，而不是事实。也就是说，互动仍然是一方主动一方被动的互动，至多是一方主动性强、一方主动性弱的互动，平等的互动还处在理想中的世界。

② 郭湛．主体性哲学：人的存在及其意义［M］．昆明：云南人民出版社，2002：269.

利益、传收需要和谐一致的境界，也就是实现真实的新闻自由传收境界。真实的平等、民主、自由的新闻传收的实现过程，就是新闻传播由单向传播向双向传播、多向传播、互动传播、共动传播的发展过程。这一过程看似简单，却蕴含丰富。它把知情世界、表达自我的权利看成所有人的普遍权利、道德权利，同时，它也正把这样的权利变成一种可行的、现实的权利。技术特别是以网络传播技术为核心的技术丛所激发的技术观念，对新闻观念的实质性的作用与影响就在这里。反过来，新闻传播也在以实践的方式、观念的方式不断塑造建构着这样的技术观念。当然，也应该以理性的方式不断远离技术观念的乌托邦式幻想。

3. 技术忧患论与新闻观念

从技术演变史的角度看，新技术的不断发明创造，每每都会激发一些技术乌托邦主义的幻想，也会引起对技术异化的担忧，这就自然形成了技术乐观派和技术悲观派。技术乐观论与技术悲观论也一直是技术观念领域的话题。或者说，面对人类不断升级、创新的技术发明（不限于传播技术），人们并不都是乐观主义者，也有悲观主义者。面对人类发明创造的可以将自身摧残、推入灾难深渊甚至彻底将自身毁灭的各种技术，产生技术忧患观念、技术悲观观念是很自然的事情；而且，由于既有的一些重大技术已经给人类的生存发展带来了现实的或潜在的威胁，因而技术忧患观念、技术悲观观念在总体上不是越来越弱，而是越来越强。不过，目前的主流技术观念，既不是单纯的乐观观念，也不是单纯的悲观观念，而是谨慎有度的乐观观念，即充分而理性地关注到技术风险的技术观念。但不管怎样说，如何对待各种技术已经成为全人类面对的一个严肃问题，直接关系到人类自身的前途命运问题。在新闻传播领域，我们以为，一定新闻观念支配下的新闻传播，应该以理性的方式、反思的态度、科学的方法，对待各种技术观念，应该在新闻观念系统内部建构起合理科学的技术观念要素。

首先，通过新闻传播，使整个社会充分认知技术的客观性，充分认识技术的有限性和技术对人的自主性或能动性的限制，打破对技术的盲目乐观主义，确立技术忧患意识、建构必要的技术忧患观念。技术，不管什么技术，一旦发明创造出来，就具有独立于主体的客观性，它对运用它的人类就会形成某种约束和限制。“技术不只是人类创造的某种合用的工具，更是某种向着人类降临的东西，是人类无可逃避的历史性遭遇，是某种人类本身并不能真正左右的力量。技术对生活世界的支配，并不像表面看起来那样，是人类的一种自主选择，相反，倒是人类一种无法逃避的命运。”[①]“技术潜在或直接地决定了人们的行为方式：接受一种技术就是接受一种行为逻辑乃至价值，它诱使或迫使你去做一些事。技术的逻辑就像‘打开了一扇门’，它开放了一些可能性，又限制了一些可能性，或者说，使人、社会的一些方向、方面得以发展，另一些方向、方面则被限制。”[②]技术以自身的结构机制将人们联系结构在一起，使人际关系失去了更多自然的机会，人们被自己创造发明的技术进行了海德格尔式的“座架”，由此造成了人与人之间的信息（包括新闻信息）交流表面上快捷方便，实际上则可能失去有效的互动与根本性的信任。人们尽管在相互传收信息，但在陌生人甚至熟人之间，心理并不安然确定，仍在不安动荡漂浮之中。

技术的客观属性，决定着有了某种技术就可以做到某些事，而没有一定的技术力量就难以做到某些事；技术不仅是人的体力的延伸，更是人的智力的扩展，总体上说则是人的力量的提升。同时，技术的客观性，意味着技术在被运用的过程中，可以通过主体向着不同的方向展开，这种展开并不都是潜在的善性，也有潜在的恶性。“现代技术的命运就有如普罗米修斯故事中主人公的遭遇：人类希望创造出自己的未来，盲目地使用工具

---

① 吴国盛．时间的观念 [M]．北京：北京大学出版社，2006：85.

② 张桂芳，陈凡．技术与生活世界 [J]．哲学研究，2010 (3)：110-114，122.

来掌控天命，甚至逆天而行。”① 技术的正负或双刃剑效应已被经验事实证明，单纯的好或恶是不存在的，因而有人说：“技术使用既送来了纯洁的天使，也带来了邪恶的魔鬼；既把希望和欢笑洒向人间，也把绝望和痛苦布满苍穹；既是人类身陷囹圄的根源，也是人类自我救赎的途径。”② 德国社会学家埃利亚斯（Norbert Elias）说：“技术本身让人受到实际的威胁，因为越来越创造出能量惊人的、威力极大的技术，一方面当然是为人类发展提供无数资源和可能；另一方面，技术更激发出人作为动物的原始劣根性，甚至预告人类之灭亡可能。”③ 更能引发人类思考的是，如果没有某种技术存在，即使有罪恶的心也难做罪恶的事；可一旦有了某种技术存在，技术的多向度使用就都有可能出现。比如，早在1941年，德国著名传记作家埃米尔·路德维希（Emil Ludwig）写道：“没有无线电，希特勒恐怕很难得到今天这样的地位。”④ 荷兰文化史家彼得·李伯庚也说：“若不是由于新技术武装了宣传工具，使欧洲人开阔了对自己和世界的认识，社会经济变化的文化与政治后果不至于那样严重。20世纪的两项重大技术发明——无线电和电影为独裁者登上权力宝座，做了重要的宣传工具。”⑤ 美国当代政治传播研究者达洛尔·M. 韦斯特（Darrell M. West）说：“作为一项技术和工业创新，电报不仅促进了新闻采写的商业化，还推动了美国国家意识的塑造。”⑥ 因而，对于人类的实

---

① 戴比尔，梅里尔．全球新闻事业：重大议题与传媒体制：第5版［M］．郭之恩，译．北京：华夏出版社，2010：11.

② 陈凡，陈多闻．文明进步中的技术使用问题［J］．中国社会科学，2012（2）：23-42.

③ 叶隽．文明史、现代性与现时代问题：读《文明的进程》［J］．中国图书评论，2011（9）：76-85.

④ 路德维希．德国人：一个民族的双重历史［M］．杨成绪，潘琪，译．北京：东方出版社，2006：445.

⑤ 李伯庚．欧洲文化史：全球史视角下的文明通典：第2版：下［M］．赵复三，译．南京：江苏人民出版社，2012：495.

⑥ 韦斯特．美国传媒体制的兴衰［M］．董立，译．北京：北京大学出版社，2010：30.

际生存与发展来说，并不是技术越多越好，技术越尖端越好。人性中恶的因素、非理性的因素至少在现实性上还看不到消除的希望，因此，预期将来控制一些技术的使用，还不如预先限制一些技术发展的程度，确立适度技术的观念。多一些技术忧患意识总比少一些要好。

其次，充分认识和反思新闻领域内部的技术滥用现象，同时，还要充分认识和反思某些新闻观念支配下的新闻报道对技术乌托邦观念、技术决定论观念的不当张扬和宣传。新闻传播中的技术滥用现象，很大程度上就是一种缺乏合理技术观念的表现。事实上，人们已经看到，信息传播领域、新闻领域传播技术的应用存在着一定的技术困境、技术风险或技术负效应。比如，一些职业新闻工作者利用各种具有一定隐蔽性的技术，偷拍、偷录、偷听别人的言行活动。这样的行为，如果没有正当的理由，就是对技术的滥用。又如，针对网络技术为社会大众提供的各种便利，有学者指出，“网络技术赋予每个公民以使用自由，使用者既可以获取信息，也可以发布信息，技术催生的媒介形态甚至将个人的言论自由发挥到极致。可是就是在这样一个自由空间，网络暴力事件却屡屡发生；利用网络工具偷拍、偷录侵害隐私或自爆隐私等违反传播伦理的事件屡禁不绝；利用网络恶意制造和传播虚假信息以博得眼球的行为更是成为畸形的常态”[①]。可见，技术滥用，就会破坏社会正常的信息秩序、道德秩序、法律秩序。当恶的欲望、恶的观念有了可以实现的技术手段，恶的行为就会成为事实，就会造成实际的恶的效应和后果。因而，不管是对职业新闻领域工作者还是对民众新闻活动者来说，都需要确立合理的技术观念。传播技术的使用是有边界、有规则的，超越一定规则的技术使用观念就是不当的技术观念。人们需要明白，任何技术的发明创造都是有目

---

① 郑瑜．技术自由与传播责任［J］．当代传播，2011（5）：1.

的的，那种仅仅把技术当作实现自己利益或目的的手段，而忽视了技术自身的目的论观念，总会在技术使用中产生不良的后果。正如有学者所说："技术开发商的技术目的会有别于技术使用者的目的。这就可能造成技术目的与手段的恶性互动。这种恶性互动不仅涉及技术伦理问题，也涉及相关法律、经济体制和社会秩序问题。"[①] 任何人造工具（或被人当作工具使用的自然物）都是有目的指向性的，诚如海德格尔所言："……锤子、钳子、针，它们在自己身上就指向了它们由之构成的东西：钢铁、矿石、石头、木头。在被使用的用具中，'自然'通过使用被共同揭示着。"[②] 而且，技术工具一旦被人发明、设计、制造出来，便具有了一定程度的相对独立性，其中突出表现之一便是技术工具具有未被发明、设计、制造主体设定的一些潜在的目的指向性，这些潜在的目的指向性一旦被使用者发挥利用，结果并不都是对人类有益的。因此，技术使用的限度、范围、目的指向等，如果得不到有效的控制，就会成为主体的异化物甚至成为人类的灾难。所有技术工具都有这样的潜在性，我们对任何一种技术工具原则上都不能抱有乌托邦式的美好幻象。任何技术工具的使用都存在某种难以预料的甚至是不可控制的风险。这无疑对技术使用者提出了"做什么""如何做（使用）""为什么做（使用）"的问题。只有对这些基本也是十分重要的问题能够做出恰当正确的回答，才有可能合理地使用技术。[③] 技术实际是个什么样子，实际能够产生发

---

① 王前．哲学的解蔽：从知识到体验［M］．北京：人民出版社，2009：239.

② 海德格尔．存在与时间［M］．陈嘉映，王庆节，译．北京：生活·读书·新知三联书店，1999：83.

③ "合理性技术使用就是有助于利、真、善、美和谐统一的使用行为，反之，违背了利、真、善、美和谐统一的技术使用行为就是不合理的。"参见陈凡，陈多闻．文明进步中的技术使用问题［J］．中国社会科学，2012（2）：23-42。显然，这是合原则性的解释。其实，要说明技术使用合理性的内涵，需要根据一定的情境对这些要素及其统一做出具体的说明。这无疑是一个相当复杂的问题，需要专门的技术哲学去深究。

挥怎样的效应和影响，只能在技术实践、技术活动中去观察发现。“‘技术是它们在使用中所是的东西，是它们在与使用者相联系的过程中所是的东西……没有离开关系和相关情境的所谓“单一”技术或工具的任何事物’，所有技术都是在生活世界里的使用中才能获得自己的意义，它们只有进入使用者的手中，成为使用中的技术才成为了活生生的技术。”[①]“当人们在现实生活中必须运用某种或某些机器时，机器自身的规则和程序也就相应地规定了使用者的操作和思考方式，使得人们必须按规则行事，按规则做出选择，从而只保留了实现某种技术目的的可能性，而屏蔽了其他可能性的实现。一个简单的事实是，电视频道和网络界面的切换，对显现在人们眼前的图像来说是一种展现，而这同时就是对其他频道和界面的屏蔽。”[②] 有些技术的发明创造，到底能够产生怎样的作用和影响，并不是起初都能预料到的，有些东西只能通过技术实践、技术应用逐步发现。比如，各种网络技术发明之时，人们很难知道它们到底会有怎样的负面效应，这恰好提醒人们在任何技术面前都不能一味盲目乐观，而应保持一定的警惕或忧患意识。保守一点说，在弄明白技术应用的可能后果之前，最好不要广泛使用，要用已经成熟的社会观念、社会规则对新技术的应用加以适度的控制，“我们的文化作为一个整体，其中技术和自然科学显示了最高的变化率，立法则前进得缓慢些，而社会价值准则和威望的标准则越发缓慢”[③]。这样做也许影响了技术的快速发展，但却能在更大程度上保证技术对人类发展的正面效应。

在当今信息时代、媒介化社会中，一定新闻观念支配下的新闻传播对确立合理科学的技术观念有着重要影响。大众传媒对技术的神化或警惕，

---

① 陈凡，陈多闻．文明进步中的技术使用问题［J］．中国社会科学，2012（2）：23－42.

② 王前．哲学的解蔽：从知识到体验［M］．北京：人民出版社，2009：236.

③ 盖伦．技术时代的人类心灵：工业社会的社会心理问题［M］．何兆武，何冰，译．上海：上海科技教育出版社，2003：34.

都会影响人们的技术观念，即影响人们对技术的看法和评价。普通社会大众对科学技术能够持有什么样的态度、抱有什么样的观念，或者笼统地说，能有一种什么样的合理科学的技术观念，与新闻传媒的科技报道、风险报道、医疗健康报道以及常态的包含着技术要素的各种报道有着密切的直接的或间接的关系。比如，社会大众关于核技术（比如核能、核安全、核武器等）、转基因技术（比如转基因食品、基因治疗等）、各种生产技术（比如是否低碳、是否破坏环境等等）的态度和看法等等，都与新闻报道的内容选择、报道传播方式选择（这些选择很大程度上是受传播者的新闻价值观念支配的）有着直接的关系。核技术有无风险，转基因技术、克隆技术等是否安全，尽管首先是一个客观事实问题，并不以新闻是否报道和如何报道为转移，但社会大众如何认识这些技术、想象这些技术的可能风险与安全问题，对这些技术持什么样的态度和观念，却与新闻观念支配和指导的新闻报道有着不可分割的关系。因此，新闻观念对社会大众技术观念特别是那些与他们生活密切相关的技术观念的形成与建构有着不可低估的作用和影响。因此，新闻传播特别是职业新闻传播应该确立技术忧患意识、技术忧患观念，应该以冷静客观的方式报道技术成就，以理性适度的方式宣传技术观念。技术悲观论观念，并不是简单的技术失败主义或技术灾难主义观念，而是一种典型的技术忧患观念，是一种有益的警醒性观念，它对新闻传媒、新闻传播者在新闻传播中以怎样的新闻观念对待技术发明、创造，以怎样的标准分寸报道宣传技术功能作用、意义影响等等，都有着十分重要的启示和警醒意义。

最后，技术是主体的技术，只有主体成为真正的主体，人类才能确立优良的技术观念，包括各个领域具体的技术观念，技术运用才能正当合理。技术是人类自己发明创造的，本来的目的是为人类的共同善服务，但如今在很大程度上事与愿违。解铃还须系铃人，如何对待和使用人类自己发明创造的技术，只能由人类自己解决。技术工具，无论具有怎样的潜在属性和风险，最关键的依然是使用者的理性与能力。上网或下网的鼠标总是控制在人的手里。如果赛博空间是邪恶的，人是可以关闭电脑的；如果它是美好的，人是可以打开电脑的。技术的乐观主义者或悲观主义者，本质上针对的不是技术，而是对人自身的信任或失望。技术对人类的影响从原则上说具有两面性，“数字化世界是一片崭新的疆土，可以释放出难以形容的生产能量，但它也可能成为恐怖主义者和江湖巨骗的工具，或是弥天大谎和恶意中伤的大本营”，“它是一个虚弱的宣传工具，但却是施展阴谋的好地方”[①]。因而，技术及技术支撑下的新生事物，到底能够产生哪个方向（正或负）为主的影响，关键还要看人的理性控制能力，本质上说依赖人性。对技术使用的“度”的把握可以说是人类永远面对的难题，传播技术也不例外，这是我们应有的技术观念。“技术一旦处于‘使用’中，必然会影响它们的使用者；反过来也是这样，使用者的行为——比如现存的习惯或者对人工物功能的理解——总是决定这技术最终如何发挥功能。”[②]

在技术与人的关系中，人永远是主体，技术永远是手段、是工具。技术是掌控在人手中的事物，是人对自身身体心智的延伸和提升。因而，“只有当人们看到，技术是手段，而这手段需要由人来引导，此时人才成为技术的主人。‘技术的界限在于，它不能出于自身并为自身而存在，而始终是种手段。因此，它具有两重性。它本身没有目的，它就在一切善恶之彼岸。它既有可能有助于人类的幸福，又有可能给人类带来灾难。它对于这两者都是中立的，正因如此，它才需要有人来引导’”[③]。当不能掌控自己时，人类也就无法掌控自己发明的技术。

---

① 杨嵘均．论虚拟公共领域对公民政治意识与政治心理的影响及其对政治生活的形塑［J］．政治学研究，2011（4）：101－113.

② 陈凡，陈多闻．文明进步中的技术使用问题［J］．中国社会科学，2012（2）：23－42.

③ 叔斯勒．雅斯贝尔斯［M］．鲁路，译．北京：中国人民大学出版社，2008：172. 本段引文单引号中的话是德国哲学家雅斯贝尔斯（Karl Jaspers）说的。

结语：新闻观念与媒介化社会

媒体是社会公共空间最重要的组织机构：它通过法律或行政手段，通过社会习俗的教化力量来约束人们的行为，影响社会进程。……媒体为我们提供了一个娱乐、欢笑、争吵、希望和梦想的世界，它是社会集体生活的核心。

——詹姆斯·卡伦

新的传播系统日趋使用全球化的数码语言，既将我们的文化的言词、声音与意象之生产与分配在全球层次整合，又按个人的心情和身份品位量身订制。互动式电脑网络（network）呈指数增长，并创造传播的新形式与频道。它既塑造生活，同时也为生活所塑造。

——曼纽尔·卡斯特（Manuel Castells）

在当代社会，公众往往接受媒体所呈现的社会现实，因此，当代文化实际上就成了“媒体文化”。

——戴安娜·克兰（Diana Crane）

当今社会已经是高度媒介化的社会[①]，“社会生活已普遍地媒介化”[②]，“互动式电脑网络（network）呈指数增长，并创造传播的新形式与频道。它既塑造生活，同时也为生活所塑造”[③]。也就是说，“我们生活在一个传媒文化主宰的生活世界之中，几乎没有人能逃避传媒的包围、追踪、诱惑和影响”[④]。媒介文化已经成为重要的文化样式，媒介环境已经成为人们基本的生存环境，“传媒与新闻事业在当代社会日益成为中心”[⑤]。人们能够看到，“我们的社会正处于一个以信息处理与沟通技术为核心、由电脑和传播技术的演进所带来的巨大的转变过程中。传播技术的演变和社会的变动，将我们带入了由新媒体和新传播技术‘主宰’的网络化、传媒化时代”[⑥]。到 2010 年，全球三分之二的人拥有手机，四分之一的人可以上网，“新媒体特别是社交媒体，不但深刻改变着人们的生活方式，而且对全球社会的发展产生了全方位的革命性的影响。个人自由、个人权利、思想多元、文化多元的观念深入全球的每一个角落”[⑦]。在这样的社会中，这样的文化氛围中，大众媒介已经成为人们生存、生活的基本中介、工具或手段，媒介依赖已经成为生产、生活的基本依赖，媒介需求像信息需求、新闻需求一样已经成为人们的基础性需求，甚至可以说，社会大众主体

---

① 所谓媒介化社会是指人类依赖大众传媒而生存的状态。参见罗以澄，吕尚彬．中国社会转型下的传媒环境与传媒发展［M］．武汉：武汉大学出版社，2010：23。社会的媒介化，意味着人类生活状态的媒介化，意味着媒介已经成为人们生存、生活的基本中介，贯穿、渗透在人们生活的角角落落、方方面面，媒介生活成为人们实际生活中不可缺少的一部分。在媒介化社会中，人们对媒介的依赖已经变成了必然或必需，媒介化生存成了难以逃离或超越的生存方式。

② 舒德森．新闻社会学［M］．徐桂权，译．北京：华夏出版社，2010：184.

③ 卡斯特．网络社会的崛起［M］．夏铸九，王志宏，等译．北京：社会科学文献出版社，2006：2.

④ 周宪，刘康．中国当代传媒文化研究［M］．北京：北京大学出版社，2011：18.

⑤ 戴比尔，梅里尔．全球新闻事业：重大议题与传媒体制：第 5 版［M］．郭之恩，译．北京：华夏出版社，2010：22.

⑥ 郑瑜．技术自由与传播责任［J］．当代传播，2011（5）：1.

⑦ 王缉思．全球发展趋势与中国的国际环境［J］．当代世界，2013（1）：2-6.

（人）本身也正在被媒介化、电子化。一言以蔽之，媒介化的人、媒介化的生存正在成为普遍的事实。那么，在新闻观念论视野中，新闻观念与媒介化社会是一种什么样的关系呢？特别是媒介化社会又会对新闻观念带来怎样的影响，以及在媒介化社会中需要建构什么样的新闻观念呢？这是我们在对新闻观念本身、新闻观念的功能、新闻观念与其他社会观念间关系做出比较系统深入的探讨后，需要在宏观层面上加以展望的大问题。我们姑且以对这些问题的初步阐释作为本书结语。

一、媒介化社会改变着新闻观念的传统结构

科技革命，特别是计算机和网络技术的迅速普及，以及一系列重要技术的发明创造，建构了媒介化社会的基础，也是形成媒介化社会的重要前提与动力。在新闻学视野中，媒介化社会其实就是我们所说的“后新闻业时代”开启后的社会；也就是说，在直接意义上，媒介化社会是媒介生态结构变化的结果或呈现。与“新闻业时代”（传统媒体时代或媒介论视野中的传统社会）相比，在这样一个社会样态中，传媒及新闻传媒的整体结构状态与结构方式已经发生了相当大的变化和转型，集中表现在以传收主体为核心的新闻活动主体的结构变化、媒介生态社会结构及其媒介自身形态结构的变化、传收内容的变化、传收模式的变化等[①]，而最为突出的表

---

① 人们在分析社会变迁过程时，常常对社会系统中的子系统及其相互间的关系进行分析，从而勾勒出社会变迁的整体结构。同理，当我们用系统论、结构论的视角来看待新闻领域时，同样可以通过分析新闻领域的结构，来了解新闻领域的变化状况。新闻领域的结构由一些基本的要素——传播者、收受者、传播媒介和传播内容——及其关系构成。因此，谈及新闻传媒领域的结构变化、传播方式变化，实际上讨论的核心就是这些基本要素的变化，特别是它们之间基本关系的变化。关于新闻领域的结构变化，可参见杨保军《新闻活动论》（中国人民大学出版社，2006 年版）和《新闻理论研究引论》（中国人民大学出版社，2009 年版）中的相关论述。

现是社会化媒体[①]与社会化传收方式已经冲破了传统的建制化、组织化新闻媒体结构方式与传播方式。依据当下的实际，人们完全可以说，如今的媒介生态结构与传播方式结构，正在改变着一定社会新闻生产、传播、消费等的整体结构与方式，正在改变着人类新闻活动的整体格局，正在改变着人类再现、塑造、建构整体新闻图景的方式。这就从根本上意味着传媒、传播、新闻对社会运行的影响、对社会大众的作用越来越具有巨大的普遍性和深刻性，诚如有人所说，"媒体与新闻业不仅在政治层面上影响我们的生活，而且在文化、经济、社会层面上的影响也日益突出"[②]。

"后新闻业时代"开启后所呈现的媒介生态结构方式、传收结构模式等的诸多巨大变化，意味着新闻观念的社会结构方式也必然会发生变化，我们可以将其定性描述为媒介化社会中的新闻观念结构转型或变化。这种结构转型或变化主要表现在以下两个大的方面。

第一方面，从传播主体角度看，从"前媒介化社会"到"媒介化社会"生成，一定社会新闻观念系统由"一元"构成转化成了"三元"结构，这可以说是媒介化社会对新闻观念的社会构成带来的最大影响。具体说，在当前已经显现的媒介化社会中，一定社会的新闻观念系统主要表现为宏观层面的"三元"结构方式：一是职业新闻传播主体的新闻观念，二是民众个体传播主体的新闻观念，三是政府机构、企业组织、NGO 组织

① 所谓社会化媒体可以界定为，基于用户社会关系的内容生产与交换平台。论坛、即时通信工具、博客、SNS 网站、微博等，都是典型的社会化媒体应用。参见彭兰．从"大众门户"到"个人门户"：网络传播模式的关键变革［J］．国际新闻界，2012（10）：6－14。为了说明社会化媒体及其传收的影响，我们可以了解一下这样的数据：据中国互联网络信息中心（CNNIC）发布的《第 30 次中国互联网络发展状况统计报告》（2012 年 7 月），截至 2012 年 6 月底，中国网民数量达到 5.38 亿，互联网普及率为 39.9%，手机网民规模达到 3.88 亿，微博用户为 27 364.5 万，社交网站用户为 25 051.0 万。此外，互联网站点、移动终端、社交媒体、自媒体等发展也引人注目，充分显示了传媒社会化或社会化传媒对传收的巨大影响。

② 戴比尔，梅里尔．全球新闻事业：重大议题与传媒体制：第 5 版［M］．郭之恩，译．北京：华夏出版社，2010：22.

以及其他各种社会群体主体（非职业新闻组织、非民众个体的传播主体）作为传播主体的新闻观念，简称非新闻组织主体的新闻观念。但在前媒介化社会中，由于民众个体、非新闻组织群体几乎没有机会与可能独立地传播新闻与发表意见，至少是难以常态化地以准大众传播者的角色向社会大众传播自己的新闻和意见；因此，这些传播者即使有自主的新闻观念，也对实际的新闻传播无多大作用和影响。在以网络技术为主导的新媒体技术发明之前，在社会视野中，一定社会的新闻观念在主体构成上可以说是一元的，即实质上只有职业新闻观念，它就是一定社会的主导新闻观念或新闻主义。当然，在这三类主体新闻观念的内部，又是由各种不同的新闻观念构成的，对此，我们在上篇的相关部分已做过讨论，不再重复。此处仅从传播主体角度对媒介化社会的新闻观念构成加以划分。这三类传播主体新闻观念之间的基本关系，可能在不同社会中有不同的表现，我们不打算也无法在此展开讨论。我们只以中国社会当前的实际状态为参照，对这三种主体的新闻观念间的关系加以简要描述：职业新闻传播主体的观念，在中国也就是建制性新闻机构的新闻观念，即“主义”层面的新闻观念，它在整个社会新闻观念系统中居于核心的主导的地位。社会民众以个体形式持有的新闻观念既丰富多彩，也可能纷乱繁杂；这样的新闻观念有些可能与主导新闻观念一致，有些可能不一致，大多则可能处于二者之间，这样的新闻观念对主导新闻观念一定会有各种各样的正面影响和负面效应，但在总体上处于相对职业新闻观念的次要地位。而非新闻组织主体的新闻观念，更多的是依据各自机构、组织、群体利益而确立的新闻观念，其具体性质、属性、特点都与其机构、组织、群体在社会中的性质、地位、功能、作用等密切相关；它们与主导新闻观念的关系，同样有可能是一致的，也有可能是不一致的，甚至是对立的，但在总体上说，它们只能主导和影响各自机构、组织、群体自身的新闻行为，对社会主导新闻观念也可能构成一定的正面或负面或介乎其间的影响，但与职业新闻观念相比，也只能居于次要的地位。

第二方面，需要特别指出的也是与上述第一方面紧密联系的是，社会化新闻观念[①]，或者直接说社会民众个体以及非新闻组织群体实际拥有的新闻观念，已经显示出并将继续显示出越来越大的作用。与前媒介化社会或新闻业时代相比，媒介化社会或“后新闻业时代”中的社会化新闻观念，对传统的新闻生产、传播、消费带来了全面的影响[②]，从宏观上已经打破了专业新闻媒体对新闻生产、传播的垄断局面。社会化新闻生产主体及其方式已经成为社会整体新闻图景的重要建构者，并且，社会化新闻生产、传播主体特别是社会化个体新闻生产者、传播者的新闻传播行为以及他们之间的互动行为，具有更为广泛的社会渗透性甚至是全球性，而社会化新闻生产、传播与专业新闻媒体新闻生产、传播间的相互作用更是创造了前媒介化社会难以想象的新闻景象。可以说，新闻专业观念支配的组织化、标准化、规模化新闻生产、传播方式，已经受到极为广泛的社会化新闻“微生产”（也就是人们常说的“碎片化”生产与传播）的强烈影响。这样的“微生产”在广泛的互动——包括微生产间的活动以及微生产与专业新闻生产间的互动——中积聚成新闻传播的“宏效果”，形成了与前媒介化时代具有很大不同的新闻图景建构方式。正如有学者指出的那样，“公民新闻不仅对专业媒体的报道活动产生了直接的影响，而且在整体上改变了新闻传播的某些观念与方式，也在一定程度上影响着传媒格局中的

---

① 与职业或专业新闻观念相对，为方便论述，我们可以把其他两类主体的新闻观念统称为社会化新闻观念。

② 有人将公民新闻对专业媒体报道的冲击总结为以下几点：首先，公民新闻延伸了专业媒体的触角，使之达及以往专业媒体不能达及的社会各个角落；其次，公民新闻的“碎片”成为专业信息的补充与平衡；再次，用户的全程、多点直播增强了受众在新闻中的“卷入程度”；最后，全民投票的信息筛选机制挑战了专业媒体的“把关人”地位。参见彭兰．从“大众门户”到“个人门户”：网络传播模式的关键变革［J］．国际新闻界，2012（10）：6－14。

力量对比关系”[①]。

仅从新闻观念论的角度看，媒介化社会带来的突出影响就是，社会化新闻观念对职业新闻观念的冲击，在当下中国则突出表现为社会化新闻观念对社会主导新闻观念——宣传新闻主义观念的冲击。不管是在现象层面上还是在实质内容上，人们不难发现，在新闻观念的社会构成向度中，正在呈现出多元化、多样化、多层次化的结构方式，比前媒介化社会中的新闻观念构成要复杂得多。这也就意味着，社会化新闻传播主体如何确立合理的新闻观念，一定社会如何调适社会化新闻观念与主导新闻主义或建制性的新闻观念，都将是媒介化社会环境中新闻领域以至整个社会面临的重大课题。

二、媒介化社会正在塑造新闻观念的新表现

在一个日益媒介化的社会中，“几乎没有理由去轻视媒介通过种种世俗方式对我们形成理解、判断以及生活实践所产生的意义。我们必须注意到，媒介影响并非起到单独的因果因素（sole causal factors）的作用，在许多情况下，说服意图（intention to persuade）并不存在”[②]。在新闻观念与媒介化社会的关系之间，媒介化社会到底“对”和“会对”新闻观念产生怎样的作用和影响，自然是我们讨论新闻观念与媒介化社会关系这一问题的关键。我们将较为细致地分析媒介化社会中新闻观念在不同层次上的一些新表现，特别是新闻观念与前媒介化社会相比在内涵上的一些新变化，以便能够更为具体地把握新闻观念在媒介化社会中的新样态以及演变

① 彭兰．从“大众门户”到“个人门户”：网络传播模式的关键变革［J］．国际新闻界，2012（10）：6－14.

② 库兰，古尔维奇．大众媒介与社会［M］．杨击，译．北京：华夏出版社，2006：367.

的新趋势。

首先，在宏观层面上，并从社会对新闻观念作用的向度上看，媒介化社会为全球新闻观念的产生奠定了新的最基本的社会基础。这里所说的宏观层面的分析，就是要在人类意义上或在全球意义上考察媒介化社会对新闻观念变化的总体性、结构性影响。在媒介论视野中，全球化本身就是一个全球媒介化的过程。全球化社会，必然是一个全球媒介化的社会，信息媒介、传收媒介本身就是全球化形成的重要动力，同时也是全球化形成中的重要表现。

社会的媒介化或媒介的社会化，依赖的核心要素是能够使信息传播、新闻传播贯穿整个人类各种活动的各种媒介技术，尤其是可以把整个世界链接起来、联系起来形成统一系统的互联网技术。这就意味着，媒介化社会有着天然的全球性，至少是潜在的全球性（互联网技术本身就具有天然的全球性）。因而，当媒介化社会到来后，媒介观念、新闻观念的全球性、全球化问题就成为人类面对的一个共同问题，这与前媒介化时代或前媒介化社会几乎完全不同。在前媒介化社会，说极端点，世界各国的新闻传播、信息传播可以各自为政；但在媒介化社会、信息时代整体开启之后，人类不得不按照一些共同的观念、共同的规则展开活动。在媒介化社会成为基本事实后，全球新闻传播领域实际上已经进入系统化和互动化的存在运行状态，全球不同地区、不同国家，不同社会、不同民族之间各种形式的（物质的、信息的、思想观念的、学术研究的等等）媒介交流与对话、新闻交流与对话已经成为常态现象，并且这种交流与对话的作用与影响不限于媒介领域或新闻传媒领域，而是作用于社会整体系统的各个领域和角落。在这样一种媒介化社会背景下，仅就新闻领域来说，人类不同群体之间的观念交流和对话就是自然的，协商、产生、建构一些人类共同认可的新闻活动观念也是理所当然的，协商、产生、建构一些共同的新闻伦理观念、新闻道德原则也是自然而然的。全球性的媒介化社会，是一个需要全球不同媒介观念、新闻观念交流对话的社会，也是一个能够在漫长过程中逐步产生一些共同规则、普适价值观念的社会。多元文化、观念、价值等的客观存在与协商，是全球化社会、媒介化社会的内在必然。当然，这一过程是一个曲折的过程，会充满矛盾、冲突、斗争、博弈。但若是没有这个媒介化社会的客观产生，全球新闻观念的产生就只能具有纸上谈兵的意味。因此，媒介化社会到来之后，全球新闻观念可以说获得了真正开启的客观社会基础。而且，这个客观基础不仅是为职业新闻领域之间的交流对话提供了平台，更为重要的是，媒介化社会和社会化媒介为全球民众之间的新闻交流、意见交流以及贯穿其中的各种观念交流（自然包括新闻观念交流）提供了最为及时有效的中介渠道。在这样的平台、通道中，全球公共领域之类的议题也会逐步浮出水面，成为人类越来越关注的议题，而这可以说对整个人类实现真正统一来说似乎更为重要。

其次，在中观层面上，即主要在一定社会范围内以及一定社会新闻活动领域范围内，媒介化社会到来后，正在改变着一定社会新闻观念系统的结构方式，正在改变着新闻领域的一系列传统观念，集中表现在以下几个大的方面。

第一，媒介化社会到来后，一定社会新闻观念系统发生的最根本性的变革就是一定社会新闻观念系统结构方式的转变，最突出的表现就是，新闻观念系统由前媒介化社会相对单一的专业新闻观念主导状态正在转变为媒介化社会中的专业新闻观念与非专业新闻观念可能共同主导的局面，对此我们在上述第一节已经做过阐释，此处不再赘述。需要补充说明的是，就目前来看，以社会民众为核心的非专业的碎片化的但又可以积聚为规模化社会效应的新闻观念、新闻行为，尽管在整体上还没有根本撼动专业新闻观念、专业新闻行为的主导地位与作用，但民众新闻与专业新闻对话的能力、力量、范围都在迅速增强增大，民众新闻的独立社会影响正在以从未有过的方式出现在媒介化社会之中。这样的趋势，在一定社会层面上，很可能促使专业新闻观念趋向极化现象：一方面是，专业新闻观念、专业新闻生产方式、专业新闻传播方式等在不断借鉴吸收民众新闻观念、新闻行为中的有益成分后，变得更加专业、更具职业特色，从而凸显出新闻领域更为“专业性”的不可被民众新闻替代的一面；另一方面则是，专业新闻观念会进一步在媒介化社会中得到社会化普及，成为越来越多人参与新闻活动特别是新闻传播行为时的参考观念甚至是指导观念，从而出现专业新闻观念与社会大众常识经验性新闻观念的某种融合，表现为社会大众具有越来越高的媒介素养和新闻素养。[①] 媒介化社会中新闻观念系统这种新的结构方式，特别是专业新闻观念与社会化新闻观念的互动作用，在客观上，对一定社会主导意识形态确立的新闻主义，特别是对那种与新闻业、新闻传媒内在的公共性相背离的所谓新闻观念（实为其他性质的观念）形成强大的解构作用，这无疑对新闻专业观念、专业行为的形成具有良性的作用和影响。

第二，从前媒介化社会到媒介化社会，人们会对新闻传媒与社会整体、社会各个核心领域（政治、经济、文化、技术）以及与社会大众日常生产生活的关系产生新的认识、新的评价；也就是说，实际生活在媒介化社会中，人们会有新的关于新闻业、新闻传媒、新闻传播、新闻的功能观念、意义观念。社会媒介化或者说媒介化社会的形成与不断升级，意味着媒介与媒介传播在人类社会中越来越重要，嵌入社会生活越来越深，弥漫于社会环境越来越广。与前媒介化社会相比，其中核心的观念变化有这样

---

① 我在讨论新闻职业道德观念的发展趋势时，实际上已经表达了这样的基本思路。参见杨保军．公共化或社会化：“后新闻业时代”新闻道德的一种走向［J］．编辑学刊，2010（3）：32－36；杨保军．“窄化”或专业化：“后新闻业时代”新闻道德的另一个走向［J］．新闻记者，2010（8）：17－19。

几点：其一，在最普遍的意义上，媒介化社会就是媒介文化不断获得重要文化地位的社会，而“所谓媒介文化，是指在我们的现实文化中，媒介不但广泛地制约着我们的观念、价值和意识形态，而且使人处于一种越来越依赖媒介的交往情境之中”[①]。在如此文化环境中，媒介文化波及所有社会领域，渗透进人们日常生活的方方面面。在媒介化社会，就是媒介已经开始实际建构或结构人们（物质与精神）生存、生活、生产方式以及休闲观念、方式的社会，即媒介、新闻媒介已经成为建构社会关系、建构人际关系的重要中介和力量，媒介、新闻媒介本身也已成为结构生产、生活、生存、休闲的必要元素。在这样的社会中，从政治、经济、军事到社会大众的日常生活，时时事事处处都会受到媒介的制约影响。而在新闻学视野中，媒介化社会形成的媒介文化，营造了新闻文化生存、成长的整体环境，这自然会影响到新闻观念的整体走向。有学者针对中国的情况写道，改革开放以来，“中国社会报纸的发展、广播的勃兴、电视的崛起、网络的普及，已经构筑了巨大的覆盖社会生活各个方面的大众传媒体系。这一体系，通过持续的信息批量生产、复制和大面积传播，通过瞬间将同类信息传遍整个社会而造成信息冲击波的优势，形成社会瞩目的焦点，进而建构了影响社会主体的生活方式、思维方式、工作方式的信息环境，形塑着社会主体的性格、观念、行为和思维”[②]。这一描述，比较准确地揭示了社会媒介化过程中传媒领域自身的变革及其对社会和社会大众带来的作用和影响，间接揭示和显现了新闻业、新闻传媒、新闻传播、新闻的功能变化。其二，在符号论或虚拟环境论的意义上，存在于媒介化社会中，意味着我们生活的世界，“是一个完全由媒介符号所营造的世界”[③]；所有传播

---

① 周宪．视觉文化的转向［M］．北京：北京大学出版社，2008：349.

② 罗以澄，吕尚彬．中国社会转型下的传媒环境与传媒发展［M］．武汉：武汉大学出版社，2010：17－18.

③ 同①350.

媒介，共同为人们提供了一个完全不同以往的符号世界甚或是虚拟空间，使人们能以新的方式感知世界、体验自我。在这样一个世界中，人真正成了德国文化哲学家卡西尔（Ernst Cassirer）所说的“符号的动物”[①]。在这样一个媒介文化氛围越来越浓厚的社会中，“诸多媒介——广播、电影、电视、音乐，以及杂志、报纸和卡通画等印刷媒介——要么突出视觉，要么突出听觉，或是将两者混合起来，以广泛地作用于各种情绪、情感和观念”[②]。在媒介化社会中，媒介及其塑造的符号世界，对人类有了比以往任何一个时代都要巨大而普遍的影响，诚如有学者所指出的，“媒体是社会公共空间最重要的组织机构：它通过法律或行政手段，通过社会习俗的教化力量来约束人们的行为，影响社会进程。……媒体为我们提供了一个娱乐、欢笑、争吵、希望和梦想的世界，它是社会集体生活的核心”[③]。BBC 的一位首席记者深有体会地说：“我不得不相信，一个掌握了更多信息的世界是一个更加文明、更富同情心、更愿意采取行动助人为乐的世界。”[④] 也许这多少有些夸张，但标志媒介化社会的媒介符号环境，包括新闻符号环境，已经成为人们无法脱掉的皮肤，无法出逃的影子。这种客观的社会现象、社会事实，反过来会促使人们形成新的媒介观念、新闻观念。传媒实践与传媒观念也正是在这样的互动作用、互相纠缠中向前演进的。其三，需要特别强调的是，使媒介化社会得以形成的核心技术力量——互联网技术及其一系列的演化、扩展、衍生与延伸，在新闻观念论视野中是形成一系列不同层次新的新闻观念的核心动力要素。它以一种客观的力量，促使社会主体不得不对以往的新闻观念或迟或早做出调整和改变。不管这种调整改变是整体的还是局部的，是核心的还是边缘的，我们

---

① 卡西尔．人论［M］．甘阳，译．上海：上海译文出版社，1985：34.

② 周宪．视觉文化的转向［M］．北京：北京大学出版社，2008：350.

③ 卡瑞，辛顿．英国新闻史：第 6 版［M］．栾轶玫，译．北京：清华大学出版社，2005：8.

④ 艾伦．新闻文化［M］．方洁，陈亦南，牟玉涵，等译．北京：北京大学出版社，2008：115.

相信，这是一个正在进行的过程，还会持续下去。

第三，在新闻传媒层次或范围内，媒介化社会所呈现出的最大的新闻观念变化，一方面是新的媒介生态观念的整体形成，另一方面是伴随新的媒介生态观念的整体变革，一系列旧有观念得到扬弃，一系列新的观念随之产生。在前媒介化社会，在新闻业态视野中新闻媒介生态结构由单一的报纸主导逐步演变为网络媒介诞生前的“三足鼎立”（报纸、广播、电视）的结构状态，因而主导的新闻媒介生态观念便是“三大媒介”；但随着新媒介的不断诞生，媒介生态观念已经有了全新的表现，从当初顺着传统媒介观念线性逻辑排列的“第四媒体”（初期的网络媒介）、“第五媒体”（博客媒介形式）演变到今天按照网络逻辑或非线性逻辑的“多媒体”（多种媒介形式的统一）观念、“全媒体”（多种媒介形式的共在）观念和“融媒体”（多种媒介形式的融合）观念，媒介生态及媒介生态观念都已发生了结构性的变化，人们已经开始以新的“后新闻业时代”的眼光观察和把握媒介生态结构变革对整个人类社会带来的影响，有学者就谈到新媒介改变了社会的既存关系与结构，认为“以网络为代表的传播新媒体的出现，尤其是当微博这种构建架构在新的‘熟人社会’基础上的传播方式的崛起，它真正的社会效应是一种基于关系资源的构建所导致的‘社会资本’在社会成员间进行重新分配的重大的‘关系革命’”①。“新媒体的走势不但影响到传统新闻的格局，而且影响到一般受众对新闻的认识和使用习惯，甚至还影响到语言。”② 在新闻领域内部，这种传媒层次上的大观念，正在改变着新闻传媒产业与其他产业、行业的关系结构方式（如“三网融合”），正在改变着人们对新闻生产方式、传播方式的整体观念、整体理解。人们对不同媒介形态之间关系的看法，比如此消彼长的问题（传统媒

① 喻国明．“关系革命”背景下的媒体角色与功能［J］．新闻大学，2012（2）：27－29.

② 丁淦林．丁淦林回忆录［M］．德国：EBNER VERLAG GmbH& Co. KG，2012：175.

介是否会消亡、新媒介会如何融合等)，已经形成了一些新的观念，或已形成不同观念之间的多元论争。我们以为，进入媒介化社会后，关于媒介生态结构方式的演变问题会成为人类长期关注的重要问题；而其中最核心的要素，也即决定人们媒介生态观念的核心要素，可能仍然是以网络技术为核心的“技术丛”的变化。当我们站在今天的媒介平台上，去遍览呈现在人们面前那一种种个性鲜明、力量巨大的传播媒介时就会发现：媒介形态的演化过程，是一个不断扬弃、更新、叠加发展的过程，不是一个简单而绝对的彻底的新陈代谢过程。美国媒介专家罗杰·菲德勒说得好：“一切形式的传播媒介都在一个不断扩大的、复杂的自适应系统内共同相处和共同演进。每当一种新形式出现和发展起来，它就会长年累月和程度不同地影响其他每一种现存形式的发展”，“新媒介决不会自发地和孤立地出现——它们都是从旧媒介的形态变化中逐渐脱胎出来的。当比较新的形式出现时，比较旧的形式就会去适应并且继续进化而不是死亡”，“新出现的传播媒介会增加原先各种形式的主要特点”①。透视新闻传播媒介的历史发展过程，另一重要现象一目了然：不同媒介形态的整合、融合趋势不可阻挡。技术整合使信息传播（包括新闻传播）成为多媒介形态的共同传播，信息符号整合使信息传播成为多符号系统或全能符号系统的共同传播，功能整合使信息传播成为多功能的传播，而技术、符号、功能系统的共同整合使信息传播成为超越任何单一类型文本的传播。诚如一些学者描述的那样，“电话是对语言传播和电报传播的整合，广播是对电话和唱机功能的整合，电视是对文字、声音、图像等符号以及广播与电影功能的整合，而电脑的发展也许要整合电话、书信、传真、采写编播、书报刊、广

① 菲德勒．媒介形态变化：认识新媒介［M］．明安香，译．北京：华夏出版社，2000：24-25.

播电视电影等一切传播媒介”[①]。现在发展的情况已经不是“也许”，而是事实。网络媒介本质上就是整合的媒介，并且在继续整合。因而，以网络技术为核心的“技术丛”，其所造成的未来媒介形态大趋势是明确的，这就是媒介融合，“旧的媒体分类——比如说，印刷和广播电视媒体的分类——正随着数字时代的到来而在事实上失去意义。在一个多媒体和大媒体的时代，媒体事实上已经融合”[②]。媒介的进一步高度融合将使人类的感觉器官与心智能力，以共时的方式展开传播与收受活动，从而使人在信息活动中以完整的人的面目出现，超越了单一感觉或几种感觉的时代，进入感性与理性复合统一的时代。一言以蔽之，从媒介形态及其不同媒介形态间的关系看，媒介融合观念将成为基本的和主导的媒介生态观念；以某些媒介形态为基础的传媒产业（如报业等）可能在未来的某一历史阶段偃旗息鼓，更不要说具体的新闻传媒组织机构总是处在死亡与新生的更替之中，但作为一种媒介形态，只要产生了，就不会轻易消亡，这恐怕也应该成为媒介生态观念的有机构成部分。[③]

再次，在微观层面上，也就是在具体新闻观念层面上，可以说与前媒介化社会相比，不仅一些传统新闻观念的内涵出现了历史性和时代性的变化，而且诞生了一系列反映新技术、新现象、新问题的新的新闻观念。我们这里不可能对传统观念的每一次变化及新观念的每一次诞生逐一进行系统阐释，只能指出这两个向度观念变化、观念变革的大致情况。事实上，关于一些具体新闻观念的变化与更新，我们在不同章节特别是第二、第三

---

① 邵培仁．传播学［M］．北京：高等教育出版社，2000：43.

② 丹尼斯，梅里尔．媒介论争：19个重大问题的正反方辩论［M］．王纬，等译．北京：北京广播学院出版社，2004：2.

③ 我曾经在多个学术报告中表达过这样的媒介生态观念。比如，报纸作为产业可能消亡，但报纸作为一种介质、信息载体，在可预见的未来，不会消亡。国内亦有报人、学者明确表达了类似看法，参见范以锦．纸媒难消亡 纯纸媒产业易消亡 纸媒单位能改变生存方式：探讨“消亡”，别搞混三个不同内涵［J］．新闻与写作，2013（2）：78-80。

章分析新闻观念构成时已有比较详细的论述。

就前一方面来说，前媒介化社会中一些最基本的观念在进入媒介化社会后，都在发生某种转换或变化。比如在整个新闻观念体系中最基本的"新闻"观念，就因整个媒介生态结构的变革，甚至可以说是整体新闻生产社会结构的变革，以及人们知识视野、方法论观念的扩展，对其本质、属性、功能、作用等形成了一系列新的看法、新的观念；人们对新闻的理解不再局限于传统的事实论、信息论、宣传论、意识形态论为主的视野，而是进一步在技术论、知识论、权力论以及各种视野的融合中考量和探究新闻的表现、本质与功能等核心问题，大大扩展深化了人们对新闻现象、新闻活动的理解与把握。又如新闻生产观念的变化，在前媒介化社会中，人们基本上只是在职业新闻活动的意义上理解新闻的生产与传播，但在今天这样的媒介化社会中，人们已经形成了社会化的新闻生产与传播观念，形成了专业与非专业相融合的新闻生产与传播观念，这可以说是一种革命性的变化，开启了一个理解与把握新闻生产与新闻传播的新的观念时代。再如受众观念的变化，在前媒介化社会中，也就是在大众传播模式主导着整体新闻传播图景的时代，受众主要被看作被动的信息收受者，是需要引导的大众，是消费信息的大众，但随着媒介化社会的逐步到来，传统意义上的受众逐渐消亡，传统的受众观念也在发生变化；如今传收一体化、传收互动、传收平等这样的受众观念被人们普遍认可和接受，而且在新闻实践意义上，社会民众也已经成为重要的新闻生产者、传播者，而不再仅仅是被动的新闻信息收受者。无须再举更多的例子，这几个典型观念的变化已经足以说明，在以网络技术、数字技术、卫星技术、无线传输技术等等组成的"技术丛"支持的媒介化社会中，已经、正在并会继续改变前媒介化社会中各种各样既存的媒介观念、新闻观念，同时也会促生一系列符合新的传播实际的新概念、新观念。当然，这不只是技术的结果，而且是技术与其他社会系统要素一起作用的结果。

就后一方面来说，就更是十分明显的事实。“后新闻业时代”的开启，媒介化社会的到来，以巨大的客观力量促生了大量的新意识、新思想、新思维、新概念、新观念，令人应接不暇。一个新的传播时代，一种新的媒介生态结构，一种新的传收图景，必然要求人们必须以新的思维、新的观念、新的方法，发明、创造一系列新的范畴、概念去描述、反映、揭示、解释新生事物。人们看到的实际景象也正是这样。我们不可能将新生观念一一列出阐释，但我们可以大略地描述新观念不断涌现的图景。从大的方面看，以网络媒介为核心的一系列新的具体媒介形式，比如各种形态、形式的社会化媒体，为人们在媒介化社会中发明、创造一系列新观念奠定了坚实的客观基础。可以说，在新闻观念论的视野中，围绕网络传播、网络新闻传播诞生的一个又一个新观念，建构起了一个前所未有的新的新闻观念网络或子系统。同样，在数字技术、网络技术及其相关衍生技术的支持下，不同媒介形态之间的结构方式、结构关系已经和正在发生改变，从而诞生了前所未有的以“融合”为关键词的一个全新的新闻观念系列（从“产业融合”“媒介融合”这样的宏观性融合观念直至“融合文本”“融合新闻”这样的微观性概念）。还有，在媒介化社会初步形成的状态下，已经生成并将继续生成一系列具体的新闻活动观念。我们可以举几个典型的例子加以说明。比如“公民新闻”或“民众新闻”观念，在前媒介化社会，人们无法想象普通社会大众能够以社会化、公共化的身份向所有人传播新闻、表达交流意见，但在新的传播技术支持下，如今这已经成为相当普遍的事实，公民新闻观念已经成为流行的常识性观念。这一观念从根本上改变了传统新闻观念系统的基础性构成方式，具有一定的革命性意义和标志。又如职业领域中的全能记者（背包记者）观念，在传统媒体时代，职业新闻人通常面对的是单一媒介形态，操作的符号系统通常也是以某种单一符号系统为主，但在如今新的媒介环境中，面对同一媒介组织的多媒体和全媒体传播平台或通道，记者通常要同时为不同的媒介形态提供关于同一新闻的不同新闻文本形式，这就自然而然地产生了全能记者身份结构、工作方式结构的新观念。再如信息收受中的“读图”观念，媒介化社会形成的媒介环境正在将人类塑造成媒介人、电子人，塑造成电子媒介人，这无疑会使传统的新闻传收方式、传收观念发生巨大的变化。媒介化社会中媒介文化的视觉化崛起就是典型表现之一。人们看到，在媒介化社会中，媒介文化在整体上发生着视觉化的转向，由传统的以“文字或语言”为“主因”的文化转向以“图像或视觉性”为“主因”的文化[①]，即由传统的以文字符号为主的文化呈现方式向以图像符号为主的文化呈现方式转换。这种转向对新闻的传收观念带来了直接的影响。人们直观到的基本事实是，以文字符号为传播基本手段或个性特征的传统印刷新闻正在衰退（作为产业形式的报业已经在整体上显现出疲态），已经难以与以图像符号或全能符号为传播手段或个性特征的电子新闻（电视新闻、网络新闻、手机新闻等）展开竞争，大众更乐于接受直观的、感性的、生动的图像化信息。“读图”成为越来越流行的获取信息的方式，“读字”正在面临“读图”的严峻挑战。在这一意义上，“看”新闻的观念，可以说是媒介化社会中典型的新闻收受观念。在如此情况下，传播者也只能更加注重那些具有“外观”特色的新闻事实，而收受者也更加喜欢那些具有“外观”吸引力的新闻报道。顺便可以指出的是，媒介经济也就自然成了眼球经济、注意力经济。像上面的论述一样，我们无须再举更多的例子，这几种典型观念的诞生已经足以说明，媒介化社会已经和正在成为酝酿、孕育一系列新的媒介观念、新的新闻观念的温床，这就是媒介化社会本身的反映，也

① 周宪．视觉文化的转向［M］．北京：北京大学出版社，2008.

是媒介化自身演变发展的内在精神要求。

最后，如果我们从新闻传播理论研究的角度看，媒介化社会的到来，“后新闻业时代”的开启，使得一些基本的传播理论、新闻理论也受到挑战，人们不得不限定它们的适用范围。这就像爱因斯坦的相对论诞生后，经典的牛顿理论就必须限定在自身的适用范围一样。超出一定边界，真理就变成了谬误。新时代的开启，意味着以往的很多概念、原理、学说、理论等都会发生不同程度的变化，都需要人们根据新的实际、新的媒介结构的变化等做出新的探讨，或是修正、调整过往的概念、原理、学说、理论，或是提出全新的概念、原理、学说、理论。如前所说，以网络传播技术为核心造就的新的传媒生态、新闻传播格局、传播环境，已经和正在改变着人类新闻活动的结构与方式，同时也对既有的新闻传播理论提出了挑战。以往的新闻生产理论、收受理论、效果理论以及新闻与社会的关系理论等等，都是以传统社会、传统媒介为主要背景、核心根据、基本参照的，比如传统的把关理论、议程设置理论、沉默螺旋理论、使用与满足理论、两级或多级传播理论、意见领袖理论等等。随着网络传播特别是社会化媒介传播形式如博客、微博、微信等的全面兴起和广泛使用，其理论的适用范围、适用程度、解释能力等都需要进行新的研究、新的探索。[①] 至于一些具体的媒介观念、新闻观念，如我们在上文所说，更是需要根据新的传播实际、新闻实践，做出新的修正、调整和创造。我们所做的新闻观念研究，其实就是试图站在新的时代平台上，以新的传播实际为根据，用

---

① 人们可以看到，自从网络传播兴起之后，新闻学特别是传播学（理论）研究的重心，很大程度上转移到了新媒体领域，其中研究者最为关注的一个主题就是传统媒介时代发现、提出的一系列理论假设、学说在新媒介领域是否还有效适用。很多研究得出的结论，都在某种程度上改变了原有理论的内涵或外延。比如，有学者就指出，“新媒体提供的泛在传播，打破了传播学家提出的‘两级传播’陈说，使‘传播层级泛化’，传统的意见领袖的权威被消解”。参见夏德元．数字时代的媒介互动与传统媒体的象征意义［J］．学术月刊，2011（3）：25－31。

新的理论姿态和方法论观念，提出一些新的理论观念与设想，以反映人类新闻活动特别是中国新闻现象的新变化、新发展。

总而言之，当聚焦于媒介化社会对新闻观念的影响时，我们首先自然看到的是，新闻文化作为媒介文化的亚层次，或者说作为媒介文化的一部分，首先会受到媒介文化的作用和影响。在媒介化社会中，媒介成为极为重要的中介化存在，它以中介方式将人们的精神世界与现实世界勾连嫁接起来，因而，“在当代社会，公众往往接受媒体所呈现的社会现实，因此，当代文化实际上就成了‘媒体文化’”①。从观念论的角度说，在这样的社会中，这意味着人类、一定社会直至个体拥有什么样的媒介观念、信息观念、传播观念、新闻观念，对于人类、社会、个体的生存、发展都将变得越来越重要。

三、媒介化社会引发新闻观念间的新竞争

无论在世界范围内还是在一定社会中，不管是在历史视野中还是在共时眼光里，抑或是在未来的可能中，不同新闻观念之间的正确与错误、合理与不合理、先进与落后、真实与虚假等等的差异是或将是客观存在的，不同新闻活动主体对于新闻观念的不同选择同样是或将是必然的。这样的现象与事实，一定会促生不同新闻观念间的新关系，即必然形成不同新闻观念之间的交流与对话，也会造成它们之间的紧张与矛盾，从而呈现出不同新闻观念之间的竞争局面。尤其是在今天这样的媒介化社会中，新闻观念间的竞争范围、竞争方式特别是竞争结果对于相关新闻活动的实际影响，都与前媒介化社会具有很大的不同。因此，看清媒介化社会中新闻观

---

① 克兰．文化生产：媒体与都市艺术［M］．赵国新，译．北京：译林出版社，2001：4.

念竞争的表现，理解媒介化社会中新闻观念竞争的实质，在一定程度上把握媒介化社会中不同新闻观念间竞争的可能趋势，从原则上说，对于任何主体层次新闻观念的合理正确选择以及新闻观念的建构创新，都有着十分重要的时代意义。下面，我们就主要围绕这三个方面，讨论媒介化社会中新闻观念竞争的新景象。

第一，媒介化社会中的新闻观念竞争，具有方方面面的新表现。媒介化社会是典型的全球化社会，或者说它是传收技术社会化、信息全球化、传播全球化的突出表现和结果；媒介化社会是传媒文化包括新闻文化越来越具有政治影响力、经济影响力特别是文化影响力的社会，它正在改变着整个人类与一定社会中的文化结构方式以及人们的生产、生活方式；媒介化社会是一种媒介依赖不断扩张、媒介依赖度不断加强的社会，它是一个使人类的每一分子越来越在物质上、精神上趋向媒介人、电子人特征的社会……在这样的社会中，在我们这里所关注的新闻观念论的视野中，不同新闻观念之间的关系一定会有新的表现方式。但新闻观念间的竞争表现是相当纷繁复杂的，要想全景式地将媒介化社会中所有可能的具体表现方式呈现出来几乎是不可能的。因而，我们将在一些主要向度上阐释一下值得人们特别关注的表现。

从观念竞争的社会空间范围上看，媒介化社会中的新闻观念竞争，是一种范围更广的竞争；从原则上说，这是一种全球范围内的竞争。如前所说，媒介化社会具有内在的全球化本质与表现，因此，媒介化社会中的新闻观念竞争，在范围上具有天然的全球性；也就是说，媒介化社会中的新闻观念竞争，是全球范围内不同新闻观念之间的竞争。我们如果从中国视野观察或以中国社会中的新闻领域为参照，就可以清楚地看到，如今的新闻观念竞争，最典型、最主要的表现，就是中国新闻观念与以美国为代表的西方新闻观念间的竞争，也即在形式上表现为“宣传新闻主义”与“专业新闻主义”之间的竞争。其实，由于世界各国、各个地区、各个社会都有自身的传统、自身的经验、自身的特征，因而，它们都拥有具有自身特点的主导新闻观念、新闻意识形态①；媒介化社会的全球性，从原则上使所有新闻观念都有机会以直接的（如新闻观念间的直接交流对话）或间接的（如通过新闻传播中的话语实践方式）方式相遇碰撞、交流对话，从而可能形成人类从未有过的范围最广的不同新闻观念间的合作竞争关系。这也是人们当下能够看到的明显事实。

从观念竞争的层次上观察，媒介化社会为各个不同层次新闻观念之间的纵向交流对话、冲突竞争提供了从未有过的机会和可能。从全球层次的新闻观念到一定社会层次的主导新闻观念，从社会层次的新闻观念到新闻传媒层次的新闻观念，从传媒层次的新闻观念到个体主体（包括非职业新闻的民众个体）层次的新闻观念，媒介化社会为所有这些不同层次间观念的垂直交流竞争提供了可能，更为它们在横向上的交流往来、合作竞争提供了巨大的社会平台和媒介通道。这样一种观念互动关系，在前媒介化社会中更多的是理论上的可能，而在现实性上却比较艰难；但在媒介化社会中，这样的交流对话已经成为常态。而且，不同层次新闻观念间的交流是可以跨层次的，也是可以共时互动的，仅就观念范围内的交流而言，它们实质上可以在同一平台层面上展开。

从观念竞争的类型上看，媒介化社会中的新闻观念竞争，是多类型观

---

① 比如，尽管全球范围内大多数新闻工作者可能有一些共同的新闻观念、遵守一些共同的新闻伦理原则，但在不同国家，记者的角色观念是有差异的，不可能完全一样。在西方发达国家，记者的角色是相对单一的，是新闻的报道者、社会的监督者；但在发展中国家，记者的角色是多样的、复杂的，这些不同角色之间甚至可能是冲突的、矛盾的。参见 MUSA B，DOMATOB J. Who is a development journalist? Perspectives on media ethics and professionalism in post-colonial societies [J]. Journal of mass media ethics，2007 (4)：315 - 331。即使同样是西方国家，美国新闻业、美国职业新闻工作者更多倾向于坚守“客观、公平、中立”的原则，而欧洲的德国、英国、意大利、瑞士等国的职业新闻工作者则认为对他们更为重要的是“拥护或捍卫特定的价值和观念”。参见 SCHUDSON M. The objectivity norm in American journalism [J]. Journalism，2001 (2)：149 - 170。

念间的竞争，多元观念之间的竞争。在现实社会中，不管是在国际范围内还是在一定的国家、地区范围内，都存在着、活跃着多元化的新闻观念；而每一种新闻观念，特别是那些具有“主义”追求的新闻观念，总在试图支配和影响一定社会中的新闻活动。因此，不同新闻观念之间的竞争是必然的。为了论说方便，我们以一定的媒介化社会为参照，那就可以比较清楚地看到，新的最引人注目的表现是，媒介化社会为新闻观念系统在大的类型上创造了新的“品种”——民众新闻观念，特别是媒介化社会使民众新闻观念已经可以与职业新闻观念展开对话与交流；不像在前媒介化社会，它只是忽隐忽现的零星性存在，也没有什么大的社会影响，根本谈不上与职业新闻观念的交流对话或对抗竞争。因而，前媒介化社会中的新闻观念竞争，可以说主要是职业新闻领域范围内不同新闻观念、不同新闻思潮之间的竞争；但在媒介化社会中，除了职业新闻领域内各种不同类型的观念竞争之外，新生了职业新闻观念与民众新闻观念之间的竞争，这对今后一定社会新闻观念特别是主导新闻观念（新闻主义）的产生建构将带来巨大的作用和影响，因为民众的观念永远是一种社会观念的基础。若是在具体类型上看，应该说，媒介化社会中的媒介通道为各种具体新闻观念之间的竞争提供了无边无际的平台，它们尽可以展开理性或激情的论辩。我们可以看到，一定社会中平民新闻观念、草根新闻观念与精英新闻观念之间的竞争，主流新闻观念与非主流新闻观念之间的竞争，内生新闻观念与外来新闻观念之间的竞争，传统新闻观念与新生新闻观念之间的竞争，职业新闻观念与非职业新闻观念（公民新闻观念或民间新闻观念）之间的竞争，以及较大新闻观念内部不同小类型之间的竞争，这些竞争常常是热火朝天，相当热闹和普遍。仅就新闻观念演变更新的相对独立性而言，正是这样的观念竞争构成了新闻观念不断演变更新的内在动力。

从感性的新闻现象、新闻实践上观察，任何新闻观念之间的竞争，最终都要表现为新闻话语实践之间的竞争，包括新闻话语实践观念、话语实践方式之间的竞争；不能落实在新闻实践、新闻现象中的新闻观念，在现实性上显然是无意义的。因而，新闻观念的竞争落实在感性现象上，就是新闻观念对新闻传媒的掌握、对具体新闻话语实践的驾驭。如果从比较具体的新闻传媒层面上看，一定社会中不同新闻观念之间的竞争，新闻价值观之间的竞争，往往直接表现为具体新闻报道的竞争，即新闻报道内容、报道方式、报道技巧之间的竞争。同样，职业新闻观念与民众新闻观念之间的竞争，直接表现为两种新闻话语实践观念、实践方式的较量。人们看到，职业新闻与民众新闻在事实选择、新闻叙述、修辞方式等等方面都有相当的不同。就民众新闻而言，既有对职业新闻话语实践方式的学习模仿，更有对职业新闻话语实践方式的解构与嘲弄。我们如果超越一定社会范围来观察，就会立即发现，不同国家、地区之间新闻观念的竞争，首先表现为感性的新闻话语方式的较量；与前媒介化社会不同的是，如今的媒介话语竞争、新闻话语竞争，远远不限于职业新闻传播领域范围，而是呈现为不同国家之间、民族之间的整体民众新闻对话交流和对抗竞争之中，这是媒介化社会中新闻话语实践的典型表现。在现象表现上，我们当然也应该注意到，观念竞争也可以表现为不同观念之间的直接对话与交流、对抗与论辩。比如，不同新闻观念之间的竞争，完全可能通过理论竞争、学术竞争的方式展开，具体表现为不同理论观念、学术观念之间的互相辩驳与讨论。而且，在新闻话语实践方式与观念对话的理论方式之间也常常能够形成有效互动。

第二，在简要阐释了媒介化社会中新闻观念竞争的主要表现之后，我们再来分析新闻观念竞争的实质。在一般意义上说，新闻观念之间的各种差异是它们能够形成竞争关系的内在根据，而每一种新闻观念与一定社会环境、一定时代的适应或匹配程度，是它们在竞争中能够形成何种结果的重要基础。阐释不同新闻观念竞争的实质，就是要回答新闻观念为何竞争。也就是说，不同新闻观念间的竞争，并不仅仅是新闻观念本身的竞争，而且是蕴藏着各种可能的多方面、多层次的竞争关系。应该说，媒介化社会中新闻观念的竞争实质，与前媒介化社会相较，并没有什么根本性的不同。但媒介化社会到来后，诚如我们在上文所说，传媒文化包括新闻文化，在全球意义上更不要说一定社会范围内，越来越具有政治影响力、经济影响力特别是文化影响力，人们对媒介、新闻媒介的依赖度越来越高，新闻传播、新闻在整个社会生活中的意义与价值越来越大，个人在物质上、精神上越来越具有媒介人、电子人的特征。更值得关注的是，在这样的社会中，新闻业、新闻活动本身与以往相比，已经发生了巨大的变化，并且还有愈演愈烈的变革趋势。因此，不同新闻观念之间的竞争一定会有新的表现、新的意味，需要做出新的分析和阐释。

首先，在最根本的意义上看，新闻观念的竞争实质上是观念主体间的利益竞争。新闻观念总是一定主体的观念，直接反映和体现的是一定主体关于新闻、新闻现象、新闻活动的认识观念和价值观念，以及使认识观念和价值观念内在诉求的内容得以实现的方法论观念，在总体上说具有实践观念的属性。在深层次上，新闻观念反映和体现着一定主体试图通过新闻手段追求的实际利益，包括物质利益与精神利益。也就是说，作为实践观念之一种的新闻观念，总是有其实际的利益追求、利益指向，不只是简单地用来指导新闻传播得以展开的观念。一句话，不同新闻观念之间的竞争，最根本的是不同主体之间的利益竞争。

直接的经验事实与相关的科学研究已经证明，新闻传播能够对现实的经济、政治、文化、社会生活产生作用，能够对人们的思想观念、行为方式产生影响，诚如舒德森所说，“尽管新闻被多数声誉卓著的学术领域普遍轻视，但它已成为公众建构常识经验和感知真实世界的一股主要力量”①。因此，持有或赞同不同新闻观念的社会主体，为了更好地维护和实现自己的利益，都希望用对自己有益的至少是自己认为正确的、合理的新闻观念支配现实的新闻传播活动，而不愿意甚或反对用其他新闻观念指导新闻活动。也就是说，新闻观念不过是用来维护、提升、扩张主体利益的话语工具或话语武器。而且，人们在新闻观念竞争中，也不难看到，每一种获得一定社会影响的新闻观念，其持有者都会宣称自己的新闻观念是代表整个社会利益的观念，这多多少少说明任何新闻观念都有其虚伪性的一面或因素。

在媒介化社会到来的当下，人们获得了更多的实质性的言论自由、表达自由、新闻自由，获得了更多直接参与媒介活动、新闻活动的机会，表现为拥有了直接的实际可使用的媒介话语权、新闻话语权。这些曾经停留在文件中、法律条款中、道德应该中的权利，终于在新的媒介技术支持下、新的社会宽松环境中有了更多机会转化成现实的、可运用的权利。进而，越来越多的普通社会大众终于可以直接传播相关信息、表达自己的意愿和观念，至少在形式上可以通过直接发声的方式追求自己的利益、维护自己的利益，也能追求和维护社会公共利益，可以对建制性新闻传媒宣传的观念、报道的事实、维护的利益，进行自己独立的评点，并与之展开具有实质意义的对话与交流，甚至是辩驳与争论，共同塑造建构一定社会的新闻图景和言论空间，这在传统媒介时代几乎是不可想象的。

其次，新闻观念竞争是新闻“软实力”竞争的核心体现，也是文化软实力竞争的重要组成部分和表现形式，最为内在的、实质性的乃是新闻价

---

① 舒德森．新闻社会学［M］．徐桂权，译．北京：华夏出版社，2010：15．

值观的竞争。尽管传媒基础设施、技术条件等等是构成传媒传播力、影响力的基础性条件，属于硬实力，不可缺少，但在这些基本条件具备的情况下，无论是在一定社会范围内还是在全球层面上，新闻竞争的核心在于新闻文化资本的竞争，新闻价值追求的竞争。缺乏正确、合理、先进的新闻观念，不管是在具体的传媒层面上还是在国家新闻传播层面上，都很难获得新闻传播的公信力和影响力。那种以非新闻观念——宣传观念、公关观念、广告观念等——支配的新闻传播，以不良新闻观念指导的新闻传播，之所以越来越引起人们的反感，最重要的原因就是新闻观念的偏误、不合理和落后。我们如果在国际范围内观察新闻竞争，同样可以看到，在当今这样的媒介化社会中，在硬实力竞争的基础上，新闻竞争的灵魂依然是新闻观念之间的较量。一旦一些新闻传播主体的新闻观念被认定为有悖普遍认可的基本新闻职业规范、新闻传播原则，它们就有可能被置于道德低地，就有可能成为被其他新闻传播者批评嘲笑的对象；相反，一旦一些新闻传播主体所奉行的新闻观念被认定是符合新闻精神的、符合新闻传播原则的，它们就有可能处于道德高地，就有可能成为其他新闻传播主体（从传媒组织主体到职业个体）学习的榜样，这样的媒体或记者就有可能成为“媒体中的媒体、记者中的记者”①，其新闻报道本身不仅能够获得广泛的国际影响力，而且常常还会成为其他传播主体报道的对象。

在当今这样的媒介化社会，新闻实际上已经成为不同国家之间信息交流、精神交流、文化交流中不可替代的手段，同时也是进行这些领域内斗争不可替代的方式，而且处于前沿阵地。因而，毫无疑义，支配、指导、影响这些活动背后的新闻观念，实质上也是一个民族、国家核心价值观念表达的重要途径和方式。这足以说明新闻观念以及新闻观念在国际竞争中

① 媒体中的媒体，就是媒体领袖，这才是真正的主流媒体；记者中的记者，就是记者中的意见领袖，这才是真正的优秀记者。

的重要性。事实上，越来越多的人已经认识到，观念竞争是民族间、国家间“软实力”竞争的重要表现，美国学者约瑟夫·奈说：“在国际政治中，软实力在很大程度上来自于某个组织或国家所表达的价值观。”[①] “在一个建立在秩序基础上的社会，谁拥有对核心价值的表达权和解释权，谁就拥有了统治权；同样，在国际社会，一个国家能够在核心价值上影响人类的世界，也直接决定着其在国际社会中的实力与地位，决定着其影响力可能达到的空间范围。一个国家要能在核心价值上有所贡献，就必须拥有丰厚的文化资本，从而能够最大限度地累积和开放其文化系统，提炼其文化精神、传达其核心价值。”[②] 这种观念竞争，不仅仅是表现在核心价值观念或政治意识形态领域，而且是体现在所有的具体社会领域；任何一种核心价值观念体系都必须落实在一个个具体的社会活动领域，才能得到切实的实现。人们看到，国际的新闻竞争越来越表现为新闻观念之间的竞争。落后于时代的新闻观念很难在国际新闻、全球新闻传播中获胜。新闻文化价值追求的竞争，是新闻文化资本之间的竞争。新闻观念是新闻文化资本的核心和精髓。

再次，前述两点已经表明，新闻观念间的竞争，就是不同媒介文化、新闻文化价值观念之间的竞争，根本上则是不同新闻观念主体间的利益竞争；但从争取的目标或结果上看，新闻观念竞争的实质，就是争取观念主导地位的过程。一种新闻观念，只有在竞争中获得实际主导一定范围内新闻传播活动的权力，才算是在竞争中获胜。新闻观念系统的实际构成，不管在什么范围内、哪个层次上，通常总是多元的，而每一种观念都试图获取主导一定范围新闻活动的实际权力。比如，在全球范围内，人们看到，

---

① 奈，王缉思．中国软实力的兴起及其对美国的影响［J］．赵明昊，译．世界经济与政治，2009（6）：6－12，3．

② 任勇．国家治理视野中的核心价值：基于文化资本的考察［J］．社会科学，2010（3）：9－15．

西方一些学者认为意识形态已经终结，意思是说共产主义意识形态已经失败，资产阶级意识形态已经成为人类发展的最终的不变的意识形态。[①] 按照这样的逻辑，西方自由主义新闻观念便是人类终结性的新闻观念，全球新闻活动就应该接受这种观念的唯一主导。事实上，人们也确实看到，自由主义新闻观念占主导的美国等西方国家，一直都在努力使自由主义新闻观念扩展到整个世界，建构一个所谓的新闻自由世界；同时，它们把其他新闻观念特别是与它们在意识形态上不同的国家的主导新闻观念，一律视为是不正当的，是需要按照西方观念进行改变的。又如，在一定社会范围内，比如在当前中国，实际上存在着多元化的新闻观念，诸如宣传新闻主义观念、专业新闻主义观念、商业新闻主义观念、发展新闻主义观念等等，每一种新闻观念特别是那些已经有一定社会地位、社会影响的新闻观念，都试图通过各种手段在新闻改革过程中、社会转型过程中获得更加有力有利的地位；但就目前来看，宣传新闻主义观念依然处于主导地位。至于传媒层面、个体层面的新闻观念竞争，就更加丰富多彩，每个新闻媒体、每一个体（尤其是职业个体），都会在一定环境中、一定条件下，做出新闻观念选择，用某种相对稳定的新闻观念指导自身的新闻活动。

由于新闻活动直接表现为一种特殊的话语实践方式，因此，不同新闻活动主体之间“新闻话语”的竞争，是新闻观念竞争的直接表现，而关于新闻话语“权”的竞争则是新闻观念竞争的实质；这种话语权的竞争，就是争取新闻观念的领导权或主导地位。一般意义上说，一定社会中，那些

① 意识形态终结论的荒谬性是不难批驳的。果真意识形态终结，也就意味着思想观念的整体僵化或封闭，这与中国“文化大革命”时期的顶峰说、黑格尔的绝对观念论，其实都没有本质的区别，它恰好说明西方资本主义世界的思想观念系统在整体上已经进入没落的时代，进入需要革新的时代。对这样的思想观念体系，包括新闻观念体系，我们当然不能简单地搬来套用，而是应该在中国根基上，以新的世界眼光，发明建构适合我们自己需要的观念。

主体的新闻观念对主导性的新闻活动取得了支配地位，他们就赢得了该社会主导性的新闻话语权。就当前的新闻领域来看，尽管民众新闻风生水起，具有越来越大的影响力，但就常态情况而言，建制性的新闻传播仍然具有主导地位，因此，主导建制性新闻传媒组织新闻活动的观念，才是一定社会实质性的主导新闻观念。再具体一点说，所谓新闻话语权的竞争、主导新闻观念的竞争，落实在新闻传媒层面上，其实质就是不同新闻传媒争夺新闻收受者的过程，哪种观念能够赢得受众，哪种观念就是实际的获胜者。无疑，我们应该清楚，哪种新闻观念能够胜出，当然不是仅仅取决于新闻观念本身，而是关涉到很多因素，但最基础、最重要的仍在于新闻观念的品质——一种新闻观念相对其他观念的正确性、合理性、先进性，这些品质凝结在一起，构成一种观念最基本的内在力量——对新闻活动主体的召唤力或感召力。正像“一种理论和学说，或者一种精神力量，要成为信仰对象，它自身必须有强大的感召力”[①] 一样，一种观念要想赢得人们的信赖，成为人们选择的对象，首先在于其自身的品质。这些品质决定了它能否适应现实的需要，能否满足时代的需求，能否指导人们向美好的未来前进。

还须说明的是，不同新闻观念之间的竞争，并不都是水火不容、你死我活的决斗；新闻观念之间的竞争，并不仅仅意味着观念之间的胜负输赢，还意味着更多的可能。在常态社会中，也许更多的情况可能是多元或不同新闻观念之间的互相对话交流、塑造建构，而不只是互相矛盾冲突、解构拆台。在对不同新闻观念间竞争的表现与实质分析之后，我们也应该指出，在不同新闻观念竞争中，并不必然都是不同主体之间根本利益的竞争，很可能是新闻认识观念的竞争、价值观念的竞争、方法观念的竞争，

---

① 陈嬿如．心传：传播学理论的新探索［M］．厦门：厦门大学出版社，2010：58.

是在某种统一的根本性的新闻主义、新闻意识形态范围内的次级性新闻观念之间的竞争。这样的竞争，有利于新闻传播平衡结构的形成，有利于“新闻平等”的形成，使所有主体的声音、典型形象都有机会得到应有的反映和呈现。

第三，媒介化社会中新闻观念竞争的可能趋势。从上面的分析阐释中，我们可以看到，在媒介化社会中，尽管不同新闻观念之间竞争的实质与前媒介化社会没有根本的区别，但竞争的范围、层次，竞争多元化的程度、竞争的复杂性、激烈性比之以往还是大有不同的。那么媒介化社会中，新闻观念的竞争到底会呈现出怎样的一种趋势呢？如果以中国社会中的新闻观念为基本参考，我们大致可以做出以下几点分析或预测。

首先，就全球范围看，我们所概括的几种典型性或理想类型意义上的新闻观念——商业新闻主义观念、宣传新闻主义观念、专业新闻主义观念，由于媒介化社会造成的全球贯通性，它们之间的博弈斗争会更加常见与激烈，也会更加容易陷于纠缠或胶着；但从历史的大趋势上看，人们在寻求三种基本观念平衡的过程中，会越来越重视专业新闻主义观念的核心地位。因而，体现自由主义精神的专业新闻主义观念有可能是职业新闻活动观念演变发展的大方向；即使在民众新闻领域，也会有越来越多的人认知并认同专业新闻主义观念的基本精神。研究西方媒介体制的权威学者哈林、曼奇尼在比较周全的实证研究基础上指出，“自由主义模式无疑在整个欧洲和北美已经越来越具有主导性——如同它在世界的许多地方一样”[①]。他们的判断是否能够推广，这当然是个问题，需要专门研究。我们相信，专业新闻主义观念在不同的社会中自然会有一些不同的具体表现，但其基本精神内核应该是大体一致的，不然，就不应该也不能统摄在

① 哈林，曼奇尼．比较媒介体制：媒介与政治的三种模式［M］．陈娟，展江，等译．北京：中国人民大学出版社，2012：249－250．

同一名称下。在中国，尽管当前的主导新闻观念依然是中国特色的“宣传新闻主义”，但专业新闻主义观念的影响越来越大，这也是改革开放以来显现的不可否认的客观事实，至少“发展专业新闻主义观念”已经成为一种趋势。如果我们的眼光再长远一些，完全可以说，具有中国特色的专业新闻主义将是中国新闻观念演变的基本走向。就当下来说，中国新闻界，由于种种原因，更多的是把专业新闻主义观念当作新闻操作观念，而非当作目标性观念，专业新闻主义被当作更好实现新闻传播、新闻宣传的工具，而不是当作新闻传媒应该追求的内在精神。因而有学者指出，作为专业的行为规范和社会控制模式，专业主义在中国仍然是奢侈品。[①] 在这样一种情形下，中国新闻业离专业新闻主义的目标应该说还有很大的距离；而且，中国到底应该建立怎样的专业新闻主义观念，也没有成为人们热切关注的问题。我们以为，中国的新闻改革，不能总是先动手，后动脑，而是应该先动脑，再动手，最好是同步进行；自发与自觉有机结合，是少走弯路的应当选择；中国新闻界在探索适合自己新闻发展道路的过程中，应该以自觉的方式处理好宣传新闻主义、商业新闻主义、专业新闻主义之间的关系，处理好政治逻辑、商业逻辑与新闻逻辑之间的关系；“中国传媒转型与发展不仅仅应当借鉴西方媒介的进步（经验），更应吸取其商业化的教训，建构和寻找适合我国自身特点和国情的价值认同”[②]。从大的总体方向上看，我以为，中国新闻业应该成为社会公共事业，中国新闻传媒应该成为公共武器，中国的新闻媒介应该成为公共领域，中国的新闻产品应该成为公共产品。一言以蔽之，公共利益应该成为中国新闻业永远追求的核心目标，诚如我们在一篇论文中所表达的，“公共利益属

① 陆晔，潘忠党．成名的想象：中国社会转型过程中新闻从业者的专业主义话语建构［J］．新闻学研究，2002，71：17－59.

② 薛国林，李志敏．论中国传媒价值认同：以马克思公共性思想为视角［J］．现代传播，2011（9）：15－19，25.

性虽然不是新闻产品、新闻媒体、新闻行业所具有的唯一属性，但却是它们最紧要的品质”①。“新闻工作不能仅仅由经济利益、商业利润和少数人的利益决定。相反，它应表现出某种神圣的使命感，从业者要认识到，将如此举足轻重的传播权力委托于你，目的是促进所有人的福祉。”②

其次，不管是在全球范围内还是在特定的社会中，专业新闻主义观念与民众新闻观念之间的关系演变走向，已经是并将在很长一段时期是媒介化社会中越来越被人们关注的热点问题。新闻传播领域的日新月异已经使人们普遍感到，“今日政治、社会生活的整体‘信息生态’正处于深刻的巨变之中。于是，我们对新闻界在这样广袤、宽松与自由的信息轨道空间中的处境与地位必须进行重新叙述和重新认识”③。而标志媒介化社会的重要现象——民众新闻的全球化兴起，尤其是在中国式社会中的特殊表现（最典型的就是，人们积极通过民众新闻方式——主要通过社会化媒体通道——参与公共事务、参与政治活动），促使人们必须认真对待民众新闻与职业新闻的关系。事实上，关于这两类新闻（业）④ 活动之间的关系及其发展趋势，人们已经形成了多元化的观念。

就当前来看，关于民众新闻与职业新闻的关系，已经形成了两种典型的基本观念或看法。一种是认为民众新闻（公民新闻）将会取代职业新闻或专业新闻，成为未来人类社会新闻活动的基本存在方式，“民众化转向最主要的受害者就是新闻的专业化生产”⑤；或弱一点讲，专业化新闻生

① 杨保军，雒有谋．新闻学视野中的公共利益［J］．新闻记者，2013（3）：32－38.

② 同①.

③ 舒德森．为什么民主需要不可爱的新闻界［M］．贺文发，译．北京：华夏出版社，2010：14.

④ 已经有不少人将民众新闻（公民新闻）现象或民众新闻传播活动定义为与建制性新闻行业（职业新闻活动）相对的一种“新闻业”，尽管这对人们把握民众新闻现象具有概念上的便利性，但能否把民众新闻传播活动称之为一种新闻业，并且是可以与传统新闻业对等意义上的新闻业，还是有待进一步探讨的。新闻业是以新闻活动为主的一个行业，既是一种事业，也是一种产业，如果以此为标准，民众新闻活动就至多只能在准新闻业的意义上加以对待，而不能简单定义为一种“新闻业”。

⑤ 特纳．普通人与媒介：民众化转向［M］．许静，译．北京：北京大学出版社，2011：60.

产方式将失去前媒介化社会的“中心”地位。比如，一些比较激进的倡导“未来新闻学”（future-of-news consensus）[①] 理念的人认为，随着新媒体的进一步发展，“新闻将由受众生产，新闻机构再无存在的必要”，“未来的新闻将不再以传统的方式被采集和传播，新闻业将由互联网驱动，由见多识广的受众聚合，共享，甚至搜集”[②]。这些人相信互联网具有革命性的变革力量，不仅能够改变新闻业的面貌，而且能够改变世界的面貌，他们趋向于认为网络社会是一个完全不同的社会，是一个更少等级、更多民主、更多合作、更自由甚至更真实的社会。在新闻领域中，他们相信民众的智慧，信赖志愿主义（volunteerism）胜过专业主义（professionalism），相信传统的新闻机构会逐渐消失来为互联网让路。[③] 中国新闻学者喻国明认为，“目前的新闻信息生产方式由传统的专业组织生产转变为社会化大生产形式，社会性媒体让‘人人是记者’变成可能，促使组织化的新闻生产逐渐‘去中心化’”，“‘话语平权’成为一种可能性，传统大众媒体在传统社会中所拥有的风光在社会化网络时代已经不复存在”[④]。在“后媒体时代，新闻生产开始向‘全民制造’转变，相关技术提供了这种制造的便利并丰富其报道的样态”[⑤]。因而，“随着公众参与在专业新闻生产中的角色日益重要，记者已经无法保持他们对这一职业的排他性管辖，新闻进入了‘去专业化’的过程”[⑥]。另一种主导性的观念认为，民众新闻不可能

---

① “未来新闻学”最著名的倡导者及代表作主要有：杰夫·贾维斯（Jeff Jarvis），代表作是《Google将带来什么?》；克莱·舍基（Clay Shirky），代表作是《未来是湿的：无组织的组织力量》；杰伊·罗森，代表作是《记者的使命》；丹·吉尔摩（Dan Gillmor），代表作是《草根新闻》。参见王侠．“未来新闻学”的理念及争论［J］．新闻记者，2012（10）：17－20。

② 王侠．“未来新闻学”的理念及争论［J］．新闻记者，2012（10）：17－20.

③ 同②.

④ 喻国明．现阶段传播格局的改变与门户网站未来发展的走势［J］．新闻与写作，2012（12）：53－55.

⑤ 栾轶玫．后媒体时代的新闻生产：2012新媒体年度盘点［J］．新闻与写作，2012（12）：22－24.

⑥ 白红义．塑造新闻权威：互联网时代中国新闻职业再审视［J］．新闻与传播研究，2013（1）：26－36.

取代职业新闻，更不可能摧毁专业新闻主义观念。比如：有人针对公民新闻现象指出，喧嚣多年的公民记者，不过是“植根于人性的乌托邦，并违背社会分工”[①]；有人针对“两种新闻业”[②] 的未来可能关系指出，“在公民新闻兴起的时代，只有一点是可以肯定的，新闻业将变得更加专业化和组织化，而且社会将越来越需要专业的新闻信息提供机构”[③]。在民众新闻现象面前，“新闻专业主义所设置的专业门槛在新媒体时代并没有消失，而是更强化了”，“新媒体的出现，社交网络的发达，不但不是新闻专业主义的终结者，而且是更有力的维护者，只要人类对新闻需求的目标没有根本的改变，只要我们还希望通过新闻这种方式来探测这个变幻莫测的世界，新闻专业主义仍然是一种不可或缺的理论资源与实践纲领”[④]。曼纽尔·卡斯特等著名学者在最新的学术论文中也表达了类似的看法，他们认为，新工具和新实践的出现，创造了信息生产的新方式，重新定义了专业新闻在新的信息系统中的地位；尽管很多人对此怀有一种恐惧，认为新技术的发展对新闻业和新闻记者的职业生存有破坏性影响，但事实上目前的发展或许能为更好的新闻业和独立新闻记者的发展铺平道路。[⑤]

在观察分析客观现象以及众多相关研究的基础上，我们认为，职业（专业）新闻与民众新闻的共在互动，确实构成了最具媒介化社会特征的新闻现象；而关于二者之间关系的认知，自然构成了最具媒介化社会特征中的新闻观念问题。对于上述两种典型观念或看法，我以为，前一种观念

---

① 张立伟．公民记者乌托邦［J］．新闻与写作，2013（3）：48-51.

② 有人将职业新闻与民众新闻（公民新闻）定性为两种类型的新闻业，并按照以往的逻辑（三权分立中的三权——立法、行政、司法，加上“第四权力”传媒），将公民新闻称之为“第五权力”。参见胡翼青．自媒体力量的想象：基于新闻专业主义的质疑［J］．新闻记者，2013（3）：6-11。

③ 胡翼青．自媒体力量的想象：基于新闻专业主义的质疑［J］．新闻记者，2013（3）：6-11.

④ 吴飞．新媒体革了新闻专业主义的命?：公民新闻运动与专业新闻人的责任［J］．新闻记者，2013（3）：11-19.

⑤ 哈克，帕克斯，卡斯特．新闻业的未来：网络新闻［J］．张建中，李雪晴，译．国际新闻界，2013（1）：53-66.

本质上具有技术决定主义的色彩，也不乏乌托邦的气息，缺少整体的系统论的考量，也缺乏对现代新闻业在整体社会结构中功能作用的深入思考，对新闻专业性的轻视也同样是不切实际的；常态的、可靠的、有深度的、持续的（更不要说那些重大的、特殊的）新闻事件的传播活动恐怕只能依赖建制性的、专业性的新闻组织及其职业工作者去完成，没有哪个民众个人拥有这样的能力和时间；民众个人作为准新闻生产者、传播者大多只能报道“那些已经展现为动态事件的新闻事实的表象”[①]，而关于事实的来龙去脉、前因后果、深层原因，需要专门采访、调查，这些工作不是民众新闻人能够轻易胜任的。因而，过分看低甚或贬低职业新闻的专业性并不符合新闻生产与传播的实际要求，确实有“新闻民粹主义”的嫌疑。美国新闻社会学家舒德森1995年以前就曾描述过新闻业的未来发展图景，他写道：“想象一个世界，在那里，政府、商界、议员、教会、社会运动者都可以直接通过自家电脑向公众发送信息，新闻业顷刻间被废弃。但经过了最初的欢快、混乱和权力转移，值得信赖的人将不得不将新闻分类，并以可理解的方式表述出来。新闻业将重新发明，专业的传媒集团将再度出现……”[②] 这实际上表明专业新闻生产与传播方式在现代社会是不可能消失的，民众新闻生产传播方式不可能替代建制性的新闻业。因而，后一种观念在我看来更加理性，更具有说服力，不仅符合当下的实际，而且在可预见的未来，也是恰切的。

在职业新闻与民众新闻的基本关系上，我的核心观念可以概括为极化与融合，下面分而述之。

所谓“极化”是指：职业新闻与民众新闻始终保持适当的距离甚或分

① 吴飞．新媒体革了新闻专业主义的命?：公民新闻运动与专业新闻人的责任［J］．新闻记者，2013（3）：11－19.

② 王侠．“未来新闻学”的理念及争论［J］．新闻记者，2012（10）：17－20.

离、分立，民众的就是民众的，专业的就是专业的，二者不可能无条件地混为一体；直截了当地说，民众的保持本色，专业的则更为专业。一方面，媒介化社会中的民众新闻，具有当代“技术丛”支持下天然生成的普遍性、全时性、微生产性与微传播性、（移动性中的）互动性、共动性等特性，以及由这些特性造成的传播方式、传播效果上随时由“微”而“宏”的聚合性、“蝴蝶效应”性的特征；民众新闻同样有着天然的自由自主性特征，具有天然的“民本主义”甚至是“人本主义”色彩，可以说，民众新闻是带着体温的新闻[①]。同时，与职业新闻相比，民众新闻不像职业新闻那样，容易受到专业新闻主义、商业新闻主义和宣传新闻主义等等观念的或严格或宽松的限制与约束、干涉或影响，民众新闻天然地弱化了政治逻辑、经济逻辑、专业逻辑对新闻生产与传播的作用与影响。传播“技术丛”支持下的民众新闻，使新闻生产与传播的权力、权利“普撒”在每个民众个体身上，从而使新闻生产与传播的自由有了更广的天地。当然，民众新闻也同样存在着天然的自发性、非严谨性以及难以消除的非理性现象，民众新闻传播者更易于滥用新闻自由，这是现实反复证明的，无须赘述；也正因为如此，民众新闻的可信度、真实性也带着天然的令人怀疑的属性。另一方面，媒介化社会中的专业新闻领域，同样正在进入一个前所未有的“后新闻业时代”，面临着严峻的挑战和难得的历史机遇，新旧媒体的扬弃，各种媒介的融合，显现出当今时代新闻行业领域的最大特征。专业新闻经过一百多年的演变与发展，不管人们对其专业水平有着怎

① 有人说，在“媒介融合时代（这个时代在媒介社会学视野中就是媒介化社会时代。——引者），用户通过直接参与新闻生产而‘自我赋权’，最大程度地把人本主义理想变成现实，各种自媒体和‘带着体温的媒体’，更是直接让‘新闻成为人体的延伸’”，并认为“人本主义是对新闻专业主义专制语境的一种回应和反弹，也是对新闻自由、客观理念传统的接力和升华”。参见郜书锴．媒介融合视域下新闻学研究的8个新议题：基于国外新闻学研究者的文献综述［J］．新闻记者，2012（7）：20－24。

样的认识与评价，但确实已经形成了相对比较成熟的专业观念体系、专业知识体系、专业技能体系、专业自治体系等[①]，这是难以否认的事实。这种专业性是民众新闻不可能随意替代的。因此，在专业新闻与民众新闻关系的视野中，专业新闻要想获得生存和发展，恐怕只有一条路，那就是只能以更为专业的理念、更为专业的方式、更为专业的精神——诸如坚持新闻传媒的相对自主与独立，坚持为公共利益服务，坚持真实客观、公正公开、及时快速的传播理念与方式，坚守新闻伦理与新闻职业道德——展开新闻生产与传播，而不是将自己降低到民众新闻生产的水平，迎合民众新闻的口味。唯有如此，专业新闻才有可能在新闻生产与传播中获得自身的权威性——新闻权威[②]，进而以自己独特的方式和功能为社会的良性运行与发展做出贡献。因而，"极化"观念的核心是：在媒介化社会中，民众新闻与职业新闻各有自身的特征、自身的功能，不可能互相替代，它们都有自身存在的根据和理由。

所谓"融合"是指：职业新闻与民众新闻经过长期互动，有可能形成一种新的新闻生产与传播现象。也就是说，职业新闻与民众新闻有可能走出"第三条道路"，即互动融合的道路。实际上，这一点目前已有所显现，民众新闻与职业新闻的共存，已经在一定程度上产生了这样的现象。人们看到，如今，一方面是非专业人士参与到新闻生产传播领域中，另一方面是专业人士通过更专业的手段来确立自身的存在感，以及专业人士用非专业、大众化的手段来拓展自己的专业影响力。[③] 但需要注意的是，第三条

---

① 需要说明的是，这样的体系在不同国家、不同地区的发展水平是不一样的，成熟度也是不一样的；同时，还应注意到，作为建制性的新闻存在，职业新闻在世界不同国家与地区的性质、地位、功能等也是存在差别的，但不可否认的事实是，它们都拥有各自的体系性。

② 新闻权威即新闻记者和新闻组织获得了准确、真实、客观地解释社会现实的权力，它主要来源于新闻记者和新闻组织在文化生产场域中所处的专家位置。参见白红义．塑造新闻权威：互联网时代中国新闻职业再审视 [J]. 新闻与传播研究，2013 (1)：26－36。

③ 栾轶玫．后媒体时代的新闻生产：2012 新媒体年度盘点 [J]. 新闻与写作，2012 (12)：22－24.

道路并不是完全独立的一条道路，它存在于纯粹的职业新闻、纯粹的民众新闻之间，比职业新闻的专业水平专业程度弱一些，但又比常态的、一般的民众新闻具有更多的专业色彩和专业气息。这实质上是对民众新闻的宏观性再分，也是对职业新闻中那些普通民众化现象的包容。在当下的现实中人们已经看到，民众中媒介素养、新闻素养比较高的，愿意并有能力按照新闻传播原则传播新闻的人，以及职业新闻人或专业新闻人士以民众身份、用非专业的大众化手段来拓展自己的专业影响力传播新闻的人，他们的新闻活动可以说既与绝大多数“率性而为”的民众新闻不一样，也与绝大多数“专心致志”的职业新闻有所不同，我把此类新闻现象看成是民众新闻与职业新闻互动融合建构出的第三条道路。有学者指出：“无论是从特性取向还是权力取向来看，公民记者或微博记者都与受雇于正式媒体组织的职业记者没有实质性区别。”① 但在现实性上，恐怕只能在我们此处所说的第三条道路的意义上这样说。民众新闻能否成为长久的重要的新闻力量，有赖于多种条件，但从主体角度看，大众只有具备了基本的公民素质，社会只有具有了基本的公民文化氛围，公共领域才能成为真实的公共领域，才能真正展开有关公共利益问题的讨论。这就像“只有在公民文化占主导地位的时候，民主才可能出现。因为在这种文化下，人们才对自己充满自信，对他人愿意宽容，对政府有很多期待，知道自己不满意的时候可以抗议，也知道自己可以选择自己的政治领袖，对政治决策施加影响”②。

最后，我们可以在综合或总结意义上，对媒介化社会中新闻观念竞争的可能机制或模式做一些简要的分析和说明。关注新闻观念竞争及其竞争

① 谢静．从专业主义视角看记者微博规范争议：兼谈如何重建新闻人与媒体组织间的平衡［J］．新闻记者，2013（3）：20－25.

② 王绍光．民主四讲［M］．北京：生活·读书·新知三联书店，2008：98.

机制或模式，对媒介化社会来说，有着更为重要的意义和价值，因为与前媒介化社会相比，在这样的社会中，无论是具有更强客观意义的媒介环境、新闻符号世界，还是具有更强主观性的媒介观念、新闻观念，对政治、经济、文化以及整体的社会生活、个人生存与发展都有更为深刻、全面、直接的影响。

在常态下，一定社会中不同新闻观念的竞争方式，可以在“历时”和“共时”两个向度上观察：在历时向度上，不同新闻观念之间的竞争模式可以大致描述为“扬弃模式”，或者说是一种历史性的传承模式。稍微具体一点说，在历时向度上，新闻观念之间的竞争表现，在结果上有多种呈现方式：有时是单一观念获得主导地位，其他观念或被历史淘汰，或是处于边缘地位；在一些特殊的社会历史状态或情境中，也会出现几种主要新闻观念形成齐头并进的局面，在历时上呈现出共时存在的图景。但大多时候在结果上表现为前一种模式。比如，美国“主义”层次的新闻观念，就大致经历了从党派新闻观念到客观新闻理念再到专业新闻理念的历史过程，这一宏观过程中包含着各种小的具体的不同历史时期的新闻观念，它们之间形成了前后相继的扬弃关系，其中稳定的一根红线就是美国式自由主义新闻观念。又如，在新中国新闻观念史上，在新闻主义层次上，就大致经历了从“强的阶级斗争工具论”的新闻观念到“一般意义的喉舌论”的新闻观念，再到“弱的新闻本位”的新闻观念，这也是一个历史的传承与扬弃过程，其中贯穿着“喉舌论”的红线。在共时性上，一般情况下，一定社会中总是存在着多元化的、多样的、多层次的新闻观念，这些多元的、多样的、多层次的观念之间既有可能合作、融合、共存又有可能矛盾、对抗、斗争，但通常来说，一个社会主导性的或处于领导地位的新闻主义（观念）不大可能是多元的，只能是一元的；若是多元的，它们之间就会产生新的论辩与斗争，以争取观念的“霸权”或主导地位。比如：当代美国的主导新闻观念就是自由主义新闻观念，具体表现为美国式专业新闻主义；当代中国的主导新闻观念仍然是喉舌论新闻观念，具体表现为中国式宣传新闻主义。从总体上说，两种向度都会贯穿整个新闻观念史的演变过程。

就当前的媒介化社会而言，显然，我们应该主要在共时性上观察分析不同新闻观念之间的竞争机制或模式。根据前文的相关分析，我们已经知道，不管是在世界范围内还是在特定社会范围内，尤其是对新闻业整体发展比较发达的国家或社会来说，新闻观念的竞争范围更加广泛，各种新生观念更加多元多样，因而观念竞争方式更加纷繁复杂，观念竞争程度更加激烈胶着，观念竞争结果更加难以准确预料。若是把不同国家、不同社会这一最为根本的客观要素考虑进来，媒介化社会中新闻观念竞争机制或模式特征就更是难以把握。因而，我们就以中国当代社会为参照，简要描述一下新闻观念竞争的可能共时模式或样态。

在社会整体“新闻主义”层面上，最大的可能模式是：中心边缘式或核心统领式，即一种观念处于核心地位，其他观念处于边缘位置。就可预见的未来而言，宣传新闻主义观念仍然居于中国社会新闻观念系统的领导地位，而商业新闻主义观念、专业新闻主义观念还难以进入中心地位，尽管它们都是具有巨大影响的新闻观念，但在当下中国语境中将三者联结在一起的依然是宣传新闻主义观念。

在职业与民众关系意义上，可能会形成最具媒介化社会新闻观念竞争关系特征的模式，这就是两类观念的竞合模式：职业新闻观念与民众新闻观念会在中国语境中形成特殊的竞合关系。如我们在前文已经指出过的那样，这种竞合模式一方面表现为民众新闻（观念）与职业新闻（观念）的相互认同与合作，另一方面则表现为比较强烈的民众新闻（观念）对职业新闻（观念）的批评与解构。这两方面特别是后一方面将会在中国社会长期存在，其中的核心原因在于：在新闻领域，乃是中国的职业新闻还远没有达到专业新闻的水平和境界，还远没有确立起应有的或可能的新闻权威①，还难以获得民众的普遍信任；在社会视野中，中国的新闻业在本质上属于党和政府的耳目喉舌，在整体上还没有获得公共事业的本质属性，在社会领域的结构上还没有获得充足的自主地位与功能。

同样，在社会整体新闻观念系统构成意义上，能够比较充分显示当今媒介化社会中新闻观念竞争关系特征的模式，就是各种观念的共存互动模式：多元的、多样的、多层次的各种新闻观念，诸如前文所说的“主义”层面的各种新闻观念，不同社会层次人群的新闻观念像精英新闻观念、草根新闻观念等，以及具有各种明确价值指向的新闻观念像公共新闻观念、民生新闻观念等，都有机会、有可能、有空间在大致相似的平台上展开交流与对话、论辩与对抗，这在前媒介化社会是难以形成的。

---

① 有人说，“中国新闻业的专业化过程仍未完成，却又碰到了新的问题，那就是互联网时代出现的公众参与”。这一判断是基本准确的，它也正是我们这里所说的两类观念之间认同少、对立多的重要原因之一。参见白红义．塑造新闻权威：互联网时代中国新闻职业再审视［J］．新闻与传播研究，2013（1）：26-36。

主要参考文献

一、中文文献（著作类）

蔡晓滨．美国报人：游走于现实与历史之间［M］．济南：山东画报出版社，2010.

陈力丹．陈力丹自选集：新闻观念：从传统到现代［M］．上海：复旦大学出版社，2004.

陈力丹．精神交往论：马克思恩格斯的传播观［M］．北京：开明出版社，1993.

陈力丹．马克思主义新闻观思想体系［M］．北京：中国人民大学出版社，2006.

陈力丹．马克思主义新闻思想概论［M］．上海：复旦大学出版社，2003.

陈力丹．马克思主义新闻学词典［M］．北京：中国广播电视出版社，2002.

陈力丹．世界新闻传播史［M］．2 版．上海：上海交通大学出版社，2007.

陈力丹．舆论学：舆论导向研究［M］．北京：中国广播电视出版社，1999.

陈力丹．自由与责任：国际社会新闻自律研究［M］．开封：河南大学出版社，2006.

陈汝东．传播伦理学［M］．北京：北京大学出版社，2006.

陈卫星．传播的观念［M］．北京：人民出版社，2004.

陈嬿如．心传：传播学理论的新探索［M］．厦门：厦门大学出版社，2010.

陈作平．新闻理论新思路：新闻理论范式的转型与超越［M］．北京：中国传媒大学出版社，2006.

邓小平文选：第 1 卷［M］. 2 版 . 北京：人民出版社，1994.

邓小平文选：第 2 卷［M］. 2 版 . 北京：人民出版社，1994.

丁柏铨 . 中国当代理论新闻学［M］. 上海：复旦大学出版社，2002.

丁淦林 . 丁淦林回忆录［M］. 德国：EBNER VERLAG GmbH& Co. KG，2012.

方汉奇 . 中国新闻事业通史：第 1 卷［M］. 北京：中国人民大学出版社，1992.

方汉奇 . 中国新闻事业通史：第 2 卷［M］. 北京：中国人民大学出版社，1996.

方汉奇 . 中国新闻事业通史：第 3 卷［M］. 北京：中国人民大学出版社，1999.

冯友兰 . 冯友兰读书与做人［M］. 北京：国际文化出版公司，2011.

甘绍平 . 伦理智慧［M］. 北京：中国发展出版社，2000.

甘绍平 . 人权伦理学［M］. 北京：中国发展出版社，2009.

甘惜分 . 新闻论争三十年［M］. 北京：新华出版社，1988.

甘惜分 . 新闻学大辞典［M］. 郑州：河南人民出版社，1993.

甘惜分 . 一个新闻学者的自白［M］. 香港：香港未名出版社，2005.

高钢 . 新闻写作精要［M］. 北京：首都经济贸易大学出版社，2005.

戈公振 . 中国报学史：插图整理本［M］. 上海：上海古籍出版社，2003.

葛兆光 . 思想史研究课堂讲录：视野、角度与方法［M］. 北京：生活 · 读书 · 新知三联书店，2005.

葛兆光 . 西潮又东风：晚清民初思想、宗教与学术十讲［M］. 上海：上海古籍出版社，2006.

龚群 . 当代西方道义论与功利主义研究［M］. 北京：中国人民大学出版社，2002.

龚群 . 社会伦理十讲［M］. 北京：中国人民大学出版社，2008.

郭金鸿 . 道德责任论［M］. 北京：人民出版社，2008.

郭湛 . 主体性哲学：人的存在及其意义：修订版［M］. 北京：中国人民大学出版社，2011.

胡百精 . 公共关系学［M］. 北京：中国人民大学出版社，2008.

胡锦涛 . 坚定不移沿着中国特色社会主义道路前进 为全面建成小康社会而奋斗：在中国共产党第十八次全国代表大会上的报告［M］. 北京：人民出版社，2012.

黄旦．传者图像：新闻专业主义的建构与消解［M］．上海：复旦大学出版社，2005.

黄旦．新闻传播学［M］．杭州：杭州大学出版社，1997.

黄瑚．新闻法规与职业道德教程［M］．上海：复旦大学出版社，2003.

季羡林．季羡林读书与做人［M］．北京：国际文化出版公司，2009.

蒋亚平，官健文，林荣强．新闻失实论：上册［M］．北京：中国新闻出版社，1986.

金观涛，刘青峰．观念史研究：中国现代重要政治术语的形成［M］．北京：法律出版社，2009.

兰久富．社会转型时期的价值观念［M］．北京：北京师范大学出版社，1999.

蓝鸿文．新闻伦理学简明教程［M］．北京：中国人民大学出版社，2001.

郎劲松．中国新闻政策体系研究［M］．北京：新华出版社，2003.

李彬，杨芳，尹丽娟．清华新闻传播学前沿讲座录［M］．北京：清华大学出版社，2006.

李彬．中国新闻社会史文选［M］．北京：清华大学出版社，2008.

李建盛．理解事件与文本意义：文学诠释学［M］．上海：上海译文出版社，2002.

李良荣．当代西方新闻传播业［M］．北京：中国人民大学出版社，2000.

李良荣．新闻学概论［M］．2版．上海：复旦大学出版社，2005.

李元授．新闻信息概论［M］．武汉：武汉大学出版社，1994.

李泽厚．哲学纲要［M］．北京：北京大学出版社，2011.

李泽厚．中国现代思想史论［M］．北京：东方出版社，1987.

李瞻．新闻学：新闻原理与制度之批评研究［M］．台北：三民书局，1973.

林爱珺．知情权的法律保障［M］．上海：复旦大学出版社，2010.

刘海龙．宣传：观念、话语及其正当化［M］．北京：中国大百科全书出版社，2013.

刘华蓉．大众传媒与政治［M］．北京：北京大学出版社，2001.

刘建明．当代新闻学原理［M］．北京：清华大学出版社，2003.

刘建明．媒介批评通论［M］．北京：中国人民大学出版社，2001.

刘建明．新闻学前沿：新闻学关注的 11 个焦点［M］．北京：清华大学出版社，2005.

刘晓红，卜卫．大众传播心理研究［M］．北京：中国广播电视出版社，2001.

闾小波．近代中国民主观念之生成与流变：一项观念史的考察［M］．南京：江苏人民出版社，2011.

罗以澄，吕尚彬．中国社会转型下的传媒环境与传媒发展［M］．武汉：武汉大学出版社，2010.

罗以澄．新闻与传播评论：2011 年卷［M］．武汉：武汉出版社，2011.

马克思恩格斯全集：第 1 卷［M］．2 版．北京：人民出版社，1995.

马克思恩格斯全集：第 20 卷［M］．北京：人民出版社，1971.

马克思恩格斯全集：第 30 卷［M］．2 版．北京：人民出版社，1995.

马克思恩格斯全集：第 3 卷［M］．北京：人民出版社，1960.

马克思恩格斯全集：第 42 卷［M］．北京：人民出版社，1979.

马克思恩格斯全集：第 47 卷［M］．2 版．北京：人民出版社，2004.

马克思恩格斯选集［M］．3 版．北京：人民出版社，2012.

马立诚．当代中国八种社会思潮［M］．北京：社会科学文献出版社，2012.

马少华．想得很美：乌托邦的细节设计［M］．北京：中国青年出版社，2011.

麦尚文．全媒体融合模式研究：中国报业转型的理论逻辑与现实选择［M］．北京：中国人民大学出版社，2011.

毛泽东新闻工作文选［M］．北京：新华出版社，1983.

苗东升．系统科学辩证法［M］．济南：山东教育出版社，1998.

潘维，廉思．中国社会价值观变迁 30 年：1978—2008［M］．北京：中国社会科学出版社，2008.

彭兰．中国网络媒体的第一个十年［M］．北京：清华大学出版社，2005.

钱理群．我的精神自传［M］．桂林：漓江出版社，2011.

邵培仁．传播学［M］．北京：高等教育出版社，2000.

沈原．市场、阶级与社会：转型社会学的关键议题［M］．北京：社会科学文献出版社，2007.

盛宁．人文困惑与反思：西方后现代主义思潮批判［M］．北京：生活·读书·新知三联书店，1997.

孙郁．鲁迅忧思录［M］．北京：中国人民大学出版社，2012.

孙周兴．海德格尔选集［M］．上海：上海三联书店，1996.

汤书昆．表意学原理［M］．北京：中国科学技术大学出版社，1992.

陶东风．文化研究精粹读本［M］．北京：中国人民大学出版社，2006.

陶富源．实践主导论：哲学的前沿探索［M］．合肥：安徽人民出版社，2001.

童兵．比较新闻传播学［M］．北京：中国人民大学出版社，2002.

童兵．技术、制度与媒介变迁：中国传媒改革开放 30 年论集［M］．上海：复旦大学出版社，2009.

童兵．理论新闻传播学导论［M］．北京：中国人民大学出版社，2000.

童兵，林涵．20 世纪中国新闻学与传播学：理论新闻学卷［M］．上海：复旦大学出版社，2001.

童兵．主体与喉舌：共和国新闻传播轨迹审视［M］．郑州：河南人民出版社，1994.

王海明．新伦理学：优良道德的制定与实现之研究［M］．北京：商务印书馆，2001.

王路．逻辑的观念［M］．北京：商务印书馆，2003.

王前．哲学的解蔽：从知识到体验［M］．北京：人民出版社，2009.

翁杨．反思新闻学：一项观念史的考察［M］．广州：南方日报出版社，2011.

吴飞．新闻专业主义研究［M］．北京：中国人民大学出版社，2009.

吴国盛．时间的观念［M］．北京：北京大学出版社，2006.

吴廷俊．中国新闻传播史：1978—2008［M］．上海：复旦大学出版社，2011.

伍静．中美传播学早期的建制史与反思［M］．济南：山东人民出版社，2011.

夏德元．电子媒介人的崛起：社会的媒介化及人与媒介关系的嬗变［M］．上海：复旦大学出版社，2011.

项德生，郑保卫．新闻学概论［M］．武汉：武汉大学出版社，2000.

徐宝璜．新闻学［M］．北京：中国人民大学出版社，1994.

徐复观．中国思想史论集［M］．上海：上海书店出版社，2004.

徐晖明．中国发展传播学：总报告［M］．杭州：浙江大学出版社，2009.

徐培汀，裘正义．中国新闻传播学说史［M］．重庆：重庆出版社，1994.

徐培汀．中国新闻传播学说史：1949—2005［M］．重庆：重庆出版社，2006.

徐耀魁．西方新闻理论评析［M］．北京：新华出版社，1998.

许倬云．中国文化与世界文化［M］．桂林：广西师范大学出版社，2006.

晏辉．现代性语境下的价值与价值观［M］．北京：北京师范大学出版社，2009.

杨保军．新闻本体论［M］．北京：中国人民大学出版社，2008.

杨保军．新闻道德论［M］．北京：中国人民大学出版社，2010.

杨保军．新闻活动论［M］．北京：中国人民大学出版社，2006.

杨保军．新闻价值论［M］．北京：中国人民大学出版社，2003.

杨保军．新闻精神论［M］．北京：中国人民大学出版社，2007.

杨保军．新闻理论教程［M］．2 版．北京：中国人民大学出版社，2010.

杨保军．新闻理论教程［M］．北京：中国人民大学出版社，2005.

杨保军．新闻理论研究引论［M］．北京：中国人民大学出版社，2009.

杨保军．新闻事实论［M］．北京：新华出版社，2001.

杨保军．新闻真实论［M］．北京：中国人民大学出版社，2006.

杨国荣．存在之维：后形而上学时代的形上学［M］．北京：人民出版社，2005.

杨国荣．道论［M］．北京：北京大学出版社，2011.

杨国荣．认识与价值［M］．上海：华东师范大学出版社，2009.

杨宇冠．人权法：《公民权利和政治权利国际公约》研究［M］．北京：中国人民公安大学出版社，2003.

喻国明．中国传媒发展指数报告：2008［M］．北京：社会科学文献出版社，2008.

袁贵仁．价值观的理论与实践：价值观若干问题的思考［M］．北京：北京师范大学出版社，2009.

臧国仁．新闻媒体与消息来源：媒介框架与真实建构之论述［M］．台北：三民书局，1999.

张国良．传播学原理［M］．上海：复旦大学出版社，1995.

张昆．中外新闻传播思想史导论［M］．上海：复旦大学出版社，2006.

张千帆．宪法学导论：原理与应用［M］．北京：法律出版社，2004.

张穗华．媒介的变迁［M］．北京：中国对外翻译出版公司，2002.

张中华．管理学通论［M］．北京：北京大学出版社，2005.

赵凯，丁法章，黄芝晓．二十世纪中国社会科学：新闻学卷［M］．上海：上海人民出版社，2005.

赵凯．王中文集［M］．上海：复旦大学出版社，2004.

赵汀阳．观念图志［M］．桂林：广西师范大学出版社，2004.

赵汀阳．坏世界研究：作为第一哲学的政治哲学［M］．北京：中国人民大学出版社，2009.

赵汀阳．思维迷宫［M］．北京：中国人民大学出版社，2012.

赵汀阳．天下体系：世界制度哲学导论［M］．南京：江苏教育出版社，2005.

赵鑫珊．观念改变世界：一唱雄鸡天下白［M］．南昌：江西人民出版社，2008.

郑保卫．当代新闻理论［M］．北京：新华出版社，2003.

郑保卫．中国共产党新闻思想史［M］．福州：福建人民出版社，2004.

郑杭生．社会学概论新修［M］．3 版．北京：中国人民大学出版社，2003.

中共中央宣传部新闻局．中国共产党新闻工作文献选编：1938—1989 年［M］．北京：人民出版社，1990.

中国新闻年鉴杂志社．中国新闻年鉴：1995［M］．北京：中国新闻年鉴杂志社，1995.

周葆华．效果研究：人类传受观念与行为的变迁［M］．上海：复旦大学出版社，2008.

周国文．公民伦理观的历史源流［M］．北京：中央编译出版社，2008.

周文彰．狡黠的心灵：主体认识图式概论［M］．北京：中国人民大学出版社，1991.

周宪，刘康．中国当代传媒文化研究［M］．北京：北京大学出版社，2011.

周宪．视觉文化的转向［M］．北京：北京大学出版社，2008.

周有光．拾贝集［M］．北京：世界图书出版公司北京公司，2011.

二、中文文献（学位论文、期刊报纸类）

安云凤，朱慧玲．现代社会对制度与道德的双重诉求［J］．哲学动态，2012（11）：52－56.

白红义．从倡导到中立：当代中国调查记者的职业角色变迁［J］．新闻记者，2012（2）：9－14.

白红义．塑造新闻权威：互联网时代中国新闻职业再审视［J］．新闻与传播研究，2013（1）：26－36.

蔡雯."公共新闻":发展中的理论与探索中的实践:探析美国"公共新闻"及其研究[J].国际新闻界,2004(1):30-34.

蔡雯.需要重新定义的"专业化":对新闻媒体内容生产的思考和建议[J].新闻记者,2012(5):17-21.

陈力丹.发现"府报":我国古代报纸的历史前推800年[J].当代传播,2004(1):27.

陈力丹,江凌.改革开放30年来记者角色认知的变迁[J].当代传播,2008(6):4-6.

陈力丹.新传播技术条件下我国新闻传播学的视野:2010年新闻传播学研究有感[J].新闻战线,2011(1):18-21.

陈立新,俞娜.向"现实"本身去寻求"思想"[J].学习与探索,2012(3):14-20.

陈柳钦.现代化的内涵及其理论演进[J].经济研究参考,2011(44):15-31.

陈明.国家建构与国族建构:儒家视角的观照与反思[J].社会科学,2013(1):140-148.

陈绍芳.行为理性与公共政策合理性的实现[J].社会科学家,2011(5):129-132,137.

陈韬文.中国传播研究的发展困局:为什么与怎么办[J].新闻大学,2008(1):1-8.

陈新夏.人的发展视阈中的经济增长与社会发展[J].学习与探索,2012(9):36-41.

陈映芳.异常性揭示与正常性赋予:社会学的历史使命与时代课题[J].江海学刊,2011(5):115-120.

程丽红.社会思潮与媒介嬗变:清末社会改革运动中的大众传播媒介[J].吉林大学社会科学学报,2012(5):30-36.

戴焰军.制度建设的根本出路[J].理论视野,2012(7):1.

邓瑜.我对这个世界太好奇:张翠容访谈录[J].新闻战线,2012(7):56-59.

董艳.学术话语:社会学术文化观念和社会建构论阐释[J].国外社会科学,2012(4):135-139.

董正华.论全球史的多层级结构[J].贵州社会科学,2011(11):118-122.

杜维明,范曾.天与人:关于儒学走向世界前瞻的对话[J].北京大学学报(哲学社会科学版),2010(2):5-12.

段京肃，陈堂发．新闻职业道德形成和发展的基本线索［J］．当代传播，2012（1）：12－16.

樊浩．当前中国伦理道德状况及其精神哲学分析［J］．中国社会科学，2009（4）：27－42，204－205.

樊志辉．问题意识与超越中西：关于中国现当代哲学与中国论述的断想［J］．求是学刊，2012（1）：11－15.

范红霞．大众传媒与公共道德的重建［J］．当代传播，2011（6）：1.

方光华．关于中国史学科发展的三点思考［N］．中国社会科学报，2011－07－28（8）.

方为．行进在希望的路上：新世纪头十年的中国学术［N］．中国社会科学报，2009－12－22（1）.

郜书锴．媒介融合视域下新闻学研究的8个新议题：基于国外新闻学研究者的文献综述［J］．新闻记者，2012（7）：20－24.

耿云志．重读《新思潮的意义》［J］．广东社会科学，2011（6）：6－13.

宫力．“三个世界划分”理论对当代中国的深远影响［J］．中国社会科学，2012（8）：24－30.

郭道晖．论表达权与言论自由［J］．炎黄春秋，2011（1）：43－47.

郭湛．公共主义的核心价值观念［J］．理论视野，2011（12）：25－27.

郭镇之．舆论监督、客观性与新闻专业主义［J］．电视研究，2000（3）：70－72.

郭忠华．动态匹配·多元认同·双向建构：再论公民身份与国家认同的关系［J］．中山大学学报（社会科学版），2011（2）：160－168.

韩冬雪．政治观革新：理论解构与自主建构［J］．人民论坛，2012（31）：14－16.

韩庆祥．社会层级结构理论：面向“中国问题”的政治哲学［J］．中国社会科学，2009（1）：31－43，204－205.

韩庆祥，张健．中国特色社会主义建设实践的内在逻辑与发展趋向［J］．中国社会科学，2012（3）：4－26.

杭敏，皮卡特．西方传媒的公共利益与商业利益冲突及影响［J］．新闻记者，2011（11）：46－50.

何怀宏．底线伦理是公民道德建设的可行之路［J］．绿叶，2009（1）：75－79.

侯才．“中国现代性”的塑造与价值观的重建［J］．理论视野，2011（12）：19－21.

胡潇．马克思恩格斯关于意识形态的多视角解释［J］．中国社会科学，2010（4）：4－20，220.

胡翼青．大众传播的批判性解读：以日常交流为参照［J］．中国地质大学学报（社会科学版），2012（4）：104－109.

胡翼青．自媒体力量的想象：基于新闻专业主义的质疑［J］．新闻记者，2013（3）：6－11.

胡泳．我们需要什么样的网络意见领袖？［J］．新闻记者，2012（9）：8－13.

黄河，刘琳琳．试析政府微博的内容主题与发布方式：基于“广东省公安厅”与“平安北京”微博的内容分析［J］．现代传播，2012（3）：122－126.

黄兴涛．概念史方法与中国近代史研究［J］．史学月刊，2012（9）：11－14.

江必新．“把制度建设摆在突出位置”的若干思考［J］．中国社会科学，2013（1）：17－19.

姜安．毛泽东“三个世界划分”理论的政治考量与时代价值［J］．中国社会科学，2012（1）：4－26.

姜华．市场新闻业与传媒的边界：从《世界新闻报》窃听丑闻说起［J］．新闻记者，2011（9）：8－12.

焦中栋．“新闻”一词首次出现时间新考：兼论“新闻”词义的历史演进［J］．国际新闻界，2009（7）：108－111.

蒯正明．国外主要政党关于意识形态资源建设的经验启示［J］．理论与改革，2010（1）：35－39.

黎明洁．记者角色的社会学分析［J］．当代传播，2004（2）：35－36.

李稻葵．中国需要什么样的经济改革［N］．2012－04－09（4）.

李德顺．社会主义核心价值与当代普世价值［J］．学术探索，2011（5）：1－7.

李国杰，程学旗．大数据研究：未来科技及经济社会发展的重大战略领域：大数据的研究现状与科学思考［J］．中国科学院院刊，2012（6）：647－657.

李宏图，周保巍，孙云龙，等．概念史笔谈［J］．史学理论研究，2012（1）：4－21.

李景鹏．论制度与机制［J］．天津社会科学，2010（3）：49－53.

李景源．核心价值体系与中国发展道路［J］．理论视野，2011（12）：17－19.

李良荣．艰难的转身：从宣传本位到新闻本位：共和国 60 年新闻媒体［J］．国际新闻界，2009（9）：6－12.

李青藜．美国的公民新闻事业［J］．国际新闻界，2004（1）：35－38，74.

李石．自由可以度量吗?：以伊恩·卡特在《自由的度量》一书中的讨论为例［J］．哲学动态，2012（3）：83－88.

李怡．中国现代文学史的叙述范式［J］．中国社会科学，2012（2）：164－180.

李正风．中国科学家学术思想的传承与创新：概念、特征与方法［J］．新华文摘，2012（13）：140－144.

廖小平．主导价值观与主流价值观辨证：兼论改革开放以来主流价值观的变迁［J］．教学与研究，2008（8）：11－16.

林剑．文化的批判与批判的立场［J］．哲学动态，2012（1）：9－13.

林溪声，童兵．市场与责任：西方核心新闻理念的演化及价值［J］．当代传播，2010（1）：4－8.

刘畅．微观社会转型期及其临界点的确认［J］．贵州社会科学，2011（7）：4－11.

刘福森．哲学的“根”与“用”：哲学与现实的双重关系［N］．光明日报，2012－02－14（11）.

刘海龙．20 世纪宣传话语与宣传观念的变迁［D］．北京：中国人民大学，2008.

刘梦溪．信仰与中国文化的特性：上［N］．中国纪检监察报，2012－02－17（4）.

刘曙辉．论道德距离［J］．哲学动态，2012（1）：76－80.

刘同舫．马克思人类解放理论的叙事结构及实现方式［J］．中国社会科学，2012（8）：4－23.

刘英．主导价值观与主流价值观的融合：“中国网事”年度网络人物评选对价值传播的创新与启示［J］．新闻记者，2012（6）：19－23.

卢风．整体主义环境哲学对现代性的挑战［J］．中国社会科学，2012（9）：43－62.

陆晔，潘忠党．成名的想象：中国社会转型过程中新闻从业者的专业主义话语建构［J］．新闻学研究，2002，71：17－59.

陆晔．社会控制与自主性：新闻从业者工作满意度与角色冲突分析［J］．现代传播，

2004（6）：7－11，16.

吕新雨．政府补贴、市场社会主义与中国电视的“公共性”：重庆卫视改革刍议［J］．开放时代，2011（9）：66－71.

栾轶玫．后媒体时代的新闻生产：2012新媒体年度盘点［J］．新闻与写作，2012（12）：22－24.

罗建华．“媒体大亨”迷思下的“报人”回归［J］．新闻记者，2012（11）：41－42.

马俊峰．自由与平等：形式与实质的矛盾及其解决［J］．哲学动态，2012（2）：67－70.

马珺．公共物品问题：文献述评［J］．中华女子学院学报，2012（1）：5－17.

马凌．漏译与误读：再议新闻传播思想史中的弥尔顿问题［J］．当代传播，2012（2）：30－33.

门洪华．关键时刻：美国精英眼中的中国、美国与世界［J］．中国社会科学，2012（7）：182－202.

南帆．《概念的阐释》前言［J］．东南学术，2003（2）：112－113.

南帆．文学的意义生产与接受：六个问题［J］．东南学术，2010（6）：4－14.

南帆．虚拟的意义：社会与文化［J］．东南学术，2009（1）：4－11.

欧阳康．当代哲学的功能定位与价值取向［J］．江海学刊，2012（2）：31－36.

潘忠党，陈韬文．从媒体范例评价看中国大陆新闻改革中的范式转变［J］．新闻学研究，2004，78：1－43.

潘忠党．序言：传媒的公共性与中国新闻传媒改革的再起步［J］．传播与社会学刊，2008，6：1－16.

彭兰．从“大众门户”到“个人门户”：网络传播模式的关键变革［J］．国际新闻界，2012（10）：6－14.

齐爱军，洪浚浩．西方有关主流媒体研究的多元理论视角论析［J］．新闻大学，2013（1）：8－15.

任剑涛．汉语政治学界的德国魅惑［J］．天涯，2011（3）：181－195.

任勇．国家治理视野中的核心价值：基于文化资本的考察［J］．社会科学，2010（3）：9－15.

芮必峰．描述乎？规范乎？：新闻专业主义之于我国新闻传播实践［J］．新闻与传播研究，2010（1）：56－62，111.

芮必峰．新闻专业主义：一种职业权力的意识形态：再论新闻专业主义之于我国新闻传播实践［J］．国际新闻界，2011（12）：72－77.

邵培仁．传媒学科的今天与明天［J］．当代传播，2011（4）：1.

史进峰．论新闻专业主义在中国新闻改革语境下实现之可能［D］．北京：中国人民大学，2008.

孙国华．法的正义逻辑［J］．江淮论坛，2012（5）：5－7.

孙立平．走向积极的社会管理［J］．社会学研究，2011（4）：22－32，242－243.

孙绍振．文论危机与文学文本的有效解读［J］．中国社会科学，2012（5）：168－184，208.

孙旭培．现代新闻学理论的三个支点［J］．华中科技大学学报（社会科学版），2003（1）：17－21.

孙郁．鲁迅瞭望俄国文学的视角［J］．东岳论丛，2012（4）：5－10.

孙周兴．存在与超越：西方哲学汉译的困境及其语言哲学意蕴［J］．中国社会科学，2012（9）：28－42.

汤一介．启蒙在中国的艰难历程［J］．北京大学学报（哲学社会科学版），2012（2）：5－11.

唐凯麟．道德在困境中前进［N］．社会科学报，2012－01－19（6）.

唐贤清．汉语史研究中的类型学和信息化［J］．中国社会科学，2012（9）：156－162.

童兵．试析新闻事业人民属性六十年认知历程［J］．国际新闻界，2009（9）：13－17，23.

童兵．新媒体传播对传统新闻学的挑战［J］．新闻界，2012（10）：4－9.

童兵．“新闻自由”的表述与践行：传统马克思主义与非传统马克思主义两种视角的比较［J］．南京社会科学，2011（7）：1－8.

童兵．正确的抉择 重大的胜利：纪念中国新闻改革 30 年［J］．新闻记者，2008（6）：4－11.

万俊人．如何理解中国道路的现代性［J］．理论视野，2010（12）：11－12.

万俊人，尚伟．我国社会转型中的道德文化建设问题［J］．新华文摘，2013（7）：34－39.

王樊逸．“新”旧之分 耳学之“闻”：中国古代“新闻”观的语义学再考［J］．国际新闻界，2010（2）：97－102.

王缉思．全球发展趋势与中国的国际环境［J］．当代世界，2013（1）：2－6.

王晴佳．为何美国的中国史研究新潮迭出?：再析中外学术兴趣之异同［J］．北京大学学报（哲学社会科学版），2012（2）：140－149.

王维佳．什么是现代新闻业?：关于新闻业与新闻人社会角色的历史辨析［J］．新闻记者，2012（12）：12－17.

王侠．“未来新闻学”的理念及争论［J］．新闻记者，2012（10）：17－20.

王晓朝．中国学术界的晚期希腊哲学研究［J］．中国社会科学，2011（1）：57－63，221.

王晓升．“意识形态”概念辨析［J］．哲学动态，2010（3）：5－12.

王泽应．论义利问题之为伦理学的基本问题［J］．华中科技大学学报（社会科学版），2011（4）：15－21.

王志华．解读西方传统法律文化［J］．中国政法大学学报，2012（1）：53－66，159.

魏姝，严强．知易行难：“十一五”期间政治学研究方法的进展与反思［J］．江海学刊，2011（2）：87－96.

吴飞．新媒体革了新闻专业主义的命?：公民新闻运动与专业新闻人的责任［J］．新闻记者，2013（3）：11－19.

吴敬琏．中国的发展方式转型与改革的顶层设计［J］．北京师范大学学报（社会科学版），2012（5）：5－13.

吴晓明．当代中国的精神建设及其思想资源［J］．中国社会科学，2012（5）：4－20，205.

肖滨．公民认同国家的逻辑进路与现实图景：兼答对“匹配论”的若干质疑［J］．中山大学学报（社会科学版），2011（4）：160－168.

肖晞．政治学中新制度主义的新流派：话语性制度主义［J］．华中师范大学学报（人文社会科学版），2010（2）：23－28.

谢静．20世纪初美国的媒介批评与新闻专业主义确立［J］．新闻与传播研究，2004（2）：73－78.

谢静．从专业主义视角看记者微博规范争议：兼谈如何重建新闻人与媒体组织间的平衡［J］．新闻记者，2013（3）：20－25.

谢新洲．网络政治：理论与现实［J］．新闻与写作，2013（2）：40－43.

《新闻学论集》编辑部．新闻学论集：第28辑［M］．北京：经济日报出版社，2012：30－38.

薛国林，李志敏．论中国传媒价值认同：以马克思公共性思想为视角［J］．现代传播，2011（9）：15－19，25.

晏辉．论政治观念［J］．南京社会科学，2011（6）：8－15.

杨保军．认清假新闻的真面目［J］．新闻记者，2011（2）：4－11.

杨保军．事实·真相·真实：对新闻真实论中三个关键概念及其相互关系的理解［J］．新闻记者，2008（6）：61－65.

杨保军．我国新闻理论研究的宏观走向［J］．当代传播，2011（2）：4－9.

杨保军．需要与想要：受众需要标准解析［J］．当代传播，2007（5）：6－9.

杨保军．“尊重科学”是“科学发展”的前提［J］．理论视野，2009（5）：28－29.

杨光斌，高卫民．历史唯物主义与历史制度主义：范式比较［J］．马克思主义与现实，2011（2）：142－148.

杨光斌．政体理论的回归与超越：建构一种超越“左”右的民主观［J］．中国人民大学学报，2011（4）：2－15.

杨国荣．论实践智慧［J］．中国社会科学，2012（4）：4－22.

仰海峰．国外马克思主义研究的理论构图［J］．国外社会科学，2012（1）：14－24.

姚福申．唐代孙处玄使用“新闻”一语的考辨［J］．新闻大学，1989（1）：44－46.

姚建宗．法学研究及其思维方式的思想变革［J］．中国社会科学，2012（1）：119－139.

叶隽．文明史、现代性与现时代问题：读《文明的进程》［J］．中国图书评论，2011（9）：76－85.

叶险明．世界历史的“双重结构”与当代中国的全球发展路径［J］．中国社会科学，

2012 (6)：4 - 23，205.

尹金凤．现代偶像“祛魅”的道德困境与道德矫正 [J]. 湖南师范大学社会科学学报，2012 (1)：40 - 43.

于奇智．从康德问题到福柯问题的变迁：以启蒙运动和人文科学考古学为视角 [J]. 中国社会科学，2011 (5)：121 - 134.

俞可平．影响未来的五大议题 [J]. 深圳大学学报（人文社会科学版），2013 (2)：134.

喻国明．传媒业：方向比速度更重要 [J]. 新闻与写作，2011 (12)：1.

喻国明．现阶段传播格局的改变与门户网站未来发展的走势 [J]. 新闻与写作，2012 (12)：54 - 55.

曾毅．比较政治研究中的发展主义路径 [J]. 社会科学研究，2011 (1)：18 - 25.

张昌尔．树立与科学发展观相适应的文化观 [N]. 人民日报，2005 - 10 - 19 (9).

张法．论中国古代美学体系性著作的特色 [J]. 中国人民大学学报，2008 (1)：131 - 137.

张飞岸．走出理论实验场，建构本土政治学：访中国人民大学国际关系学院杨光斌教授 [J]. 中国社会科学报，2009 - 07 - 30 (4).

张桂芳，陈凡．技术与生活世界 [J]. 哲学研究，2010 (3)：110 - 114，122.

张立伟．公民记者乌托邦 [J]. 新闻与写作，2013 (3)：48 - 51.

张铭，刘洋．市场经济时代与政治价值体系之调整 [J]. 东岳论丛，2011 (2)：109 - 116.

张晓萌．论哲学的批判本质 [J]. 理论视野，2012 (11)：24 - 26.

张雄，颜景高．社会发展的重要视域：历史转折的文化动因探析 [J]. 哲学研究，2009 (12)：21 - 26.

张杨．官智合流：冷战时期美国“政治-学术复合体”初探 [J]. 社会科学战线，2012 (6)：70 - 77.

张振亮．大众媒介权、个人隐私权及其权利张力关系：基于自由主义理论视角的分析 [J]. 新闻记者，2011 (12)：78 - 82.

张志安，贾佳．中国政务微博研究报告 [J]. 新闻记者，2011 (6)：34 - 39.

赵立彬．“文化”的“译”与“释”：思想史背景下的概念引进和学科建构［J］．史学月刊，2012（6）：73－79.

赵泉民，井世洁．从“断裂”走向“互构”：转型社会中制度与人的协同构建论［J］．人文杂志，2011（5）：173－181.

赵迅．我国法治转型的公平正义取向［J］．政府法制，2012（35）：11.

中共中央文献研究室．中国道路：中国共产党的思想历程［J］．党的文献，2012（4）：23－36.

周建设．面向语言处理的计算与认知取向［J］．中国社会科学，2012（9）：143－149.

周俊．论我国新闻职业规范的基本专业原则［J］．新闻记者，2012（1）：36－41.

周俊．试析新闻失范行为中的角色期望与角色领悟［J］．国际新闻界，2008（12）：51－55.

周宁．跨文化形象学的观念与方法：以西方的中国形象研究为例［J］．东南学术，2011（5）：4－20.

周雪光，艾云．多重逻辑下的制度变迁：一个分析框架［J］．中国社会科学，2010（4）：132－150，223.

三、翻译文献（包括著作与论文）

阿克顿．自由的历史［M］．王天成，林猛，罗会钧，译．贵阳：贵州人民出版社，2001.

阿普尔比，亨特，雅各布．历史的真相［M］．刘北成，薛绚，译．北京：中央编译出版社，1999.

阿特休尔．权力的媒介［M］．黄煜，裘志康，译．北京：华夏出版社，1989.

艾德勒．大观念：如何思考西方思想的基本主题［M］．安佳，李业慧，译．广东：花城出版社，2008.

艾伦．新闻文化［M］．方洁，陈亦南，牟玉涵，等译．北京：北京大学出版社，2008.

奥顿奈尔．从神创到虚拟：观念的历史［M］．宋作艳，胡斌，译．北京：北京大学出版社，2004.

贝尔．后工业社会的来临：对社会预测的一项探索［M］．高铦，王宏周，魏章玲，译．北京：商务印书馆，1984.

贝特朗．媒体职业道德规范与责任体系［M］．宋建新，译．北京：商务印书馆，2006.

布尔迪厄．关于电视［M］．许钧，译．沈阳：辽宁教育出版社，2000.

布罗代尔．资本主义论丛［M］．顾良，张慧君，译．北京：中央编译出版社，1997.

CAREY J. 新闻教育错在哪里［J］．李昕，译．国际新闻界，2002（3）：8－11.

戴比尔，梅里尔．全球新闻事业：重大议题与传媒体制：第5版［M］．郭之恩，译．北京：华夏出版社，2010.

丹尼斯，梅里尔．媒介论争：19个重大问题的正反方辩论［M］．王纬，等译．北京：北京广播学院出版社，2004.

德兰迪，郭忠华．“世界主义”共同体如何形成：关于重大社会变迁问题的对话［J］．学术月刊，2011（7）：5－13.

邓恩，傅乾．政治理论史［J］．政治思想史，2011（2）：151－175.

菲德勒．媒介形态变化：认识新媒介［M］．明安香，译．北京：华夏出版社，2000.

菲吕博顿，瑞切特．新制度经济学［M］．孙经纬，译．上海：上海财经大学出版社，1998.

费正清．观察中国［M］．傅光明，译．北京：世界知识出版社，2002.

福柯．词与物：人文科学考古学［M］．莫伟民，译．上海：上海三联书店，2001.

福柯．知识考古学［M］．谢强，马月，译．2版．北京：生活・读书・新知三联书店，2003.

盖伦．技术时代的人类心灵：工业社会的社会心理问题［M］．何兆武，何冰，译．上海：上海科技教育出版社，2003.

哈克特，赵月枝．维系民主?：西方政治与新闻客观性［M］．沈荟，周雨，译．北京：清华大学出版社，2005.

哈林，曼奇尼．比较媒介体制：媒介与政治的三种模式［M］．陈娟，展江，等译．北京：中国人民大学出版社，2012.

哈森．变革时代的美国新闻业［J］．付玉辉，编译．国际新闻界，2006（3）：56－60.

哈特，奈格里．帝国：全球化的政治秩序［M］．杨建国，范一亭，译．南京：江苏人民出版社，2005.

哈耶克．自由秩序原理［M］．邓正来，译．北京：生活·读书·新知三联书店，1997.

赫斯科维兹，江海伦．新闻学教育：生存还是繁荣?：来自美国新闻学院的报告［J］．新闻记者，2011（10）：61－64.

黑格尔．哲学史讲演录：第1卷［M］．贺麟，王太庆，译．北京：商务印书馆，1959.

亨廷顿．变化社会中的政治秩序［M］．王冠华，刘为，等译．上海：上海人民出版社，2008.

霍布豪斯．自由主义［M］．朱曾汶，译．北京：商务印书馆，1996.

霍尔姆斯．反自由主义剖析［M］．曦中，陈兴玛，彭俊军，译．北京：中国社会科学出版社，2002.

吉鲁，吴万伟．新自由主义政治学的失败：年轻人和高等教育的危机［J］．复旦教育论坛，2011（5）：68－73.

卡伦．媒体与权力［M］．史安斌，董关鹏，译．北京：清华大学出版社，2006.

卡瑞，辛顿．英国新闻史：第6版［M］．栾轶玫，译．北京：清华大学出版社，2005.

卡斯特．网络社会的崛起［M］．夏铸九，王志弘，等译．北京：社会科学文献出版社，2006.

卡西尔．人论［M］．甘阳，译．上海：上海译文出版社，1985.

凯尔纳．关于批判性媒体或文化研究［J］．吴学琴，杨婷婷，译．武汉科技大学学报（社会科学版），2012（2）：117－126.

凯尔纳．文化研究、多元主义与媒体文化［J］．赵士发，译．国外社会科学，2011（5）：66－74.

科瓦齐，罗森斯蒂尔．新闻的十大基本原则：新闻从业者须知和公众的期待［M］．刘海龙，连晓东，译．北京：北京大学出版社，2011.

克拉默．本雅明［M］．鲁路，译．北京：中国人民大学出版社，2008.

克兰．文化生产：媒体与都市艺术［M］．赵国新，译．北京：译林出版社，2001.

克朗．文化地理学：修订版［M］．杨淑华，宋慧敏，译．2版．南京：南京大学出版社，2005.

库兰，古尔维奇．大众媒介与社会［M］．杨击，译．北京：华夏出版社，2006.

蒯因．从逻辑的观点看［M］．江天骥，宋文淦，张家龙，等译．上海：上海译文出版社，1987.

拉吉罗．欧洲自由主义史［M］．杨军，译．长春：吉林人民出版社，2001.

莱文森．思想无羁［M］．何道宽，译．南京：南京大学出版社，2003.

莱文森．新新媒介［M］．何道宽，译．上海：复旦大学出版社，2011.

李伯庚．欧洲文化史：全球史视角下的文明通典：第2版［M］．赵复三，译．南京：江苏人民出版社，2012.

李斯曼．克尔凯郭尔［M］．王彤，译．北京：中国人民大学出版社，2010.

里尔巴克．自由钟与美国精神［M］．黄剑波，高民贵，译．南昌：江西人民出版社，2010.

里拉．当知识分子遇到政治［M］．邓晓菁，王笑红，译．北京：新星出版社，2010.

卢梭．社会契约论［M］．何兆武，译．2版．北京：商务印书馆，1980.

路德维希．德国人：一个民族的双重历史［M］．杨成绪，潘琪，译．北京：东方出版社，2006.

罗尔斯．正义论［M］．何怀宏，何包钢，廖申白，译．北京：中国社会科学出版社，1988.

洛夫乔伊．观念史论文集［M］．吴相，译．南京：江苏教育出版社，2005.

洛克．人类理解论［M］．关文运，译．北京：商务印书馆，1959.

洛克．政府论：下篇［M］．叶启芳，瞿菊农，译．北京：商务印书馆，1964.

麦格雷．传播理论史：一种社会学的视角［M］．刘芳，译．北京：中国传媒大学出版社，2009.

曼海姆．意识形态和乌托邦［M］．艾彦，译．北京：华夏出版社，2001.

门彻．新闻报道与写作：第9版［M］．展江，主译．北京：华夏出版社，2004.

弥尔顿．为英国人民声辩［M］．何宁，译．北京：商务印书馆，1958.

密尔顿．论出版自由［M］．吴之椿，译．北京：商务印书馆，1958.

莫斯可．数字化崇拜：迷思、权力与赛博空间［M］．黄典林，译．北京：北京大学出版社，2010.

莫滕森．跨文化传播学：东方的视角［M］．关世杰，胡兴，译．北京：中国社会科学出版社，1999.

诺思．经济史上的结构和变革［M］．厉以平，译．北京：商务印书馆，1992.

诺思．制度、制度变迁与经济绩效［M］．刘守英，译．上海：上海三联书店，1994.

SCHUDSON M. 探索新闻：美国报业社会史［M］．何颖怡，译．台北：远流出版事业股份有限公司，1993.

桑德斯．道德与新闻［M］．洪伟，高蕊，钟文倩，译．上海：复旦大学出版社，2007.

森．以自由看待发展［M］．任赜，于真，译．北京：中国人民大学出版社，2002.

施拉姆，波特．传播学概论［M］．陈亮，周立方，李启，译．北京：新华出版社，1984.

施郎格．论技术、技艺与文明［M］．蒙养山人，译．北京：世界图书出版公司北京公司，2010.

施瓦茨．如何成为顶级记者：美联社新闻报道手册［M］．曹俊，王蕊，译．北京：中央编译出版社，2003.

史密斯．民族主义：理论，意识形态，历史［M］．叶江，译．上海：上海人民出版社，2006.

史密斯．新闻道德评价［M］．李青藜，译．北京：新华出版社，2001.

舒德森．为什么民主需要不可爱的新闻界［M］．贺文发，译．北京：华夏出版社，2010.

舒德森．新闻的力量［M］．刘艺娉，译．北京：华夏出版社，2011.

舒德森．新闻社会学［M］．徐桂权，译．北京：华夏出版社，2010.

斯巴克斯．全球化、社会发展与大众媒体［M］．刘舸，常怡如，译．北京：社会科学文献出版社，2009.

斯宾诺莎．神学政治论［M］．温锡增，译．北京：商务印书馆，1963.

塔奇曼．做新闻［M］．麻争旗，刘笑盈，徐扬，译．北京：华夏出版社，2008.

特纳．普通人与媒介：民众化转向［M］．许静，译．北京：北京大学出版社，2011.

托克维尔．旧制度与大革命［M］．冯棠，译．北京：商务印书馆，1992.

瓦耶纳．当代新闻学［M］．丁雪英，连燕堂，译．北京：新华出版社，1986.

韦伯．文明的历史脚步：韦伯文集［M］．黄宪起，张晓琳，译．上海：上海三联书店，1988.

韦斯特．美国传媒体制的兴衰［M］．董立，译．北京：北京大学出版社，2010.

沃勒斯坦．否思社会科学：19 世纪范式的局限［M］．刘琦岩，叶萌芽，译．北京：生活·读书·新知三联书店，2008.

西伯特，彼得森，施拉姆．传媒的四种理论［M］．戴鑫，译．北京：中国人民大学出版社，2008.

新闻自由委员会．一个自由而负责的新闻界［M］．展江，王征，王涛，译．北京：中国人民大学出版社，2004.

熊彼特．资本主义、社会主义与民主［M］．吴良健，译．北京：商务印书馆，1999.

伊瑟尔．虚构与想象：文学人类学疆界［M］．陈定家，汪正龙，等译．长春：吉林人民出版社，2003.

四、英文文献（包括专著、论文）

ALDRIDGE M，EVETTS J. Rethinking the concept of professionalism：the case of journalism［J］．British journal of sociology，2003（4）：547－564.

ALTSCHULL. Agents of power：the role of news media in human affairs［M］．New York：Longman，1984.

BEAM R，WEAVER D，BROWNLEE B. Changes in professionalism of U. S. journalists in the turbulent twenty-first century［J］．Journalism & mass communication quarterly，2009（2）：277－298.

CRONIN M. Trade press roles in promoting journalistic professionalism，1884－1917［J］．Journal of mass media ethics，1993（4）：227－238.

DEUZE M. What is Journalism?：professional identity and ideology of journalists reconsidered［J］．Journalism，2005（4）：442－464.

DONSBACH W，KLETT B. Subjective objectivity. How journalists in four countries define a key term of their profession［J］．International communication gazette，1993（1）：53－83.

HAAS T，STEINER L. Public journalism：a reply to critics [J]. Journalism，2006 (2)：238 - 254.

HODGES L. The journalist and professionalism [J]. Journal of mass media ethics，1986 (2)：32 - 36.

KAPLAN R. The news about new institutionalism：journalism's ethic of objectivity and its political origins [J]. Political communication，2006 (2)：173 - 185.

LIEBES T，KAMPF Z. Performance journalism：the case of media's coverage of war and terror [J]. Communication review，2009 (3)：239 - 249.

MIRANDO J. Embracing objectivity early on：journalism textbooks of the 1800s [J]. Journal of mass media ethics，2001 (1)：23 - 32.

MUSA B，DOMATOB J. Who is a development journalist? Perspectives on media ethics and professionalism in post-colonial societies [J]. Journal of mass media ethics，2007 (4)：315 - 331.

REESE S. The news paradigm and the ideology of objectivity：a socialist at the Wall Street Journal [J]. Critical studies in mass communication，1990 (4)：390 - 409.

RYAN M. Journalism ethics，objectivity，existential journalism，standpoint epistemology，and public journalism [J]. Journal of media ethics，2001 (1)：3 - 22.

SCHUDSON M. The objectivity norm in American journalism [J]. Journalism，2001 (2)：149 - 170.

SOFFER O. The competing ideals of objectivity and dialogue in American journalism [J]. Journalism，2009 (4)：473 - 491.

STOKER K. Existential objectivity：freeing journalists to be ethical [J]. Journal of mass media ethics，1995 (1)：5 - 22.

后　记

这部《新闻观念论》，可以说是在我以往相关系列专论基础上撰写的著作[①]，也可以看作这一系列中的一个新兄弟、新姐妹，但愿这个兄弟姐妹的队伍还能继续延长壮大。这本书，经过三年多的写作，现在终于能够画上一个形式上的句号了。说老实话，这多少让我感到一些轻松和欣慰。

这部起初只打算写 30 万字左右的著作，没想到竟写成了约 70 万字的一本"厚书"；在如今一个普遍喜爱"读图"、不好"读字"的时代，连"厚报"都不合时宜了，这样的"厚书"真有可能给读者增加阅读的负担。但已经写出来了，也就只好如此了。

我在自己多部著作的后记中都写道，自己只是想做一个像点样的思想者，严肃的思想者，有尊严的思想者。几百年前的一位英国诗人约翰·多恩说过："人是一个世界，也有自身的造物，人自身的造物是人的思想，思想生来就了不起。"[②]。我不敢奢望成为什么学问家，更难以成为科学主

---

① 从 1998 年跟随童兵先生攻读博士学位开始到 2001 年 3 月毕业留校（中国人民大学）任教至今，我用了十几年的时间，专注于新闻理论基础问题研究，先后撰写出版了《新闻事实论》《新闻价值论》《新闻真实论》《新闻活动论》《新闻精神论》《新闻本体论》《新闻道德论》七部专著。其中《新闻事实论》获得了"全国百篇优秀博士学位论文奖"；《新闻价值论》《新闻活动论》《新闻道德论》连续获得了第四届、第五届、第六届中国高校人文社会科学研究优秀成果奖——新闻传播学类三等奖、二等奖、三等奖；《新闻精神论》获得了第十届中国人民大学优秀科研成果优秀著作奖。尽管获奖只是学术评价的一种方式，但对我内心来说，外界的肯定无疑说明了基础研究的必要和重要，也是对我的一种鞭策和鼓励。

② 金观涛，刘青峰．观念史研究：中国现代重要政治术语的形成［M］．北京：法律出版社，2009：2.

义者式的学问家。这大概多少与我硕士阶段的哲学专业背景有关（其实，在我看来哲学就不应该是一门专业），当然也与我学习物理专业的背景有关；这两个既有高度内在关联又似乎在外在形式上相冲突的背景，使我对充满浓厚人文色彩的新闻学的学术特色有了自己的一些理解。把新闻学做成物理学式的研究在我看来是可笑的，做成哲学式的“形而上”则有点故弄玄虚，而在这两者之间游走又极不容易。于是，在参照具有物理实证精神研究成果的基础之上，做一些具有哲学意味和深度的思考便成了我的基本路径或方法，也可以说是我的主要特点。因此，我写的新闻学著作，也就不再是纯粹的新闻学著作，也还可以在别的意义上加以理解。在新闻学研究领域，别人的路我不一定能走，而我自己想走的路，也不一定走得好，但“自己的路只能自己走，唐僧只有一步一步走到西天，他才能成佛”，“做学问也是如此，路要自己走，并且要走到底”①。

想做一个像样的思想者，就得思考一些真正的问题。真实的思想中总是包含着真实的问题，没有问题和问题意识的思想大概很难成为真正的思想。约翰·罗尔斯说：“一种理论，无论它多么精致和简洁，只要它不真实，就必须加以拒绝或修正。”② 耿云志说：“问题必须是真问题，真问题必来自于现实。如果不从现实问题出发去思考，而是仅仅根据某种主义、学说、理论出发去演绎，这样演绎出来的问题常常不是真问题，把思想用到不真实的问题上去，至少是一种徒劳无功的浪费；严重的时候，还会带来某种危险。”③ 同样，没有问题和问题意识的学术也不可能成为真正的学术。我试图成为一个严肃的思想者，这实质上是说我总想思考一些真实的、真正的问题。“严肃的思想者就严肃的论题从事的写作并不是在做几

---

① 冯友兰．冯友兰读书与做人［M］．北京：国际文化出版公司，2011：249.

② 罗尔斯．正义论［M］．何怀宏，何包钢，廖申白，译．北京：中国社会科学出版社，1988：3.

③ 耿云志．重读《新思潮的意义》［J］．广东社会科学，2011（6）：6－13.

何学的室内游戏；他们的写作是源于自身经验这眼最深邃的井，因为他们意欲在世界中找到自己的方位。”① 我在本书中思考的核心问题就是：中国的新闻业改革需要什么样的新闻观念。为了把这一问题思考得有个眉目，我对新闻观念本身是什么做了解析性的回答，对新闻观念与其他主要相关事物的关系进行了初步梳理。至于自己思考、探求的是否是真实的、有价值的问题，是否做出了真实的、有价值的思考，并不是自己说了算的，那是需要历史检验的。

做一个像样的思想者是需要勇气的，思想者需要以历史为基础，以现实为对象，而最终目的则是面向未来思考“希望”，做出自己的分析、评价和预估。我在多部著作的前言或后记中说过，一个思想者提出的思想、观念或学说、理论，如果没有理想性，那就等于没有召唤力，没有给人们提供希望。有学者说哲学必须思考希望，其实，所有领域的思想者都需要思考希望，“思考‘希望问题’的确需要勇气，因为希望把思考者带向未来，因为思考希望意味着面临种种风险和不测”②。但真正的思想者，更不要说思想家，没有不思考希望的。事实上，他们通过思考希望问题，思考未来应该如何的问题，不仅成就了他们自身，也可能成就他们追求的目标和境界。记得马克思说过这样的话：“在科学的入口处，正像在地狱的入口处一样”③。深入研究一个领域，有时就像走进炼狱，痛苦、艰难、极度考验一个人的意志、耐力、韧劲，你只有从地狱再次走出来，才能在精疲力竭的喜悦中迎接光明，因而，“必须提出这样的要求：‘这里必须根绝一切犹豫；这里任何怯懦都无济于事’”④。

---

① 里拉．当知识分子遇到政治［M］．邓晓菁，王笑红，译．北京：新星出版社，2010：3.

② 于奇智．从康德问题到福柯问题的变迁：以启蒙运动和人文科学考古学为视角［J］．中国社会科学，2011（5）：121-134.

③ 马克思恩格斯选集：第2卷［M］．3版．北京：人民出版社，2012：5.

④ 同③.

人做什么事，怎样做事，当然包括做什么样的学问、做学问的方法，总是受自己的基本态度支配的，或者说受自己认可的人生信仰、价值观念指导的。这些年来，我一再宣称并努力践行的基本学术态度是：以中国经验为根基，以世界眼光为境界，以原创精神为动力，提升自己的科研能力与水平。我国著名史学家、国学大师陈寅恪先生在冯友兰《中国哲学史》“审查报告三”中写道：“其真能于思想上自成系统，有所创获者，必须一方面吸收输入外来之学术，一方面不忘本民族之地位。”中国人民大学国际关系学院的杨光斌教授有一句话说得很好，他说：“中国不应该只是西方理论的实验场，还应该是本土理论的发源地。”① 我所说的“中国经验、世界眼光、原创精神”，也正是这个意思。我们应该明白，在人文社会科学的很多问题上，“同一理论在不同文化语境中可能表现出不同的意义”②。

没有思想的学术是没有灵魂的，无异于行尸走肉。作为基础理论研究者，我试图做的，就是揭示我们所处时代新闻领域的真实观念、真实精神到底是什么，应该是什么。马克思讲过一句很有名的话，“任何真正的哲学都是自己时代的精神上的精华”③。所谓哲学，不过是时代智慧的结晶和显现。其实，我们可以在一般意义上说，学术是时代精神的精华，是时代精神的表达，并且是一种“精致表达”④，是充满理性同时也充满激情的表达。每个思想者都应该为我们的时代提供自己的独特思想和智慧，但我们也应该明白，“异常的思想并不等于真正有创造性的思想，真正的创造从来都能够给人带来积极好处的、能够助人成功的思想，而不是仅仅显

① 张飞岸．走出理论实验场，建构本土政治学：访中国人民大学国际关系学院杨光斌教授［N］．中国社会科学报，2009－07－30（4）．

② 周宁．跨文化形象学的观念与方法：以西方的中国形象研究为例［J］．东南学术，2011（5）：4－20．

③ 马克思恩格斯全集：第1卷［M］．2版．北京：人民出版社，1995：220．

④ 方为．行进在希望的路上：新世纪头十年的中国学术［N］．中国社会科学报，2009－12－22（1）．

示了个性的东西"[①]。每个学科领域的思想者都应该探索和呈现本学科的时代精神，而不仅仅是自己的偏好。时代精神不是空洞的，而是由各种具体领域的时代精神聚合凝结而成的。

面对现实，我们不得不说，新闻学界很多学术名义下的研究，至多是新闻式的时事评说或宣传式的政策解读。美国著名媒介学者迈克尔·舒德森说："尽管大学经常被视为批判思想和独立思想的避难所，但很多学者对于为权力服务这件事也是乐此不疲。"[②] 这在当下其实并不是什么新鲜事，一直以来也都不是新鲜事。学术为各种现实权力服务，尽管有存在的理由，但在我看来，对大学的学者来说，必定弄错了主要的学术方向。学术只有相对独立于现实权力的影响，才可能有更多的客观性、真实性和真理性。学术就应该以学术的方式展开，不管你是用实证经验的方法还是人文逻辑的方法，学理性是关键所在，"必须具有系统的理论和方法，概念明确逻辑清晰，发掘当下问题的历史深度与思想结构"[③]。学术的政治化，往往使政治成为学术正确与否的统一标准，这实质上等于扼杀了学术创新的可能，或者使学术成了政治的保镖，成了政治正确性的论证者、阐释者；最终也导致政治思想的僵化，失去学术创新的活水滋补。显然，这不仅是学术的悲哀，也是政治的不幸。当然，我们深知，"无论多么纯粹的社会科学理论都摆脱不了现实关怀"[④]，甚至可以说，社会科学理论往往是由那些关乎人类命运的重要现实问题所激发的。但研究重大现实问题、重要对策问题，不是要站在政府立场上，也不是要站在公众立场上，而是要站在解决问题的立场上（问题本身必须是合理的问题、真实的问题），

---

① 赵汀阳．观念图志［M］．桂林：广西师范大学出版社，2004：12.

② 舒德森．为什么民主需要不可爱的新闻界［M］．贺文发，译．北京：华夏出版社，2010：4.

③ 周宁．跨文化形象学的观念与方法：以西方的中国形象研究为例［J］．东南学术，2011（5）：4-20.

④ 马珺．公共物品问题：文献述评［J］．中华女子学院学报，2012（1）：5-17.

学术应该以独立的学术方式提出对策，而不是揣摩相关权力拥有者、资金资助者的心思，果真如此，学术就真成了一种“术”而非“学”了。我曾经说过，新闻研究，要“以自由独立的学术方式建构共识度比较高的具有中国特色、中国风格、中国气派的新闻理论体系”，“以自由独立的学术方式全面探索适应中国社会转型、新闻业健康发展的主导性新闻观念、合理的新闻制度和有效的新闻传播方式”，“以自由独立的学术方式深入研究中国语境中新闻与政治、经济、文化、社会、技术等等的关系”，以自由独立的学术方式“在跨文化、跨地域、跨学科的视野中，开辟新闻理论研究的新领域，开拓新闻理论研究的新视野，提升新闻理论研究的新境界”，“以足够的理论勇气和信心，科学的理念和方法，研究国际前沿问题，关注新闻与人类的关系问题，建构适应时代要求的学术交流平台，展开与国际新闻学术界的全面交流”①。我现在依然坚持这样的观念和看法，我总以为，学者、思想者就应该以学术的方式、思想的方式担当责任、服务人类。

借着后记的机会，可以顺便透露的是，新闻观念研究，很可能成为我今后新闻学研究的主要领域，也就是说，新闻观念史将成为本研究之后的重点。我之所以把论的研究置前，是基于这样一种方法论认识和体会。我们如果对一个对象没有站在自己所处时代平台或前沿阵地的本体论或本质论把握，就很难形成关于对象独特的、富有个性的经验事实史，当然更难形成关于对象的观念史。关于对象的本体论把握，为其历史把握设定了一个标准或根本性的参照，从而使研究者比较明确地知道自己在谈论什么、研究什么。当然，这里需要明白的是，本体论的当下把握是历史积淀到当下的结果，这正是本体论研究与历史事实之间的基本关系。因此，即使是我现在的观念论研究，也不可能完全离开历史，它只是更关注历史积淀成

① 杨保军．我国新闻理论研究的宏观走向［J］．当代传播，2011（2）：4-9.

的结果，特别是认识结果。以自己的方式初步完成这一理论化的任务后，我会以这样的理论为指导，展开细致的新闻观念史研究。[①] 因为我们深知，正像“用于组织现代政治行动的所有核心术语（国家、立法、司法、公民、国民、政党、阶级、义务、自由、权利、福利、财产、革命等等），其背后都有一部自身的历史”[②] 一样，构成近代以来新闻业的观念和概念，尽管不像政治学中的一个观念、概念那么深远，但同样有着自己的演变史，都需要专门的观念史的考察与研究。只有下这样一番真实的功夫，我们才能真正为理论视野中的新闻观念论奠定坚实的、具有恒久意味的基础。

每当撰著收笔，我总想真诚感谢爱护体贴自己的亲人，扶携支持自己的师长，关心帮助自己的朋友，融洽相处的同事，还有那些奠定了我能继续前进的知名的或不知名的研究者。谢谢你们，恕我不再一一罗列你们的姓名，但我会永远铭记在心。

这本著作能在复旦大学出版社出版，全赖出版社对我的厚爱甚或偏爱，我要衷心地感谢出版社的领导；我要特别感谢姜华先生，一经与他联系，他便从始至终为拙著的出版满怀热情、劳心费力，编辑书稿的过程中更是认真仔细、一丝不苟，大大提高了书稿的质量。感谢出版社的支持与编辑们的辛劳，我会永远铭记在心。

杨保军

2013 年 5 月 8 日

---

① 吴国盛先生在《时间的观念》中的一段话，给了我一定的启发，使我对过去的相关方法论观念进一步清晰起来。他写道：“我一直坚持认为，为了对时间观念史做一个透视，首先需要对时间的本质有一个哲学的把握，没有一个第一时间的基本看法，光靠一些哲学史和科学史的资料就写时间史是完全不可思议的。”参见吴国盛．时间的观念［M］．北京：北京大学出版社，2006：2。事实上，我曾经在自己的有关著作中写道：“对新闻传播产生或起源的解释与描述，实际上是以今天对新闻传播的理解为尺度，去发现和衡量人类传播史的结果。”其中的方法论意义与吴先生是一致的。参见杨保军．新闻理论教程［M］．北京：中国人民大学出版社，2005：30。

② 邓恩，傅乾．政治理论史［J］．政治思想史，2011（2）：151－175.

图书在版编目（CIP）数据

新闻观念论：新修版 / 杨保军著．-- 北京：中国人民大学出版社，2024.3

中国新闻传播学自主知识体系建设工程

ISBN 978-7-300-32513-2

Ⅰ．①新…　Ⅱ．①杨…　Ⅲ．①新闻学—研究　Ⅳ．①G210

中国国家版本馆 CIP 数据核字（2024）第 029988 号

中国新闻传播学自主知识体系建设工程

当代中国新闻理论研究

新闻观念论（新修版）

杨保军　著

Xinwen Guannianlun

出版发行	中国人民大学出版社		
社　　址	北京中关村大街 31 号	**邮政编码**	100080
电　　话	010－62511242（总编室）		010－62511770（质管部）
	010－82501766（邮购部）		010－62514148（门市部）
	010－62515195（发行公司）		010－62515275（盗版举报）
网　　址	http://www.crup.com.cn		
经　　销	新华书店		
印　　刷	中煤（北京）印务有限公司		
开　　本	720 mm×1000 mm　1/16	**版　　次**	2024 年 3 月第 1 版
印　　张	55.25 插页 3	**印　　次**	2024 年 3 月第 1 次印刷
字　　数	703 000	**定　　价**	239.00 元